珖峰尹宣熙敎授 停年記念判例評釋集

지재법 분쟁해결의 최전선

선봉윤선희교수 정년기념판례평석집
간행위원회

法 文 社

간행에 부치는 글

이 판례평석집의 제목은 '지재법 분쟁해결의 최전선'입니다.

특허, 실용신안, 상표, 디자인 그리고 저작권을 포함하여, 인간의 지적 활동의 성과로 얻어진 정신적 산물로서 재산적 가치가 있는 것을 포괄하는 '지적 재산'에 관한 권리에 대해서, 초창기에는 공업소유권, 무체재산권, 산업재산권 등으로 불리다가, 점차 지적재산권이 대세를 점하는 듯했으나, 2011년 지식재산기본법의 제정과 함께 이제는 오히려 지식재산권이 더 널리 사용되고 있는 것처럼 보입니다.

그러나 아직도 연구자들 사이에는 어느 하나로 의견이 통일되지 않고 있고, 더 나아가 '지적(식)재산(권)법'처럼 '권'자를 넣을지 말지에 대해서도 의견이 분분한 것이 현실입니다. 그래서 우리 간행위원들은 위와 같은 다양한 의견을 모두 포괄할 수 있는 용어로서, 그 줄임말인 "지재권" 및 "지재법"이라는 용어를 사용하자는 제안을 하는 의미에서, 이 책의 제목에 '지재법'이라는 용어를 사용하기로 하였습니다.

윤선희 교수님은 일찍이 대학 재학 중에 '지재법'(물론 당시에는 '공업소유권법'이었지만) 연구에 뜻을 두고, 미국을 거쳐 일본에 유학을 가서 '지재법'을 전공한 후 귀국하여, 아직 '지재법'이 독립된 전공으로 자리잡지 못한 우리나라에서 초창기 '지재법' 연구에 매진하시고, 처음으로 한양대학교에서 '지재법 전공'과정을 개설하셨습니다. 다른 모든 분야도 마찬가지이겠지만, 교수님이 당시까지는 우리나라에 존재하지 않던 '지재법' 전공을 만들어 이를 현재와 같은 하나의 어엿한 전공 분야로 자리잡게 하기 위해서 많은 고난과 역경을 헤쳐 나왔을 것입니다.

교수님의 아호는 선봉(珖峰)입니다. 보통 '선봉'이라고 하면 당연히 '先鋒'일 거라고 예상을 할 것인데, 교수님은 '임금－왕(구슬－옥) 변에 앞－선 자'라고 설명을 해주시면서, '지재법' 분야에서 최선봉에 서겠다는 뜻에서 그와 같이 지으셨다고 하셨습니다. 그런데 '봉'자가 '칼날－봉(鋒)'자가 아니라 '봉우리－봉(峰)'자인 점도 눈에 띕니다. 여기서 '珖'의 사전적 의미는 '옥돌－선'인데, '옥돌'은 '옥이 들어 있는 돌' 또는 '가공하지 않은 천연의 옥'을 의미하며, 사전상 용례를 찾아보기 어려운 글자입니다. 그런데 교수님께서는 글자의 모양(王＋先)에서 착안하여 '맨 앞'이라는 의미로 사용하셨으니, 참으로 우리나라 '지재법' 연구에 초석을 놓으신 분다운 창의적인 해석이라고 생각됩니다.

"한양대 윤선횝니다."

교수님은 처음 만나는 사람한테 인사할 때는 명함을 내밀면서 항상 이렇게 자기소개를 하십니다. 국내에서든 외국에서든 항상 똑같습니다. 또 어떤 주제나 이슈에 대해서 다양한 입장을 소개하고 타당하다고 보는 결론과 그에 대한 논거를 제시하기는 하되, 특정 입장만이 반드시 옳다고 강하게 주장하거나 다른 견해를 지나치게 비판하지는 않으셨다고 생각됩니다. 언제인가 사석에서 어떤 제자가 이에 대한 질문을 드린 적이 있는데, 교수님은 이렇게 대답을 하셨던 것으로 기억됩니다. "내 새끼들 어디 나가서 홀대받거나 미움받지 않게 하기 위해서"라고. 교수님은 제자들이 아직은 새로운 분야인 '지재법'을 전공하게 되면, 졸업 후 사회에 진출해서 제대로 밥벌이를 할 수 있을지 항상 노심초사하셨고, 그래서 항상 이렇게 '겸손'과 '중용'의 미덕을 몸소 실천하신 것이 아닌가 합니다. 최공웅 전 특허법원장님은 한국지식재산학회의 <산업재산권> 제53호 '윤선희 교수 화갑기념호'에서 이를 교수님의 '겸손함과 선비다운 인품 후덕함'이라고 표현하신 바 있습니다.

이렇게 우리나라 '지재법' 학문 분야의 발전에 초석을 쌓는 데 커다란 역할을 하신 윤선희 교수님께서 이번 2022년 8월로 정년을 맞이하게 되었습니다. 물론 평생을 연구와 강의, 그리고 학회 활동이라는 외길을 걸어오신 교수님 자신에게는 정년이라는 것은 그렇게 커다란 의미가 있는 것은 아니겠지만, 제자들 입장에서는 교수님으로부터 입은 학은(學恩)에 조금이나마 보답하는 뜻으로, 이를 기념하는 판례평석집을 만들어 교수님께 헌정하기로 하였습니다. 그래서 제자들 중심으로 간행위원회를 꾸리고, 평석집에는 제자들의 글뿐만 아니라, 그동안 교수님과 학문적 교분을 나누어오신 선생님들의 글도 모아서, 이와 같이 판례평석집을 간행하게 되었습니다.

대상 판례의 선정은 1차적으로는 집필자의 의사에 따르되, 보조적으로 간행위원회에서 최근 5년간의 '지재법' 분야 대법원 주요 판례 목록을 제공하여 집필자가 그 중에서 선정할 수 있도록 하였습니다. 대상 분야는 '지재법' 중에서 특허법(실용신안법 포함), '디자인법', 상표법, '부경법', 저작권법 분야로 한정하였고, 각 분야의 편집상 배열에 있어서는 대략적으로 '지재법' 각 법률의 구성에 따르는 것으로 하였습니다.

바쁘신 중에도 본 판례평석의 집필에 흔쾌하게 동의하고 귀중한 글을 보내주신 모든 선생님들께 이 자리를 빌려 심심한 감사의 말씀을 드립니다. 또한 진심어린 축하를 전해주신 일본의 나카야마 노부히로(中山信弘) 교수님과 중국의 우한둥(吳汉东) 교수님께 특별한 감사의 말씀을 드립니다. 바야흐로 전세계 '지재법'의 중심으로 떠오르고 있는 동북아시아 3국의 '지재법'의 발전과 연구·교류의 활성화에 지속적으로 노력해오신 교수님의 발자취가 느껴집니다. 아울러 출판을 흔쾌히 결정해주신 법문사 사장님께도 감사의 말씀을 드립니다.

끝으로 정년이라는 또 다른 하나의 시작을 맞이하시는 교수님께 진심으로 축하를 드리며, 앞으로도 교수님의 변함없는 정진을 응원하겠습니다. 또한 평생의 동지이자 반려자인 사모님, 그리고 세 따님과 함께 교수님 가정에 건강과 행복이 가득하기를 진심으로 기원합니다.

2022. 8.

선봉윤선희교수 정년기념판례평석집 간행위원회

김철환

김훈건

박태일

신재호

이헌희

정지석

조용순

차상육

축사

일본에서는 큰 업적을 쌓고, 과실없이 퇴직하는 사람에게 '축하합니다'라는 말을 건네는 것이 일반적인 인사입니다. 그러한 의미에서 저는 윤선희 교수님께 '진심으로 정말 축하 드린다' 말씀드리고 싶습니다. 윤선희 교수님은 지적재산법학이 학문으로 정착되기 전부터 일관되게 한양대학교에서 연구를 계속하면서 학문적으로는 물론 실무계에 대한 영향이라는 측면에서도 한·일 양국에서 큰 업적을 남겼습니다. 윤선희 교수님에 관한 한국에서의 활동은 다른 분에 의해 소개가 될 것이라 생각하기에, 여기서는 주로 일본에서의 이야기를 하려고 합니다.

윤선희 교수님은 일본 정부 장학생(일명 문부성 장학생) 신분으로 고베대학에서 유학을 하면서 매우 훌륭한 성적을 거두고, 졸업 시에는 졸업생 전체를 대표하여 답사도 하였으며 법학박사 학위를 취득하였습니다. 일본에 있어서의 전문영역에 대한 관심과 이해도가 높아 일본에서도 크게 활약을 하였는데, 일본 특허청 심의회 첫 외국인 위원이 되었고 오사카 대학에서는 강의도 하였으며, 제가 회장을 맡고 있는 재단법인 지적재산연구소 초빙연구원 등을 역임하기도 하며, 많은 논문을 발표하고 저서도 출판하셨습니다. 일본의 지적재산법 학자 가운데 윤선희 교수님의 성함을 모르는 사람이 없을 정도로 많은 친분 관계를 가지고 계십니다. 저 또한 윤선희 교수님과 오랜 기간 인연을 이어오고 있습니다. 윤선희 교수님은 도쿄대학 법학과 법학정치학연구과(대학원)의 객원 교수 신분으로도 여러 번 도쿄대학에 재적하면서 연구를 하신 적도 있으며, 지금은 저의 소중한 친구 중 한 사람입니다. 아울러 일본의 많은 지적재산 관련 학회에서도 활약하고 계시는 것은 물론, 지적재산법 이외의 한일법학회의 회원이사도 역임하시는 등 대단히 폭넓게 활약하고 계십니다.

개인적으로는, 윤선희 교수님께서 저를 한국에 여러 차례 초청해 주셨기에 서울에서 강연을 한 적도 있었습니다. 무엇보다도 기억에 남는 것은 윤선희 교수님과 함께 제주도를 여행하며 동양의 하와이라는 제주에서 아름다운 경치를 느긋하게 즐겼던 일입니다. 또한, 윤선희 교수님의 내외와 저희 부부가 역사 깊은 도시인 수원을 여행하면서 성(城)을 구경하기도 했습니다. 유네스코 세계유산으로 등재된 사실에 걸맞은 실로 아름다운 거리였습니다.

긴 한일의 역사 속에서 현재 정치적으로는 다소 불편한 관계에 놓여 있지만, 윤선희 교수님은 한결같이 한일 양국의 학술 교류에 힘쓰셨습니다. 일본 법학자의 대다수는 서유럽의 법을 연구하고 있으나, 한국 법률을 아는 일본 법학자는 아직 적은 상황 속에서 윤선희 교수님의 활약은 많은 일본 법학자들의 인식을 전환시키는 계기가 되었습니다. 저도 한일 학술교류의 중요성을 진작부터 통감하였기에, 도쿄대학 교수 시절에 많은 한국 유학생이 입학할 수 있게 하였습니다. 국가는 다르지만 윤선희 교수님과 저의 생각이 다르지 않았기에, 두 사람이 한일 우호를 돈독하게 하는데 일조를 했다고 믿습니다.

윤선희 선생님께서 이번에 65세를 맞아 한양대학교 법학전문대학원을 정년 퇴직하시지만, 앞으로 자유로운 입장에서 한일의 가교적 존재로서 그 존재감이 달라지지 않을 것이라 확신합니다. 이후에도 건강하게 활약하여 주시기를, 크게 기대합니다.

2022년 4월

도쿄대학교(東京大学) 명예교수·일본학사원(한국 학술원에 해당)회원

나카야마 노부히로(中山信弘)

尹 宣熙　先生への祝辞

日本では大きな業績をあげ、大過なく退職される人に対しては「おめでとうございます」という言葉を捧げるのが通例です。その意味で、私は尹宣熙先生に対して「心から本当におめでとうございます」と申し上げたいと思います。尹宣熙先生は、知的財産法学の黎明期以降、一貫して漢陽大学で研究を続け、学問的には勿論のこと、実務界に対する影響という意味においても、韓日両国で大きな業績を上げられました。韓国でのお話は他の方から紹介があると思いますので、ここでは主として日本でのお話をしたいと思います。

尹宣熙先生は日本国政府奨学生として神戸大学に留学され、大変立派な成績を収め、卒業生総代として卒業され、法学博士号を取得されました。パーフェクトともいえる日本語を駆使し、日本でも大いに活躍され、日本特許庁審議会委員を始め、大阪大学では講義もされ、また私が会長を務めている(財)知的財産研究所招聘研究員等々を歴任され、多くの論文を発表し、また著書も出版されました。そして今では日本の知財法学者のなかで尹宣熙先生のお名前を知らぬ者はおりませんし、多くの知己を得ております。私も尹宣熙先生とは長いお付き合いとなります。尹宣熙先生は東京大学法学部や法学政

治学研究科（大学院）の客員教授として何回も東大に在籍して研究をしていただいたこともあり、今では、私の大事な親友の一人となっております。また日本の多くの知的財産関係の学会でも活躍され、知的財産法学以外でも韓日法学会会員理事も務めておられ、極めて幅広くご活躍です。

　また個人的には、尹宣熙先生には、何回も韓国にご招待いただき、ソウルで講演をいたしましたが、何といっても思い出に残るのは、二人で済州島を旅し、東洋のハワイといわれる美しい景色を堪能したことです。またある時は、尹宣熙先生ご夫妻と私の妻と４人で、古い都である水原を旅し、お城を見物したこともありました。ユネスコの世界遺産に登録されているだけに実に美しい街でした。

　長い韓日の歴史の中で、今は政治的には少しギクシャクしておりますが、尹宣熙先生は、一貫して韓日の学術交流に尽力されてこられました。日本の法学者の多くは西欧を見ており、韓国の法律を知る日本の法学者は未だ少ない中で、尹宣熙先生のご活躍は多くの日本の法学者を啓蒙してまいりました。私も韓日の学術交流の重要性をかねてより痛感しておりましたので、東大教授時代には韓国からの留学生を多く受け入れてきました。国こそ違えども、私は尹宣熙先生のお考えには大賛成でしたので、二人で韓日の友好を深めることができたのではないかと思っております。

　尹宣熙先生は、このたび漢陽大学法学専門大学院を65歳で定年退職されますが、今後自由の身になられ、ますます韓日の架け橋的存在として存在感を高めることを確信いたしております。今後ともお健やかにご活躍くださるよう、大いに期待しております。

2022年4月

東京大学名誉教授・日本学士院会員　中山信弘

축사

　　윤선희 교수님은 한국의 탁월한 지적재산권 전문가로서 국제사회에서 높은 명망을 갖고 있습니다. 윤 교수님은 한중일 3국간의 지적재산권 교류에 중요한 공헌을 기여하였으며, 각종 행사 장소에서의 교수님과의 여러 차례 교류를 하면서 교수님의 학술적 면모와 뛰어난 품위를 깊이 느낄 수 있었습니다. 윤선희 교수님께서 영광스럽게 정년을 맞이하시는 기회를 빌어 교수님에 대한 축언을 전하여 드립니다. 교수님의 학술 성과가 길이길이 빛나고 대한민국의 지적재산권 발전과 아태 지역 지적재산권 협력 사업에 더욱 큰 공헌에 기여하시기를 진심으로 기원합니다!

2022년 5월 12일

중남재경정법대학 고참교수

중국지적재산권법연구회 명예회장

우 한 둥(吴 汉 东)

　　尹宣熙教授是韩国卓有成就的知识产权专家，在国际社会享有相当声誉。尹教授对中日韩三国之间的知识产权交流做出重要贡献，我与教授在各种场合进行多次交流，深切感受到教授的学术风采和卓越气质。时值尹宣熙教授荣退之际，我在此谨表颂言：祝愿教授学术之树长青，为韩国知识产权学科发展和亚太知识产权事业合作做出更大贡献！

中南财经政法大学资深教授

中国知识产权法学研究会名誉会长

2022年 5月 12日

차례

제 1 편 │ 특허법

제2편 ┃ 디자인법

제3편 ǀ 상표법

제4편 ǀ 부경법

제5편 | 저작권법

제1편

특허법

서울중앙지방법원 2021. 9. 30. 선고 2018가합542057 판결

투여용법·투여용량 의약용도발명의 실시가능요건

박 태 일 (서울서부지방법원 부장판사)

Ⅰ. 판결의 개요

1. 원고의 이 사건 특허발명

발명의 명칭을 '골다공증 치료 및 예방용 비스포스폰산'으로 하는 특허발명이다. 원고가 침해를 주장하는 청구항은 6항이다. 관련 등록무효심판절차에서 2020. 11. 23. 정정청구가 있었는데, 제6항 발명과 제6항 정정발명은 모두 ① 150mg의 이반드로네이트(유효성분의 투여용량), ② 매월 하루(1회) 경구 투여(투여용법), ③ 골다공증의 예방 또는 치료(대상 질병에 대한 약효)라는 3가지의 구성요소로 이루어져 있다.

2. 피고 제품

피고는 이반드론산나트륨일수화물을 함유하는 골다공증 치료용 정제 의약품에 대하여 식품의약품안전처로부터 의약품 품목허가를 받고 이를 판매하고 있다. 피고 제품의 품목허가 정보에, 피고 제품은 이반드론산 150mg을 포함하는 정제로 월 1회 1정을 매월 같은 날에 복용하면 폐경 후 여성의 골다공증을 치료하는 효과가 있다고 기재되어 있다.

3. 당사자의 주장 요지

이 사건 특허발명의 특허권자인 원고는 피고가 제6항 발명의 구성요소를 모두 포함하고 있는 피고 제품을 생산·판매하여 원고의 특허권을 침해하고 있다는 이유로 침해금지와 손해배상을 청구하였다. 피고는 제6항 발명은 통상의 기술자가 용이하게 실시할 수 있을 정도로 발명의 설명을 기재하고 있다고 볼 수 없고, 진보성이 부정되어 무효가 될 것임이 명백하다고 다투었다.

4. 대상판결의 결론

대상판결은 2021. 9. 30. 이 사건 특허발명은 발명의 설명 기재불비로 인하여 그 권리범위가 부정되므로(또는 무효로 될 것임이 명백하여 원고가 특허권을 행사하는 것이 권리남용에 해당한다고 판단되므로) 원고의 피고에 대한 이 사건 청구는 나머지 점에 관하여 더나아가 살펴보기에 앞서 받아들일 수 없다고 판단하였다.[1]

Ⅱ. 해 설

1. 쟁 점

대상판결이 판단한 쟁점은 투여용법·투여용량을 부가한 의약용도발명의 명세서 중 발명의 설명 기재요건, 구체적으로는 "그 발명이 속하는 기술분야에서 통상의 지식을 가진 사람이 그 발명을 쉽게 실시할 수 있도록 명확하고 상세하게 적을 것"의 충족 여부이다.

2. 의약용도발명에 요구되는 발명의 설명 기재요건에 관한 판단기준

특허법원 개원 전 특허청 항고심판소 심결을 원심으로 하는 대법원 1996. 7. 30. 선고 95후1326 판결, 대법원 1996. 10. 11. 선고 96후559 판결은 의약품의 발명에서 명세서의 상세한 설명에 그 약리효과에 대한 기재가 있으면 충분하고 그에 대한 실험데이터나 시험성적표의 기재는 명세서의 필수적 기재요건은 아니라는 취지로 판시하였다. 위 판결들은 특허청 심사기준과는[2] 다른 입장을 나타낸 것인데, 일반적 발명 특허 기

---

[1] 항소없이 확정되었다.

계장치 등에 관한 발명에 통용되는 이론에 근거한 것으로 의약용도발명의 특수성을 감안하지 않은 판결이라는 비판이 제기되었다.[3]

특허법원 개원 후 약리효과에 관하여 추상적인 기재만이 있는 발명의 상세한 설명에 대해 기재불비로 판단한 특허법원판결들이 선고되었고 대법원에서도 수긍되었다. 그러다 대법원 2001. 11. 30. 선고 2001후65 판결은 "일반적으로 기계장치 등에 관한 발명에 있어서는 특허출원의 명세서에 실시예가 기재되지 않더라도 통상의 기술자가 발명의 구성으로부터 그 작용과 효과를 명확하게 이해하고 용이하게 재현할 수 있는 경우가 많으나, 이와는 달리 이른바 실험의 과학이라고 하는 화학발명의 경우에는 당해 발명의 내용과 기술수준에 따라 차이가 있을 수는 있지만 예측가능성 내지 실현가능성이 현저히 부족하여 실험데이터가 제시된 실험예가 기재되지 않으면 통상의 기술자가 그 발명의 효과를 명확하게 이해하고 용이하게 재현할 수 있다고 보기 어려워 완성된 발명으로 보기 어려운 경우가 많고, 특히 약리효과의 기재가 요구되는 의약의 용도발명에 있어서는 그 출원 전에 명세서 기재의 약리효과를 나타내는 약리기전이 명확히 밝혀진 경우와 같은 특별한 사정이 있지 않은 이상 특정 물질에 그와 같은 약리효과가 있다는 것을 약리데이터 등이 나타난 시험예로 기재하거나 또는 이에 대신할 수 있을 정도로 구체적으로 기재하여야만 비로소 발명이 완성되었다고 볼 수 있는 동시에 명세서의 기재요건을 충족하였다고 볼 수 있을 것이며, 이와 같이 시험예의 기재가 필요함에도 불구하고 최초 명세서에 그 기재가 없던 것을 추후 보정에 의하여 보완하는 것은 명세서에 기재된 사항의 범위를 벗어난 것으로서 명세서의 요지를 변경한 것이라 할 것이다."라고 새로운 법리를 설시하였다.[4] 이후 다수의 대법원판결이 같은 법리를 유지

---

2) 당시 특허청의 심사기준은 "의약에 관한 용도발명에 있어서는 약리효과, 유효량 및 투여방법의 기재가 출원 시에 되어 있어야 한다. 약리효과는 원칙적으로 임상시험에 의하여 뒷받침되어야 하나 발명의 내용에 따라서는 임상시험 대신 동물시험이나 시험관 내 실험으로 해도 좋다. 유효량, 투여방법, 제약화를 위한 사항 등은 당해 의약발명을 통상의 기술자가 용이하게 실시할 수 있을 정도로 기재되어야 한다."와 같이 되어 있었고, 현재도 같은 취지로 아래에서 보는 대법원판례의 법리를 반영한 내용으로 되어 있다[특허청 예규 제124호(2021. 12. 30. 개정), 특허·실용신안 심사기준, 2305면 참조].

3) 최성준, "의약의 용도발명에 있어서의 약리효과 기재 정도", 「LAW&TECHNOLOGY」, 제1권 제2호, 서울대학교 기술과법센터, 2005, 136면 참조.

4) 이러한 법리가 선언된 취지, 즉 의약용도발명은 그 특수성으로 인하여 발명의 상세한 설명에 약리효과에 대한 실험데이터나 이에 준하는 구체적 기재가 필요하다는 근거에 관하여는 이수완, "의약의 용도발명에 있어서의 약리효과와 명세서의 보정(대법원 2001. 11. 30. 선고 2000후2958 판결)", 「대법원판례해설」, 제39호, 법원도서관2002, 294면 이하; 강동세, "의약의 용도발명에 있어서의 약리효과와 명세서의 보정(대법원 2001. 11. 30. 선고 2001후65 판결)", 「정보법판례백선(Ⅰ)」, 박영사, 2006, 53면 이하 각 참조.

하였다. 결국 특허법원 개원 전의 위 95후1326 판결, 96후559 판결의 태도는 특허법원 개원 후 일관된 판례에 의하여 사실상 변경되었다고 할 수 있다.[5]

그리고 대법원 2015. 4. 23. 선고 2013후730, 2015후727 판결은 위와 같이 변경된 판단기준을 다시 확인하였다. 나아가 약리데이터 등이 나타난 시험예를 대신할 수 있을 정도로 구체적으로 기재되었다고 볼 수 있는 판단요소를 일반화하여 법리로 제시하지는 않았지만 발기부전 치료제에 관한 해당 사안에 적용시킬 수 있는 판단요소를 설시함으로써,[6] '구체적 기재'의 의미를 보다 명확하게 하기 위한 단초를 보여주었다. 또한 최근 대법원 2021. 4. 29. 선고 2017후1854 판결 역시 같은 판단기준을 재확인하였다. 이러한 일련의 일관된 대법원판례에는 '기술 공개의 대가로서 독점배타권을 부여한다'라는 특허제도의 본질에 충실하게 기술 공개를 성실하게 하지 아니한 명세서(발명의 설명)에 대하여는 엄격한 기준으로 기재불비를 적용함으로써 특허권을 배제하겠다는 지향점이 나타난다고 볼 수 있다. 특허법원 개원 후 위와 같이 일관되게 유지되고 있는 의약용도발명의 엄격한 발명의 설명 기재요건 법리에 관하여는 발명의 효과 기재에 관한 일반원칙이나 다른 나라의 기준과 부합하지 않는다는 점 등에서 비판론도 꾸준히 제기되고 있다.[7]

3. 투여용법 · 투여용량을 부가한 의약용도발명의 발명의 설명 기재요건

가. 대상판결 전의 논의 상황

이 문제에 관하여 "해당 의약물질의 대상 질병에 관한 의약용도가 이미 개시되어 있

---

5) 실시가능요건 일반은 윤선희, 『특허법』, 제6판, 법문사, 2019, 380면 이하 참조. 의약용도발명의 명세서 기재요건에 관한 선례의 사안 검토는 박태일, "의약의 용도발명에서 특허출원 명세서의 기재 정도(대법원 2015. 4. 23. 선고 2013후730,2015후727 판결)", 『대법원판례해설』, 제104호, 법원도서관, 2015, 292면 이하 참조.

6) '특히 바람직한 화합물 중 하나' 및 '특히 바람직한 화합물 중 1종'이 '특히 바람직한 화합물' 9종 가운데 어느 화합물을 의미하는 것인지, 또 그것이 유효성분인 실데나필인지 여부를 알기 어렵고, 명세서 기재만으로는 어느 정도 규모의 발기부전 환자 집단에 투여하여 어느 정도 비율의 환자에게 치료효과가 나타났는지에 대하여 알 수도 없으며, 투약 이후 발기부전의 치료효과를 얻기까지 걸리는 시간, 발기의 강직도, 지속시간 등에 대한 정량적 또는 구체적인 기재도 전혀 없으므로, 발기부전과 같은 질병의 특수성을 감안한다 하더라도 명세서에는 실데나필에 약리효과가 있다는 것을 알 수 있는 약리데이터 등이 나타난 시험예나 이를 대신할 수 있을 정도의 구체적인 기재는 없다고 봄이 타당하다고 판단하였다.

7) 최근의 문헌으로 박창수, "비아그라 의약 용도발명의 명세서 기재요건", 한국특허법학회 편, 『특허판례연구(제3판)』, 박영사, 2017, 306면 이하; 손천우, "선택발명의 특허성에 관한 연구", 서울대학교 대학원 법학박사학위논문, 2022, 439면 등 참조.

는 상황이라면 약리기전이 명확히 밝혀진 경우에 해당하는 것으로 보아 약리효과에 관한 정성적인 기재만으로 족하다고 보는 견해가 있을 수 있는 반면, 특정한 투여용법·용량으로 투여한 경우에 약리효과를 나타내는 약리기전은 밝혀지지 않았다고 보아 그 약리효과를 확인할 수 있는 약리데이터 등이 기재된 시험례의 기재가 필수적이라고 보는 견해도 있을 수 있다."라고 향후 추가적인 검토가 필요함을 밝힌 문헌이 있다.[8]

정면으로 "최초 의약용도발명의 경우에는 용도(효과)가 물질과 함께 권리청구 요소에 포함되므로 해당 물질에 그와 같은 용도(효과)가 있다는 점을 나타낼 수 있을 정도로, 즉 약리효과를 구체적으로 기재해야만 명세서 기재요건을 만족하는 것이 될 것이지만, 그와 같은 용도(효과)는 이미 알려져 있고 특정 용법·용량을 선택한 것에 발명의 특징이 있는 경우에는 선택발명의 명세서 기재 일반 법리에 따라 선행발명에 비하여 현저한 효과가 있음을 명확히 기재하면 충분하고 그 효과의 현저함을 구체적으로 확인할 수 있는 비교실험자료까지 기재하여야 하는 것은 아니며, 만일 그 효과가 의심스러울 때에는 출원일 이후에 출원인이 구체적인 비교실험자료를 제출하는 등의 방법에 의하여 그 효과를 구체적으로 주장·입증하면 된다."라고 대상판결의 태도와 반대 견해를 밝힌 문헌도 있다.[9]

나. 대상판결의 태도

대상판결은 투여용법·투여용량을 부가한 의약용도발명의 발명의 설명 기재요건을 엄격하게 보는 태도를 아래와 같은 법리로 설시하였다.

동일한 의약이라도 투여용법·투여용량의 변경에 따라 약효의 향상이나 부작용의 감소 또는 복약 편의성의 증진 등과 같이 질병의 치료나 예방 등에 예상하지 못한 효과를 발휘할 수 있고, 의약이 부작용을 최소화하면서 효능을 온전하게 발휘하기 위해서는 투여용법과 투여용량을 적절하게 설정할 필요가 있어 투여용법·투여용량은 의약물질이 가지는 특정의 약리효과라는 미지의 속성의 발견에 기초하여 새로운 쓰임새를 제공하는 구성요소로서의 의미를 갖는다. 따라서 투여용법·투여용량을 부가한 의약용도발명에서는 그 출원 전에 명세서 기재의 투여용법·투여용량으로써 발휘될 수 있는 약리기전이 명확히 밝혀진 경우와 같은 특별한 사정이 없다면 특정 투여용법·투여용

---

8) 이진희, "의약용도발명의 명세서 기재요건 및 진보성", 특허법원 개원20주년 기념논문집: 특허소송연구 특별호, 특허법원, 2018, 149-150면.
9) 강경태·신혜은, "용법·용량에 특징이 있는 발명의 명세서 기재요건", 「과학기술과 법」, 제11권 제1호, 충북대학교 법학연구소, 2020, 1-38면.

량에 그와 같은 약리효과가 있다는 것을 약리데이터 등이 나타난 시험예로 기재하거나 또는 이에 대신할 수 있을 정도로 구체적으로 기재하여야만 명세서의 기재요건을 충족하였다고 볼 수 있다.

이미 대법원 2015. 4. 23. 선고 2013후730, 2015후727 판결은 투여용법·투여용량을 부가하지 않은 의약용도발명을 판단 대상으로 하면서 물질 자체가 특정되었다고 하더라도 투여량의 범위, 구체적인 투여방법, 투여대상의 규모, 이 가운데 약리효과를 유발시켰다고 평가한 비율, 투여 전과 투여 후의 상태를 비교하여 치료효과를 얻었다고 판단한 근거 등을 알 수 없으면, 약리데이터 등이 나타난 시험예 또는 이에 대신할 수 있을 정도로 구체적인 기재가 있다고 볼 수 없다고 판단하였다. 이러한 판시 취지에 따르면 투여용법·투여용량을 부가한 의약용도발명에서는 더더욱 그 투여용법·투여용량에 특허권자가 주장하는 약리효과가 있음을 약리데이터 등이 나타난 시험예로 기재하거나 또는 이에 대신할 수 있을 정도로 구체적으로 기재하여야 한다고 보아야 한다.

이와 달리 특정 투여용법·투여용량을 부가하기 전 당해 유효성분의 대상 질병에 관한 의약용도가 개시되어 있다는 사정만으로 그 투여용법·투여용량으로 투여하는 경우의 약리효과까지 통상의 기술자에게 자명하다고 보는 해석은 그러한 투여용법·투여용량을 대상 질병 또는 약효에 관한 의약용도와 본질이 같은 별도의 구성요소로 인정하는 대법원 전원합의체 판결의 취지와 맞지 않다.

또한 명세서에 특정 투여용법·투여용량을 개시하고 그 약리효과를 정성적(定性的)으로 기재한 것만으로도 통상의 기술자가 당해 발명을 쉽게 실시할 수 있다고 보는 해석은 의약용도발명에서 특정 유효성분을 개시하고 그 약리효과를 정성적으로 기재한 것만으로는 통상의 기술자가 당해 발명을 쉽게 실시할 수 없다고 보는 일련의 대법원 판결들의 취지에 반한다.

특정 유효성분을 개시하고 그 약리효과를 정성적으로 기재한 것만으로는 통상의 기술자가 당해 의약용도발명을 쉽게 실시할 수 없다고 본 일련의 대법원판결들은 예측가능성 또는 실현가능성이 현저히 부족한 의약용도발명의 본질적 특성상 실험데이터 등이 기재되지 않으면 통상의 기술자가 그 의약용도발명의 효과를 명확하게 이해하고 용이하게 재현할 수 있다고 보기 어렵다는 점을 근거로 한다. 이러한 본질적 특성으로 인하여 의약용도발명에서는 단순히 특정 유효성분을 개시하고 그 약리효과를 정성적으로 기재한 것만으로는 통상의 기술자로서는 과연 당해 의약용도발명이 진정으로 완성된 것인지조차 알기 어렵다. 특허권자가 어떤 이유로 특정 유효성분이 그러한 약리효과를 가진다고 결론을 내렸는지 그 과정을 확인하여야 비로소 당해 의약용도발명을 이해하고 실시할 수 있게 된다. 이 때문에 개발한 기술의 내용을 성실히 공개하고 그 대가로 독점배타권인 특허권을 부여받는다는 특허제도의 기본원리가 실현되려면 약리효과의 기재가 요구되는, 즉 의약물질과 함께 의약용도 자체도 발명의 구성요소로 하는 물건발명인 의약용도발명에서는 그 출원 전에 명세서 기재의 약리효과를 나타내는 약리기전이 명확히 밝혀진 경우와 같은 특별한 사정이 없다면 특정 물질에 그와 같은 약리효과가 있다는 것을 약리데이터 등이 나타난 시험예로 기재하거나 또는 이에 대신할 수 있을 정도로 구체적으로 기재하여야만 명세서의 기재요건을 충족하였다고 본 것이다.

그리고 위와 같은 명세서의 기재요건 위반은 보정에 의하여 해소될 수 있는 성격의 것이 아니라고 보는 태도는, 선출원주의에 따라 먼저 출원한 사람에게 우선적으로 특허권을 받을 수 있는 자격을 주는 법제상, 만일 출원 당시의 명세서에 이러한 과정까지 설명하지 않더라도 보정으로 그 흠결이 치유될 수 있도록 허용한다면, 일단 추상적인 예측결과만으로 특허출원을 한 다음 사후에 그러한 확인 과정을 거친 사람이 그보다 앞서 확인 과정을 수행하느라 특허출원이 늦어진 사람보다 우선하여 특허권을 인정받게 되는 부당한 결과가 발생하기 때문이다(모인출원이 있었던 경우가 아니라면 일반적으로는 누가 진정으로 당해 의약용도발명을 완성한 사람인지를 사후에라도 가려내어 그 사람에게 특허권을 부여할 수 있는 법제가 아니기 때문이다).

이러한 성격은 투여용법·투여용량이 구성요소로 부가된 경우에도 마찬가지로 드러난다. 대법원 2015. 5. 21. 선고 2014후768 전원합의체판결이 투여용법·투여용량을 발명의 구성요소로 인정하는 의미에 관하여 설시한 바와 같이,[10] 의약으로 사용될 수 있는 물질은 사용태양에 따라서 약(藥)이 될 수도 있고 독(毒)이 될 수도 있는 양면성을 가지고 있다. 동일한 유효성분이라고 하더라도 적절한 투여용법과 투여용량으로 사용되면 질병의 치료나 예방 등에 효과를 발휘하지만 과도하거나 부적절하게 사용되면 오히려 인체에 해를 끼칠 수 있는 것이다. 따라서 비록 통상의 기술자가 당해 유효성분

---

10) 대법원 2015. 5. 21. 선고 2014후768 전원합의체판결은 의약이라는 물건의 발명에서 대상 질병 또는 약효와 함께 투여용법과 투여용량을 부가하는 경우에 이러한 투여용법과 투여용량은 의료행위 그 자체가 아니라 의약이라는 물건이 효능을 온전하게 발휘하도록 하는 속성을 표현함으로써 의약이라는 물건에 새로운 의미를 부여하는 구성요소가 될 수 있다고 보아야 함을 선언하였다. 이 판결의 의미, 배경이 된 학설상의 논의와 비교법적 검토 등에 대하여는 김창권, "의약의 투여방법과 투여용량이 발명의 구성요소인지(대법원 2015. 5. 21. 선고 2014후768 전원합의체판결)", 고영한 대법관 재임기념 논문집, 사법발전재단, 2018, 678면 이하; 김창권, "의약의 투여용법·용량의 특허대상성 등에 관하여", 「특허소송연구」, 제7집, 특허법원, 2017, 709면 이하 참조.

이 당해 질병에 효능을 발휘할 수 있음을 알고 있다고 하더라도 어떠한 투여용법·투여용량으로 투여하더라도 그 유효성분이 그 질병에 효능을 가질 것인지의 여부까지 당연히 알고 있다고 볼 수는 없다.

애초에 특허법 제42조 제3항 제1호가 규정하는 발명의 설명 기재요건은 특허출원된 발명의 내용을 제3자가 명세서만으로 쉽게 알 수 있도록 공개하여 특허권으로 보호받고자 하는 기술적 내용과 범위를 명확하게 하기 위한 것이다(대법원 2011. 10. 13. 선고 2010후2582 판결, 대법원 2015. 9. 24. 선고 2013후525 판결 등 참조). 그리고 '물건의 발명'의 경우 그 발명의 '실시'란 그 물건을 생산·사용하는 등의 행위를 말하므로, 물건의 발명에서 통상의 기술자가 특허출원 당시의 기술수준으로 보아 과도한 실험이나 특수한 지식을 부가하지 않고서도 발명의 설명에 기재된 사항에 의하여 물건 자체를 생산하고 이를 사용할 수 있고, 구체적인 실험 등으로 증명이 되어 있지 않더라도 특허출원 당시의 기술수준으로 보아 통상의 기술자가 발명의 효과의 발생을 충분히 예측할 수 있다면, 위 조항에서 정한 기재요건을 충족한다고 볼 수 있을 것이다(대법원 2016. 5. 26. 선고 2014후2061 판결 참조). 그런데 통상의 기술자에 해당하는 제3자가 기존에 알지 못했던 새로운 투여용법·투여용량이 기술적 특징으로 부가되어 있는 의약용도발명의 명세서를 보고서 정성적으로만 기재된 당해 발명의 약리효과를 명확하게 이해하기 위하여 제3자 자신이 비로소 실험을 설계하고 수행하여야 한다면, 이는 통상의 기술자가 특허출원 당시의 기술수준으로 보아 과도한 실험이나 특수한 지식을 부가하지 않고서도 발명의 설명에 기재된 사항에 의하여 물건 자체를 생산하고 이를 사용할 수 있고, 구체적인 실험 등으로 증명이 되어 있지 않더라도 특허출원 당시의 기술수준으로 보아 통상의 기술자가 발명의 효과의 발생을 충분히 예측할 수 있는 경우에 해당한다고 평가하기 어렵다.

더구나 제시된 투여용법·투여용량이 해당 유효성분을 투여하는 용법과 용량에 관한 기존의 인식과 괴리되는 것이라면, 예를 들어 투여주기를 줄이기 위하여 통상의 기술자가 알고 있던 안전한 범위를 초과하는 용량의 유효성분을 일시에 투여하도록 한 투여용법·투여용량 구성요소를 제시한 발명이라면, 그런데도 명세서에는 기존의 인식과 다르게 과도한 용량을 일시에 투여하는 구성요소를 기재하였을 뿐 실제로 의미 있는 실험을 수행한 결과 우려할 정도의 부작용이 나타나지 않거나 오히려 부작용이 감소하였다는 정량적 데이터 등에 의한 실증적인 설명조차 없다면, 이러한 명세서를 두고 통상의 기술자가 당해 투여용법·투여용량 발명의 효과를 명확하게 이해하고 용이하게 재현할 수 있다고 보기는 어렵다고 하지 않을 수 없다.

4. 대상판결의 의의

대상판결은 투여용법·투여용량을 부가한 의약용도발명의 명세서 중 발명의 설명 기재요건에 관하여 처음으로 법리와 함께 명확한 태도를 설시한 하급심판결로서 의의가 있다.

참고문헌

강경태 · 신혜은, "용법 · 용량에 특징이 있는 발명의 명세서 기재요건", 「과학기술과 법」, 제11권 제1호, 충북대학교 법학연구소, 2020.

강동세, "의약의 용도발명에 있어서의 약리효과와 명세서의 보정(대법원 2001. 11. 30. 선고 2001후65 판결)", 「정보법판례백선(Ⅰ)」, 박영사, 2006.

김창권, "의약의 투여용법 · 용량의 특허대상성 등에 관하여", 「특허소송연구」, 제7집, 특허법원, 2017.

_____, "의약의 투여방법과 투여용량이 발명의 구성요소인지(대법원 2015. 5. 21. 선고 2014후768 전원합의체판결)", 고영한 대법관 재임기념 논문집, 사법발전재단, 2018.

박창수, "비아그라 의약 용도발명의 명세서 기재요건", 한국특허법학회 편, 「특허판례연구」, 제3판, 박영사, 2017.

박태일, "의약의 용도발명에서 특허출원 명세서의 기재 정도(대법원 2015. 4. 23. 선고 2013후730,2015후727 판결)", 「대법원판례해설(제104호)」, 법원도서관, 2015.

손천우, "선택발명의 특허성에 관한 연구", 서울대학교 대학원 법학박사학위논문, 2022.

윤선희, 「특허법」, 제6판, 법문사, 2019.

이수완, "의약의 용도발명에 있어서의 약리효과와 명세서의 보정(대법원 2001. 11. 30. 선고 2000후2958 판결)", 「대법원판례해설」, 제39호, 법원도서관, 2002.

이진희, "의약용도발명의 명세서 기재요건 및 진보성", 특허법원 개원20주년 기념논문집: 특허소송연구 특별호, 특허법원, 2018.

최성준, "의약의 용도발명에 있어서의 약리효과 기재 정도", 「LAW&TECHNOLOGY」, 제1권 제2호, 서울대학교 기술과법센터, 2005.

대법원 2020. 5. 14. 선고 2017후2543 판결

화학발명에서 결합발명의 진보성에 대한 판단

한 지 영 (조선대학교 법학과 교수)

I. 판결의 개요

1. 사건의 개요

원고(제이엔씨 주식회사 외 1인, 특허권자)는 '액정 조성물 및 액정 표시 소자'라는 발명을 제1국 특허청에 특허출원한 후 이를 토대로 우선권주장을 하였다(2009. 1. 22.). 원고는 이를 국제출원(2010. 1. 15.)하면서 2011. 7. 21. 국어로 된 번역문을 대한민국 특허청에 제출하였고, 2014. 3. 12. 특허등록을 하였다(등록번호 제1375931호). 원고의 특허발명(이하 '이 사건 특허발명'이라 함)은 총 20개의 청구항(21번부터 25번 청구항은 삭제)으로 구성되었다. 이 사건 특허발명의 특허권자인 원고들은 2016. 7. 8. 특허심판원에 이 사건 특허발명 중 청구항 1−6, 20을 정정하는 심판을 청구하였다(특허심판원 2016정73호). 특허심판단계에서 피고보조참가인(메르크 카게아아(Merck KGaA))는 이 사건의 이해관계인으로서 2016. 8. 1., 동년 10. 11. 및 동년 11. 24. 3차례에 걸쳐 심판에 참가하여 이 사건 정정발명이 선행발명 4에 선행발명 5를 결합한 발명으로 용이하게 발명할 수 있어서 진보성이 부정되므로 원고들의 정정청구가 받아들여져서는 안된다는 취지의 정보를 제출하였다. 특허심판원은 2016. 11. 30. 이 사건 정정발명의 전체 청구항은 모두 선행발명 5 또는 선행발명 4와 5의 결합에 의하여 진보성이 부정되므로 구 특허법

(2009. 1. 30. 법률 제9381호로 개정되기 전의 것, 이하 '구 특허법') 제136조 제4항의 정정요 건을 충족시키지 못하고 있다는 취지로 특허권자에게 정정의견제출통지를 하였다. 원 고들은 2016. 12. 19. 이 통지서의 내용을 반박하는 심판사건 의견서를 제출하였으나, 특허심판원은 2017. 1. 10. 이 사건 정정발명의 전체 청구항은 그 발명이 속하는 기술 분야에서 통상의 지식을 가진 사람이 선행발명 5 또는 선행발명 4와 5의 결합에 의하 여 쉽게 발명할 수 있어서 진보성이 부정된다고 하면서 이 사건 정정청구를 기각하는 심결을 하였다.

원고들은 특허심판원의 심결을 취소하는 심결취소소송을 특허법원에 제기하였다. 특 허법원은 이 사건 정정발명 중 정정청구항 1이 응답 속도 등을 개선하여 우수한 특성 을 가지는 액정 조성물을 제공하기 위한 발명이라는 점에서 선행발명 4, 5에 비하여 목적의 특이성이 인정되지 않고, 통상의 기술자가 선행발명 4에 선행발명 5를 결합하 는 방법으로 쉽게 그 구성을 도출해 낼 수 있어 구성의 곤란성이 인정되지는 않지만, 그 작용 효과가 선행발명 4, 5의 결합으로 예측되는 효과에 비하여 현저하게 우수하다 고 인정되므로, 선행발명 4, 5에 의하여 그 진보성이 부정되지 않는다고 판시하였다(특 허법원 2017. 9. 29. 선고 2017허301 판결). 이에 특허청장은 대법원에 상고하였고, 대법원 은 상고를 기각하는 취지의 판결을 하였다.

2. 대상판결의 요지

가. 원심(특허법원 2017. 9. 29. 선고 2017허301 판결)

특허법원은 이 사건 정정발명의 진보성을 인정한다고 판시하였다. 특허법원에 의하 면, "정정청구항 1은 중합 가능한 화합물로서 제3성분이 나타나 있으나 선행발명 4에 는 이에 대응되는 화합물이 제시되어 있지 않다. 그러나 이는 통상의 기술자가 선행발 명 4에다가 선행발명 5를 결합하는 방법에 의하여 쉽게 극복할 수 있을 것으로 보인 다. 정정청구항 1은 응답 속도 등을 개선하여 우수한 특성을 가지는 액정 조성물을 제 공하기 위한 발명이다. 마찬가지로 명세서를 살펴보면 선행발명 4, 5 역시 이러한 기술 과제를 명확히 인식하고 있다. 따라서 정정청구항 1의 목적의 특이성은 인정되지 아니 한다. 또한 이 사건 정정발명의 우선권주장일 당시 말단 치환기가 알케닐인 화합물을 포함시키지 않는 것이 기술상식이었다고 인정하기는 어렵다. 우선권주장일 당시 통상 의 기술자는 액정 조성물의 응답속도를 향상시키기 위하여 알케닐 화합물을 사용해 볼 가능성은 충분하였던 것으로 보인다. 따라서 선행발명 4에다가 선행발명 5를 결합하는 방법으로 쉽게 그 구성을 도출해 낼 수 있어 구성의 곤란성도 인정되지 아니한다. 한편 정정청구항 1은 제3 성분의 추가로 제3 성분을 함유하고 있지 않은 액정 조성물에 비하여 응답속도가 향상되었다는 것을 나타내고 있는데, 그 작용 효과가 선행발명 4, 5의 결합으로 예측되는 효과에 비하여 현저하게 우수하다고 인정되며 통상의 기술자라도 응답 속도에 관한 구체적 기재가 없는 선행발명 4와 중합성 화합물에 의해 어느 정도 응답 속도의 향상이 있기는 하지만 그 범위가 다양하고 개선된 응답 속도도 정정청구항 1의 그것에 비해 상당히 낮은 수치를 보이고 있는 선행발명 5를 결합하는 경우 정정청구항 1과 같은 응답 속도 개선의 효과를 나타낼 것이라고 예측하기는 쉽지 않을 것으로 보인다. 따라서 현저한 효과가 인정되어 이 사건 전체 청구항은 선행발명 4, 5에 의하여 그 진보성이 부정되지 아니한다."[1]

정리해보면, 특허법원(원심)은 이 사건 정정발명의 청구항 1의 제1, 2 성분은 선행발명 4에 존재하고, 제3 성분은 선행발명 5에 존재하는데, 이 사건 정정청구항 1은 선행발명 4와 5를 결합하는 방법으로 쉽게 그 구성을 도출할 수 있어서 구성의 곤란성이 인정되지는 않지만, 이러한 결합으로 인하여 발명의 효과가 현저하게 개선될 것이라는 것을 통상의 기술자가 손쉽게 예측할 수 없으며 효과의 현저성이 인정되므로 진보성이 부정되지 않는다고 판시한 것이다.

나. 대법원 판결(대법원 2020. 5. 14. 선고 2017후2543 판결)

특허법원의 판결에 대하여 특허청장과 피고보조참가인이었던 메르크 카게아아(Merck KGaA)는 대법원에 상고하였다. 대법원은 다음과 같은 취지로 판시하면서 상고인의 상고를 기각하였다:

> 이 사건 대상판결에서 특허청구범위 제1항 정정발명은 액정표시장치(LCD 등)에 사용되는 액정조성물에 관한 것으로, 이를 구성하는 제1, 2 성분은 VA(Vertical Alignment) 모드를 구현하는 성분으로 선행발명 4에 개시되어 있고, 제3 성분은 PSA(Polymer Sustained Alignment) 모드 구현을 위한 중합성 화합물로 선행발명 4에는 개시되어 있지 않으나(차이점), 선행발명 5에 개시되어 있다. 선행발명 5를 비롯한 선행문헌들에는

---

1) 특허법원, 우리 법원 주요 판결. 인터넷에서 검색 가능함: https://patent.scourt.go.kr/dcboard/new/DcNewsViewAction.work?seqnum=19253&gubun=44&scode_kname=&pageIndex=1&searchWord=&cbub_code=000700 (2022. 3. 26. 방문)

VA 모드의 액정조성물에 중합성 화합물을 추가하여 선경사각(pre-tilt angle)을 형성할 수 있다는 공지의 기술을 전제하면서도 기존의 액정조성물의 효과를 저해하지 않으면서 중합성 화합물이 의도하는 효과를 내는 조합을 찾는 것이 쉽지 않다는 점이 개시되어 있다. 원고들이 제출한 비교실험결과에 의하면, 선행발명 5에 제시되어 있는 P4 화합물과 P4 화합물의 액정조성물 중 일부를 이 사건 제1항 정정발명의 제1 내지 3 성분으로 치환한 조성물 A에 관하여 동일한 실험 조건에서 응답 시간을 측정한 결과, P4 화합물의 응답 시간은 18.3ms, 조성물 A의 응답 시간은 13.0ms로 그 개선 정도가 28.96%로 나타난다. 그렇다면 통상의 기술자에게 VA 모드의 액정조성물에 중합성 화합물을 추가한다는 착상 자체는 이미 공지된 기술사상이어서 별다른 어려움이 없겠지만, 구체적으로 선행발명 4에 개시된 제1, 2 성분에 선행발명 5에 개시된 제3 성분을 결합할 경우 제1, 2 성분의 특성을 저해하지 않으면서 제3 성분의 효과가 발휘될 것인지는 쉽게 예측하기 어려우므로, 그 결합이 쉽다고 단정할 수 없으므로, 진보성이 부정되지 않는다. … 원심은 "① 이 사건 제1항 정정발명의 제1, 2 성분은 선행발명 4에 존재하고, 제3 성분은 선행발명 5에 존재하는데, 이 사건 제1항 정정발명과 선행발명 4의 차이점은 선행발명 4에 선행발명 5를 결합함으로써 쉽게 극복할 수 있다. ② 다만 이 사건 제1항 정정발명에는 선행발명 4, 5의 결합으로 예측되는 효과에 비하여 현저하게 우수한 효과가 있으므로 그 진보성이 부정되지 않는다."고 판단하였다. … 원심이 선행기술들의 결합에 의한 효과 예측이 어려운 화학발명의 특성에도 불구하고 양자의 기술분야, 해결과제 등이 공통된다는 점을 들어 선행발명 4에 선행발명 5를 결합하는 것이 쉽다고 한 것은 다소 부적절하지만, 결과적으로 선행발명 4, 5를 결합하더라도 이 사건 제1항 정정발명의 진보성이 부정되지 않는다고 한 것은 정당하다.

대법원과 특허법원 모두 이 사건 정정발명의 진보성을 인정한다는 취지로 판결한 점은 동일하지만, 설시한 내용을 살펴보면 다소 차이가 있다. 특허법원은 이 사건 정정발명이 선행발명들이 결합에 의해 용이하게 발명할 수 있지만, 선행발명들의 결합에 의해 예측되는 효과에 비하여 현저한 효과가 인정되므로 진보성이 있다고 판시한 반면, 대법원은 화학발명의 특성상 선행기술들의 결합에 의한 효과의 예측이 어려움에도 불구하고 선행발명들의 결합으로 용이하게 발명할 수 있다고 설시한 것은 부적절하며, 효과의 현저성을 인정할 수 있으므로 진보성이 부정되지 않는다고 판시하였다.

Ⅱ. 해 설

1. 쟁 점

이 사건에서 쟁점은 화학분야 발명에서 선행기술들의 결합에 의해 이루어진 정정발명의 진보성 여부이다. 이 사건에서 특허권자는 특허심판원에 정정심판을 청구하여 특허발명을 정정하였는데, 이해관계인으로서 특허심판에 참가한 피고보조참가인은 선행발명 4에 선행발명 5를 결합한 정정발명의 진보성이 부정되므로 정정청구가 받아들여지면 안된다는 취지의 정보를 특허심판원에 제출하였다. 특허심판원은 이 사건 정정발명의 전체 청구항이 통상의 기술자가 선행발명들의 결합에 의하여 쉽게 발명할 수 있으므로 진보성이 부정된다는 심결을 하였지만, 원심인 특허법원과 대법원은 모두 이 사건 정정발명의 진보성을 인정하였다. 특허법원은 이 사건 정정청구항 1에 대해 목적의 특이성을 인정할 수 없고, 선행발명들의 결합으로 인하여 쉽게 그 구성을 도출할 수 있어서 구성의 곤란성도 인정되지 않지만, 발명의 효과가 선행발명들의 결합으로 예측되는 효과에 비하여 현저하게 우수하므로 진보성이 부정되지 않는다고 판시하였고, 대법원은 선행기술들의 결합에 의한 효과를 예측하는 것이 쉽지 않은 화학발명의 특성을 고려할 때, 선행발명들을 결합한 발명의 경우에 그 효과의 현저성을 쉽게 예측하기 어려우므로 그 결합이 쉽다고 단정할 수 없으며, 효과의 현저성을 인정할 수 있으므로 진보성이 부정되지 않는다고 판시하였다.

원심과 대법원의 판시 내용을 살펴보면, 화학분야에서 발명의 효과가 예측되지 않는 결합발명에 대한 진보성 판단을 할 때 어떠한 관점에서 판단해야 하는지가 이 사건의 쟁점이다.

2. 특허법상 진보성 판단

특허법 제29조 제2항은 "특허출원 전에 그 발명이 속하는 기술분야에서 통상의 지식을 가진 사람이 제1항 각 호의 어느 하나에 해당하는 발명에 의하여 쉽게 발명할 수 있으면 그 발명에 대해서는 제1항에도 불구하고 특허를 받을 수 없다."고 규정함으로써 진보성이 없는 발명은 특허받을 수 없다고 명시하고 있다. 진보성(Inventive step, Non-obviousness)은 특허출원한 발명이 특허를 받기 위하여 가장 중요한 특허요건 중하나이며, 당해 발명이 속하는 기술분야에서 통상의 지식을 가진 자가 선행발명에 비해 용이하게 발명할 수 있는지 여부에 따라 판단된다.

발명의 진보성 판단과 관련하여 대법원은 "특허발명의 청구범위에 기재된 청구항이 복수의 구성요소로 되어 있는 경우에는 각 구성요소가 유기적으로 결합한 전체로서의 기술사상이 진보성 판단의 대상이 되는 것이지 각 구성요소가 독립하여 진보성 판단의 대상이 되는 것은 아니므로, 그 특허발명의 진보성을 판단할 때에는 청구항에 기재된 복수의 구성을 분해한 후 각각 분해된 개별 구성요소들이 공지된 것인지 여부만을 따져서는 아니 되고, 특유의 과제 해결원리에 기초하여 유기적으로 결합된 전체로서의 구성의 곤란성을 따져 보아야 하며, 이때 결합된 전체 구성으로서의 발명이 갖는 특유한 효과도 함께 고려하여야 한다"라고 판시하였다(대법원 2021. 4. 8. 선고 2019후11756 판결; 대법원 2007. 9. 6. 선고 2005후3284 판결 등 참조). 또한 여러 선행기술문헌을 인용한 발명의 진보성을 판단하는 경우에 대법원은 "여러 선행기술문헌을 인용하여 특허발명의 진보성을 판단함에 있어서는 그 인용되는 기술을 조합 또는 결합하면 당해 특허발명에 이를 수 있다는 암시, 동기 등이 선행기술문헌에 제시되어 있거나 그렇지 않더라도 당해 특허발명의 출원 당시의 기술수준, 기술상식, 해당 기술분야의 기본적 과제, 발전경향, 해당 업계의 요구 등에 비추어 보아 그 기술분야에서 통상의 기술자가 쉽게 그와 같은 결합에 이를 수 있다고 인정할 수 있어야 당해 특허발명의 진보성이 부정된다."고 판시하였다(대법원 2007. 9. 6. 선고 2005후3284 판결 등 참조). 즉 선행기술들의 결합을 통해 완성한 발명의 경우에는 선행기술문헌에 해당 특허발명에 관한 암시, 동기 등이 제시되어 있거나, 만일 이러한 암시, 동기 등이 없다면 여러 가지 요소들을 고려하여 통상의 기술자가 이러한 결합발명에 이를 수 있다고 인정되어야 진보성이 부정된다고 판시한 것이다. 위 판결은 미국의 연방순회항소법원(CAFC)의 TSM 테스트와 연방법원의 KSR 판결과 유사하다.[2] 미국에서는 1966년 미국연방법원의 Graham 판결[3]에서 제시한 진보성 판단기준을 적용해 왔지만 이 기준이 너무 막연하여 객관적 기준을 제시하지 못한다는 비판이 제기되었다. 그 후 연방순회항소법원(CAFC)이 제시한 TSM 테스트에 따라 진보성을 판단해 왔는데, TSM 테스트란 2 이상의 선행기술에 개시된 사항을 조합(combination)하여 완성한 발명의 진보성을 판단할 때 그 선행기술들에 그 조합에 관한 교시(teaching), 암시(suggestion) 또는 동기(motivation)가 있는지 여부를 살펴

---

2) TSM 테스트와 KSR 판결에 대한 상세한 내용은 정차호, 「특허법의 진보성」, 박영사, 2014, 538면 이하 참조.

3) Graham et al. v. John Deere Co. of Kansas City et al., 383 U.S. 1 (1966).

보는 테스트였다. 다만, 이 테스트는 진보성 판단에 대한 객관적 기준을 제시하였다는 점에서 유의미하였지만, 진보성 판단기준을 지나치게 좁고 경직하게 적용하여 오히려 진보성 문턱을 너무 낮추고 말았고, 결국 특허가 남발되는 폐해를 야기하였다. 이러한 비판에 대하여 2007. 4. 30. 미국연방법원의 KSR 판결에서는 CAFC가 진보성을 판단할 때 TSM 테스트에만 의존하는 것은 미국 특허법 제103조의 문언의 취지 및 연방대법원의 과거 판례에 배치된다고 하여 TSM 판결을 유연하게 적용할 것을 요구하였다.[4] 즉 KSR 판결에서는 교시, 암시, 동기 등이 선행기술에 없다 하더라도 통상의 기술자 입장에서 당해 특허출원한 발명의 출원 당시 기술수준, 기술상식, 시장의 요구, 당해 기술 분야에서의 주요 목적이나 용도는 물론 전용할 수 있는 부차적인 목적, 용도 또는 기능 등 다양한 요소들을 포괄적으로 선행기술로서 고려할 것을 주문함으로써 진보성 판단기준을 한층 까다롭게 만들었다.

우리나라에서 발명의 진보성 여부를 판단할 때에는 목적의 특이성, 구성의 곤란성 및 효과의 현저성을 고려하여 판단하는데, 이때 가장 중요한 요소는 구성의 곤란성이고, 효과의 현저성 또는 목적의 특이성을 참고하여 판단한다. 특히 결합발명과 같이 선행발명들의 결합에 의해 완성된 특허발명에 대해서는 발명의 구성요소만으로 효과의 예측이 어렵기 때문에 발명의 효과를 참작하여 구성의 곤란성을 추론하기도 한다. 대상판결은 화학분야에서 선행발명들을 결합한 결합발명의 진보성에 관한 판결인데, 결합발명이란 발명의 기술적 과제를 해결하기 위하여 선행기술에 기재된 기술적 특징을 참고하여 새로운 해결수단에 의해 완성한 발명이다. 결합발명은 주로 화학, 의약 분야에 많은데, 화학발명의 경우에 발명의 구성에 의한 효과의 예측성이 낮아서 진보성을 판단할 때 적합하다.[5]

이와 관련하여 대법원은 "특허발명의 진보성을 판단할 때에는 그 발명이 갖는 특유한 효과도 함께 고려하여야 한다. 선행발명에 이론적으로 포함되는 수많은 화합물 중 특정한 화합물을 선택할 동기나 암시 등이 선행발명에 개시되어 있지 않은 경우에도 그것이 아무런 기술적 의의가 없는 임의의 선택에 불과한 경우라면 그와 같은 선택에 어려움이 있다고 볼 수 없는데, 발명의 효과는 선택의 동기가 없어 구성이 곤란한 경우인지 임의의 선택에 불과한 경우인지를 구별할 수 있는 중요한 표지가 될 수 있기 때문이다.… 화학, 의약 분야 발명의 경우에 발명의 구성만으로 효과의 예측이 쉽지 않

---

4) KSR Int'l Co. v. Teleflex Inc., 550 U.S._ 2007 WL 1237837 (2007).

5) 윤선희, 「특허법」, 제5판, 법문사, 2012, 205면.

기 때문에 선행발명으로부터 특허발명의 구성요소들이 쉽게 도출되는지를 판단할 때 발명의 효과를 참작할 필요가 있고, 발명의 효과가 선행발명에 비하여 현저하다면 구성의 곤란성을 추론하는 유력한 자료가 될 것이다. 나아가 구성의 곤란성 여부의 판단이 불분명한 경우라고 하더라도, 특허발명이 선행발명에 비하여 이질적이거나 양적으로 현저한 효과를 가지고 있다면 진보성이 부정되지 않는다. 효과의 현저성은 특허발명의 명세서에 기재되어 통상의 기술자가 인식하거나 추론할 수 있는 효과를 중심으로 판단하여야 하고, 만일 그 효과가 의심스러울 때에는 그 기재 내용의 범위를 넘지 않는 한도에서 출원일 이후에 추가적인 실험 자료를 제출하는 등의 방법으로 그 효과를 구체적으로 주장·증명하는 것이 허용된다(대법원 2021. 4. 8. 선고 2019후10609 판결)"라고 판시하고 있다. 이 판결은 대상판결의 후행판결이다. 대상판결과 후행판결에서 보는 바와 같이, 대법원은 발명의 분야에 따라 진보성 여부를 판단할 때 고려해야 하는 요소들이 존재한다고 설시하고 있는 바, 특히 화학분야에서 선행발명들의 결합에 의해 완성되는 결합발명에 대하여 이 분야의 통상의 기술자가 손쉽게 이들 선행발명들의 결합을 상정할 수 있기 때문에 용이하다거나 구성의 곤란성이 없다고 단언하는 것은 적절하지 못하다고 설시한 대법원의 판결 취지에 동의한다. 화학, 의약 분야에서 결합발명의 진보성 여부를 판단할 때 중요한 것은 선행발명들의 결합의 구성이 용이하기 때문에 구성의 곤란성이 없다는 관점보다는, 이러한 선행발명들의 결합에 의해 완성된 결합발명이 기존 선행발명들의 효과에 비해 어느 정도 현저한 효과를 가져오는지가 중요하며, 이때 통상의 기술자가 예측하기 어려운 효과의 현저성이 인정된다면 당해 결합발명의 진보성도 인정되어야 할 것이다.

3. 소 결

발명의 진보성 판단은 특허출원한 발명이 특허를 받기 위한 요건 중에서 가장 핵심적인 특허요건으로, 특허분야에서 특허요건의 법리는 미국에서 Graham 법리, TSM 테스트, KSR 판결, 유럽에서 과제해결 접근법(Could-would 접근법), 일본에서 진보성 판단기준 등 대부분 진보성을 중심으로 발전해 왔다고 할 수 있을 것이다. 발명의 진보성 판단은 대법원이 설시한 바와 같이 발명의 분야별 특성을 고려하여 취급해야 할 것이다. 예를 들면, 기계 분야의 발명에서는 구성의 곤란성이 중요하게 다루어져야 하겠지만, 화학, 의약 분야에서 선행발명들의 결합에 의해 완성된 결합발명에 대해 통상의 기술자에 의해 구성의 곤란성이 없다고 단순 추론하는 것은 적절하지 못하다. 즉 결합발명의 진보성을 판단하는 경우에는 기존의 선행발명들을 어떻게 결합하여 통상의 기술자가 발명의 효과를 쉽게 예측할 수 없을 정도로 현저한 효과를 도출하였는지가 중요하며, 효과의 현저성이 인정되면 진보성이 인정되어야 할 것이다. 대상판결은 화학, 의약 분야에서 결합발명의 진보성을 판단할 때 중요한 고려 요소로서 효과의 현저성을 설시하고 있으며, 대상판결을 포함하여 후행판결(대법원 2021. 4. 8. 선고 2019후10609 판결)도 동일한 취지로 설시하고 있다. 따라서 이러한 설시 내용은 대법원의 일관된 입장이라고 할 수 있다.

상술한 바와 같이 대상판결은 발명의 분야별 특성을 고려하여 진보성 여부를 판단하되, 특히 화학, 의약 분야에서 선행발명들의 결합에 의해 완성되는 결합발명의 경우에 통상의 기술자 수준에서 구성의 곤란성이 없다고 단순 추론하기 보다는, 효과의 현저성을 진보성 여부 판단의 중요한 요소로 고려해야 함을 보여주는 판결로 이해된다. 대상판결은 앞으로도 화학, 의약분야에서 결합발명에 대한 진보성 여부를 판단할 때 무엇을 중심으로 판단해야 하는지 보여주는 판결로 평가될 수 있을 것이다.

참고문헌

■ 국내문헌

윤선희, 「특허법」, 제5판, 법문사, 2012.
정차호, 「특허법의 진보성」, 박영사, 2014.

■ 기타 자료

특허법원, 우리 법원 주요 판결. https://patent.scourt.go.kr/dcboard/new/DcNewsView
     Action.work?seqnum＝19253&gubun＝44&scode_kname＝&pageIndex＝1&sear
     chWord＝&cbub_code＝000700 (2022. 3. 26. 방문)

대법원 2021. 4. 8. 선고 2019후10609 판결

상위개념이 공지된 물질특허 (선택발명)에서 진보성 판단기준

윤 초 롱 (법무법인(유한) 율촌 변호사)

Ⅰ. 판결의 개요

1. 사건의 개요

갑(甲) 등은 특허 제0908176호(이하 '이 사건 특허발명')가 선택발명으로서 선행발명에 비하여 이질적 또는 양적으로 현저한 효과를 가지고 있지 않으므로 진보성이 부정된다는 이유로 등록무효심판을 청구하였다.

이 사건 특허발명은 2002. 9. 17. 국제출원된 '인자 Xa의 억제제로서의 락탐－함유 화합물 및 그의 유도체'라는 이름의 물질특허로, 그 청구범위 제1항(이 사건 제1항 발명)은 화학식 1로 표시되는 화합물(성분명: '아픽사반') 및 그의 제약상 허용되는 염에 관한 것이다.

선행발명인 WO00/39131호는 이 사건 제1항 발명의 화합물인 아픽사반을 포함하고 있으나, 위 선행발명으로부터 이 사건 제1항 발명에 이르기 위해서는 선행발명에 기재된 66개의 모핵 중 제1모핵을 선택한 후 다시 모든 치환기들을 특정한 방식으로 동시에 선택하여 조합하여야 하고, 선행발명에 제시된 화학식은 모핵 구조의 선택과 각 치환기의 조합에 따라 이론상 수억 가지 이상의 화합물을 포함하고 있다.

2. 대상판결의 요지

가. 원심판결: 특허법원 2019. 3. 29. 선고 2018허2717 판결

원심은 이 사건 제1항 발명과 선행발명은 모두 질소 함유 헤테로비시클릭 화합물에 관한 것으로서, 선행발명에 개시된 화합물은 이 사건 제1항 발명의 아픽사반과 동일한 모핵 구조를 가지고, 선행발명에 개시된 화합물의 치환기의 선택에 따라 이 사건 제1항 발명에 이를 수 있으므로, 이 사건 제1항 발명은 선행발명에 구성요소가 상위개념으로 기재되어 있고 그 상위개념에 포함되는 하위개념만을 구성요소로 하는 것으로서 선택발명에 해당한다고 판단하였다.

원심은 선택발명의 진보성이 부정되지 않기 위해서는 선택발명에 포함되는 하위개념들 모두가 선행발명이 갖는 효과와 질적으로 다른 효과를 갖고 있거나, 질적인 차이가 없더라도 양적으로 현저한 차이가 있어야 하고, 이때 선택발명의 명세서 중 발명의 설명에는 선행발명에 비하여 위와 같은 효과가 있음을 명확히 기재하여야 하며, 위와 같은 효과가 명확히 기재되어 있다고 하기 위해서는 발명의 설명에 질적인 차이를 확인할 수 있는 구체적인 내용이나, 양적으로 현저한 차이가 있음을 확인할 수 있는 정량적 기재가 있어야 한다(대법원 2012. 8. 23. 선고 2010후3424 판결 등 참조)고 하면서, 공지된 선행발명의 권리범위에 원칙적으로 속하는 물질의 진보성을 판단함에 있어서는 종래와 다른 새로운 효과의 발견에 더 중점을 두어야 함이 마땅하고, 선택의 곤란성을 가지고 중복발명인지 여부를 판단하는 기준으로 삼을 수는 없다고 판단하였다.

다만 원심은 ① 선택발명의 선행문헌에서 당해 특허발명을 배제하는 부정적 교시 또는 시사가 있거나, ② 특허출원 당시의 기술수준에 비추어 상위개념의 선행발명을 파악할 수 있는 선행문헌에 선행발명의 상위개념으로 일반화하여 당해 특허발명의 하위개념으로까지 확장할 수 있는 내용이 개시되어 있지 않는 경우에는 선택발명의 진보성 판단에 있어 엄격한 특허요건이 완화되어야 한다고 판단하였다. 이러한 경우 새로운 발명으로 취급하여 원칙으로 돌아가 일반적인 발명과 같이 진보성을 판단할 필요가 있고, 효과에 대한 명세서 기재 요건이 완화될 필요가 있다고 하였다.

원심은 선행발명에 이 사건 제1항 발명인 아픽사반을 배제하는 부정적 교시 또는 시사가 있다고 보기는 어렵고, 선행발명의 명세서에는 치환기 B를 제외하고는 아픽사반의 모든 선택요소의 구체적인 명칭이 직접 기재되어 있을 뿐만 아니라 실시예에서 각 치환기를 포함하는 화합물을 구체적으로 도시하고 치환기들이 모핵과 어떻게 연결될 수 있는지까지도 특정되어 있으며, 선행발명의 명세서를 통해 선행발명의 치환기 B가 아픽사반과 동일한 구조를 갖는 경우로까지 확장하는데 별다른 어려움이 없다고 판단하였다.

원심은 이 사건 특허발명 명세서에 이 사건 제1항 발명이 선행발명에 비해 약동학적 특성 및 병용투여 효과 개선이라는 이질적 효과나 인자 Xa 친화력의 양적으로 현저한 효과에 관한 명확한 기재가 있다고 볼 수 없어 이 사건 제1항 발명이 위와 같은 효과를 가지고 있다고 보기 어렵다고 판단하였다. 이에 따라 원심은 이 사건 특허발명의 진보성을 부정하였다.

나. 대법원 판결

대법원은 선택발명의 경우에도 진보성 판단을 위해 구성의 곤란성을 따져보아야 하고, 선택발명의 구성의 곤란성을 판단할 때에는 선행발명에 마쿠쉬 형식 등으로 기재된 화학식과 그 치환기의 범위 내에 이론상 포함될 수 있는 화합물의 개수, 통상의 기술자가 선행발명에 마쿠쉬 형식 등으로 기재된 화합물 중에서 특정한 화합물이나 특정 치환기를 우선적으로 또는 쉽게 선택할 사정이나 동기 또는 암시의 유무, 선행발명에 구체적으로 기재된 화합물과 특허발명의 구조적 유사성 등을 종합적으로 고려하여야 한다고 판단하였다.

한편 대법원은 선택발명의 효과의 현저성과 관련하여, "효과의 현저성은 특허발명의 명세서에 기재되어 통상의 기술자가 인식하거나 추론할 수 있는 효과를 중심으로 판단하여야 하고(대법원 2002. 8. 23. 선고 2000후3234 판결 등 참조), 만일 그 효과가 의심스러울 때에는 그 기재내용의 범위를 넘지 않는 한도에서 출원일 이후에 추가적인 실험 자료를 제출하는 등의 방법으로 그 효과를 구체적으로 주장·증명하는 것이 허용된다(대법원 2003. 4. 25. 선고 2001후2740 판결 참조)"고 설시하였고, 이 사건 제1항 발명의 효과의 현저성 여부에 관하여 구체적으로 판단하지는 않았다.

II. 해 설

1. 선택발명의 진보성 판단 시 구성의 곤란성에 대한 판단

선택발명은 선행 또는 공지의 발명에 구성요건이 상위개념으로 기재되어 있고 위 상위개념에 포함되는 하위개념만을 구성요건 중의 전부 또는 일부로 하는 발명을 의미한다.[1] 대법원은 대상판결 이전에 여러 판결에서 선택발명은 선택발명에 포함되는 하위개념들 모두가 선행발명이 갖는 효과와 질적으로 다른 효과를 갖고 있거나, 질적인 차이가 없더라도 양적으로 현저한 차이가 있는 경우에 한하여 진보성이 인정된다고 판단하였다(대법원 2003. 4. 25. 선고 2001후2740 판결 등).

위와 같은 기준에 따를 때 선택발명의 진보성 판단 시 구성의 곤란성을 판단할 필요가 있는지 여부가 분명하지는 않았으나, 실제로 선택발명의 진보성은 발명의 효과를 중심으로 판단되었다. 또한 어떠한 발명이 선택발명이라고 판단되면 대부분 진보성이 부정되었다.[2] 예외적으로 대법원 2012. 8. 23. 선고 2010후3424 판결에서는 선행발명에 특허발명인 올란자핀의 상위개념에 해당하는 화합물의 일반식이 개시되어 있으나, 선행발명에 구체적으로 개시된 화합물 중 올란자핀과 가장 유사한 에틸올란자핀과 비교하여 올란자핀이 콜레스테롤 증가 부작용 감소라는 이질적인 효과를 갖고 있음이 인정된다는 이유로 진보성이 인정되었다.

미국에서는 선택발명에 해당하는 'selection invention' 내지 'selection patent'라는 발명의 범주를 별도로 인정하고 있지 않다. 미국 특허청의 심사지침은 상위개념(genus)을 포함하고 있는 단일 선행기술과의 관계에서 하위개념(species)을 구성요소로 하는 발명의 비자명성을 판단하는 기준을 제시하고 있는데, 일반적인 발명과 마찬가지로 Graham 판결이 제시한 기준에 따라 당시의 관련 기술분야의 통상의 기술자에게 특허발명을 도출하는 것이 명백한지 여부를 결정하여 판단한다.[3]

우리 특허법도 선택발명의 카테고리를 규정하거나 별도의 진보성 판단 기준을 두고 있지 않으므로, 선택발명이라는 이유로 구성의 곤란성을 검토하지 않을 근거는 없는

---

1) 대법원 2003. 4. 25. 선고 2001후2740 판결.
2) 이에 대해 실제로 우리나라에서 대부분 선택발명의 진보성이 부정된 이유는 해당 특허발명의 명세서에 현저한 효과에 관한 기재가 없었기 때문이라는 분석이 있다(이상현, "선택발명의 진보성에 대한 비교법적 접근 - 현저한 효과와 선택의 동기", 「사법」, 제1권 제52호, 2020. 6., 498면).
3) MPEP 2144.08.

것으로 생각한다. 특허법 제29조 제2항 및 제1항에 따르면 통상의 기술자가 선행기술로부터 특허발명을 쉽게 발명할 수 있으면 진보성이 부정되어 특허를 받을 수 없는데, 선택발명에 있어서만 유독 구성의 곤란성을 고려하지 않은 채 효과의 현저성만을 가지고 통상의 기술자가 특허발명을 쉽게 발명할 수 있을지 여부를 정확하게 판단할 수 있다고 하기는 어렵다.

예컨대, 선행발명에 기재된 상위개념이 적은 수의 하위개념을 포함하고 있는 경우와 상위 개념이 막대한 숫자의 하위 개념을 포함하는 경우, 선행발명에 기재된 상위개념이 특정한 하위개념을 주목하고 있는 경우와 그렇지 않은 경우 등에 있어서 실제로 통상의 기술자가 특허발명에 이르는 어려움에 차이가 있고, 이러한 차이점에 관계 없이 모두 효과의 현저성에만 근거하여 진보성을 판단하는 것은 분명히 적절하지 않은 측면이 있다. 이러한 점에서 선택발명의 진보성 판단 시에도 구성의 곤란성을 고려하여야 한다는 대상판결의 결론은 타당한 것으로 생각한다.

2. 선택발명인지 여부 판단의 필요성

기존에는 어떠한 발명이 선택발명이라고 판단되면 곧바로 발명의 효과를 중심으로 한 엄격한 판단 기준이 적용됨으로써 대부분 진보성이 부정되었으므로, 실무상 문제가 되는 특허발명이 선택발명에 해당하는지 여부에 대해 당사자 사이에 다툼이 있는 경우가 많았다.

이에 관한 대법원의 입장은 명확하지 않으나, 종래 특허법원은 일부 사건에서 선택발명의 개념을 제한하는 판단을 내린 바 있다. 특허법원 2018. 4. 26. 선고 2016허6951 판결[4]은 '선행발명이 상위개념의 구성을 개시하고 있는지 여부는 형식적으로 판단할 것이 아니라 선행발명 전체에 의하여 통상의 기술자가 합리적으로 인식할 수 있는 사항을 기초로 대비하여야 할 것'이라고 판시하였고, 특허법원 2018. 6. 7. 선고 2017허6569 판결[5]은 '상위 개념의 범위를 과도하게 넓히게 되면 거의 모든 발명이 선택발명

---

4) 위 사안에서 선행발명 1에는 일반식 1로 아미노산이 4개에서 8개로 이루어진 펩타이드를 개시하고 있으며, 다만 명세서에 일반식 1에 속하는 서열을 포함하면서 Gly 잔기가 아미노산 서열에서 한 잔기 건너 위치하는 패턴을 나타낸다면, 아미노산 서열 길이에 무관하게 본 발명의 범위에 속하는 것이라는 기재가 있었다. 원고는 선행발명 1은 일반식 1의 펩타이드를 포함하면서 글리신 잔기가 한 잔기 건너 위치하기만 하면 "아미노산의 개수에 무관하게" 모두 선행발명 1의 펩타이드에 속하는 것이라고 주장하였으나, 특허법원은 통상의 기술자라면 선행발명 1 전체에 의하여 GX 반복구조를 갖고 "4 내지 8개의 아미노산으로 이루어지며" 실시예에 제시된 구체적인 4개의 펩타이드와 등가의 범주에 있는 펩타이드 정도를 인식할 수 있다고 판단하였다.

에 해당하는 불합리가 발생할 것'이라고 판시한 바 있다.

이는 앞서 설명한 바와 같이 선행발명에 기재된 상위개념이 특정한 하위개념을 주목하고 있지 않거나, 상위개념이 막대한 수의 하위 개념을 포함하는 경우 등에 있어서 효과의 현저성에만 기초하여 진보성을 판단할 때 발생할 수 있는 불합리를 해소하기 위한 하나의 방안이었을 수 있다. 그러나 대상판결에 따라 선택발명의 진보성 판단 법리가 사실상 변경되면서, 선택발명에 해당하는지 여부에 관한 위 특허법원 판결들이 제시한 기준이 앞으로도 유효한지 여부에 대해서는 논의가 필요하다.

이에 대하여 대상판결과 동일한 특허에 대해 제기된 가처분 신청 사건[6]에서 서울중앙지방법원은, 대상판결과 마찬가지로 선택발명에 대한 진보성 판단 기준 완화의 필요성 및 선택발명에서도 구성의 곤란성을 판단하여야 한다는 점을 설시하면서, 선택발명에 대한 진보성 판단 과정에서 '선행발명으로부터 선택발명을 용이하게 도출할 수 있는지 여부'를 고려할 수 있다면, 선택발명인지 여부에 대하여는 논의할 필요성이 없다는 입장을 취하였다.[7]

선택발명의 개념을 제한하는 판단을 내린 위 특허법원 2018. 4. 26. 선고 2016허6951 판결은 선택발명인지 여부의 판단 기준으로 '선행발명 전체에 의하여 통상의 기술자가 합리적으로 인식할 수 있는 사항을 기초로 할 때 선행발명이 상위개념의 구성을 개시하고 있는지 여부'를 제시하였는데, 이는 대상판결이 제시한 구성의 곤란성 판단 기준 중 '통상의 기술자가 선행발명에 마쿠쉬 형식 등으로 기재된 화합물 중에서 특정한 화합물이나 특정 치환기를 우선적으로 또는 쉽게 선택할 사정이나 동기 또는 암시의 유무'를 판단하기 위해서 고려될 수밖에 없는 사항으로 보인다. 특허법원 2018. 6. 7. 선고 2017허6569 판결이 제시한 '상위 개념의 범위를 과도하게 넓히게 되면 거의 모든 발명이 선택발명에 해당하는 불합리가 발생할 것'이라는 우려는, 대상판결이 '선

---

5) 위 사안에서는 광범위하고 다양한 개념을 포함하고 있는 "불활성 담체"를 이 사건 제1항 정정발명의 희석제, 결합제, 붕해제 및 윤활제의 특정 조합의 상위개념으로 볼 수 있는지 여부가 문제되었다.

6) 서울중앙지방법원 2018. 6. 27.자 2018카합20119 결정.

7) 구체적으로 서울중앙지방법원 2018. 6. 27.자 2018카합20119 결정은 "선택발명은 선행 또는 공지의 발명에 구성요소가 상위개념으로 기재되어 있고, 위 상위개념에 포함되는 하위개념만을 구성요소 중의 전부 또는 일부로 하는 발명을 그 특허 요건을 판단함에 있어 일반적인 발명과 달리 취급하기 위한 하나의 도구개념일 뿐이고, 그러한 개념 정의에 부합하면 그 자체로 선택발명으로 볼 것이지, 통상의 기술자의 인식 수준에 따라 선택발명이냐 아니냐를 구분할 것은 아무런 실익이 없다. 채권자가 주장하는 통상의 기술자가 선행발명으로부터 선택발명을 용이하게 도출할 수 있는지 여부는 선택발명의 특허 요건, 즉 신규성이나 진보성을 갖추었는지 판단하는 과정에서 고려되면 족한 것"이라고 판시하였다.

행발명에 마쿠쉬 형식 등으로 기재된 화학식과 그 치환기의 범위 내에 이론상 포함될 수 있는 화합물의 개수'를 구성의 곤란성 판단 기준으로 고려함에 따라 해소될 수 있는 것으로 보인다.

이에 따라 대상판결 이후 선택발명의 진보성 판단에 있어서 과거 특허법원 판결들이 제시하였던 선택발명 여부의 판단 기준은 더 이상 별도의 의미를 가지지 않는다고 생각한다.

3. 선택발명의 구성의 곤란성에 대한 구체적 판단 기준

대상판결은 선택발명에서 구성의 곤란성을 판단하기 위한 기준으로 '특허발명의 구성의 곤란성을 판단할 때에는 선행발명에 마쿠쉬 형식 등으로 기재된 화학식과 그 치환기의 범위 내에 이론상 포함될 수 있는 화합물의 개수, 통상의 기술자가 선행발명에 마쿠쉬 형식 등으로 기재된 화합물 중에서 특정한 화합물이나 특정 치환기를 우선적으로 또는 쉽게 선택할 사정이나 동기 또는 암시의 유무, 선행발명에 구체적으로 기재된 화합물과 특허발명의 구조적 유사성 등을 종합적으로 고려하여야 한다'고 판시하였다.

이러한 기준에 따라 대법원은, ① 선행발명에 특허발명과 같은 락탐 고리가 구체적으로 개시되어 있지도 않은 점, ② 선행발명에 '보다 더더욱 바람직한 실시태양'으로 기재된 총 107개의 구체적 화합물들을 살펴보더라도 특허발명과 전체적으로 유사한 구조를 가지고 있거나 치환기 B로서 락탐 고리를 갖는 화합물을 찾아볼 수 없는 점, ③ 선행발명과 특허발명은 주목하고 있는 화합물 및 그 구조가 다르고, 특허발명의 구조를 우선적으로 또는 쉽게 선택할 사정이나, 동기 또는 암시가 있다고 보기도 어렵기 때문에 통상의 기술자가 선행발명으로부터 기술적 가치가 있는 최적의 조합을 찾아 특허발명에 도달하기까지는 수많은 선택지를 조합하면서 거듭된 시행착오를 거쳐야 할 것으로 보인다는 점을 근거로 이 사건 제1항 발명의 구성의 곤란성을 인정하였다.

미국 특허청의 심사기준은 선택발명의 진보성 판단 시 선행기술에서 특허발명과 가장 근접하게 게시된 구성과 특허발명의 차이점을 확인하고, 통상의 기술자가 특허발명에 이를 동기를 부여받았을지 여부를 결정하기 위해 선행기술에 제시된 상위개념의 크기, 선행기술의 문헌이 선택발명을 선택할 동기를 제공하는지, 선행기술의 문헌이 바람직한 하위개념을 제시하는 경우 그와 구조적으로 유사한지, 특허발명과 선행기술에 제시된 유사한 하위개념이 유사한 성질 등을 공유하는지 등을 고려하도록 하고 있다.[8] 이와 관련하여 대상판결이 미국 특허청의 심사기준과 유사한 기준을 제시하고 있다는 견해,[9] 향후 대상판결에 따른 구체적인 구성의 곤란성 판단 시 미국의 시도의 자명성 (obvious to try) 법리를 참고할 필요가 있다는 견해가 있다.[10]

이러한 견해에 따라 미국의 판단 기준을 참고하더라도, 어떠한 경우에 시도가 자명한지 여부 역시 개별적인 사안에서 다르게 판단될 것이므로, 실무에 곧바로 적용될 수 있는 구체적인 기준을 도출하기는 쉽지 않다. 다만 대상판결이 설시한 기준에 의할 때, 적어도 화학물질에 관한 발명에 있어, 선행발명에 특허발명의 모핵 구조가 바람직한 실시예로서 제시되어 있고, 선행발명에 특허발명과 유사한 구조가 바람직한 실시예로 제시되어 있거나 그 효과가 확인되어 있으며, 위와 같은 선행발명에 제시된 구조와 특허발명의 차이(예를 들어 치환기의 차이)가 통상의 기술자가 일반적으로 시도하는 변경이거나 그 변경에 따른 물리화학적 특성의 차이가 크지 않을 것으로 기대되는 경우라면,[11] 구성의 곤란성이 부정될 가능성이 높다고 보인다.

한편 대상판결에 따르면 선택발명의 구성의 곤란성이 인정되기 위해서는 적어도 선행발명보다 개선된 효과가 인정되어야 한다. 대상판결은 여러 선택지 중 하나를 선택한 것에 아무런 기술적 의의가 없는 임의의 선택에 불과한 경우에는 선택에 어려움이 있다고 할 수 없는데, 발명의 효과는 구성이 곤란한 경우인지 임의의 선택에 불과한 경우인지를 구별할 수 있는 중요한 표지가 된다고 판시하였다. 대상판결은 이 사건 제1항 발명에 대하여도 구성의 곤란성만으로 결론을 맺은 것이 아니라 '개선된 효과'도 있다는 것을 진보성 인정의 논거로 들고 있다.

대상판결은 위 '개선된 효과'에 관하여 명세서에 얼마나 구체적으로 기재되어야 하는지에 대하여는 명확하게 설시하지 않았다. 대상판결이 이 사건 제1항 발명의 개선된 효과를 인정한 논거를 "이 사건 특허발명의 명세서 기재 및 출원일 이후 제출된 실험 자료 등에 의하면, 이 사건 제1항 발명은 공지된 인자 Xa 억제제와 비교하여 개선된 Xa 억제활성 및 선택성을 가지고, 혈액 농도 최고-최저 특성을 감소시키는 인자(청정률과 분포용적)와 수용체에서 활성 약물의 농도를 증가시키는 인자(단백질 결합, 분포용적) 등을 조절하여 약물의 생체 내에서의 흡수, 분포, 비축, 대사, 배설에 관한 약동학

---

8) MPEP 2144.08 II.A.
9) 구민승, "상위개념이 공지된 물질특허(선택발명)의 진보성 판단기준의 변화", 「특허와 상표」, 2021.
10) 최승재, "선택발명의 진보성 판단기준으로서의 선택의 곤란성", 「인권과정의」, Vol. 499, 2021.
11) 특허법원 2012. 5. 4. 선고 2011허8693 판결에서는 인용발명에 개시된 화합물의 염(상위개념)으로부터 출원발명 화합물의 염(하위개념)을 용이하게 도출할 수 있는지 여부는 ① 출원발명에서 한정한 염의 종류가 약물 제조 시에 일반적으로 시도되는 염의 종류인지, ② 출원발명의 염을 제조하는 데에 기술적으로 특별한 어려움이 있는지 등을 고려하여 판단하였다.

적 효과를 개선하였으며, 다른 약물들과 동시에 투여될 수 있는 병용투여 효과를 개선한 발명임을 알 수 있다."[12]라고 설명한 점에 비추어 보면, 대법원은 위 개선된 효과를 인정하기 위하여 특허발명의 명세서에 기재된 내용을 중심으로 추후 실험 결과를 고려한다는 입장인 것으로 보인다. 다만 효과의 현저성을 인정하기 위한 효과의 기재 정도와 유사한 정도의 기재를 요구하는 것인지 여부는 분명하지 않다.

4. 선택발명의 효과의 현저성

대상판결 이전에 대법원은 선택발명의 효과 판단과 관련하여 발명의 설명에 '이질적 또는 현저한 효과가 있음을 명확히 기재'할 것을 요구하면서, 그 효과가 의심스러울 때에는 출원일 이후에 구체적인 비교실험자료를 제출하는 등의 방법에 의하여 그 효과를 주장·입증하면 된다고 하기도 하고(대법원 2003. 4. 25. 선고 2001후2740 판결), 위의 효과가 명확히 기재되어 있다고 하기 위해서는 발명의 설명에 '질적인 차이를 확인할 수 있는 구체적인 내용이나, 양적으로 현저한 차이가 있음을 확인할 수 있는 정량적 기재'가 있어야 한다(대법원 2009. 10. 15. 선고 2008후736, 743 판결)고 판시하기도 하였다.

대상판결은 선택발명의 효과의 현저성에 관한 기존 대법원 판결 중 대법원 2003. 4. 25. 선고 2001후2740 판결을 인용하였으나, 대법원 2009. 10. 15. 선고 2008후736, 743 판결은 인용하지 않았다. 나아가 대상판결은 효과의 현저성을 '명세서에 기재되어 통상의 기술자가 인식하거나 추론할 수 있는 효과를 중심으로 판단하여야 한다'고 판시하여, 대법원 2009. 10. 15. 선고 2008후736, 743 판결이 제시한 '질적인 차이를 확인할

---

12) 이 사건 특허의 명세서에는 아래와 같은 효과가 기재되어 있다.
"새로운 인자 Xa 억제제를 발견하는 것이 바람직하다. 추가로, 공지된 인자 Xa 억제제와 비교하여 개선된 약리학적 특성을 갖는 새로운 화합물을 발견하는 것이 또한 바람직하다. 예를 들어, 인자 Xa 대 기타 세린 프로테아제(즉, 트립신)에 대한 개선된 인자 Xa 억제 활성 및 선택성을 갖는 새로운 화합물을 발견하는 것이 바람직하다. 또한, 하기 범주 중 하나 이상이지만, 이에 제한되지는 않는 것에서 유리하고 개선된 특징을 갖는 화합물을 발견하는 것이 타당하고 바람직하다: (중략) (c) 혈액농도 최고−최저(peak-to-trough) 특성을 감소시키는 인자(예를 들어, 청정율 및(또는) 분포 용적); (d) 수용체에서 활성 약물의 농도를 증가시키는 인자(예를 들어, 단백질 결합, 분포 용적);"
"본 발명의 화합물은 단독으로 또는 1종 이상의 추가의 치료제와 함께 투여될 수 있다. (중략) 추가의 치료제는 다른 항응고제 또는 응고 억제제, 항−혈소판제 또는 혈소판 억제제, 트롬빈 억제제, 혈전용해 제 또는 섬유소용해제, 항부정맥제, 항고혈압제, 칼슘 채널 차단제(L-타입 및 T-타입), 심장 글리코시드, 이뇨 제, 전해질코르티코이드 수용체 길항제, 포스포디에스테라제 억제제, 콜레스테롤/지질 강하제 및 지질 프로파일 요법, 항당뇨제, 항우울제, 항염증제(스테로이드 및 비스테로이드), 항골다공증제, 호르몬 대체 요법, 경구용 피임약, 항비만제, 항불안제, 항중식제, 항종양제, 항궤양제 및 위식도 역류 질환제, 성장 호르몬 및(또는) 성 장 호르몬 분비촉진제, 갑상선 모방제(갑상선 수용체 길항제 포함), 항감염제, 항바이러스제, 항박테리아제 및 항진균제를 포함한다."

수 있는 구체적인 내용이나, 양적으로 현저한 차이가 있음을 확인할 수 있는 정량적 기재'가 있어야 한다는 기준보다 완화된 기준을 채택한 것으로 보이기도 한다.

다만 대상판결이 설시한 기준에 의하더라도 효과의 현저성이 인정되기 위해서는 그 효과가 명세서에 기재되어 있어야 하고, 이때 명세서에 기재되어야 하는 효과는 결국 질적인 차이 또는 양적으로 현저한 효과이므로, 효과의 현저성을 인정받기 위한 선택 발명의 효과 기재 정도에 관하여 대법원의 입장 변화가 있는 것인지 여부가 명확하지 는 않다.

대상판결이 인용한 대법원 2003. 4. 25. 선고 2001후2740 판결에서는 특허발명의 명 세서가 이 사건 화학식(I)의 화합물[13]이 나타내는 경구투여시의 활성을 특정하기 위한 방법(슈미트 등) 및 그 방법이 기재된 참고문헌을 소개하고 있고, "화학식(I)의 화합물은 미국특허 제07/916,130호(인용발명의 미국 대응특허)에 개시된 다른 화합물보다 경구투여 형에서 보다 효과적임을 예상치 못하게 발견하였다."라고 기재하고 있다고 하면서, 특 허발명의 출원일 이후 위 측정방법에 제출된 방법에 따라 얻어진 특허발명과 선택발명 의 경구투여 활성 비교 효과 데이터를 효과의 현저성 판단에 참고하였다.

위 대법원 2001후2740 판결 이후 특허청의 심사기준도 선택발명의 명세서에 효과에 관한 '정량적인 수치와 실험 조건이 기재되어 있는가' 아니면 정성적이고 추상적인 효 과만 기재되어 있는가 아니면 '정성적 기재와 함께 실험대상물의 구체적인 특정여부 및 실험방법과 조건이 구체적으로 제시되어 있는가'를 판단하고, 정성적이고 추상적인 효 과만이 기재되어 있는 경우에는 현저한 효과가 있다고 인정할 수 없다고 규정하고 있 다.[14]

선택발명은 상위 개념이 선행발명에 제시되어 결국 창작적 노력을 들이지 않더라도 언젠가는 선택될 수밖에 없는 대상을 선택한 것으로서 그 효과를 실제로 확인한 것에 대해 특허로서의 독점적인 보호를 제공하는 것이라는 점을 고려하면, 적어도 특허출원 인이 선택발명의 구체적인 효과를 확인하였음을 그 명세서 기재로부터 충분히 알 수 있을 때 효과의 현저성을 인정할 수 있다고 보는 것이 타당하다.

또한 만약 양적으로 현저한 효과를 근거로 효과의 현저성을 주장하려는 경우에 정량 적인 효과를 가늠할 수 있는 기재를 요구하지 않는다면, 선행발명의 기재로부터 예상 되는 효과만을 기재함으로써 실제 효과를 확인하지 않은 여러 하위개념들에 대해서 일

---

13) 판단의 대상이 된 선택발명.
14) 특허청, "유·무기화합물 및 세락믹스분야 심사실무가이드", 2012, 67면.

단 특허를 선점해 두더라도, 추후 실험자료를 통해 해당 효과의 양적인 현저성을 입증하여 특허성을 인정받을 수 있다[15]는 불합리한 결론에 이를 수 있다.[16]

이와 같이 대상판결이 위 대법원 2003. 4. 25. 선고 2001후2740 판결을 인용하고 있는 점 및 위와 같은 선택발명의 특성을 고려할 때, 출원일 이후 실험자료에 의해 선행발명으로부터 양적으로 현저한 효과가 인정되기 위해서는 위 대법원 2001후2740 판결에 따라 적어도 명세서에 이를 가늠할 수 있는 정량적인 수치와 실험 조건은 기재되어 있어야 할 것으로 보인다.

5. 결 론

이상에서 대상판결의 요지, 대상판결이 제시한 선택발명의 진보성 판단기준에 대해 살펴보았다. 대상판결은 선택발명의 진보성 판단 시 구성의 곤란성에 대하여 심리하여야 한다는 기준을 명확히 설시하였고, 이에 따라 향후 선택발명의 진보성이 인정될 여지가 확대된 것으로 보인다. 다만 어떠한 경우 선택발명의 구성의 곤란성이 인정되는지 여부에 대한 구체적인 판단 기준, 선택발명의 효과의 현저성이 인정되기 위한 명세서 기재 정도에 대하여는 향후 대법원의 판단을 더 지켜볼 필요가 있다.

---

15) 예를 들어, 선행발명에 A, B, C라는 효과가 기재되어 있을 때 선택발명의 명세서에 A, B, C라는 효과를 기재하고, 추후 선행발명이 A 효과와 선택발명의 A 효과의 양적인 현저성 차이를 입증하는 자료를 제출하는 경우를 상정해 볼 수 있다.

16) 특허법원 2020. 10. 29. 선고 2019허7863 판결(상고심 계속 중)은 이러한 문제점을 적절히 지적하고 있다("상위개념인 선행발명으로부터 그 차이점이 일응 용이하게 도출될 것으로 보이는 유사 구성에 의한 후행발명의 경우, 출원인이 출원일 이후에 구체적인 비교실험자료를 제출하는 등의 방법으로 후행발명에 통상의 기술자가 예측할 수 없는 우월한 효과가 있음을 구체적으로 주장·증명할 수 있고, 그와 같은 사정이 해당 후행발명의 진보성 인정에 유리하게 고려될 수 있다고 하더라도, 이는 어디까지나 후행발명의 명세서에, 그 효과에 대한 출원인의 추가적 주장·증명을 가능하게 할 정도의 근거가 되는 기재가 존재함을 전제로 한다고 보아야 하는바, 만약 그와 같은 근거가 되는 기재 없이도 출원 후 추가 자료의 제출을 통해 언제라도 그 진보성을 정당하게 인정받을 수 있다고 한다면, 후행 출원인이 선행발명인 상위개념에 포함되는 하위개념인 후행발명에 대해 단순히 더 뛰어난 효과가 있다는 주장만으로 후행발명을 먼저 출원하여 이를 선점하는 사태를 막을 수 없게 될 뿐만 아니라, 해당 명세서의 기재 내용만으로는 실제 우월한 효과가 있는 하위개념의 후행발명과 그러한 효과 없이 단순한 주장만에 의해 선점되는 하위개념의 후행발명을 서로 구분할 수 없게 되어 산업발전에 이바지한다는 특허법의 목적에 부합하지 않는 무의미한 특허가 양산될 가능성이 있다."). 위 사건의 상고심 판단을 통해 선택발명의 효과의 현저성이 인정되기 위한 명세서 기재 정도에 대한 구체적인 판단 기준을 확인할 수 있을 것으로 보인다.

참고문헌

■ 국내문헌

구민승, "상위개념이 공지된 물질특허(선택발명)의 진보성 판단기준의 변화", 「특허와 상
　　　표」, 2021.

이상현, "선택발명의 진보성에 대한 비교법적 접근－현저한 효과와 선택의 동기", 「사법」,
　　　제1권 제52호, 2020. 6.

최승재, "선택발명의 진보성 판단기준으로서의 선택의 곤란성", 「인권과정의」, Vol. 499,
　　　2021.

■ 기타 자료

미국 특허청, 심사지침서(MPEP)

특허청, "유・무기화합물 및 세라믹스분야 심사실무가이드", 2012.

지재법 판례평석

04

대법원 2020. 1. 22. 선고 2016후2522 전원합의체판결

정정심결의 확정과 재심사유

강 명 수 (부산대학교 법학전문대학원 교수)

I. 사실관계 및 대법원의 판단[1]

1. 사실관계

원고는 2015. 12. 24. 피고를 상대로 특허심판원에 "롤방충망의 록킹구조"라는 이름의 이 사건 특허발명의 진보성이 부정된다고 주장하면서 등록무효심판(2015당5713)을 청구하였다. 특허심판원은 2016. 5. 20. 이 사건 특허발명은 선행발명 1, 2 또는 선행발명 1, 3의 결합에 의하여 쉽게 발명할 수 없으므로, 그 진보성이 부정되지 않는다는 이유로 원고의 심판청구를 기각하는 이 사건 심결을 하였다. 원고는 2016. 6. 22. 피고를 상대로 특허법원에 이 사건 심결의 취소를 구하는 소를 제기하였고, 특허법원은 2016. 10. 21. 이 사건 특허발명은 청구범위 제1항(이하 '이 사건 제1항 발명'이라 하고, 나머지 청구항도 같은 방식으로 부른다), 이 사건 제3항, 제4항 발명은 선행발명 1 내지 3에 의하여 진보성이 부정된다고 보아 이 사건 심결을 취소하였다.[2]

이에 피고는 2016. 11. 4. 위 판결에 대해 상고를 제기하면서, 2016. 11. 28. 이 사건 제1항 발명의 록킹부의 형성위치를 '슬라이딩 도어의 가운데'로 한정하는 내용으로 특허심판원에 정정심판청구(2016정139호)를 하였고, 특허심판원은 2017. 2. 8. 이 사건 제

---

[1] 이 사건에서는 특허발명의 진보성 유무도 문제가 되었는데, 여기서는 정정심결 확정과 재심사유를 중심으로 살펴본다.

[2] 특허법원 2016. 10. 21. 선고 2016허4542 판결.

1항 발명을 위와 같은 내용으로 정정하는 심결을 하였으며 그 정정심결은 그 무렵 피고에게 송달되었다.

이와 관련하여 특허권자가 정정심판을 청구하여 특허무효심판에 대한 심결취소소송의 사실심 변론종결 이후에 특허발명의 명세서 또는 도면에 대하여 정정을 한다는 심결이 확정된 경우, 정정 전 명세서 등으로 판단한 원심판결에 행정소송법 제8조에 따라 심결취소소송에 준용되는 민사소송법 제451조 제1항 제8호가 규정한 재심사유가 있는지가 쟁점인 사안이다.

2. 대법원의 판단

대법원은 "재심은 확정된 종국판결에 대하여 판결의 효력을 인정할 수 없는 중대한 하자가 있는 경우 예외적으로 판결의 확정에 따른 법적 안정성을 후퇴시켜 그 하자를 시정함으로써 구체적 정의를 실현하고자 마련된 것이다(대법원 1992. 7. 24. 선고 91다45691 판결 등 참조). 행정소송법 제8조에 따라 심결취소소송에 준용되는 민사소송법 제451조 제1항 제8호는 '판결의 기초로 된 행정처분이 다른 행정처분에 의하여 변경된 때'를 재심사유로 규정하고 있다. 이는 판결의 심리·판단 대상이 되는 행정처분 그 자체가 그 후 다른 행정처분에 의하여 확정적·소급적으로 변경된 경우를 말하는 것이 아니고, 확정판결에 법률적으로 구속력을 미치거나 또는 그 확정판결에서 사실인정의 자료가 된 행정처분이 다른 행정처분에 의하여 확정적·소급적으로 변경된 경우를 말하는 것이다. 여기서 '사실인정의 자료가 되었다'는 것은 그 행정처분이 확정판결의 사실인정에 있어서 증거자료로 채택되었고 그 행정처분의 변경이 확정판결의 사실인정에 영향을 미칠 가능성이 있는 경우를 말한다(대법원 1994. 11. 25. 선고 94다33897 판결, 대법원 2001. 12. 14. 선고 2000다12679 판결 등 참조). 이에 따르면 특허권자가 정정심판을 청구하여 특허무효심판에 대한 심결취소소송의 사실심 변론종결 이후에 특허발명의 명세서 또는 도면(이하 '명세서 등'이라 한다)에 대하여 정정을 한다는 심결(이하 '정정심결'이라 한다)이 확정되더라도 정정 전 명세서 등으로 판단한 원심판결에 민사소송법 제451조 제1항 제8호가 규정한 재심사유가 있다고 볼 수 없다."고 판시하였다.

Ⅱ. 정정심판과 재심제도

1. 정정심판

가. 의 의

정정심판이라 함은 등록된 특허권의 명세서 또는 도면에 오기, 불명확한 기재 등이 있을 때에 특허권자가 그 명세서 또는 도면을 정정하여 줄 것을 청구하는 제도를 말한다(특허법 제136조). 특허가 등록된 이후에도 제한된 범위에서 명세서 또는 도면을 정정해 주어 권리자를 보호하기 위한 제도이며, 다만 특허취소신청이나 특허의 무효심판 또는 정정의 무효심판이 특허심판원에 계속(係屬)되고 있는 경우에는 정정심판을 청구하지 못한다(특허법 제136조 제2항). 2001. 2. 3. 법개정 이전에는 특허이의신청기간이 지나면 정정심판청구만 가능하게 하였으나 이에 의할 경우 무효심판청구절차와 정정심판청구절차가 이원화되어 무효심판청구절차의 진행이 지연되는 문제가 있었다. 이에 2001. 2. 3. 개정법에서는 무효심판절차가 진행 중인 경우에는 정정심판청구를 할 수 없다는 제136조 제1항 단서를 신설하면서 당해 무효심판절차 내에서 정정청구를 할 수 있도록 하는 제133조의2를 신설하였다.[3] 그리고 2016. 2. 29. 개정에서는 특허취소신청(제6장의2) 제도를 신설하면서, 특허취소신청이 계속 중인 경우 정정심판을 청구할 수 있는 기간에 대한 규정을 추가하였다(특허법 제136조 제2항 제1호).

나. 정정심결의 효과

특허발명의 명세서 또는 도면에 대하여 정정을 한다는 심결이 확정되었을 때에는 그 정정 후의 명세서 또는 도면에 따라 특허출원, 출원공개, 특허결정 또는 심결 및 특허권의 설정등록이 된 것으로 본다(특허법 제136조 제10항). 구 특허법상 요지변경되어 등록된 특허에 대한 정정의 효력에 대해 판례는 "구 특허법(1998. 9. 23. 법률 제5576호로 개정되기 전의 것) 제49조, 제136조 제9항에 의하면, 출원인이 특허사정등본의 송달 전에 명세서 또는 도면의 요지를 변경하는 보정서를 제출하였음에도 그 보정이 특허청 심사관에 의하여 각하되지 않고 특허 등록된 후 정정심판이 청구된 경우에는 그 정정이 받아들여지더라도 정정심결의 효력은 위 법 제49조에 의하여 그 보정서를 제출한

---

3) 정상조·박성수 공편, 「특허법 주해Ⅱ」, 박영사, 2010, 411면 참고.

때까지만 소급하게 되지만, 그 정정심판 청구의 내용이 명세서나 도면의 요지를 변경한 보정부분을 완전히 없애는 것이라면 위 법 제49조가 적용될 여지가 없어 정정심결의 효력은 최초의 특허출원시까지 소급한다고 보아야 한다"고 하였고,[4] "정정심결이 확정된 때에는 정정 후의 명세서 또는 도면에 의하여 특허출원되고 이후 이에 입각하여 특허권 설정등록까지의 절차가 이루어진 것으로 간주하는 것은 무효 부분을 포함하는 특허를 본래 유효로 되어야 할 범위 내에서 존속시키기 위한 것이므로, 조약에 의한 우선권 주장의 기초가 된 최초의 출원서 또는 출원공개된 출원서에 첨부한 명세서 또는 도면에 기재된 사항이 그 후 정정되었다 하더라도, 그 정정내용이 조약에 의한 우선권 주장의 기초가 된 발명의 내용 또는 신규성·진보성 판단에 제공되는 선행기술로서의 발명의 내용에 영향을 미칠 수 없고, 따라서 이와 다른 전제에서 특허가 무효로 된 이후에도 여전히 그 정정의 무효심판을 청구할 이익이 있다는 상고이유의 주장은 받아들일 수 없다"고 하였다.[5]

한편, 정정심판의 심결이 확정된 경우 특허청장은 그 심결에 따라 새로운 특허증을 교부하여야 한다(특허법 제86조 제3항).

2. 재 심

가. 의 의

재심이라 함은 확정심결 또는 판결에 재심사유에 해당하는 중대한 하자가 있는 경우에 그 심결 등의 취소(파기)와 사건의 재심판을 구하는 비상의 불복신청을 말한다. 법적안정성과 구체적 타당성의 조화를 이루는 범위 내에서 당사자의 권리구제를 허용해 주기 위한 제도이다.

심결에 대한 재심은 특허법에서 민사소송법상의 재심사유를 준용하도록 규정하고 있고(특허법 제178조 제2항), 심결취소소송에 대한 재심은 행정소송법 제8조에 따라 민사소송법상 재심사유가 준용된다. 대상 사안은 후자에 관한 것으로서 민사소송법 제451조 제1항 제8호의 '판결의 기초로 된 행정처분이 다른 행정처분에 의하여 변경된 때'에 해당하는지가 문제된 것이다. 물론 대상 사안은 확정판결에 대한 재심이 아니라 계속 중인 사건에서 원심 판결에 상고이유(파기사유)가 있는지가 문제된 것인데, 민사소송법

---

4) 대법원 2008. 2. 28. 선고 2005후254 판결.
5) 대법원 2011. 6. 30. 선고 2011후620 판결.

제451조 제1항 단서(재심이 보충성)에 의해 재심사유도 상고이유에 해당하기 때문에 결국 재심사유 해당성을 살펴볼 필요가 있다.[6]

나. 민사소송법 제451조 제1항 제8호의 재심사유

민사소송법 제422조 제1항 제8호에 정하여진 재심사유인 '판결의 기초로 된 민사나 형사의 판결 기타의 재판 또는 행정처분이 다른 재판이나 행정처분에 의하여 변경된 때'의 의미에 대해 판례는 "그 확정판결에 법률적으로 구속력을 미치거나 또는 그 확정판결에서 사실인정의 자료가 된 재판이나 행정처분이 그 후 다른 재판이나 행정처분에 의하여 확정적이고 또한 소급적으로 변경된 경우를 말하는 것이고, 여기서 사실인정의 자료가 되었다고 하는 것은 그 재판이나 행정처분이 확정판결의 사실인정에 있어서 증거자료로 채택되었고 그 재판이나 행정처분의 변경이 확정판결의 사실인정에 영향을 미칠 가능성이 있는 경우"라고 판시해 왔는데,[7] 대상 판결에서는 "이는 판결의 심리·판단 대상이 되는 행정처분 그 자체가 그 후 다른 행정처분에 의하여 확정적·소급적으로 변경된 경우를 말하는 것이 아니고, 확정판결에 법률적으로 구속력을 미치거나 또는 그 확정판결에서 사실인정의 자료가 된 행정처분이 다른 행정처분에 의하여 확정적·소급적으로 변경된 경우를 말하는 것"이라고 하여 그 의미를 좀 더 분명히 제시하였다.

Ⅲ. 특허무효심판에 대한 심결취소소송의 사실심 변론종결 이후 정정확정과 재심사유 유무

1. 종전 대법원 판결

종래 대법원은 특허의 무효심판사건이 상고심에 계속중 당해 특허의 정정심결이 확정된 경우 정정 전의 특허발명을 대상으로 하여 무효 여부를 판단한 원심판결에는 민사소송법 제451조 제1항 제8호 소정의 재심사유가 있어 판결에 영향을 끼친 법령위반이 있다고 하였고,[8] 특허권 침해를 원인으로 하는 민사소송과 관련하여서도 특허권침

---

6) 이시윤, 「신민사소송법」, 제11판, 박영사, 2017, 900-901면; 대법원 2001. 12. 14. 선고 2000다 12679 판결.
7) 대법원 1994. 11. 25. 선고 94다33897 판결, 대법원 1996. 5. 31. 선고 94다20570 판결, 대법원 2001. 12. 14. 선고 2000다12679 판결.
8) 대법원 2001. 10. 12. 선고 99후598 판결, 대법원 2008. 7. 24. 선고 2007후852 판결, 대법원 2010.

해소송의 상고심 계속중에 당해 특허발명의 명세서에 대한 정정심결이 확정되면 원심판결에는 민사소송법 제451조 제1항 제8호에 정한 재심사유가 있으므로 원심판결은 판결에 영향을 미친 법령위반의 위법을 이유로 파기되어야 한다고 보았으며,[9] 특허무효심판절차에서의 피고의 정정청구에 기해 원심판결 이후 그 정정을 허가하는 심결이 내려지고 확정된 경우 그 발명은 특허법 제133조의2 제3항(현행 제4항), 제136조 제8항(현행 제10항)에 의하여 정정 후의 명세서대로 특허출원이 되고 특허권이 설정등록된 것으로 보아야 하므로 정정 전의 발명을 대상으로 하여 무효여부를 심리·판단한 원심판결에는 민사소송법 제451조 제1항 제8호 소정의 재심사유가 있으므로 결과적으로 판결에 영향을 끼친 법령위반의 위법이 있다고 하였다.[10]

2. 대상 판결의 판단

대상 판결은 앞서 본 바와 같이 민사소송법 제451조 제1항 제8호에 대해 '판결의 심리·판단 대상이 되는 행정처분 그 자체가 그 후 다른 행정처분에 의하여 확정적·소급적으로 변경된 경우를 말하는 것이 아니'라고 전제한 후, 특허권자가 정정심판을 청구하여 특허무효심판에 대한 심결취소소송의 사실심 변론종결 이후에 특허발명의 명세서 또는 도면('명세서 등')에 대하여 정정을 한다는 심결('정정심결')이 확정되더라도 정정 전 명세서 등으로 판단한 원심판결에 민사소송법 제451조 제1항 제8호가 규정한 재심사유가 있다고 볼 수 없다고 하면서, 이와 다른 취지의 종전 대법원 판결을 동 판결의 견해에 배치되는 범위에서 모두 변경하였다.

대상 판결은 판례 변경의 근거로 민사소송법 제451조 제1항 제8호의 법리 해석(법리적 측면)과 분쟁의 신속한 해결 필요성(실체적 측면)을 제시하고 있다. 법리적 측면에서 대상 판결은 "(1) 필수적 행정심판전치주의와 재결주의에 의할 때 심결과의 관계에서 원처분으로 볼 수 있는 특허결정은 심결취소소송에서 심리·판단해야 할 대상일 뿐 판결의 기초가 된 행정처분으로 볼 수 없고, (2) 정정제도의 취지 및 관련 규정들에 의할 때 정정심결 확정 이후에도 정정의 무효심판 등에 의한 분쟁 및 변경의 여지가 있기 때문에 정정을 인정하는 내용의 심결이 확정되었다고 하여 특허발명의 내용이 그에 따라 '확정적으로' 변경되었다고 단정할 수는 없다"고 하였고, 나아가 실체적 필요성의 측

---

9. 9. 선고 2010후36 판결.
9) 대법원 2004. 10. 28. 선고 2000다69194 판결.
10) 대법원 2006. 2. 24. 선고 2004후3133 판결.

면에서 민사소송법 제1조 제1항에 의한 신속·경제의 이념을 제시하면서 "(3) 특허권자는 특허무효심판절차에서는 정정청구를 통해, 그 심결취소소송의 사실심에서는 정정심판청구를 통해 얼마든지 특허무효 주장에 대응할 수 있다. 그럼에도 특허권자가 사실심 변론종결 후에 확정된 정정심결에 따라 청구의 원인이 변경되었다는 이유로 사실심 법원의 판단을 다툴 수 있도록 하는 것은 소송절차뿐만 아니라 분쟁의 해결을 현저하게 지연시키는 것으로 허용되지 않는다."고 하였다.

3. 일본의 법 규정 및 해석 기준

일본 특허법 제126조 제2항은 '정정심판은 특허무효심판이 특허청에 계속된 때로부터 그 심결이 확정될 때까지는 청구할 수 없다.'고 규정하고 있다. 특허무효심판이 청구된 경우에는 정정청구가 가능한 점(제134조의2 제1항)을 고려한 것인데, 다만 '특허무효심판이 특허청에 계속된 때'란 무효심판청구서의 부본이 특허권자에게 송달된 때를 말하기 때문에, 특허무효심판이 청구되더라도 그 부본이 특허권자에게 송달되기 전까지는 정정심판청구가 가능하다.[11] 이러한 예외적인 경우를 제외하면 일본 특허법에서는 무효심판청구가 제기되면 정정심판청구가 허용되지 않기 때문에, 대상 판결과 같은 문제는 발생하지 않는다. 한편 일본은 심결취소소송에서의 심리범위에 대해 무제한설을 취하는 우리와 달리 제한설의 입장을 취하고 있는바,[12] 심결취소소송 계속 중 정정심결이 확정되면 당해 심결을 취소하고,[13] 2003년 개정전 특허법상 특허이의 신청에 따른 특허취소결정의 상고심 계속 중 정정심결이 확정된 경우 민사소송법상 재심사유가 있다고 판단하였다.[14] 이와 달리 침해소송에서의 실기한 공격방어방법 각하에 관한 특허법 제104조의3[15] 제2항 및 침해소송 등이 확정된 후 정정심결 등이 확정되면 이후 확정판결에 대한 재심의 소에서 이를 주장할 수 없다는 제104조의4[16] 등을 근거로 침

11) 中山信弘·小泉直樹編,「新·註解特許法(下卷)」, 第2版, 靑林書院, 2017, 2554頁.
12) 最高裁昭和51年3月10日昭和42年(行ツ)[民集30卷2号79頁].
13) 最高裁平成11年3月9日平成7年(行ツ)第204号.
14) 最高裁平成15年10月31日平成14年(行ヒ)第200号.
15) 일본 특허법 제104조의3(특허권자등의 권리행사의 제한)은 2000. 4. 11. 선고된 킬비 판결이 계기가 되어 킬비 판결 이후의 하급심 판례들의 혼란을 해소하고자 2004. 6. 1. 제정되어 2005. 4. 1.부터 시행되었는데, 이에 대해서는 中山信弘·小泉直樹編,「新·註解特許法(中卷)」, 第2版, 靑林書院, 2017, 2151-2161頁 참고.
16) 특허침해소송의 인용판결 확정후 무효심결 또는 정정심결이 확정된 경우, 특허침해소송의 기각심결이 확정된 후 정정심결이 확정된 경우에는 '판결의 기초가 된 행정처분이 변경된 경우'의 재심사유에 해당할 여지가 있었다. 이에 2011. 6. 8. 개정에서 침해소송 등의 확정 후 무효심결이나 정정심결 등이 확정되더라도 재심의 소에서 이를 주장할 수 없다는 제104조의4를 신설한 것이다. 이에 대해서는 침

해소송의 항소심 변론종결 후에는 정정심결의 확정을 주장할 수 없다고 본다.[17]

4. 대상 판결에 대한 검토

대상 판결에 대해 별개의견은 (1) 심결취소소송에서 특허결정은 판단의 대상이 아니라 판단의 대상인 심결의 기초가 되는 처분에 불과하므로 법원은 정정심결에 의해 정정된 내용에 구속되어 판단해야 하고, (2) 특허법 제136조 제10항은 정정 전의 명세서 등에 따라 발생된 모든 공법적, 사법적 법률관계를 소급적으로 변경시킨다는 취지로 해석하기 어렵다는 다수의견의 판단은 특허법 규정에 명백히 반하며, (3) 정정심결의 확정에도 불구하고 특허무효심결에 대한 심결취소소송의 사실심에서 변론이 종결되었다는 이유만으로 정정 후 명세서 등에 따라 무효사유가 제거될 수 있는 기회를 종국적으로 박탈하는 것은 특허권자에게 가혹한 결과가 될 수 있고, 정정제도의 취지는 물론 발명을 보호·장려하고 그 이용을 도모하여 기술의 발전을 촉진하고자 하는 특허법의 목적에도 부합하지 않는다고 반박하였다.

먼저 법리적 해석에 관한 의견대립의 경우 기존의 여러 대법원 판결들이 다수의견이 지적하는 법리 오해에서 비롯된 것으로 보기 어렵고 심결취소소송의 심리 대상인 심결의 위법성은 특허결정이라는 행정처분을 기초로 한 것이라는 점에서 다수의견의 법리적 설시에 비해 별개의견이 보다 타당한 측면이 있다고 보여진다.[18] 이와 달리 소송경제와 분쟁의 일회적 해결이라는 측면에서는 다수의견이 보다 설득력이 있을 수 있는데, 별개의견이나 다수의견에 대한 보충의견도 법리적인 논쟁보다는 이 부분에 대한 의견개진에 보다 무게중심을 둔 것으로 보인다. 분쟁해결 지연을 방지하고 소송경제를 달성하기 위해서는 특허무효심판에 대한 심결취소소송의 사실심 변론종결 이후 정정이 확정되는 경우 재심사유가 아닌 것으로 보아 상고심은 정정전 명세서 등을 토대로 한 원심판단의 타당성 여부만 판단하면 족하다고 보는 것이 타당하다. 하지만 별개의견이

中山信弘·小泉直樹編, 「新·註解特許法(中卷)」, 第2版, 靑林書院, 2017, 2204-2205頁 참고. 한편, 제104조의4에서는 무효심결취소소송의 판결확정 후 정정심결이 확정된 경우에 대해서는 규정하고 있지 않지만, 무효심결이 확정되면 계속중인 정정심판의 청구는 부적법하게 되고, 또한 새로운 정정심판청구를 할 수 없는 점을 고려하면, 원래 무효심결취소소송에서 청구기각 '판결의 확정 후'에 정정심결되는 경우는 없다. 中山信弘 외 3인 편저, 「특허판례백선」, 제4판, 사단법인 한국특허법학회 역, 박영사, 2014, 323면.

17) 最高裁平成20年4月24日平成18年(受)第1772号, 最高裁平成29年7月10日平成28年(受)第632号.

18) 같은 취지로 구민승, "특허법원 변론종결 후 정정의 확정과 향후 실무의 방향", 「산업재산권」, 제67호, 한국지식재산학회, 2021, 156-157면 참고.

지적하는 바와 같이 정정심판청구에 따른 소송지연 등의 폐해가 반드시 특허권자의 책임에서 비롯된 것이라고 할 수 없는 경우에는 부당한 결과를 초래할 수 있다. 특히 대상 사안과 같이 특허심판원에서 특허유효심결이 있었고 이후 심결취소소송 단계에서 무효판결이 선고된 경우, 특허권자 입장에서는 사전에 특허무효에 대비하여 정정심판을 청구할 유인을 찾기가 어렵다.[19] 이러한 지적에 대해 다수의견에 대한 보충의견은 "사실심 법원으로서는 소송 진행 중 특허권자에게 정정의 기회를 적정하게 부여함으로써 소송절차에서 적합한 절차적 보장이 이루어지도록 하여야 한다."고 하였는데,[20] 심결취소소송의 판결선고가 있기 전에 특허의 무효가능성을 특허권자가 인지할 수 있다고 단정할 수 있을지, 사실심 법원이 특허권자에게 정정의 기회를 부여한다는 것은 법원이 특허무효의 심증을 보이는 것으로서 변론주의[21] 원칙상 과연 적정한 것인지, 무효심판과 정정심판은 별개의 독립된 제도로서 정정심판의 경우 제136조 제2항에 해당하지 않는 한 심판청구 시기에 제한이 없고 특허취소결정의 확정이나 무효심결이 확정된 경우가 아닌 한 특허권이 소멸된 후에도 청구할 수 있는데(제136조 제7항) 해석에 의해 실질적으로 정정심판청구 시기를 제한하는 것이 타당한지[22] 의문이 제기될 수 있다.

---

19) 대상 판결을 원용한 이후의 대법원 2020. 4. 29. 선고 2016후2546 판결은 권리범위에 속한다는 특허심판원의 심결(2015. 9. 30. 2015당2916 심결) 이후 특허법원에서 권리범위에 속하지 않는다는 판결을 하였고(특허법원 2016. 10. 21. 선고 2015허7056 판결), 이후 피고(특허권자)가 정정심판을 청구하여 정정확정된 사안인데 대상 판결과 같은 취지에서 재심사유가 아니라고 하였다. 특허무효심판에서와 마찬가지로 권리범위확인심판절차에서 특허권자에게 유리한 특허심판원의 심결이 있었고 특허법원에서 이와 반대되는 판결이 선고된 경우, 특허권자는 사실심 단계에서 정정심판을 청구했어야 한다고 보기에는 무리가 있다.

20) 보충의견은 그 판단과 관련하여 "특허권자가 사실심 변론종결 전에 정정심판을 청구하면서 정정 후 명세서 등에 따라 판단해 달라고 요청한 경우 사실심 법원으로서는 정정사유의 구체적 내용, 정정이 받아들여질 경우 심결취소소송의 결론에 영향을 미치는지 여부, 과거 정정내역, 정정할 기회가 보장되었는지 여부, 정정심판을 청구한 주된 목적이 소송을 지연하기 위한 것인지 여부 등을 종합적으로 고려하여 변론을 종결할지 여부를 합리적으로 결정할 필요가 있다는 점을 덧붙여 둔다."고 하였다.

21) 대법원 2011. 3. 24. 선고 2010후3509 판결(행정소송의 일종인 심결취소소송에 직권주의가 가미되어 있다고 하더라도 여전히 변론주의를 기본 구조로 하는 이상, 심결의 위법을 들어 그 취소를 청구할 때에는 직권조사사항을 제외하고는 그 취소를 구하는 자가 위법사유에 해당하는 구체적 사실을 먼저 주장하여야 하고, 따라서 법원이 당사자가 주장하지도 않은 법률요건에 관하여 판단하는 것은 변론주의 원칙에 위배되는 것이다.) 참고.

22) 침해소송이 계속 중이어서 그 소송에서 특허권의 효력이 미치는 범위를 확정할 수 있음에도 침해소송과 별개로 권리범위확인심판을 청구한 경우 심판청구의 이익이 있는지에 대해 판례는 침해소송과 권리범위확인심판은 각각 고유한 기능을 가지고 있고 특허법이 권리범위확인심판과 소송절차를 각 절차의 개시 선후나 진행경과 등과 무관하게 별개의 독립된 절차로 인정됨을 전제로 규정하고 있는 것을 근거로 심판청구의 이익을 긍정하였다(대법원 2018. 2. 8. 선고 2016후328 판결). 이러한 판례의 취지를 참고해 보면, 정정심판과는 구분되는 별개의 독립된 무효심판 등의 절차를 이유로 정정심판의 청구시기를 제한하는 것은 의문이 있을 수 있다.

Ⅳ. 대상 판결의 의의

대상 판결은 특허권자가 정정심판을 청구하여 특허무효심판에 대한 심결취소소송의 사실심 변론종결 이후에 특허발명의 명세서 또는 도면에 대하여 정정을 한다는 심결이 확정되더라도 정정 전 명세서 등으로 판단한 원심판결에 민사소송법 제451조 제1항 제8호가 규정한 재심사유가 있다고 볼 수 없고, 그러한 법리는 특허권의 권리범위확인심판에 대한 심결취소소송, 특허권 침해를 원인으로 하는 민사소송, 그리고 정정청구에 대한 심결이 확정된 경우에도 마찬가지로 적용됨을 분명히 하면서 이와 다른 종래의 판례들을 모두 변경하였다는 점에서 중요한 의의가 있다. 비록 대상 판결에 대해서는 앞서 살펴 본 바와 같이 정정심판청구에 따른 소송지연 등의 폐해가 반드시 특허권자의 책임에서 비롯된 것이라고 할 수 없는 경우에는 부당한 결과가 초래될 수 있다는 문제가 있지만, 다수의견에 대한 보충의견이 지적한 바와 같이 이러한 폐해가 발생하지 않도록 사실심 법원이 적정하게 절차진행 및 제도운영을 한다면 소송경제와 분쟁의 일회적 해결을 도모하면서도 특허권자의 적정보호를 달성할 수 있을 것으로 생각된다.

참고문헌

■ 국내문헌

구민승, "특허법원 변론종결 후 정정의 확정과 향후 실무의 방향", 「산업재산권」, 제67호,
　　　한국지식재산학회, 2021.
이시윤, 「신민사소송법」, 제11판, 박영사, 2017.
정상조·박성수 공편, 「특허법 주해 II」, 박영사, 2010.
中山信弘 외 3인 편저, 「특허판례백선」, 제4판, 사단법인 한국특허법학회 역, 박영사,
　　　2014.

■ 국외문헌

中山信弘·小泉直樹編, 「新·註解特許法」, 第2版(中卷), 青林書院, 2017.
中山信弘·小泉直樹編, 「新·註解特許法」, 第2版(下卷), 青林書院, 2017.

대법원 2021. 1. 28. 선고 2020후11059 판결

제조방법이 기재된 물건발명의 특허침해 판단시의 법리[*]

차 상 육 (경북대학교 법학전문대학원 교수)

Ⅰ. 대상판결의 개요

1. 사안의 개요

이 사건 특허는 명칭을 "폴라프레징크를 함유하는 안정한 정제 제형"으로 하는 특허발명(특허번호 제1399514호)이며, 특허권자는 을(乙) 주식회사이다. 이에 대해 갑(甲) 주식회사는 명칭을 "습식법으로 제조된 폴라프레징크 함유 정제"로 하는 확인대상 발명을 이용하여 정제를 생산하고 있다.

대상특허의 청구항1은 폴라프레징크를 함유하는 정제의 제형에 있어, "유효성분으로서 입도누적분포에서 최대입도에 대하여 90%에 해당하는 입도(D90)가 500㎛ 이하인 폴라프레징크를 포함하는 것을 특징으로 하는, 직타법으로 제조된 정제(tablet)(이하 '이 사건 제1항 발명'이라 함)"로 한정하고 있다. 이 사건 제1항 발명은 청구범위가 전체적으로 '정제'라는 물건으로 기재되어 있으면서 그 제조방법인 '직타법'에 대한 기재를 포함하고 있으므로, '제조방법이 기재된 물건발명'에 해당한다.[1]

---

[*] 윤선희 교수님의 정년을 맞이하여 그동안의 노고에 깊이 감사를 드립니다. 앞으로도 늘 건강하시기를 기원합니다. 참고로 이 글은 차상육, "특허침해 판단 시 '제조방법이 기재된 물건 청구항'(PbP Claim)의 청구범위해석", 「산업재산권」, 제71호, 한국지식재산학회, 2022.4., 1-56면을 집필 목적에 맞게 대폭 수정·보완한 것임을 밝힙니다.

〈표 1〉 이 사건 제1항 발명과 확인대상발명의 구성요소 대비

구성 요소	이 사건 제1항 발명	확인대상발명
1	유효 성분으로 입도 누적분포에서 최대 입도에 대해 90%에 해당하는 입도(D90)가 500μm 이하인	D90이 30μm 미만인
2	폴라프레징크를 포함하는 것을 특징으로 하는	폴라프레징크를 주성분으로 하며
3	직타법으로 제조된	습식법으로 제조된
4	정제	정제

특허권자의 경합회사인 갑(甲) 주식회사는 특허권자 을(乙) 주식회사를 상대로 자기의 제품(이하 '확인대상발명'이라 함)이 이 사건 특허의 권리범위에 속하지 않는다는 취지의 판단을 구하는 소극적 권리범위확인심판을 청구하였다. 갑(甲) 주식회사는 확인대상발명과 특허발명은 그 정제(錠劑)를 제형(劑形)하는 방법이 직타법(直打法)과 습식법(湿式法)으로 구분되고, 직타법과 습식법을 이용하여 제조한 정제는 상호 다른 구조 및 성질을 가지기 때문에 확인대상발명은 특허발명의 권리범위에 속하지 않는다는 취지를 주장하였다.

대상사안의 쟁점은 (i) 청구범위가 전체적으로 물건으로 기재되어 있으면서 제조방법의 기재를 포함하고 있는 발명이 '물건의 발명'에 해당하는지 여부, (ii) 위와 같은 '제조방법이 기재된 물건발명'의 권리범위에 속하는지 판단하는 방법이다.

특허심판원은 2019. 3. 7. 확인대상발명이 이 사건 특허발명의 권리범위에 속하지 아니한다는 심결을 하였다(2018당3730호). 이에 원고(특허권자)는 불복하여 피고를 상대로 이 심결의 취소를 구하는 소를 제기하였는데, 특허법원은 2020. 7. 17. 원고의 청구를 기각하였다. 이에 불복하여 원고는 상고하였으나, 2021. 1. 28. 대상판결에서 대법원은 상고를 기각하였다.

2. 대상판결의 요지

가. 특허심판원 심결 및 특허법원 판결의 요지

(1) 특허심판원은 갑(甲) 주식회사가 명칭을 "폴라프레징크를 함유하는 안정한 정제 제형"으로 하는 특허발명의 특허권자인 을(乙) 주식회사를 상대로, 명칭을 "습식법으로

---

1) 이러한 '제조방법이 기재된 물건발명'에 관한 청구항을 '제조방법이 기재된 물건청구항'(Product by Process Claim, 이하 'PbP 청구항'이라 약칭함)이라 한다.

제조된 폴라프레징크 함유 정제"로 하는 확인대상 발명이 특허발명의 권리범위에 속하지 않는다고 주장하면서 소극적 권리범위 확인심판을 청구한 데 대하여, 이를 인용하는 심결을 내렸다.

(2) 원심(특허법원)은 문언관계 여부에 관하여, 이 사건 제1항 발명과 확인대상발명의 구성요소를 대비하면 확인대상발명은 문언적으로 이 사건 제1항 발명의 권리범위에 속하지 아니한다고 판단하였다. 또 원심은 균등관계 여부에 관하여, 이 사건 제1항 발명과 확인대상발명은 그 구성이 상이하고, 과제해결원리가 다르고 작용효과가 동일하지 않으므로 서로 균등관계에 있다고 보기가 어려우므로, 확인대상발명은 이 사건 제1항 발명의 권리범위에 속하지 않는다고 판단하였다. 특히 작용효과의 동일여부에 관하여, 원심은 직접타정법과 습식과립법은 제조 공정상의 차이가 있고, 각각의 제정법으로 제조된 정제의 특성은 … 유동성(流動性), 함량균일성 및 안정성(유연물질 발생량), 정제경도(硬度), 붕해 시간, 구강내 붕해시간, 용출시간, 용출율(溶出率), 압축성 등에서 … 서로 차이가 있다고 보아야 하므로, 결국 실질적 작용효과가 동일하다고 보기 어렵다고 판단하였다.

나. 대법원 판결(대상판결)

(1) 특허법 제2조 제3호는 발명을 '물건의 발명', '방법의 발명', '물건을 생산하는 방법의 발명'으로 구분하고 있는바, 청구범위가 전체적으로 물건으로 기재되어 있으면서 제조방법의 기재를 포함하고 있는 발명(이하 '제조방법이 기재된 물건발명'이라고 한다)의 경우 제조방법이 기재되어 있다고 하더라도 발명의 대상은 제조방법이 아니라 최종적으로 얻어지는 물건 자체이므로 위와 같은 발명의 유형 중 '물건의 발명'에 해당한다. 물건의 발명에 관한 청구범위는 발명의 대상인 물건의 구성을 특정하는 방식으로 기재되어야 하므로, 물건의 발명의 청구범위에 기재된 제조방법은 최종 생산물인 물건의 구조나 성질 등을 특정하는 하나의 수단으로서 의미를 가질 뿐이다. 따라서 제조방법이 기재된 물건발명의 권리범위에 속하는지를 판단함에 있어서 기술적 구성을 제조방법 자체로 한정하여 파악할 것이 아니라 제조방법의 기재를 포함하여 청구범위의 모든 기재에 의하여 특정되는 구조나 성질 등을 가지는 물건으로 파악하여 확인대상 발명과 대비해야 한다.

(2) 원심은, 이 사건 제1항 발명과 확인대상 발명은 일정 비율과 크기를 한정한 폴라프레징크를 유효성분으로 포함하고 있다는 점에서는 동일하지만, 이 사건 제1항 발명

은 직접타정법으로 제조됨으로써 특정되는 구조와 성질을 가진 정제인 데 반해, 확인 대상 발명은 습식법으로 제조됨으로써 특정되는 구조와 성질 등을 가진 정제이므로, 확인대상 발명은 문언적으로 제1항 발명의 권리범위에 속하지 않으며, 나아가 확인대상 발명에 특허발명의 특유한 해결수단이 기초하고 있는 기술사상의 핵심이 포함되어 있다고 볼 수 없고, 이 사건 제1항 발명의 직접타정법과 확인대상 발명의 습식법은 실질적 작용효과가 동일하다고 보기 어려우므로, 확인대상 발명은 이 사건 제1항 발명과 균등관계에 있다고 볼 수도 없다고 판단하였다. 이러한 원심판단에는 관련 법리를 오해하거나 심리미진으로 판결에 영향을 미친 잘못이 없다.

Ⅱ. 해 설

1. 특허침해 판단 시 'PbP 청구항'의 해석론[2]

(1) 특허출원의 명세서 작성에 있어 가장 중요한 것은 특허청구범위의 작성이다. 이것은 곧 특허발명의 보호범위가 특허청구범위에 기재한 사항에 의하여 정해지므로(특허법 제97조), 발명자에게 이해관계가 걸린 중요한 부분이며 동시에 심사관에게는 어떤 범위까지 독점적 실시권을 허여할 것인지에 대한 판단기준이 되는 부분이기 때문이다. 이러한 특허청구범위는 무엇보다 출원인이 보호받고자 하는 내용이 어떠한 것인지 누구나 쉽게 알 수 있도록 특정하여 발명자의 의사와 심사관의 특허 허여 의사 및 후일의 분쟁 시 그 보호의 범위를 판단하는 제3자의 해석이 일치할 수 있도록 명확히 기재하는 것이 요구된다. 이러한 특허청구범위(claim)는 발명자가 그 발명을 권리로서 획득하려고 하는 기술적 사항을 1 또는 2 이상의 항으로 기재하되 ⅰ) 발명의 설명에 의하여 뒷받침되고, ⅱ) 발명이 명확하고 간결하게 기재되어야 한다(법 제 42조 제4항).[3] 이처럼 특허발명의 보호범위는 청구범위에 적혀 있는 사항에 의하여 정하여진다(법 제97조).

(2) '제조방법이 기재된 물건 발명'(PbP Claim)이란 물건의 발명의 특허청구범위에 대상이 된 물건의 제조방법이 기재되어 있는 경우를 말한다. 예컨대 화학물질이나 바이

---

2) 최성준, "Product by Process Claim에 관하여", 「민사재판의 제문제」, 제19권, 한국사법행정학회, 2010, 660-661면; 윤태식, "제조방법 기재 물건 청구항의 청구범위 해석과 관련된 쟁점", 「특별법연구」, 제11권, 사법발전재단, 2014, 397-398면; 유영선, "'제조방법이 기재된 물건발명 청구항(Product by Process Claim)'의 특허청구범위 해석", 한국특허법학회 편 「특허판례연구」, 제3판, 박영사, 2017, 349-350면.

3) 윤선희, 「지적재산권법」, 제17정판, 세창출판사, 2018, 76면.

오테크놀로지 기술에 의해 얻게 된 물질에 관련한 발명의 경우에 그 물건의 구조나 물리적인 구체화 수단을 기재하는 것이 곤란하고 오히려 그 물건의 제조방법을 기재하여 발명을 정의하는 것이 실무상 타당한 경우도 있다고 상정할 수 있다.

문제는 물건의 발명에 관한 청구항에 그 물건의 제조방법이 기재되어 있는, 이른바 제조방법이 기재된 물건청구항은 청구의 대상을 물건의 구조가 아니라 그 제조과정에 따라 정의하기 때문에 특허요건을 판단할 때 혹은 등록 후 침해여부를 판단할 때에 청구항의 해석을 따라 불일치가 생길 수 있다는 점이다. 나아가 물건의 구조나 특성을 특정하는 것이 가능함에도 불구하고 제조방법을 특허청구범위에 기재하는 경우에는 그러한 발명은 그 구조나 특성의 물건을 생산하는 방법의 발명과 범주적으로 차이가 명확하지 않다는 문제점이 생긴다.

(3) 제조방법이 기재된 물건청구항의 해석에 관해서는 크게 제조방법이 기재된 물건청구항도 일응 물건의 발명인 이상 제조방법을 고려하지 않고 최종생산물 그 자체의 특징만으로 한정해야 한다는 입장(물건동일성설)과 청구항의 일반적인 해석방법에 따라서 제조방법도 청구항에 기재된 한정사항의 하나로서 고려하여야 한다는 입장(제법한정설)로 나뉘어 있다.[4]

첫째, 물건동일성설(혹은 동일성설)[5]이다. 제조방법이 기재된 물건청구항도 결국 물건의 청구항인 이상, 물건으로서 동일성이 있다면 기재된 제조방법과 다른 방법으로 생산된 물건까지를 발명의 기술적 구성에 포함시키는 견해이다. 제조방법이 기재된 물건청구항에 기재된 제조방법은 어디까지나 물건을 특정하기 위한 수단에 불과하다는 점을 그 근거로 든다.

둘째, 제법한정설(혹은 한정설)[6]이다. 제조방법이 기재된 물건청구항에 기재된 '제조방법에 의해 제조되는' 물건으로 발명의 기술적 구성이 한정된다는 견해이다. 특허청구범위의 기술적 구성은 특허청구범위의 기재에 근거하여 해석되어야 한다는 점을 그 이유로 든다.

양 학설의 기본적 차이점은 물건의 구조나 특성과는 직접적 관련성이 없는 제조방법

---

4) 차상육, 「특허침해소송실무」, 한국지식재산연구원, 2018, 134-136면.
5) 물건동일성설은 '동일성설', '물건자체설' 또는 '물(物)동일성설'의 명칭으로 다양하게 불리어진다. 이러한 물건동일성설에 대해서는 ⅰ) 청구항에 기재된 제조방법을 전혀 고려하지 않고 제외하여 해석한다는 의미인지, 아니면 ⅱ) 제조방법을 고려하되 제조방법에 의해 영향을 받는 물건의 구조나 성질을 물건의 구성으로서 고려한다는 의미인 지 여부에 대해서 의견 대립이 있었다.
6) 제법한정설은 '한정설'이라고도 한다.

자체를 발명의 구성요소로 인정할 것인지 여부에 대해서 물건동일성설은 부정적임에 반하여, 제법한정설은 긍정적인 태도를 취하는 데 있다.

우리 학설을 개관하면, PBP 청구항에 기재된 제조방법을 한정사항으로 보지 않고 물건으로서 동일성이 있는 이상 해당 제조방법과 다른 제조방법으로 생산된 물건도 동일한 발명으로 해석하는 견해인 물건동일성설과, 제조방법을 한정사항으로 보고 제조방법이 다른 경우에는 다른 발명으로 보는 제법한정설로 크게 나눌 수 있다.[7]

우리 학설의 태도를 크게 범주적으로 구분하면, ⅰ) 특허성 판단 시에는 동일성설을 취하고, 침해 판단 시에는 동일성설을 원칙으로 하되 예외를 인정하는 견해(원칙적 동일성설)[8], ⅱ) 특허성 판단 시에는 동일성설, 침해 판단 시에는 한정설을 취하는 견해[9], ⅲ) 특허성 판단 시 및 침해 판단 시 모두 한정설을 취하는 견해[10], ⅳ) 특허성 및 침해 판단 모두에서 동일성설을 취하는 견해[11] 등으로 나누어져 있다.[12]

양 학설이 다른 점을 구체적으로 보면, 우선 물건동일성설의 경우 물건의 청구항인 이상 제조방법이 기재된 물건청구항의 특허권은 당연히 물건으로서의 권리를 향유하고, 물건으로서의 동일성이 있는 한 그 제조방법과 다른 제조방법에 의해 제조된 물건에도 그 권리가 미치게 된다. 또 권리부여단계에서 신규성이나 진보성의 판단은 제조방법에 구애됨이 없이 어디까지나 물건 그 자체를 기준으로 하게 된다. 이에 반하여 제법한정설은 특허청구범위의 기술적 범위는 청구범위의 기재에 근거하여 해석되어야 하므로 특별한 사정이 없는 한 청구범위에 기재된 제조방법을 의미 없는 것으로 해석하여서는 안된다. 또 권리부여단계에서는 신규성이나 진보성의 판단도 물건 그 자체가 아니라 제조방법도 함께 고려하여 판단하게 된다.[13]

---

7) 좌승관, "제조방법이 기재된 물건의 발명의 최근 대법원 판결에 대한 고찰–대법원 2015. 1. 22. 선고 2011후927 판결을 중심으로–", 「지식재산연구」, 제11권 제1호, 한국지식재산연구원, 2016.3., 77면.

8) 최성준, 전게논문, 687면; 조영선, "Product by Process Claim을 둘러싼 법률 관계," 「특허판례연구」, 한국특허법학회 편, 박영사, 2009, 143–144면.

9) 조현래, "Product by Process Claim에 대한 특허침해판단," 「법학연구」, 제50권 제1호, 부산대학교, 2009.6., 150면 및 155–156면.

10) 김관식, "제조방법에 의한 물건 형식(Product–by–Process) 청구항의 해석," 「정보법학」, 제14권 제2호, 한국정보법학회, 2010, 96–99면; 정차호·신혜은, "제법한정물건 청구항(Product by Process Claim)의 해석에 관한 새로운 제안", 「성균관법학」, 제22호 제1호, 성균관대학교 비교법연구소, 2010.4., 201–202면.

11) 김병필, "최근 미국과 일본의 판례를 통해 살펴본 '제법한정 청구항'의 해석론에 관한 고찰," 「발명특허」, Vol. 436, 한국발명진흥회, 2012; 좌승관, 전게논문, 78면에서 재인용.

12) 강경태, "제조방법을 기재한 물건발명 청구항(Product by Process Claim)의 해석," 「LAW & TECHNOLOGY」, 제9권 제5호, 서울대학교 기술과법센터, 2013.9., 29면.

2. 특허청의 심사기준

우리 특허청 심사기준에 의하면 제조방법이 기재된 물건청구항에 대한 심사지침[14]은 다음과 같다. 즉, 물건발명 청구항에는 물건의 구조나 특성 등으로 기재할 수 있을 뿐 아니라, "… 방법으로 제조된 물건", "… 장치로 제조된 물건" 등의 형식으로 제조방법을 이용하여 물건에 관한 청구항을 기재할 수 있다. 물건의 발명을 방법적으로 기재하였다고 하더라도 그러한 기재에 의하여 발명의 대상이 되 는 물건의 구성이 전체로서 명료하다면 방법적 기재만을 이유로 기재불비는 아니다(2008허11484). 다만, 심사관은 명세서 및 도면, 출원시의 기술상식을 고려하더라도 제법한 정 물건발명에 기재된 제조방법(출발물질 또는 제조공정 등)이 불명확하다고 인정되는 경우 특허법 제42조 제4항 제2호 위반으로 거절이유를 통지할 수 있다. 또한, 명세서, 도면 및 출원시의 기술상식을 고려하더라도 물건의 구조나 특 성 등을 파악할 수 없을 정도로 불명확한 경우에는 제42조 제4항 제2호 위반으 로 거절이유를 통지할 수 있다. 다만, 출원인이 그 제조방법에 의해서만 물건을 특정할 수밖에 없는 등의 특별한 사정이 있다거나 그 제조방법이 물건의 구조 나 성질에 어떠한 영향도 미치지 않음을 입증한 경우에는, 그 거절이유는 해소된 것으로 보고 거절결정하지 않는다.

3. 판례의 태도

가. 제조방법이 기재된 물건청구항의 특허성 요건 판단기준 – 특허부여단계

(1) 종래 판례(2004후3416)는 제조방법이 기재된 물건청구항의 신규성 내지 진보성 판단 시 다음과 같이 제조방법이 기재된 물건청구항의 해석을 하였다.

종래 판례[15]는 "물건의 발명의 특허청구범위는 특별한 사정이 없는 한 발명의 대상인 물건의 구성을 직접 특정하는 방식으로 기재하여야 하므로, 물건의 발명의 특허청구범위에 그 물건을 제조하는 방법이 기재되어 있다고 하더라도 그 제조방법에 의해서만 물건을 특정할 수밖에 없는 등의 특별한 사정이 없는 이상 당해 특허발명의 진보성

---

13) 최성준, 전게논문, 680-687면.

14) 특허청, 「특허·실용신안 심사지침서」, 2018, 제2부 제4장 4. (8).

15) 대법원 2006. 6. 29. 선고 2004후3416 판결 [등록무효(특)] (명칭을 '시트벨트장치용 벨트결합금구 및 그 제조방법'으로 하는 특허발명의 특허청구범위 대상이 그 구성을 직접 특정함에 어려움이 없다고 보아, 특허청구범위에 기재된 제조방법 자체를 고려하지 않은 채 그 방법에 의하여 얻어진 물건만을 비교대상발명들과 비교하여 진보성을 부정한 원심의 판단을 수긍한 사례).

유무를 판단함에 있어서는 그 제조방법 자체는 이를 고려할 필요 없이 그 특허청구범위의 기재에 의하여 물건으로 특정되는 발명만을 그 출원 전에 공지된 발명 등과 비교하면 된다."

위 판례에 대해서는 ⅰ) 예외사유로써 설시된 "제조방법에 의해서만 물건을 특정할 수밖에 없는 등의 특별한 사정"이 과연 어떠한 의미인지 불명확한 점, ⅱ) 현재의 고도화된 분석기술 등을 고려할 때 물건의 구조나 특성을 제대로 파악할 수 없는 경우가 실제로 있는지 의문인 점,[16] 또 ⅲ) 출원실무상 그러한 특별한 사정을 기초로 판단한 예외적 판결을 실제 찾아 보기 어렵다는 점 등에서 의문이 제기되어 왔다.

(2) 주목받은 대법원 판례(2011후927 전원합의체 판결)[17]은 제조방법이 기재된 물건발명의 특허요건을 판단하면서 제조방법의 기재를 포함하여 특허청구범위의 모든 기재에 의하여 특정되는 구조나 성질 등을 가지는 물건으로 파악하여 신규성, 진보성 등이 있는지를 살펴야 하는지 여부에 대해 적극적인 태도('동일성설')를 취하였다. 종래 판례와 달리 특별한 사정이 있는 경우에는 제조방법을 고려할 수 있다는 예외사유를 더 이상 고려하지 않았다.

대법원 판결(2011후927 전원합의체 판결)에서는, "특허법 제2조 제3호는 발명을 '물건의 발명', '방법의 발명', '물건을 생산하는 방법의 발명'으로 구분하고 있는바, 특허청구범위가 전체적으로 물건으로 기재되어 있으면서 그 제조방법의 기재를 포함하고 있는 발명(이하 '제조방법이 기재된 물건발명'이라고 한다)의 경우 제조방법이 기재되어 있다고 하더라도 발명의 대상은 그 제조방법이 아니라 최종적으로 얻어지는 물건 자체이므로 위와 같은 발명의 유형 중 '물건의 발명'에 해당한다. 물건의 발명에 관한 특허청구범위는 발명의 대상인 물건의 구성을 특정하는 방식으로 기재되어야 하는 것이므로, 물건의 발명의 특허청구범위에 기재된 제조방법은 최종 생산물인 물건의 구조나 성질 등을 특정하는 하나의 수단으로서 그 의미를 가질 뿐이다. 따라서 제조방법이 기재된 물건발명의 특허요건을 판단함에 있어서 그 기술적 구성을 제조방법 자체로 한정하여 파악할 것이 아니라 제조방법의 기재를 포함하여 특허청구범위의 모든 기재에 의하여 특정되는 구조나 성질 등을 가지는 물건으로 파악하여 출원 전에 공지된 선행기술과 비

---

16) 생명공학 분야나 고분자, 혼합물, 금속 등의 화학 분야 등에서의 물건의 발명 중에는 어떠한 제조방법에 의하여 얻어진 물건을 구조나 성질 등으로 직접적으로 특정하는 것이 불가능하거나 곤란하여 제조방법에 의해서만 물건을 특정할 수밖에 없는 사정이 실제 존재할 수 있는지 문제와 관련하여 현재의 고도화된 분석기술 등을 고려할 때 부정적이라는 비판도 제기되고 있다.

17) 대법원 2015. 1. 22. 선고 2011후927 전원합의체 판결 [등록무효(특)].

교하여 신규성, 진보성 등이 있는지 여부를 살펴야 한다.

한편 생명공학 분야나 고분자, 혼합물, 금속 등의 화학 분야 등에서의 물건의 발명 중에는 어떠한 제조방법에 의하여 얻어진 물건을 구조나 성질 등으로 직접적으로 특정 하는 것이 불가능하거나 곤란하여 제조방법에 의해서만 물건을 특정할 수밖에 없는 사 정이 있을 수 있지만, 이러한 사정에 의하여 제조방법이 기재된 물건발명이라고 하더 라도 그 본질이 '물건의 발명'이라는 점과 특허청구범위에 기재된 제조방법이 물건의 구조나 성질 등을 특정하는 수단에 불과하다는 점은 마찬가지이므로, 이러한 발명과 그와 같은 사정은 없지만 제조방법이 기재된 물건발명을 구분하여 그 기재된 제조방법 의 의미를 달리 해석할 것은 아니다.

… 원심은 … 제조방법에 관한 발명의 진보성이 부정되지 않는다는 이유만으로 곧 바로 그 제조방법이 기재된 물건의 발명인 이 사건 제9, 10항 발명의 진보성도 부정되 지 않는다고 판단하였으니, … 위법이 있다."라고 판시하였다.

나. 제조방법이 기재된 물건청구항의 권리범위의 판단기준 – 특허침해단계

대법원 2011후927 전원합의체 판결 직후, 대법원은 2015년 또 다른 판결(2013후 1726)[18]에서, 앞선 대법원 전원합의체 판결(2011후927)을 인용하면서, 2011후927 판결에 서 판시한 "제조방법의 기재를 포함하여 특허청구범위의 모든 기재에 의하여 특정되는 구조나 성질 등을 가지는 물건으로 파악하여 출원 전에 공지된 선행기술과 비교하여 신규성, 진보성 등이 있는지 여부를 살펴야 한다"는 해석기준을, 특허침해단계에서 그 특허발명의 권리범위에 속하는 것인가를 판단할 때에도 동일하게 적용해야 한다고 판 시하였다.

즉 대법원 판결(2013후1726)은, "제조방법이 기재된 물건발명에 대한 위와 같은 특허 청구범위의 해석방법은 특허침해소송이나 권리범위확인심판 등 특허침해 단계에서 그 특허발명의 권리범위에 속하는지 여부를 판단하면서도 마찬가지로 적용되어야 할 것이 다."고 판시한 뒤, "다만 이러한 해석방법에 의하여 도출되는 특허발명의 권리범위가 명세서의 전체적인 기재에 의하여 파악되는 발명의 실체에 비추어 지나치게 넓다는 등 의 명백히 불합리한 사정이 있는 경우에는 그 권리범위를 특허청구범위에 기재된 제조 방법의 범위 내로 한정할 수 있다."고 판시하였다. 이러한 판례태도는 불합리한 사정이 있는 경우와 같은 예외적 경우에는 예컨대 제법한정설과 같은, 동일성설과 다른 기준

---

18) 대법원 2015. 2. 12. 선고 2013후1726 판결 [권리범위확인(특)].

을 고려할 수 있음을 시사하였다.

요컨대, 특허침해단계에서의 제조방법이 기재된 물건청구항의 해석과 관련하여, 대법원 2011후927 전원합의체 판결이 선고된 후 약 20일 뒤 선고된 후속판결(2013후1726)에서는 특허침해단계의 침해 판단 시에 있어서 제조방법이 기재된 물건청구항에 대해 "원칙적 동일성설"을 취하면서, 불합리한 사정이 있는 경우에는 "예외를 인정"하는 태도를 취하였다.

4. 외국 판례 및 외국 특허청의 태도

제조방법이 기재된 물건청구항에 대한 취급은 국가마다 판례와 각국의 특허청의 태도에 다소간 차이가 있다. 제조방법이 기재된 물건청구항의 해석과 관련하여, 특허부여단계와 특허침해단계를 구분하여 주요국의 판례태도를 우리 판례의 태도와 비교하면 아래 <표 2>와 같이 정리할 수 있다. 주요국 판례나 주요국의 특허청의 동향은 대체로 '동일성설'에 접근하고 있다고 보여 진다. 다만 미국의 경우 특허침해단계에서만은 한정설을 취하고 있는 것으로 보인다. 이러한 입법례 차이의 근간에는 특허성 판단 시와 권리범위(특허침해) 판단 시 청구항 해석론을 일치시키는 것이 올바른 청구항 해석방법(일원론)인지 아니면 미국에서처럼 특허성 판단 시에는 '최광의 해석원칙'에 기하여 넓게 해석하고, 권리범위(특허침해) 판단 시에는 가능한 한 그 범위를 제한하는 청구항 해석방법(이원론)이 바람직한지 여부에 있다고 본다.

〈표 2〉 주요국 판례의 '제조방법이 기재된 물건청구항(PbP Claim)'의 해석[19]

주요국	특허부여단계	특허침해단계
미국	동일성설[20]	제법한정설[21]
유럽(독일)	동일성설(유럽)[22]	원칙적 동일성설 / 예외 인정(독일)[23]
영국	동일성설[24]	제법한정설[25]
중국	동일성설[26]	제법한정설[27][28]
일본	동일성설(物同一説)[29]	동일성설(物同一説)[30]
한국	동일성설[31]	원칙적 동일성설 / 예외 인정[32]

---

19) 黒木義樹, "各国のプロダクトバイプロセスクレーム", 「知財管理」, Vol.66, No.5, 2016, 584-588 頁 참조.

20) In re Thorpe, 777 F.2d 695, 227 USPQ 964 (Fed. Cir. 1985); In re Marosi, 710 F.2d 798, 218 USPQ 289 (Fed. Cir. 1983). 미국 특허청 심사기준(USPTO MPEP)도 동일성설을 취한다.

21) Abbott Laboratories v. Sandoz, Inc., 566 F.3d 1282 (Fed. Cir. 2009). 이 Abbott사건에서 CAFC

5. 대상판결의 의의와 과제

가. 대상판결의 의의

대상판결에서 대법원은 특허침해단계에서 '제조방법이 기재된 물건청구항'의 권리범위 해석이 문제된 경우 종래 판례와 같이 '원칙적 동일성설'을 취한다는 점을 분명히 확인한 점에 의의가 있다.

대상판결에서 이른바 "원칙적 동일성설"을 채택한 판시내용을 보면, "청구항에 제조방법의 기재를 포함하는 물건의 발명의 경우, 청구항에 기재된 제조방법은 최종생산물인 물건의 구조나 성질을 특정하는 하나의 수단으로서 그 의미를 가질 뿐이다. 따라서 제조방법이 기재된 물건의 발명의 권리범위에 속하는지 여부를 판단함에 있어서는 그

는 제조방법기재 물건청구항의 경우 그 제조방법은 특허의 권리범위를 한정하는 요소로 작용하므로 이와 다른 방법을 사용하는 경우 그 결과로서 물건이 동일하더라도 침해를 구성하지 않는다고 판시하였다.

22) 특허부여단계에서 제조방법이 기재된 물건청구항의 해석과 관련하여, 유럽 특허심판원의 T 205/83 결정(OJ 1985, 363)과 유럽 특허청(EPO) 심사가이드라인 모두 '동일성설'을 취하고 있다.

23) 특허침해단계에서 제조방법이 기재된 물건청구항의 해석과 관련하여, 독일 연방대법원은 원칙적으로 동일성설을 취하면서, 그 청구항에 기재된 제조방법이 최종 생산물에 미치는 특별한 작용효과가 보호범위를 정함에 있어 고려되어야 한다는 입장을 취한다(윤태식, 전게논문, 418면).

24) Kirin-Amgen Inc & Ors v Hoechst Marion Roussel Ltd & Ors [2004] UKHL 46; Hospira (UK) Ltd v Genentech, Inc [2014] EWHC 3857.

25) Hospira (UK) Ltd v Genentech, Inc [2014] EWHC 3857.

26) 審査指南第二部分第二章3.1.1 또는 審査指南第二部分第三章3.2.5(3) 참조.

27) (2010) 民提字第158号(最高人民法院2010年11月24日判決).

28) 最高人民法院「專利權侵害紛爭案件審理에 適用되는 法律에 관한 若干問題의 解釋(注釈 {2009} 21号)」(2009年12月28日)第7条; 北京高級人民法院「專利權侵害判斷가이드라인」(2013年9月4日) 第19条; 最高人民法院「專利權侵害紛爭案件審理에 적용되는 法律에 관한 若干問題의 解釋(二)案 (2014年7月16日)意見募集終了」第13条; 国家知識産権局「專利權侵害의 判定基準과 專利詐称行 爲의 認定基準 안내서(2013年9月26日) 意見募集終了」一編第1章第2節5.4.

29) 最高裁平成27年6月5日判決平成24年(受)第2658号. 일본 최고재판소는 2015년 6월 5일 선고한 特許權侵害差止請求事件에서 지적재산고등재판소의 판결(真正PBP청구항는 物同一説(物同一説)을, 不真正PBP청구항은 제법한정설(製法限定説)을 취함)을 파기환송하였다.

30) 最高裁平成27年6月5日判決平成24年(受)第1204号. 일본 최고재판소는 2015년 6월 5일 선고한 特許權侵害差止請求事件에서 지적재산고등재판소의 판결(知財高裁平成24年1月27日判決, 判時2144号51頁)을 파기환송(破棄差戻し)하였다. 지적재산고등재판소의 판결은 진정(真正)PBP청구항(物의 構造 또는 特性에 의해 物을 特定하는 것이 出願時에 不可能하거나 또는 困難한 事情이 存在하는 경우) 는 물동일설(物同一説)을, 부진정(不真正)PBP청구항(上記事情이 存在하지 않은 경우)는 제법한정설 (製法限定説)을 취하면서, 이 사건 발명은 부진정(不真正)PBP청구항이어서 침해는 성립하지 않는다고 판단하였다.

31) 대법원 2015. 1. 22. 선고 2011후927 전원합의체 판결.

32) 대법원 2015. 2. 12. 선고 2013후1726 판결; 대법원 2021. 1. 28. 선고 2020후11059 판결(대상판결).

기술적 구성을 제조방법 그 자체에 한정하여 파악하는 것이 아니라 제조방법의 기재를 포함한 청구항의 모든 기재에 의해 특정된 구조나 성질을 가진 물건으로서 파악하여 확인대상발명과 대비하여야 한다"고 판시하였다.

대상사안의 경우 이러한 "동일성설"에 기초하여, 특허발명 청구범위 제1항은 직접타정법으로 제조됨으로써 특정되는 구조와 성질을 가진 정제이므로 확인대상 발명은 문언적으로 제1항 발명의 권리범위에 속하지 않으며, 제1항 발명과 균등관계에 있다고 볼 수도 없다는 이유로 확인대상 발명이 특허발명의 권리범위에 속하지 않는다고 본 원심판단을 수긍한 것이다.

결국 우리나라에서 특허침해단계에서 '제조방법이 기재된 물건청구항'에 관하여 권리화를 도모할 때에는 대상판결에서 설시한 법리를 참고하여야 할 필요가 있다. 이러한 점에서 특허침해단계에서 제법한정설을 취하는 미국, 영국, 중국등의 실무와 차이가 있다. 또한 특허침해단계에서도 예외를 인정하지 않고 동일성설을 취하는 일본의 실무와도 차이가 있다. 이런 점에서 이러한 실무상 차이를 잘 인식한 뒤 미국과 일본 등에서 특허침해단계에서 '제조방법이 기재된 물건청구항'에 관해 권리화를 도모할 때는 적절히 대처함이 바람직하다.

나. 대상판결의 과제

(1) 대상판결의 과제 내지 쟁점 중 하나는, 대상판결이 2013후1726 판결과 같이 특허침해단계의 침해판단 시 '제조방법이 기재된 물건청구항'에 대해 "원칙적 동일성설"을 취하면서, 불합리한 사정이 있는 경우에만 "예외를 인정"하는 태도를 그대로 취하고 있는지 여부이다.

대상판결에 따르면, 종전 대법원 판결(2013후1726)의 법리 즉, "다만 이러한 해석방법에 의하여 도출되는 특허발명의 권리범위가 명세서의 전체적인 기재에 의하여 파악되는 발명의 실체에 비추어 지나치게 넓다는 등의 명백히 불합리한 사정이 있는 경우에는 그 권리범위를 특허청구범위에 기재된 제조방법의 범위 내로 한정할 수 있다."고 판시한 것과 같은 예외적인 경우를 향후 PbP 청구항의 해석상 더 이상 고려하지 않는 것인지 여부에 대해 의문이 생길 수 있다. 왜냐하면 대상판결의 본문에서는 참조판례로서 특허부여단계의 2011후927 판결만을 거론할 뿐, 특허침해단계의 2013후1726 판결을 들고 있지 않기 때문이다.

생각컨대 대상판결이 전원합의체 판결이 아니라는 점과 대상판결의 사안은 2013후

1726 판결에서 말하는 예외적인 사정이 있는 경우(예컨대 특허발명의 권리범위가 명세서의 전체적인 기재에 의하여 파악되는 발명의 실체에 비추어 지나치게 넓다는 등의 명백히 불합리한 사정이 있는 경우)에 해당하지 않는다고 해석하면, 굳이 2013후1726 판결을 참조판례로서 언급하지 않았더라도 크게 문제는 되지 않을 것으로 보이므로 이처럼 대상판결을 선해(善解)할 수 있다고 판단된다.

요컨대 대상판결은 종래 2013후1726 판결의 태도처럼, 특허침해단계에서 '제조방법이 기재된 물건청구항'에 대해 "원칙적 동일성설"을 취하면서, 불합리한 사정이 있는 경우에만 "예외를 인정"하는 태도를 취한 것으로 파악함이 타당하다고 본다.

(2) 대상판결의 또 다른 과제 내지 쟁점은 '제조방법이 기재된 물건 발명'에 대해 특허침해 단계에서의 권리범위(기술적 범위)에 관한 해석론에 있어 '국제적 조화' 문제이다.

우선 동일한 발명이 우리나라와 미국에서 모두 특허권 등록을 받은 경우에 동일한 특허침해태양에 대해, 우리나라에서는 "원칙적 동일성설"에 따라 침해로 인정되는 경우라 하더라도, 미국에서는 Abbott Labs. v. Sandoz, Inc 사건의 미국 CAFC 판결에 따라 '제법한정설'을 적용함으로써 침해로 인정되지 않는 경우가 발생할 수 있다는 점이다. 이 점은 특허침해단계에서 보호범위(기술적 범위)의 확정을 할 때에는 '제법한정설'을 채택하고 있는 영국이나 중국과의 관계에서도 동일한 문제가 제기될 수 있다.

다음으로 동일한 발명이 우리나라와 미국에서 모두 특허권 등록을 받은 경우에, 동일한 침해태양에 대해 우리나라에서는 "원칙적 동일성설"에 따라 침해로 인정되는 경우라 하더라도, 일본에서는 다른 결론(명확성 요건 위배에 따른 기재불비 판단에 따른 특허거절 결정)에 도달할 수 있다는 점이다. 일본의 2015년 최고재판소 판결[平成24年(受)2656号, 平成24年(受)1204号]에 따르면, 물건의 구조나 특성등으로 특정하는 것이 불가능하거나 또는 비실제적인 경우에 한하여 물건의 발명으로서 특허청구범위는 인정되고, 그 경우에는 "동일성설"이 채용되지만, 그렇지 않은 경우에는 물건의 발명으로서 특허청구범위에 물건의 제조방법을 기재하는 것은 명확성요건(일본 특허법 제36조 제6항 제2호)에 위반된다고 판시하고 있기 때문이다.

이처럼 '제조방법이 기재된 물건 발명'에 대해, 가령 동일 발명이 우리나라와 미국, EU, 영국, 중국, 혹은 일본에서 특허등록을 받은 경우 동일한 태양의 특허침해에 대해 소송의 승패가 갈리는 결론이 나올 수 있다. 그러한 결론에 대해 국제적 조화 문제를 어떻게 해결하여야 하는지가 향후 대상판결에 남겨진 과제라 할 것이다.

참고문헌

■ 국내문헌

깅경태, "제조빙법을 기재힌 물긴발명 청구힝(Product by Process Claim)의 해석," 「LAW & TECHNOLOGY」, 제9권 제5호, 서울대학교 기술과법센터, 2013. 9.

김관식, "제조방법에 의한 물건 형식(Product－by－Process) 청구항의 해석," 「정보법학」, 제14권 제2호, 한국정보법학회, 2010.

유영선, "'제조방법이 기재된 물건발명 청구항(Product by Process Claim)'의 특허청구범위 해석", 한국특허법학회 편, 「특허판례연구」, 제3판, 박영사, 2017.

윤선희, 「지적재산권법」, 제17정판, 세창출판사, 2018.

윤태식, "제조방법 기재 물건 청구항의 청구범위 해석과 관련된 쟁점", 「특별법연구」, 제11권, 사법발전재단, 2014.

조영선, "Product by Process Claim을 둘러싼 법률 관계," 「특허판례연구」, 한국특허법학회 편, 박영사, 2009.

조현래, "Product by Process Claim에 대한 특허침해판단," 「법학연구」, 제50권 제1호, 부산대학교, 2009. 6.

좌승관, "제조방법이 기재된 물건의 발명의 최근 대법원 판결에 대한 고찰－대법원 2015. 1. 22. 선고 2011후927 판결을 중심으로－", 「지식재산연구」, 제11권 제1호, 한국지식재산연구원, 2016.3.

차상육, 「특허침해소송실무」, 한국지식재산연구원, 2018.

최성준, "Product by Process Claim에 관하여", 「민사재판의 제문제」, 제19권, 한국사법행정학회, 2010.

특허청, 「특허·실용신안 심사지침서」, 2018.

■ 국외문헌

黒木義樹, "各国のプロダクトバイプロセスクレーム", 「知財管理」, Vol. 66, No. 5, 2016.

대법원 2017. 12. 22. 선고 2017후479 판결

균등침해에서
'과제해결원리 동일성'의 판단

계 승 균 (부산대학교 법학전문대학원 교수)

I. 판결의 개요

1. 사건의 개요

가. 이 사건 특허발명(제892615호)

【청구항 1】외부폼(12)의 외측에 수직으로 설치된 수직부재(11)[1]; 상기 외부폼(12)의 상부로 인양고리부(21)가 돌출되게 상기 수직부재(11)에 고정 설치된 인양고리부재(20);를 포함하는 것에 있어서(이하 '구성요소 1'), 상기 수직부재(11)의 양측에 설치된 상하부 가이드부재(11a)(11b)(이하 '구성요소 2'); 상기 가이드부재(11a)(11b)에 끼워지게 설치되어 상부의 안전고리부(31)가 상기 인양고리부(21)의 하부에 인접하게 위치하는 안전고리부재(30)(이하 '구성요소 3'); 상기 수직부재(11)와 교차되게 횡 방향으로 고정볼트(40)에 대응되는 위치에 설치된 안전커버(32)(이하 '구성요소 4'); 상기 안전커버(32)와 가이드부재(11b) 사이에 설치된 스프링부재(50)(이하 '구성요소 5')를 구비하여서 된 것을 특징으로 하는 갱폼 안전 인양시스템.

---

1) 괄호 안의 숫자는 이 사건 특허발명의 주요 도면 표시 도면부호를 의미한다.

[사례]

이 사건 특허발명은 갱폼 안전 인양시스템에 관한 것으로서, 사용자의 부주의로 인하여 크레인에 갱폼이 걸려있지 않은 상태에서 고정볼트를 풀어줌으로써 발생할 수 있는 사고를 미연에 방지할 수 있도록 하는 것을 목적으로 한다.

이 사건 특허발명은 이와 같은 과제를 해결하기 위하여 인양고리가 크레인의 후크에 걸리지 않은 상태에서는 안전커버가 고정볼트를 덮고 있어 해체가 불가능하고, 인양고리가 크레인의 후크에 걸린 상태에서만 안전커버가 이동하여 고정볼트를 해체할 수 있도록 하여 인양고리가 크레인의 후크에 걸리지 않은 상태에서 고정볼트를 모두 해체함으로써 발생되는 사고를 근본적으로 차단할 수 있도록 하는 한 갱폼 안전 인양시스템을 제시하고 있다.

[그림 1]

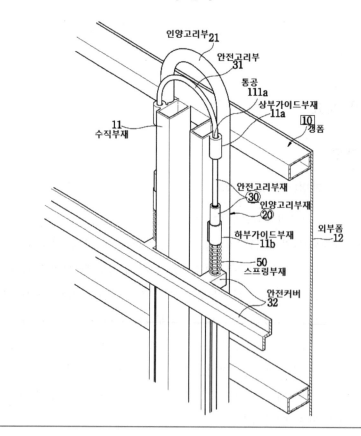

나. 확인대상발명

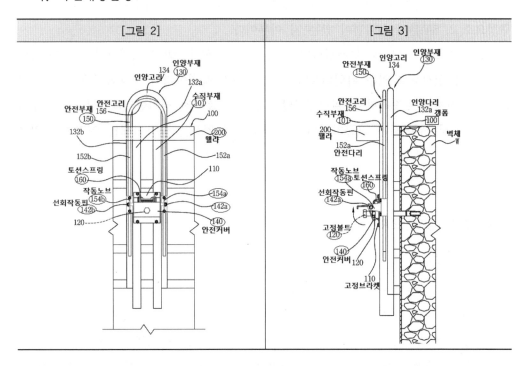

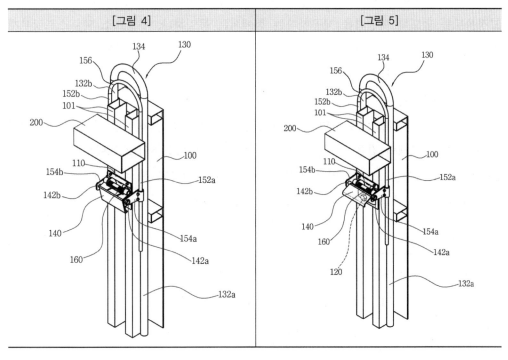

이 사건 특허발명과 확인대상발명의 구성요소를 비교하여 각 구성요소와 전체발명이 균등한지가 이 사건의 주요 쟁점이다. 쟁점은 구성요소 1, 3, 4부분은 공통점이 있으나 구성요소 2, 5부분이 차이점이 있는 지 여부이다.

피고들은 2015. 11. 3. 특허심판원에 이 사건 특허발명의 특허권자인 원고를 상대로,"피고가 실시하고 있는 확인대상발명은 이 사건 특허발명의 보호범위에 속하지 않는다."는 취지로 주장하면서, 확인대상발명에 대한 소극적 권리범위확인심판을 청구하였고, 특허심판원에서는 균등침해를 인정하였으나 원심을 균등침해를 인정하지 않은 사안에 대하여 대법원은 원심을 파기환송[2]하면서 최종적으로 균등침해를 인정한 사안이다.

2. 대상판결의 요지

가. 원심판결[3]

구성요소 2, 5 부분에 차이점이 존재한다.

① 그러나 다른 한편, 구성요소 2는 수직부재의 양측에 설치된 상하부 가이드부재인데, 확인대상발명에는 이에 대응하는 구성이 결여되어 있다는 점에서 차이가 있다.

② 또한 구성요소 5의 스프링부재와 확인대상발명의 토션스프링은 모두 안전커버가 고정볼트를 덮도록 복원력을 제공한다는 점에서는 동일하나, 구성요소 5는 스프링부재가 안전커버와 가이드부재 사이에 설치되는 데 비하여, 확인대상발명은 토션스프링이 안전커버와 고정브라켓 사이에 설치된 것이어서, 양 구성은 스프링의 설치 위치 및 스프링의 종류에서는 차이를 보이고 있다.

이상에서 살핀 바를 종합하면, 확인대상발명은 이 사건 특허발명 중 구성요소 2의 상하부 가이드부재와 같은 구성을 결여한 것이고, 구성요소 5의 스프링부재와는 그 대응 구성에서 차이를 보이고 있는 가운데 균등관계에 있다고 볼 수도 없으므로, 이 사건 특허발명의 보호범위에 속하지 않는다고 보아야 한다.

나. 대법원 판결

특허발명과 대비되는 확인대상 발명이 특허발명의 권리범위에 속한다고 할 수 있기 위해서는, 특허발명의 청구범위에 기재된 각 구성요소와 그 구성요소 간의 유기적 결

---

2) 특허법원 2018. 11. 28. 선고 2018허1134 판결.
3) 특허법원 2017. 2. 1. 선고 2016허5095 판결.

합관계가 확인대상 발명에 그대로 포함되어 있어야 한다. 한편 확인대상 발명에서 특허발명의 청구범위에 기재된 구성 중 변경된 부분이 있는 경우에도, 양 발명에서 과제의 해결원리가 동일하고, 그러한 변경에 의하더라도 특허발명에서와 실질적으로 동일한 작용효과를 나타내며, 그와 같이 변경하는 것이 그 발명이 속하는 기술분야에서 통상의 지식을 가진 자라면 누구나 용이하게 생각해 낼 수 있는 정도라면, 특별한 사정이 없는 한 확인대상 발명은 특허발명의 청구범위에 기재된 구성과 균등한 것으로서 여전히 특허발명의 권리범위에 속한다고 보아야 한다. 그리고 여기서 '양 발명에서 과제의 해결원리가 동일'한지 여부를 가릴 때에는 청구범위에 기재된 구성의 일부를 형식적으로 추출할 것이 아니라, 명세서에 있는 발명의 설명 기재와 출원 당시의 공지기술 등을 참작하여 선행기술과 대비하여 볼 때, 특허발명에 특유한 해결수단이 기초하고 있는 기술사상의 핵심이 무엇인가를 실질적으로 탐구하여 판단하여야 한다(대법원 2014. 7. 24. 선고 2012후1132 판결 등 참조).

이 사건 확인대상 발명에서 구성 3의 안전고리부재에 대응하는 안전부재는 작동노브에 끼워진 채 체결 고정되어 있고, 안전부재의 상부는 웰라, 인양다리, 수직부재에 의해 둘러싸여 있다. 따라서 크레인에 의해 안전부재가 상하로 이동할 수 있는 반면, 다른 방향, 즉 좌우 또는 전후 방향으로의 이동은 제한되어 있다. 따라서 확인대상 발명의 위와 같은 대응구성은 구성 2와 동일한 구조 및 작동 방식을 채택하고 있다고 볼 수 있으므로, 결국 구성 2에 해당하는 구성이 확인대상 발명에 포함되어 있다고 볼 수 있다.

갱폼이 인양될 때 안전고리부재에 결합된 안전커버가 상승하면서 스프링부재를 압축하는 구성 5와 달리, 이 사건 확인대상 발명의 대응구성은 안전고리에 결합된 작동노브가 상승하면서 안전커버의 회전운동에 따라 토션스프링을 압축한다. 따라서 양 발명은 스프링을 가압하는 방식과 스프링의 위치에 차이가 있다. 그러나 과제해결원리의 동일성, 작용효과의 동일성, 구성변경의 용이성의 관점에서 바라보면 이 사건 확인대상 발명의 대응구성은 이 사건 제1항 발명의 구성 5와 균등관계에 있다고 보아야 한다.

Ⅱ. 해 설

1. 균등침해의 의의

특허권의 보호범위는 원칙적으로 청구범위에 적혀있는 문언[4]에 의해서 정해지는 것이 원칙이나(문언침해), 균등침해는 침해대상물이 특허발명의 구성요소 일부와 등가관계에 있는 다른 구성요소로 변형하여 실시하는 경우에 이루어지는 침해이다. 앞서 언급한 문언상으로는 침해대상물의 구성요소와 특허발명에 대응하는 구성요소가 다르다고 하더라도 기술적으로 동일한 가치가 있는 등가관계가 성립한다면 균등하고 보아 특허침해로 보는 것이다.[5] 이와 관련된 이론을 균등론이라고도 한다.[6]

우리나라의 대법원[7]은 균등침해의 성립요건에 관해서 다음과 같이 설시하였다.

> "(가)호 발명[8]이 특허발명과, 출발물질 및 목적물질은 동일하고 다만 반응물질에 있어 특허발명의 구성요소를 다른 요소로 치환한 경우라고 하더라도, 양 발명의 기술적 사상 내지 과제의 해결원리가 공통거나 동일하고, (가)호 발명의 치환된 구성요소가 특허발명의 구성요소와 실질적으로 동일한 작용효과를 나타내며, 또 그와 같이 치환하는 것 자체가 그 발명이 속하는 기술분야에서 통상의 지식을 가진 자이면 당연히 용이하게 도출해 낼 수 있는 정도로 자명한 경우에는, (가)호 발명이 당해 특허발명의 출원시에 이미 공지된 기술이거나 그로부터 당업자가 용이하게 도출해 낼 수 있는 것이 아니고, 나아가 당해 특허발명의 출원절차를 통하여 (가) 발명의 치환된 구성요소가 특허청구의 범위로부터 의식적으로 제외되는 등의 특단의 사정이 없는 한, (가)호 발명의 치환된 구성요소는 특허발명의 그것과 균등물이라고 보아야 한다."

이 판결에서 5가지의 균등침해 요건을 찾을 수 있다.[9] 첫째, 양 발명의 과제해결원리가 공통되거나 동일한 경우(과제해결원리의 동일성),[10] 둘째, 확인대상발명의 치환된 구성요고사 특허발명의 구성요소와 실질적으로 동일한 작용효과가 있을 것(작용효과 동일성),[11] 셋째, 치환하는 것 자체가 그 발명이 속하는 기술분야에서 통상의 지식을 가진 자이면 당연히 용이하게 도출해 낼 수 있는 정도로 자명한 경우이어야 하며(치환자명성), 넷째, 확인대상 발명이 당해 특허발명의 출원시에 이미 공지된 기술이거나 그로부터 당업자가 용이하게 도출해 낼 수 있는 것이 아니어야 하고(자유실시기술의 항변), 다섯째, 해당 특허발명의 출원절차를 통하여 확인대상 발명의 치환된 구성요소가 특허청

---

4) 조재신, 「발명과 판례특허법」, 박영사, 2018, 205면.
5) 권택수, 「요건사실 특허법」, 진원사, 2010, 327면.
6) 박희섭·김원오, 「특허법원론」, 제4판, 세창출판사, 2009, 452면.
7) 대법원 2000. 7. 28. 선고 97후2200 판결.
8) 가)호 발명은 확인대상발명으로 용어를 바꾸어 사용한다.
9) 윤선희, 「특허법」, 제6판, 법문사, 2019, 717-718면.
10) 제1요건이라고도 한다.
11) 제2요건이라고도 한다.

구의 범위로부터 의식적으로 제외되는 등의 특단의 사정이 없어야 한다(출원경과금반언). 첫째부터 세 번째까지의 요건을 균등침해의 적극적 요건이라고 하고, 넷째와 다섯째 요건을 소극적 요건이라고 부르기도 한다.

2. 과제해결원리의 동일성(제1요건)

대상판결에서는 과제해결원리에 관해서 다음과 같이 판시하고 있다.

> "명세서의 기재와 이 사건 특허발명의 출원당시 공지기술 등을 종합하여 보면, 이 사건 제1항 발명에 특유한 해결수단이 기초하고 있는 기술사상의 핵심은, 안전고리부에 크레인의 후크를 걸어 들어 올리면 안전커버가 이동하면서 노출되는 고정볼트를 해체할 수 있고, 안전고리부에서 크레인의 후크를 제거하면 스프링의 탄성에 의해 안전커버가 고정볼트를 덮도록 하여, 안전고리부에 크레인의 후크가 연결되지 않은 상태에서는 고정볼트가 해체될 수 없도록 하는 데 있다.
> 그런데 이 사건 확인대상 발명도 안전고리에 크레인의 후크가 연결된 경우에만 안전커버 속의 고정볼트가 노출되고, 안전고리와 크레인의 후크가 분리되면 토션스프링의 탄성에 의해 안전커버가 고정볼트를 덮게 된다.
> 따라서 이 사건 확인대상 발명은 위와 같은 구성의 변경에도 불구하고, 해결수단이 기초하고 있는 기술사상의 핵심이 이 사건 제1항 발명과 차이가 없으므로, 양 발명의 과제해결원리가 동일하다."

대법원[12]이 "양 발명에서 과제의 해결원리가 동일하다는 것은 확인대상발명에서 치환된 구성이 특허발명의 비본질적인 부분이어서 확인대상발명이 특허발명의 특징적 구성을 가지는 것을 의미하고, 특허발명의 특징적 구성을 파악함에 있어서는 특허청구범위에 기재된 구성의 일부를 형식적으로 추출할 것이 아니라 명세서의 발명의 상세한 설명의 기재와 출원 당시의 공지기술 등을 참작하여 선행기술과 대비하여 볼 때 특허발명에 특유한 해결수단이 기초하고 있는 과제의 해결원리가 무엇인가를 실질적으로 탐구하여 판단하여야 한다."라고 판시하면서 균등침해에 관해서 법리를 형성하면서 '과제해결원리의 동일성'이라는 법리를 법리를 이 판결에서 최초로 제시하였다.[13]

---

12) 대법원 2009. 6. 25. 선고 2007후3806 판결; 대법원 2009. 12. 24. 선고 2007다66422 판결; 대법원 2010. 5. 27. 선고 2010후296 판결; 대법원 2011. 5. 26. 선고 2010다75839 판결; 대법원 2014. 5. 29. 선고 2012후498 판결; 대법원 2019. 1. 31. 선고 2017후424 판결 등이 있다.

13) 김원준, 「특허판례연구」, 도서출판fides, 2012, 319-320면.

최근에는 비교적 상세하게 과제해결원리의 동일성에 관한 의미를 구체적으로 설시한 판결[14]이 있다.

여기서 침해제품 등과 특허발명의 '과제 해결원리가 동일'한지 여부를 가릴 때에는 특허청구범위에 기재된 구성의 일부를 형식적으로 추출할 것이 아니라, 명세서에 적힌 발명의 상세한 설명의 기재와 출원 당시의 공지기술 등을 참작하여 선행기술과 대비하여 볼 때 특허발명에 특유한 해결수단이 기초하고 있는 기술사상의 핵심[15]이 무엇인가를 실질적으로 탐구하여 판단하여야 한다.[16] 특허법이 보호하려는 특허발명의 실질적 가치는 선행기술에서 해결되지 않았던 기술과제를 특허발명이 해결하여 기술발전에 기여하였다는 데에 있으므로, 침해제품 등의 변경된 구성요소가 특허발명의 대응되는 구성요소와 균등한지를 판단할 때에도 특허발명에 특유한 과제 해결원리를 고려하는 것이다.

특허발명의 과제 해결원리를 파악할 때 발명의 상세한 설명의 기재뿐만 아니라 출원 당시의 공지기술 등까지 참작하는 것은 전체 선행기술과의 관계에서 특허발명이 기술발전에 기여한 정도에 따라 특허발명의 실질적 가치를 객관적으로 파악하여 그에 합당한 보호를 하기 위한 것이다. 따라서 이러한 선행기술을 참작하여 특허발명이 기술발전에 기여한 정도에 따라 특허발명의 과제 해결원리를 얼마나 넓게 또는 좁게 파악할지를 결정하여야 한다. 다만 발명의 상세한 설명에 기재되지 않은 공지기술을 근거로 발명의 상세한 설명에서 파악되는 기술사상의 핵심을 제외한 채 다른 기술사상을 기술사상의 핵심으로 대체하여서는 안 된다. 발명의 상세한 설명을 신뢰한 제3자가 발명의 상세한 설명에서 파악되는 기술사상의 핵심을 이용하지 않았음에도 위와 같이 대체된 기술사상의 핵심을 이용하였다는 이유로 과제 해결원리가 같다고 판단되면 제3자에게 예측할 수 없는 손해를 끼칠 수 있기 때문이다.

그리고 균등침해의 제1요건으로서 과제해결원리 동일성 여부를 판단할 때에 발명전체를 통해서 파악하여야 하는지, 아니면 구성요소별로 파악하여야 하는지에 관하여 견해의 대립이 있을 수 있다. 우리 대법원은 최근에 판결문[17]에서 "확인대상 발명의 변경된 구성요소가 특허발명의 대응되는 구성요소와 균등한지를 판단할 때에도"라는 문구로서 구성요소별로 균등여부를 판단하는 듯한 인상을 가진다.[18]

---

14) 대법원 2019. 1. 31.자 2016마5698 결정.
15) 구대환·차성민, 「과학기술과 특허」, 제2판, 박영사, 2015, 220면.
16) 손경한·조용진 편저, 「과학기술법 2.0」, 박영사, 2021, 266면.
17) 대법원 2019. 1. 31. 선고 2017후424 판결; 대법원 2019. 1. 31.자 2016마5698 결정.

우리 대법원은 발명전체가 아니라 청구범위의 구성요소별로 파악하여야 한다는 점을 분명히 밝히고 있지는 않는 것 같다. 즉, 구성요소별로 균등여부를 파악하여야 한다는 점을 아직까지는 설시하지 않고 있다.

3. 대상판결의 의의

대상판결에서는 이 사건 확인대상 발명의 구성요소의 변경에도 불구하고, 해결수단이 기초하고 있는 기술사상의 핵심이 이 사건 제1항 발명과 차이가 없기 때문에, 양 발명의 과제해결원리가 동일하다고 간략하게 판시하고 있어서 대상판결을 통해서 이 의미를 알 수는 없다. 하지만, 사건 전체에서 균등침해에 대한 법리를 알 수 있는 사건이어서 의미는 있다고 판단된다. 균등침해의 과제해결원리의 동일성이라는 법리는 그 동안 우리 대법원이 내린 판결 전체에서 그 의미와 취지를 살펴서 판단하는 것이 옳다고 생각된다.

우리 대법원은 과제 해결원리의 동일 여부를 가릴 때에는 특허청구범위에 기재된 구성의 일부를 형식적으로 추출하여 판단하여야 하는 것이 아니고, 명세서에 적힌 발명의 상세한 설명의 기재와 출원 당시의 공지기술 등을 참작하여 선행기술과 대비하여 볼 때 특허발명에 특유한 해결수단이 기초하고 있는 기술사상의 핵심이 무엇인가를 실질적으로 탐구하여 판단하라고 하고 있다. 그리고 이렇게 하는 것은 전체 선행기술과의 관계에서 특허발명이 기술발전에 기여한 정도에 따라 특허발명의 실질적 가치를 객관적으로 파악하여 그에 합당한 보호를 하기 위한 것이라고 설시하고 있다. 그렇다면 명세서에 적힌 발명의 상세한 설명을 가지고 판단하는 것은 어느 정도 합리적인 기준이라고 생각되지만, 공지기술을 참작하여 선행기술과 대비하는 것은 실무상 어려움이 있을 것으로 예상된다. 공지기술을 참작하는 이유는 청구항의 보호범위를 제한하거나 부정하려고 하기 때문이다. 따라서 공지기술참작을 위한 기준도 마련할 필요가 있다고 생각된다.

---

18) 구민승, "특허 균등침해의 제1, 2요건", 「사법」, 제48호, 사법발전재단, 2019, 40면.

참고문헌

구대환·차성민, 「과학기술과 특허」, 제2판, 박영사, 2015.

구민승, "특허 균등침해의 제1, 2요건", 「사법」, 제48호, 사법발전재단, 2019.

권택수, 「요건사실 특허법」, 진원사, 2010.

김원준, 「특허판례연구」, 도서출판fides, 2012.

박희섭·김원오, 「특허법원론」, 제4판, 세창출판사, 2009.

손경한·조용진 편저, 「과학기술법 2.0」, 박영사, 2021.

윤선희, 「특허법」, 제6판, 법문사, 2019.

조재신, 「발명과 판례특허법」, 박영사, 2018.

대법원 2019. 1. 31. 선고 2017다289903 판결

방법발명을 실질적으로 구현한 물건에 대한 특허권 소진

강 기 봉 (서강대학교 전인교육원 대우교수)

Ⅰ. 판결의 개요

1. 사건의 개요

원고는 이 사건의 특허발명(청구항 중 물건의 발명인 청구항 제7, 8항을 제외한 방법의 발명인 청구항 제1항 내지 제6항)의 특허권자다. 그리고 이 사건의 특허발명은 접합할 부재들의 결합선 위에서 프로브(probe)에 강한 압력을 가하면서 회전·이동하게 함으로써 그에 따라 발생하는 마찰열에 의하여 프로브 주변의 부재를 가소화시킨 후 이를 경화시켜 부재를 접합하는 이른바 마찰이동용접 또는 마찰교반용접(Friction Stir Welding, FSW, 이하 '마찰교반용접'이라 한다)에 관한 방법의 발명이다.[1]

원고는 2006년 12월 18일에 원고보조참가인(이하 '참가인'이라 한다)과 사이에 참가인

---

[1] 이 사건의 특허발명은 접합될 부재들 사이에 프로브(probe)를 삽입하여 회전시키면서 이동하도록 하여 마찰에 의한 열을 이용하여 프로브 주변의 부재를 가소화시키고, 그와 아울러 접합면 양쪽의 부재들을 교반에 의하여 혼합시키는 것을 내용으로 하는 용접방법으로서 E라는 명칭으로 알려져 있다. 그리고 별지 기재 특허발명 청구항 제7, 8항에 따른 프로브를 사용함으로써 마찰열의 충분한 생성을 보장하면서 향상된 용접속도를 기대할 수 있고, 이로 인해 전체 용접횡단면에 걸쳐 기공이 존재하지 않는 규질화된 용접으로 인해 고품질의 용접을 할 수 있는 효과가 있다. 한편 마찰교반용접기(FSW 장비)는 이 사건 특허발명의 실시에만 사용되는 장비를 가리키는 용어로 사용된다(서울중앙지방법원 2016. 11. 30. 선고 2015가합565189 판결).

이 이 사건 특허발명을 실시하는 데 적합한 장비(이하 '이 사건 특허발명 실시장비'라 한다)를 제조하거나 판매할 수 있도록 하는 실시권설정계약을 체결한 바 있었는데, 작업장에서의 임가공 업무를 추가하고자 하는 참가인의 요청에 따라 2008년 4월 1일에 위기존 계약을 대체하는 실시권설정계약(이하 '이 사건 실시계약'이라 한다)을 아래와 같이 체결하였고, 실시계약에 따라 참가인으로부터 실시료로 매년 70,000,000원 정도를 지급받아 왔다.[2]

2. 실시권의 허락

2.1 원고는 참가인에게 참가인이 <u>실시지역(territory)[1] 내에 위치한 각각의 실시장소(site)[2]에서 이 사건 특허발명을 사용하고, 이 사건 특허발명을 실시하는 데 적합한 장비</u>를 제조, 시연, 판매할 수 있는 이 사건 특허권의 비독점적 실시권을 허락한다.

2.3. 참가인은 이 사건 <u>실시계약에 따라 허락된 실시권 중 어느 하나라도 다른 사람에게 실시권 부여(재실시, sub-licence)를 허락할 권한이 없다.</u>

3. 특허실시료

3.1 이 사건 실시계약에 따라 허락된 실시권에 대한 보수로, 참가인은 이 사건 실시계약의 효력발생일로부터 매 1년이 되는 날 원고에게 연간 특허실시료를 지급하는데, 결정된 실시료 액수는 다음과 같다.

- 참가인이 회원일 경우, 각 실시장소별로 23,000파운드를 지급하거나,
- 참가인이 회원이 아닐 경우, 각 실시장소별로 34,100파운드를 지급한다.

4. 지불 및 보고

4.1. 이 사건 실시계약의 효력발생일[3]로부터 매 1년이 되기 30일 전에, 참가인은 원고에게 이전 12개월 동안에 이 사건 특허발명을 실시하는 각 실시장소의 상세 주소를 보고한다.

4.2. 이 사건 실시계약의 효력발생일로부터 매 1년이 되기 30일 전에, 참가인은 또한 원고에게 <u>이전 12개월 동안에 제작되고 판매된 마찰교반용접기(FSW machines)의 수와 마찰교반용접기 구매자의 신원을 보고한다.</u> 이는 간접침해에 따른 고발로부터 참가인을 보호하고, 참가인이 제조하고 공급한 마찰교반용접기의 구매자에 의한 원고의 권리 침해에 대하여, 참가인이 원고에게 그 구매자의 신원을 알렸을 경우 원고가 참가인에게 법적 책임을 지우지 않기 위한 것이다.

---

[2] 서울중앙지방법원 2016. 11. 30. 선고 2015가합565189 판결.

1) 중화인민공화국과 대만을 제외한 세계를 말한다(이 사건 실시계약 1.1항).
2) 참가인이 소유한 명확한 가동 장소를 말한다(이 사건 실시계약 1.1항).
3) 2008. 4. 1.이다(이 사건 실시계약 전문 부분).

피고 회사는 반도체 장비 제조업 등을 영위하는 회사이고, 피고 A는 피고 회사의 대표이사다. 피고 회사는 2008년 2월경 참가인과 마찰교반용접기 1대(규격 gantry type 3,500㎜×4,000㎜, 이하 '이 사건 제1용접기'라 한다)를 360,000,000원에 매수하기로 하는 계약을 체결하고 2008년 5월경 참가인으로부터 이를 인수하였다가, 2012. 2. 28. 참가인에게 이를 160,000,000원에 매도하기로 하는 계약을 체결하고, 2012년 8월경 참가인에게 이를 인도하였다. 또한 피고 회사는 2012. 2. 29. 참가인과 마찰교반용접기 1대(규격 gantry type 3,800㎜×4,500㎜, 이하 '이 사건 제2용접기'라 하고, 이 사건 제1용접기와 제2용접기를 통칭하여 '이 사건 각 용접기'라 한다)를 530,000,000원에 매수하는 내용의 물품제작 계약을 체결하고, 2013. 4. 11.경 참가인으로부터 이 사건 제2용접기를 인수하여 사용하고 있었다.[3]

비록 피고 회사의 이 사건 제1용접기 사용 여부 및 이 사건 각 용접기 사용기간에 대해서는 당사자 사이에 다툼이 있지만, 적어도 피고 회사가 이 사건 제2용접기를 사용한다는 점, 이 사건 각 용접기의 사용행위가 이 사건 특허발명의 실시에 해당한다는 점 및 피고 회사가 원고로부터 이 사건 특허발명의 실시에 대한 허락을 받지 아니하였다는 점에 대해서는 당사자의 다툼이 없다.[4]

원고는 피고들이 정당한 권한 없이 이 사건 각 용접기를 이용하여 업으로 이 사건 특허발명을 실시함으로써 원고의 이 사건 특허권을 침해했다고 주장했고, 피고들은 특허권자인 원고가 참가인에게 이 사건 각 용접기의 제작·판매를 허락하였고 피고 회사는 참가인으로부터 이 사건 각 용접기를 구입하였으므로, 피고 회사가 이 사건 각 용접기를 이용하여 이 사건 특허발명을 실시하는 행위에 대해 원고의 이 사건 특허권이 소진(특허권의 소진(Exhaustion 또는 first sale doctrine 으로 기술된다)되었고 피고들이 이 사건 특허권을 침해하지 않았다고 주장하였다.

---

3) 서울중앙지방법원 2016. 11. 30. 선고 2015가합565189 판결.
4) 특허법원 2017. 11. 10. 선고 2017나1001 판결.

2. 대상판결의 요지

가. 원심심결

(1) 1심 판결: 서울중앙지방법원 2016. 11. 30. 선고 2015가합565189 판결

서울중앙지방법원은 피고 회사가 이 사건 각 용접기를 이용하여 마찰교반용접 방법을 사용하는 이 사건 특허발명 실시행위에 대하여 다음과 같은 이유에서 원고의 특허권이 그 목적을 달성하여 이미 소진하였다고 판결하였다.

방법발명에도 권리소진의 원칙이 적용될 수 있고, 이 사건 각 용접기는 '이 사건 특허발명에 의해 생산한 물건'은 아니지만 '이 사건 특허발명의 실시에만 사용하는 물건'이므로, 참가인이 피고 회사에게 이 사건 각 용접기를 판매한 것은 방법발명에 대한 특허권자 또는 그로부터 허락을 받은 실시권자가 방법의 실시에만 사용하는 물건을 양도하는 경우에 해당한다. 그리고 실시계약이 참가인의 마찰교반용접기 판매권한을 제한했다고 볼 수 없으므로 그 실시권자인 참가인이 국내에서 피고 회사에게 원고에 의해 허락된 실시권의 범위 내에서 별다른 제한 조건 없이 이 사건 각 용접기를 적법하게 판매하였다. 또한 실시계약에 마찰교반용접기의 구매자에 대한 사용 제한 규정이 없으므로 원고가 마찰교반용접기를 제3자에게 판매하는 것을 별다른 제한 없이 승인한 이상 피고 회사를 비롯한 그 구매자가 이를 사용하는 것은 당연히 승인된 판매에 수반되는 행위일 뿐 이를 두고 승인된 판매의 범위에서 벗어났다고 할 수 없다.

(2) 2심 판결: 특허법원 2017. 11. 10. 선고 2017나1001 판결

특허법원도 다음과 같은 이유에서 특별한 사정이 없는 한 방법발명 제품의 경우에도 특허권자 등에 의하여 적법하게 양도되는 때에는 특허권이 소진되어 이후 그 제품의 사용에 대해서는 특허권의 효력이 미치지 않는다고 판결하였다. 물건의 양도에 의한 특허권 소진의 인정 여부는 그 물건이 특허발명을 실질적으로 구현한 것인지 및 양도가 특허권자 등 권한 있는 사람에 의하여 적법하게 이루어졌는지에 따라 좌우되는 것이고 특허발명이 물건발명인지 방법발명인지와는 무관하다. 그리고 방법발명 제품이 방법발명을 실질적으로 구현한 것인지는 사회통념상 인정되는 그 제품의 본래 용도가 그 방법발명의 실시뿐이고 다른 용도가 없는지 여부, 그 제품에 그 방법발명의 특유한 해결수단이 기초한 기술사상의 핵심에 해당하는 구성요소가 모두 포함되었는지 여부, 그 제품을 통해서 이루어지는 공정이 방법발명의 전체 공정에서 실질적으로 차지하는

비중 등을 종합적으로 고려하여 판단해야 한다. 또한 이 사건 각 용접기에서 이루어지는 용접 공정이 이 사건 특허발명의 각 공정 단계를 시계열적으로 모두 포함할 뿐만 아니라 이 사건 각 용접기의 프로브와 프로브 핀이 이 사건 특허발명에서 한정한 형상 및 기울기를 모두 구비하고 있으며, 이 사건 각 용접기가 이 사건 특허발명에 의하여 달성되는 작용효과를 나타내므로, 이 사건 각 용접기는 이 사건 특허발명의 특유한 해결수단이 기초한 기술사상의 핵심에 해당하는 구성요소를 모두 포함하였다. 이에 더해 거래사회 통념상 인정되는 이 사건 각 용접기의 본래 용도에 관하여 전용품임을 인정하였다. 다른 한편, 특허법원은 피고 회사가 스스로 제작하거나 원고나 참가인이 아닌 제3자로부터 구매한 이 사건 각 용접기용 프로브로 교체하여 사용하더라도 그 교체행위는 이 사건 각 용접기의 사용의 일환으로서 허용되는 수리의 범주에 해당하여 여전히 이 사건 특허권 소진의 효력이 미친다고 판결하였다.

나. 대법원 판결: 대법원 2019. 1. 31. 선고 2017다289903 판결

대법원(이하 '이 사건의 대법원'이라 한다)은 "물건발명에 대한 특허권자 또는 특허권자로부터 허락을 받은 실시권자(이하 '특허권자 등'이라고 한다)가 우리나라에서 그 특허발명이 구현된 물건을 적법하게 양도하면, 양도된 당해 물건에 대해서는 특허권이 이미 목적을 달성하여 소진된다."는 법리에서, "'물건을 생산하는 방법의 발명'을 포함한 방법발명에 대한 특허권자 등이 우리나라에서 그 특허방법의 사용에 쓰이는 물건을 적법하게 양도한 경우로서 그 물건이 방법발명을 실질적으로 구현한 것이라면, 방법발명의 특허권은 이미 목적을 달성하여 소진되었으므로, 양수인 등이 그 물건을 이용하여 방법발명을 실시하는 행위에 대하여 특허권의 효력이 미치지 않는다."고 판결하였고, "어떤 물건이 방법발명을 실질적으로 구현한 것인지 여부"에 대해서도 구체적인 기준을 제시하였다.[5]

---

5) 이외에 이 사건의 대법원은 재판상 자백의 성립에 관하여, 원고가 제1심 제1차 변론기일에서 소장의 진술을 통하여 이 사건 각 용접기가 오로지 이 사건 특허발명의 실시를 위한 장비, 즉 이 사건 특허발명의 실시를 위한 전용품임을 스스로 인정함으로써 재판상 자백이 성립하였고 위 자백이 진실에 반하고 착오에 의한 것임을 인정하기 어렵다는 이유로 원고의 자백취소에 관한 주장을 배척하였다. 그리고 구체적·직접적인 판단에 대한 판단누락 여부에 관하여, 대법원은 당사자가 주장한 사항에 대한 구체적·직접적인 판단이 판결 이유에 표시되어 있지 않았더라도 판결 결과에 영향이 없다면 판단누락의 위법이 있다고 할 수 없으므로, 이 사건 각 용접기에 대하여 특허권이 소진되어 특허권 침해가 성립하지 않는 이상, 피고 회사가 이 사건 각 용접기의 일부를 사용하는지 여부에 관한 원심의 판단누락은 판결의 결과에 영향을 미치는 것이라고 할 수 없다고 판결하였다(대법원 2002. 12. 26. 선고 2002다56116 판결; 대법원 2019. 1. 31. 선고 2017다289903 판결).

II. 해 설

1. 개념 및 논점

특허법 제2조 제3호는 물건의 발명과 방법의 발명을 나누어 실시를 정의하고, 방법의 발명에 대해 다시 물건을 생산하는 방법의 발명에 대한 실시를 정의하므로,[6] 특허법은 두 유형의 발명에 대하여 구분하여 다루고 있다. 특허발명이 구현된 물건이 판매되는 경우에 이 물건을 구매한 자는 이것을 사용함에 의해 특허발명을 실시하게 되며, 이 자가 그 물건을 재판매하면 특허발명이 구현된 물건을 양도함에 의해 특허발명을 실시하게 된다. 또한 이렇게 물건을 사용하거나 양도하는 것은 실시 행위에 해당되므로 특허권자의 독점배타적인 권리다.

그렇지만 특허발명에 대해 특허제품이 적법하게 생산, 판매된 경우에 그 양수인 등에 의한 특허제품의 사용, 판매 등은 특허침해가 되지 않는다는 법리가 적용되어 왔는데, 이 법리의 이론적 근거에 대해 소유권이전설, 묵시적 실시허락설 등이 있으나 현재 권리소진의 원칙('최초판매원칙,[7] 소진이론 등'과 같은 의미이다)이 가장 유력한 견해로 받아들여지고 있다.[8] 이 원칙은 "특허권 등의 지적재산권 권리자에 의해 적법하게 특허 등의 지적재산권이 적용된 제품이 일단 생산·판매되면 그 최초의 판매로서 특허권 등의 지적재산에 관한 권리는 소진(消盡)되어, 해당 특허제품에 대하여 구매자가 구매하여 사용하거나 제3자에게 그 제품을 처분하여도 권리자는 그 제품에 대하여 더 이상 특허권 등의 지적재산권을 주장할 수 없다는 것"[9]을 말한다.

그런데 권리소진은 권리자에 의하여 적법하게 양도가 이루어진 물건에 관하여 적용되는 것이 원칙이므로, 물건의 발명에 적용된다는 점에는 이론이 없다고 할 수 있다.[10]

---

6) 특허법 제2조(정의) 이 법에서 사용하는 용어의 뜻은 다음과 같다.
  3. "실시"란 다음 각 목의 구분에 따른 행위를 말한다.
    가. 물건의 발명인 경우: 그 물건을 생산·사용·양도·대여 또는 수입하거나 그 물건의 양도 또는 대여의 청약(양도 또는 대여를 위한 전시를 포함한다. 이하 같다)을 하는 행위
    나. 방법의 발명인 경우: 그 방법을 사용하는 행위 또는 그 방법의 사용을 청약하는 행위
    다. 물건을 생산하는 방법의 발명인 경우: 나목의 행위 외에 그 방법에 의하여 생산한 물건을 사용·양도·대여 또는 수입하거나 그 물건의 양도 또는 대여의 청약을 하는 행위
7) 윤선희, "특허권소진의 의의와 그 논거에 관한 연구", 「산업재산권」, 제27호, 한국지식재산학회, 2008, 147면.
8) 강명수, "방법발명의 특허권 소진에 관한 비판적 고찰", 「사법」, 제48호, 사법발전재단, 2019.6., 8면.
9) 윤선희, 앞의 논문(주 7), 135면.
10) 문선영, "방법발명 특허와 권리소진", 「선진상사법률연구」, 제84호, 법무부, 2018, 96면.

그렇지만, ① 권리소진의 인정 근거, ② 국제소진의 인정 여부, ③ 권리소진이 적용되는 발명의 범위(방법발명의 특허권 소진), ④ 수리 또는 교체에 대한 특허권 소진 및 ⑤ 계약에 의한 권리소진 제한 여부에 대해 논쟁이 있어 왔다.

2. 권리소진의 인정 근거

미국에서는, 19세기 중반의 연방대법원 판결[11]에서 '보통의 일상생활에서 기구나 기계를 사용목적으로 구입한 경우'에 대하여 '특허제품인 기계가 구입자의 손에 들어간 경우, 그와 동시에, 특허권이라는 독점의 범위를 벗어나게 된다. 이 기계는 독점의 영역에서 벗어나 이미 의회에서 정한 특허법의 보호 하에 있지 않게 된다.'고 하는 기본적인 원칙을 밝혔다.[12] 위 판결의 법리는 1873년에 Adams v. Burke[13] 사건에서 법원이 "사물의 본질적인 성격상 제품은 어떠한 독점의 제한이 없이 이전된다."라고 하여 '최초판매의 원칙(First Sale Doctrine)'으로 발전되어 그 기원이 되었다.[14]

그리고 1877년 독일 특허법에서 특허권의 내용이 제조권만으로 되어 있던 것이 제조·확포·판매·사용의 4개의 권리로 확장된 결과 특허권자등은 이들 권리를 행사하는 기간 동안 특허제품에 대해 계속 지배할 수 있는지, 아니면 권리를 1회만 행사할 수 있는지에 대한 문제가 제기되었으며, 이러한 문제의 해결을 위한 학설들이 제기되었다.[15] 이중에서 권리소진의 원칙[16]은 Kohler[17]에 의해서 제창[18]되었으며, 그의 이론은 이후 독일의 라이히 법원에 의해 "특허권의 효력은, 특허권자 이외에는 누구도 국내에서 특허제품을 제조하고, 판매할 수 없다는 점에 있는 것은 말할 것도 없다. 그러나

---

11) Bloomer v, McQuewan, 55 U.S. 539 (U.S. 1852).

12) 박태일, "특허소진에 관한 연구－국내외 사례의 유형별 검토를 중심으로－", 「정보법학」, 제13권 제3호, 한국정보법학회, 2009, 37면.

13) 84 U.S. 453 (1873).

14) F. SCOTT KIEFF, PAULINE NEWMAN, HERBERT F. SCHWARTZ & HENRY E. SMITH, PRINCIPLES OF PATENT LAW CASES AND MATERIALS(4TH EDITION), FOUNDATION PRESS, 2008, p.1143(이헌희, "권리소진에 관한 연구－특허권을 중심으로－", 한양대학교 박사학위논문, 2010, 재인용).

15) 윤선희, 앞의 논문(주 7), 146면.

16) 독일에서 "소진(Ershöpfung)"의 용어가 일반화되는 시기와 거의 동시에 미국에서도 이 법리는 역시 "소진(Exhaustion)"이라는 용어에 의하여 표현되게 되었다(박태일, 앞의 논문, 38면).

17) Josef Kohler, Deutsches Patentrecht systematisch bearbeitet unter vergleichender Berücksichtigung des französischen Patentrechts, 1878, Mannheim, S.160(이헌희, 박사학위논문, 12면 재인용).

18) 吉藤幸朔, 熊谷健一補訂, 유미특허법률사무소 訳, 「특허법개설」, 제13판, 대광서림, 2005, 491면; 古谷英男, 特許権の消耗と黙示の許諾, 「知財管理」, Vol.53 No.1, 2003, 36頁; 윤선희, 앞의 논문(주 7), 147면.

그와 동시에 특허에 의한 보호의 효과도 또한 소멸된다. 특허권자가 타인의 경쟁을 배제할 수 있는 보호 아래 그 제품을 제조 및 판매하였을 때에는 특허권자는 특허가 인정하고 있는 모든 이익을 이미 받은 것이므로, 그와 동시에 권리는 소멸하는 것이다."라는 내용으로 수정되었고, 이후 독일의 통설·판례로 되었다.[19]

국가는 이와 관련하여 법령에 명시적인 규정을 둘 수도 있지만 미국과 독일 외에도 우리나라를 포함하는 대부분의 국가에서 학설[20]과 판례에 의한 해석론으로 이 문제를 해결해 왔다. 이 중에서 권리소진의 근거로는 이 사건 판결의 기초이론인 특허제품의 유통 과정 및 전득자의 보호와 권리자 이중 보호의 방지가 제시되고 있다.[21] 즉, 적극적 근거는 특허제품이 전전유통할 때에 양도시마다 특허권자의 승낙을 얻어야 한다면 특허제품의 유통이 현저히 방해될 수 있다는 점(유통 과정 및 전득자의 보호)이고, 소극적 근거는 권리자가 특허제품을 판매할 때에 이미 권리자에게 특허발명의 대가를 배타적으로 취득할 기회가 주어지는 것이어서 이중이득의 기회를 줄 필요가 없다고 하는 점(권리자 이중 보호의 방지)이다.[22]

이에 대해 묵시적 실시허락(implied license)을 적용하는 이론이 제시되어 왔다. 영국은 전통적으로 권리소진과는 달리 계약에 의한 묵시적 허락이 받아들여져 왔는데, 특허제품을 구매한 자가 재이용과 재판매에 대해서 특허권자의 라이선스를 필요로 한다고 해석하며, 입법자들은 당사자들에 의해서 재판매나 병행수입에 대한 것을 결정할 수 있도록 하였다.[23] 이러한 묵시적 실시허락의 개념은 1871년 영국에서 Betts v. Willmott[24] 사건에서 거래상 편의와 상품구매에 대한 일반적인 기대를 기초로 하여 "어떠한 반대의 명확한 동의가 없는 경우 동의가 되는 결과(the implication of consent in the absence of any explicit agrement to the contrary)"가 된다는 것에서 유래했다.[25] 그리고 미국에서 묵시적 실시허락이 인정되려면, ① 판매된 물건이 합리적인 비침해 용

---

19) 박태일, 앞의 논문, 37면.

20) '윤선희, 앞의 논문(주 7), 146-165면; 이헌희, 박사학위논문, 11-19면'에서 전통적으로 주장되어 온 학설들이 소개되어 있다.

21) 박태일, 앞의 논문, 38면; 강명수, 앞의 논문, 8면 참조.

22) 吉田広志, "特許製品の使用済み品を再利用したりサイクル製品について国内消尽等の成立を認めこれを輸入する行為に対して特許権に基づく差止請求権等を行使することはできないとされた事例", 「判例時報」, 第1909号, 判例時報社, 2006, 186頁(박태일, 앞의 논문, 38면 재인용).

23) Jens Schovsbo, Exhaustion of Rightsand Common Principles of European Intellectual Property Law, Ansgar Ohly, ed., Mohr Siebeck, Tübingen, 2010, p.4(이헌희, 박사학위논문, 20면 재인용).

24) [1871] L.R. 6 Ch. App. 239, 245.

25) Paul TORREMANS, INTERNATIONAL EXHAUSTION IN THE EUROPEAN UNION IN THE LIGHT OF ZINO DAVIDOFF, WIPO, 1999, p.8(이헌희, 박사학위논문, 21면 재인용).

도가 없어야 하고, ② 실시허락의 존재를 유추할 만한 구체적 사실관계가 인정되어야 하므로, 묵시적 실시허락은 계약법이론에 근거한 것으로 판매와 관련한 구체적 사실관계에 영향을 받게 된다.[26] 이와 관련하여 미국 연방대법원의 Quanta Computer, Inc. v. LG Electronics Inc.[27] 사건(이하 'Quanta 사건'이라 한다) 이전까지는 미국 연방법원은 방법특허에 의해 비특허제품의 판매는 방법특허에 있어서 최초 판매에 의해 특허권이 소진되는 것은 아니고, 다만 묵시의 라이선스가 인정될 수 있다는 태도를 취하고 있었다.[28]

그러나 어떤 이론에 따르더라도 특허권이 제한될 수 있음은 동일하다. 이와 관련하여 미국에서 권리소진법리와 묵시적 허락의 법리는 개념적으로 다른 법리를 지적한 것이 아니고, 적어도 일정한 경우에는 같은 사정을 설명하는 2개의 방법으로 파악할 수 있다는 견해[29]도 있다.

3. 권리소진의 적용범위

가. 국제소진

국제소진의 인정 여부와 관련하여, 특허권의 소진에 관하여는 국내소진과 국제소진으로 나누어 생각해 볼 수 있다. 국제적으로 특허권을 포함하는 산업재산권에 대해 속지주의를 취하고 있으므로, 각 동맹국에서 등록한 특허권은 각기 다른 내용의 권리로 취급되고 등록국의 수만큼 별개의 독립된 특허권으로 성립하며 상호 침범하거나 관련됨이 없이 병존하고 어느 나라의 특허권에 생긴 사유는 다른 나라에서의 특허권 효력에 영향을 미치지 않는다.[30] 우리나라가 가입한 WTO/TRIPs 협정 제6조[31]에 따라 국제소진이 인정되는 것으로 볼 수 있지만, 이 협정은 그 지역적 범위에 대한 언급을 하지

---

26) John W. Osborne, "A coherent view of patent exhaustion: a standard based on patentable distinctiveness", 20 Santa Clara Computer & High Tech. L. J. 643, 687-691 (2004); 이헌, "방법의 발명과 특허권 소진", 「사법」, 제48호, 사법발전재단, 2019.6., 133면.

27) 128 S.Ct. 2109 (2008).

28) 문선영, 앞의 논문, 103면.

29) 玉井克哉, "アメリカ特許法における権利消尽の法理(1)," 「パテント」, Vol. 54 No. 10, 2001, 21頁(이헌희, 박사학위논문, 25면 재인용).

30) 윤선희, 앞의 논문(주 7), 142면.

31) Article 6 Exhaustion

For the purposes of dispute settlement under this Agreement, subject to the provisions of Articles 3 and 4 nothing in this Agreement shall be used to address the issue of the exhaustion of intellectual property rights.

않아 결과적으로 병행수입과 같은 국제소진의 문제는 각국이 국내법으로 정해야 하는 문제로 남아 있다.[32] 그래서 각국의 입장에 따라 특허권 소진에 대한 지역적 범위가 다른데, 국제소진에 대해 대체로 선진국들은 부정하고 개발도상국들은 인정하는 입장을 취하고 있다.[33] 그렇지만 우리나라는 국제소진을 인정하고, 미국도 Impression Products v. Lexmark International[34] 사건(이하 'Impression 사건'이라 한다)의 판결을 통해 특허권 소진은 판매 제한 조건이나 지역과는 무관하고 특허권자가 이를 적법하게 판매하였다면 특허권은 소진된다고 판시하여 국제소진을 인정한 바 있다.[35] 그렇지만 특허법이 국가의 기술과 산업의 발전을 추구하는 정책을 반영한다는 점에서 국제소진을 인정하는 것에 부정적인 측면이 있다. 이에 대해 상표제품 병행수입에 대한 공공이익은 상표가 갖는 신용의 유지를 전제로 공정한 경쟁질서를 유지하는 것이며 병행수입이 인정되는 것은 이러한 범주 내에서의 허용으로 소비자가 보다 값싼 제품을 구입할 수 있는 것은 부수적인 이익에 불과한 반면에, 특허제품 병행수입에 대해 판단하여야 할 공공이익은 공개된 발명의 이용과 발명·창작의 장려에 의한 산업발전에의 기여라는 점에서 국제소진의 인정은 부정적인 측면을 부인할 수 없다는 견해[36]가 있다. 다만, 이 사건은 국내의 특허권 소진에 관한 문제를 다루고 있다.

나. 방법발명의 권리소진

방법의 발명은 개념상 물건의 유통을 대상으로 하는 것이 아니라 방법의 사용을 대상으로 하는 것이므로, 방법의 발명에 대하여도 권리소진의 원칙이 적용되는지는 문제가 될 수 있다.[37] 그래서 방법의 발명을 소진의 대상으로 볼 수 있는지, 방법의 발명이 물건발명과 병기된 경우에 방법의 발명도 소진된다고 볼 수 있는지 및 방법의 발명이 물건에 구현되어 있다면 해당 물건을 소진의 대상으로 볼 수 있는지에 대해 문제된다.

우리나라에서는 이 대법원 판결이 있기 전까지, 물건을 생산하는 방법의 발명에 대해서는 소진을 인정[38]하면서도 '단순방법특허'에 대해서는 소진을 부정[39]한 하급심 법

---

32) 윤선희, 앞의 논문(주 7), 136-137면; 윤선희, 「지적재산권법」, 제18정판, 세창출판사, 2020.9., 8면.
33) Regional Seminar on the Effective Implementation and Use of Several Patent-Related Flexibilities-Topic 14: Exhaustion of Rights, WIPO, March 29 to 31, 2011, p.11. 참조.
34) 137 S.Ct. 1523 (2017).
35) 강명수, 앞의 논문, 11면; 문선영, 앞의 논문, 103면; 이헌, 앞의 논문, 122면.
36) 윤선희, "지적재산권법과 병행수입(1)", 「발명특허」, 제239호, 한국발명특허협회, 1996, 40면.
37) 문선영, 앞의 논문, 96면.
38) 서울중앙지법 2008. 1. 31. 선고 2006가합58313 판결.
39) 서울고등법원 2000. 5. 2. 선고 99나59391 판결.

원의 사례들이 있었으므로, 방법발명의 경우는 일반적으로 그 발명의 특허권이 소진되지 않는 것으로 보면서 일정한 경우에 제한적으로 권리소진이 인정되어 왔다.[40] 그렇지만 이 사건의 하급심 법원이 방법발명의 특허권 소진에 대한 기준을 제시[41]하였고 이후 대법원에 상고되면서 이와 관련한 논의가 이어졌다.

이 사건의 대법원은 방법의 발명이 물건에 구현되어 있다면 해당 물건에 대해서도 물건의 발명과 마찬가지로 특허권 소진의 원칙이 적용된다고 판결하였는데, 그 논거는 다음과 같다.

첫째, 방법발명도 그러한 방법을 실시할 수 있는 장치를 통하여 물건에 특허발명을 실질적으로 구현하는 것이 가능한데, 방법발명이 실질적으로 구현된 물건을 특허권자 등으로부터 적법하게 양수한 양수인 등이 그 물건을 이용하여 방법발명을 실시할 때마다 특허권자 등의 허락을 받아야 한다면, 그 물건의 자유로운 유통 및 거래안전을 저해할 수 있다.[42] 방법발명이 실질적으로 구현된 물건도 물건발명과 마찬가지로 자유로운 유통 및 거래안전을 저해할 수 있다는 문제가 제시되었는데, 물건발명과 같은 방식으로 유통 및 거래된다는 점이 고려된 것이다. 이는 미국의 Quanta 사건[43] 및 일본의 '리사이클 잉크 카트리지' 사건의 항소심 판결[44]의 내용과 궤를 같이한다.

둘째, 특허권자는 특허법 제127조 제2호[45]에 의하여 방법발명의 실시에만 사용되는 물건을 양도할 권리를 사실상 독점하고 있는 이상 양수인 등이 그 물건으로 방법발명을 사용할 것을 예상하여 그 물건의 양도가액 또는 실시권자에 대한 실시료를 결정할 수 있으므로, 특허발명의 실시 대가를 확보할 수 있는 기회도 주어져 있다.[46] 이 규정은 간접침해에 관한 규정으로 특허법상의 각 규정이 사안에 개별적으로 적용될 수 있

---

40) 강헌, "방법발명의 특허권 소진 – 일본 잉크카트리지 사건(知財高判平成18·1·31)을 중심으로 – ", 「아주법학」, 제12권 제2호, 아주대학교 법학연구소, 2018.8., 253면.
41) 강헌, 앞의 논문, 253-254면.
42) 대법원 2019. 1. 31. 선고 2017다289903 판결.
43) Quanta Computer, Inc. v. LG Electronics Inc., 128 S.Ct. 2109 (2008). 이와 관련하여 문선영, 앞의 논문, 104-106면 참조.
44) 知財高裁 2006年 1月 31日 平17(ネ)10021 判決(東京地裁 2004年 12月 8日 平16(ワ)8557 判決이 원심, 最高裁 2007年 11月 8日 平18(受)826 判決이 상고심).
45) **특허법 제127조(침해로 보는 행위)** 다음 각 호의 구분에 따른 행위를 업으로서 하는 경우에는 특허권 또는 전용실시권을 침해한 것으로 본다.
  1. 특허가 물건의 발명인 경우: 그 물건의 생산에만 사용하는 물건을 생산·양도·대여 또는 수입하거나 그 물건의 양도 또는 대여의 청약을 하는 행위
  2. 특허가 방법의 발명인 경우: 그 방법의 실시에만 사용하는 물건을 생산·양도·대여 또는 수입하거나 그 물건의 양도 또는 대여의 청약을 하는 행위
46) 대법원 2019. 1. 31. 선고 2017다289903 판결.

으므로 이 사건의 특허발명이 실질적으로 구현된 물건에 이 규정이 적용될 수 있다. 이와 관련하여 일본의 '리사이클 잉크 카트리지' 사건의 항소심 판결[47]에서 방법의 발명의 간접침해 규정에 해당하는 경우에 권리소진이 인정되었다. 이런 배경에서 이 사건의 대법원은 위와 같이 특허권자가 유리한 지위에 있다는 점을 고려한 것으로 보인다.

셋째, 물건발명과 방법발명은 실질적으로 동일한 발명일 경우가 적지 않고, 그러한 경우 특허권자는 필요에 따라 특허청구항을 물건발명 또는 방법발명으로 작성할 수 있으므로, 방법발명을 특허권 소진 대상에서 제외할 합리적인 이유가 없다.[48] 즉, 특허법 제45조에 따라 "특허출원은 하나의 발명마다 하나의 특허출원으로" 해야 하지만, "하나의 총괄적 발명의 개념을 형성하는 일 군(群)의 발명에 대하여 하나의 특허출원으로 할 수 있"기 때문에, 특허출원인은 물건발명과 방법발명을 일 군의 발명으로 특허출원할 수 있다. 그래서 오히려 방법발명을 일률적으로 특허권 소진 대상에서 제외한다면 특허권자는 특허청구항에 방법발명을 삽입함으로써 특허권 소진을 손쉽게 회피할 수 있게 된다.[49] 이는 미국의 Quanta 사건[50] 및 일본의 '리사이클 잉크 카트리지' 사건의 항소심 판결[51]의 내용과 궤를 같이한다.

미국은 Quanta 사건에서 방법의 발명이 물건에 구현되어 있다면 해당 물건에 대해서도 물건의 발명과 마찬가지로 특허권 소진의 원칙이 적용된다고 판결하여 방법발명에 대한 권리소진을 인정하였다. 미국에서도 Adams v. Burke[52] 사건의 판결에 의해 특허소진이 인정되어 왔음에 반해, 방법발명의 소진에 대해서는 상반된 판시가 있어 왔고, 특히 Quanta 사건의 판결 이전까지는 미 연방대법원이 방법특허에 의해 비특허 제품의 판매는 방법특허에 있어서 최초판매에 의해 특허권이 소진되는 것은 아니고, 다만 묵시적 라이선스가 인정될 수 있다는 태도를 취했다.[53] 그렇지만 학설에 따라서는 이 사건의 발명이 물건발명이 아니라 방법발명에 관한 것이므로 특허권 소진의 원칙이 적용되지 않고 묵시적 허락에 의해 허용되는 것으로 보았어야 한다는 견해[54]도 있다.[55]

---

47) 知財高裁 2006年 1月 31日 平17(ネ)10021 判決.
48) 대법원 2019. 1. 31. 선고 2017다289903 판결.
49) 이헌, 앞의 논문, 149면; 특허법원 2017. 11. 10. 선고 2017나1001 판결.
50) Quanta Computer, Inc. v. LG Electronics Inc., 128 S.Ct. 2109 (2008). 이와 관련하여 문선영, 앞의 논문, 104-106면 참조.
51) 知財高裁 2006年 1月 31日 平17(ネ)10021 判決.
52) 84 US. 453(1873).
53) 문선영, 앞의 논문, 10면; 강명수, 앞의 논문, 12면.
54) 강명수, 앞의 논문, 29-30면.

다. 방법발명의 실질적 구현 여부

실질적 구현 정도에 따라 특허권자와 제품 양수인 간의 이해관계는 달라지는데, 그 요건을 엄격하게 해석할 경우 특허권 소진이 부정될 여지가 커지는 반면, 그 요건을 완화하여 해석할 경우 특허권 소진이 인정될 여지가 커진다.[56) 이 사건의 대법원은 방법의 발명을 실질적으로 구현한 물건인지 여부 판단과 이때 실제로 방법의 발명에 권리소진의 원칙을 적용하기 위한 요건을 제시했다.

우선, 판단 대상에 대해 방법의 발명을 실질적으로 구현한 물건인지 여부를 판단해야 한다. 특정한 물건의 일반적인 용도가 본래 다양하고 그러한 용도들 중에 자연스럽게 방법의 발명이 포함되어 있다면, 해당 물건을 사용할 때 방법의 발명이 실시되는 경우는 실질적으로 방법의 발명을 그 물건에 구현하여 실시하는 것으로 보기는 어렵다. 따라서 대법원은 "어떤 물건이 방법발명을 실질적으로 구현한 것인지 여부는 사회통념상 인정되는 그 물건의 본래 용도가 방법발명의 실시뿐이고 다른 용도는 없는지 여부, 그 물건에 방법발명의 특유한 해결수단이 기초하고 있는 기술사상의 핵심에 해당하는 구성요소가 모두 포함되었는지 여부, 그 물건을 통해서 이루어지는 공정이 방법발명의 전체 공정에서 차지하는 비중 등 위의 각 요소들을 종합적으로 고려하여 사안에 따라 구체적·개별적으로 판단하여야 한다"고 판단했다. 이에 기초하여 대법원은 "이 사건 각 용접기를 통해서 이루어지는 용접 공정은 이 사건 특허발명의 전체 공정에 걸쳐 있고, 이 사건 각 용접기의 프로브와 프로브 핀이 이 사건 특허발명에서 한정한 형상 및 기울기를 모두 구비하고 있으며, 이 사건 각 용접기가 이 사건 특허발명에 의하여 달성되는 작용효과를 나타내므로, 이 사건 각 용접기는 이 사건 특허발명의 특유한 해결수단이 기초한 기술사상의 핵심에 해당하는 구성요소를 모두 포함한 것으로 볼 수 있다"고 판단했다.[57) 또한, 대법원은 "사회통념상 인정되는 물건의 본래 용도가 방법발명의 실시뿐이고 다른 용도는 없다고 하기 위해서는, 그 물건에 사회통념상 통용되고 승인될 수 있는 경제적, 상업적 또는 실용적인 다른 용도가 없어야 한다"고 하며, "이와 달리 단순히 특허방법 이외의 다른 방법에 사용될 이론적, 실험적 또는 일시

---

55) 묵시적 실시허락에 의한 논리구성은 권리소진의 이론적 문제점을 보완할 수 있을 것이다. 다만, 이 경우에 특허권자들은 계약에 의해 권리소진을 무력화하기 용이하고, 실시자가 독점규제 및 공정거래에 관한 법률에 의해 대응하더라도 적용범위의 한계나 이를 위한 입증부담이 있다.

56) 이헌, 앞의 논문, 150면.

57) 대법원 2019. 1. 31. 선고 2017다289903 판결.

적 사용가능성이 있는 정도에 불과한 경우에는 그 용도는 사회통념상 인정되는 그 물건의 본래 용도라고 보기 어렵다"고 판단했다.[58] 이에 기초하여, 대법원은 "이 사건 각 용접기의 본래 용도는 이 사건 특허발명을 실시하는 것뿐이고, 이 사건 각 용접기에 사회통념상 통용되고 승인될 수 있는 경제적, 상업적 또는 실용적인 다른 용도가 존재한다고 보기 어렵다"고 판단했다. 이와 같은 법리는 미국의 Quanta 사건의 판결[59]에도 나타나 있다.

라. 수리 또는 교체에 대한 특허권 소진(특허법원)

특허법원은 "프로브가 마모된 이후 피고 회사가 이 사건 각 용접기용 프로브를 스스로 제작하거나 원고나 참가인이 아닌 제3자로부터 구매하여 사용하는 경우에 그 새로운 프로브"가 특허권 소진의 대상이 될 수 있는지를 판단했다.[60]

특허법원은 "방법발명 제품을 적법하게 양수한 양수인 등이 이를 수리하거나 소모품 내지 부품을 교체하는 경우에 그로 인하여 원래 제품과의 동일성을 해할 정도에 이르는 때에는 실질적으로 생산행위를 하는 것과 마찬가지이므로 특허권을 침해하는 것으로 보아야 할 것"이라고 전제하고, 이에 대해 특허법원은 "그러한 수리 또는 소모품 내지 부품이 제품의 일부에 관한 것이어서 수리 또는 소모품 내지 부품의 교체 이후에도 원래 제품과의 동일성이 유지되고, 그 소모품 내지 부품 자체가 별도의 특허 대상이 아닌 한, 그러한 수리행위나 부품 교체행위는 방법발명 제품 사용의 일환으로 허용되는 수리에 해당"한다고 하여 그러한 생산행위에 이르지 않은 행위에 대해서는 특허권 침해에 이르지 않았다고 판단했다. 그래서 "제3자가 업으로서 그러한 소모품 내지 부품을 생산·양도·대여 또는 수입하는 등의 경우에 특허법 제127조 제2항 소정의 간접침해가 성립하는지는 별론으로 하고, 특별한 사정이 없는 한 양수인 등의 그러한 수리행위나 부품 교체행위가 방법발명의 특허권을 직접 또는 간접적으로 침해한다고 볼 수는 없다. 이는 그러한 소모품 내지 부품이 그 특허발명의 실시에만 사용되는 것인 경우에도 마찬가지이다."고 판단하였다.[61] 이에 기초하여 특허법원은 "이 사건 각 용접기에서 프로브를 교체하더라도 그 교체 전후 이 사건 각 용접기는 동일성이 유지"되므로 여전히 특허권 소진이 성립한다고 판결하였다.

---

58) 대법원 2009. 9. 10. 선고 2007후3356 판결; 대법원 2019. 1. 31. 선고 2017다289903 판결.
59) 박태일, 앞의 논문, 86-89면 참조.
60) 이 쟁점에 대해서는 특허법원의 판결 내용이 확정되고 대법원에서는 다투어지지 않았다.
61) 대법원 2003. 4. 11. 선고 2002도3445 판결; 대법원 2019. 1. 31. 선고 2017다289903 판결.

위와 같은 특허법원의 판결은 일본과 미국의 판결과 같은 맥락이다. 우선, 일본의 리사이클 카트리지 사건[62]에서 최고재판소는 특허제품이 새로운 제조 여부에 대한 판단은 "특허권자등이 양도한 특허제품과의 동일성"이며, 특허권자등이 일본에서 양도한 특허제품에 대해 가공이나 부재의 교환이 이루어지고, 그것에 의해 특허제품의 동일성을 결한 경우에 특허제품은 새롭게 제조된 것에 해당한다고 판결했다."[63] 그리고 미국에서는 특허제품에 가한 변형행위를 특허법상 허용되는 '수리'로 평가할 것인가 혹은 '재생산'으로 평가할 것인가에 기초하여 전자의 경우에 권리소진이 적용되지만 후자의 경우에는 특허권 침해가 성립한다는 수리와 재생산(repair and reconstruction)의 법리가 판례이론으로 발전하였고 수리로 인정되는 범위가 확대되고 있다.[64]

4. 계약에 의한 권리소진 제한 여부(장비 양도의 적법성)

방법의 발명의 실시계약에는 그 실시와 관련한 조건이 기술되는데, 방법의 발명이 물건에 구현되는 경우에 명문의 규정에 의하여 권리소진이 제한될 수 있는지가 문제된다. 대법원은 참가인의 장비 양도에 대한 적법성에 관하여, 원고가 이 사건 실시계약을 체결하면서 참가인에게 이 사건 특허발명을 실시하는 데 적합한 장비를 제조·판매할 권한을 참가인에게 명시적으로 부여하였으므로, 참가인이 피고 회사에 이 사건 각 용접기를 판매한 것은 특허권자인 원고의 허락하에 이루어진 적법한 양도에 해당하고, 피고 회사가 적법하게 이 사건의 각 용접기의 소유권을 취득하였으므로 그 제조된 제품에 대해 권리소진의 원칙이 적용된다고 판결했다.[65] 이와 같은 대법원의 계약에 대한 해석은 원고가 방법의 발명에 대해 참가인에게 비독점적 실시권을 부여했고 그 실시장비의 구매자가 별도의 실시허락을 받아야 한다는 주장에 대해 위와 같은 계약 규정의 내용을 문언 그대로 충실하게 해석한 것이다. 즉, 대법원은 방법의 발명이 물건에 구현되는 경우에 명문의 규정으로 방법의 발명을 직접적으로 제한할 수 있는지 여부를 판단한 것이 아니고 '제조·판매'의 실시허락에 따라 방법의 발명이 구현된 물건에 권리소진의 원칙이 적용됨을 확인한 것이라 할 수 있다. 게다가 "실시권 규정 조항이 전형적 문구로 보임에도 이 사건 실시계약에서 이와 달리 표현한 것은, 오히려 원고가 참가인에게는 기존의 전형적인 실시권 설정계약과 달리 실시권 범위를 정하였다고 볼

---

62) 最高裁 平成 19년(2007). 11. 8. 선고 平成 18(受) 826호 판결.
63) 이헌희, 박사학위논문, 117면; 박태일, 앞의 논문, 62-65면.
64) 박태일, 앞의 논문, 65면.
65) 대법원 2019. 1. 31. 선고 2017다289903 판결.

근거가 된다"[66]는 특허법원의 판결에 기초하면, 계약 규정에서 제조·판매에 관한 문구가 없이 방법의 발명에 관한 전형적인 실시권 설정계약에 관한 내용을 기술하였다면 법원의 해석이 달랐을 수도 있을 것이다. 미국의 Quanta 사건의 판결도 이와 동일하게 판단하고 있어 궤를 같이하는데,[67] 이에 따르면 최초의 구입자에 의한 해당 특허제품의 사용에 관하여 계약에 의해 제한이 가해진 경우, 즉 계약 당사자의 합의에 의한 제약이 있는 경우에는 권리소진의 원칙이 적용되지 않을 수 있다. 이에 더해 미국에서는 Impression 사건의 판결을 통해 커먼로상의 조건부 양도금지의 원칙에 따라 특허권자가 특허품을 판매한 경우 부가된 조건에 관계없이 특허권은 소진된다는 점을 분명히 하였고, 나아가 특허권 소진은 판매 제한 조건이나 지역과는 무관하고 특허권자가 이를 적법하게 판매하였다면 특허권은 소진된다고 판시[68]하였다. 다만, 대상판결에서는 이 쟁점은 다뤄지지 않았다.

5. 정리 및 소결

대상판결은 1심부터 대법원까지 주요한 쟁점들에 대해서 실질적으로 동일한 결론을 내리고 있다. 다만, 이외의 부수적인 쟁점들에는 추가적으로 다뤄지거나 빠진 부분들이 있다. 결론적으로 1심, 2심 및 대법원에서 방법발명에 관한 특허권이 소진된 것으로 판결되어 피고들이 모두 승소하였다. 그리고 이 과정에서 이 사건의 대법원의 판결은 미국, 일본 등에서의 방법발명에 대한 판결들의 법리와 궤를 같이하고 있는데, 이런 점에서 국내외 학설 외에 미국, 일본 등에서의 판결들을 참조한 것으로 보인다.

이 사건의 대법원은 이 사건 각 용접기가 이 사건 특허발명을 실질적으로 구현한 물건에 해당하고, 피고 회사가 적법하게 이 사건 각 용접기의 소유권을 취득하였으므로, 이 사건 각 용접기에 대해 이 사건 특허발명의 특허권이 소진되었다고 판결하였다. 그래서 이 사건의 대법원은 방법의 발명이 물건에 구현되어 있다면 해당 물건에 대해서도 물건의 발명과 마찬가지로 특허권 소진의 원칙이 적용되고 문제가 되는 물건에 대해 방법의 발명이 그 물건에 완전하게 구현되어 물건의 사용에 의해 방법의 발명이 실시되어야 한다는 특허권 소진의 요건을 제시하였다. 따라서 방법의 발명만을 소진의 대상으로 볼 수는 없지만 방법의 발명이 물건에 구현되어 있다면 해당 물건을 소진의

---

66) 특허법원 2017. 11. 10. 선고 2017나1001 판결.
67) 문선영, 앞의 논문, 106면.
68) 문선영, 앞의 논문, 103면; 이헌, 앞의 논문, 124-125면.

대상으로 볼 수 있으며, 후자의 경우에는 방법발명이 물건발명과 병기된 경우에도 방법발명이 소진된다고 볼 수 있다. 또한 이 사건의 대법원은 당사자 간의 계약 규정이 존재하므로 특허권자가 계약에 의해 특허실시에 관하여 통제 가능한지 여부에 관하여 판단했는데, 이 사건에서 원고가 계약에 따라 특허실시가 제한되어 있다고 주장하였지만 대법원은 계약이 유효해도 계약 규정에는 그 해석상 특허권 소진을 부정하는 내용이 없다고 판단하였다.

한편, 이 사건의 발명이 물건발명이 아니라 방법발명에 관한 것이므로 특허권 소진의 원칙이 적용되지 않고 묵시적 실시허락에 의해 허용되는 것으로 보았어야 한다는 견해[69]가 있지만, 상기한 바와 같이 방법의 발명이 물건에 구현되어 있다면 이에 대해 권리소진의 원칙이나 묵시적 실시허락의 어떤 견해에 따르더라도 특허권이 피고들에게 미치지 못하는 것은 같은 결과이다. 이와 같은 묵시적 실시허락에 관한 이론은 적극적으로 적용되지 않더라도 독점규제 및 공정거래에 관한 법률과 함께 권리소진의 이론을 보완할 수 있을 것으로 보인다.

특허에 대한 권리는 독점배타적인 권리이므로, 법률의 규정이 그대로 적용되어 특허권자에 의해 완전한 독점배타권이 행사된다면 특허발명이 적용된 제품의 사용 및 유통 과정에서 불측의 사회 문제들이 발생할 수 있다. 그래서 이를 보완할 수 있는 해석론이 필요하다. 권리소진의 원칙은 역사적으로 오랜 시간 동안 이런 문제들을 바로잡기 위한 노력의 결과일 것이다. 또한 향후에도 이와 같은 문제들을 수정 및 보완하기 위한 노력들이 계속되어야 할 것이다.

---

69) 강명수, 앞의 논문, 29-30면.

참고문헌

■ 국내문헌

강명수, "방법발명의 특허권 소진에 관한 비판적 고찰", 「사법」, 제48호, 사법발전재단, 2019.6.

강 헌, "방법발명의 특허권 소진－일본 잉크카트리지 사건(知財高判平成18·1·31)을 중심으로－", 「아주법학」, 제12권 제2호, 아주대학교 법학연구소, 2018.8.

문선영, "방법발명 특허와 권리소진", 「선진상사법률연구」, 제84호, 법무부, 2018.

박태일, "특허소진에 관한 연구－국내외 사례의 유형별 검토를 중심으로－", 「정보법학」, 제13권 제3호, 한국정보법학회, 2009.

윤선희, "지적재산권법과 병행수입(1)", 「발명특허」, 제239호, 한국발명특허협회, 1996.

_____, "특허권소진의 의의와 그 논거에 관한 연구", 「산업재산권」, 제27호, 한국지식재산학회, 2008.

_____, 「지적재산권법」, 제18정판, 세창출판사, 2020.9.

이 헌, "방법의 발명과 특허권 소진", 「사법」, 제48호, 사법발전재단, 2019.6.

이헌희, "권리소진에 관한 연구－특허권을 중심으로－", 한양대학교 박사학위논문, 2010.

■ 국외문헌

F. Scott Kieff, Pauline Newman, Herbert F. Schwartz & Henry E. Smith, *Principles Of Patent Law Cases And Materials*(4th edition), Foundation Press, 2008.

Jens Schovsbo, "Exhaustion of Rightsand Common Principles of European Intellectual Property Law," Ansgar Ohly, ed., Mohr Siebeck, Tübingen, 2010.

John W. Osborne, "AJens Schovsbo, Exhaustion of Rightsand Common Principles of European Intellectual Property Law," 20 Santa Clara Computer & High Tech. L. J. 643, 2004.

Josef Kohler, Deutsches Patentrecht systematisch bearbeitet unter vergleichender Berücksichtigung des französischen Patentrechts, 1878, Mannheim, S.160.

Paul Torremans, "International Exhaustion In The European Union In The Light Of Zino Davidoff," *WIPO*, 1999.

Regional Seminar on the Effective Implementation and Use of Several Patent－Related Flexibilities－Topic 14: Exhaustion of Rights, *WIPO*, March 29 to 31, 2011.

古谷英男, "特許権の消耗と黙示の許諾,"「知財管理」, Vol. 53 No. 1, 2003.

吉藤幸朔, 熊谷健一補訂, 유미특허법률사무소 訳,「특허법개설」, 제13판, 대광서림, 2005.

吉田広志, "特許製品の使用済み品を再利用したりサイクル製品について国内消尽等の
　　　成立を認めこれを輸入する行為に対して特許権に基づく差止請求権等を行使
　　　することはで きないとされた事例,"「判例時報」, 第1909号, 判例時報社, 2006.

玉井克哉, "アメリカ特許法における権利消尽の法理(1),"「パテント」, Vol. 54 No.
　　　10, 2001.

대법원 2015. 2. 12. 선고 2013후1726 판결

제조방법이 기재된 물건발명의 특허침해 판단시의 법리

홍 서 경 (세종대학교 변리사)

I. 판결의 개요

1. 사건의 개요

원고는 '위장질환 치료제용 쑥추출물'에 관한 이 사건 특허발명의 특허권자이며, 피고는 특정한 애엽의 이소프로판올 추출물을 유효성분으로 포함하는 약제학적 조성물(이하, 확인대상 발명)을 실시하고자 하는 자로서, 피고는 원고들을 상대로 '확인대상발명은 이 사건 제1항 발명 및 이 사건 제7항 발명의 권리범위에 속하지 않는다'고 주장하면서 소극적 권리범위확인심판(2012당1951호)을 청구하였다.

특허심판원은 확인대상발명은 이 사건 제1항 발명의 권리범위에 속하지만 이 사건 제7항 발명의 권리범위에는 속하지 않는다는 이유로, 피고의 심판청구 중 이 사건 제1항 발명에 관한 부분을 기각하고 이 사건 제7항 발명에 관한 부분을 인용하는 심결을 하였다.

원고는 '특허심판원이 2012당1951호 사건에 관하여 한 심결 중 특허번호 제181751호의 특허청구범위 제7항에 관한 부분을 취소한다'는 취지의 소를 제기하였으나, 특허법원은 원고들의 청구를 모두 기각하였다.

이에 원고는 대법원에 상고를 제기하였으나 대법원은 "원심이 이 사건 제7항 발명의

권리범위를 제6항 발명에 기재된 '자세오시딘의 제조방법'으로 한정하여 해석한 것은 잘못이나 확인대상발명이 이 사건 제7항 발명의 권리범위에 속한다고 할 수 없다고 한 결론은 타당하다"고 하면서 상고를 기각하였다.

2. 특허발명과 확인대상 발명

가. 이 사건 특허발명

[청구항 6] 쑥잎을 메탄올 또는 에탄올로 추출하여 쑥추출물을 얻고, 이 쑥추출물을 탈지하고 클로로포름으로 용출시켜 소분획물을 얻고, 이를 다시 실리카겔 컬럼에 충전하여 용출시키는 것을 특징으로 하는 자세오시딘(5.7.4-thiohydroxy-6.3-dimetoxy flavone)의 제조방법.

[청구항 7] 제6항의 자세오시딘을 유효성분으로 하여 이에 약제학적으로 허용되는 물질이 첨가된 위장질환치료제용 약학적 조성물.

나. 확인대상발명

「쑥잎에 100% 이소프로판올을 가하여 추출하여 여과한 후 감압농축하여 제조되며, 유파틸린 0.80~1.3 중량% 및 자세오시딘 0.25~0.6 중량%를 포함하고, 혈액응고 억제작용을 나타내는 수용성 성분을 포함하지 않는 쑥추출물을 유효성분으로 포함하며 이에 약제학적으로 허용가능한 물질이 첨가된 위장질환치료용 약제학적 조성물로서, 상기 쑥추출물은 프로스타글란딘 생합성 촉진작용을 나타내며, 상기 약제학적 조성물은 쑥을 이소프로판올로 추출한 연조엑스 형태인 것을 특징으로 하는 약제학적 조성물」

3. 대상판결의 요지

가. 원심판결(특허법원 2013. 6. 21. 선고 2012허11139 판결)

(1) 사건의 쟁점

확인대상발명이 이 사건 제7항 발명과 이용관계에 있어 그 권리범위에 속하는지 여부를 판단함에 있어서, 이 사건 제7항 발명 중 제6항의 자세오시딘을 '제6항 발명의 제조방법에 의해 한정'된 자세오시딘만을 의미하는 것으로 볼 것인지, 아니면 쑥속 성분인 자세오시딘으로 볼 것인지가 문제된다.

(2) 이 사건 제7항 발명의 청구범위의 확정

특허법원은 이 사건 제7항 발명을 '쑥잎을 메탄올 또는 에탄올로 추출하여 쑥추출물을 얻고, 이 쑥추출물을 탈지하고 클로로포름으로 용출시켜 소분획물을 얻고, 이를 다시 실리카겔 컬럼에 충전하여 용출시키는 것을 특징으로 하는 자세오시딘을 유효성분으로 하여(이하 구성 1) 이에 약제학적으로 허용되는 물질이 첨가된(이하 구성 2) 위장질환치료제용 약학적 조성물(이하 구성 3)'로 정의하였다.

(3) 결론

구성요소의 비교 결과, 특허법원은 "확인대상발명은 이 사건 제7항 발명의 구성 2, 3과 동일한 구성을 가지는 약제학적 조성물이나, 이 사건 제7항 발명의 구성 1과 동일하거나 균등한 구성을 가지지 않는바, 이 사건 제7항 발명의 요지를 전부 포함하고 있다고 볼 수 없어 이 사건 제7항 발명의 기술적 구성에 새로운 기술적 요소를 부가한 것이라고 할 수 없으므로, 확인대상발명은 이 사건 제7항 발명과 이용관계에 있다고 할 수 없어 그 권리범위에 속하지 않는다"고 판시하였다.

나. 대법원 판결

(1) 제조방법이 기재된 물건발명의 특허요건 판단의 법리

대법원은 "생명공학 분야나 고분자, 혼합물, 금속 등의 화학 분야 등에서의 물건의 발명 중에는 어떠한 제조방법에 의하여 얻어진 물건을 구조나 성질 등으로 직접적으로 특정하는 것이 불가능하거나 곤란하여 제조방법에 의하여만 물건을 특정할 수밖에 없는 사정이 있을 수 있지만, 이러한 사정에 의하여 제조방법이 기재된 물건발명이라고 하더라도 그 본질이 '물건의 발명'이라는 점과 특허청구범위에 기재된 제조방법이 물건의 구조나 성질 등을 특정하는 수단에 불과하다는 점은 마찬가지이므로, 이러한 발명과 그와 같은 사정은 없지만 제조방법이 기재된 물건발명을 구분하여 그 기재된 제조방법의 의미를 달리 해석할 것은 아니다(대법원 2015. 1. 22. 선고 2011후927 전원합의체 판결 참조)"라고 하면서, "제조방법이 기재된 물건발명에 대한 위와 같은 특허청구범위의 해석방법은 특허침해소송이나 권리범위확인심판 등 특허침해 단계에서 그 특허발명의 권리범위에 속하는지 여부를 판단하면서도 마찬가지로 적용되어야 할 것이며, 다만 이러한 해석방법에 의하여 도출되는 특허발명의 권리범위가 명세서의 전체적인 기재에 의하여 파악되는 발명의 실체에 비추어 지나치게 넓다는 등의 명백히 불합리한 사정이 있는 경우에는 그 권리범위를 특허청구범위에 기재된 제조방법의 범위 내로 한정할 수 있다"고 판시하였다.

(2) 이 사건 제7항 발명과 확인대상 발명의 권리범위 판단

대법원은 "이 사건 제7항 발명은 '제조방법이 기재된 물건발명'에 해당하지만, 그 특허청구범위에 기재되어 있는 자세오시딘의 제조방법이 최종 생산물인 자세오시딘의 구조나 성질에 영향을 미치는 것은 아니므로, 이 사건 제7항 발명의 권리범위를 해석함에 있어서 그 유효성분은 '자세오시딘'이라는 단일한 물건 자체라고 해석하여야"하고, "자세오시딘의 제조방법에 대하여는 이 사건 제6항 발명에서 별도로 특허청구하고 있을 뿐만 아니라 이 사건 특허발명의 명세서에는 자세오시딘 자체에 대하여 실험을 하여 대조군인 슈크랄페이트보다 약 30배의 위장질환 치료 효과를 나타낸다는 것을 밝힌 실시예 17이 기재되어 있는 점 등에 비추어 보면, 이 사건 제7항 발명의 권리범위를 위와 같이 해석하더라도 그 발명의 실체에 비추어 지나치게 넓다는 등의 명백히 불합리한 사정이 있다고 할 수는 없다"고 하였다.

또한, "이 사건 제7항 발명과 확인대상발명은 '약제학적으로 허용되는 물질이 첨가된 위장질환 치료제용 약학적 조성물'이라는 점에서는 동일하나, 그 유효성분이 이 사건 제7항 발명에서는 '자세오시딘'이라는 단일한 물건임에 반하여, 확인대상발명에서는 '유파틸린 0.80~1.3중량% 및 자세오시딘 0.25~0.6중량%를 포함하고, 혈액응고 억제작용을 나타내는 수용성 성분을 포함하지 아니하는 쑥추출물'이라는 점에서 차이가 있다"고 하면서, "이 사건 특허발명의 명세서의 기재들에 의하면, 쑥추출물에 포함된 자세오시딘은 유파틸린 및 쑥추출물 중의 미지의 물질들과 상호작용을 하여 위장질환 치료와 관련하여 현저한 상승효과를 가지는 것으로 보인다"고 하였다.

(3) 결론

따라서 대법원은 "확인대상발명의 유효성분인 앞서 본 '쑥추출물'이 이 사건 제7항 발명의 유효성분인 '자세오시딘'과 동일하거나 균등하다고 할 수는 없고, 확인대상발명이 이 사건 제7항 발명의 기술적 구성을 전부 포함하고 발명으로서의 일체성을 유지하면서 이를 그대로 이용한다고 볼 수도 없으므로, 결국 확인대상발명은 이 사건 제7항 발명의 권리범위에 속한다고 할 수 없다"고 판시하였다.

II. 해 설

1. 서 설

프로덕트 바이 프로세스(Product By Process, 이하, PBP라고 약칭한다) 청구항이라 함은 제조방법에 의하여 물건을 특정하는 표현을 포함하고 있는 청구항을 말한다. 예를 들면 '제조방법 X에 의하여 제조된 Y'와 같이, 발명의 카테고리는 물건에 대한 것이나 제조방법에 의해 물건이 특정되는 청구항이다. 이는 생명 분야 등에서 제조 당시의 기술수준으로는 제조방법에 의하여 얻어진 물건 자체를 정확히 알 수 없어서 그 구조 등을 특정하기가 불가능한 경우, 또는 고분자·혼합물·금속 등의 화학분야에서 제조방법에 의하여 제조한 물건의 다양한 특성에 따라 발명의 대상이 되는 물건의 구성을 직접적으로 기재하는 것이 불가능 내지 곤란하거나 부적절한 경우 그 물건의 제조방법에 의하여 물건의 구성을 특정할 필요가 있어 실무상 허용되고 있다.

특허법 제97조에 의하여 특허발명의 보호범위는 특허청구범위에 기재된 사항에 의하여 정해지는데, 물건의 발명과 방법의 발명은 그 종류에 따라 특허권자가 누릴 수 있는 독점권의 범위에 큰 차이가 있으므로 그 구분이 매우 중요하다. 그런데, PBP 청구항의 경우는 제조방법이 기재된 물건에 관한 것이므로 이를 물건 그 자체로 볼 것인지 제조방법으로 한정할 것인지 청구항의 해석에 있어서 문제가 된다. 또한, 신규성·진보성 등 특허요건을 판단하는 심사단계에서의 청구범위 해석기준과 등록 후 권리행사 단계에서의 해석기준의 동일 여부에 대해 대립이 있다.

이하에서는 PBP 청구항에 대한 해석 방법에 대한 기존의 논의에 대하여 정리하고, 대상판결의 의의를 검토하여 본다.

2. 기존의 논의 및 관련 판례

가. PBP 청구항의 해석에 대한 학설

(1) 물건동일성설과 제법한정설

'물건동일성설'은 특허청구범위가 제조방법에 의하여 특정되었다고 하더라도 특허의 대상은 어디까지나 제조방법에 의하여 특정된 물건이므로 특허의 대상을 그 제조방법에 한정된 물건으로 해석할 당위성이 없다는 것으로, PBP 청구항의 신규성·진보성의 판단 기준은 제조방법에 의하여 구애됨이 없이 어디까지나 물건 그 자체를 기준으로 하게 된다는 것이다.[1] 제법한정설은 특허청구범위의 기술적 범위는 청구범위의 기재에 근거하여 해석되어야 하는데 특별한 사정이 없는 한 청구범위에는 발명의 구성에 없어서는 아니되는 사항만으로 기재되어야 하므로 청구범위에 기재된 제조방법을 의미없는 것으로 해석하여서는 안 된다는 것이다.[2]

(2) 일원론과 이원론

특허청구범위를 해석함에 있어서 심사단계에서의 해석기준과 권리행사단계에서의 해석기준이 서로 같아야 하는지 여부에 대하여 '일원론'과 '이원론'이 있다. 우리 학설 중 일원론적 견해는 특허성 및 침해 판단 시 모두 ⅰ) 물건동일성설을 취하는 견해,[3] ⅱ) 물건동일성설을 원칙으로 하되 특별한 경우 예외를 인정하는 견해,[4] ⅲ) 제법한정설을 취하는 견해[5]를 들 수 있으며, 이원론적 견해로는 특허성 판단 시에는 물건동일성설을, 침해 판단 시에는 제법한정설을 취하는 견해[6]로 나눌 수 있다.

종래 우리나라 실무는 이원론에 입각해 오고 있었다가, 대법원 2015. 1. 22. 선고 2011후927 전원합의체 판결 등에서 특허요건 판단기준과 권리범위 판단 기준에 대한 일원론적 입장을 밝힌 점, 2015. 6. 일본 최고재판소 또한 PBP 청구항 특허에 관한 판결[7]에서 "침해소송에서 특허의 유·무효 판단을 할 수 있게 된 현실을 감안하면 특허요건 판단 시와 권리범위 판단 시의 청구항 해석기준은 동일해야 한다"는 의견을 내놓은 점, 2016년부터 특허소송의 관할 집중이 이루어져 특허법원이 심결취소소송은 물론 특허침해 항소심에 대한 관할권을 행사하게 됨으로써 우리나라에서도 등록특허의 유·무효 판단과 그 권리범위 판단이 동일한 법원에서 이루어지게 된 점 등을 배경으로[8]

---

1) 정상조·박성수 공편, 「특허법 주해」, 박영사, 2010, 1193면(윤태식 집필부분).
2) 정상조·박성수 공편, 위의 책, 1194면(윤태식 집필부분).
3) 김병필, "최근 미국과 일본의 판례를 통해 살펴본 '제법한정 청구항'의 해석론에 관한 고찰", 「발명특허」, Vol. 437, 한국발명진흥회, 2012, 64면.
4) 조영선, 「특허법 3.0」, 박영사, 2021, 69-70면.
5) 김관식, "제조방법에 의한 물건 형식(Product-by-Process) 청구항의 해석", 「정보법학」, 제14권 제2호, 한국정보법학회, 2010, 97-99면; 정차호·신혜은, "제법한정물건 청구항(Product by Process Claim)의 해석에 관한 새로운 제안, 「성균관법학」, 제22권 제1호, 성균관대학교 법학연구원, 2010, 201-202면.
6) 조현래, "Product by Process Claim에 대한 특허침해판단", 「법학연구」, 제50권 제1호, 2009, 155-156면; 손천우, "제조방법이 기재된(Product by Process) 청구항의 특허침해판단에서의 해석기준", 「사법」, 제36호, 사법발전재단, 2016, 255-256면.
7) 最高裁判所第二小法廷 平成27年6月5日判決 平成24年(受)第1204号.
8) 조영선, "특허 청구범위 해석에 관한 일원론과 이원론의 재검토", 「인권과 정의」, 제461호, 한국변호

일원설의 입장이 부각되고 있다.

나. PBP 청구항에 대한 각국의 실무 및 판례

(1) 미국

물건에 관한 발명은 그 물건의 구조로서 특정되어야 하지만, 물건을 발명하였음에도 제조방법으로 특정하는 것 이외에 달리 구성을 특정할 방법이 없는 경우에 한하여 예외적으로 제조방법에 의한 물건의 특정을 허용하고 있었으며[9] 이를 '필요성의 원칙' (The Rule of Necessity)이라고 불렀다. 출원인은 PBP 청구항에 대한 특허를 받기 위해서 제조방법으로 특정하지 않으면 물건의 구조를 특정할 수 없다는 사실을 입증하여야 하였다.[10]

이후, 1969년 In Re Pilkington 사건[11]에서 관세특허항소법원(The Court of Custom and Patent Appeal)은 출원인이 발명을 명확하게 특정하고 있고 해당 청구항은 미국특허법 제112조 paragraph 2[12]에 규정된 명확성 요건을 충족하고 있다고 하며 '필요성의 원칙'의 예외 요건을 완화한 판결을 선고하였다. 그 이후 In Re Pilkington 사건과 같은 취지의 판결들이 선고되면서[13] 미국특허청은 PBP 청구항의 기준을 특허법 제112조 paragraph 2의 명확성 요건을 충족하였는지 여부로 바꾸게 되었다.[14]

미국특허청의 심사기준은 'PBP 청구항이 방법에 의해서 제한되고 정의되더라도 특허성은 물건 자체를 기반으로 판단하여야 하고, 물건의 특허성은 생산방법에 의존하지 않으며, 또한 선행기술과 대비하여 PBP 청구항의 특허성을 평가함에 있어서 공정단계에 의해 부여된 구조적 특성을 고려하여야 한다'[15]고 하여 물건동일성설의 입장을 취하고 있다.

다만, 권리행사단계에서의 PBP 청구항 해석에 대하여, Scripps Clinic Research Fdn.

사협회, 2016, 64면.

9) Atlantic Thermoplastics Co., Inc. v. Faytex Corp., 970 F.2d 834, 843 (Fed. Cir. 1992).

10) 정상조·박성수 공편, 앞의 책, 1182면(윤태식 집필부분).

11) In Re Pilkington, 411 F.2d 1345, 1348, 162 USPQ 145,147 (C.C.P.A. 1969).

12) 35 U.S.C. §112 2 The specification shall conclude with one or more claims particularly pointing out and distinctly claiming the subject matter which the inventor or a joint inventor regards as the invention.

13) In Re Brown, 459 F.2d 531,173, USPQ 685 (C.C.P.A. 1972), In Re Hughes, 496 F.2d 1216, 182 USPQ 106 (C.C.P.A 1974).

14) 정상조·박성수 공편, 앞의 책, 1185면(윤태식 집필부분).

15) MPEP §2113

v. Genentech, Inc. 사건[16]에서는 PBP 청구항은 물건 그 자체로서 특허성이 판단되고 특허성 판단과 침해 판단에서의 청구항 해석은 동일하여야 하므로 침해 판단에서도 물건 그 자체로서 판단되어야 한다고 하면서 물건동일성설의 일원적 입장을 취하였다.[17]

이와는 달리 Atlantic Thermoplastics Co. v. Faytex Corp. 사건[18]에서는 PBP 청구항은 심사 단계에서는 물건 그 자체로서 해석이 되지만, 등록 후 침해 및 무효 여부 판단을 위해서는 방법적 요소를 구성요소로 포함하여 청구항이 해석된다고 판시하여 이원설의 입장을 취하였다. 해당 발명은 특정 단계의 제조방법을 거쳐 제조되는 충격흡수용 신발 깔창인데, 신규하지 않은 물건에 새로운 방법을 가미하여 물건 전체에 대하여 특허를 받는 것은 부당하다는 점[19] 등을 이론적 근거로 제시하였다.

그 후 Abbott Laboratories v. Sandoz, Inc. 사건[20]에서 다수의견은 위 Atlantic 판결의 논리를 따라 PBP 청구항의 기술적 범위는 청구항에 기재된 제조방법에 한정된다고 하였다. 다수의견은 제법을 무시하고 물건으로 해석하는 경우 출원인이 발명을 정의하기 위하여 선택한 제법의 한정을 무의미하게 하는 것이며, 제법한정 물건 청구항에서 제법을 무시하고 해석한다면 침해소송에 있어서 법원이 피고의 물건이 특허된 물건과 동일한 것인지를 알 수 없다고 하였다.[21]

Biogen MA, Inc. v. EMD Serono, Inc. 사건[22]에서 CAFC는 제조방법으로 한정된 물질을 약학적으로 유효한 양을 투여하여 치료하는 방법의 청구항에 대하여 권리행사단계에서 물건동일성설의 입장을 취하였다. 해당 청구항은 특정 방법으로 재조합된 인터페론 베타(이하, IFN-β)를 일정량 투여함으로써 바이러스 질환 등을 치료하는 방법에

16) Scripps Clinic Research Fdn. v. Genentech, Inc., 927 F.2d 1565 (Fed. Cir. 1991).

17) 해당 발명은 "몇 단계 제조방법을 거쳐 생산되는 고순도, 고농도 인간 또는 돼지 VIII:C(Highlypurified and concentrated human or porcine VIII:C)인데, 해당 판결에서는 비록 그 물건의 존재 및 특성 등이 알려져 있었지만 그 물건을 분리하는 기술은 알려지지 않아 그 물건이 구체적으로 개시되지 않았기 때문에 해당 물건은 신규한 것이고 그 물건 자체가 발명의 요체가 되는 것으로 보아, 제조방법을 고려하지 않고 물건 자체만으로 권리범위를 책정하였다. 정차호·신혜은, 앞의 논문, 177면 참고.

18) Atlantic Thermoplastics Co. v. Faytex Corp., 970 F.2d 834, 23 U.S.P.Q.2D (BNA) 1481 (Fed. Cir. July 13, 1992).

19) "To prevent an applicant from obtaining exclusive rights to an old product by merely claiming a new process, the PTO needed a practical administrative tool."

20) Abbott Laboratories v. Sandoz, Inc., 566 F.3d 1282 (Fed. Cir. 2009).

21) 정차호·신혜은, 위의 논문, 178면. 소수의견은 다수의견이 해당 청구항의 종류와 무관하게 모든 제법한정물건 청구항의 보호범위 판단에 있어서 제법을 고려하여야 한다는 하나의 법리를 제시한 것이 오류라고 보았다. 즉, 발명의 본질이 무엇인지를 파악한 후 경우에 따라 제법을 고려하여야 하는 것인지 아니면 고려하지 않아야 하는 것인지를 결정하여야 한다는 것이다.

22) Biogen MA Inc. v. EMD Serono Inc., No. 2019-1133 (Fed. Cir. Sept. 28, 2020).

관한 것인데, CAFC는 치료방법의 청구항 내에 PBP 요소가 포함되어 있다고 해서 청구항의 해석원칙이 바뀌는 것은 아니라고 설명했다. 또한 자연적으로 발생하는 IFN – β와 본 특허의 제조방법에 의해 재조합된 IFN – β가 동일한 염기서열을 가지고 있고 특허권자가 재조합된 IFN – β만이 갖는 3차원 구조의 차이점에 대해 설명하지 못한다고 하면서, 재조합된 IFN – β가 비록 새로운 방법에 의해 만들어졌다 할지라도 그 결과물이 새로운 것이 아니라면 특허로 보호될 수 없다고 하였다.[23]

(2) 일본

일본특허청 특허·실용신안심사기준에서는 "청구항에 제조방법에 의해 생산물을 특정하려고하는 기재가 있는 경우 심사관은 그 기재를 최종적으로 얻어진 생산물 자체를 의미하고 있는 것으로 해석하여 청구항에 관한 발명의 신규성, 진보성 등의 특허요건을 판단한다."[24]고 하여 심사 단계에서는 동일성설의 입장이라고 볼 수 있다.

2012년 일본 지적재산고등재판소 平成22年(ネ)第10043号 판결에서는, ⅰ) 구조 또는 특성에 의하여 물건을 직접적으로 특정하는 것이 출원시에 불가능하거나 곤란한 사정이 있기 때문에 제조방법에 의해 물건을 특정한 경우인 <u>진정 PBP 청구항</u>의 경우와 ⅱ) 구조 또는 특성에 의하여 물건을 직접적으로 특정하는 것이 출원 시에 있어서 불가능하거나 곤란한 사정이 존재한다고는 할 수 없지만 출원인의 선택에 의해 제조방법에 의해 물건을 특정한 경우인 <u>부진정 PBP 청구항</u>으로 나누어 해석방법을 달리 하였다. 이는 진정 PBP 청구항의 경우는 물건동일성설에 의하여 부진정 PBP 청구항의 경우는 제법한정설에 의하여 심사 단계 및 권리행사 단계에서의 해석 방법을 일치시킨 판결이라고 볼 수 있다.

2015년 6월 5일 일본 최고재판소 平成24年(受)第1204号 판결에서는 PBP 청구항을 진정 PBP 청구항과 부진정 PBP 청구항으로 나누어 판단하였던 위의 平成22年(ネ)第10043号 판결을 파기하면서, 특허발명의 기술적 범위의 확정에 있어서 물건동일성설을 채택하였다.

또한 기재불비와 관련하여, PBP 청구항에 있어서 그 특허청구범위의 기재가 특허법 36조 6항 2호에서 말하는 「발명이 명확할 것」이라는 요건에 부합한다고 할 수 있는 것

---

23) "…an old product made by a new process is not novel and cannot be patented. Logic compels extending that rule to the present case; an old method of administration of an old product made by a new process is not novel and cannot be patented."

24) 日本特許庁, 特許審査基準 (平成 27年 9月), 第Ⅱ部 第2章 第3節 4.3.1 (2)

은 출원 시에 있어서 그 물건을 그 구조 또는 특성에 의해 직접 특정하는 것이 불가능하거나 또는 거의 실제적이지 않다는 사정(이하, '불가능·비실제적인 사정'이라 한다)이 존재하는 때로 한정된다고 해석함이 상당하다고 하였다.

상기 일본 최고재판소 판결 이후, 일본 심사기준은 '물건의 발명에 관한 청구항에 그 물건의 제조 방법이 기재되어있는 경우에는 출원 시에 그 물건을 그 구조 또는 특성에 따라 직접 특정하는 것이 불가능이거나 비실제적인 사정이 있는 경우에 한정되며, 그렇지 않은 경우에는 물건의 발명은 불명확하다고 판단된다'[25][26]고 개정되었고, 이는 2015년 10월 1일 이후의 심사에 적용되었다.

(3) 유럽

유럽특허청의 심사가이드라인은 PBP 청구항은 해당 제품이 특허성의 요건을 충족하는 경우, 즉 새롭고 독창적인 경우에만 허용된다고 하며 그 자체로 물건에 대한 청구항으로 해석된다고 한다.[27] 또한, 유럽은 '필요성의 원칙'을 적용하여 해당 물건이 조성, 구조, 파라미터 등으로 만족스럽게 정의되지 않는 경우에만 PBP 청구항이 사용될 수 있다고 한다.[28][29]

EPO 심판부는 T 205/83 사건[30]에서, '청구항에 기재된 물건 청구항의 신규성을 인정받기 위해서는 그러한 제조방법의 차이로 인해 선행기술과 구별되는 물적 특성이 초래되었음이 확인되는 것으로 충분하다. 그런데 이 사건 방법으로 제조된 중합체는 공지기술로 제조된 중합체에 비하여 불쾌한 냄새를 감소시킨 특성이 있는 점은 인정되지만, 이는 어디까지나 결과물의 양적 순정성(purity) 차이에서 비롯되는 비본질적인 것이므로 그것만으로 물적 구성까지 달라진 것이라고 보기는 어렵다'고 하여 비록 효과의

---

25) 本特許庁, 特許審査基準 (平成27年9月) 第II部 第2章 第3節 明確性要件 4.3.2

26) 판결문에서 山本庸幸 最高裁 判事(당시)는 '불가능·비실제적인 사정'은 그 기준이 애매하고 막연하여 안정적이고 통일된 운용·해석은 매우 어렵지 않을까 생각되고, 누가 어떤 기준으로 어떻게 판정할 것인가가 전혀 밝혀지지 않은 이상 PBP 청구항은 대부분 명확성 요건 위반으로 거절되는 것이 아닐까 우려함으로써 위축효과가 작용하여 정말로 필요한 PBP 청구항까지 보호되지 못하는 것이 아닌가 하는 보충의견을 제시하였다.

27) EPO Guidelines for Examination in the European Patent Office, Part C Chapter III Para. 4.12.

28) T 0150/82 (Claim Categories) of 7.2.1984, https://www.epo.org/law-practice/case-law-appeals/recent/t820150ep1.html.

29) T 0130/90 () of 28.2.1991, https://www.epo.org/law-practice/case-law-appeals/recent/t900130eu1.html.

30) T 0205/83 (Vinyl ester/crotonic acid copolymers) of 25.6.1985, https://www.epo.org/law-practice/case-law-appeals/recent/t830205ep1.html.

차이가 있다고 하더라도 그것이 본질적으로 구성 차이에서 비롯된 바가 아닌 것으로 파악되는 경우에는 효과의 우수성만으로 구성의 차이를 추단하지는 아니하였다.[31)32)]

또한, T 1247/03 사건[33)]에서는 특정한 방법에 의해 제조된 물건인 수성경화에멀젼(emulsions)이 신규한 것인지 판단하기 위해 공지기술과 대비하면서 '이 사건 수성경화에멀젼은 공지기술의 방법으로 제조된 에멀젼에 비하여 끈적임이 훨씬 적고, 양생이 빠르며 강도가 높은 에폭시화합물로 변한다. 그런데 이 사건 청구항의 에멀젼을 제조하는과정이 공지기술과 다른 점은 경화제를 포함하는 아미노군(aminogroup)을 솔벤트에서 반응시키는(공지기술) 대신 이를 수성용제의 형태로 첨가시키는데 있을 뿐이다. 이를 종합하면, 결국 이와 같은 방법의 차이로 인해 공지기술의 경화에멀젼과는 물적구조가 다른 에멀젼이 생성되는 것으로 보아야 한다'고 하여 물질이 나타내는 기술적 효과 차이를 근거로 구성의 차이를 인정하고 있다.[34)]

한편, 유럽특허청은 2015년 3월 12일 Sanvik Intellectual Property AB & Mitsubishi Corp. v. Kennametal Inc 사건(T 0081/14)[35)]에서 PBP 청구항에 대한 종래 유럽특허청의 접근법을 재확인하였다.

본 사건에서 문제가 된 청구항은 '8. 절삭공구를 제조하기 위한 청구항 1 내지 7에 기재된 어느 하나의 방법으로 얻어진 소결탄화합금의 용도'인데, 본 청구항은 이의신청 절차에서 특허 등록 후 이루어진 정정으로, 이의신청인은 청구항 8에 대하여 EPC 제84조[36)] 명확성의 요건을 충족하고 있지 않다고 주장했다.

EPO 심판부는 제조방법으로 한정된 물건의 정의를 고려할 때, 물건의 용도 청구항의 경우에도 PBP 청구항의 원칙이 적용되어야 하며, 특허권자가 물건을 정의하지 않는

---

31) 본 사건은 비닐에스테르와 크로톤 산을 중합하여 비닐 에스테르 공중합체를 제조하는 방법에 대한 특허로, 특허권자는 크로톤산과 비닐에스테르를 먼저 공중합시킨 이후 추가의 비닐에스테르를 첨가하여 중합하는 공정을 통해 종래의 인공감미료 냄새가 나는 제품과 비교하여 무취의 공중합체를 만들었기 때문에 자신의 제품이 신규성이 있다고 주장하였지만 이것이 미미한 양의 단량체 불순물 때문이라는 질문을 받았을 때 스스로 인정하였다.

32) 조영선, "제조방법이 기재된 물건 청구항의 신규성·진보성 판단-대법원 2015. 1. 22. 선고 2011후 927 전원합의체 판결에 대한 비판적 검토", 「저스티스」, Vol. 148, 한국법학원, 2015, 262면 참고.

33) T 1247/03 () of 3.5.2005, https://www.epo.org/law-practice/case-law-appeals/recent/t031247eu1.html.

34) 조영선, 앞의 논문, 261면 참고.

35) T 0081/14 () of 12.3.2015, https://www.epo.org/law-practice/case-law-appeals/recent/t140081eu1.html.

36) Article 84 EPC The claims shall define the matter for which protection is sought. They shall be clear and concise and be supported by the description.

수단이 달리 존재하지 않는 경우에 한하여 PBP 청구항이 인정된다는 원칙을 확인하였다. 심판부는 특허권자가 구성・미세구조 및 기계적 특성 등 구조적 특징에 의해 소결 탄화합금을 정의하는 것이 불가능한 이유를 파악하려 하였으나, 특허권자가 상기 이유를 구체적으로 서술하지 않았으므로 해당 청구항은 EPC 제84조의 명확성이 결여되어 있다고 결론지었다.[37]

3. 대상판결의 의의

우리 심사기준은 '제법한정 물건발명 청구항에 있어서 보호받고자 하는 대상은 제조방법이나 제조장치가 아니라 최종적으로 얻어지는 물건으로 해석되므로 진보성에 대한 판단 대상은 물건이다. 따라서 심사관은 진보성 판단에 있어 그 제조방법이나 제조장치가 특허성이 있는지 여부를 판단하는 것이 아니라 그러한 방법으로 제조되어 특정되는 구조나 성질 등을 가지는 "물건"의 구성이 공지된 물건의 구성과 비교하여 진보성이 있는지 여부를 판단하여 특허여부를 결정한다'[38]고 하여 심사 단계에서 동일성설을 취하고 있다.

PBP 청구항에 대한 종전의 판례들을 살펴보면, 대법원 2006. 6. 29. 선고 2004후 3416 판결[39] 등에서는 '물건의 발명의 특허청구범위에 그 물건을 제조하는 방법이 기재되어 있다고 하더라도 그 제조방법에 의해서만 물건을 특정할 수밖에 없는 등의 특별한 사정이 없는 이상 당해 특허발명의 진보성 유무를 판단함에 있어서는 그 제조방법 자체는 이를 고려할 필요 없이 그 특허청구범위의 기재에 의하여 물건으로 특정되는 발명만을 그 출원 전에 공지된 발명 등과 비교하면 된다'고 하여 제조방법에 의해서만 물건을 특정할 수 밖에 없는 경우(특별한 사정이 있는 경우)와 그렇지 않은 경우를 나누어 판단기준을 적용하는 입장을 보였다.

그런데, 대법원 2015. 1. 22. 선고 2011후927 전원합의체 판결에서 '제조방법이 기재된 물건발명의 특허요건을 판단함에 있어서 그 기술적 구성을 제조방법 자체로 한정하여 파악할 것이 아니라 제조방법의 기재를 포함하여 특허청구범위의 모든 기재에 의하

---

37) 차상육, "특허침해 판단 시 '제조방법이 기재된 물건 청구항'(PbP Claim)의 청구범위해석", 「산업재산권」, 제71호, 한국지식재산학회, 2022, 25면.

38) 특허청, 「특허・실용신안 심사기준」, 제3부 제3장 6.4.4.(2), 2021.12., 3322면.

39) 이후 같은 법리를 설시한 판례로는 대법원 2007. 5. 11. 선고 2007후449 판결, 대법원 2007. 9. 20. 선고 2006후1100 판결, 대법원 2008. 8. 21. 선고 2006후3472 판결, 대법원 2009. 1. 15. 선고 2007 후1053 판결, 대법원 2009. 3. 26. 선고 2006후3250 판결, 대법원 2009. 9. 24. 선고 2007후4328 판결.

여 특정되는 구조나 성질 등을 가지는 물건으로 파악하여 출원 전에 공지된 선행기술과 비교하여 신규성, 진보성 등이 있는지 여부를 살펴야 한다'고 하면서 '특허부여단계'에서 물건동일성설을 취하였다.

그리고 "생명공학 분야나 고분자, 혼합물, 금속 등의 화학 분야 등에서의 물건의 발명 중에는 어떠한 제조방법에 의하여 얻어진 물건을 구조나 성질 등으로 직접적으로 특정하는 것이 불가능하거나 곤란하여 제조방법에 의해서만 물건을 특정할 수밖에 없는 사정이 있을 수 있지만, 이러한 사정에 의하여 제조방법이 기재된 물건발명이라고 하더라도 그 본질이 '물건의 발명'이라는 점과 특허청구범위에 기재된 제조방법이 물건의 구조나 성질 등을 특정하는 수단에 불과하다는 점은 마찬가지이므로, 이러한 발명과 그와 같은 사정은 없지만 제조방법이 기재된 물건발명을 구분하여 그 기재된 제조방법의 의미를 달리 해석할 것은 아니다"라고 하여 제조방법에 의해서만 물건을 특정할 수밖에 없는 등의 특별한 사정은 더 이상 고려요소가 되지 않는다고 하면서 진정 PBP 청구항인지 여부를 묻지 않고 물건 그 자체로 판단할 수 있는 기준을 마련하였다.

대상 판결은 2001후927 전원합의체 판결 이후 선고된 특허침해단계에 대한 판결로, 위 전원합의체 판결의 법리를 그대로 인용하면서 '제조방법이 기재된 물건발명에 대한 특허청구범위의 해석방법은 특허침해소송이나 권리범위확인심판 등 특허침해 단계에서 특허발명의 권리범위에 속하는지 판단하면서도 마찬가지로 적용되어야 할 것이다.'라고 판시하여 PBP 청구항의 심사 단계에서와 권리행사 단계에서의 해석을 일치시키고 있다. 그러면서도 '특허발명의 권리범위가 명세서의 전체적인 기재에 의하여 파악되는 발명의 실체에 비추어 지나치게 넓다는 등의 명백히 불합리한 사정이 있는 경우에는 그 권리범위를 특허청구범위에 기재된 제조방법의 범위 내로 한정할 수 있다'고 하여 예외적으로 제법한정설을 취할 수 있는 여지를 남겨놓았다.

대상판결은 특허부여단계와 특허침해단계에서 물건동일성설에 의해 통일적 판단기준을 제시하면서도 PBP 청구항의 권리가 부당하게 넓게 해석되는 것을 방지하기 위해 예외적으로 제법한정설을 취하고 있는 점에서 타당한 판결이라고 생각된다. 다만, 예외적으로 특허청구범위를 제한적으로 해석할 수 있는 명백히 불합리한 사정이 구체적으로 어떤 경우인지 불명확하다는 문제점이 있지만 이는 향후 후속 판결의 집적으로 해결할 수밖에 없을 것으로 보인다.

대상판결 이후에 선고된 대법원 2021. 1. 28. 선고 2020후11059 판결[40]에서는 제조방법이 기재된 물건 청구항의 청구범위 해석에 대하여 2011후927 전원합의체 판결을 참조하여 심사단계와 권리행사단계에서 모두 물건동일성설을 취하는 동일한 취지의 판시를 하여 향후에도 이러한 해석이 유지될 것으로 보인다. 다만, 2020후11059 판결이 대상판결을 참조판례로 인용하고 있지 않아, 대상 판결의 '명백히 불합리한 사정'이 있는 경우에는 예외적으로 '제조방법 한정설'에 따른다는 유보적인 입장이 여전히 유지되고 있는지는 불분명하다.[41]

Ⅲ. 맺음말

일본의 학설 중 권리행사 단계에서 한정설을 취하는 입장에 따르면, PBP 청구항의 발명자는 본래 자신의 발명을 구조 또는 구성으로서 특정하지 않으면 특허를 받을 수 없었지만 PBP 청구항으로 인하여 제조방법으로 물건을 특정하여 특허권을 얻을 수 있는 이익을 얻게 된 것이므로, 권리행사 단계에서는 제3자의 불이익을 고려하여 PBP 청구항의 범위를 제조방법에 한정해야 한다고 한다[42]는 견해도 제시된 바 있다. 그러나 특허권은 발명의 공개의 대가로 부여되는 권리인 점에서, PBP 청구항의 발명자는 그 물건의 구조를 충분히 밝히지 못했지만 그 신규한 물건에 대한 존재 및 제조방법을 공개하여 후속 연구에 기여하였다는 점에서 공헌도가 높다. 이러한 공헌에도 불구하고 심사 단계에서는 동일성설에 의하여 신규성, 진보성 판단을 받아 특허권을 획득하고 권리행사 단계에 있어서 제조방법에 한하여 그 범위를 해석한다면 PBP 청구항의 특허권자에게 가혹한 일이라고 생각한다. 따라서 대상판결과 같이, 심사 단계와 권리행사 단계에서의 PBP 청구항의 해석에 대하여는 물건동일성설로 해석방법을 일치시켜 특허권자를 보호하는 것이 바람직할 것으로 보인다.

또한, 예외적으로는 2013후1726 판결에서 설시한 바와 같이, 사안에 따라 특허발명의 권리범위가 명세서의 전체적인 기재에 의하여 파악되는 발명의 실체에 비추어 지나치게 넓다는 등의 명백히 불합리한 사정이 있는 경우에 한하여 해석방법을 달리해도 좋을 것으로 생각된다.

최근에는 과학기술의 급속한 발달로 물건의 구조나 특별한 성질을 밝히는 것이 기존

---

40) 원심(특허법원 2020. 7. 17. 선고 2019허3694 판결)에서는 2011후927 전원합의체 판결 및 대상판결을 참조하였다.

41) 박성호, "2021년 지적재산법 중요판례평석", 「인권과정의」, Vol. 505, 대한변호사협회, 2022, 126면.

42) 佐藤安紘(신혜은 역), "방법적 물건 청구항의 해석", 「과학기술과법」, 창간호, 충북대학교 법학연구소, 2010, 220면.

과 비교하여 많이 용이해졌다. 따라서 발명자는 신속한 권리확보를 위하여 먼저 PBP 청구항을 작성하여 특허출원을 진행하고, 그 물건의 구조·특성이나 용도 등 여러 가지 특성을 밝혀 추후 우선권 주장 등을 통하여 권리범위를 다각화하는 것이 자신의 발명을 보호할 수 있는 최선의 길이라 생각된다. 또한 앞에서 살펴본 바와 같이 PBP 청구항에 대한 제외국의 실무 및 판례가 우리와 상이한 점이 있으므로 해외출원 시 이를 고려한 특허청구범위의 작성이 필요하다고 판단된다.

참고문헌

김관식, "제조방법에 의한 물건 형식(Product-by-Process) 청구항의 해석", 「정보법학」, 제14권 제2호, 한국정보법학회, 2010.

김병필, "최근 미국과 일본의 판례를 통해 살펴본 '제법한정 청구항'의 해석론에 관한 고찰", 「발명특허」, Vol. 437, 한국발명진흥회, 2012.

박성호, "2021년 지적재산법 중요판례평석", 「인권과정의」, Vol. 505, 대한변호사협회, 2022.

손천우, "제조방법이 기재된(Product by Process) 청구항의 특허침해판단에서의 해석기준", 「사법」, 제36호, 사법발전재단, 2016.

유영선, "'제조방법이 기재된 물건발명 청구항(Product by Process Claim)'의 특허청구범위 해석 – 대법원 2015. 1. 22. 선고 2011후927 전원합의체 판결", 「산업재산권」, 제48호, 한국지식재산학회, 2015.

정상조 · 박성수 공편, 「특허법 주해」, 박영사, 2010.

정차호 · 신혜은, "제법한정물건 청구항 (product-by-process claim)의 해석에 관한 새로운 제안", 「성균관법학」, 제22권 제1호, 성균관대학교 법학연구원, 2010.

조영선, "제조방법이 기재된 물건 청구항의 신규성 · 진보성 판단 – 대법원 2015. 1. 22. 선고 2011후927 전원합의체 판결에 대한 비판적 검토", 「저스티스」, Vol. 148, 한국법학원, 2015.

_____, "특허 청구범위 해석에 관한 일원론과 이원론의 재검토", 「인권과정의」, Vol. 461, 대한변호사협회, 2016.

_____, 「특허법 3.0」, 박영사, 2021.

조현래, "Product by Process Claim에 대한 특허침해판단", 「법학연구」, 제50권 제1호, 2009.

차상육, "특허침해 판단 시 '제조방법이 기재된 물건 청구항'(PbP Claim)의 청구범위해석", 「산업재산권」, 제71호, 한국지식재산학회, 2022.

대법원 2017. 1. 25. 선고 2014다220347 판결

특허무효사유와 직무발명의 보상금

김 훈 건 (SK커뮤니케이션즈㈜ 법무팀장)

I. 판결의 개요

1. 원고의 이 사건 직무발명

원고는 피고 회사에서 재직하면서 "전화단말장치에서 다이얼키를 이용하여 다이얼정보를 검색하는 방법"(이하 '제1특허발명'이라 한다)과 "다이얼정보를 그룹별로 검색하는 방법"(이하 '제2특허발명'이라 한다)이라는 직무발명을 한 뒤, 이에 관한 특허를 받을 수있는 권리를 사용자인 피고에게 양도하였다. 피고는 제1·2특허발명을 출원하여 특허등록을 받았다.

2. 당사자의 주장요지

원고는 제1·2특허발명은 직무발명으로 피고가 이를 승계하여 특허출원 및 등록을받은 후 각 발명을 실시하고 있으므로 원고에 정당한 보상금의 일부 및 그에 대한 지연손해금을 청구하였다.

이에 대하여, 피고는 피고 제품이 제1·2특허발명과 달라 해당 특허발명들을 실시하고 있지 않고, 제1·2특허발명은 비교대상발명들에 의하여 신규성 또는 진보성이 부정되어 해당 특허발명들로 인한 독점적 이익을 얻고 있지 않아 원고에 대하여 보상금을지급할 의무가 없다고 하였다. 또한 설령 피고가 제1·2특허발명으로 인한 독점적 이익을 얻고 있다 하여도, 해당 특허발명들을 직접 실시하지 않고 있지 않은 점, 해당 특

허발명들의 무효 개연성이 높은 점, 경쟁 회사도 피고 제품과 유사한 발명을 실시하고 있는 점 등을 고려할 때 원고가 청구한 보상금의 액수가 지나치게 많다고 다투었다.

3. 대상판결의 요지

가. 제1심 판결[1]

제1특허발명은 통상의 기술자가 비교대상발명들에 의하여 용이하게 도출할 수 있는 것으로서 진보성이 부정된다고 보고, 그에 따라 피고는 제1특허발명으로 인한 독점적 이익을 얻지 못하였다고 판시하였다.

제2특허발명은 진보성이 인정된다고 판단하였다. 또한 피고가 이를 실시한 적이 없으나, 직무발명을 실시하지 않았다는 사정은 독점권 기여율의 산정 요소로 고려할 수 있다고 판단하였다. 그에 따라, 제2특허발명에 관한 원고 기여율 2%, 실시요율 2%, 독점적 기여율은 0.1%, 발명자 공헌도는 20%로 인정하여 보상금[2]을 산정하여 판시하였다.

나. 원심판결[3]

원심판결은 제1심 판결과 비교하였을 때, 제1특허발명의 진보성에 관한 사항과 각 직무발명들에 관한 독점적 기여율의 판단에 있어 차이가 있다.

즉, 제1특허발명은 비교대상발명들로 인하여 진보성이 부정된다고 볼 여지가 있으나, 그렇다 하더라도 해당 특허발명이 경쟁 관계에 있는 제3자에게까지 알려진 공지 기술이라는 점까지 인정할 수 없는 이상, 무효 사유의 존재만으로 제1특허발명의 보호 가치나 피고의 독점적 이익이 전혀 없다고는 볼 수 없다고 하였다. 독점기여율의 경우, 제1특허발명의 독점적 기여율은 미미하다고 보았으나, 이 사건 직무발명들의 독점적 기여율은 0.2%로 인정하여 보상금을 산정하였다.

다. 대법원 판결

대법원은 구 특허법[4] 제39조 제1항 및 제40조 제2항에 의하여 '사용자가 얻을 이익'이란 무상의 통상실시권을 넘어 직무발명을 독점적·배타적으로 실시할 수 있는 지위

---

1) 서울중앙지방법원 2013. 7. 18. 선고 2012가합501788 판결.
2) 피고는 원고의 보상금청구권이 시효 내지 실효의 원칙에 따라 소멸되었다고 주장하였으나 제1심 법원은 이를 배척하였다.
3) 서울고등법원 7. 17. 선고 2013나2016228 판결.
4) 2006. 3. 3. 법률 제7869호로 개정되기 전의 것을 말한다. 이하 같다.

를 취득함으로써 얻을 이익을 의미한다고 하였다.[5] 여기서 '사용자가 얻을 이익'은 직무발명 자체에 의해 얻을 이익을 의미하는 것이므로 수익·비용의 정산 결과와 관계없이 직무발명 자체에 의한 이익이 있다면 '사용자가 얻을 이익'이 있는 것으로 보았다. 따라서, 사용자가 제조·판매하고 있는 제품이 직무발명의 권리범위에 포함되지 않더라도 그것이 직무발명 실시제품의 수요를 대체할 수 있는 제품으로서 사용자가 직무발명에 대한 특허권에 기해 경쟁 회사로 하여금 직무발명을 실시할 수 없도록 하여 매출이 증가하였다면, 그로 인한 이익을 직무발명에 의한 사용자의 이익으로 평가할 수 있다[6]고 하였다.

또한, 직무발명이 특허무효사유가 있고 경쟁관계에 있는 제3자도 그와 같은 사정을 용이하게 알 수 있어서 사용자가 현실적으로 특허권으로 인한 독점적·배타적 이익을 전혀 얻지 못하고 있다고 볼 수 있는 경우가 아닌 한, 단지 직무발명에 대한 특허에 무효사유가 있다는 사정만으로는 특허권에 따른 독점적·배타적 이익을 일률적으로 부정하여 직무발명보상금의 지급을 면할 수는 없다고 판단하였다. 즉, 이러한 무효사유는 특허권으로 인한 독점적·배타적 이익을 산정할 때 참작요소로 고려할 수 있을 뿐이라고 하여, 원심판결에 위법이 없다고 하였다.

Ⅱ. 해 설

1. 쟁 점

대상 판결이 판단한 주요한 쟁점을 다음과 같이 두 가지로 나누어 볼 수 있다. 첫째는 직무발명에 대한 보상액을 산정할 때 고려하는 '사용자가 얻을 이익'과 관련하여, 사용자가 제조·판매하고 있는 제품에 직무발명의 권리범위에 포함되는 기술이 사용되지 않더라도 그로 인한 이익을 직무발명에 의한 사용자의 이익으로 평가할 수 있는지 여부이다. 둘째는 직무발명에 대한 특허에 무효사유가 있는 경우에 사용자에게 있어 특허권에 따른 독점적·배타적 이익을 일률적으로 부정하여 보상금 지급의무가 면제되는지, 그렇지 않으면 특허무효의 사유는 보상금 산정에 있어 참작요소가 되는지 여부이다.

---

5) 대법원 2011. 9. 8. 선고 2009다91507 판결 참조.
6) 대법원 2011. 7. 28. 선고 2009다75178 판결 참조.

2. 사용자가 얻을 이익에 관한 판단

대상판결은 구 특허법 제40조 제2항에 관한 것이지만, '직무발명에 대한 보상'을 규정하고 있는 현행 발명진흥법 제15조 제6항을 해석함에 있어서도 일정한 범위 내에서 여전히 중요한 의미를 가지고 있다고 말할 수 있다.[7] 즉, 발명진흥법 제15조 제1항 내지 제5항에 따른 절차적 정당성이 확보되어 그에 따른 보상액이 정당한 것으로 의제된다 하여도 사용자가 얻을 이익과 그 발명의 완성에 사용자와 종업원이 공헌한 정도가 고려되지 않은 경우에는 다시 이들을 판단할 수밖에 없기 때문이다.

그 가운데 '사용자가 얻을 이익'은 보상액의 결정에 있어 기초가 되는 부분으로서 가장 중요하면서도 산정이 어려운 요소라고 할 수 있다. 그리고, 이러한 '사용자가 얻을 이익'은 직무발명을 실시하여 얻게 되는 이익 전부를 가리키는 것이 아니라, 무상의 법정통상실시권의 가치를 초과하는 부분, 즉 직무발명을 독점하여 얻게 되는 이익을 의미한다. 그리고, 여기에는 통상 제3자에게 실시허락을 하는 경우와 독점으로 실시하는 경우의 이익을 포함하고 있다고 이해된다.[8][9][10]

이와 마찬가지의 취지에서, 대상판결도 기존의 우리 대법원 판결의 입장[11]을 반복하

---

7) 박성호, "2011년 지적재산법 중요 판례", 「인권과정의」, Vol. 424, 대한변호사협회, 2012.3., 152면 참조.

8) 윤선희, "직무발명에 있어서의 보상제도", 「법조」, Vol. 54, No.11, 법조협회, 2005, 39-40면; 윤선희, 「특허법」, 제3판, 법문사, 2007, 311면; 中山信弘, 「特許法」, 第四版, 弘文堂, 2019, 73-74頁; 竹田和彦, 「特許の知識: 理論と実際」, 第8版, ダイヤモンド社, 2006, 322頁; 吉田和彦, "特許を受ける権利の承継と相当の対価の算定について," 牧野利秋・飯村敏明・三村量一・末吉亘・大野聖二 編, 「知的財産法の理論と実務 第1巻 (特許法 1)」, 新日本法規出版, 2007, 353頁; 中山信弘・小泉直樹 編, 「新・注解 特許法[上巻]」, 青林書院, 2017, 640頁(飯塚卓也・田中浩之 執筆部分); 정상조・박성수 공편, 「특허법 주해 I」, 박영사, 2010, 468면(조영선 집필부분) 참조.

9) 물론, 사용자가 얻을 이익은 다음과 같이 ① 자사가 독점실시하는 경우, ② 자사 실시 및 실시허락을 한 경우[실시허락의 유형(통상적 실시허락, 포괄적 실시허락, 상호실시허락으로 다시 세분화할 수 있음)], ③ 자사는 실시하지 않고 타사에게 실시허락을 한 경우, ④ 자사 비실시 및 타사의 실시허락이 없는 경우, ⑤ 특허권이 무효인 경우, ⑥ 사용자가 직무발명 실시로 인하여 손실을 입은 경우를 고려하여 산정이 되어야 한다. 보상금 산정에 대한 보다 자세한 사항은 김훈건, "직무발명의 정당한 보상금 산정에 관한 발명진흥법 제15조 제3항의 고찰", 「산업보안연구학회논문지」, 제3권 제1호(통권 제4호), 한국산업보안연구학회, 2012.6., 99-107면; 조영선, 「특허법 2.0」, 제6판, 박영사, 2018, 211-218면 참조.

10) 이와 달리, 종래 사용자 등이 발명의 실시에 의한 매상액에서 재료비 등 제반 경비를 공제한 영업이익을 말한다는 견해(이른바 '영업이익설'이라 한다)도 있으나, 최근의 일본의 통설과 판례는 그러하지 아니하다(中山信弘・小泉直樹 編, 「新・注解 特許法[上巻]」, 青林書院, 2017, 640頁(飯塚卓也・田中浩之 執筆部分)) 참조.

11) 대법원 2011. 7. 28. 선고 2009다75178 판결; 대법원 2011. 9. 8. 선고 2009다91507 판결.

고 있다. 즉, '사용자가 얻을 이익'이란 통상실시권을 넘어 직무발명을 배타적·독점적으로 실시할 수 있는 지위를 취득함으로써 얻을 이익(이른바 '초과이익'이라 한다)으로, 직무발명 자체에 의하여 얻을 이익을 의미하는 것이지 수익·비용의 정산 이후에 남는 영업이익 등과 같은 회계상의 이익을 의미하는 것은 아니라고 하였다. 따라서 수익·비용의 정산 결과와 관계없이 직무발명 자체에 의한 이익이 있다면 사용자가 얻을 이익이 되므로, 사용자가 제조·판매하고 있는 제품이 직무발명의 권리범위에 포함되지 않더라도 그것이 직무발명 실시제품의 수요를 대체할 수 있는 제품으로서 사용자가 직무발명에 대한 특허권에 기해 경쟁 회사로 하여금 직무발명을 실시할 수 없게 함으로써 그 매출이 증가하였다면, 그로 인한 이익을 직무발명에 의한 이익으로 평가할 수 있다고 하였다. 그리고, 이렇게 사용자가 초과이익을 얻었거나 얻을 것이라는 사항과 그 액수 등에 관한 증명책임은 종업원에게 있다고 해야 할 것이다.[12]

한편, 사용자가 '얻을 이익'은 특허를 받을 수 있는 권리의 승계시점에서의 이익이므로 특허권에 의해 이후에 '얻은 이익'은 아니라는 점[13]에 유의할 필요가 있다. 다시 말해, 승계 당시에는 예견이 불가능했던 사정에 따라 그 특허권의 가치가 변동하였다고 하여도 '얻을 이익'은 이에 따라 변동되는 것은 아니고, 승계시점에 있어 변동의 가능성(불확실성)을 동시에 고려한 가치로서 판단되어야 할 것이다. 그리고 승계시점에 있어 불확실성에는 제품개발의 성공 여부, 영업에 관한 노력, 특허전략(출원기술, 침해소송, 라이선스 교섭력 등)에 따라 변동 등이 있을 수 있지만, 이러한 사항은 직무발명과 관련한 '사용자의 공헌도'의 판단에 있어 고려될 수 있는 요소라고 할 수 있다.[14]

3. 직무발명의 무효사유와 보상금 지급 의무

가. 대상판결 전의 논의 상황

우리나라의 경우, 사용자가 직무발명에 관한 특허권에 무효사유가 있는 것을 주장하여 종업원에 대한 보상금지급의무가 면제되는지에 대하여, 이를 긍정하는 견해[15]와 부정 내지 절충하는 견해[16]가 있다.

---

12) 특허법원 지적재산소송실무연구회, 「지적재산 소송실무」, 제4판, 박영사, 2019, 624면.
13) 大阪地裁 平成17.9.26. 平成16(ワ)10584 [삼성제약 발모제(三省製藥 育毛劑) 사건].
14) 知的財産裁判実務研究会, "知的財産訴訟の実務(6)", 「法曹時報」, 第59卷 第9号, 法曹会, 2007, 122-123頁(山田知司 집필부분).
15) 조영선, "직무발명에 대한 정당한 보상과 특허의 무효", 「저스티스」, 통권 제129호, 한국법학원, 2012.4., 176-179면.

먼저, 긍정하는 견해에 입장에서는 그 논거로, 사용자가 직무발명의 특허성을 주장하다가 이후 직무발명 보상과 관련하여 특허 무효사유를 주장하는 것은 일반적으로 금반언 원칙에 저촉되지 않는 정당한 권리행사인 점, 직무발명 보상에서 법의 주된 관심사가 당사자의 사적 자치 내지 자기 결정을 통한 특허무효의 위험 감수가 아니라 형평과 정의라는 점을 감안하였을 때 사용자는 보상 약정의 전제가 된 특허의 유효성이 달라졌을 때 동기의 착오를 주장하여 그 구속에서 벗어날 수 있다는 점, 제3자가 특허권의 무효를 이유로 권리남용이나 자유기술의 항변을 하는 경우 사용자는 직무발명 특허에 기하여 배타권에 기한 초과이익을 달성할 수 없다는 점 등을 들고 있다.[17]

이에 반하여, 이를 부정 내지 절충하는 견해는 다음과 같은 논거를 들고 있다. 즉, 직무발명에 대한 보상금은 사용자와 종업원의 이익을 조정하기 위한 법정채권이고, 사용자에게는 무상의 통상실시권이 부여되므로 이를 초과하는 배타적·독점적 실시에 의한 이익이 있음을 전제로 해야 한다는 것이다. 따라서, 무효사유가 존재하는 모든 특허가 당연히 무효가 되는 것은 아니며, 무효로 주장된 후 심리되어 무효로 확정되는 일부 특허가 비로소 무효로 확정되는 것에 불과하고, 더구나 이런 경우에도 경업자들이 직무발명의 특허를 무시하고 자유롭게 실시하여 배타적·독점적 이익이 발생하지 아니한다고 단정할 수 없는 등, 특허 무효이유의 존재 여부와 배타적·독점적 이익의 여부는 논리필연적으로 귀결되지 않는 것이다. 근본적으로 직무발명의 실시로 인하여 실시료를 수령하는 등 직무발명을 통하여 배타적·독점적 이익을 얻은 경우에는 보상금을 지급하지 아니할 근거가 없다는 것이다.[18] 한편, 장래에 발생할 보상금을 청구하는 경우에는, 특허등록이 무효로 확정되면 보상금지급의무가 소멸되지만, 무효사유가 존재하는 것만 인정되고 아직 무효로 확정되지 않았다면, 단지 보상금산정의 참작사유로만 삼는 것이 옳다고 주장하는 견해도 있다. 그 이유로, 직무발명을 실시하는 사용자는, 보상금을 청구하는 종업원에 대하여는 특허의 무효사유를 주장하지만, 경쟁업자들 사

16) 김훈건, "직무발명의 정당한 보상금 산정에 관한 발명진흥법 제15조 제3항의 고찰", 「산업보안연구학회논문지」, 제3권 제1호(통권 제4호), 한국산업보안연구학회, 2012.6., 106면; 강경태, "무효사유가 있는 특허권에 대한 보상", 한국특허법학회 편, 「직무발명제도 해설」, 박영사, 2015, 326-328면; 김관식, "직무발명의 특허무효사유가 정당한 보상금의 산정에 미치는 영향", 「과학기술법연구」, Vol. 22 No. 3, 한남대학교 과학기술법연구원, 2016, 65-78면.
17) 자세한 사항은 조영선, "직무발명에 대한 정당한 보상과 특허의 무효", 「저스티스」, 통권 제129호, 한국법학원, 2012.4., 176-179면 참조.
18) 김관식, "직무발명의 특허무효사유가 정당한 보상금의 산정에 미치는 영향", 「과학기술법연구」, Vol. 22 No. 3, 한남대학교 과학기술법연구원, 2016, 55면.

이에서는 특허권을 실시하여 배타적·독점적 이익을 얻고 있으므로(이러한 이익이 인정되지 않는다면 무효사유의 존재를 거론할 필요도 없이 보상금청구는 기각될 것이다), 스스로 특허무효심판을 청구할 가능성이 크다고 볼 수 없고, 다른 경쟁업자들 역시 반드시 무효사유를 발견하여 특허무효심판을 제기하거나 침해소송에서 무효항변을 할 것이라고 보기도 어렵다는 점을 들고 있다.[19]

이와 관련하여 대법원은 대상판결의 이전에도 특허발명에 무효사유가 있어 사용자가 실시한 발명이 직무발명 출원 당시 이미 공지된 것이어서 이를 자유롭게 실시할 수 있었고 경쟁관계에 있는 제3자도 그와 같은 사정을 용이하게 알 수 있었던 경우에는, 사용자가 직무발명 실시로 인하여 무상의 통상실시권을 넘는 독점적·배타적 얻고 있다고 단정할 수 없다고 판시한 바가 있었다.[20]

한편, 일본의 경우 우리나라보다 선행하여, 직무발명의 무효사유에 따른 보상금 지급 의무에 관한 논의가 있었으며 이에 관한 재판례도 나타나 있었다. 이에 관하여 여러 견해들[21]이 있지만, 통설적인 견해는 직무발명에 대한 보상청구권은 특허권 등을 승계시킨 것에 의해 발생하는 것이기 때문에, 특허가 무효가 된다고 하여 곧바로 "사용자가 얻을 이익"이 없게 되는 것은 아니라는 입장이다.[22]

일본 하급심 판례의 주류는, 특허출원과정에서 당해 발명의 특허성을 주장하였다가 보상금 청구소송에서 태도를 바꾸어 무효를 주장하는 것은 신의칙에 반하고, 무효사유가 있는 직무발명의 특허라고 하더라도 특허권자인 사용자는 당해 특허가 유효하게 등록되어 있는 이상 그로부터 사실상의 이익을 향유할 가능성이 높으므로 그 이익을 분배하는 것이 타당하다는 입장이다. 특히 특허권에 기하여 제3자에게 실시권을 설정하고 실시료를 지급받았다면 이를 보상의 기초로 삼아야 하며, 보상금의 지급을 명하는 경우에도 특허무효사유가 존재한다는 점은 보상금 책정에 참작사유로 삼을 수 있다고 본다. 다만, 양도인인 종업원이 특허무효사유가 있다는 것을 알면서 양도하였거나 그

---

19) 강경태, "무효사유가 있는 특허권에 대한 보상", 한국특허법학회 편, 「직무발명제도 해설」, 박영사, 2015, 328면.

20) 대법원 2011. 9. 8. 선고 2009다91507 판결.

21) 일본에서의 특허발명에 존재하는 특허무효 사유에 의한 보상금지급의무 면제 여부에 관하여, 지급 면제를 긍정하는 論者는 田村善之, 島並良, 이를 부정하는 論者는 帖佐隆, 吉田広志, 関根康男가 대표적으로 있다. 보다 자세한 내용은 조영선, "직무발명에 대한 정당한 보상과 특허의 무효", 「저스티스」, 통권 제129호, 한국법학원, 2012.4., 169-172면; 김관식, "직무발명의 특허무효사유가 정당한 보상금의 산정에 미치는 영향", 「과학기술법연구」, Vol. 22 No. 3., 한남대학교 과학기술법연구원, 2016, 48-53면 참조.

22) 田村善之·山本敬三 編, 「職務発明」, 有斐閣, 2005, 84頁(吉田広志 執筆部分).

무효이유를 경쟁회사도 알고 있어서 자유롭게 사용할 수 있는 경우와 같이 사용자가 특허에도 불구하고 이를 배타적·독점적으로 사용할 수 없는 특별한 사정이 있었다거나 당해 특허의 무효성이 판결에 의하여 공표된 이후에는 보상금 지급을 면할 수 있다고 판단하고 있는 것으로 보인다.[23)

만일 직무발명에 관한 특허에 무효사유가 있음에도 불구하고 이미 종업원에게 보상금의 지급이 있었던 경우에는 종업원에게 반환의무가 있을 수 있다. 또한, 확정 판결에 의하여 지급이 이루어진 경우에는 사용자가 반환을 구하기 위해서는 재심을 청구할 필요가 있을 것이다. 다만, 이러한 경우에는 재심사유에 해당하지 않을 가능성이 높다. 특허무효는 행정처분의 변경에 해당하지만 사용자가 현실에서 얻은 이익에 대응하여 종업원이 얻게 되는 보상액은 특허가 무효가 되었던 것에 의해 영향을 받지 않기 때문이다. 따라서, 무효확정 이후의 장래에 해당하는 대가를 받은 경우에만 재심사유에 해당한다고 해석할 수 있지만 이러한 대가는 일정한 폭이 있는 개념이므로 무효확정 이후에 대응하는 대가의 액이 크지 않다면 재심사유에 해당하지 않을 수도 있게 된다.[24)25)

나. 대상판결

이와 관련하여, 대상판결은 "사용자가 종업원으로부터 승계하여 특허등록을 한 직무발명이 이미 공지된 기술이거나 공지된 기술로부터 통상의 기술자가 쉽게 발명할 수 있는 등의 특허무효사유가 있고 경쟁관계에 있는 제3자도 그와 같은 사정을 용이하게 알 수 있어서 사용자가 현실적으로 특허권으로 인한 독점적·배타적 이익을 전혀 얻지 못하고 있다고 볼 수 있는 경우가 아닌 한" 무효사유는 특허권으로 인한 독점적·배타적 이익을 산정할 때 참작요소로 고려할 수 있을 뿐이라고 판시하였다.

즉, 직무발명에 무효사유가 있다는 사정만으로 일률적으로 사용자의 독점적·배타적 이익이 부정되는 것은 아니며, 무효사유가 있더라도 사용자가 직무발명을 실시함으로

---

23) 知的財産裁判実務研究会, "知的財産訴訟の実務(6)", 「法曹時報」, 第59巻 第9号, 法曹会, 2007, 131-132頁(山田知司 執筆部分); 김종석, "직무발명이 그 출원 당시 이미 공지된 것이고 제3자도 그와 같은 사정을 용이하게 알 수 있었던 것으로 보이는 경우 실시보상금의 지급 의무 여부", 「대법원판례해설」, 제90호 2011년 하, 법원도서관, 2017, 594면; 강경태, "무효사유가 있는 특허권에 대한 보상", 한국특허법학회 편, 「직무발명제도 해설」, 박영사, 2015, 322-323면 참조.

24) 田村善之·山本敬三 編, 「職務発明」, 有斐閣, 2005, 86-87頁(吉田広志 執筆部分).

25) 독일의 경우, 종업원발명에 관한 법률(Gesetz über Arbeitnehmererfindungen, 이하 "ArbnErfG"로 약칭한다)에서 사용자와 종업원은 보상을 결정하거나 결정함에 있어 중요한 사실이 현저하게 변경된 경우에는 보상을 새롭게 정할 수 있도록 상호 요청할 수 있으나, 이미 지급된 보상에 대해서는 반환을 청구할 수 없다는 규정이 있다(ArbnErfG 제12조 제6항 제1·2문).

써 사실상 독점적·배타적 이익을 얻고 있는 경우에는 직무발명 보상의 대상이 된다고 할 것이다. 다만, 사용자는 기본적으로 직무발명에 대하여 무상의 통상실시권을 가지므로 직무발명보상금 산정의 기초가 되는 '사용자가 얻을 이익'은 직무발명을 제3자가 실시하는 것을 특허권에 기하여 법적으로, 또는 영업비밀로 공개하지 아니하는 등의 방법으로 사실상 금지시킴으로써 시장에서 독점적 지위를 가지고 경쟁자를 배제하여 얻는 초과이익이라 할 것인데, 직무발명에 무효사유가 있다면 전자와 같이 특허권에 기하여 법적으로 제3자의 실시를 금지할 수는 없으므로 이러한 경우에는 사용자가 사실상의 이익을 얻고 있거나 얻을 것이 예상되는 특별한 사정이 입증되어야만 할 것이다.[26]

4. 소결 – 대상판결의 의의

대상판결은 직무발명의 보상금 산정에 있어, '사용자가 얻을 이익'에 관한 의미와 이를 둘러싼 고려 요소 가운데 특허무효에 관한 사항을 구체적으로 확인하였다는 것에 의미가 있다.

먼저, 대상판결은 종래 대법원이 판시한 구 특허법 제40조 제2항에서 직무발명 보상액 결정시 고려하도록 정한 '사용자가 얻을 이익'의 의미가 통상실시권을 넘어 직무발명을 배타적·독점적으로 실시할 수 있는 지위를 취득함으로써 얻을 이익이라는 점을 재차 확인하였다.

또한, 대상판결은 직무발명 특허에 무효사유가 있다고 하더라도 그로 인한 실질적인 이익이 전혀 없는 경우가 아니라면 그러한 사유만으로 곧바로 그 독점적 이익을 부정하여 보상금지급의무를 면할 수는 없고, 이는 다만 독점적 이익의 산정에 있어 참작사유로 삼을 수 있다는 법리를 최초로 명시한 대법원 판결로서 의미가 있다고 할 수 있다.[27]

여론(余論)이지만, 대법원은 특허침해소송에서 특허권 자체에 하자(진보성 결여)가 있는 것이 명백한 경우에 그 권리의 행사(손해배상 등의 청구)를 권리남용에 해당하여 허용되지 않는 것으로 보아야 한다고 판시를 한 바가 있다.[28] 즉, 대법원은 일정한 경우에 침해소송에서도 특허무효 여부를 판단할 수 있다고 하였다. 따라서, 이러한 전원합의체 판결의 취지에 따르면 직무발명보상금을 청구하는 소송에서도 특허의 무효사유를

---

26) 장현진, "사용자의 이익", 한국특허법학회 편, 「직무발명제도 해설」, 박영사, 2015, 246면 참조.
27) 박성호, "2017년 지적재산법 중요 판례", 「인권과정의」, Vol. 473, 대한변호사협회, 2018.5., 168면; 김창권, "특허무효사유와 직무발명보상금", 「대법원판례해설」, 제112호 2017년 상, 법원도서관, 2017, 276면.
28) 대법원 2012. 1. 19. 선고 2010다95390 전원합의체 판결.

심리하는 것이 가능할 것으로 보였는데,[29] 대상판결에서도 사실상 이를 인정하고 있음을 알 수 있다는 점에서 또 하나의 의의가 있다고 할 수 있다.

29) 박성호, "2017년 지적재산법 중요 판례", 「인권과정의」, Vol. 473, 대한변호사협회, 2018.5., 167면.

참고문헌

■ 국내문헌

김관식, "직무발명의 특허무효사유가 정당한 보상금의 산정에 미치는 영향", 「과학기술법연구」, Vol. 22 No. 3, 한남대학교 과학기술법연구원, 2016.

김종석, "직무발명이 그 출원 당시 이미 공지된 것이고 제3자도 그와 같은 사정을 용이하게 알 수 있었던 것으로 보이는 경우 실시보상금의 지급 의무 여부", 「대법원판례해설」, 제90호 2011년 하, 법원도서관, 2017.

김창권, "특허무효사유와 직무발명보상금", 「대법원판례해설」, 제112호 2017년 상, 법원도서관, 2017.

김훈건, "직무발명의 정당한 보상금 산정에 관한 발명진흥법 제15조 제3항의 고찰", 「산업보안연구학회논문지」, 제3권 제1호(통권 제4호), 한국산업보안연구학회, 2012.

박성호, "2011년 지적재산법 중요 판례", 「인권과정의」, Vol. 424, 대한변호사협회, 2012.3.

_____, "2017년 지적재산법 중요 판례", 「인권과정의」, Vol. 473, 대한변호사협회, 2018.5.

윤선희, "직무발명에 있어서의 보상제도", 「법조」, Vol. 54 No. 11, 법조협회, 2005.

_____, 「특허법」, 제3판, 법문사, 2007.

정상조·박성수 공편, 「특허법 주해 I」, 박영사, 2010.

조영선, "직무발명에 대한 정당한 보상과 특허의 무효", 「저스티스」, 통권 제129호, 한국법학원, 2012.4.

_____, 「특허법 2.0」, 제6판, 박영사, 2018.

특허법원 지적재산소송실무연구회, 「지적재산 소송실무」, 제4판, 박영사, 2019.

한국특허법학회 편, 「직무발명제도 해설」, 박영사, 2015.

■ 국외문헌

牧野利秋·飯村敏明·三村量一·末吉亘·大野聖二 編, 「知的財産法の理論と実務 第1巻(特許法 1)」, 新日本法規出版, 2007.

田村善之·山本敬三 編, 「職務発明」, 有斐閣, 2005.

竹田和彦, 「特許の知識: 理論と実際」, 第8版, ダイヤモンド社, 2006.

中山信弘, 「特許法」, 第四版, 弘文堂, 2019.

中山信弘·小泉直樹 編, 「新·注解 特許法[上巻]」, 青林書院, 2017.

知的財産裁判実務研究会, "知的財産訴訟の実務(6)", 「法曹時報」, 第59巻 第9号, 法曹会, 2007.

대법원 2013. 5. 24. 선고 2011다57548 판결

특허를 받을 수 있는 권리의 묵시적 이전에 관한 대가 산정*

김 훈 건 (SK커뮤니케이션즈㈜ 법무팀장)

I. 판결의 개요

1. 이 사건 발명에 관한 경위

A건설 주식회사(이하 "A건설"이라 한다)는, 1992.경 PTMEG[1] 제조[2]를 위하여 B유화 주식회사를 인수하고 그 상호를 A유화 주식회사(이하 "A유화"라 한다)로 변경하였으며, 이와 별도로 A피티지 주식회사(이하 "A피티지"라 한다)를 설립하였다.

---

* 이 평석 논문은, 김훈건, "종업원의 특허를 받을 수 있는 권리의 묵시적 이전에 관한 소고-대법원 2010. 11. 11. 선고 2010다26769 판결 및 2013. 5. 24. 선고 2011다57548 판결을 중심으로-",「창작과 권리」, 제75호, 2014. 6. 1., 2-51면을 본 논문집의 집필 목적에 맞게 대폭 수정·보완한 것임을 밝힙니다.

1) 폴리테트라메틸렌 에테르 글리콜(Polytetramethylene Ether Glycol)의 약어로서, 스판덱스, 인공피혁 등에 사용되는 폴리우레탄, 열가소성 폴리에스테르, 폴리아미드 엘라스토머의 주원료이다.

2) PTMEG 제조의 주요 공정은 크게 테트라 하이드로푸란(Tetra Hydrofuran, 이하 "THF"라 한다)을 무수초산 촉매 하에서 중합반응시켜 중간물질인 PTMEA를 제조하는 공정(이하 "중합반응 공정"이라 한다)과 위 PTMEA와 메탄올을 혼합한 후 액상 촉매 하에 반응시켜 PTMEG로 환원시키는 공정(이하 "환원반응 공정"이라 한다)의 두 가지를 들 수 있고, 위 중합반응 공정에는 그 전단계로서 THF에 수소를 첨가하여 이중결합물질을 배제하는 공정과, 후처리 단계로서 생성된 PTMEA를 정제 및 탈색 하는 공정이 수반되고, 위 환원반응 공정에는 PTMEG 제조 후 사용된 촉매 및 부산물, 미반응 물질, 저분자량의 PTMEG를 각 제거하는 공정이 수반되어 최종적인 PTMEG 제품이 제조된다(서울고등법 원 2010. 2. 11. 선고 2008나106190 판결 참조).

이 사건[3]의 원고[4]는 A건설의 임원(상무이사)으로 재직중이였던 1995.경에 PTMEG의 중간물질인 PTMEA[5]제조 방법에 관한 발명(이하 "이 사건 발명"이라 한다)[6]을 완성하였다.[7]

A건설 등은 원고가 이 사건 발명을 완성한 사실을 알게 되자, 이를 특허출원하기로 원고와 협의를 하고, 원고를 발명자로, A피티지를 출원인으로 하여 1995. 6. 2.에 출원하였다. 원고는 이 사건 발명의 특허출원 당시 명세서 초안 및 특허청의 의견제출통지명령에 대응하는 의견서를 작성하여 담당 변리사에게 제출하는 등 해당 출원절차에 협력하였다. A건설 등은 이 사건 발명의 특허출원에 필요한 비용을 부담하였다.[8]

이 사건 발명의 특허출원은 A피티지가 A유화에 합병됨으로 인하여 1998. 4. 16.에 출원인 명의가 A피티지에서 A유화로 변경되었으며, 1999. 5. 12.에 특허등록결정이 되어 1999. 6. 16.에 특허등록번호 제219792호(이하 "이 사건 제1특허"라 한다)와 제219793호(이하 "이 사건 제2특허"라 한다)(이하 이들을 통칭하는 경우 "이 사건 특허등"이라 한다)로 각각 등록되었다.

한편, A유화는 1999. 12. 13.에 피고와 PTMEG 사업을 영위하는 모든 자산과 부채를 포함한 사업을 영업양도하는 계약(이하 "이 사건 영업양도계약"이라 한다)을 체결하였으며, 1999. 12. 14.에 A건설과 합병되었다.

---

3) 대법원 2010. 11. 11. 선고 2010다26769 판결(이하 "환송판결"이라 한다) 및 대법원 2013. 5. 24. 선고 2011다57548 판결(이하 "대상판결"이라 한다)을 말하며, 이하 "환송판결" 및 "대상판결"을 총칭하여 "대상판결 등"이라 한다.

4) 원고는 1978. 3. 1.에 A건설에 입사하여 이 사건 발명 출원 이후 상무에서 전무, 부사장의 차례로 승진하여 2000. 8. 28.경까지 근무를 하다 퇴직하였으며, 2000. 10.경부터 피고 회사에 기술연구소장으로 재직하였다.

5) 폴리테트라메틸렌 에테르 글리콜 디에스테르(Polytetramethylene Ether Glycol Diester)의 약어이다.

6) 이 사건 발명은 "한국산 고령토를 산 처리 또는 염화암모늄 처리 등으로 활성화시킨 후 소성시켜 얻어진 PTMEA 제조용 촉매와 이를 이용하여 PTMEA를 제조하는 방법"(이하 "이 사건 제1발명"이라 한다)과 "한국산 고령토와 알루미늄마그네슘하이드로실리게이트를 혼합하여 이를 산 처리 또는 염화암모늄 처리 등으로 활성화시킨 후 소성시켜 얻어진 PTMEA 제조용 촉매와 이를 이용하여 PTMEA를 제조하는 방법"(이하 "이 사건 제2발명"이라 한다)을 통칭할 때 사용한다.

7) 보다 구체적으로, 이 사건 발명이 이루어진 경위를 살펴보면 원고가 중합촉매의 개발을 위하여 A건설 소속 소외 1부장과 소외 2 등으로 하여금 한국산 고령토 등 촉매를 제조할 여러 가지 후보물질의 원료의 수집하게 하고, 수집된 원료는 A유화 소속 소외 3부장, 소외 4 등으로 하여금 A유화의 실험실에서 실험을 하게 하였는데, 원고는 원료물질 및 실험조건 등을 제시하고 소외 1, 3 등은 이에 따라 원료물질을 구하고 다양한 조건하에 실험을 거듭하여 완성된 것임을 알 수 있다.

8) 한편, 이 사건 발명에 관하여 1997. 1. 17.경 원고를 발명자로 PCT국제출원을 하여, 1997. 7.경 미국과 유럽, 일본에 각 국제단계 출원을 거쳐 해당 각국에서 2001. 3.경 2002, 10.경, 2002. 12.경 각특허등록이 되었다. 원고는 1999. 7. 8.경 미국에서 특허를 받을 권리를 A피티지에게 양도하였고, 현재 위 각 특허권자는 피고로 되어 있다.

이 사건 특허등은 1999. 12. 14.의 A유화와 A건설 간의 합병과, 1999. 12. 29. 상술한 영업양도를 원인으로 하여 그 특허권이 2001. 1. 11.에 A유화로부터 A건설 및 피고에게 순차적으로 이전되었다.

2. 분쟁의 경위

원고는 이 사건 발명의 출원시부터 2004.말경까지는 이 사건 발명의 귀속관계에 대하여 아무런 이의를 제기하지 않았으나, 2005. 3. 30. 피고에게 내용증명으로 이 사건 발명에 관한 권리를 주장하며 보상을 요구하였다.

피고는 2005. 5. 24.경 및 2005. 6. 7.경 원고의 해당 의사표시가 "청구 유효기간 내에 청구되었음을 확인하며, 청구 내용에 대하여 청구 효력의 만료일 이후에도 계속 원고와 협의하여 나가겠다"는 취지의 답변(이하 "피고 답변서"라 한다)을 한 후, 원고와 보상금 액수에 관하여 협의하였으나 합의점을 찾지 못하였다.

이에 원고는 2005. 11. 14. 특허심판원에 특허법 제33조 제1항의 본문 규정의 위반을 이유로 하는 이 사건 특허등의 특허무효심판9)을 청구하였으며, 2005. 11. 16. 서울동부지방법원에 이 사건 발명의 특허를 받을 수 있는 권리(이하 "이 사건 권리"라 한다)를 A건설에게 양도한 사실이 없음에도 불구하고 A건설이 무단으로 A피티지를 출원인으로 하여 특허등록을 마친 것에 따른 손해배상금 33,626,505,000원 중 일부인 1억 100만원의 지급을 피고에게 청구하였다.

3. 환송판결 및 대상판결의 요지

가. 환송판결10)

환송판결은, 법률행위의 해석은 당사자가 그 표시행위에 부여한 객관적인 의미를 명백하게 확정하는 것으로서, 그 객관적인 의미가 명확하게 드러나지 않는 경우에는 그 법률행위가 이루어지게 된 동기 및 경위, 당사자가 그 법률행위에 의하여 달성하려고 하는 목적과 진정한 의사, 거래의 관행 등을 종합적으로 고찰하여 사회정의와 형평의 이념에 맞도록 논리와 경험의 법칙, 그리고 사회일반의 상식과 거래의 통념에 따라 합

---

9) 특허심판원 2007. 7. 26. 2005당2756 심결은 인용되지 않았으며, 이후 항고심(특허법원 2008. 8. 12. 선고 2007허7280 판결) 및 상고심(대법원 2008. 12. 24. 선고 2008후3254 판결)에서도 원고의 청구가 기각되어 당해 심결이 확정되었다.

10) 환송판결의 제1심은 서울동부지방법원 2008. 10. 17. 선고 2005가합15084 판결이며, 환송전원심은 서울고등법원 2010. 2. 11. 선고 2008나106190 판결을 말한다.

리적으로 해석하여야 하는데,[11] 이 사건 기록에 비추어, 원고가 A피티지에게 이 사건 발명을 묵시적으로 양도하였음을 인정하고, 원고와 A피티지 간에는 이 사건 발명을 직무발명으로 가정하여 산정한 직무발명 보상금 상당액을 양도대금으로 지급하기로 하는 묵시적인 약정이 있었다고 판단하였다.

또한, 환송판결은 상법 제44조의 법리는 영업양수인이 양도인의 채무를 받아들이는 취지를 광고에 의하여 표시한 경우에 한하지 않고, 양도인의 채권자에 대하여 개별적으로 통지를 하는 방식으로 그 취지를 표시한 경우에도 적용이 되어, 그 채권자와의 관계에서는 위 채무변제의 책임이 발생한다고 하여,[12] 피고의 답변서와 그에 따른 협의는 A유화로부터 위 양도대금 채무를 인수하였다는 취지를 표시한 것으로 인정되므로, 피고가 상법 제44조의 채무인수를 광고한 양수인으로서 발명자에게 위 양도대금 채무를 변제할 책임이 있다고 판단하였다.

직무발명 보상금 산정에 있어 환송판결은 환송전원심과는 달리, 사용자가 직무발명을 제3자에게 양도한 이후에는 더 이상 그 발명으로 인하여 얻을 이익이 없을 뿐만 아니라, 직무발명의 양수인이 직무발명을 실시함으로써 얻은 이익은 양수인이 처한 우연한 상황에 따라 좌우되는 것이어서 이러한 양수인의 이익액까지 사용자가 지급해야 할 직무발명 보상금의 산정에 참작하는 것은 불합리하므로, 사용자가 직무발명을 양도한 경우에는 특별한 사정이 없는 한 그 양도대금을 포함하여 양도시까지 사용자가 얻은 이익액만을 참작하여 양도인인 사용자가 종업원에게 지급해야 할 직무발명 보상금을 산정해야 한다고 판시를 하고 환송전원심으로 파기 환송하였다.

나. 환송 후 원심판결[13]

환송판결에 의한 서울고등법원(이하 "환송후원심"이라 한다)은 환송판결의 판시에 따라 사용자가 직무발명을 양도한 경우에는 특별한 사정이 없는 한 그 양도대금을 포함하여 양도시까지 사용자가 얻은 이익액만을 참작하여 양도인인 사용자가 종업원에게 지급해야 할 직무발명 보상금을 산정해야 하므로, 피고가 원고에게 지급하여야 할 이 사건 양도대금 역시 A피티지 및 이를 합병한 A유화(이하 A피티지와 A유화를 통칭하여 "A유화 등"이라 한다)가 이 사건 발명의 출원이 공개된 1997. 1. 24.경부터 실시하여 양도시까

---

11) 대법원 2007. 4. 13. 선고 2005다68950 판결 등 참조.
12) 대법원 2008. 4. 11. 선고 2007다89722 판결 등 참조.
13) 서울고등법원 2011. 5. 25. 선고 2010나109963 판결.

지 얻은 이익액만을 참작하여 직무발명 보상금 상당액으로 산정하였다.

아울러, 환송후원심은 A유화 등이 자기실시를 하거나 제3자에게 실시허락을 한 특허는 이 사건 제1특허이므로 이에 한정하여 그 직무발명 보상금의 산정시 원고의 공헌도를 50%로 인정한 것 이외에 다른 산정 요소(전체이익 중 통상실시로 인한 공제율, 실시요율, 발명자 기여율)는 환송전원심과 동일하게 판단하였다. 또한 환송후원심은 A피티지가 이 사건 특허를 피고에게 양도하여 얻은 이익의 산정시 A피티지는 이 사건 특허등를 양도함에 따라 이 사건 특허등의 통상실시권을 상실하였으므로 그 양도가액에서 50%를 공제한 후, 상기 원고의 공헌도 50%와 발명자 기여율을 감안하여야 한다고 판시하였다.

다. 대상판결

원고와 피고 모두 환송후원심 판결에 대하여 상고하였는데, 대상판결은 구 특허법[14] 제40조 제2항의 '사용자가 얻을 이익'에 대한 의미와 공동발명자가 되기 위한 요건에 대하여 판시하고, 환송후원심 판결에 위법이 없다고 하여 상고 모두를 기각하였다.

Ⅱ. 해 설[15]

1. 들어가며

특허법 제33조 제1항 본문은 "발명을 한 사람 또는 그 승계인은 이 법에서 정하는

---

14) 2006. 3. 3. 법률 제7869호로 개정되기 전의 것을 말한다. 이하 같다.

15) 본론으로 들어가기에 앞서 몇 가지 점을 정리한다. 구 특허법 내지 현행 발명진흥법 제2조 제2호에서는 종업원, 법인의 임원 또는 공무원을 종업원등이라고 하며 법인 또는 국가나 지방자치단체를 사용자등이라고 정의하고 있지만 이하에서는 편의상 종업원, 사용자로 사용한다. 구 특허법 내지 발명진흥법에서 사용하고 있는 직무발명에 관한 "정당한 보상"이라는 용어와 대응하는 일본 구 특허법의 용어는 "상당한 대가(相当の対価)"이다. "정당"과 "상당", "보상"과 "대가"라는 각각이 대응하는 표현이 다르며 일본의 구 특허법(大正 10年)에서는 "상당한 보상금(相当の報償金)"이라는 표현을 사용했었던 점을 비춰볼 때 그 의미가 정확하게 일치한다고는 말할 수 없다. 다만, 우리나라가 직무발명에 관한 제도를 차용하여 입법을 하는 과정에서 법률용어의 선택을 다르게 하였으나 그 해석은 동일하다는 의견(윤선희, 「특허법」, 제3판, 법문사, 2007, 279면 참조)이 있으며, 일본의 문헌에서도 "상당의 대가"를 보상금으로 혼용하여 사용하는 경우(中山信弘 編, 「注解 特許法 上卷」, 第3版, 青林書院, 2000, 353頁(中山信弘 執筆部分); 岩出誠, "職務発明と職務著作をめぐる諸問題", 「労働関係法の現代的展開: 中嶋士元也先生還暦記念論集」, 信山社, 2004, 229頁)가 있어 특별한 사정이 없는 한 차이를 두지 않고 있으므로 본고에서는 이를 구분하지 않고 사용하기로 한다. 이후 현행 일본 특허법에서는 "상당한 이익(相当の利益)"으로 변경되었다. 이에 관한 자세한 사항은 中山信弘, 「特許法」, 第四版, 弘文堂, 2019, 81-83頁 참조.

바에 따라 특허를 받을 수 있는 권리를 가진다"고 규정하고 있다. 이러한 특허를 받을 수 있는 권리[16]는 사실행위인 발명을 완성한 자가 원시적으로 취득하는 권리로서 양도가 가능하다.[17]

대상판결 등은 종업원이 완성한 발명을 사용자가 설립한 별도의 회사에 묵시적으로 이전한 자유발명으로 파악하면서도, 이후 인수·합병 등 사업재편이 이루어진 경우 그 권리를 최종적으로 보유하는 자와 종업원 간의 의사표시로 말미암아 양도 당시의 양 당사자 사이에는 적어도 이 사건 발명을 직무발명으로 가정하여 산정한 직무발명 보상금 상당액을 양도대금으로 정하는 묵시적 약정이 있다고 인정한 다음, 그 보상금의 지급 의무자 및 산정기준을 구체적으로 설시한 사례이다. 이하에서는 대상판결 등을 둘러싼 각종 쟁점들을 살펴 대상판결 등의 의의를 확인한다.

2. 직무발명의 요건

구 특허법 내지 현행 발명진흥법에서 규정하는 바와 같이 직무발명이란 ① 종업원이 그 직무에 관하여 한 발명이며, ② 당해 발명이 성질상 사용자의 업무범위에 속하여야 하고, ③ 그 발명을 하게 된 행위가 종업원의 현재 또는 과거의 직무에 속하는 것을 말한다.

한편, 상기 직무발명의 요건에 해당하지 않는 경우에는 구 발명진흥법(2006. 3. 3. 법률 제7869호로 전문개정되기 이전의 것) 제2조 제3호에서 자유발명이라 정의하여 분류하고 있었다.[18] 이러한 자유발명을 사용자의 업무에 해당하지 않는 진정한 자유발명과 종업원이 완성한 발명이 종업원등의 현재 또는 과거의 직무와 관련이 없지만 그 발명이 사용자의 업무범위에 해당하는 경우의 업무발명으로 세분화할 수도 있다.[19][20] 다만,

---

16) 특허를 받을 수 있는 권리를 발명자권 내지 발명권이라고도 하며(中山信弘, 「特許法」, 第二版, 弘文堂, 2012, 157頁), 특허출원권이라고 한다(윤선희, 「특허법」, 제5판, 법문사, 2012, 251면).

17) 윤선희, 「특허법」, 제5판, 법문사, 2012, 247-248, 251면; 中山信弘, 「特許法」, 第二版, 弘文堂, 2012, 157-158, 163頁.

18) 이후, 발명진흥법이 2006. 3. 3. 법률 제7869호로 전문 개정되면서 기존의 구 특허법 조항과 구 발명진흥법에 산재되어 있던 직무발명에 관한 규정을 통합하여 규정하게 되면서 자유발명에 관한 정의 규정은 삭제되었다. 자유발명 정의 규정의 삭제 이유에 대하여 입법 관련 문서에는 일체의 언급이 없어 입법관여자의 의도를 알 수 없다. 다만, 자유발명의 범위에 업무발명이라는 회색영역이 편입되는 것을 방지하기 위해 삭제를 하였다거나, 직무발명 정의 규정의 반대 해석상 당연히 직무발명에 해당하지 않는 것은 모두 자유발명인 것이 자명하므로 굳이 자유발명에 관한 정의 규정을 존치시킬 이유가 없어 삭제한 것이 아닐까라고 미루어 짐작할 수 있다(김훈건, "직무발명의 보호범위에 관한 연구", 한양대학교 대학원, 석사학위 논문, 2008.2., 46면).

19) 윤선희, 「특허법」, 제5판, 법문사, 2012, 247-248, 272면; 中山信弘·小泉直樹 編, 「新·注解 特許

법률상 업무발명에 대하여 특별한 효과를 인정하고 있지 않으므로 특별히 구분할 실익은 없다고 판단된다.[21]

대상판결 등은 이 사건 발명을 자유발명으로 판단하였다. 보다 구체적으로, 대상판결 등과 관련이 있는 특허무효심판에 관한 특허심판원 심결(특허심판원 2005당2756)은 원고가 A건설에 근무기간 중 이 사건 발명을 시도하여 완성하려고 노력하는 것이 일반적으로 기대된다고 할 수 있는 근거가 없고, 이 사건 발명 출원 당시 A건설의 업무범위에 속하지 않는다고 하여 자유발명으로 인정하였다. 나아가, 환송전원심은 상기 특허심판원의 심결등과 같은 관련 소송을 포함한 이 사건 발명에 관한 사실에 비추어 볼 때 이 사건 발명은 A건설 등의 업무범위에 속할지언정 원고의 직무범위에는 속하지 않는다고 파악하여 자유발명에 해당한다고 하였다. 이후의 환송판결, 환송후원심, 대상판결도 마찬가지로 이 사건 발명을 자유발명이라고 전제한 후 그 양도대가를 산정하였다.

그런데, 이 사건 발명이 원고와 A건설 간의 직무발명에 해당하는지 여부에 따라 원고가 양도대금의 지급을 청구할 수 있는 상대방이나 그 산정대가가 변경될 수 있게 되는 가장 중요한 판단 요소가 될 수 있다. 그러므로 직무발명에 해당하는지 여부는 기술적 사상의 제공자로서의 종업원과 자금·자재의 제공자로서의 사용자 사이의 이익조

法(上卷)」, 靑林書院, 2011, 503頁(飯塚卓也·田中浩之 執筆部分).

20) 일본도 업무발명이라는 개념을 취하지 않는 것이 통설인데, 이에 해당하는 학자로는 中山信弘(中山信弘 編, 「注解 特許法 上卷」, 第3版, 靑林書院, 2000, 345頁(中山信弘 집필부분)), 仙元隆一郎 (仙元隆一郎, 「特許法講義」, 第4版, 悠々社, 2003, 142頁), 帖佐隆(帖佐隆, 「これだけは知っておきたい職務発明制度: 技術者のための特許法の常識」, 日刊工業新聞社, 2002, 127-129頁; 帖佐隆, 「職務発明制度の法律研究」, 成文堂, 2007, 65-68頁) 등이 있다. 반면, 적극적으로 업무발명을 설명하는 論者는 吉藤幸朔(吉藤幸朔 著, 熊谷健一 補訂, YOU ME 특허법률사무소 訳, 「特許法概説」, 第13版, 대광서림, 2000, 267면), 竹田和彦(竹田和彦, 「特許の知識: 理論と実際」, 第8版, ダイヤモンド社, 2006, 318-319頁), 江夏弘(江夏弘, 「わが国における被用者発明制度の沿革とその法的解釈: 各国との比較法的考察」, 第一法規出版, 1990, 450-451頁) 등이 있다. 마지막으로 견해대립을 소개하거나 논평을 유보하는 論者로는 土肥一史(土肥一史, 「知的財産法入門」, 第10版, 中央経済社, 2007, 145頁), 太田大三(太田大三, 「職務発明規程実務ハンドブック」, 商事法務, 2005, 20-23頁), 岡田淳(飯塚卓也·森浜田松本法律事務所 編, 「徹底解析 職務発明—職務発明をめぐる紛争の分析から制度設計まで」, 商事法務, 2005, 3-4頁(岡田淳 집필부분)) 등이 있다. 우리나라는 업무발명을 별도로 분류하지 않는 견해(송영식·이상정·황종환, 「지적소유권법(상)」, 제9판, 육법사, 2005, 272면; 최덕규, 「특허법」, 제4정판, 세창출판사, 2001, 142-143; 정상조, 「지적재산권법」, 홍문사, 2004, 130면) 등이 있으며, 업무발명을 별도로 분류하는 견해는, 다시 단순히 분류만 해놓은 견해(송영식·이상정·김병일, 「지적재산법」, 제8정판, 세창출판사, 2007, 123면), 광의의 자유발명에 포함된다는 견해(윤선희, "직무발명에 대한 소고", 「지적재산권법의 제문제, 매산송영식선생화갑기념」, 세창출판사, 2004, 199면; 이인종, 「개정판 특허법 개론」, 현대고시사, 2003, 270면), 직무발명에 가깝다는 견해(박희섭·김원오, 「특허법원론」, 제3판, 세창출판사, 2006, 217면)로 나뉘어 진다.

21) 中山信弘, 「特許法」, 第二版, 弘文堂, 2012, 56頁 각주 17); 高部真規子 編, 「特許訴訟の実務」, 商事法務, 2012, 386頁(荒井章光 집필부분).

정이라는 직무발명제도의 취지 및 직무발명에 대하여 현행법이 부여하고 있는 사용자와 종업원의 각각의 권한과 지위를 합목적적으로 종합하여 판단하여야 한다.[22] 즉, 이 사건 발명이 직무발명의 요건에 해당하는지를 파악하기 위해서는 환송판결 및 대상판결 등에서 인정한 사실관계를 보다 구체적으로 파악할 필요가 있다.

원고는 이 사건 발명의 발명 당시 A건설의 임원이었으며, 임원의 직무 범위는 특별한 사정이 없는 한 통상의 종업원의 직무 범위보다 넓은 것이 통례인 점, 사용자로부터 구체적으로 지시를 받지 않고 자발적으로 연구 테마를 찾아내어 발명을 하였다고 하여 곧바로 그 발명 행위의 직무 해당성이 부정되는 것은 아닌 점, 이 사건 발명의 경위 및 화학 플랜트 건설이라는 특수성을 감안할 때 이 사건 발명을 하게 된 행위가 당연히 예정되어 있는 것은 아니더라도 적어도 기대될 수는 있었다고 보이는 점, 이 사건의 발명의 경위를 통해 A건설 등의 관여가 있었던 사실이 인정된 점, 이 사건 발명의 완성 이후 원고가 PTMEG 생산 설비를 구축하는 프로젝트 책임자로 지정되어 직무를 수행한 점 등을 종합적으로 고려할 때, 이 사건 발명이 원고의 직무범위에 해당하여 원고와 A건설 간의 직무발명이라고 판단하는 것이 보다 타당할 수 있다.[23]

2. 양도대금 지급 의무자의 확정

법률행위에 담겨진 의사표시에 의하여 표의자는 일정한 법적 효과를 의욕한다. 법률행위나 의사표시나 모두 당사자가 원하는 데 따라서 효과가 주어지는 것을 그 본질로 하므로 법률행위(의사표시)의 해석은 당사자의 의사를 밝히는 것이다. 그러나 그것은 당사자의 숨은 진의 내지 내심적 효과의사를 찾아서 밝히는 것은 아니며, 당사자의 의사의 객관적인 표현이라고 볼 수 있는 것, 바꾸어 말하면 표시행위가 가지는 의미를 밝히는 것이라고 할 수 있다.[24]

한편, 상법 제44조[25]의 취지는 양수인이 양도인의 영업상의 채무를 인수할 것을 광고한 때에는 채권자에 대하여 실제에 있어서는 채무인수계약을 하지 않았다고 하더라

---

22) 김철환, "직무발명에 있어서의 직무해당성", 한국특허법학회 편, 「특허판례연구」, 개정판, 박영사, 2012, 944면.

23) 원고가 A피티지의 종업원인지 여부는 대상판결 등의 인정된 사실로부터 확인할 수 없는 바, 원고의 사용자가 A피티지인 경우의 논의는 제외하기로 한다.

24) 곽윤직·김재형, 「민법총칙[민법강의I]」, 제8판, 박영사, 2012, 286-287면; 지원림, 「민법강의」, 제18판, 홍문사, 2021, 208면.

25) **상법 제44조(채무인수를 광고한 양수인의 책임)** 영업양수인이 양도인의 상호를 계속사용하지 아니하는 경우에 양도인의 영업으로 인한 채무를 인수할 것을 광고한 때에는 양수인도 변제할 책임이 있다.

도 양수인의 이러한 광고행위가 양도인의 영업상의 채무를 인수할 한 것이라는 외관을 자아내게 되므로 양수인에게 채무인수가 없음에도 불구하고 양수인에게 변제 책임을 지게 하려는 것에 있다.[26] 따라서, 양도인과 양수인 간에 실제에는 채무인수가 없는 경우에 영업양수인의 광고라는 표견적 사실을 근거로 양수인의 변제책임을 규정한 것이므로 채무인수 합의가 있다면 본조가 적용될 여지가 없다.[27] 또한, 위 규정에 의한 영업양수인의 변제책임은 상법 제45조의 규정에 따라 광고 후 2년이 경과하면 소멸한다.

우리나라 통설은 ① 광고문에 채무인수의 문자가 사용되지 않은 경우에도 전체의 취지에서 사회통념상 영업상의 채무를 인수한 것으로 채권자가 믿을 만한 기재가 있으면 되고, 나아가 ② 양수인의 광고의 방법에 의하지 않고 개별적으로 채무인수의 의사표시를 한 경우에도 비록 광고의 경우처럼 채권자 일반에 대하여 책임을 지는 것은 아니지만, 그 의사표시의 상대방에 대하여는 동일한 변제책임을 지는 것으로 보고 있으며, 판례[28]도 통설과 동일한 입장이다.[29]

전술한 바와 같이, 피고는 피고 답변서를 통하여 "피고는 원고가 요청한 사항이 청구 유효기간 내에 청구되었음을 확인드리며, 또한 청구 내용에 대해서 청구 효력의 만료일 이후에도 계속 청구자와 협의하여 나갈 것임을 알려드리는 바입니다."라고 하는 의사표시를 원고에게 하였다. 이는 일단 피고가 원고에 대한 이 사건 양도대금 채무는 인정하되, 그 채무가 확정액이 아니라 직무발명 보상금 상당액으로서 그 액수 산정에 대하여는 서로 견해가 일치되지 않으므로 추후에 협의해 나가자는 의사로 해석함이 자연스러울 뿐만 아니라, 기록에 의해 피고는 위 답변 이후(2005. 4.경부터 2005. 10.경까지) 원고와 사이에 여러 차례에 걸쳐 이 사건 발명에 대한 보상금을 협의한 사정도 알 수 있다. 따라서 A피티지가 원고에게 직무발명 보상금을 지급할 의무가 있다는 것을 전제한 상태에서 피고가 원고에게 영업양도인인 A유화로부터 이 사건 양도대금 채무를 인수하였다는 취지를 표시한 것이 상법 제44조의 채무인수를 광고한 양수인으로서 원고에게 위 채무를 변제할 책임이 있다고 한 환송전원심 및 환송판결 그 자체에는 특별한

---

26) 그 결과, 양도인과 양수인간에는 부진정연대채무의 관계가 발생한다.

27) 손주찬·정동윤 편집대표, 「주석 상법[총칙·상행위(1): §1-§77」, 한국사법행정학회, 2003, 331-332면.

28) 대법원 2008. 4. 11. 선고 2007다89722 판결; 서울지방법원 2007. 12. 5. 선고 2007가합42667 판결; 대구지방법원 2007. 4. 3. 선고 2005가단118609 판결 등.

29) 유영선, "특허를 받을 권리를 묵시적으로 양도한 경우 그 양도대금에 대한 당사자 의사의 해석방법 및 양도대금이 직무발명 보상금 상당액으로 해석되는 경우 영업양수인이 지급해야 하는 양도대금 액수의 산정방법", 「대법원판례해설」, 제86호, 법원도서관, 2010, 478-479면.

문제점이 없다[30]고 판단된다.

다만, 이 사건 발명은 대상판결 등도 인정한 바와 같이 원고의 단독발명이 아닌 A건설의 소외 1 등 및 A유화의 소외 3 등이 함께 완성한 공동발명인 사실로부터 의문이 발생한다.[31] 즉, 이 사건 권리는 원고, 소외 1 등 및 소외 3 등의 공유이므로 원고가 이 사건 권리를 A피티지에게 이전하기 위해서는 특허법 제37조 제3항의 규정에 따라 원고 이외의 공유자의 동의를 얻지 않는 이상 그 지분을 양도할 수 없다. 그런데, 대상판결 등의 인정 사실에는 원고가 이 사건 권리를 A피티지에게 양도함에 있어 사전에 다른 공유자의 지분을 전부 이전받았다거나 다른 공유자들의 동의를 얻었다는 내용 혹은 A피티지가 원고 이외의 공유자로부터 이 사건 권리의 지분을 이전받았다는 내용과 같이 원고를 제외한 나머지 공유자가 보유하고 있는 지분이 어떠한 과정을 거쳐 A피티지에게 이전되었는지가 나타나 있지 않다.

한편, 원심에서 이 사건 발명이 A건설, A유화, A피티지의 업무범위에 속한다고 인정한 사실을 근거로, 이 사건 발명의 공동발명자인 A건설 소속 소외 1 등과 A유화 소속 소외 3 등의 입장에서 보면, 이 사건의 발명은 직무발명의 요건에 해당하여 A건설과 A유화는 각자 무상의 통상실시권을 보유한다고 볼 수 있다.[32]

따라서, 환송판결이 원고와 A피티지를 이 사건 발명의 양도 및 양도대가에 관한 묵시적인 약정의 당사자로 한정한 후, 양 당사자 사이에 이 사건 발명을 직무발명으로 가정하여 산정한 직무발명 보상금 상당액을 양도대금으로 지급받기로 하는 묵시적인 약정이 있었다고 해석한 것은 이 사건 발명의 양도대가를 산정하기 위한 궁여지책인 점은 충분히 이해는 되지만, 이는 오히려 위 참조 판결의 법리에 어긋나는 부자연스러운 해석일 수 있다.[33]

즉, A건설이 이 사건 발명과 관련한 사업을 위하여 1990.초부터 회사를 인수하거나

---

30) 유영선, "특허를 받을 권리를 묵시적으로 양도한 경우 그 양도대금에 대한 당사자 의사의 해석방법 및 양도대금이 직무발명 보상금 상당액으로 해석되는 경우 영업양수인이 지급해야 하는 양도대금 액수의 산정방법", 「대법원판례해설」, 제86호, 법원도서관, 2010, 479-480면.

31) 보다 엄밀히 말하면, 환송전판결은 "이 사건 발명에 창조적으로 기여한 사람은 주로 원고이고, 소외 1, 3 등은 원고의 지시에 의하여 원료물질의 수집과 실험을 수행하면서 각 그 범위 내에서 역할을 수행하였다고 할 것이므로, 이 사건 발명에 관한 원고의 기여도는 80%로 봄이 상당하다"라고만 판시하였을 뿐이므로, 소외 1, 3 등이 공동발명자인지 여부는 판단하지 않은 것으로 보인다.

32) 中山信弘·小泉直樹 編, 「新·注解 特許法(上卷)」, 青林書院, 2011, 584頁(飯塚卓也·田中浩之 執筆部分) 참조.

33) 참고로, 이 사건 발명의 출원 당시 사정을 통해 제1심 법원은 원고가 이 사건 권리를 A건설 또는 A피티지에게 묵시적으로 양도하였다고 판시하였으며, 환송전원심은 원고와 A피티지, A유화, A건설 사이에 원고의 이 사건 권리를 A피티지에게 양도하기로 하는 묵시적 약정이 있었다고 판단하였다.

설립하였으며, 기술이전을 위하여 외국 회사와 접촉했던 사실, 이 사건 발명의 완성시 A건설 및 A유화의 인력 및 설비가 이용된 사실, A건설과 A피티지가 이 사건 발명의 특허 출원에 관한 비용을 공동으로 부담한 사실이 존재함에도 불구하고, A건설이 자신 내지 자신의 계열사의 업무범위에 속하며 자신의 종업원이 주도적으로 완성한 이 사건 발명에 대한 지분을 승계함이 없이 원고의 자유발명이라 하여 그 처분을 종업원에게 맡겨둔다고 해석하는 것은 극히 이례적이라 하지 않을 수 없다.

4. 직무발명 보상금 청구권의 소멸시효

원칙적으로 직무발명 보상금 청구권의 발생시기는 직무발명에 관한 특허를 받을 수 있는 권리 또는 특허권을 사용자에게 승계한 때이므로 승계시부터 시효가 진행되지만, 직무발명 보상금 지급시기의 정함이 있는 경우에는 그 시기까지 대가의 지급을 받을 권리의 행사에 법률상의 장애가 있으므로 그 지급 시기가 시효의 기산점이 된다.[34]

보상금 청구권은 그 성질을 이익배분의 의사에 기한 약정채권과 발명의 동기를 부여하기 위한 정책적인 법정채권으로 나누어 볼 수 있다.[35] 어느 쪽에서 보든지 채권에 기한 소멸시효의 대상이 되는 것에는 이견이 있을 수 없으나, 그 기간에는 차이가 발생할 수 있다. 즉, 보상금 청구권을 법정채권으로 해석하면, 그 소멸시효의 기간은 민법 제162조의 규정에 따라 직무발명에 관한 권리 등의 승계시로부터 기산하여 10년간으로 볼 수 있으며, 이러한 견해가 일반적인 통설[36]이며 판례이다.[37] 한편, 약정채권으로 보더라도 그 소멸시효 기간이 10년임에는 변함이 없겠지만 사용자가 상인인 경우 보상금 청구권을 보조적 상행위로부터 발생하는 채권이라 하여[38] 소멸시효의 기간을 5년으로 보는 견해도 있다.[39]

환송전원심은 피고가 원고의 양도대금 청구권은 이 사건 발명의 출원시인 1995. 6.

---

34) 윤선희, 「특허법」, 제5판, 법문사, 2012, 311-312면; 이규홍, "직무발명보상금 관련 공동발명자의 판단기준 등", 한국특허법학회 편, 「특허판례연구」, 개정판, 박영사, 2012, 957면.

35) 島並良, "職務発明対価請求の法的性質(上)", 「特許研究」, No. 39, 工業所有権情報・研修館, 2005. 3.; 島並良, "職務発明対価請求の法的性質(下)", 「特許研究」, No. 42, 工業所有権情報・研修館, 2005.9. 참조.

36) 仙元隆一郎, 「特許法講義」, 第4版, 悠々社, 2003, 143頁; 土肥一史, 「知的財産法入門」, 第10版, 中央経済社, 2007, 148頁; 帖佐隆, 「職務発明制度の法律研究」, 成文堂, 2007, 242頁 참조.

37) 서울서부지법 2007. 8. 22. 선고 2005가합12452 판결; 東京地裁 平成16. 2. 24. 平成14(ワ)20521 [아지노모토(味の素) 사건].

38) 渋谷達紀, 「知的財産法講義 I」, 第2版, 有斐閣, 2006, 149頁이 있다.

39) 渋谷達紀, "無体財産権法判例の動き", 「ジュリスト」, No. 1091, 1997.6., 219-220頁; 渋谷達紀, 「特許法」, 発明推進協会, 2013, 347-350頁.

2.로부터 10년이 지나 시효로 소멸하였다고 항변하지만, 원고가 그 권리를 묵시적으로 양도한 것은 늦어도 특허출원일인 1995. 6. 2.로 봄이 상당하고 그로부터 이 사건 소제기 전까지 10년의 기간이 도과하였음은 역수상 명백하나, 피고 답변서의 각 기재에 의하면, 원고의 피고에 대한 이 사건 발명에 대한 보상 요구에 대하여 피고가 2005. 5. 24.경 "원고의 요청은 청구유효 기간 내에 청구되었음을 확인하며, 그 내용에 관하여 원고와 계속 협의해 나가겠다"는 회신을 한 사실을 인정할 수 있는바, 이는 소멸시효 중단사유인 채무의 승인에 해당한다 할 것이어서, 이로써 소멸시효의 진행은 중단되었다고 판단하였다.[40]

5. 직무발명의 정당한 보상금 산정

대상판결 등은 구 특허법 제40조 내지 현행 발명진흥법 제15조 제6항 단서의 규정에 따라 정당한 직무발명 보상금을 산정할 경우 사용자가 얻을 이익의 액, 발명에 대한 사용자 및 종업원의 공헌도(발명자 보상율), 공동발명자가 있을 경우 그 중 발명자 개인의 기여도(발명자 기여율)[41] 등의 요소를 종합적으로 고려하여 산정하였다.

특히, 대상판결 등은 사용자가 얻을 이익액의 산정시 사용자의 통상실시권을 넘어 직무발명을 배타적·독점적으로 실시할 수 있는 지위를 취득함으로써 얻을 이익을 의미한다고 하였는데, 이러한 산정방식은 이른바 자사초과매상산정형[42]으로서 전술한 바와 같이 현재 직무발명 보상금 산정에 관한 일본 재판례[43]의 주류적 태도와 동일하며,

---

40) 다만, 피고가 양도대금 지급 의무자가 피고가 아닌 A건설 내지 A유화라고 답변을 하였다면 양도대가 지급에 관한 채무를 부담하지 않았을 뿐만 아니라 그 시효도 완성이 되어 대상판결 등의 결과가 달라졌을 수도 있을 것이다.

41) 발명자 기여율을 "발명연구자집단 중 발명자가 기여한 정도를 나타내는 비율로서 사안에 따라 연구팀의 구성, 직책, 연구기간, 노력 정도 등으로 고려하여 적절하게 정하게 된다"고 설명하기도 하는데 (이규홍, "직무발명보상금 관련 공동발명자의 판단기준 등", 한국특허법학회 편, 「특허판례연구」, 개정판」, 박영사, 2012, 958면 각주 14)), 주의할 것은 공동발명자 중 해당 발명자가 기여한 정도를 발명자 기여율로 정하여야 하며, 발명자를 제외한 발명연구자집단이 기여한 정도는 발명자 보상률의 산정시 고려되어야 하는 요소라고 생각한다.

42) 자사초과매상산정형(自社超過売上算定形)이라 함은 특허권을 종업원이 보유하고 사용자는 무상의 통상실시권만을 가진다고 가정을 하고, 당해 종업원이 제3자에게 실시허락을 한 경우를 상정하여 그 경우에 사용자가 올릴 수 있는 가상 매상고와 현실에서 사용자가 올린 매상고를 비교하여 그 차이를 산출하고 이러한 초과매상고로부터 올린 이익을 독점의 이익으로 보는 방법이다. 이 경우 자사의 가상이익을 산출하는 것이기 때문에 실시료율을 관념할 필요는 없으며 오히려 이익률이 곱해져야 할 것이지만, 실제의 재판례에서는 초과매상고에 가상의 실시료율을 곱하여 이익액을 산출하는 방법이 자주 사용되고 있다(吉田和彦, "特許を受ける権利の承継と相当の対価の算定について", 牧野利秋·飯村敏明·三村量一·末吉亘·大野聖二 編, 「知的財産法の理論と実務 第1巻 (特許法 1)」, 新日本法規出版, 2007, 354頁).

우리나라 하급심 판결도 대체로 이러한 방식을 따르고 있다고[44] 할 수 있다.

또한, '사용자가 얻을 이익'은 직무발명 자체에 의해 얻을 이익을 의미하는 것이지 수익·비용의 정산 이후에 남는 영업이익 등의 회계상 이익을 의미하는 것은 아니므로 수익·비용의 정산 결과와 관계없이 직무발명 자체에 의한 이익이 있다면 사용자가 얻을 이익이 있다[45]고 하였다. 일본의 재판례이지만, 직무발명을 실시한 결과, 사용자에게 현저한 손실이 발생한 경우에는 얻은 이익이 애시당초 없다고 한 재판례[46]가 있음을 유념할 필요가 있다. 다만, 사업의 손실이 사용자의 불합리한 사업판단에 의한 경우에 있어서는 본래 그 발명으로부터 사용자가 이익을 얻을 수 있었다는 것을 종업원이 주장·입증하면 사업이 적자라 하더라도 그 발명에 의해 사용자가 얻을 수 있는 이익이 있다고 이해할 수 있다.[47]

문제는 피고가 지급할 보상금의 산정 대상 기간을 어떻게 정할 것인가 하는 점인데, 이에 대하여 환송판결은 영업양도회사(사용자)가 영업양수회사에게 직무발명을 양도한 경우 특별한 사정이 없는 한 그 양도대금을 포함하여 양도시까지 사용자가 얻은 이익액만을 참작하여 사용자가 종업원에게 지급해야 할 직무발명 보상금을 산정해야 한다고 판시한 것에 의미가 있다.[48]

다만, 전술한 바에 따라 이 사건 발명이 직무발명에 해당하고 원고가 보유하는 지분을 A건설이 승계하여 A피티지에게 이전하였다고 해석한다면, 원고가 이 사건 발명을 묵시적으로 이전하여 얻을 수 있는 직무발명 보상금은 A건설이 A피티지에게 양도시까지 얻은 이익액만을 기준으로 산정됨이 마땅하다고 생각된다.

6. 공동발명자의 인정

발명자는 실제로 발명을 한 자연인을 말한다. 즉, 발명은 사실행위이므로 행위능력이 없는 자도 발명자가 될 수 있다.[49] 특허법은 발명자의 정의규정을 두고 있지 않지

43) 大阪地裁 平成5. 3. 4. 平成3(ワ)292 [고센(ゴーセン)사건].
44) 조영선, "직무발명과 종업원에게 지급될 정당한 보상액", 한국특허법학회 편, 「특허판례연구」, 개정판, 박영사, 2012, 947-948면.
45) 대법원 2011. 7. 28. 선고 2009다75178 판결 참조.
46) 東京高裁 平成16. 4. 27. 平成15(ネ)4867 [히타치 금속(日立金属) 2심사건].
47) 吉田和彦, "特許を受ける権利の承継と相当の対価の算定について", 牧野利秋・飯村敏明・三村量一・末吉亘・大野聖二 編, 「知的財産法の理論と実務 第1巻 (特許法 1)」, 新日本法規出版, 2007, 360-361頁.
48) 박성호, "2010년 지적재산법 중요 판례", 「인권과정의」, Vol. 415, 대한변호사협회, 2011.3., 143면.
49) 中山信弘, 「特許法」, 第二版, 弘文堂, 2012, 43頁.

만, 발명자의 의의에 대해서는 발명의 정의로부터 도출하여 설명되는 경우가 많다.[50]

즉, 발명자는 당해 기술적 사상의 창작행위에 현실로서 가담한 자를 가리키며, 단순한 보조자, 조언자, 자금의 제공자 또는 단순히 명령을 내린 자는 발명자가 되지 않는다. 구체적 사안에 있어, 발명자의 확정이 대단히 곤란한 경우도 적지 않다. 그러나 이는 지적재산의 창작자를 확정하는 경우에 흔히 발생하는 경우에 해당한다. 가령 "실험의 과학"이라고 하는 화학발명은 사전에 효과의 판단이 곤란하므로 실험에 의한 비중이 높다고 할 수 있으며,[51] 구조와 용도가 비교적 일치하는 기계 발명에 대해서는 실험의 비중이 낮다고 할 수 있다.[52]

발명자를 인정하는 일반적인 방법으로서 대상이 되는 발명의 특허성이 존재하는 특징적 부분을 파악한 후, 그 발명이 완성되기까지의 과정에서 발명의 과제를 제시한 자, 발명의 특징적 부분에 대한 구체적 해결 수단을 제시한 자 또는 그 해결 수단에 따라 과제가 해결되는 것을 확인한 자를 특정하는 방법이 있으며,[53] 이렇게 발명자로 인정된 자가 복수이면 모두가 공동발명자로 인정될 수 있다. 또한, 착상의 제공과 착상의 구체화라고 하는 것으로 나누어, 착상이 새로운 경우에는 그 착상을 제공한 자, 착상의 구체화가 당업자에게 있어 자명한 정도의 것에 속하지 않는 경우에는 그 구체화를 한 자는 모두 공동발명자라고 하는 견해도 있다.[54]

특히, 이른바 실험의 과학이라고 하는 화학발명의 경우에는 당해 발명의 내용과 기술수준에 따라 차이가 있을 수는 있지만, 예측가능성 내지 실현가능성이 현저히 부족하여 실험데이터가 제시된 실험예가 없으면 완성된 발명으로 보기 어려운 경우가 많이 있는데, 그와 같은 경우에는 실제 실험을 통하여 발명을 구체화하고 완성하는데 실질

---

50) 山田真紀, "共同発明者の認定について", 牧野利秋・飯村敏明・三村量一・末吉亘・大野聖二 編, 『知的財産法の理論と実務 第1巻 (特許法 1)』, 新日本法規出版, 2007, 297頁.

51) 東京地裁 平成18. 1. 31. 平成17(ワ)2538 [洗浄処理剤 사건]에서는 "화학관련 분야의 발명에 있어 일반적으로 창작을 구체화한 결과를 사전에 예측하는 것이 용이하다고 말할 수 없으므로 착상이 곧바로 당업자가 실시가능한 발명의 성립으로 결부되는 것이라고는 말할 수 없고, 실험을 반복하여 그 유용성을 확인하거나, 유용성이 있는 범위를 확인하는 것에 의해 기술적 사상이 완성되는 경우가 있다. 따라서 이러한 경우에는 착상을 한 것만으로는 기술적 사상의 창작행위에 가담하였다고 말할 수 없으므로 착상을 한 자를 진정한 발명자라고는 할 수 없다고 판시하였다. 知裁高判 平成19. 3. 15. 평성18(ネ)10074 [テトラゾリルある子機しかるボスチリル誘導体 사건].

52) 中山信弘, 『特許法』, 第二版, 弘文堂, 2012, 44頁.

53) 中山信弘・小泉直樹 編, 『新・注解 特許法(上巻)』, 青林書院, 2011, 365頁(吉田和彦・飯田圭 집필부분).

54) 吉藤幸朔 著, 熊谷健一 補訂, YOU ME 특허법률사무소 訳, 『特許法概説』, 第13版, 대광서림, 2000, 224면.

적으로 기여하였는지 여부의 관점에서 공동발명자인지 여부를 결정해야 하는 것이다.[55]

대상판결은 공동발명자가 되기 위해서는 발명의 기술적 과제를 해결하기 위한 구체적인 착상을 새롭게 제시·부가·보완한 자, 실험 등을 통하여 새로운 착상을 구체화한 자, 발명의 목적 및 효과를 달성하기 위한 구체적인 수단과 방법의 제공 또는 구체적인 조언·지도를 통하여 발명을 가능하게 한 자 등과 같이 기술적 사상의 창작행위에 실질적으로 기여하기에 이르러야 하고, 한편 전술한 바와 같이, 화학발명의 경우에는 당해 발명의 내용과 기술수준에 따라 차이가 있을 수는 있지만 예측가능성 내지 실현가능성이 현저히 부족하여 실험데이터가 제시된 실험예가 없으면 완성된 발명으로 보기 어려운 경우가 많이 있는데, 그와 같은 경우에는 실제 실험을 통하여 발명을 구체화하고 완성하는데 실질적으로 기여하였는지 여부의 관점에서 공동발명자인지 여부를 결정해야 한다고 하여 원고의 발명자 기여율을 80%로 인정하였다.

대상판결 및 참조판례를 종합하여 공동발명자로 인정되지 않은 유형과 인정되는 유형을 정리하면 다음과 같다. ① 공동발명자로 인정되지 않는 유형으로서는 단순히 발명에 대한 기본적인 과제와 아이디어만을 제공한 경우, 연구자를 일반적으로 관리만 한 경우, 연구자의 지시로 데이터의 정리와 실험만을 한 경우, 자금·설비 등을 제공하여 발명의 완성을 후원·위탁하였을 뿐인 경우이다. 이에 반해 ② 공동발명자로 인정되는 유형으로서는 발명의 기술적 과제를 해결하기 위한 구체적인 착상을 새롭게 제시·부가·보완한 경우, 실험 등을 통하여 새로운 착상을 구체화한 경우, 발명의 목적 및 효과를 달성하기 위한 구체적인 수단과 방법을 제공한 경우, 구체적인 조언·지도를 통하여 발명을 가능하게 한 경우 등과 같이 기술적 사상의 창작행위에 실질적으로 기여하기에 이른 경우이다. 특히, 위 참조판례의 사안은 원고가 "피리벤족심(Pyribenzoxim)" 물질의 상용화를 맡아달라는 제안을 받고 피고회사에 입사하여 연구과제 관리자로 구체적인 착상을 하고 부서 내의 소속 연구자에게 그 발전 및 실험을 하도록 지시하는 등 연구 방향을 구체적으로 지도함으로써 발명의 완성에 기여한 경우인데, 이에 대하여 대법원은 원고가 피고회사의 연구원들을 지도하여 발명을 가능하게 하였으므로 직무발명의 공동발명자에 해당한다고 판시하였다.[56]

---

55) 이규홍, "직무발명보상금 관련 공동발명자의 판단기준 등", 한국특허법학회 편, 「특허판례연구」, 개정판, 박영사, 2012, 955-956면.
56) 박성호, "2013년 지적재산법 중요 판례", 「인권과정의」, Vol. 440, 대한변호사협회, 2014.3., 189-190면.

나아가, 위 참조판례의 참조판례57)는, 화학발명과 관련하여 발명의 완성에 대한 설시인데, 이는 미국에서 화학 또는 생물학 분야와 같이 발명의 예측가능성이 없는 기술분야에서 착상의 완성과 관련하여 적용되는 "착상 및 구체화의 동시수행의 원칙(The doctrine of simultaneous conception and reduction to practice)" 즉, 발명자가 성공적인 실험을 통하여 실제로 발명을 구현하기까지는 착상을 완성하였다고 할 수 없고, 이런 경우에는 착상과 발명의 구체화가 동시에 있어야 한다는 법리를 화학발명과 공동발명자 결정에 도입하여야 한다는 취지로 판시하였다.58)

따라서, 이 사건 발명에 창조적으로 기여한 원고의 기여도를 80%로 인정한 것에 특별한 문제점은 없다고 보인다. 다만, 전술한 바와 같이 원고의 기여도를 80%로 인정하는 순간 이 사건 발명에 20%의 기여를 한 자(들)의 권리의 지분이 어떻게 A피티지에게 이전되었는지는 여전히 의문이다.

7. 대상판결 등의 의의

대상판결 등은 종업원이 사용자 등의 인적·물적 설비 등을 이용하여 완성한 발명을 사용자가 별도로 설립한 회사에 묵시적으로 이전하고, 기업의 재편에 따라 그 권리가 제3자에게 이전되었을 경우 과연 그 제3자에게 양도대가를 청구할 수 있는지, 있다면 그 대가는 어떻게 산정되어야 하는지가 문제된 사안이다.

환송판결을 담당한 대법원 재판연구관은 "이 대법원판결은 양도대금에 관한 명시적인 약정 없이 자유발명에 관한 특허를 받을 권리를 양도한 사안에서, 기록에 나타난 제반 사정을 참작하여 적어도 '위 발명을 직무발명으로 가정하여 산정한 직무발명 보상금 상당액'을 양도대금으로 지급하기로 하는 묵시적인 약정이 있었던 것으로 당사자의 의사를 해석한 최초의 판례로서의 의미가 있다"고 하였다. 또한 "이 판결은 사용자가 직무발명을 제3자에게 양도한 경우에는 그 양도대금을 포함하여 양도 시까지 사용자가 얻은 이익액만을 참작하여 양도인인 사용자가 종업원에게 지급해야 할 직무발명 보상금을 산정해야 함을 선언하고, 이에 따라 사용자로부터 영업을 양수하면서 상법 제44조의 채무인수를 광고한 양수인으로서의 책임을 지게 된 양수인은, 양수인이 얻을 이익액을 기준으로 하여 직무발명 보상금을 산정하기로 하는 별도의 새로운 약정이 있었

57) 대법원 2001. 11. 30. 선고 2001후65 판결.
58) 이규홍, "직무발명보상금 관련 공동발명자의 판단기준 등", 한국특허법학회 편, 「특허판례연구」, 개정판, 박영사, 2012, 956면 각주 8).

다는 등의 특별한 사정이 없는 한, 양도인인 사용자가 얻은 이익액만을 참작하여 산정한 직무발명 보상금 상당액을 지급할 의무가 있음을 명확히 한 최초의 판례인 점에서 그 의의가 매우 크다"라고 환송판결의 의의를 설명하고 있다.[59]

다만, 앞서 살펴본 바와 같이, 이 사건 발명이 직무발명이며, A건설이 이 사건 권리의 지분을 원고로부터 이전받아 다시 A피티지에게 이전하였다고 해석하게 되면, 대상판결의 의의는 다소 어색해 보이게 된다. 물론, 직무발명의 보상금 산정을 둘러싼 구체적인 판단 내지 기준을 확인할 수 있는 것에는 여전히 그 의의가 있다고 생각되지만, 이 사건 발명의 직무발명 해당성 여부, 특히 임원의 직무범위에 대하여 양 당사자 간에 적극적으로 다퉈지지 않은 점이 가장 큰 아쉬움으로 남는다.

기업이 시장경제 체제에서 위험부담을 분산 내지 감소시키거나 자금의 유동성을 확보하기 위하여 빈번하게 그 구조를 개편하고 있는 오늘날의 상황을 고려한다면, 대상판결 등과 유사한 분쟁이 발생할 가능성은 낮지 않을 것이다. 따라서, 종업원이 묵시적으로 발명을 양도한 경우, 그 발명이 완성되기까지의 제반 사정을 세밀하게 살펴 직무발명 해당성을 판단할 필요가 있다. 나아가 그 발명이 직무발명인 경우에는 당연히 정당한 보상금 산정 기준에 따라 양도 대금을 산정하면 되겠지만, 직무발명이 아닌 경우에도 양도 당시 그 양도대가를 객관적으로 산정하기 곤란하다는 이유로 다시 직무발명으로 의제한 후 직무발명 보상금을 양도대가로 산정하는 것은 자칫 발명에 관한 거래대가의 산정 방식까지 왜곡시킬 수 있어 주의할 필요가 있다.

---

59) 유영선, "특허를 받을 권리를 묵시적으로 양도한 경우 그 양도대금에 대한 당사자 의사의 해석방법 및 양도대금이 직무발명 보상금 상당액으로 해석되는 경우 영업양수인이 지급해야 하는 양도대금 액수의 산정방법", 「대법원판례해설」, 제86호, 법원도서관, 2010, 484-485면.

참고문헌

■ 국내문헌

吉藤幸朔 著, 熊谷健一 補訂, YOU ME 특허법률사무소 訳, 「特許法概説」, 第13版, 대광서림, 2000.

김철환, "직무발명에 있어서의 직무해당성", 한국특허법학회 편, 「특허판례연구」, 개정판, 박영사, 2012.

김훈건, "직무발명의 보호범위에 관한 연구", 한양대학교 대학원, 석사학위 논문, 2008.2.

박성호, "2010년 지적재산법 중요 판례", 「인권과정의」, Vol. 415, 대한변호사협회, 2011.3.

_____, "2013년 지적재산법 중요 판례", 「인권과정의」, Vol. 440, 대한변호사협회, 2014.3.

박희섭 · 김원오, 「특허법원론」, 제3판, 세창출판사, 2006.

곽윤직 · 김재형, 「민법총칙[민법강의I]」, 제8판, 박영사, 2012.

손주찬 · 정동윤 편집대표, 「주석 상법[총칙 · 상행위(1): §1-§77]」, 한국사법행정학회, 2003.

송영식 · 이상정 · 김병일, 「지적재산법」, 제8정판, 세창출판사, 2007.

송영식 · 이상정 · 황종환, 「지적소유권법(상)」, 제9판, 육법사, 2005.

유영선, "특허를 받을 권리를 묵시적으로 양도한 경우 그 양도대금에 대한 당사자 의사의 해석방법 및 양도대금이 직무발명 보상금 상당액으로 해석되는 경우 영업양수인이 지급해야 하는 양도대금 액수의 산정방법", 「대법원판례해설」, 제86호, 법원도서관, 2010.

윤선희, "직무발명에 대한 소고", 「지적재산권법의 제문제, 매산송영식선생화갑기념」, 세창출판사, 2004.

_____, 「특허법」, 제3판, 법문사, 2007.

_____, 「특허법」, 제5판, 법문사, 2012.

이규홍, "직무발명보상금 관련 공동발명자의 판단기준 등", 한국특허법학회 편, 「특허판례연구」, 개정판, 박영사, 2012.

이인종, 「개정판 특허법 개론」, 현대고시사, 2003.

정상조, 「지적재산권법」, 홍문사, 2004.

조영선, "직무발명과 종업원에게 지급될 정당한 보상액", 한국특허법학회 편, 「특허판례연구」, 개정판, 박영사, 2012.

지원림, 「민법강의」, 제18판, 홍문사, 2021.

최덕규, 「특허법」, 제4정판, 세창출판사, 2001.

■ 국외문헌

江夏弘, 「わが国における被用者発明制度の沿革とその法的解釈: 各国との比較法的考察」, 第一法規出版, 1990.

高部真規子 編, 「特許訴訟の実務」, 商事法務, 2012.

吉田和彦, "特許を受ける権利の承継と相当の対価の算定について", 牧野利秋・飯村敏明・三村量一・末吉亘・大野聖二 編, 「知的財産法の理論と実務 第1巻 (特許法 1)」, 新日本法規出版, 2007.

島並良, "職務発明対価請求の法的性質(上)", 「特許研究」, No. 39, 工業所有権情報・研修館, 2005. 3.

_____, "職務発明対価請求の法的性質(下)", 「特許研究」, No. 42, 工業所有権情報・研修館, 2005. 9.

飯塚卓也・森浜田松本法律事務所 編, 「徹底解析 職務発明—職務発明をめぐる紛争の分析から制度設計まで」, 商事法務, 2005.

山田真紀, "共同発明者の認定について", 牧野利秋・飯村敏明・三村量一・末吉亘・大野聖二 編, 「知的財産法の理論と実務 第1巻 (特許法 1)」, 新日本法規出版, 2007.

渋谷達紀, "無体財産権法判例の動き", 「ジュリスト」, No. 1091, 1997.6.

_____, 「知的財産法講義 I」, 第２版, 有斐閣, 2006.

_____, 「特許法」, 発明推進協会, 2013.

仙元隆一郎, 「特許法講義」, 第4版, 悠々社, 2003.

岩出誠, "職務発明と職務著作をめぐる諸問題", 「労働関係法の現代的展開: 中嶋士元也先生還暦記念論集」, 信山社, 2004.

竹田和彦, 「特許の知識: 理論と実際」, 第8版, ダイヤモンド社, 2006.

中山信弘 編, 「注解 特許法 上巻」, 第3版, 青林書院, 2000.

_____, 「特許法」, 第二版, 弘文堂, 2012.

_____, 「特許法」, 第四版, 弘文堂, 2019.

中山信弘・小泉直樹 編, 「新・注解 特許法(上巻)」, 青林書院, 2011.

帖佐隆, 「これだけは知っておきたい職務発明制度: 技術者のための特許法の常識」, 日刊工業新聞社, 2002.

_____, 「職務発明制度の法律研究」, 成文堂, 2007.

太田大三, 「職務発明規程実務ハンドブック」, 商事法務, 2005.

土肥一史, 「知的財産法入門」, 第10版, 中央経済社, 2007.

지재법 판례평석

11

대법원 2019. 10. 17. 선고 2016두58543 판결

PCT출원의 우선권주장과 선·후 출원인의 동일성 판단기준

권 지 현 (광운대학교 정책법학대학 조교수)

Ⅰ. 판결의 개요

1. 사건의 개요

선출원주의에서는 특허요건의 판단기준 시점 등에 관하여 선원의 지위를 확보하는 것이 매우 중요하다. 특허출원에서 선원의 지위를 확보하기 위해서는 먼저 특허출원하고 이를 선출원으로 우선권주장하여 구성요소의 변경·보완·추가하여 후출원을 할 수 있고, 또한 선출원을 기초로 우선권주장하여 PCT출원[1]을 수리관청[2]인 한국특허청이나 외국특허청에 후출원을 할 수 있다.

후출원은 선출원에 첨부된 명세서 또는 도면의 발명과 동일 또는 일부 동일하기 때문에 선출원일로 선원의 지위를 인정받지 못하면 특허요건 위배로 특허를 받을 수 없다. 여기서 선원의 지위를 인정받기 위해서는 반드시 선출원을 기초로 우선권주장해야 한다. 우선권주장을 인정받기 위해서는 선출원인과 후출원인이 동일해야 한다는 주체적 요건을 만족해야 하고, 만약 선출원에 대하여 '특허를 받을 수 있는 권리'를 승계한

---

1) PCT(Patent Cooperation Treaty) §8(1)에는 "PCT출원에서는 파리조약 당사국 또는 PCT조약 당사국에 대하여 행하여진 선출원에 의한 우선권주장을 선언할 수 있다."고 규정하고 있다.
2) 수리관청(The receiving office)은 PCT출원의 출원서류를 접수하는 국가의 행정기관을 말한다.

경우에는 그 승계인을 선출원인으로 간주하여 주체적 요건을 만족하는 것으로 본다. 승계인이 법적 효력을 가지기 위해서는 선출원에 대한 '특허출원인변경신고'를 해야 한다고 특허법 제38조 제4항에서 규정하고 있으므로, 승계인이 후출원인이 되어 선출원에 대한 우선권주장을 인정받기 위해서는 후출원 시점에 '특허출원인변경신고'가 있어야 한다.

이와 관련하여 대법원은 승계인에 의한 후출원의 우선권주장불인정취소사건에서 승계의 효력과 그 효력의 발생요건인 후출원 시점에 '특허출원인변경신고'가 있어야 한다는 제38조 제4항 규정을 해석하면서, 후출원 시점에 반드시 '특허출원인변경신고'를 하지 않아도 당해 후출원의 특허등록 전까지 권리를 승계(권리이전계약서)하는 증명서류를 특허청장에게 제출하면 승계의 효력이 있는 것으로 간주하여 우선권주장을 인정해야 한다고 판시하였다.[3]

이와 같이 대법원이 제시한 판단기준은 우선권주장의 주체적 요건(선·후출원인 동일)을 규정한 특허법 제55조 제1항 및 특허를 받을 수 있는 권리의 승계에 대한 효력발생요건(특허출원인변경신고)을 규정한 제38조 제4항에 대한 그동안의 실무적 판단을 달리하는 것으로,[4] 승계인에 의한 우선권주장의 주체적 요건과 그 판단기준에 대한 해석이 쟁점이 되고 있다.[5] 이 글에서는 선출원을 기초로 우선권주장한 후출원(PCT출원)에 있어서 선·후출원인의 동일 또는 그 승계인이라는 주체적 요건과 그 판단기준을 재정리하여 본다.

2. 대상판결의 개요

가. 원심판결

서울고등법원은 우선권무효처분취소사건[6]에서, 우선권주장이 포함된 후출원(PCT출원)이 있는 경우 우선권주장의 선출원이 그 출원일로부터 1년 3개월이 지난 후에 취하되는 것으로 간주되기 때문에(특허법 제56조 제1항 본문), 우선권주장이 포함된 후출원은

---

3) 대법원 2019. 10. 17. 선고 2016두58543 판결.
4) 손천우, "특허협력조약(PCT)에 따른 국제출원절차에서 출원인이 국제조사기관의 명세서 정정신청 거부행위를 다툴 수 있는지—대법원 2018. 9. 13. 선고 2016두45745 판결을 중심으로—", 「지식재산연구」, 제14권 제1호, 한국지식재산연구원, 2019, 95면.
5) 권지현, "PCT출원의 우선권주장과 주체적 요건", 「동아법학」, 제88호, 동아대학교 법학연구소, 2020.8., 275면.
6) 서울고등법원 2016. 10. 11. 선고 2016누30905 판결.

후출원 시점에 적법한 것임을 전제가 되어야 하며, 따라서 선출원인과 후출원인이 동일해야 한다는 것은 후출원이 적법하기 위한 주체적 요건이므로, "선출원에 대한 '특허출원인변경신고'의 절차를 마친 자에게만 우선권주장이 포함된 후출원을 할 수 있는 권리를 인정한다."고 판시하여, 서울행정법원[7]의 제1심 판결을 정당한 것으로 판단하였다.

나. 대법원 판결

대법원은 한국특허청의 선출원을 기초로 우선권주장하여 후출원으로 중국특허청에 PCT출원을 하면서 선출원인과 후출원인(PCT출원인)의 주체적 동일성에 대하여, 소외 丙은 중국특허청을 수리관청으로 "이 사건 후출원을 할 때 이 사건 선출원을 우선권주장하는 시점에 이 사건 선출원에 관하여 피고(특허청)에게 '특허출원인변경신고'를 하지 않았지만, 이 사건 후출원 시점에 이 사건 선출원에 대하여 반드시 '특허출원인변경신고'를 마쳐야 한다고 볼 수 없다."고 판시하면서, 丙이 "이 사건 선출원에 대한 특허를 받을 수 있는 권리의 승계사실을 후출원일 이후에 증명하는 것이 허용되기 때문이다." 이라고 판시하였다.

또한 한국특허청을 지정관청으로 서면을 제출한 원고(丁)는 피고(한국특허청)에게 제출한 이 사건 권리이전승계서를 이 사건 후출원 발명이 한국특허청에 특허등록되기 전에 제출되었으므로 특허법 시행규칙 제26조 제1항에 따라 적법하게 제출된 것으로 볼 수 있다고 판시하였고, 그리고 이 사건 선출원인과 이 사건 후출원인이 동일하지 아니하므로, "이 사건 권리이전계약서 등에 따라 丙(PCT출원인)이 우선권주장을 할 수 있는 권리를 정당하게 승계를 받았는지의 여부를 확인할 필요가 있다. 이를 확인하지 않고 국내특허출원을 기초로 우선권주장을 한 PCT출원에서 후출원 당시에 '특허출원인변경신고'를 마치지 않았다는 사정만으로 선출원의 출원인과 후출원의 출원인이 다르다고 보아 우선권주장을 무효로 보아서는 안 될 것이다."라고 판시하여, 원심 판단을 부정하였다.

Ⅱ. 해 설

1. 우선권주장이 수반된 PCT출원의 적법성

이 사건의 개요를 보면, 甲은 한국특허청에 특허출원(선출원)을 하였고, 乙은 甲의

---

7) 서울행정법원 2015. 11. 26. 선고 2015구합51507 판결.

선출원에 대한 '특허를 받을 수 있는 권리'의 승계를 받은 후 당해 선출원에 대하여 PCT출원을 할 수 있는 권리를 丙에게 이전하였다. 丙은 한국특허청의 선출원을 기초로 우선권주장하여 수리관청인 중국특허청에 PCT출원(후출원)을 하였다. 그 후 丁(이하, "원고")은 丙(PCT출원인)으로부터 후출원에 대한 특허를 받을 수 있는 권리를 승계(권리이전계약서)받고 당해 후출원(PCT출원)에 대하여 지정관청[8]인 한국특허청을 지정국으로 국내절차(서면)를 진행하면서 한국특허청의 선출원에 대하여 우선권주장을 하였다.

특허청(이하, "피고")은 우선권주장의 선출원인 명의는 甲에서 乙로 변경되었지만 이 사건 후출원의 출원인은 丙이므로, 이 사건 후출원 시점에서 선출원인과 후출원인의 명의가 동일하지 않다는 이유로 '후출원 시점에서 후출원인이 선출원인의 적법 승계인임을 증명하는 서류를 제출하시오'라는 보정명령을 하였다.[9] 원고는 위 보정명령에 따라 한국특허청의 선출원을 우선권주장하여 PCT출원할 수 있는 권리의 승계를 받았다는 '권리이전계약서'를 제출하였다.

이에 대해 피고는 권리승계에 대해서는 인정하면서도 "후출원의 출원시점에서 출원인과 선출원의 출원인이 일치하지 않고, 원고가 제출한 '권리이전계약서'는 후출원의 출원시점에 후출원인이 선출원인의 적법 승계인임을 증명하는 서류에 해당하지 않는다."는 이유로 우선권주장을 무효로 하는 이 사건 우선권무효처분을 하였고,[10] 이에 원고는 우선권무효처분취소소송을 제기하였다.

선출원인과 후출원의 PCT출원인이 동일하지 않는 경우에는 통상 선출원인으로부터 특허를 받을 수 있는 권리를 이전받은 승계인이 PCT출원을 하는 경우이다. 승계를 받은 PCT출원인은 선출원에 대하여 우선권주장을 하게 되고, 그 우선권주장의 적법성 유무는 PCT출원의 수리관청에서 엄격하게 판단하지 않고,[11] 또한 국제조사나 국제예비심사 단계[12]에서도 검토는 하지만 선·후출원인의 동일성 유무까지 엄격하게 판단하여 우선권주장의 인정 또는 불인정을 판단하지 않고[13] 지정국의 국내절차 단계에서 자국

---

8) 지정관청(Designated Office)은 출원인이 특허를 받고자 하는 국가에 서면 및 번역문 등을 제출하면 실제 특허심사를 하는 기관이다(PCT §20, §22, §25).
9) 특허법 제46조(절차의 보정).
10) 특허법 제16조 제1항.
11) 수리관청은 방식심사로 출원인의 주체적 요건, 법령이 정한 방식요건 등 서식이나 절차의 흠결유무를 점검하고 있으며, 특히 "출원인이 출원인 적격요건을 충족하는가?"를 판단하고 있다(권지현, 앞의 논문, 280면).
12) 국제조사 및 국제예비심사 단계의 심사와 보정에 대해서는 권태복, "국제출원(PCT)의 보정범위와 무효에 관한 연구", 「산업재산권」, 제44호, 한국지식재산학회, 2014, 172-178면.
13) 특허청, 「PCT 국제조사 및 국제예비심사 가이드라인」, 2021. 6. 21.에는 출원인의 동일성 판단기준

특허법에 위임하고 있다.

즉, 선출원인으로부터 '특허를 받을 수 있는 권리'를 이전받은 승계인은 주체적 요건을 만족하기 때문에 선출원일(복수인 경우는 최우선 선출원일)로부터 1년 이내[14]에 PCT출원서와 선출원에 관한 우선권주장 서류[15]를 수리관청에 제출[16]하면 국제출원이 인정된다. 그 후 선출원에 대한 우선권주장의 적법성 여부는 수리관청에서 판단을 하지만,[17] 일반적으로 지정국의 국내절차 단계에서 자국 특허법에 의하여 엄격하게 판단되고 있다. 중국특허청을 수리관청으로 후출원한 PCT출원을 지정관청인 한국특허청에서 국내절차를 진행하는 경우의 우선권주장 인정여부는 우리 특허법이 적용된다.

선출원인과 후출원의 PCT출원인이 동일해야 하지만, 특허를 받을 수 있는 자는 발명자 이외에도 그 승계인도 가능하기 때문에 선출원인으로부터 당해 선출원에 대하여 '특허를 받을 수 있는 권리'를 양수받은 승계인도 PCT출원인이 될 수 있다. 그러나 승계인이 PCT출원인이 되기 위해서는 당해 선출원에 대하여 '특허출원인변경신고'를 하여야만 승계의 효력이 발생한다. 특허법 제38조 제4항에는 "특허출원 후에는 특허를 받을 수 있는 권리의 승계는 상속, 그 밖의 일반승계의 경우를 제외하고는 '특허출원인변경신고'를 하여야만 그 효력이 발생한다."고 규정하고 있고, 본 규정을 문언대로 해석을 하면, 한국특허청의 선출원을 우선권주장하여 중국특허청을 수리관청으로 PCT출원하고, 그 PCT출원을 한국특허청의 국내절차에서 우선권주장을 인정받기 위해서는 PCT출원 시점에 선출원인을 PCT출원인으로 변경하는 '특허출원인변경신고'가 있어야 한다.

따라서 현행 제38조 제4항의 법조문의 문언대로 해석하면, 이 사건은 PCT출원 시점에서 선출원인을 PCT출원인으로 '특허출원인변경신고'를 하지 아니하였으므로, PCT출원 및 국내서면 제출 그 자체는 적법하더라도 선출원에 대한 우선권주장을 인정받을 수 없는 것으로 보는 것이 적법하다고 판단된다.

이 명확히 규정되어 있지 않다.

14) PCT규칙 §26bis.3에는 예외규정으로 선출원인 또는 그 승계인이 최우선 선출원일로부터 1년이 경과된 기간이 2개월 이내(우선일로부터 14개월)에 우선권주장하는 경우에도 일부 인정해주고 있다.

15) PCT출원서(Request)에는 "선출원일자 및 선출원번호, 선출원국명"을 기재하여 우선권주장을 한다.

16) PCT출원인은 우선일로부터 16개월 이내에 우선권서류를 수리관청 또는 국제사무국에 제출하여야 한다(특허청, 「PCT 국제특허출원가이드」, 2019.12., 25면).

17) PCT출원인은 우선일부터 16개월과 국제출원일부터 4개월 중 늦게 만료되는 날 이내에 수리관청 또는 국제사무국에 우선권주장을 정정 또는 추가하는 서면을 제출할 수 있다.

2. 제38조 제4항의 해석과 새로운 판단기준의 적절성

이 사건의 PCT출원은 한국 선출원을 기초로 우선권주장을 수반하는 것으로, 한국을 자기지정[18]하는 경우를 제외하고는 우선권주장의 요건과 효과는 파리조약 스톡홀름의정서 제4조가 적용되고 있고,[19] 자기지정이 있는 경우 그 지정국에서의 요건과 효과는 해당 지정국의 국내법령이 정하는 바에 의하므로 특허법 제55조의 국내우선권주장 및 제56조의 선출원 취하 관련 규정이 적용된다.[20]

이 사건에서 대법원은 "이 사건 후출원 시점에 이 사건 선출원에 대하여 반드시 '특허출원인변경신고'를 마쳐야 한다고 볼 수 없다."고 판시하면서, 그 근거로서는 "이 사건 선출원에 대한 '특허를 받을 수 있는 권리'의 승계사실을 후출원일 이후에 증명하는 것이 허용되기 때문이다."라고 판시하고 있다. 여기서 '권리의 승계사실을 후출원일 이후에 증명하는 것이 허용'이 된다고 판단한 이유는 특허법 시행규칙 제26조 제1항을 근거로 하고 있다.

대법원은 동법 시행규칙 제26조 제1호에 "법 제38조 제4항에 따라 출원인의 '특허출원인변경신고'를 하려는 자는 권리관계 변경신고서에 특허출원인변경의 원인을 증명하는 서류를 첨부하여 그 '특허출원의 등록 전까지' 특허청장에게 제출하여야 한다."고 규정하고 있으므로, 후출원 시점 이후 특허등록 전까지 특허출원인변경의 원인을 증명하는 서류를 제출하여 후출원인이 선출원인과 동일하다는 것을 입증하는 것이 가능하기 때문이라고 판시하고 있다. 이러한 판단기준으로 보면, 제38조 제4항의 법적 의미가 후출원 시점에 선출원에 대하여 반드시 '특허출원인변경신고'를 마치지 아니하여도 추후 특허등록 전까지 특허출원인변경의 원인을 증명하는 서류를 제출하면 우선권주장을 인정해야 한다는 것으로, 이는 현행 제38조 제4조에서 규정하는 승계의 법적 효력이 '특허출원인변경신고'를 하여야만 발생한다는 법조문 문언대로의 해석과는 상호 모순이 있는 것으로 볼 수 있다.

동법 시행규칙 제26조 제1항은 특허출원인변경의 신고에 관한 규정이고, 그 의미는 특허법 제38조 제4항을 근거로 후출원인이 '특허출원인변경신고'를 '특허출원의 등록

---

18) 자기지정이란 어느 PCT체약국의 국내에서 행하여진 선출원을 기초로 우선권주장을 수반하는 PCT출원에서 그 해당 체약국의 지정을 포함하는 것을 말한다.
19) PCT §8(2)(a).
20) PCT §8(2)(b).

전까지' 특허청장에게 제출해야 한다고 규정하고 있으므로, 특허법 제38조 제4항과 동법 시행규칙 제26조 제1항은 상호 달리 해석할 수 없는 불가분의 관계에 있다고 할 수 있다. 그럼에도 불구하고, 대법원은 후출원의 우선권주장을 인정하기 위한 제38조 제4항의 해석을 동법 시행규칙 제26조 제1항을 근거로 우선권주장의 인정기준을 후출원 시점에서의 '특허출원인변경신고'가 아니라 '특허출원의 등록 전까지' 특허출원인변경의 원인을 증명하는 서류를 제출하면 가능한 것으로 확대해석하고 있다.

이와 같은 대법원의 새로운 판단기준은 선출원과 후출원의 승계 효력, 후출원의 특허요건 판단기준 시점을 정하는 우선권주장의 인정유무를 규정하고 있는 제38조 제4항의 취지를 부정하고, 단지 동법 시행규칙 제26조 제1항의 규정에 의하여 출원인(PCT출원인)의 권리보호라는 관점에서만 접근하여 판시한 것으로 적절하지 않다고 생각된다. 새로운 판단기준에 의해서 우선권주장의 인정유무를 판단하는 것보다는 제38조 제4항의 규정을 엄격하게 적용하여 후출원 시점에 선출원에 대한 '특허출원인변경신고'를 해야 승계의 효력이 있는 것으로 판단하는 것이 선·후 출원인의 관계를 명확히 함과 동시에 특허요건의 판단기준 시점도 출원시점부터 누구나 알 수 있게 특정하는 관점에서 동법 시행규칙 제26조 제1항의 개정이 필요하다.

3. 특허요건의 판단시점과 새로운 판단기준의 적절성

대법원 판결에서 제시된 선출원의 승계에 대한 효력발생 요건의 새로운 판단기준은 후출원의 출원시점에 선출원에 대한 '특허출원인변경신고'를 전제로 하는 것이 아니라, 후출원인이 '특허출원의 등록 전까지' 권리이전승계서 등과 같은 증명자료를 특허청장에게 제출하면 승계의 법적효력이 발생하는 것으로 보고 우선권주장을 인정하는 것이다.

이러한 새로운 판단기준은 출원인의 '특허를 받을 수 있는 권리'의 보호라는 관점에서만 접근한 것으로 볼 수 있고, 실제 특허심사 절차에 있어서의 특허심사관 입장, 타인 특허출원에 대한 정보제공 및 이를 통한 개량기술개발의 촉진이라는 제3자의 관점을 전혀 고려하지 않는 것으로 볼 수 있다.

심사관은 특허요건을 판단함에 있어서 제일먼저 당해 특허출원의 우선권주장을 인정할 것인지 아니면 부정할 것인지를 판단하게 된다. 만약 선출원인과 후출원인이 동일하지 않으면 우선권주장을 부정하여 심사기준 시점을 선출원일로 소급하는 것이 아니라 후출원일 기준(이건에서는 PCT출원일)으로 신규성과 진보성을 판단하게 된다. 심사기준 시점이 선출원일이 아니라 후출원일인 경우에는 선출원이 선행발명의 증거자료가 되고, 또한 후출원일 기존의 다른 선행 인용문헌 등에 의해서도 신규성이나 진보성이 없어서 특허거절이유가 통지될 확률이 높다. 출원인이 그 거절이유통지를 받은 후부터 특허등록 전까지 후출원 시점에 선출원의 승계를 받았다는 증명 서류를 동법 시행규칙 제26조 제1항의 규정에 의하여 제출하게 되면, 심사관은 후출원 시점에 '특허출원인변경신고'를 하지 않았음에도 불구하고 대법원 판례와 같이 승계의 효력이 있는 것으로 보고 우선권주장을 인정해야 한다. 이 경우, 심사관은 종전의 심사 및 특허거절이유통지 등의 모든 절차는 무용지물이 되고 다시 후출원일 기준(이건에서는 PCT출원일)으로 선행문헌 검색을 해야 하는 이중의 심사부담이 있게 된다. 이는 결국 심사관의 업무과중으로 심사지연의 원인에 되어 다른 특허출원의 심사에도 심사지연이라는 문제가 발생하게 된다.

또한 제3자는 타인의 특허출원에 대하여 특허거절이유의 증거자료가 될 수 있는 선행문헌정보를 심사관에게 제공을 할 수 있다.[21] 이러한 정보제공에 있어서는 특허요건의 판단기준 시점 전의 선행문헌을 증거자료로 제출할 수 있는 데, 만약 선출원인과 후출원인이 동일하지 않다는 것을 특허청정보검색에서 인지하여 우선권주장이 인정되지 않는 것으로 판단하면 선출원일 기준으로 선행문헌의 증거자료로 정보제공을 하게 된다.

그러나 후출원인이 '특허출원의 등록 전까지' 권리이전승계서 등과 같은 증명자료를 특허청에 제출하게 되면, 특허요건의 판단기준 시점은 당초의 선출원일에서 후출원일이 된다. 결국 제3자의 정보제공과 그에 의한 심사관의 특허심사는 무용론이 되는 문제점이 있다.

4. 소 결

선출원인으로부터 '특허를 받을 수 있는 권리'를 양수받은 승계인은 그 선출원을 기초로 우선권주장하여 후출원(PCT출원)을 하는 경우에는 승계인의 법적 효력이 있어야 선·후출원인이 동일하다는 주체적 요건을 만족하여 우선권주장이 인정되어 특허요건의 판단기준 시점이 선출원일로 소급된다. 여기서 선출원에 대한 '특허출원인변경신고'가 있어야 승계의 법적효력이 있다는 제38조 제4항의 규정은 승계의 효력과 우선권주장 인정, 특허심사의 적절성 및 효율성, 제3자의 정보제공과 개량기술 또는 회피설계의

---

21) 특허법 제63조의2.

개량발명 촉진이라는 관점에서 가장 적절하다고 생각된다.

대법원이 동법 시행규칙 제26조 제1항을 근거로 '특허출원의 등록 전까지' 특허청장에게 특허출원인변경신고에 관한 권리이전계약서 등의 증빙서류를 제출할 수 있다는 새로운 판단기준은 제38조 제4항의 해석과 상호 모순되는 점이 있으므로 동법 시행규칙을 상위 법률에 맞게 개정할 필요가 있다.

참고문헌

권지현, "PCT출원의 우선권주장과 주체적 요건", 「동아법학」, 제88호, 동아대학교 법학연구소, 2020. 8.

손천우, "특허협력조약(PCT)에 따른 국제출원절차에서 출원인이 국제조사기관의 명세서 정정신청 거부행위를 다툴 수 있는지 – 대법원 2018. 9. 13. 선고 2016두45745 판결을 중심으로 – ", 「지식재산연구」, 제14권 제1호, 한국지식재산연구원, 2019.

권태복, "국제출원(PCT)의 보정범위와 무효에 관한 연구", 「산업재산권」, 제44호, 한국지식재산학회, 2014.

특허청, 「PCT 국제조사 및 국제예비심사 가이드라인」, 2021. 6. 21.

_____, 「PCT 국제특허출원가이드」, 2019.12.

대법원 2019. 1. 17. 선고 2017다245798 판결

존속기간이 연장된 특허권의 효력범위

신 혜 은 (충북대학교 법학전문대학원 교수)

Ⅰ. 판결의 개요

1. 사건의 개요

원고1과 2는 각각 '신규한 퀴누클리딘 유도체 및 이의 약제학적 조성물'에 관한 이 사건 특허발명의 특허권자와 실시권자이다. 실시권자인 원고2는 2007.3.30. 이 사건 특허발명의 청구항1[1])에 기재된 화합물들 중 '솔리페나신'을 유효성분으로 하는 '베시케어정(솔리페나신 숙신산염) 5mg 및 10mg'에 대해 식품의약품안전청[2)]으로부터 의약품 수입 품목허가를 받아 한국에 시판하였다. 원고1은 실시권자인 원고2가 의약품 수입 품목허가를 받는데 소요된 시간을 근거로 특허권 존속기간 연장등록 출원을 하였고, 그 결과 이 사건 특허발명의 존속기간 만료일이 2015. 12. 27.에서 2017. 7. 13.로 연장되었다.

한편 피고는 2016. 7. 25. 식약처장으로부터 '에이케어정(솔리페나신 푸마르산염) 4.98mg 및 9.96mg'에 대해 의약품 제조·판매 품목허가를 받아 이를 제조·판매하고 있었다. 이에 원고들이 피고의 위와 같은 제조·판매 행위는 존속기간이 연장된 특허권을 침해하는 것이라는 이유로 금지 및 손해배상을 구하는 소를 제기한 사건이다.

---

1) 화학식 Ⅰ의 퀴누클리딘 유도체, 이의 염, 이의 N-옥사이드 또는 이의 4급 암모늄염.
2) 현재는 식품의약품안전처.

서울중앙지법은 2016. 11. 3. "존속기간 연장등록된 이 사건 특허권의 효력은 '솔리페나신 숙신산염'을 주성분으로 하는 제품에 관한 실시행위에만 미치고, '솔리페나신 푸마르산염'을 주성분으로 하는 피고 제품에 관한 실시행위에는 미치지 않는다."고 하여 원고들의 청구를 모두 기각하는 판결을 하였고,[3] 이에 대해 원고들이 항소하였으나 특허법원 또한 원고들의 항소를 모두 기각하였다.[4] 원고들은 대법원에 상고를 제기하였다.

2. 대상판결의 요지

가. 특허법원 판결

솔리페나신 푸마르산염을 주성분으로 하는 피고 제품은 원고 한국회사가 이 사건 특허발명을 실시하기 위하여 받은 수입품목허가의 대상물건인 솔리페나신 숙신산염을 주성분으로 하는 의약품과 별도의 제조·판매품목허가를 받아야 하는 의약품에 해당하므로, 솔리페나신 숙신산염을 주성분으로 하는 의약품에 대한 수입품목허가를 이유로 존속기간이 연장된 이 사건 특허발명의 특허권 효력은 그 대상물건에 관한 특허발명의 실시행위와는 무관한 피고 제품에는 미치지 아니한다.

구 특허법 제89조가 정한 특허권 존속기간 연장제도는 약사법 등에 의한 허가 등을 받기 위하여 특허발명을 실시할 수 없었던 기간만큼 특허권의 존속기간을 연장해주는 제도이지 특허발명의 기술적 범위를 확장하는 제도가 아니며, 더욱이 특허권의 존속기간이 연장된 특허발명의 권리범위는 구 특허법 제95조에서 규정하고 있는 바와 같이 그 연장등록의 이유가 된 허가 등의 대상물건에 관한 그 특허권의 실시행위의 범위 내로만 제한되어야 한다. 따라서 존속기간이 연장된 특허발명에 대비되는 침해대상물에서 그 특허발명이 갖고 있는 구성요소의 치환 내지 변경이 있다고 하더라도, 이 사건에서와 같이 그 침해대상물이 연장등록의 이유가 된 허가 대상물건과 실질적으로 동일하다고 볼 수 없는 경우에 있어서까지, 양자의 과제의 해결원리가 동일하고, 실질적으로 동일한 작용효과를 나타내며, 그와 같이 치환하는 것이 통상의 기술자가 용이하게 생각해 낼 수 있을 정도로 자명하다는 등의 이유만으로 존속기간이 연장된 특허발명의 효력범위에 속한다고 본다면, 이는 그 연장등록된 특허권의 효력범위를 제한하고 있는

---

3) 서울중앙지법 2016. 11. 3. 선고 2016가합525317 판결.
4) 특허법원 2017. 6. 30. 선고 2016나1929 판결.

구 특허법 제95조의 규정취지에 반하여 그 효력범위가 지나치게 넓어지게 되는 불합리한 결론에 이르게 된다. 그러므로 피고 제품이 이 사건 연장등록의 이유가 된 구 약사법 등에 정한 수입허가를 받은 의약품인 솔리페나신 숙신산염을 주성분으로 하는 베시케어정과 균등한 것이어서 존속기간이 연장된 특허발명의 권리범위를 제한하고 있는 구 특허법 제95조를 적용함에 있어서도 그 허가 대상물건에 해당하거나 이와 실질적으로 동일하다고 보아야 한다는 취지의 원고들의 위 주장은 받아들일 수 없다.

나. 대법원 판결

구 특허법(2011. 12. 2. 법률 제11117호로 개정되기 전의 것, 이하 같다) 제89조는 "특허발명을 실시하기 위하여 다른 법령의 규정에 의하여 허가를 받거나 등록 등을 하여야 하고, 그 허가 또는 등록 등(이하 '허가 등'이라 한다)을 위하여 필요한 활성·안전성 등의 시험으로 인하여 장기간이 소요되는 대통령령이 정하는 발명인 경우에는 제88조 제1항의 규정에 불구하고 그 실시할 수 없었던 기간에 대하여 5년의 기간 내에서 당해 특허권의 존속기간을 연장할 수 있다."라고 규정하여 약사법 등에 의한 허가 등을 받기 위하여 특허발명을 실시할 수 없는 기간만큼 특허권의 존속기간을 연장해주는 제도를 두고 있다. 위 조항에서 말하는 '장기간이 소요되는 대통령령이 정하는 발명'의 하나로 구 특허법 시행령(2007. 6. 28. 대통령령 제20127호로 개정되기 전의것) 제7조 제1호는 특허발명을 실시하기 위하여 구 약사법(2007. 4. 11. 법률 제8365호로 전부 개정되기 전의 것) 제26조 제1항 또는 제34조 제1항의 규정에 의하여 품목허가를 받아야 하는 의약품의 발명을 들고 있다.

한편 존속기간이 연장된 특허권의 효력에 대해 구 특허법 제95조는 '그 연장등록의 이유가 된 허가 등의 대상물건(그 허가 등에 있어 물건이 특정의 용도가 정하여져 있는 경우에 있어서는 그 용도에 사용되는 물건)에 관한 그 특허발명의 실시 외의 행위에는 미치지 아니한다.'라고 규정하고 있다. 특허법은 이와 같이 존속기간이 연장된 특허권의 효력이 미치는 범위를 규정하면서 청구범위를 기준으로 하지 않고 '그 연장등록의 이유가 된 허가 등의 대상물건에 관한 특허발명의 실시'로 규정하고 있을 뿐, 허가 등의 대상 '품목'의 실시로 제한하지는 않았다.

이러한 법령의 규정과 제도의 취지 등에 비추어 보면, 존속기간이 연장된 의약품 특허권의 효력이 미치는 범위는 특허발명을 실시하기 위하여 약사법에 따라 품목허가를 받은 의약품과 특정 질병에 대한 치료효과를 나타낼 것으로 기대되는 특정한 유효성분, 치료효과 및 용도가 동일한지 여부를 중심으로 판단해야 한다. 특허권자가 약사법에 따라 품목허가를 받은 의약품과 특허침해소송에서 상대방이 생산 등을 한 의약품(이하 '침해제품'이라 한다)이 약학적으로 허용 가능한 염 등에서 차이가 있더라도 발명이 속하는 기술분야에서 통상의 지식을 가진 사람이라면 쉽게 이를 선택할 수 있는 정도에 불과하고, 인체에 흡수되는 유효성분의 약리작용에 의해 나타나는 치료효과나 용도가 실질적으로 동일하다면 존속기간이 연장된 특허권의 효력이 침해제품에 미치는 것으로 보아야 한다.

Ⅱ. 해 설

1. 쟁 점

특허발명의 보호범위는 청구범위에 적혀 있는 사항에 의하여 정하여지고(특허법 제97조) 특허권자는 특허권 존속기간 중 청구범위에 적혀 있는 전범위에 대해 독점권을 누리게 된다. 그런데 특허법 제95조는 허가등에 따라 특허권의 존속기간이 연장된 특허권의 효력은 그 연장등록의 이유가 된 허가등의 대상물건(그 허가등에 있어 물건에 대하여 특정의 용도가 정하여져 있는 경우에는 그 용도에 사용되는 물건)에 관한 그 특허발명의 실시행위에만 미친다고 규정한다. 대상판결의 쟁점은 존속기간이 연장된 특허권의 효력이 어디까지 미치는지에 관한 것이다.

2. 기존의 논의 및 관련 판례

기존의 논의는 크게 유효성분설, 주성분설, 제품설로 나뉘어 볼 수 있다.

유효성분설은 "연장된 특허권의 효력은 유효성, 안전성 등의 시험을 한 '특정 유효성분'의 유리 형태 및 그 유효성분의 염과 에스테르의 실시에 미친다."고 보는 견해이다. 이 견해는 "제3자가 염의 종류를 단순히 변경한 제네릭 의약품을 제조·판매하는 것을 방지할 수 있도록 함으로써 특허권자를 실질적으로 보호할 수 있는 방안이 될 수 있고, 특허권 존속기간 연장제도의 기본취지에도 부합하며, 특허권자와 제3자의 균형적 보호 측면에서도 타당하다."는 점을 그 논거로 든다.[5] 존속기간이 연장된 특허권의 효력을 제한한 취지는 의약품으로 허가받은 특허발명을 '의약품 이외의 용도'로 사용하는

---

5) 정상조·박성수 공편, 「특허법주해 Ⅰ」, 박영사, 2010, 1070-1076면(강춘원 집필부분).

것에는 연장된 특허권의 효력이 미치지 않도록 하는 것에 있는바, 연장된 특허권의 효력범위를 의약품으로 허가된 유효성분의 염으로만 한정 해석하는 것은 타당하지 않다는 것이다.[6] 또한 대상물건을 특정 염의 형태로만 제한하여 해석하게 되면 특허권자의 개발의욕을 고취시킨다는 제도의 취지에도 맞지 않는다는 것을 그 이론적 토대로 한다.[7] 미국과 유럽의 실무경향은 대체로 이 견해를 따른다.[8]

주성분설은 연장된 특허권의 효력을 허가받은 의약품으로서의 '특정 유효 성분의 특정 염'으로 제한하여 해석하는 견해이다. 대상판결 이전의 특허심판원 심결[9]과 특허법원의 판결[10]들이 주성분설의 입장에 선 것이라고 할 수 있다.

제품설은 연장된 특허권의 효력을 허가받은 의약품으로서의 유효성분뿐 아니라 기타 보조성분도 모두 포함하는 의약품으로 제한 해석하는 견해이다. 실제로 우리나라에서 이와 같은 학설이나 판례는 찾아보기 어렵다. 일본 지식재산고등재판소의 판결[11]에 따르면, "성분(유효성분에 한하지 않음)"은 의약품의 구성을 객관적으로 특정하는 사항으로 연장등록 출원 심사 사항에 있어서 중요한 요소이므로 연장된 특허권의 효력을 제한하는 요소가 된다고 한다.[12]

3. 대상판결의 의의

대상판결은 존속기간이 연장된 특허권의 효력범위에 대한 최초의 대법원 판결이다. 첫 판결이라는 점도 의의가 있지만, 이 판결의 가장 큰 의의는 기존의 존속기간이 연장된 특허권의 효력범위 해석에 대해 새로운 방향성을 제시하였다는 점이다.

그동안의 논의는 주로 '대상물건'이 무엇인지, '용도'가 무엇을 의미하는 지에 초점이

---

6) Pfizer Inc. v. Dr. Reddy's Laboratories, LTD. and Dr. Reddy's Laboratories, Inc., 359 F.3d 1361, 69 USPQ2d 2016 (Fed. Cir. 2003).

7) 우리나라의 경우 관련 연구가 많지 않지만, 정상조·박성수 공편, 「특허법주해 I」, 박영사, 2010, 1070-1076면(강춘원 집필부분), 신혜은, "특허권 존속기간 연장등록에 의해 연장된 특허권의 권리범위", 「산업재산권」, 제51호, 한국지식재산학회, 2016, 107-159면, 유영선, "존속기간이 연장된 경우 특허권의 효력범위" 등에서 이와 유사한 견해를 발견할 수 있다.

8) 자세한 내용은 신혜은, "특허권 존속기간 연장등록에 의해 연장된 특허권의 권리범위", 「산업재산권」, 제51호, 한국지식재산학회, 2016, 107-159면 참조.

9) 특허심판원 2013. 2. 25. 선고 2012당768 심결.

10) 특허법원 2013. 9. 5. 선고 2013허2828 판결.

11) 平成26年 5月30日 知財高裁判決 平25(行ケ) 10195号.

12) 이에 대해서는 찬성하는 견해도 있지만(田村善之·WLJ判例コラム 63号(2016WLJCC001)) 비판적 견해가 많다(田中康子, "存続期間が延長された特許権の効力について", 「国際商事法務」, 43-9, 2015.9., 1352-1358면.).

맞추어졌고, 그나마 '대상물건'의 범위에 대한 최초의 특허법원 판결[13]은 대법원에 상고되지 않고 그대로 확정되어서 대법원판결이 한 건도 존재하지 않았다. 대상판결 이전의 심결이나 판결들은 주성분설에 가까운 입장을 취하고 있고, 염변경 의약품에 대해서는 존속기간이 연장된 특허권의 효력이 미치지 않는다는 점에서 공통된다. 그런데 대상판결에서는 '대상물건'이 아니라 '특허발명의 실시'라는 점에 초점을 맞추고 있다는 점이 눈에 띈다. 허가 등을 이유로 하는 특허권 존속기간 연장등록은 약사법상 품목허가를 받기 위한 선행행위(유효성·안전성 실험)에 기인한다는 점에서 약사법과의 정합성을 이루도록 해석되어야한다는 점은 부인할 수 없다. 그러나 약사법과 특허법은 그 목적 자체를 달리하는 법이고, 특허법의 보호대상, 보호범위는 특허법적 관점에서 이루어지는 것이 바람직하다.

대상판결은 기존의 관점과는 다른 측면에서 존속기간이 연장된 특허권의 효력범위에 대한 기준을 제시하고 있는데, "① 특허법은 '그 연장등록의 이유가 된 허가 등의 대상물건에 관한 특허발명의 실시'로 규정하고 있을 뿐, 허가 등의 대상 '품목'의 실시로 제한하지는 않았다. ② 존속기간이 연장된 의약품 특허권의 효력이 미치는 범위는 특허발명을 실시하기 위하여 약사법에 따라 품목허가를 받은 의약품과 특정 질병에 대한 치료효과를 나타낼 것으로 기대되는 특정한 유효성분, 치료효과 및 용도가 동일한지 여부를 중심으로 판단해야 한다. ③ 침해제품이 약학적으로 허용 가능한 염 등에서 차이가 있더라도 발명이 속하는 기술분야에서 통상의 지식을 가진 사람이라면 쉽게 이를 선택할 수 있는 정도에 불과하고, 인체에 흡수되는 유효성분의 약리작용에 의해 나타나는 치료효과나 용도가 실질적으로 동일하다면 존속기간이 연장된 특허권의 효력이 침해제품에 미치는 것으로 보아야 한다."는 것이다.

기준①은 기존의 해석론이 '대상물건'이 무엇인지를 중심으로 효력범위를 판단하는 데 대해 대상판결은 '특허발명의 실시'를 중심으로 판단하는 것에 특징이 있다. 보다 특허법의 목적에 충실한 해석이 이루어질 수 있을 것으로 기대된다.

기준②에 따라, 유효성분, 치료효과 및 용도를 중심으로 판단이 이루어지되, 그밖에 고려되어야 할 다양한 요소들에 의한 합목적적 해석이 이루어 질 수 있을 것으로 기대된다.[14]

---

13) 특허법원 2013. 9. 5. 선고 2013허2828 판결.

14) 필자는 존속기간이 연장된 특허권의 효력범위는 구체적 사실관계에 따라 신축적으로 해석될 수밖에 없다고 생각한다. 고전적 의미의 용도발명 이외에도 새로운 형태의 용도발명이 등장하기 시작하는

기준③에 따라, 단순히 염만을 변경하여, 보호받아 마땅한 의약용도발명을 회피하는 것은 방지하는 한편, 가치 있는 염, 에스테르, 이성질체 등을 새롭게 개발한 자에 대해서는 그 권리가 미치지 않도록 하여 '새롭고 유용한 기술을 공개한 자에 대한 대가'인 특허권의 크기에 맞는 보호와 권리행사가 가능하게 될 것으로 기대된다. 이와 같은 해석방법은 큰 발명은 크게 작은 발명은 작게 보호하는 특허법의 대원칙에도 부합하고, 탄력적 운용을 통해 보다 구체적 타당성이 있는 판결결과를 도출할 수 있을 것으로 기대된다. 다만 ③은 균등론과 매우 유사한 측면이 있고, 제3자의 권리를 부당하게 해하지 않는 범위 내에서 특허권자를 효율적으로 보호한다는 점을 바탕으로 개별 사안별로 구체적 타당성을 꾀할 수 있는 장점이 있지만, 개념의 모호성으로 인해 정착이 되기 위해서는 적지 않은 시간이 걸릴 것으로 보인다. 향후 판례의 축적을 통해 '통상의 지식을 가진 사람이라면 쉽게 이를 선택할 수 있는 정도'는 어느 정도를 말하는지, '실질적 동일'의 영역은 어디까지를 말하는지, 구체적 판단기준이 정립될 수 있기를 바란다.[15]

대상판결에 대해서는 종전의 3가지 입장들과는 전혀 다른 차원에서 새로운 기준이 제시되었다는 견해도 있으나,[16] 동 판결은 기본적으로 유효성분설의 입장에서, 존속기간이 연장된 특허권의 효력범위를 우리 특허법 규정에 맞게 해석한 것으로 판단된다.

기존의 제품설, 주성분설은 염변경 의약품에 대해서는 무조건 존속기간이 연장된 특허권의 효력이 미치지 않는 것으로 판단하여, 염변경만으로 손쉽게 특허권을 회피할 수 있고, 이로 인해 특허권을 형해화시킬 수 있다는 비판이 있었다.[17] 한편 유효성분설의 경우에는 유효성분이 같기만 하면 존속기간이 연장된 특허권의 효력이 미치도록 하

등, 용도발명 그 자체만으로도 새로운 '물질'에 방점이 있는 경우, 새로운 '치료효과'에 방점이 있는 경우, 새로운 '용법·용량'이나 '환자군 한정'에 특징이 있는 경우 등 다양한 유형으로 분화되어 나가는 현 시점에서, 효력범위에 관한 해석 또한 다양한 관점에서 해당 발명이 보호받고자 하는 실질을 탐구하여 이루어 질 수밖에 없다.

15) 박준석 교수는 최근 논문["존속기간 연장된 특허권의 효력범위－솔리페나신 판결(대법원 2019. 1. 17. 선고 2017다245798 판결)의 새 기준에 대한 해석론을 중심으로－",「산업재산권」, 제62호, 2020]에서, "솔리페나신 판결의 새 기준에 따르면 연장특허권의 효력범위가 균등론처럼 사안별로 신축적으로 결정되지만 균등 영역보다는 협소"하다는 해석론을 취한 바 있다.

16) 박준석, 앞의 논문, 19-20면. 다만 박준석 교수 또한 "'전혀 다른 차원'이라고 표현한 것은 제품설·주성분설·유효성분설 간의 입장다툼이 제95조의 문구 해석 중 '대상물건'이 무엇인 지를 다투는 것이었음에 반하여 솔리페나신 판결에서는 또 다른 문구인 '특허발명'에 해석론 전개의 초점을 맞추고 있고, 그런 시각전환에 따라 제시된 새로운 기준 역시 '실질적 동일성'과 같이 추상적이고 신축적인 기준이기 때문"이라고 밝히고 있다.

17) 정상조·박성수 공편,「특허법주해 I」, 박영사, 2010, 1070-1076면(강춘원 집필부분).

는 경우 부당한 사례가 발생할 수 있다는 견해가 있다.[18]

기존의 특허심판원 심결이나 특허법원 판결들은 기본적으로 주성분설의 입장에 서 있었는데, 그와 같은 판단에는 어느 정도의 정책적 고려도 있었던 것으로 생각된다. 대상판결은 우리나라가 물질특허제도, 존속기간연장제도 등을 도입한지도 오랜 세월이 흘렀고, 우리나라 제약사들에 의한 신약개발이 점점 늘어나고 있고, 그동안 제약 산업 경쟁력 또한 어느 정도 갖추어졌다는 판단 하에, 국제적 정합성,[19] 특허권자와 후발 경쟁업체 간의 균형 등이 조화를 이룰 수 있는 지점을 탐색한 것이 아닌가 생각된다. 이를 위해 기본적으로는 유효성분설을 취하면서도 유효성분이 같다고 하여 모두 존속기간이 연장된 특허권의 효력이 미치도록 하는 것이 아니라 '염 변경의 용이성'이라는 제한요소를 추가적으로 요구하고 있다.[20] 이는 향후 염뿐 아니라 에스테르나 이성질체에 대해서도 마찬가지로 적용될 수 있는 기준으로 생각된다.[21]

Ⅲ. 맺음말

존속기간 연장등록 제도가 우리나라에 도입된 후 상당한 기간이 지났음에도 불구하고 존속기간이 연장된 특허권의 효력범위를 어디까지 인정할 수 있을 것인지 불명확한 부분이 많았다. 대상판결에서 일응의 기준이 제시된바 지금까지의 혼란이 어느 정도 정리될 수 있을 것으로 기대된다.

---

18) 강춘원, "존속기간이 연장된 특허권의 효력범위 – 특허법 제95조의 새로운 해석론 –", 「지식재산연구」, 제14권 제14호, 2019.12., 한국지식재산연구원, 33-37면.

19) 미국과 유럽에서는 염변경 의약품에 대해서도 존속기간이 연장된 특허권의 효력이 미친다. 일본은 단순 염변경 의약품에 대해서는 임상시험데이터가 면제되는 우리나라와 달리, 염변경 의약품에 대해서도 임상시험데이터 제출이 면제되지 않으므로 결국 특허권자 이외의 제3자가 임의로 염변경 의약품을 출시할 수 없게 된다. 즉 일본은 행정적 절차를 통해 사실상 존속기간이 연장된 특허권자를 보호하고 있다(손천우, "특허권의 존속기간 연장등록의 요건과 연장된 특허권의 효력범위 – 대법원 2019. 1. 17. 선고 2017다245798 판결을 중심으로", 「사법」, 제47호, 2019, 388면).

20) 혹자는 대상판결은 주성분설의 입장을 취하면서 '염 변경의 용이성'이 인정되는 경우 예외적으로 존속기간이 연장된 특허권의 효력이 미치는 것으로 본다는 입장이라고 주장할 수 있다. 그러나 그와 같은 입장을 취하든, 필자와 같이 기본적으로는 유효성분설에 입각하면서도 '염 변경의 용이성'이 인정되지 않는 경우에는 존속기간이 연장된 특허권의 효력이 미치지 않는 것으로 보는 입장을 취하든 그 결론에 있어서는 동일하다고 생각된다. 고전적 의미의 용도발명 이외에도 새로운 '용법·용량'이나 '환자군 한정'에 특징이 있는 경우 등 다양한 유형으로 분화되어 나가는 현 시점에서는 치료효과나 용도가 실질적으로 동일한지 여부가 보다 중요하다고 할 수 있다.

21) 신혜은, "허가 등에 따른 존속기간이 연장된 특허권의 효력범위 – 치료효과나 용도의 실질적 동일을 중심으로", 「과학기술과 법」, 제11권 제2호, 2020.12., 138-141면.

대법원이 새롭게 채용한 '선택의 용이성 기준'과 '실질적 동일성 기준'은 존속기간이 연장된 특허권의 효력범위를 연장등록 허용범위(연장등록요건)와 부합되게 적정하게 설계하면서도 염변경만을 통해 쉽게 존속기간이 연장된 특허권의 효력범위를 회피할 수 없도록 한 것으로 보인다.[22] 이와 같은 판단방법은 큰 발명은 크게 작은 발명은 작게 보호한다는 원칙에도 부합하고, 실시하지 못했던 특허권이 보호받고자 한 기술적 사상의 실질 측면에서도 보다 타당한 결론이라고 생각된다.

---

22) 손천우, "특허권의 존속기간 연장등록의 요건과 연장된 특허권의 효력범위 – 대법원 2019. 1. 17. 선고 2017다245798 판결을 중심으로", 「사법」, 제47호, 2019, 389-390면.

참고문헌

■ 국내문헌

강춘원, "존속기간이 연장된 특허권의 효력범위-특허법 제95조의 새로운 해석론-", 「지식재산연구」, 제14권 제14호, 한국지식재산연구원, 2019.12.

박준석, "존속기간 연장된 특허권의 효력범위-솔리페나신 판결(대법원 2019. 1. 17. 선고 2017다245798 판결)의 새 기준에 대한 해석론을 중심으로-", 「산업재산권」, 제62호, 2020.

손천우, "특허권의 존속기간 연장등록의 요건과 연장된 특허권의 효력범위-대법원 2019. 1. 17. 선고 2017다245798 판결을 중심으로-", 「사법」, 제47호, 2019.

신혜은, "특허권 존속기간 연장등록에 의해 연장된 특허권의 권리범위", 「산업재산권」, 제51호, 한국지식재산학회, 2016.

_____, "허가 등에 따른 존속기간이 연장된 특허권의 효력범위-치료효과나 용도의 실질적 동일을 중심으로-", 「과학기술과 법」, 제11권 제2호, 2020.12.

정상조·박성수 공편, 「특허법주해 I」, 박영사, 2010.

■ 국외문헌

田中康子, "存続期間が延長された特許権の効力について", 「国際商事法務」, 43-9, 2015.9.

田村善之·WLJ判例コラム 63号(2016WLJCC001).

대법원 2019. 2. 21. 선고 2017후2819 판결

특허권의 실시권자가 무효심판을 청구할 수 있는 이해관계 소멸여부의 판단

조 영 주 (삼성전자㈜ 라이센싱그룹 계약파트장)

Ⅰ. 판결의 개요

1. 사건의 개요

원고인 주식회사 아이벡스피티홀딩스[1]는 "AMVP 모드에서 영상 부호화 방법"으로 하는 이 사건 특허발명(특허 제1492105호)[2]의 특허권자로서, 동영상 관련 표준특허풀인

---

[1] 2011년에 설립된 소프트웨어 개발 및 공급(코덱) 업체로 2020년 매출은 3억9,773만원이다.

[2] 영상의 품질을 유지하면서 동영상 신호를 압축하여 효율적으로 전송하기 위해, 현재 블록과 (참조 픽쳐의 정해진 검색 범위에서 검색한) 유사한 블록 사이의 차이(residue)만 전송함으로써 데이터의 압축률을 높이는데, 양 블록 사이의 움직임 차이 정보를 그대로 부호화하여 삽입하면 오버헤드(overhead)가 증가하여 압축률이 낮아지는 문제가 있다. 본 발명은 이를 해결하기 위하여, AMVP(Advanced Motion Vector Prediction) 모드에서 예측 블록을 생성하고, 원본 블록과 예측 블록을 이용하여 잔차 블록을 생성하고, 이를 변환하여 변환 블록을 생성하고, 이를 양자화 파라미터를 이용하여 양자화 블록을 생성하고, 움직임 백터 및 참조 픽쳐 인덱스를 부호화하고, 현재 예측 유닛의 유효한 공간 및 시간 AMVP 후보자들 중에서 결정되는 움직임 백터 예측자를 이용하여 상기 움직임 백터를 부호화하고, 양자화 파라미터들 중 2개의 평균을 이용하여 상기 양자화 파라미터를 부호화하는 것을 특징으로 한다. 본 발명에 의해 공간 및 시간 움직임 백터 후보자를 이용함으로써 현재 예측 유닛의 움직임 정보를 보다 잘 예측하여 부호화량을 줄이고, 신속하고 정확한 예측 블록을 생성할 수 있는 효과가 있게 된다. 이러한 AMVP 기술은 HEVC(High Efficiency Video Coding) 표준에서 채택한 기술이다.

MPEG LA의 'HEVC Patent Portfolio License'프로그램(이하 "HEVC 라이선스 프로그램"이라 한다)에 이 사건 특허권을 등재하여 라이센서(Licensor)로 등록되어 있고, 피고인 삼성전자 주식회사[3]는 HEVC 라이선스 프로그램에 자신의 특허권을 등재한 라이센서(Licensor)임과 동시에 위 특허풀 목록에 있는 특허발명을 실시할 권리를 가진 라이센시(Licensee)로 등록된 자로서, 이 사건 특허발명과 같은 종류의 동영상 압축기술을 사용한 영상 관련 물품을 제조, 판매하는 자이다. 이 사건 특허발명에 대한 무효심결이 확정되는 경우에는 HEVC 라이선스(license) 계약 제6.1조에 따라 원고와 MPEG LA 사이의 계약은 실효되고, 이 사건 특허발명은 HEVC 라이선스 프로그램에서 제외되므로, 피고로서는 아무런 제약없이 이 사건 특허발명을 실시할 수 있게 된다.

2. 대상판결의 요지

가. 원심심결

특허심판원은 2017.3.23. 청구인(피고)이 청구한 특허 제1492105호 'AMVP 모드에서 영상 부호화 방법'의 무효에 대해 동 특허발명의 특허청구범위 제1, 3, 4, 5, 7, 8항에 기재된 발명에 대한 특허를 무효로 하는 심결(2016당705)을 하였다. 피청구인(원고)이 위 심결에 대한 취소소송을 특허법원에 제기하였고, 특허법원은 2017.10.27. 피고가 이 사건 특허의 실시권자이므로 특허무효 심판을 청구할 직접적이고 현실적인 이해관계가 없다는 원고의 주장을 배척하고, 이 사건 특허발명의 청구항 1, 3, 4, 5, 7, 8항이 모두 선행발명 1의 각 대응구성요소와 동일하므로 구 특허법 제29조 제3항 본문의 규정에 위배되어 특허를 받은 것이므로 그 특허가 무효가 되어야 한다고 판결(2017허2727판결)하였다. 원고는 2017.11.13. 대법원에 상고하였다.

나. 대법원 판결

대법원은 구 특허법(2013.3.22. 법률 제11654호로 개정되기 전의 것, 이하 같다) 제133조 제1항 전문이 "이해관계인 또는 심사관은 특허가 다음 각호의 어느 하나에 해당하는 경우에는 무효심판을 청구할 수 있다"라고 규정하고 있다고 하면서, 여기서 말하는 이해관계인이란 당해 특허발명의 권리존속으로 인하여 법률상 어떠한 불이익을 받거나 받을 우려가 있어 그 소멸에 관하여 직접적이고도 현실적인 이해관계를 가진 사람을

---

3) 1969년 설립된 이동전화기, 가전제품, 반도체 제조업을 영위하는 업체로 2021년 매출은 279.6조원이다.

말하고, 이에는 당해 특허발명과 같은 종류의 물품을 제조·판매하거나 제조·판매할 사람도 포함된다고 하고, 이러한 법리에 의하면 특별한 사정이 없는 한 특허권의 실시권자가 특허권자로부터 권리의 대항을 받거나 받을 염려가 없다는 이유만으로 무효심판을 청구할 수 있는 이해관계가 소멸되었다고 볼 수 없다고 판결하였다.

대법원은 그러한 판결의 이유로, 특허권의 실시권자에게는 실시료 지급이나 실시 범위 등 여러 제한사항이 부가되는 것이 일반적이므로, 실시권자는 무효심판을 통해 특허에 대한 무효심결을 받음으로써 이러한 제약에서 벗어날 수 있고, 특허에 무효사유가 존재하더라도 그에 대한 무효심결이 확정되기까지는 그 특허권은 유효하게 존속하고 함부로 그 존재를 부정할 수 없으며, 무효심판을 청구하더라도 무효심결이 확정되기까지는 상당한 시간과 비용이 소요된다고 하였다. 대법원은 이러한 이유로 특허권에 대한 실시권을 설정받지 않고 실시하고 싶은 사람이라도 우선 특허권자로부터 실시권을 설정받아 특허발명을 실시하고 그 무효 여부에 대한 다툼을 추후로 미루어 둘 수 있으므로, 실시권을 설정받았다는 이유로 특허의 무효 여부를 다투지 않겠다는 의사를 표시하였다고 단정할 수 없다고 판시하였다.

Ⅱ. 해 설

1. 문제의 소재와 이 사건 쟁점

대상판결은 구 특허법 제133조 제1항의 "이해관계인 또는 심사관은 특허가 다음 각 호의 어느 하나에 해당하는 경우에는 무효심판을 청구할 수 있다"고 한 규정의 해석과 관련하여, 특허권자와 실시계약을 체결한 실시권자가 무효심판을 청구할 수 있는 이해관계인에 해당하는지가 문제가 된 판결이다. 원심에서 피고는 이 사건 특허발명의 청구항 1, 3, 4, 5, 7, 8이 확대된 선원규정에 따라 비교대상발명 1[4]과 실질적으로 동일하다는 주장을 하며 특허무효심판을 청구하였고, 원고는 피고가 이 사건 특허의 실시권자이므로 이 사건 특허발명에 대한 특허무효심판을 청구할 직접적이고 현실적인 이해관계가 없다는 주장에 더하여 선행발명들에 대해 '타 특허출원'에 해당하지 않는 점 및 진보성 판단을 위한 공지기술에 해당하지 않는 점을 주장하였다. 본 판례평석에서는

---

4) 국내 공개특허공보 제10-2013-50406호에 의하여 공개된 '머지 모드에서의 움직임 정보 생성 방법'에 관한 발명

본 건 발명에 대한 선행발명들의 각 대응구성요소와의 동일성 판단에 대한 논의는 하지 않고, 오직 실시권자가 이해관계인에 해당하는지 여부에 대해 논한다.

2. 이해관계인의 정의 및 해석

실시권자가 무효심판의 이해관계인에 해당하는지에 대해서는 금번 대법원 판례 외에도 그 동안 여러 판결에서 일치하지 않는 결과를 보여왔다.[5] 구 특허법 제133조 제1항 전문은 "이해관계인 또는 심사관은 특허가 다음 각호의 어느 하나에 해당하는 경우에는 무효심판을 청구할 수 있다"라고 규정하고 있다. 여기에서 이해관계인이란 당해 특허발명의 권리존속으로 인하여 그 권리자로부터 권리의 대항을 받거나 받을 염려가 있어 그 피해를 받는 직접적이고도 현실적인 이해관계가 있는 사람을 말하고, 이에는 당해 특허발명과 같은 종류의 물품을 제조·판매하거나 제조·판매할 자도 포함된다.[6] 이해관계인은 민사소송에서의 '이익 없으면 소권 없다'는 법원칙에서 유래된 개념으로서 심판청구인 적격 요건이다.[7]

3. 특허 라이선스 실무 관점에서의 검토

가. 실시계약상의 조건이 실시권자에게 부가되는 제한사항인지

판례에서 대법원은 "특허권의 실시권자에게는 실시료 지급이나 실시 범위 등 여러 제한사항이 부가되는 것이 일반적이므로, 실시권자는 무효심판을 통해 특허에 대한 무효심결을 받음으로써 이러한 제약에서 벗어날 수 있다"라고 판시하고 있다. 이를 살펴보건데, 특허권자와 실시계약을 체결한 실시권자는 통상 자신이 특허권자의 특허발명을 실시할 범위(대상제품 등), 실시기간 및 실시료 등에 대해 상호 합의를 하게 되고, 이렇게 실시계약을 체결한 실시권자는 특허권자로부터 특허발명에 기한 침해금지 및 손

---

5) 실시권자도 무효심판의 이해관계인에 해당한다는 판례로는 대법원 1984. 5. 29. 선고 82후30 판결, 대법원 1980. 7. 22. 선고 79후75 판결, 대법원 1980. 5. 25. 선고 79후78 판결, 대법원 1980. 5. 13. 선고 79후74 판결, 대법원 1972. 4. 20. 선고 72후6 판결 등이 있고, 실시권자는 무효심판의 이해관계인에 해당하지 않는다는 판례로는 대법원 1983. 12. 27. 선고 82후58 판결, 대법원 1981. 7. 28. 선고 80후77 판결, 대법원 1979. 4. 10. 선고 77후49 판결, 대법원 1977. 3. 22. 선고 76후7 판결 등이 있다(김병식, "실시권자가 무효심판을 청구할 수 있는 이해관계인에 해당하는지", 「특허소송연구」, 제7집, 특허법원, 2017, 99-132면).

6) 대법원 1984. 3. 27. 선고 81후59 판결, 대법원 1987. 7. 7. 선고 85후46 판결, 대법원 2009. 9. 10. 선고 2007후4625 판결, 대법원 2010. 1. 28. 선고 2007후1022 판결 등.

7) 이혜진 대법원 재판연구관(부장판사), "실시권자의 무효심판청구에 관한 주요 쟁점－이해관계인 및 특허풀, 부쟁의무를 중심으로－", 「사법」, 제49호, 사법발전재단, 2019, 559면.

해배상 청구 등의 위험없이 대상제품의 생산·판매에 전념할 수 있게 되며, 실시권자는 이러한 혜택의 대가로 실시료를 지급하게 된다. 또한, 실시권자는 실시계약상의 관련 조건들을 실시권자가 향후 실시하려는 사업의 범위 및 기간을 충분히 반영하여 문제없는 수준에서 합의를 하는 것이 일반적이므로, 자유로운 의사결정에 의해 실시계약을 체결한 실시권자는 특허권자로부터 어떠한 제한사항을 부가받았다기 보다는 자신의 사업을 자유로이 진행할 수 있는 권리를 획득했다고 볼 수 있다. 따라서, 자유의사에 따른 실시계약이 실시권자에게 부당한 의무를 부가했다기 보다는 해당 특허의 권리자로부터 권리의 대항을 받거나 받을 염려가 없어지는 효과를 보게 하는 것으로 볼 수 있어서, 이러한 실시계약 관계를 특허무효심판을 통해 벗어나야 할 심각한 필요를 느끼지 못한다. 또한, "피고는 이 사건 특허발명의 실시권자로서 특허발명의 권리존속으로 인하여 법률상으로 불이익을 입어 그 소멸에 관하여 직접적이고도 현실적인 이해관계를 가진 자에 해당한다"는 판결내용도 유효한 특허발명[8]에 대해 실시계약을 체결한 실시권자는 그렇지 않은 경쟁업체[9]에 비해 자유로운 사업 진행이 가능하므로 이를 불이익으로 볼 여지도 크지 않다.

나. 실시권자는 무효심판을 통해 특허에 대한 무효심결을 받음으로써 실시계약상 제약에서 벗어날 수 있는지

판결 내용 중 '일정한 제약에서 벗어날 수 있다'는 것은 실시권자의 입장만을 고려한 것으로서, 실시계약 하에서의 일정한 제약이란, 특허권자는 실시권자로부터 실시료를 받고 침해금지 및 손해배상 주장을 하지 않기로 하는 의무를 부담하는 것이고, 실시권자는 그에 대한 대가로 실시료를 지불하는 것으로 볼 수 있다. 따라서, 일정한 제약에서 벗어난다는 것은 특허권자에게는 침해금지 및 손해배상 주장을 계속할 수 있는 상태로 돌아가는 것을 의미하고, 실시권자에게는 실시료 지급을 중단할 수 있는 상태가 됨을 의미한다. 그런데, 본 판결은 실시권자만이 일방적인 실시계약상 제약을 받고 있으며 이러한 제약에서 벗어나는 것이 정당한 사유가 되는 것으로 판시하고 있어서 실시계약상 특허권자의 제약은 간과한 것으로 보일 수 있다.

---

8) 특허는 무효심결이 확정될 때까지는 그 특허권은 일응 유효하게 존속하고 함부로 그 존재를 부정할 수 없다.

9) 실시권을 받지 않은 경쟁업체는 관련 특허에 대한 조사, 분쟁을 대비한 전략수립, 충당금 설정 등의 비용과 시간이 소요된다.

다. 무효심판을 청구하더라도 무효심결이 확정되기까지는 상당한 시간과 비용이 소요되어 우선 특허권자로부터 실시권을 설정받아 특허발명을 실시하고 그 무효 여부에 대한 다툼을 추후로 미루어 둘 수 있으므로, 실시권을 설정받았다는 이유로 특허의 무효 여부를 다투지 않겠다는 의사를 표시하였다고 단정할 수 없는지

통상 많은 제조업체가 실시권을 확보하지 않고 사업을 진행한 후 향후 특허권자의 침해금지 및 손해배상 소송이 제기되면 그에 대응하여 비침해 및 무효주장을 하게 된다. 특히, 관련 특허를 충분히 무효시킬 수 있다고 판단하였음에도 실시권을 우선 설정받아 실시하는 경우는 극히 드물다.[10] '우선 특허발명을 실시하고자 하는 의도'로 실시계약을 체결한 후 무효주장을 하는 것은 실시계약을 체결하지 않고 우선 사업을 진행한 후 무효주장을 하는 것과 시간과 비용에서 차이가 크지도 않다. 통상 한국에서 특허 1건의 무효심판을 진행하는데 소요되는 비용은 일천만원 내외이고 평균 소요되는 기간은 약 1년인데, 자본을 투입하여 특허발명을 실시하려는 실시권자의 입장에서 특허무효심판에 소요되는 그러한 시간과 비용은 사업진행의 결정에 크게 영향을 미치는 요소는 아닐 것이다. 또한, 실시권자가 실시계약을 체결하지 않고 바로 특허발명을 실시하더라도 특허권자가 침해 클레임 또는 소송을 제기할 정도의 관련 제품 매출이 발생할 때까지 소요되는 시간에 비하면 특허무효심판의 무효심결 확정시까지의 시간은 그리 길지 않은 시간일 것이다. 즉, 실시권자가 우선 특허권자로부터 실시권을 설정받아 특허발명을 실시하고 그 무효 여부에 대한 다툼을 추후로 미루어 두는 사유로 무효심판 청구 후 무효심결 확정시까지 상당한 시간과 비용이 소요되기 때문이라는 논리는 납득하기 어렵다. 다시 말하여, 실시권자는 특허권자와의 실시계약 체결 없이 특허발명을 실시한 후에도 먼저 특허무효를 주장하거나 특허권자의 침해주장시 대응하여 무효주장을 하는 것이 충분히 가능하다. 이러한 무효심결에 소요되는 비용과 시간은 실시권자가 실시계약을 체결하기 전에 진행하나 체결 후에 진행하나 동일하다. 결국, 실시권자가 우선 특허권자로부터 실시권을 설정받아 특허발명을 실시하고 그 무효 여부에 대한 다툼을 추후로 미루어 둘 실익과 급박한 상황은 발생 가능성이 낮아 보인다. 따라서, 이러한 급박한 상황이 아님에도 불구하고 실시권자의 자유로운 판단하에 실시계

---

10) 보통 실시권자는 실시계약 체결 전에 대상 특허에 대한 무효조사를 (정도의 차이는 있으나) 진행하여 특허를 무효시킬 마땅한 선행자료를 찾지 못하고 회피설계가 어렵다고 판단한 경우 실시계약을 체결한다.

약을 체결했다는 것을 특허의 무효 여부를 다투지 않겠다는 의사를 표시한 것으로 보는 것에 크게 무리가 없다고 생각된다. 결론적으로, 무효주장은 실시계약을 체결하기 전에 제기하는 것이 바람직하고, 만약 실시계약 체결 전 무효 검토 및 주장을 할 충분한 시간과 기회가 있었던 실시권자에 대해서는 자유의사에 의한 실시계약 체결 후 무효를 주장하는 행위에 대해서 보다 엄격한 기준을 적용하여 특허권자와 실시권자간 이익에 균형을 맞출 필요가 있다고 생각된다.

라. 특허권자 입장에서의 고려

특허권자의 입장에서 금번 대법원 판례는 다소 불리하게 작용할 우려가 있다. 통상 특허권자는 자신의 특허발명을 허락없이 실시하는 자에 대하여 침해금지 및 손해배상 청구 등의 법적 조치를 취하여 자신의 권리를 보호하고자 하는데, 이러한 경우 실시권자는 대부분의 특허분쟁에서 비침해 및 무효주장을 하게 된다. 양 당사자는 이러한 법률다툼을 진행하다가 화해를 하게 되고 화해의 결과 실시계약을 체결하게 된다. 이러한 다툼에서 특허권자와 실시권자는 특허가 무효가 될 수 있는 위험과 특허가 유효가 될 경우 높은 실시료를 지불하게 될 위험을 면밀하게 비교하고 그 득실에 균형을 맞추며, 양 당사자는 이러한 서로의 위험을 없애는 장치로 적절한 시점에서 적절한 대가로 화해 및 실시계약에 합의하게 되는 것이다. 만약, 이러한 상황에서 특허권자가 화해에 응하지 않고 계속 무효심판을 방어하고 침해주장을 유지하다가 무효심결이 확정되는 경우에는 실시료를 받지 못하게 될 수도 있고, 해당 특허가 유효한 것으로 판정되는 경우에는 더욱 강한 유효의 추정을 받게되어 고액의 실시료를 받을 수도 있게 된다. 양 당사자는 이러한 위험을 감수하면서 어느 시점에 어떤 금액으로 특허분쟁을 타결할지에 대한 판단을 하게 된다. 실시권자의 입장에서는 무효심판을 끝까지 진행하는 결정은 사실 대단히 어렵고 위험한 결정일 수 있으므로, 대개는 무효심판 진행 중에 상호 힘의 균형을 바탕으로 화해하게 되는 것이다. 그런데, 금번 대법원 판결과 같이 실시권자가 우선 실시계약을 체결하여 특허권자의 침해 주장으로부터 자유로운 상태를 확보한 후 실시권자만 일방적으로 무효심판을 진행하는 것은 특허권자에 심히 불리하게 작용할 수 있다. 즉, 무효심판 결과 무효가 확정되는 경우 실시권자는 더 이상의 실시료 지급 의무에서 자유로워지고, 설령 무효심판 결과 특허가 유효하다고 판정되는 경우에도 고액의 실시료를 지급해야 하는 위험을 부담하지 않게 되기 때문이다. 만약, 실시계약을 체결하지 않고 무효심판을 진행한 결과 유효로 판정되는 경우 해당 특허는 강한 유효의 추정을 받는 특허가 되어 실시료가 대폭 인상될 가능성이 있다. 또한, 실시권자가 특허권자로부터 특정 발명에 대한 실시허락을 얻어 그 발명을 실시하고 특허권자가 이에 대한 실시료 지급을 청구하는 경우, 실시권자가 실시료 지급을 면하기 위하여 그 특허가 무효임을 주장하는 것은 신의성실의 원칙에 반한다고도 볼 수 있다.[11] 이러한 사실을 감안할 때 금번 대법원 판결은 실시권자에 다소 유리하게 작용하는 판례가 되었음을 부인할 수 없다. 향후 실시권자는 적절한 실시료를 지급하는 조건으로 실시계약을 우선 체결한 후 무효주장을 하여 유효시 실시료 증액의 위험없이 실시료 지급의무에서 벗어날 수 있는 기회로 삼을 가능성이 있기 때문이다.

마. 특허청의 심사기준

특허권자는 사실 특허청의 심사기준에 따라 특허를 출원해서 등록을 받았고, 등록되었을 경우 유효한 것으로 추정되는 상태에서 실시권자들을 상대로 실시를 허락하는 것이다. 그런데, 한국의 무효비율은 독일이나 일본 등 주요 선진국의 무효비율에 비해 상당히 높은 수준이다. 한국에서 특허무효심판 10건 중 4건이 무효[12]인 상황에서 특허청의 심사를 믿고 특허권을 행사한 특허권자에게는 불측의 손해를 발생시킬 가능성이 있다.[13] 특허권자는 특허발명을 개발한 연구개발비에 더하여 특허 출원 및 등록/유지 비용을 투입하여 특허권을 획득하였고, 실시권자와의 실시계약 체결을 위한 거래비용까지 부담하였는데, 향후 다른 사람도 아닌 실시권자의 무효심판 청구에 의해 특허가 무효로 되는 경우 모든 위험을 특허권자에게만 묻는 것이 과연 합리적이고 공평한지 의문이다. 무효로 되어야 할 특허발명이 특허청의 부실한 심사로 인해 등록되는 경우 이로 인한 특허권자의 경제적인 피해가 크므로, 특허청에서는 심사관 확충, 심사기간 확대,[14] 선행자료 조사 시스템 보완 등의 조치가 필요해 보인다.

---

11) 안효질, "라이선시 금반언에 관한 미국 특허판례의 동향", 「경영법률」, 제18집 제4호, 한국경영법률학회, 2008, 2면.

12) 2020년 134,700개의 특허가 등록되었으며, 특허 무효심판의 인용률은 42.6%(434건 중 185건 인용)이며, 이는 일본 24.3% 및 미국 25.6% 대비 약 1.8배 높다(특허청, 한.미.일 특허무효 현황).

13) 특허심판원 자료에 의하면 무효심판에서의 인용률, 즉 해당 특허가 무효가 되는 비율은 전체 무효심판 사건 중 약 50%에 이른다(정차호, "특허권의 소멸과 실시료 지불의무와의 관계", 「성균관법학」, 제19권 제2호, 성균관대학교 비교법연구소, 2007.8., 227면).

14) 특허청의 심사기간이 1개월 증가할수록 무효심판의 청구 확률이 7.13% 감소하는 것으로 나타났다. 특허청의 심사기간이 증가할수록 무효심판 청구확률이 감소한다는 결과는 특허청의 심사기간이 증가할수록 특허심사의 질이 높아진다는 것을 의미한다(임홍래, 백대현, "특허심사기간이 특허무효심판 청구에 미치는 영향", 「지식재산연구」, 제15권 제2호, 한국지식재산연구원, 2020, 223-252면).

바. 특허권자의 대응방안 및 실시권자의 실익

향후 특허권자는 실시권자와의 실시계약 체결시 부쟁의무 조항 또는 '실시권자가 해당특허에 대한 무효주장을 하는 경우 실시계약을 조건없이 해지할 수 있다'는 계약해지권 조항[15]을 삽입할 것으로 보인다. 이러한 부쟁의무 및 계약해지권 조항과 관련하여 불공정 이슈가 있지만,[16] 계약상 부쟁의무 또는 계약해지권 조항이 삽입된 경우 실시권자의 입장에서 이러한 조항들의 불공정 이슈를 제기하여 불공정하다는 판단을 받아서 동 조항을 무효로 한 후 본 대법원 판례에 기하여 실시권자의 상태를 유지하면서 무효주장을 하는 일련의 절차를 진행하기로 결정하는 것은 실무상 대단히 어려운 일이 될 것이다.[17] 따라서, 금번 대법원 판례가 기존 논의의 종지부를 찍은 점에서는 의미가 있겠으나, 실시권자의 실제 이익을 위해 작용하기에는 한계가 있어 보인다. 사견으로는 실시계약에 부쟁조항 또는 계약해지권 조항이 삽입된 경우 계약법상의 일반원칙을 존중하여 독점규제및공정거래에관한법률에 위반되지 아니하는 한 계약상 부쟁조항 또는 계약해지권 조항의 유효성이나 신의칙상의 부쟁의무 등을 인정하여 그러한 실시계약을 체결한 실시권자가 해당 특허의 유효성을 다투는 것을 허용하지 않는 것이 바람직하다고 생각된다.

4. 대상판결에 대한 평가

대상판결은 실시권자가 이해관계인의 범주에 해당하는지에 대해 일치하지 않았던 기

---

15) 실시권자가 무효주장을 하는 경우 특허권자는 실시계약을 해지하고 바로 침해 주장을 하여 특허분쟁(침해/비침해 다툼, 무효/유효 다툼)에서 대등한 관계를 유지해야 한다. 즉, 자유의사에 따라 실시계약을 체결한 실시권자가 실시계약 체결 후 무효주장을 한다면 실시계약이 자동 해지되고 현재 해당 특허권을 실시하는 사업에 대한 특허권자의 침해 소송에 대응할 각오가 되어 있는 상황에서만 실시계약 체결 후 무효주장을 하여야 할 것이다.

16) 2021.12.30. 시행 '지식재산권의 부당한 행사에 대한 심사지침'(라. 실시허락시의 조건 부과 (6) 부쟁의무 부과)에서 무효인 특허의 존속 등을 위하여 부당하게 실시권자가 관련 특허의 효력을 다투는 것을 금지하는 행위를 명시적으로 금지하고 있고, (9) 계약해지 규정에서는 실시료 지급불능 이외의 사유로 특허권자가 적절한 유예기간을 부여하지 않고 일방적으로 계약을 해지할 수 없도록 하는 행위를 명시적으로 금지하고 있다.

17) 특히 Hemstreet v. Spiegel, Inc. 판례(851 F.2d 348 (Fed. Cir. 1988))에서와 같이 제소후 화해계약상 부쟁조항의 효력을 인정하면서, 적법하게 성립한 화해에 의한 편리한 분쟁해결을 존중하고, 당사자들(특히 특허권자)이 화해계약을 체결하도록 장려하여, 결국 그에 의한 소송경제의 촉진을 장려하여야 한다는 근본질서가, 부당한 특허를 무효화시킴으로써 해당 기술을 일반공중이 이용할 수 있도록 한다는 특허정책보다 우위의 지위를 가진다고 볼 수 있다(안효질, "라이선시 금반언에 관한 미국 특허판례의 동향", 「경영법률」, 제18집 제4호, 한국경영법률학회, 2008, 32면).

존의 판례들에 대해 법원의 확고한 입장을 제시했다는 점에서 의미가 있겠다. 또한, 미국의 경우에도 특허 유효성 심사 절차로서 IPR[18] 및 EPR[19] 제도가 시행중인데, 한국의 당사자계심판에 해당하는 IPR에서 청구인은 특허권자 이외의 여하한 제3자로 규정되어 있어, 실시계약상 부쟁조항이 없는 경우, 실시권자도 청구인에 해당되는 것으로 보인다.[20] 한국의 경우 당사자계심판의 청구인은 이해관계인 또는 심사관으로 제한되어 있는데, 실시권자를 이해관계인의 범주에 포함한 이번 판결은 미국의 IPR 청구인에 별도의 제한이 없다는 점에 비추어 보아 크게 이례적인 판단은 아닌 것으로 보인다.[21] 그러나, 대상판결의 사안은 특허풀이라는 특수성에 기인하였다는 점을 고려할 필요가 있다. 일반적으로 특허풀에 가입하는 회원사는 특허풀을 운영하는 대행사(본 사안에서는 MPEG LA)가 초안을 작성한 라이선스 계약에 주요한 수정 없이 서명을 하고 특허풀에 가입하게 되는데, 라이선스 계약에 서명하는 순간 향후 가입하는 모든 회원사를 대상으로 라이선스 관계를 미리 형성하게 되는 것이다. 따라서, 표준특허[22]로 정해지는 회원사들의 전체 특허에 대해 미리 정해진 실시료 조건(대개는 무상 또는 RAND[23])에 따라 실시료를 지불하거나 수령하게 된다. 문제는 표준특허로 정해지는 특허가 표준에 해당하는지에 대한 심사는 이루어지지만 유효성에 대한 심사는 이루어지지 않는다는 것이다. 즉, 특허풀의 실시권자는 실시료를 지불하는 대상이 되는 다른 회원사의 표준특허의 유효성을 따져볼 기회가 없었다는 것이다. 이러한 측면에서 실시계약 체결 전에 실시권자의

---

18) Inter Partes Review(당사자계 심사), 신규성 및 진보성 관점에서 선행자료에 근거하여 특허의 유효성을 심사하는 PTAB(Patent Trial and Appeal Board, 한국의 심판원에 해당)의 행정 소송으로서 특허권자가 아닌 제3자가 제기 가능하며, PTAB의 final determination은 대개 1년내에 내려진다. (www.uspto.gov/patents/ptab/trials/inter-partes-review).

19) Ex Parte Reexamination(결정계 재심사), 특허권자 또는 제3자가 선행자료에 근거하여 특허의 유효성 심사를 신청할 수 있고, 특허청과 특허권자간의 결정계 절차로 진행된다(www.uspto.gov/web/offices/pac/mpep/s2209.html).

20) 미국 연방대법원은 실시권자는 실시계약을 유지하며 무효확인청구소송을 제기하는 것이 가능하다고 판시하였다(Medimmune, Inc. v. Genentech, Inc., 127 S.Ct. 764 (2007.1.9)).

21) 주요국은 한결같이 특허무효심판 청구인을 '누구든지'로 규정하여 특허무효심판 청구인에 제한을 두고 있지 않다. 그런데, 우리나라는 특허무효심판을 청구할 수 있는 자로 '이해관계인'과 '심사관'만을 규정하고 있기 때문에 청구인 적격을 지나치게 제한하는 것이 아닌지에 대한 지적이 제기될 수 있다. 특허무효심판제도의 공익적 기능을 담보하기 위해서는 특허무효심판 청구인을 굳이 이해관계인으로 한정할 필요는 없다고 본다. 입법적으로는 특허무효심판의 청구인을 '누구든지'로 개정하는 것을 적극 고려하여야 할 것이다(정차호, 양성미, "특허무효심판 청구인 적격-'이해관계인'에서 '누구든지'로 확대 방안-", 「성균관법학」, 제26권 제4호, 2014.12., 532-533면).

22) 영어로는 Necessary Patent(Claim), Essential Patent(Claim), Standard Essential Patent 등으로 표기하며, 그러한 특허를 침해하지 않고는 해당 표준/기술을 구현하기 어려울 정도의 특허를 의미한다.

23) Reasonable and Non-Discriminatory.

판단으로 얼마든지 유효성을 다툴 시간과 기회를 가질 수 있는 일반적인 특허권자와 실시권자간의 특허 침해/비침해 또는 유효/무효 다툼과 그 결과로 체결하는 화해 및 실시계약과는 본 쟁점이 다르게 검토 및 판단되었어야 하는 면이 있다고 본다. 특허풀 이라는 특수한 상황에서 발생한 본 사안에 대한 본 판결이 일반적으로 적용되어 향후 특허권자의 특허에 대한 유효성 검토를 사전에 진행할 수 있는 충분한 시간과 기회가 있었던 실시권자까지 모두 실시계약을 의도적으로 우선 체결하여 특허권자의 권리 행 사로부터 자유로운 상황을 만든 후 무효주장을 하는 장치로 활용될 수 있는 근거를 제 공한 것이 아닌지 우려가 된다. 이러한 부작용을 제거하기 위해서 향후 법원은 실시권 자가 실시계약 체결 전에 특허 무효심판을 제기할 수 있는 충분한 시간과 기회가 있었 던 경우 및 제소를 통한 화해의 경우는 '특별한 사정이 있었던 때'[24]로 판단하여 실시 권자의 무효심판 청구 인용에 신중을 기하여 실시권자 및 특허권자간 이익에 균형을 맞추기 위해 노력해야 할 것이다.

---

24) 대상판결은 '특별한 사정이 없는 한' 특허권의 실시권자가 특허권자로부터 권리의 대항을 받거나 받을 염려가 없다는 이유만으로 무효심판을 청구할 수 있는 이해관계가 소멸되었다고 볼 수 없다고 판시하였다. 결국 향후에는 각 사안별로 특허권자와 실시권자간 이익에 균형을 맞춘 '특별한 사정' 해당 여부에 대한 검토 및 판단이 요구된다.

참고문헌

김병식, "실시권자가 무효심판을 청구할 수 있는 이해관계인에 해당하는지", 「특허소송연구」, 제7집, 특허법원, 2017.

안효질, "라이선시 금반언에 관한 미국 특허판례의 동향", 「경영법률」, 제18집 제4호, 한국경영법률학회, 2008.

이혜진, "실시권자의 무효심판청구에 관한 주요 쟁점 – 이해관계인 및 특허풀, 부쟁의무를 중심으로 – ", 「사법」, 제49호, 사법발전재단, 2019.

임홍래, 백대현, "특허심사기간이 특허무효심판 청구에 미치는 영향", 「지식재산연구」, 제15권 제2호, 한국지식재산연구원, 2020.

정차호, "특허권의 소멸과 실시료 지불의무와의 관계", 「성균관법학」, 제19권 제2호, 성균관대학교 비교법연구소, 2007.8.

정차호·양성미, "특허무효심판 청구인 적격 – '이해관계인'에서 '누구든지'로 확대 방안 – ", 「성균관법학」, 제26권 제4호, 2014.12.

대법원 2019. 7. 25. 선고 2018후12004 판결

특허정정심판절차에서의 진보성 부정과 의견서 제출기회 부여

김 철 환 (서울북부지방법원 판사)

Ⅰ. 판결의 개요

1. 사건의 개요

원고의 이 사건 등록고안은 고안의 명칭이 "홀 아이씨 구동용 차폐자석이 구비된 휴대폰 케이스"에 관한 것으로서, 원고는 2016. 11. 4. 특허심판원에 이 사건 등록고안의 청구항 제1항을 정정하는 내용의 정정심판을 청구하였다.

이에 대해 특허심판원은 2018. 2. 20. 원고에게 정정청구 후의 청구항 제1항은 당해 기술분야에서 통상의 지식을 가진 자가 선행고안 1 내지 3으로부터 극히 용이하게 발명할 수 있는 것이어서 실용신안법 제33조에서 준용하는 구 특허법(2016. 2. 29. 법률 제14035호로 개정되기 전의 것) 제136조 제4항의 정정요건(독립특허요건) 중 실용신안법 제4조 제2항의 규정(진보성)을 충족하지 못한 것이므로 이 사건 정정은 불인정되어야 한다는 취지의 정정의견제출통지를 하였다.

이에 대응하여 원고는 2018. 4. 19. 정정 후 청구항 제1항을 정정하는 정정명세서 등 보정서를 제출하였으나, 특허심판원은 2018. 5. 17. 위와 같은 보정은 적법하나 그 보정사항이 반영된 정정 후 청구항 제1항은 여전히 통상의 기술자가 선행고안 1 내지 3으로부터 극히 용이하게 고안할 수 있는 것이므로, 원고의 이 사건 정정심판청구는 실

용신안법 제33조에 의해 준용되는 구 특허법 제136조 제4항, 실용신안법 제4조 제2항에 위배되어 부적법하다는 이유로 이 사건 정정심판청구를 기각하는 심결을 하였다.

이에 원고는 정정 후 청구항 제1항이 선행고안 1 내지 3에 의하여 진보성이 부정되지 않는다고 주장하면서 특허법원에 심결취소소송을 제기하였다.

2. 대상 판결의 요지

가. 특허법원 판결[1]

정정 후 청구항 제1항과 선행고안 1은 모두 '전면 및 후면, 일측면을 감싸는 형태'의 구성이고 '자석을 통해 휴대폰의 홀 아이씨에 자력신호를 보내 휴대폰을 제어하는 구성'을 가진다는 점에서 공통되고, 다만 정정 후 청구항 제1항과 선행고안 1은 2가지 점에서 차이가 있으나, 그 중 첫 번째 차이점의 경우 통상의 기술자가 선행고안 1의 휴대폰 케이스를 선행고안 3에 개시된 형태로 변경하여 전면부가 후면부 뒤로 젖혀지는 케이스를 도출하는 데 별다른 기술적 어려움이 있다고 보기 어렵고, 두 번째 차이점의 경우 선행고안 2에는 요크를 일측에 장착한 차폐자석을 자력의 강도를 약화시켜야 할 필요가 있거나 자기력으로 인하여 그 기능에 오류가 예상되는 전기 전자부품의 보호에서 이를 차폐하는데 사용할 수 있다는 점이 개시되어 있고, 을 제3, 4, 5호증에는 자력이 전자기기에 미치는 영향을 제어하기 위해 다양한 차폐수단이 진동모터, 스피커 등에 사용되고 있음이 개시되어 있으며, 을 제9호증(2012. 7. 22. 유튜브에 게시된 동영상)에는 휴대폰 케이스에 자석 및 자석 차폐판을 설치하는 모습이 나타나 있는 사실을 인정할 수 있으므로, 통상의 기술자가 선행고안 2의 요크를 전자제품에 해당하는 선행고안 1의 홀IC가 장착된 휴대폰의 케이스에 결합하는 것은 용이하므로, 결국 정정 후 청구항 제1항과 선행고안 1의 위 차이점 1, 2는 통상의 기술자가 선행고안 1에 선행고안 2 및 3을 결합하여 극히 용이하게 극복하여 도출해 낼 수 있으므로, 정정 후 청구항 제1항은 선행고안 1 내지 3에 의해 진보성이 부정되고, 이와 결론을 같이 한 심결은 적법하다.

나. 대법원 판결

(1) 실용신안법 제33조에서 준용하는 특허법 제136조 제6항은 정정심판에서 심판청

---

1) 특허법원 2018. 11. 1. 선고 2018허4584 판결.

구인에게 의견서 제출 기회를 부여함으로써 정정심판청구에 대한 심사의 적정을 기하고 심사제도의 신용을 유지한다는 공익상의 요구에 기인하는 강행규정이다. 따라서 정정심판이나 그 심결취소소송에서 정정의견제출 통지서를 통하여 심판청구인에게 의견서 제출 기회를 부여한 바 없는 사유를 들어 정정심판청구를 기각하는 심결을 하거나, 심결취소청구를 기각하는 것은 위법하다(대법원 2007. 4. 27. 선고 2006후2660 판결, 대법원 2012. 7. 12. 선고 2011후934 판결 등 참조). 특히 정정심판을 기각하는 이유가 선행고안에 의하여 고안의 진보성이 부정된다는 취지라면 특허청장이 취소소송절차에 이르러 비로소 제출한 자료들은, 선행고안을 보충하여 출원 당시 해당 고안과 동일한 기술분야에 널리 알려진 주지관용기술을 증명하기 위한 것이거나, 정정의견제출 통지서에 기재된 선행고안의 기재를 보충 또는 뒷받침하는 것에 불과한 경우라고 인정될 때 판단의 근거로 삼을 수 있다.

(2) 정정 후 청구항 제1항의 '전면 및 후면, 일측면을 감싸는 형태의 구성'과 '자석을 통해 휴대폰의 홀 아이씨에 자력신호를 보내 휴대폰을 제어하는 구성'은 선행고안 1과 공통된다. 그러나 선행고안 1은 휴대폰 케이스가 후면부 뒤로 젖혀질 수 없는 데 비하여 이 사건 제1항 고안은 후면부 뒤로 젖혀질 수 있고(차이점 1), 선행고안 1은 차폐기능이 없는 자석을 사용하나 이 사건 제1항 고안은 영구자석과 요크를 매개로 구현되어 자력 차폐기능이 있는 차폐자석을 사용한다는 차이점(차이점 2)이 있다.

위 차이점 1은 뒤로 젖혀지는 형태의 휴대폰 케이스인 선행고안 3에 나타나 있고, 차이점 2는 차폐자석 그 자체인 선행고안 2에 나타나 있으나, 정정 후 청구항 제1항은 그 청구범위를 뒤로 젖혀지는 구성으로 한정하여 '휴대폰 케이스 전면부의 휴대폰에 내장된 홀 아이씨와 대응되는 지점에 차폐자석을 사용함으로써 휴대폰 케이스의 전면부를 후면부 뒤로 젖힘에 따라 발생할 수 있는 센서의 오동작 방지'를 기술적 과제로 하는 반면, 선행고안 1은 휴대폰 케이스가 닫혀 있을 때 외부 압력으로 휴대폰 키입력부가 눌려져 휴대폰이 켜지는 등의 오작동을 방지하는 것을 기술적 과제로 하여, 물리적 자극이 아닌 자력과 자력에 대한 홀센서의 반응만으로 그 작동을 조절하는 것을 해결수단으로 하고, 선행고안 3은 휴대폰의 구동과는 무관하게 휴대폰 자체를 물리적으로 보호하기 위한 케이스이고, 선행고안 2는 일반적인 전기·전자 분야에서 사용될 수 있는 차폐자석으로서, 선행고안들의 내용에 이들을 결합할 동기나 암시가 나타나 있지 않고, 전자 제품 부품에서 차폐판 또는 요크를 사용한 자력 차폐기술이 나타나 있는 을 제3 내지 5호증의 각 기재만으로는 통상의 기술자가 영구자석과 요크를 일체화한 차폐자석을 휴대폰 케이스에 극히 쉽게 적용할 수 있다고 보기 어렵다.

원심은 피고가 원심에서 비로소 제출한 이 사건 출원 전 유튜브에 게시된 동영상(을 제9호증)을 주지관용기술에 대한 증거로 보아 진보성 부정의 근거로 삼았다. 그러나 위 동영상은 홀 아이씨 내장 휴대폰을 대상으로, 선행고안 3과 같은 휴대폰 케이스의 전 면부에 영구자석을 부착하고, 이를 뒤로 젖혔을 때 영구자석에 대응하는 위치에 차폐 판을 부착하여 일명 '스마트 케이스'를 만드는 과정을 담고 있는바, 이는 새로운 공지 기술에 대한 것일 뿐, 정정심판청구 기각의 근거가 된 선행고안들을 보충하는 취지의 주지관용기술에 대한 증거라거나, 정정의견제출 통지서에 기재된 선행고안의 기재를 보충 또는 뒷받침하는 것에 불과하다고 보기 어렵다. 따라서 이를 심결의 당부를 판단 하는 근거로 삼을 수 없다.

Ⅱ. 해 설

1. 정정심판절차에서의 정정불인정 의견제출 기회 부여의 취지 및 법적 성격

정정심판에 관한 특허법 제136조 제6항은 "심판관은 제1항에 따른 심판청구가 다음 각 호의 어느 하나에 해당한다고 인정하는 경우에는 청구인에게 그 이유를 통지하고, 기간을 정하여 의견서를 제출할 수 있는 기회를 주어야 한다."고 규정하고 있고, 이러 한 정정불인정이유에 대한 의견서 제출기회 부여는 특허무효심판절차에서의 특허의 정 정의 경우에도 그대로 준용되고 있다(특허법 제133조의2 제4항). 청구인은 정정불인정 의 견 제출 통지에 대응하여 심리의 종결 통지 전에 심판청구서에 첨부된 정정한 명세서 또는 도면에 대하여 보정할 수 있다(특허법 제136조 제11항).[2]

이와 같이 특허의 정정심판절차 또는 특허무효심판절차에서의 정정청구에 있어서 정 정청구인에게 정정불인정이유에 대한 의견서 제출기회를 부여하는 것은 정정청구에 대 한 심사의 적정을 기하고 심사제도의 신용을 유지하기 위한 공익상의 요구에 기인하는

---

2) 위 특허법 제136조 제11항은 특허법이 2001. 2. 3. 법률 제6411호로 개정되면서 신설된 조항으로서, 위 개정 전에는 청구인이 부적법한 정정을 보정하고자 할 경우 특허법 제140조 제2항의 심판청구서 보정 규정(심판청구서의 보정은 그 요지를 변경할 수 없다. 다만 청구의 이유에 대하여는 그러하지 아니하다)에 따라 보정을 하여 왔으나, 심판청구서에 첨부된 정정한 명세서 또는 도면을 심판청구서 와 같이 볼 수 있는가에 대하여 해석상 논란의 소지가 있었는데, 위 개정법을 통하여 보정이 허용됨 을 명확하게 한 것이다. 박태일, "특허무효심판절차에서의 정정청구와 의견서 제출 기회 부여", 「특 허판례연구」, 박영사, 2017, 643면.

이른바 강행규정이므로, 정정심판이나 그 심결취소소송에서 정정의견제출통지서를 통하여 심판청구인에게 의견서 제출 기회를 부여한 바 없는 사유를 들어 정정심판청구를 기각하는 심결을 하거나 심결취소청구를 기각하는 것은 위법하고, 다만 정정의견제출통지서에 기재된 사유와 다른 별개의 새로운 사유가 아니고 주된 취지에 있어서 정정의견제출통지서에 기재된 사유와 실질적으로 동일한 사유로 정정심판을 기각하는 심결을 하거나 그 심결에 대한 취소청구를 기각하는 것은 허용된다는 것이 우리 대법원 판례의 확고한 입장으로 보인다(대법원 2007. 4. 27. 선고 2006후2660 판결, 대법원 2012. 7. 12. 선고 2011후934 판결). 대상판결도 이 점을 재확인하고 있다.

의견서 제출기회의 부여에 관한 이러한 대법원 판례의 입장은 정정심판 또는 무효심판에서의 정정청구의 경우 뿐만 아니라, 지금은 폐지된 특허이의절차에서의 정정청구에 있어서 정정불인정이유에 대한 의견서 제출기회 부여를 규정한 구 특허법(2006. 3. 3. 법률 제7871호로 개정되기 전의 것) 제77조 제3항에 관한 종전 대법원 판결에서도 이미 확인된 바 있다(대법원 2003. 11. 13. 선고 2003후83 판결). 또한, 절차보장규정으로서의 의견제출 기회의 부여 관련 규정은 정정심판청구 또는 정정청구의 경우 외에 특허출원에 대한 거절결정을 하는 경우에 관해서도 이와 비슷한 취지로 규정되어 있는데[3], 이에 대해서도 우리 대법원은 이미 거절결정에서의 위와 같은 의견제출 기회 부여에 관한 위 특허법 규정은 강행규정이고, 만일 거절사정에 대한 심판에서 그 거절사정의 이유와 다른 거절이유를 발견한 경우에는 거절이유의 통지를 하여 특허출원인에게 새로운 거절이유에 대한 의견서 제출의 기회를 주어야 하지만, 거절사정에 대한 심판청구를 기각하는 심결 이유가 그 주된 취지에서 거절사정의 이유와 부합하는 경우에는 거절사정의 이유와 다른 별개의 새로운 이유로 심결을 한 것으로 볼 수 없으므로, 이러한 경우에까지 특허출원인에게 새로이 거절이유를 통지하여 그에 대한 의견서 제출의 기회를 주어야 하는 것은 아니라고 판시함으로써(대법원 2007. 7. 26. 선고 2006후1766 판결, 대법원 2003. 10. 10. 선고 2001후2757 판결 등), 거절결정에 대한 의견서 제출기회 부여 규정을 정정불인정이유에 대한 의견서 제출기회 부여와 동일하게 취급하고 있는 것으로 보인다.

---

3) **특허법 제63조(거절이유통지)** 심사관이 특허법 제62조에 따라 특허거절결정을 하려는 경우에는 특허출원인에게 거절이유를 통지하고, 기간을 정하여 의견서를 제출할 수 있는 기회를 주어야 한다.

2. 의견서 제출 기회를 부여한 바 없는 새로운 사유인지 여부의 판단기준

의견서 제출 기회를 부여하는 것은 강행규정의 성격을 가지므로, 실무에서는 정정심판에서 심판청구인의 청구를 기각하는 심결을 하거나 또는 그 심결취소소송에서 정정심판청구인의 심결취소의 청구를 기각하는 판결을 할 경우 그 기각 사유가 정정심판청구인에게 의견제출 기회가 부여된 바가 없는 새로운 사유인지 아니면 이미 의견제출의 기회가 부여된 사유인지 여부의 판단이 매우 중요하다. 이에 관하여 우리 대법원은 앞서 본 바와 같이 정정의견제출통지서에 기재된 사유와 다른 별개의 새로운 사유가 아니고 주된 취지에 있어서 정정의견제출통지서에 기재된 사유와 실질적으로 동일한 사유에 해당한다면 정정심판을 기각하는 심결을 하거나 그 심결에 대한 취소청구를 기각하는 것은 허용된다고 판시하고 있다. 여기서 정정의견제출통지서에 기재된 사유와 주된 취지에 있어서 실질적으로 동일한 사유인지 아니면 그와 다른 별개의 새로운 사유인지 여부는 개별 사건에서 심판관의 정정의견제출통지서에 기재된 사유와 정정심판청구를 기각한 특허심판원 심결의 이유 또는 심결취소소송에서 심판청구인의 청구를 기각한 특허법원 판결의 이유를 대조하여 정정청구인에게 정정 불인정 사유에 대하여 의견을 제출하거나 또는 정정 명세서 내지 도면의 보정을 통하여 이를 극복할 수 있는 절차적 기회가 부여되었다고 볼 수 있을 것인지 여부라는 관점에서 구체적으로 판단할 수밖에 없을 것이다.

특허법 제136조 제6항은 심판관은 정정심판청구가 다음 각 호의 어느 하나에 해당한다고 인정하는 경우에는 청구인에게 그 이유를 통지하고 기간을 정하여 의견서를 제출할 수 있는 기회를 주어야 한다고 하면서, 제1항 각 호의 어느 하나에 해당하지 아니한 경우(제1호), 제3항에 따른 범위를 벗어난 경우(제2호), 제4항 또는 제5항을 위반한 경우(제3호) 등 여러 가지를 규정하고 있기 때문에, 의견제출의 기회가 부여되어야 하는 정정 불인정 사유에는 정정청구사유의 제한, 신규사항 추가 금지, 실질적 확장 내지 변경 금지, 독립특허요건 위반 등 여러 가지가 있을 수 있다. 어느 경우이든 심판청구인에 대한 심판관의 정정의견제출통지서에는 심결 또는 판결이 정정심판청구가 부적법하다고 판단한 이유와 주된 취지에 있어서 실질적으로 동일한 사유가 기재되어 있어야 할 것이다. 따라서 만일 정정의견제출통지서에는 정정이 청구범위를 실질적으로 확장하거나 변경하는 경우에 해당한다고 기재되어 있는데 심결 또는 판결이 그와는 다른 사유, 예컨대, 정정사항이 명세서 또는 도면에 기재된 사항의 범위를 벗어난 것에 해당한다거나 독립특허요건에 위반된다는 등의 사유를 들어 정정심판청구를 기각하거나 심결취소소송을 기각하는 것은 심판청구인에게 의견서 제출의 기회를 부여하지 아니한 절차적 위법을 범한 것으로서 위 심결 또는 판결은 그 자체로 부적법한 것이 될 것이다.

또한 정정의견제출통지서에 기재된 정정 불인정 사유와 심결 또는 판결이 정정이 부적법하다고 판단한 이유가 외견상으로는 서로 동일한 것처럼 보인다고 하더라도 그 구체적인 내용을 가지고 실질적으로 살펴볼 때 주된 취지가 서로 일치한다고 보기 어렵다면, 역시 그와 같은 심결 또는 판결은 부적법하다고 보아야 한다. 예컨대, 정정의견제출통지서에는 정정사항 A가 명세서 또는 도면의 기재된 사항의 범위를 벗어난 것이라고 기재되어 있음에도 심결 또는 판결이 정정사항 B가 명세서 또는 도면의 기재된 사항의 범위를 벗어난 것이라는 이유로 정정이 부적법하다고 판단하는 것은 허용될 수 없고, 독립특허요건 중 동일한 기재불비 또는 진보성 부정이라고 하더라도 그 대상이 되는 특허 청구항의 내용이 실질적으로 다른 경우에도 역시 허용될 수 없을 것이다.

정정심판청구 또는 정정청구 사건에 있어서 주된 취지에서 실질적으로 동일한 것인지 여부가 실제로 판단된 사례를 살펴보면, i) 정정의견제출통지서에서는 '청구항 제1항'을 대상으로 '열융착 방식을 사용하는 구성'이 신규사항 추가라는 것이었는데 원심은 청구항 제2항이 청구항 제1항의 종속항임을 전제로 '청구항 제2항'에 대하여 '열융착 방식과 초음파 방식을 함께 사용하는 구성'이 명세서에 없어 신규사항 추가에 해당한다는 이유로 정정청구가 받아들여질 수 없다고 판단한 경우, 청구항 제2항은 청구항 제1항의 구성 중 일부를 바꾸는 것으로서 실질적으로 독립항에 해당하는 것이므로 대상 청구항이 다를 뿐만 아니라 정정을 불인정하는 취지에도 차이가 있다고 판단한 사례(대법원 2012. 7. 12. 선고 2011후934 판결),[4] ii) 원심은 정정 후 이 사건 제1항 발명이 비교대상발명 1 및 2에 의하여 진보성이 부정되므로 특허출원시 특허받을 수 없다는 이유로 심결취소청구를 기각하였는데 이러한 사유는 당초 정정거절이유에 포함된 것이어서 새로운 정정거절이유가 아니고, 원심이 채용한 갑 제9호증 및 을 제5호증은 당초의 정정의견제출통지서에 기재되어 있지 않은 증거들이긴 하나 갑 제9호증은 새로운 증거로 정정을 거절하고 있는 것이 아니라 비교대상발명 1의 '통신모듈'이 정정 후 이 사건 제1항 발명의 '접속단자대'와 실질적으로 동일한 것임을 설명하면서 비교대상발명 1의

---

4) 다만, 청구항 제1항에 대한 정정은 정정의견제출통지서에 기재된 바와 같이 특허명세서에서 배제되어 있었던 열융착 방식을 추가하는 정정으로서 신규사항 추가에 해당하므로, 정정청구가 받아들여질 수 없다고 판단한 것은 결론에 있어서 정당하다고 판단하였다.

기재를 보충하는 자료로서 사용된 것이고, 을 제5호증은 '공동배관'이 이 사건 특허발명의 우선권주장일 당시 주지의 기술사상에 지나지 않는다는 것을 보이기 위해 이를 뒷받침하거나 비교대상발명 2를 보충하는 자료로서 사용된 것이므로, 원심이 정정심판에 관한 강행법규를 위반하거나 심리범위를 일탈하였다고 볼 수 없다고 한 사례(대법원 2007. 4. 27. 선고 2006후2660 판결)가 있다.[5] 그 중 후자는 대상판결과 마찬가지로 진보성 부정을 이유로 정정심판이 기각된 경우 그 심결취소소송을 담당하는 법원이 판단 근거로 삼을 수 있는 증거자료의 범위에 관한 것으로서, 뒤에서 별도로 살펴보기로 한다.

한편 거절결정에 대한 사건에서 주된 취지에서 실질적으로 동일한 것인지 여부에 관하여 판단된 실제 사례들(다만 진보성과 관련된 사례들은 뒤에서 별도로 살펴본다)을 살펴보면, i) 특허청구범위가 발명의 상세한 설명에 의하여 뒷받침되지 않는다는 이유(기재불비)로 거절이유통지 및 거절결정이 있었던 사안에서, 심사관의 거절사정이유와 특허심판원의 거절사정을 유지하는 심결은 그 세부적인 표현 내용에서는 일치한다고 할 수는 없지만, 모두 이 사건 제1항 발명의 분말 소결체의 선택과 관련된 부분에 관한 특허청구범위의 내용과 발명의 상세한 설명의 내용이 일치하지 아니하여 특허청구범위가 상세한 설명에 의하여 뒷받침된다고 할 수 없어 구 특허법 제42조 제4항 제1호에 위반된다고 하는 주된 취지에 있어 서로 부합한다고 판단한 사례(대법원 2008. 4. 24. 선고 2006후329 판결), ii) 출원발명에 대하여 필수구성요소를 모두 기재하였다고 볼 수 없고 필수구성요소 상호간의 연결관계가 불명료하다는 취지(기재불비)의 거절이유통지 및 거절결정이 있었던 사안에서, 거절사정의 이유와 심결의 이유는 세부적인 표현내용에서 일치한다고는 할 수 없지만, 양자는 모두 발명을 이루는 구성요소가 불분명하여 구 특허법 제42조 제4항 제2호에 위반된다고 하는 주된 취지에서 서로 부합한다고 판단한 사례(대법원 2007. 7. 26. 선고 2006후1766 판결), iii) 출원발명이 인용발명 1에 의하여 진보성이 없다는 취지의 거절사정이 있었는데 심결에서는 초록인 인용발명 1의 전문(全文)에 해당하는 인용발명 2에 의하여 진보성이 없다는 이유로 거절사정이 정당하다고 판단된 사안에서, 인용발명 1과 인용발명 2는 출원발명과의 대비와 관련된 구성에 있어서 실질적으로 동일하여 위 심결의 이유는 거절사정의 이유와 주된 취지에 있어서

---

5) 참고로, 앞서 언급한 대법원 2003. 11. 13. 선고 2003후83 판결은 특허등록결정 후 진행된 이의절차에서 정정청구를 하였다가 정정을 인정하면서도 정정 후의 특허가 진보성이 부정된다는 이유로 특허등록의 취소결정을 한 사안에서, 그 취소결정에 앞서 심사관 합의체가 특허권자에게 의견서 제출 기회 자체를 부여하지 아니한 것이 위법하다고 판단한 사례이다.

서로 부합하여 실질적으로 동일하다고 할 수 있다고 판단한 사례(대법원 2003. 12. 26. 선고 2001후2702 판결), iv) 출원인에게 출원발명의 진보성이 부정된다는 거절이유통지를 하였을 뿐 신규성이 없다는 이유로 의견서제출통지를 한 바 없었던 사안에서, 신규성이 없다는 것과 진보성이 없다는 것은 원칙적으로 특허를 받을 수 없는 사유로서 독립되어 있다는 이유로, 출원인에게 발명의 요지를 보정할 기회도 주지 않은 채 진보성 부정을 이유로 거절결정을 유지한 심결은 위법하다고 판단한 사례(대법원 2002. 11. 26. 선고 2000후1177 판결), v) 원사정에서 거절사유로 삼은 특허청구의 범위 제39항과 항고심판인 원심에서 거절이유로 삼은 특허청구의 범위 제57항은 서로 발명의 대상 및 그 기술적 구성이 전혀 달라 동일한 발명이라고 볼 수 없으므로, 비록 원사정의 이유와 원심의 이유의 요지가 다같이 발명의 진보성이 인정되지 아니한다는 것이라고 하더라도, 양자는 그 거절이유의 주지에 있어서 서로 부합하지 아니한다고 판단한 사례(대법원 2000. 1. 14. 선고 97후3494 판결) 등이 있다.

3. 진보성 부정을 이유로 정정심판을 기각한 심결에 대한 취소소송에서 판단 근거로 허용되는 새로운 증거자료의 범위

대상판결은 정정심판절차에서의 정정불인정 의견제출 기회 부여의 취지 및 법적 성격에 관하여 종전 법리를 재확인한 후 바로 그 다음 문장에서 "특허 정정심판을 기각하는 이유가 선행고안에 의하여 고안의 진보성이 부정된다는 취지라면 특허청장이 취소소송절차에 이르러 비로소 제출한 자료들은, 선행고안을 보충하여 출원 당시 해당 고안과 동일한 기술분야에 널리 알려진 주지관용기술을 증명하기 위한 것이거나, 정정의견제출 통지서에 기재된 선행고안의 기재를 보충 또는 뒷받침하는 것에 불과한 경우라고 인정될 때 판단의 근거로 삼을 수 있다."고 판시함으로써, 진보성 부정을 이유로 정정심판을 기각한 심결에 대한 취소소송에서 새롭게 제출된 자료는 i) 선행고안(발명)을 보충하여 주지관용기술을 증명하기 위한 것이거나 ii) 정정의견제출 통지서에 기재된 선행고안(발명)의 기재를 보충 또는 뒷받침하는 것에 불과한 경우에 한하여 판단 근거로 삼을 수 있다는 법리를 새롭게 제시하고 있다. 대상판결은 위와 같은 법리를 기초로, 원심이 진보성 부정 판단의 근거로 삼은 자료들 중 유튜브 동영상(을 제9호증)은 새로운 공지기술에 대한 자료일 뿐 판단 근거로 허용되는 위 2가지 경우에 해당하는 자료로 볼 수 없으므로, 위 유튜브 동영상을 근거로 진보성이 부정된다고 판단한 원심은 위법하다고 판단하고 있다.

대상판결의 위 법리는 그 문맥상 바로 앞 문장에 제시된 대상판결의 기존 법리(의견 제출 기회 부여의 취지 및 법적 성격)의 연장선상에서 기존 법리를 진보성 부정을 이유로 정정심판청구를 기각하는 경우에 구체적으로 적용하여 도출한 것으로 이해된다. 즉, 진보성 부정을 이유로 정정심판청구를 기각한 경우의 심결취소소송에 있어서, 소송 단계에서 새롭게 제출된 자료가 의견제출통지서에서 진보성 부정의 근거로 제시된 선행발명에 대한 것이 아니라 새로운 선행발명에 대한 것이라면 법원이 그 자료를 근거로 진보성이 없다고 하여 심결취소청구를 기각하는 것은 결국 의견서 제출 기회가 부여된 바 없는 새로운 진보성 부정 사유를 들어 정정심판청구를 배척하는 것이 되어 허용될 수 없을 것이다. 왜냐하면, 진보성 부정의 기초가 되는 선행발명이 달라지면 기본적으로 진보성 부정의 실질적인 사유도 달라진다고 보아야 하기 때문이다.[6] 하지만, 소송 단계에서 비록 새로 제출된 자료라 하더라도 여전히 정정의견제출통지서에 기재된 진보성 부정 사유와 주된 취지에서 실질적으로 동일하다고 볼 수 있는 경우라면 그 자료를 근거로 심결취소청구를 기각하는 것이 허용되는 경우가 있을 수 있다. 대상판결은 바로 이러한 관점에서 심결취소소송 절차에 이르러 비로소 제출된 자료라고 하더라도 그것이 "선행고안을 보충하여 출원 당시 해당 고안과 동일한 기술분야에 널리 알려진 주지관용기술을 증명하기 위한 것이거나, 정정의견제출 통지서에 기재된 선행고안의 기재를 보충 또는 뒷받침하는 것에 불과한 경우"라면 법원이 그 자료를 근거로 판단하더라도 실질적으로는 의견제출통지서에 기재된 진보성 부정 사유와 주된 취지에서 동일하다고 볼 수 있으므로 허용된다는 취지를 제시한 것으로 보인다.

대상판결이 심결취소소송에서 판단 근거로 삼을 수 있다고 허용한 위 2가지 경우는 아래에서 보는 바와 같이 과거 구체적인 사례에 나타난 내용을 일반화된 법리로서 승

---

6) 비록 거절결정에 관한 사건이기는 하나, 대법원 2001. 5. 29. 선고 98후515 판결도 인용발명이 다른 경우에는 특별한 사정이 없는 한 거절이유도 다른 것으로 보아야 한다고 판단하였고(원사정에서는 출원발명이 인용발명 1로부터 진보성이 없다는 것을 거절이유로 삼은 것에 비하여 항고심판에서는 같은 청구항에 대하여 인용발명 1 및 2를 합쳐 보면 진보성이 없다고 판단한 경우, 양자는 그 거절이유의 주지에 있어서 서로 부합하지 아니한다), 대법원 2003. 10. 10. 선고 2001후2757 판결도 거절사정에 대한 심사전치 절차에서 출원발명이 선행발명 2개에 의해 진보성이 부정된다는 거절이유통지가 있었는데 심결은 출원발명의 상세한 설명에 기재된 공지된 기술을 근거로 진보성이 부정된다는 이유로 거절사정을 유지한 사안에서, 거절이유통지에서 진보성 부인의 이유로 제시한 선행발명 2개는 구 특허법 제29조 제1항 제2호 소정의 '반포된 간행물'에, 심결이 진보성 부정의 근거로 삼은 공지기술은 출원인이 상세한 설명에 종래 기술로 기재한 것으로서 구 특허법 제29조 제1항 제1호 소정의 '공지된 기술'에 각 해당할 수 있는 것이어서 특단의 사정이 없는 한 이는 별개의 거절이유로 된다는 이유로, 거절이유통지에서 제시한 거절이유와 심결의 거절이유는 그 주지에서 부합하는 것이라고 할 수 없다고 판단하였다.

격시킨 의미가 있다고 해석된다. 즉, 정정심판에 관한 대법원 2007. 4. 27. 선고 2006후2660 판결은 "원심이 채용한 갑 제9호증 및 을 제5호증은 당초의 정정의견제출통지서에 기재되어 있지 않은 증거들이긴 하나 갑 제9호증은 새로운 증거로 정정을 거절하고 있는 것이 아니라 비교대상발명 1의 '통신모듈'이 정정 후 이 사건 제1항 발명의 '접속단자대'와 실질적으로 동일한 것임을 설명하면서 비교대상발명 1의 기재를 보충하는 자료로서 사용된 것이고, 을 제5호증은 '공동배관'이 이 사건 특허발명의 우선권주장일 당시 주지의 기술사상에 지나지 않는다는 것을 보이기 위해 이를 뒷받침하거나 비교대상발명 2를 보충하는 자료로서 사용된 것이므로, 원심이 정정심판에 관한 강행법규를 위반하거나 심리범위를 일탈하였다고 볼 수 없다"고 판단함으로써 선행발명의 기재를 보충하거나{대상판결의 ii)의 경우} 위 주지의 기술을 입증하기 위한 경우{대상판결의 i)의 경우}에는 허용된다고 판단한 바 있다. 그 외에도 거절결정에 관한 대법원 2011. 10. 13. 선고 2009후4322 판결도 "원심에 제출된 을 제8호증의 1, 2는 약제학 분야의 교과서로 그 기술분야에서 널리 활용되는 문헌이므로 그 내용은 주지관용의 기술로 예시되는 자료라고 할 것이고, 을 제9, 10호증의 항산화제를 사용한다는 기재도 주지관용의 기술로 예시되는 자료에 불과하므로, 그것이 거절결정에서 들고 있지 않은 새로운 거절이유라거나 새로운 증거라고 할 수 없다"고 판단함으로써, 대상판결의 i)의 경우에 해당하는 자료가 허용된다는 점을 밝힌 바 있다.

이러한 대상판결의 법리는 향후 정정심판청구 사건(다만, 특허무효심판청구절차에서의 정정청구의 경우 무효심판이 청구된 청구항을 정정하는 경우에는 독립특허요건이 적용되지 않으므로, 그와 같은 경우에는 정정불인정 사유로서 진보성이 문제될 여지는 없을 것이다)과 이와 거의 동일한 법리가 적용될 수 있는 거절결정 불복심판청구 사건에서 실무상 중요한 기준이 될 것으로 예상된다.

다만, 대상판결의 법리는 그 문언의 형태를 살펴보면 법원의 판단 근거가 될 수 있는 새로운 자료의 범위를 일정한 경우로 한정하는 형태를 취하고 있다. 따라서 대상판결의 위 법리를 형식적으로 반대 해석하게 되면, 소송 단계에서 새롭게 제출된 자료들 중 위 2가지 경우에 해당하여야만 판단 근거로 삼을 수 있고, 위 2가지 경우에 해당하지 않는 자료는 법원이 판단 근거로 삼을 수 없다는 결과가 된다. 그러나 실제로는 심결취소소송 단계에서 진보성과 관련하여 위 2가지 경우 외에도 단순한 배경기술, 기술의 발전 방향, 통상의 기술자의 기술 수준, 결합의 용이성 등과 같이 다양한 경우에 있어서 법원의 판단 근거가 되어야 할 필요가 있을 수도 있는데, 위 2가지 경우에 해당하지 않는다는 이유로 일률적으로 법원의 판단 근거가 될 수 없다고 단정할 수 있는지 의문이 있다. 차라리 위 2가지 경우를 제한적이 아닌 예시적인 형태로 하면서 그 뒷부분에 "~등과 같이 새로운 선행고안을 증명하기 위한 것이 아닌 경우"와 같은 추상적인 문구를 적절히 추가함으로써 향후 위 법리가 좀 더 유연하게 적용될 수 있도록 하는 것이 어땠을까 하는 생각도 든다.

또한 대상판결의 법리 중 앞부분의 주지관용기술과 관련된 부분에서는 별다른 수식어 없이 "선행고안을 보충하여"라고만 되어 있는 반면, 뒷부분에서는 "정정의견제출 통지서에 기재된 선행고안의 기재를"이라고 표현되어 있다. 이러한 차이는 주지관용기술의 경우 그 기술 내용에 따라서는 정정의견제출 통지서에 기재되지 않은 것이라도 진보성 부정의 근거로 허용되어 정정심판청구를 기각하는 것이 가능한 경우도 있을 수 있기 때문으로 보인다. 물론 주지관용기술이라 하더라도 만일 그것이 독립하여 공지된 선행발명과 결합하여 진보성이 부정된다는 이유로 정정심판청구를 기각하거나 심결취소청구를 기각하기 위해서는 정정의견제출 통지서에는 결합의 대상이 되는 주지관용기술까지도 제시되어 있어야 할 것이다.

4. 대상판결의 의의

대상판결은 정정심판청구에 있어서 특허법 제136조 제6항에 규정된 심판청구인에 대한 의견 제출 기회 부여의 법적 의미 및 성격에 관하여 기존에 확립된 법리를 재확인함과 동시에, 정정 불인정 사유가 특히 진보성이 부정된다는 취지인 경우에 있어서 정정심판에 대한 심결취소소송의 법원이 판단 근거로 삼을 수 있는 새로운 증거자료의 범위에 관하여 최초로 새로운 기준을 제시하고 있다는 점에서 의미가 있다. 실무상 대부분의 정정심판청구를 기각하는 이유 중 진보성 흠결에 따른 독립특허요건이 상당한 비율을 차지하는 점을 감안할 때, 대상판결의 법리는 향후 특허심판원의 정정심판절차 및 그에 대한 특허법원의 심결취소소송의 실무에 미치는 영향이 적지 않을 것으로 생각된다. 향후 실무상 적용 과정을 통하여 위 법리가 좀 더 정교하게 보완 내지 발전되기를 기대한다.

참고문헌

박태일, "특허무효심판절차에서의 정정청구와 의견서 제출 기회 부여", 「특허판례연구」, 박영사, 2017.

윤선희, 「특허법」, 제6판, 법문사, 2019.

정상조·박성수 공편, 「특허법주해 Ⅰ」, 박영사, 2010.

대법원 2020. 7. 23. 선고 2019도9547 판결을 중심으로

구성요소 완비의 원칙(AER)에 따른 실용신안권침해 판단

배 대 헌 (경북대학교 법학전문대학원 교수)

I. 머리말

고안과 발명이 모두 기술적 사상(technological idea)의 창작이라는 공통점을 가지면서 고안은 작은 '발명'(petty invention; small invention)으로 이름 붙여 그에 관한 법리적 기초를 발명·특허권에 의지하고 있다. 이 법리적 기초에 따라 특허발명의 보호범위가 특허청구범위에 적혀 있는 사항에 의하여 정하여지는 것처럼 실용신안권의 경우에도 마찬가지이다(특허법 제97조; 실용신안법 제28조). 실제 특허권 또는 실용신안권이 침해되었는지 여부를 판단할 때, 각 법률에 명시한 청구범위에 적혀 있는 사항에 의하여 정하여진 권리범위에 속하는지 여부를 살펴보게 된다. 구체적으로 그 청구범위를 정하는 모든 구성요소가 비교대상과 일치하는지 그렇지 않은지 여부로 특허권 또는 실용신안권이 침해되었는지를 판단한다.

그런데 실제 발명 또는 고안의 모든 구성요소가 발명 또는 고안의 실체라고 말할 수 있는데, 그 청구범위의 모든 구성요소가 하나의 발명(또는 고안)에 해당한다. 어떤 구성요소이든 개별 구성요소는 각 특허발명 또는 등록실용신안의 권리범위를 정하는데 빠질 수 없는 사항이다. 이에 모든 구성요소 가운데 어느 하나라도 결여되어 있다면 동일한 발명 또는 고안으로 볼 수 없다. 이러한 법리적 기초로부터 세계 각국은 특허권

침해를 판단할 때, 구성요소완비의 원칙(All Elements Rule: AER)을[1] 세워 판단기준으로 적용하고 있다. 이 원칙은 특정한 구성요소를 주요한 또는 핵심적 요소로 정하고 그렇지 아니한 요소를 부차적 요소로 분류하지 적용하지 않는다. 모든 구성요소를 동일하게 다루어 어느 한 구성요소라도 결여되었다면 특허권 또는 실용신안권을 침해하였다고 판단할 수 없음을 법리로 확인하고 실무에서 오랫동안 이를 적용하여 왔다.

이 글은 아래에서 구성요소완비의 원칙을 적용하여 실용신안권을 침해하였는지 여부를 판단하였던 사건판결을 살펴보면서 종래 대법원이 판단하였던 법리적 기초를 수긍하면서도 구성요소완비의 원칙을 이끌어내는 실용신안법의 근거규정을 명확하게 설시하지 못하였던 문제점을 검토한다. 이 사건판결에서 실용신안권침해의 판단뿐만 아니라, 디자인권침해의 판단을 함께 다루었지만, 이 글에서 전자에 관한 논의에 한정하여 특허권(또는 실용신안권) 침해 여부를 판단한 논의에 집중하여 구성요소완비의 원칙이 실무에서 어떻게 적용되고 있는지를 구체적으로 살펴본다.

II. 판결의 개요

1. 사건의 개요

피해자 A는 2015. 6. 16. 대한민국 특허청에 등록된 발가락 교정기에 관한 실용신안(등록번호 20-0477542)의 전용실시권자이고, 위 실용신안에 대하여 2016. 12. 7. 대한민국 특허청에 디자인등록(등록번호 30-0885468)한 디자인권자이다. B는 전자상거래업에 종사하면서 2017. 3.경 위 등록실용신안과 같은 발가락 교정기를 생산·판매하여 A의 전용실시권 및 디자인권을 침해하였고, 이에 피해자 A는 실용신안권 등을 침해하였다고 점에 따라 B에 대한 형사처벌을 구하였다.

이 사안에서 B(피고인)의 실시제품이 등록실용신안 및 등록디자인에 관한 자신의 권리와 이용관계가 성립한다는 점에 따라 피고인 행위가 실용신안법 제45조 제1항(실용신안권 침해), 디자인보호법 제220조 제1항(디자인권 침해)에 규정한 범죄에 해당하는지 여부를 판단하였다. 1심 법원은 피고인 B의 행위가 피해자 A의 전용실시권 등을 침해하였다고 판단하여 벌금 200만 원에 처한다고 판결하였고, 이에 피고인은 항소하였다. 항

---

1) 이를 All Limitations Rule(ALR)로 바꾸어 표기하기도 한다(Dawn Equip. Co. v. Kentucky Farms Inc., 140 F.3d 1009, 1014 n.1 (Fed. Cir. 1998).

소심에서 피고인 B의 실시제품이 이 사건 등록실용신안에 관한 전용실시권을 침해하였다는 이유로 위 실용신안법위반죄 등의 성립을 인정한 원심의 판단이 정당하다고 보았다. 이에 피고인은 상고하였고, 대법원은 원심판결을 파기하고 사건을 수원지방법원 합의부에 환송하였다.

2. 대상판결의 요지

가. 원심심결

이 사건 등록실용신안과 피고인 실시제품은 모두 바닥부 위에는 발가락 사이마다 4개의 발가락 삽입 기둥이 돌출되어 있고 두 번째와 세 번째 및 네 번째 발가락을 삽입하는 기둥부의 머리 부분은 연결부재로 비스듬히 연결된 상태로 발가락에 끼워져 고정되도록 구성하였다. 고안의 핵심 부분은 '발가락에 끼워져 고정되도록 함으로써 디딤발을 사용하는 올바른 걸음걸이로 교정하고 몸 전체의 체중을 다섯 발가락으로 분산시켜 몸이 한쪽으로 쏠리지 않도록 척추와 다리를 바르게 교정할 수 있다'는 것이었다.

1심 법원과 항소심 법원은 이 핵심 부분에서 등록실용신안과 피고인 실시제품을 비교할 때, 본질적인 차이가 없어서 과제의 해결원리가 동일하다고 보았다. 또한, 피고인 실시제품의 변경에 따른다 하더라도 실질적으로 동일한 작용효과를 나타내며, 이와 같이 변경하는 것이 이 사건 등록실용신안이 속하는 기술분야에서 통상의 지식을 가진 사람이라면 누구나 쉽게 생각할 수 있는 것으로 판단하였다.[2]

이에 대하여 피고인은 자신의 실시제품이 이 사건 등록실용신안의 요지에 기재된 '자가발전되어 발광하는 발광부', '전원을 공급받아 발광하는 엘이디', '교정돌기의 상측면에 도포하여 형성된 향기발산층'을 포함하고 있지 아니하므로 이용관계에 있지 아니하다는 취지로 주장하였다. 이에 항소심은 이 사항들은 이 사건 등록실용신안의 부차적인 사항에 불과하고 주요하거나 본질적인 사항에 대하여 과제의 해결원리와 작용효과가 동일하다면 이 부차적 사항으로써 그 이용관계를 부인할 사정이 되지 못한다고 판단하였다. 이러한 점 등을 종합하여 항소심 법원은 피고인 실시제품이 이 사건 등록실용신안에 관한 전용실시권을 침해하였다는 이유로 실용신안법위반죄를 인정한 1심의 판단을 정당하다고 보고 피고인의 항소를 기각하였다.[3]

---

2) 수원지법 2018. 2. 8. 선고 2017고정3057 판결.
3) 수원지법 2019. 6. 14. 선고 2018노1443 판결.

나. 대법원 판결

대법원은 등록실용신안의 청구범위가 복수의 구성요소로 되어 있는 경우에 각 구성요소가 유기적으로 결합된 전체로서의 기술사상이 보호되고 있는지를 살펴보아야 한다는 피고인의 상고이유를 살펴보는 데 집중하였다.

다툼의 대상을 검토하면서 대법원은 피고인이 생산·판매한 공소사실 기재 발가락 교정기는 바닥부와 교정돌기·연결부·지압부를 포함한다는 점 외에 이 사건 등록실용신안의 구성요소인 '자가발전하여 발광하는 발광부', '바닥부에 포함된 열선과 전달부', '압전소자와 박막전지를 통해 전원을 공급받아 발광하는 엘이디(LED)', '교정돌기의 상측면에 형성되는 로고부와 향기발산층'은 포함하고 있지 아니한 부분에 대하여 주목하였다. 이 점과 관련하여 대법원이 청구범위의 구성요소가 실용신안권 보호범위와 어떻게 연관되어 실용신안권 침해 여부를 판단하는지를 살펴볼 때, 종래부터 자주 인용하였던 판시사항을 그대로 제시하였다.[4] 대법원은 "피고인이 생산 등을 하는 물건 또는 사용하는 방법이 등록실용신안의 청구범위에 기재된 필수적 구성요소들 중의 일부만을 갖추고 있고 나머지 구성요소가 결여된 경우에는 원칙적으로 그 제품은 등록고안의 권리범위에 속하지 않는다"고 설시하였다.[5]

대법원은 피고인 실시제품에서 위와 같이 결여된 구성요소들은 이 사건 등록실용신안의 부차적인 사항에 불과하고, 이 사건 등록실용신안의 주요하거나 본질적인 사항에 대한 과제해결원리와 작용 효과가 동일한 이상 이용관계가 부정되지 않는다고 판단하였던 원심에 잘못이 있음을 명확히 적시하였다. 이 사건 등록실용신안에 대한 침해를 인정하였던 법리적용에 문제가 있음을 확인하였다. 위 법리에 비추어 볼 때, 대법원은 피고인 실시제품은 이 사건 등록실용신안의 구성요소들 중의 일부만을 갖추고 나머지 구성요소를 결여하여 이 사건 등록실용신안의 권리범위에 속하지 아니하여 이 사건 등록실용신안에 대한 침해가 인정되지 아니한다는 점을 또다시 명확히 확인하였다.

간단히 정리하면, 대법원은 등록실용신안의 권리범위에 관한 법리를 오해하여 판결

---

4) 그 내용은 "등록고안의 등록청구범위의 청구항에 기재된 구성요소는 모두 그 등록고안의 구성에 없어서는 아니되는 필수적 구성요소로 보아야 하므로(실용신안법 제9조 제4항 제3호, 실용신안법 제42조, 특허법 제97조), 구성요소 중 일부를 권리행사의 단계에서 등록고안에서 비교적 중요하지 않은 사항이라고 하여 무시하는 것은 사실상 등록청구범위의 확장적 변경을 사후에 인정하는 것이 되어 허용될 수 없다"는 것이었다(대법원 2005. 9. 30. 선고 2004후3553 판결; 대법원 2001. 9. 7. 선고 99후1584 판결 등).

5) 대법원 2020. 7. 23. 선고 2019도9547 판결.

에 영향을 미친 원심의 판단에 잘못이 있고, 이를 지적하는 상고이유 주장은 옳다고 보았다. 이에 원심판결을 파기하고, 사건을 수원지방법원 합의부에 환송하였다.[6]

Ⅲ. 해 설

1. 서 설

이 사건판결에서 타인의 실용신안권을 침해하였는지 여부를 판단할 때, 등록실용신안의 청구범위를 중심으로 살펴본다. 대비되는 대상(피고의 고안)이 등록실용신안의 청구범위를 그대로 이용하였는지 아니면 그 청구범위의 구성요소 일부가 다른 것으로 치환되었지만 동일한 효과가 있는지 여부를 비교·검토하게 된다. 이 때 실용신안권 침해 여부의 판단은 청구범위의 구성요소가 대비되는 대상에 모두 포함되어 있어야 한다는 점을 기초로 한다.

문언적 침해 또는 균등론에 따른 침해 판단 시에 등록실용신안 청구범위의 구성요소와 대비되는 대상(고안)의 구성요소를 비교하여 구성요소의 일부가 결여되어 있다면 그 실용신안권을 침해하였다고 판단할 수 없다. 그런데 이 사건의 하급심에서 침해판단의 기초적 검토를 거치지 아니한 채 등록실용신안의 구성요소를 핵심적·부차적 사항으로 나누고 전자를 중심으로 균등론적 판단요소를 적용하여 침해 여부를 검토하였다. 이러한 법리적 검토는 특허권(실용신안권을 포함한)침해 판단에서 구성요소완비의 원칙(AER)에 따르지 못한 문제를 안고 있었다.

아래에서 구성요소완비의 원칙이 특허법·실용신안법에 명시적으로 규정되지 않았지만, 이 원칙을 적용하여 판단한 상고심 법원의 판단내용과 그 법리적 근거의 모색과 관련하여 살펴보고자 한다.

2. 등록실용신안의 청구범위와 구성요소완비의 원칙(AER)

가. 등록실용신안의 청구범위가 미치는 범위

이 사건판결의 쟁점은 등록실용신안의 청구범위가 복수의 구성요소로 되어 있는 경우에 그 각 구성요소가 유기적으로 결합된 전체로서의 기술사상이 보호되는 것이지 여부를 판단하는 것이다. 이 쟁점의 핵심을 검토할 때, 등록실용신안의 구성요소가 독립

---

6) 대법원 2020. 7. 23. 선고 2019도9547 판결.

하여 보호되는 것이 아니므로, 등록실용신안에 포함된 모든 구성요소를 함께 다루어야한다는 점에 주목하여야 한다.

등록실용신안(실용신안 20-0477542)의 청구범위가 단일항으로 구성되어 있지만, 그 청구항을 구성하는 내용 가운데 "발광부는, 상기 바닥부와 교정돌기의 내부에 구비되어 외력이 가해지면 자가발전하는 압전소자와, 상기 압전소자로부터 발전된 전원이 저장되는 박막전지 및 상기 교정돌기의 상측면에 구비되어 상기 박막전지에 저장된 전원을 공급받아 발광하는 엘이디(LED)를 포함하고, 상기 교정돌기의 상측면에 접착되며, 상부면에 로고가 인화된 로고부와 … UV 코팅제에 향료를 첨가한 혼합물을 상기 교정돌기의 상측면에 도포하여 형성된 향기발산층"을 포함하고 있었다.

이 사건판결에서 살펴보는 쟁점은 청구범위에 표시한 구성요소가 어떤 의미를 띠고 보호범위로 정하여지는지를 규명하는 것이었다. 피고인의 실시제품은 발가락 교정기의 주요하거나 본질적 요소로 보이는 것 이외에 위와 같은 청구항의 구성요소인 부차적 요소를 포함하지 않았는데, 이 점과 관련하여 침해 여부를 판단하는 것이다. 여기에서 주요한 요소와 부차적 요소로 나눌 수 있는지 여부, 나눈다면 양자의 효력이 어떠한지를 살펴볼 필요가 있다. 즉, 이는 주요한 또는 본질적 요소에 중점을 둘 것인지 아니면 등록실용신안의 구성요소 전부를 그대로 이용하였는지 여부를 살피는 것이었다.

상고심에서 "피고인이 생산 등을 하는 물건 또는 사용하는 방법이 등록고안의 청구범위에 기재된 필수적 구성요소들 중의 일부만을 갖추고 있고 나머지 구성요소가 결여된 경우에는 원칙적으로 그 제품은 등록고안의 권리범위에 속하지 않는다. 등록고안의 청구범위에 기재된 구성요소는 모두 그 등록고안의 구성에 없어서는 안 되는 필수적 구성요소로 보아야"하고,[7] 대법원은 이전 판결에서 구성요소 중 일부를 등록고안에서 비교적 중요하지 않은 사항이라고 하여 무시하는 것은 사실상 청구범위의 확장적 변경을 사후에 인정하는 것이 된다고 보았다.[8]

이 점과 관련하여 먼저 실용신안법 제28조는 특허법 제97조를 준용한다고 규정함으로써 등록고안의 "보호범위는 청구범위에 적혀 있는 사항에 의하여 정하여진다." 그 고안의 청구범위에는 "보호받으려는 사항을 명확히 할 수 있도록 고안을 특정하는 데 필요하다고 인정되는 형상·구조 또는 이들의 결합관계 등을 적어야 한다"고 명시하고 있다.[9] 이 두 조문을 종합하면, 등록실용신안의 청구범위는 고안을 특정하는데 필요한

---

7) 대법원 2020. 7. 23. 선고 2019도9547 판결.
8) 대법원 2005. 9. 30. 선고 2004후3553 판결; 대법원 2001. 9. 7. 선고 99후1584 판결.

사항을 적고 있는 것으로 실용신안권이 미치는 권리범위이다. 그 고안의 청구범위에 적혀 있는 대로 실용신안권으로 보호받는다는 점에서 청구범위의 구성요소를 살펴보는 것은 중요하다. 그 청구범위는 고안을 특정하는데 필요하다고 인정되는 형상·구조 등을 적은 것으로 청구범위의 일부만 이용하였다면 문제가 있다. 결국 고안을 특정하는 데 필요하다고 인정되는 형상·구조 등을 그대로 이용한 것이 아니므로 그 실용신안권을 침해하였다고 볼 수 없다.

나. 균등론에 기한 침해판단과 AER의 관계

원심판결에서 "기술의 핵심 부분에서는 본질적인 차이가 없어서 과제의 해결원리가 동일하다. 또한, 피고인 실시제품의 변경에 따른다 하더라도 실질적으로 동일한 작용효과를 나타내며, 이와 같이 변경하는 것이 이 사건 등록실용신안이 속하는 기술분야에서 통상의 지식을 가진 사람이라면 누구나 쉽게 생각할 수 있는 것으로" 보아 균등론에 기한 판단이라는 명시적 설시는 없었지만, 그 판단항목은 균등론의 적극적 요소와 같다.[10] 그렇다면 원심이 살펴본 균등론에 따른 판단이 구성요소완비의 원칙과 어떤 관계가 있는지 살펴보는 것이 중요하다.

특허권(또는 실용신안권)을 침해하였는지 여부를 판단할 때, 우선 (특허)청구범위를 해석한다. 이 때 특허권침해소송의 상대방이 제조하는 제품 또는 사용하는 방법이 특허발명의 특허권을 침해하였다고 판단하려면, "특허발명의 청구범위에 기재된 각 구성요소와 그 구성요소 간의 유기적 결합관계가 침해대상제품 등에 그대로 포함되어 있어야"침해하였다고 본다.[11] 균등론을 적용할 때, 발명을 전체로서(invention as a whole) 살피지 말고 청구범위에 기재된 각 구성요소가 침해대상제품에 그대로 포함되어 있었는지를 살펴야 한다는 점에서 구성요소가 완비되어야 한다.[12] 따라서 구성요소의 일부

---

9) 실용신안법 제8조 제6항.
10) "특허권침해소송의 상대방이 제조 등을 하는 제품 또는 사용하는 방법이 특허발명의 특허권을 침해한다고 할 수 있기 위해서는 특허발명의 특허청구범위에 기재된 각 구성요소와 그 구성요소 간의 유기적 결합관계가 침해대상제품 등에 그대로 포함되어 있어야 한다. 한편 침해대상제품 등에서 특허발명의 특허청구범위에 기재된 구성 중 치환 내지 변경된 부분이 있는 경우에도, 특허발명과 과제의 해결원리가 동일하고, 그러한 치환에 의하더라도 특허발명에서와 같은 목적을 달성할 수 있고 실질적으로 동일한 작용효과를 나타내며, 그와 같이 치환하는 것이 발명이 속하는 기술분야에서 통상의 지식을 가진 자(이하 '통상의 기술자'라 한다)라면 누구나 용이하게 생각해 낼 수 있는 정도로 자명하다면"(대법원 2011. 9. 29. 선고 2010다65818 판결) 균등론의 적극적 요건을 적용할 수 있음을 밝혔다.
11) 대법원 2022. 1. 27. 선고 2019다277751(본소) 판결; 대법원 2021. 6. 30. 선고 2021다217011 판결; 대법원 2014. 7. 24. 선고 2013다14361 판결.

가 결여되어 있다면 균등론을 적용할 수 없다.

a+b+c로 구성된 특허발명(또는 등록실용신안)의 구성요소의 일부를 변경한 a+b+c′의 구성요소를 가진 침해제품이 있을 경우, c≠c′로 문언침해에 해당하지 않는다. 다만, 이 경우에 c와 c′가 서로 치환이 용이하고 특허발명과 침해품의 과제해결원리·목적·효과가 동일하다면 균등침해가 인정된다. 하지만, 원심판결은 위 사례(균등침해)와 다르게 a+b+c+d로 구성된 등록실용신안과 대비하여 a+b+c′로 구성된 제품이 구성요소의 일부(d)가 결여되었음에도 침해를 인정한 것이었다.

3. 대법원 판결의 문제점

이 사건판결의 상고심은 "등록고안의 청구범위에 기재된 구성요소는 모두 그 등록고안의 구성에 없어서는 안 되는 필수적 구성요소로 보아야 하므로, 구성요소 중 일부를 권리행사의 단계에서 등록고안에서 비교적 중요하지 않은 사항이라고 하여 무시하는 것은 사실상 청구범위의 확장적 변경을 사후에 인정하는 것이 되어 허용될 수 없다"고 판시한 선행판결(대법원 2005. 9. 30. 선고 2004후3553 판결)을 그대로 인용하면서 구성요소완비의 원칙을 적용하는 예시로 보았으며, 그에 따라 원심판결에 법리적용의 오해가 있음을 확인하였다.

그런데 그 선행판결 내용 가운데 "등록고안의 청구범위에 기재된 구성요소는 모두 그 등록고안의 구성에 없어서는 안 되는 필수적 구성요소"란 위 대법원 판결 당시의 실용신안법에 규정하였던 "등록고안의 구성에 없어서는 안 되는 사항만으로 기재될 것"이라고 판시하였다. 여기에서 문제는 "등록고안의 구성에 없어서는 안 되는 필수적 구성요소"란 판단의 기본구절인 필수적 구성요소의 근거가 어디에 있는지 밝혀야 할 것이다. 이 사건판결 당시 이와 같은 필수적 구성요소를 이끌어낼 수 있는 근거가 실용신안법의 어느 규정에도 없었다. 이런 논리적 전개의 경우에 필수적 구성요소가 있다는 것으로부터 선택적 구성요소가 있다는 오해를 불러올 수 있고, 이는 또 구성요소 가운데 핵심적·부차적 요소로 분류할 수 있음을 간접적으로 드러내고 있다는 점을 지적할 수 있다.

이러한 문제는 종전 실용신안법의 법조문에 따른 것이었다.[13] 이 조항은 2007. 1. 3.

---

12) Warner-Jenkinson Co. v. Hilton Davis Chem. Co., 520 US 17, 29 (1997); Janice M. Mueller, Patent Law, Wolters Kluwer, 2013, 471.

13) 개정 전 실용신안법 제9조 제4항 제3호와 제42조 및 특허법 제97조.

실용신안법 개정(법률 제8193호)으로 삭제되었고, 이 사건의 상고심 판단 시점에(2020. 7.) 실용신안법에 더 이상 이를 규정하고 있지 않았다. 이런 사정임에도 불구하고 이 사건판결 상고심의 판시사항은 이미 삭제된 규정을 근거로 제시하였던 이전 대법원 판시사항을 그대로 인용하였다는 점에서 판시사항에 오류를 범하였다.

요컨대, 구성요소완비의 원칙을 이끌어낼 실용신안법의 근거를 삭제된 "등록고안의 구성에 없어서는 안 되는 사항만으로 기재될 것"이 아니라, 현행 실용신안법 제28조에서 특허법 제97조를 준용한다는 규정에 따라야 할 것이다. 즉, "등록실용신안의 보호범위는 청구범위에 적혀 있는 사항에 의하여 정하여진다"는 조문이 그 근거가 되어야 한다.

참고문헌

■ 기타 자료

대법원 2001. 9. 7. 선고 99후1584 판결.

대법원 2001. 9. 7. 선고 99후1584 판결.

대법원 2005. 9. 30. 선고 2004후3553 판결.

대법원 2005. 9. 30. 선고 2004후3553 판결.

대법원 2011. 09. 29. 선고 2010다65818 판결.

대법원 2014. 7. 24. 선고 2013다14361 판결.

대법원 2020. 7. 23. 선고 2019도9547 판결.

대법원 2021. 6. 30. 선고 2021다217011 판결.

대법원 2022. 1. 27. 선고 2019다277751(본소) 판결.

수원지법 2018. 2. 8. 선고 2017고정3057 판결.

수원지법 2019. 6. 14. 선고 2018노1443 판결.

제2편

디자인법

대법원 2020. 9. 3. 선고 2016후1710 판결

디자인의 유사성 판단에서 기능적 형상의 고려

안 원 모 (홍익대학교 법과대학 교수)

I. 판결의 개요

1. 사건의 개요

가. 이 사건 등록디자인과 선행디자인

이 사건 등록디자인	선행디자인	사용상태도
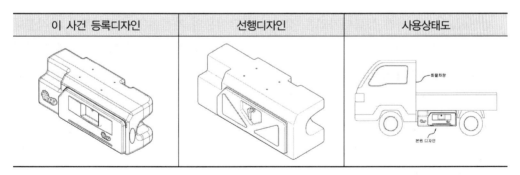		

이 사건 등록디자인은 2015. 4. 7.에 출원하여 등록된(등록번호 제808393호) '화물차량용 공구함'에 관한 것이고, 사용상태도에서 보이는 바와 같이 화물차량의 하부에 장착하여 공구 및 각종 물품을 보관하는데 사용하는 것이다.

선행디자인(비교대상디자인)은 이 사건 등록디자인의 출원일 전인 2012. 7. 13.에 출

원하여 등록된(등록번호 제699151호) '트럭용 사물함'에 관한 것이고, 트럭의 하부에 장착하여 각종 물품을 보관하는데 사용하는 것이다.

원고는 이 사건 등록디자인이 선행디자인과 유사하므로 등록무효라고 주장하면서 등록무효심판을 청구하였다. 이에 대하여 특허심판원은 양 디자인의 요부가 정면부에 있다고 보아 서로 비유사하다고 하면서 신규성 요건에 위반되지 않는다고 판단하였다(2016. 3. 4. 2015당5011). 그러나 특허법원은 양 디자인의 요부가 물품의 전체 형상에 있다고 보아 양 디자인은 유사하다고 하면서 신규성 요건 위반으로 등록이 무효로 되어야 한다고 판단하였다(특허법원 2016. 7. 15. 선고 2016허2010 판결). 대법원은 특허법원과 같은 이유로 이 사건 등록디자인은 무효로 되어야 한다고 판단하였다.

2. 대상판결의 요지

가. 특허심판원 심결(2016. 3. 4. 2015당5011)

이 사건 등록디자인과 선행디자인은 ⓐ 전체적인 형상이 가로, 세로, 높이의 비율이 유사한 직육면체이면서 정면에 약간 돌출된 여닫이문이 있는 점, ⓑ 여닫이문의 좌측 상부 모서리가 45도 절삭(모따기)되어 있고, 정면 좌측 상단부에 크게 사각홈이 있고, 여닫이문의 상단 부분이 후방으로 경사져 있는 점, ⓒ 우측면 중앙에서 배면에 이르기까지 'U'자형의 홈이 형성되어 있는 점, ⓓ 배면의 우상부 일부가 경사져 있고, 좌상부 일부에 사각 홈이 있는 점 등에 공통점이 있다.

반면에, ㉮ 이 사건 등록디자인은 정면의 여닫이문의 가운데에 손잡이부가 사각뿔대 형상으로 깊게 음각되어 있으나, 선행디자인의 손잡이부는 여닫이문의 가운데에 아래가 뾰족한 오각형의 형상으로 비교적 얕게 음각되어 있어 있는 점, ㉯ 이 사건 등록디자인의 손잡이부는 가운데가 약간 돌출되었다가 가로방향으로 점차 평면에 가까워지는 직사각형에 둘러싸이고 그 아래 부분은 평면 공간으로 되어 있으나, 선행디자인의 손잡이부는 아래 좌우측에 약간 돌출된 직각삼각형이 대칭으로 받치고 있는 점, ㉰ 이 사건 등록디자인은 여닫이문의 하단에 힌지부가 'ㅡ'자 형으로 감지될 뿐 그 형태가 선명하지 않으나, 선행디자인은 여닫이문의 하단에 경첩판이 선명하고 그 고정나사도 노출되어 있는 점, ㉱ 이 사건 등록디자인은 여닫이문의 상단부에 빗물막이용으로 보이는 얇은 돌출부가 있으나, 선행디자인은 여닫이문의 상단부에 그와 같은 형태가 없는 점, ㉲ 이 사건 등록디자인은 여닫이문의 우측 하단부와 바깥 좌측 하단부에 손바닥

형상의 모양이 있으나, 선행디자인의 여닫이문에는 아무런 모양이 없는 점 등에 차이점이 있다.

양 디자인의 공통점 ⓐ 내지 ⓓ는 전체적 외관이 주지의 형상 내지 공지 형상이면서 화물차량의 부품에 상당하는 대상 물품을 차량에 부착하여 사용할 때 차량과 접속하는 부분으로 구조적으로 달리 그 디자인을 크게 변화시킬 수 없어서 디자인의 유사범위를 비교적 좁게 보아야 하는 점에, 차량 하체 내부에 결합되어 잘 보이지도 않는 부분이라서 그 중요도를 낮게 평가해야 하는 점을 더하여 보면, 그러한 부분들이 동일·유사하다는 이유만으로 곧바로 양 디자인이 유사하다고 할 수는 없다.

한편, 양 디자인에서 디자인이 표현된 물품의 사용 시뿐만 아니라 거래 시에도 디자인을 보는 사람의 주의를 가장 끌기 쉬운 부분, 즉 요부는 정면부라 할 것인데, 위에서 살핀 바와 같이 양 디자인은 정면의 대부분을 차지하는 여닫이문의 형상과 모양에서 ㉮ 내지 ㉰와 같은 현저한 장식적 미감의 차이가 있다.

따라서 이 사건 등록디자인과 선행디자인은 ⓐ 내지 ⓓ와 같은 공통점이 있지만, 디자인을 보는 사람의 주의를 가장 많이 끄는 정면부 여닫이문의 형상과 모양의 차이점 ㉮ 내지 ㉰로 인하여 보는 사람이 전체적으로 느끼는 심미감이 상이한 바, 비유사한 디자인하다.

나. 특허법원 및 대법원 판결

대법원은 양 디자인이 유사하다는 특허법원의 판결을 그대로 받아들이면서, 아래와 같이 구체적 법리 및 판단을 설시하였다.

디자인의 유사 여부는 이를 구성하는 각 요소를 분리하여 개별적으로 대비할 것이니라 그 외관을 전체적으로 대비 관찰하여 보는 사람으로 하여금 상이한 심미감을 느끼게 하는지 여부에 따라 판단하여야 하고, 그 지배적인 특징이 유사하다면 세부적인 점에 다소 차이가 있을지라도 유사하다고 보아야 한다. 이 경우 디자인이 표현된 물품의 사용 시뿐만 아니라 거래 시의 외관에 의한 심미감도 함께 고려해야 한다. 한편, 양 디자인의 공통되는 부분이 물품의 기능을 확보하는 데에 불가결한 형상인 경우에는 그 중요도를 낮게 평가하여야 하므로 이러한 부분들이 유사하다는 사정만으로 곧바로 양 디자인이 서로 유사하다고 할 수 없다. 그러나 물품의 기능을 확보할 수 있는 선택 가능한 대체 형상이 존재하는 경우에는 물품의 기능을 확보하는 데에 불가결한 형상이 아니므로, 이 경우 단순히 기능과 관련된 형상이라는 이유만으로 디자인의 유사 여부 판단에 있어서 그 중요도를 낮게 평가하여서는 아니 된다.

양 디자인은 ① 몸체부의 좌측 상부모서리에 직육면체 형상의 절개홈이 형성되어 있고, ② 전면에 형성된 직사각형의 여닫이문은 좌측 상부가 45° 각도로 절삭되어 있으며, ③ 여닫이문의 상부에 위치하는 몸체의 상단 우측에 기다란 경사면이 형성되어 있고, ④ 몸체부의 우측면 후방 중앙에 반구형상의 요입홈이 경사지게 형성되어 있으며, ⑤ 몸체의 배면 우측에 중간부위까지 하향 경사면이 형성되어 있고, ⑥ 몸체의 배면 중앙에 수직요입홈이 형성되어 있다는 점에서 공통된다.

양 디자인의 공통되는 부분은 화물차량용 공구함의 기능을 확보하는 데에 불가결한 형상이라고 보기는 어렵다. 또한 화물차량용 공구함의 거래시 수요자는 위와 같은 공통된 부분의 특징들을 포함한 물품 전체의 외관에 의한 심미감을 고려하여 물품을 거래할 것으로 보인다. 따라서 단순히 양 디자인의 공통된 형상이 기능과 관련된 부분이라거나 장착 후 보이지 않는 부분이라는 이유만으로 디자인 유사 판단 시 그 중요도를 낮게 평가할 수 없고, 그것까지 포함하여 전체로서 관찰하여 느껴지는 심미감에 따라 디자인의 유사 여부를 판단해야 한다.

그런데 양 디자인의 공통되는 부분은 종래 화물차량용 공구함 디자인에서는 흔히 찾아보기 어려운 참신한 형상이면서 물품의 전체 외관에서 차지하는 비중이 크고 디자인의 구조적 특징을 잘 나타내는 부분이므로, 수요자의 주의를 끌기 쉬운 부분에 해당한다. 한편, 양 디자인은 몸체부 및 여닫이문 부분에 양각 또는 음각으로 형성된 무늬의 위치 및 모양 등 일부 차이점이 있기는 하나, 이러한 차이점이 양 디자인의 지배적 특징의 유사성을 상쇄하여 서로 상이한 심미감을 가지게 할 정도라고 보기는 어렵다. 따라서 이 사건 등록디자인과 원심 판시 선행디자인은 전체적으로 볼 때 심미감이 유사하여 서로 유사한 디자인에 해당하므로, 이 사건 등록디자인은 그 등록이 무효로 되어야 한다.

Ⅱ. 해 설

1. 쟁 점

이 사건에서 등장할 수 있는 쟁점으로는 다음과 같은 것들이 있을 수 있다.

첫째, 대법원 판결의 요지에서 상세히 밝힌 바와 같이 디자인에서의 기능성 논의와 관련된 것이다. 대법원 판결의 요지를 보면 이 부분을 이 사건의 가장 중요한 쟁점으로 잡고 있다. 이 글의 주요쟁점이다.

둘째, 디자인의 신규성 판단의 기준을 어떻게 정립할 것인가의 문제가 있다. 즉 신규성에서의 유사성 판단기준을 권리범위 사건 또는 침해 사건에서의 유사성 판단기준과 동일한 것으로 볼 것인지 여부의 문제이다. 이 사건을 분석해 보면, 신규성 평가에서의 유사성 평가 기준은 권리범위 사건에서의 유사성 평가에 비하여 더 엄격하게 해야 하는 것이 아닌지 의문이 든다. 즉 권리범위 사건에서의 '실질적 유사성' 기준 보다, 신규성 판단에서는 '엄격한 동일성' 기준의 원칙에 따라야 하는 것이 아닌지 의문이 드는 사건이다.

셋째, 이른바 '3자 비교(three-way visual comparison) 분석법'을 우리 실무에서 적극적으로 활용할 필요가 있는지 여부이다. 이 사건의 특허법원 판결을 분석해 보면, 3자 비교(이 사건 등록디자인, 선행디자인, 그 이전의 선행디자인)를 통하여 이 사건 등록디자인이 선행디자인과 거리가 더 가까우므로 이 사건 등록디자인은 선행디자인의 유사의 폭에 속하는 것으로 평가하고 있다.[1] 이른바 3자 비교 분석법을 응용한 해석방법으로 보인다. 나아가 미국 실무에서 배척된 '신규 포인트' 분석법이 위 3자 비교 분석법을 통하여 구현되고 있다. 이 문제도 관련 문제로서 검토해 볼 의미가 있다.

여기에서는 위 세 가지 쟁점 중에서 대법원 판시사항이 핵심 요지로 선정한 디자인에서의 기능성 원리에 집중하여 대법원 판시사항을 분석해 보고자 한다. 나머지 두 가지 쟁점에 대해서는 여기서 간략한 소개 정도로 그치고 다른 기회에 보다 집중적으로 다루어 볼 생각이다.

2. 디자인 보호제도에서 기능성을 논하는 이유

디자인은 실용적 물품의 외관을 보호하는 제도이므로 물품이 가지는 기능과 밀접한 연결고리를 가지게 된다. 그리하여 디자인은 물품의 실용적 기능과 불가분적으로 결합되게 되는데, 물품 외관의 보호가 물품의 실용적 기능을 보호하는 것으로 이어질 가능성이 높다. 그런데 문제는 물품의 실용적 기능(아이디어)은 특허 제도에 의하여 보호되는 것이기 때문에, 다른 지식재산 제도에 의하여 보호해서는 안 된다는 것이다. 그러한 문제를 논하는 것이 소위 '기능성 원리'이고 이러한 기능성 논의는 상표, 저작권 등에

---

1) 특허법원 2016. 7. 15. 선고 2016허2010 판결, 14면; 김기수, "디자인 유사 판단 시 기능과 관련된 형상의 고려방법(2016후1710 판결)," 「대법원판례해설」, 제126호, 법원도서관, 2021, 384면.

서도 다루어지고 있다.

그런데 디자인에서의 기능성 논의는 상표나 저작권에 비해서 더욱 본질적인 문제와 연결되어 있다. 디자인은 기능과 연결되는 경우가 상표나 저작권에 비하여 훨씬 많기 때문이다. 만일 디자인에서 기능성 다툼이 적극적으로 전개된다면, 디자인 사건은 심미적 외관을 다투는 것이 아니라 물품의 기능성 여부를 다투는 쪽으로 흘러갈 가능성이 높아진다. 본질이 왜곡되는 문제가 생기는 것이다. 그리하여 디자인에서의 기능성 논의는 가급적 축소 지향적으로 해석하는 것이 바람직하다.

그러한 점을 유념하여 디자인 보호제도에서의 기능성 원리의 정책적 목적은 '디자인권을 통하여 기술적 기능이 독점됨으로써 부당하게 경쟁이 제한되는 상황을 방지'하기 위한 것에 있다고 보아야 한다. 따라서 등록디자인에 기술적 기능이 포함되어 있다고 하더라도, 그로 인하여 기술적 기능에 대한 독점의 우려가 없는 한, 그러한 물품의 외관은 디자인으로 보호될 수 있어야 한다. 기능성 이론을 통하여 금지되는 상황은 단일의 경제주체가 디자인등록을 통하여 기술적 기능을 실질적으로 독점하는 경우이다.[2]

3. 기능적 형상인지의 판단과 관련한 두 가지 이론

물품의 외관이 기능적 형상인지 여부의 판단과 관련하여 크게 보면 두 가지 판단기준이 대립하고 있다. 대체디자인 테스트와 비 심미적 고려 테스트가 그것이다. 전자는 '등록디자인과 다르게 보이면서 실질적으로 동일한 기능을 수행하는 선택 가능한 대체디자인이 존재하지 않는 경우'에 기능적 형상으로 보는 것이고, 후자는 물품 외관의 특징을 선택하는 데 있어서 심미적 고려가 전혀 영향을 미치지 못하고, 오직 기술적 기능의 해결을 위해서만 당해 디자인의 특징들이 선택된 경우에 이를 기능적 형상으로 파악하는 것이다. 특히 비심미적 고려 테스트는 유럽연합법원(CJEU)이 2018. 3. 8. DOCERAM v CeramTec[3] 사건에서 채택한 기준이다. 이 사건에서 유럽연합법원은 '디자이너가 물품 외관의 특징을 결정함에 있어, 심미적 특성에 대한 어떠한 효과도 고려하지 않고, 특정의 기술적 기능을 충족시킬 필요만이 당해 디자인의 특징을 결정한 유일한 요소인 경우에, 그러한 물품의 외관은 기술적 기능에 의해서만 결정된 것으로 디자인의 보호대상이 될 수 없다'고 판단하였다.

---

2) 안원모, "디자인의 기능성 판단자료로서 대체디자인 테스트에 관한 검토," 「비교사법」, 제26권 제2호, 비교사법학회, 2019.5., 500면.
3) DOCERAM GmbH v CeramTec GmbH ECLI:EU:C:2018:172 (Court of Justice, 8 March 2018).

대상판결의 사건에서 만일 비심미적 고려 테스트를 적용하였다면 판시내용과 다른 결과가 나왔을 수 있다. 즉 차량용 공구함의 측면부와 후면부는 차량에 장착하기 위하여 채택된 형상이라고 볼 수 있고 장착 후에는 보이지 않는 부분이기 때문에, 디자이너의 심미적 고려가 전혀 역할을 하지 못했다고 볼 수 있다. 그렇게 보면 측면부와 후면부는 차량에 장착하기 위한 특정의 기술적 기능을 충족시킬 필요만이 당해 디자인의 특징을 결정한 유일한 요소라고 볼 가능성도 충분히 있다. 이 경우, 측면부와 후면부는 기능적 고려에 의해서만 선택된 형상으로 중요도 평가에서 낮은 평가를 받을 수 있고, 결국 전면부가 디자인의 지배적 특징으로 될 가능성도 있다. 이와 같이 위 두 가지 테스트는 결과에 있어서 다른 결론을 도출할 가능성이 상당히 높다. 만일 비심미적 고려 테스트를 적용하게 되면, 산업적 기계류나 부품 등의 상당수는 디자인의 보호대상에서 제외될 가능성이 높다.

그러나 대상판결에서는 대체디자인 테스트를 적용함으로써 측면부와 후면부는 얼마든지 다른 형상으로 대체하는 것이 가능하다고 함으로써 이 부분을 '기능상 불가결한 형상'이 아닌 '단순히 기능에 관련된 형상'이라고 판단한 후, 그 중요도를 낮게 평가하지 않았다. 비심미적 고려 테스트는 디자이너의 주관적 의도에 따라 디자인의 특징이 심미적인지 여부가 판단되므로 매우 주관적인 테스트라고 할 수 있다.[4] 그 점에서 보다 객관적인 테스트인 대체디자인 테스트가 타당하다고 볼 수 있다.[5] 대상판결이 기본적으로 대체디자인 테스트의 입장에서 기능성을 고려한 것은 타당한 것으로 보인다.

4. 대체디자인 테스트에서의 '기능'의 의미

대체디자인 테스트에 의하면, 실질적으로 동일한 기능을 수행하는 선택 가능한 대체 형상이 존재하게 되면, 당해 형상은 '기능상 불가결한 형상'이 아닌 것으로 본다. 그런데 여기서 문제되는 것은 '실질적으로 동일한 기능'을 어떻게 해석할 것인지의 문제이다. 여기에는 두 가지 해석방법이 있을 수 있는데, 여기서의 기능을 '일반적인 기능'으로 넓게 해석하려는 입장과 '특정한 구체적 기능'으로 해석하려는 입장이 존재한다. 전자로 해석하면 대부분의 경우 대체디자인이 존재할 가능성이 높아지는 반면에, 후자로

---

4) 안원모, "물품의 외관이 기술적 기능에 의해서만 결정된 것인지에 대한 유럽연합법원의 해석," 「산업재산권」, 제56호, 한국지식재산학회, 2018.7., 197면.
5) 안원모, "디자인의 부등록사유로서, 물품의 기능을 확보하는 데에 불가결한 형상만으로 된 디자인,", 「홍익법학」, 제20권 제4호, 홍익대학교 법학연구소, 2019.12., 50-51면.

해석하면 대체디자인이 존재할 가능성은 매우 낮아지게 된다.

우리 대법원 판례는 기본적으로 여기서의 기능을 '일반적인 기능'으로 해석하는 입장이다.[6] 논리적으로 볼 때에도 이러한 대법원의 입장은 타당하다고 볼 수 있다. 즉 여기서의 기능의 정의는, 구체적인 물품의 치수, 두께, 크기 등이 가지는 '특정의 구체적 기능'이 아니라, 물품의 '일반적인 기능'을 의미하는 것으로 보는 것이 타당하다. 물품 외관의 구체적인 치수, 두께, 크기, 높이 등은 디자인을 표현하는 요소들에 불과한 것으로, 디자인권은 도면에서 보여지는 구체적인 치수, 두께, 크기, 높이 등의 제한을 받지 않는다. 즉 이들 요소들(구체적인 치수, 두께, 크기, 높이 등)은 디자인권을 한정하는 요소들이 아니다. 그런 점에서 이들 요소들이 가지는 구체적인 기능은 대체디자인의 가능성을 살필 때 고려할 요소가 아니다.[7] 이들 요소들이 가지는 특정의 구체적 기능을 고려하게 되면 대체디자인을 찾기는 거의 불가능해진다.

따라서 물품의 기능은 등록디자인의 물품명칭과 도면에서 표현되는 물품을 고려하여 그러한 물품이 가지는 '일반적 기능'으로 해석하는 것이 바람직하다. 즉 등록디자인의 물품이 가지는 일반적 기능을 고려하여, 그와 실질적으로 동일한 기능을 가지는 대체디자인이 선택 가능한지를 조사하는 것이 타당하다.[8]

대상판결의 분석을 보면, 이 사건 등록디자인이 가지는 기능을 일반적 기능으로 보든, 구체적 특징과 관련된 기능으로 보든 대체디자인이 존재하므로,[9] 그 중요도를 낮게 평가해서는 안 된다고 판단하고 있다. 그러나 위 분석 내용을 보면, 기본적으로 대체디자인 테스트에서의 기능을 일반적인 기능으로 보는 것이 타당하다는 전제에 선 것으로 보인다.[10]

5. 대상판결의 의미

종래 대법원 판결에서는 '기본적·기능적 형태'라는 용어를 사용하면서, 물품 외관의 기본적·기능적 형태에 대해서는 디자인의 유사성 판단에서 그 중요도를 낮게 평가하여야 한다는 판시를 하고 있었다.[11] 그러나 이러한 용어의 사용은 공지부분의 취급을

---

6) 김기수, 앞의 논문, 371-374면.
7) Perry J. Saidman, "Functionality and Design Patent Validity and Infringement", 91 J. Pat. & Trademark Off. Soc'y 313 (2009), pp.320-321.
8) 안원모, 앞의 논문 "디자인의 기능성 판단자료로서 대체디자인 테스트에 관한 검토," 505-507면.
9) 김기수, 앞의 논문, 375-377면.
10) 김기수, 앞의 논문, 378면.
11) 대법원 2013. 4. 11. 선고 2012후3794 판결.

다시 반복하는 것에 불과하거나 용어상의 정의에 혼란을 가져오는 것이므로 바람직스럽지 않은 것이었다. 물품의 '기본적 형태'에 해당하는 부분은 공지의 형태에 해당하는 것이므로, 이를 기능적 형태라는 용어와 혼합하여 '기본적·기능적 형태'라는 용어를 사용하는 것은, 중복 개념의 사용에 불과한 것인 동시에, 오히려 기능적인 부분과 뒤섞여 용어상의 혼란만을 가져오게 된다.[12]

물품의 '기능적 형태'라는 용어도 그 의미가 가지는 광의성에 비추어 볼 때 정확한 용어의 사용이라고 보기 어렵다. 기능적 형태는 다시 두 가지로 구분하여 사용할 필요가 있다. 하나는 '물품의 기능상 불가결한 형상'과 다른 하나는 '물품의 기능에 관련된 형상'으로 구분하여 사용하여야 한다. '물품의 기능상 불가결한 형상' 부분은 디자인의 요부가 될 수 없지만, '물품의 기능을 확보하는 데 필요한 형상' 부분은 디자인의 요부가 될 수 있다. 즉 '기능상 불가결한 형상' 부분과 단지 '기능을 확보하는 데 필요한 형상' 부분은 디자인의 유사성 판단에서의 취급이 서로 다르다. 그런 점에서, '기능상 불가결한 형상' 부분과 단지 '기능을 확보하는 데 필요한 형상'과는 구분할 필요가 있으며, 이 두 가지를 구분하지 않는 '기능적 형태'라는 용어의 사용은 바람직스럽지 않다. '기능적 형태'라는 용어의 사용은 위 두 가지 개념을 모두 포함하는 포괄적인 의미에서만 사용하는 것이 바람직하다.[13] 대상판결은 이러한 점을 명확히 함으로써, 용어상의 혼란을 정리하였다는 점에서도 그 의미가 있다고 할 수 있다.[14]

궁극적으로 대상판결은 디자인의 유사 판단 시 기능과 관련된 형상의 고려방법에 대해서 그동안 다소 부자연스러웠던 선행 대법원 판결들의 판시 내용을 정리하였다는 점에 의미가 있다. 먼저 기능적 형태를 기능상 불가결한 형상과 기능에 관련된 형상으로 구분하고, 기능상 불가결한 형상은 유사 판단 시 그 중요도를 낮게 평가하는 반면에, 기능에 관련된 형상은 그 중요도를 낮게 평가해서는 안 된다는 것을 명확히 하였다. 나아가 기능상 불가결한 형상인지 여부는 대체적인 형상이 존재하는지 여부에 의하여 결정해야 한다고 판시한 점에서 그 판단기준을 명확히 제시하고 있다.[15]

---

12) 안원모, "디자인의 유사성 판단에서 기능적인 특징 부분의 취급,"「산업재산권」, 제62호, 한국지식재산학회, 2020.1., 111면.

13) 안원모, 위의 논문, 112면.

14) 김기수, 앞의 논문, 388-390면.

15) 김기수, 앞의 논문, 389면; 안원모, 앞의 논문 "디자인의 유사성 판단에서 기능적인 특징 부분의 취급," 120면.

Ⅲ. 결 론

대상판결은 디자인 사건에서의 기능성 원리를 명확히 정리하였다는 점에서 그 의의를 찾을 수 있다. 그러나 기능성 원리 외에 디자인 유사판단에서 고려해야 할 다른 점까지 모두 고려하여 보면 대상판결의 결론이 타당한 것인지는 약간의 의문도 든다. 앞서 밝힌 기능성 원리에 따르면 디자인의 특징이 기능적이라는 이유로 그 중요도를 낮게 평가해서는 안 된다는 것이지 반드시 그 중요도를 같게 취급하라는 것이 아니다. 즉 다른 요인에 의하여 기능적 특징 부분의 중요도가 (상대적으로) 얼마든지 낮게 평가될 수 있다.

이 사건 등록디자인과 선행디자인의 차이점은 전면부에서 분명하게 드러남을 부인하기 어렵다. 결국 측면부 및 후면부와 전면부 사이의 상대적 비교평가를 하게 되면 전면부의 중요도가 상대적으로 가장 높다고 평가해야 하는 것이 아닌가 하는 생각이 든다. 그 이유는 전면부가 장착 시 가장 눈에 띄는 부분이고, 다양한 변화가 가능한 부분으로서 디자이너의 자유도가 가장 높은 부분(창작력이 가장 잘 발휘되는 부분)이고, 그 때문에 보는 사람의 주의를 '가장' 끌기 쉬운 부분이기 때문이다. 여기에 후면부와 측면부는 특정 차량의 구조에 종속된 형상으로 장식적 미감을 발휘하기 위하여 의도된 디자인이 아니므로 이는 단순한 상업적·기능적 변형에 가깝다.[16] 여기에 신규성 판단은 실질적 유사성의 기준이 아니라 엄격한 동일성의 원칙이 적용될 필요가 있다는 사고방식까지 합치면, 이 사건 등록디자인을 선행디자인과 비교하여 서로 유사하다는 이유로 등록무효(신규성 위반)라고 판단한 결론 부분은 선뜻 동의하기 어려운 측면이 있다.

---

16) 김웅, "디자인의 유사판단 시 디자인의 공통점과 차이점의 중요도 비교에 관한 고찰; 대법원 2016후 1710 판결", 디자인법연구회 제38회 발표자료, 2021.11.10., 19면.

참고문헌

■ 국내문헌

김기수, "디자인 유사 판단 시 기능과 관련된 형상의 고려방법(2016후1710 판결)," 「대법원판례해설」, 제126호, 법원도서관, 2021.

김 웅, "디자인의 유사판단 시 디자인의 공통점과 차이점의 중요도 비교에 관한 고찰; 대법원 2016후1710 판결", 디자인법연구회 제38회 발표자료, 2021.11.10.

안원모, "물품의 외관이 기술적 기능에 의해서만 결정된 것인지에 대한 유럽연합법원의 해석," 「산업재산권」, 제56호, 한국지식재산학회, 2018.7.

_____, "디자인의 기능성 판단자료로서 대체디자인 테스트에 관한 검토," 「비교사법」, 제26권 2호, 비교사법학회, 2019.5.

_____, "디자인의 부등록사유로서, 물품의 기능을 확보하는 데에 불가결한 형상만으로 된 디자인,", 「홍익법학」, 제20권 제4호, 홍익대학교 법학연구소, 2019.12.

_____, "디자인의 유사성 판단에서 기능적인 특징 부분의 취급," 「산업재산권」, 제62호, 한국지식재산학회, 2020. 1.

■ 국외문헌

Perry J. Saidman, "Functionality and Design Patent Validity and Infringement", 91 J. Pat. & Trademark Off. Soc'y 313 (2009).

대법원 2017. 1. 12. 선고 2014후1341 판결

자기공지에 의한 공지 예외의 효과가 미치는 동일 디자인의 범위

이 헌 희 (경상국립대학교 대학원 지식재산융합학과 조교수)

Ⅰ. 판결의 개요

1. 사건의 개요

가. 이 사건 등록디자인

이 사건에서 문제가 된 디자인권은 간이형 스프링클러에 관한 것으로 2012년 9월 28일 출원되어 2012년 11월 14일에 등록(등록번호 30-0668925)되었다. 대상이 되는 물품은 간이형 스프링클러이고, 이 디자인은 ① 재질은 금속 및 합성수지이며, ② 본우너 디자인은 주로 건물 내부에 설치되며, 화재발생시 저수된 소방수를 분산하여 화재진압을 할 수 있는 간이형 스프링클러이다. ③ 참고도1과 같이 정비 및 점검이 용이하게 상부가 개방되어지는 구조이다.

사시도	정면도	배면도	좌우측면도

평면도	저면도	참고도

나. 비교대상 디자인

청구인(특허법원 원고, 대법원 피상고인)은 이 사건 디자인의 무효를 주장하기 위해 공지디자인 11개를 제시하였다. 이중 쟁점은 비교대상디자인1과 10으로, 이들 모두 간이형 스프링클러를 대상물품으로 하며, 비교대상디자인1은 이 사건 등록디자인의 출원 전인 2012년 6월 11일 이 사건 다지인권자인 피청구인에 의해 공지된 디자인이고, 비교대상디자인10도 출원 전인 2012년 4월 3일 피청구인에 의해 공지된 디자인이다. 즉, 본 사안에서 피청구인은 2012년 4월 3일 비교대상디자인10을 스스로 공지한 후 6개월[1] 이내인 2012년 9월 28일 디자인출원시 비교대상디자인10에 대해 신규성상실 예외를 주장해 등록되었다. 그런데 디자인권 분쟁이 발생해 청구인이 2012년 6월 11일 비교대상디자인1을 발견하여 무효자료로 제출하였다.

이 사건 등록디자인	비교대상디자인1	비교대상디자인10

다. 사건의 경위

2013년 9월 28일 청구인은 이 시간 등록디자인이 그 출원시 ① 출원 전 피청구인에

---

1) 신규성이 상실된 날부터 6개월 이내의 출원이어야 하며, 복수개의 공지행위가 있는 경우에는 최초의 공개일로부터 6개월을 기산한다(김웅, "신규성 상실의 예외 주장(신규성의제주장)", 「발명특허(Invention & patent)」, Vol. 34 No. 9, 2009, 73면).

의해 공지된 비교대상디자인10에 관한 공개형태와 공개일자를 명확하게 증명하지 못하여 신규성 상실의 예외의 효과를 누릴 수 없다고 하였다. 즉, 출원서의 '신규성상실 예외 주장'란에 공개형태와 관련하여 "KFI 기술인정"이라고 기재하고, 공개일자를 "2012. 4. 3."로 기재하였으며, 증명서류로 비교대상디자인10이 게시된 카탈로그, 관련 거래명세표 및 영수증(갑 제10호증의 1 내지 5)을 제출하였다고,[2] ② 설령 신규성 상실의예외의 효과를 누리더라도 최초 공지된 비교대상디자인10과 그 이후 공지된 비교대상디자인1이 동일하지 않으므로, 비교대상디자인1에 의해 신규성을 상실하여 무효가 된다고 주장하였다. 이에 특허심판원은 '비교대상디자인1과 비교대상디자인10은 이 사건 등록디자인과의 관계에서 신규성상실 예외 규정을 적용받으므로, 이 사건 등록디자인은 비교대상디자인1과 비교대상디자인10에 의하여 신규성이 부정되지 않고, 이 사건 등록디자인은 이 사건 등록디자인이 속하는 분야에서 통상의 지식을 가진 자가 비교대상디자인 2 내지 9에 의하여 용이하게 창작할 수 있다고 볼 수 없다'는 요지의 이유로 원고의 심판청구를 기각하는 심결을 하였다.[3]

특허심판원의 판단에 불복한 원고(특허심판원 청구인)는 2014년 3월 27일 상기 ①과 ②에 대해 재차 이 사건 등록디자인의 무효를 주장하였다. 즉, 특허법원은 ①에 대해 일반론을 제시한 후 ②에 있어 원고의 주장을 인용하고 원심결을 취소하였다.[4] 구체적으로 비교대상디자인1과 비교대상디자인은 모두 동일한 물품이며, 비교대상1과 비교대상10에 있어 비교대상디자인10은 정면 상단부 문에 별도의 손잡이가 없는데 비하여 비교대상디자인1은 정면 상단부에 "⬛"과 같은 직사각형의 손잡이를 구비하고 있는 점에 차이가 있고, 위 차이점과 관련하여 비교대상발명1은 위 손잡이에 손을 집어넣어 상단부의 전면의 문을 위로 개폐할 수 있는 구성인데 비해, 비교대상발명10은 "⬛"과 같이 별도의 손잡이가 없어서 상단부의 전면의 문을 양손으로 잡고 위로 개폐하는 구성인 사실은 당사자 사이에 다툼이 없는바, 비교대상디자인1의 상단부의 손

---

2) 원고는 2013. 5. 8. 특허심판원에 피고를 상대로, '이 사건 등록디자인은 비교대상디자인 1, 10에 의하여 신규성이 부정되고, 이 사건 등록디자인이 속하는 분야에서 통상의 지식을 가진 자가 비교대상디자인 2 내지 9에 의하여 용이하게 창작할 수 있으므로, 디자인보호법 제5조 제1항 각호 및 같은 조 제2항에 해당한다'는 취지의 주장을 하면서, 이 사건 등록디자인에 관하여 등록무효심판을 청구하였으나 이 사건 등록디자인은 이 사건 등록디자인이 속하는 분야에서 통상의 지식을 가진 자가 비교대상디자인 2 내지 9에 의하여 용이하게 창작할 수 있다고 볼 수 없다고 판단하였다(특허법원 2014. 6. 20. 선고 2014허2184 판결). 해당 논점은 본 글에서 논의를 제외한다.
3) 특허심판원 2014. 2. 28. 2013당1184 심결.
4) 특허법원 2014. 6. 20. 선고 2014허2184 판결.

잡이는 비록 비교대상디자인에서 차지하는 면적이 작기는 하지만, 비교대상디자인1의 정면 상단부에 위치하고 있어서 눈높이에서 바라볼 수 있고, 그 기능도 상단부의 문을 위로 개폐하는 것이어서 외관 또는 심미감에 영향을 주는 요소로 파악할 수 있다. 따라서 비교대상디자인1과 비교대상디자인10은 외관 또는 심미감에 영향을 주는 요소인 정면 상단부의 개폐손잡이의 유무에 차이가 있어서 전체적으로 그 형상, 모양, 색채 또는 이들의 결합이 시각을 통하여 동일한 미감을 일으키는 동일한 디자인으로 볼 수 없다고 판단하였다. 또한 비교대상디자인1과 이 사건 등록디자인과의 동일유사를 판단함에 있어서 비교대상디자인1과 이 사건 등록디자인은 모두 간이형 스프링클러를 대상물품으로 그 외관은 비교대상디자인1의 디자인요소 중 일부 요소(정면제외한 요소)는 이 사건 등록디자인의 대응되는 디자인요소와 동일하다는 점에서 다툼이 없으며, 비교대상디자인1과 이 사건 등록디자인은 일부 세부적인 점에 차이가 있기는 하지만, 지배적인 특징을 보이는 정면 부분의 상단부와 하단부의 비율, 상단부와 하단부 문의 손잡이의 위치가 동일하여, 전체적으로 디자인을 보는 사람으로 하여금 동일·유사한 심미감을 주는 동일·유사한 디자인이다(원고와 피고도 양 디자인이 동일·유사한 디자인이라는 점에 관하여 다툼이 없다). 따라서 비교대상디자인1에 대해서는 신규성상실 예외 규정이 적용될 수 없고, 이 사건 등록디자인은 그 출원 전에 공지된 비교대상디자인1과 동일·유사하므로, 디자인보호법 제5조 제1항 제1호 에 해당해 이 사건 등록디자인은 그 등록이 무효로 되어야 할 것인바, 이 사건 심결은 이와 결론을 달리하여 위법하다고 판단하였다.[5]

이에 피청구인은 상고하였다. 이에 상고인(특허심판원 피청구인, 특허법원 피고)은 이 사건 등록디자인의 출원전 공지된 비교대상디자인10과 비교대상디자인은 동일한 디자인이며, 비교대상디자인10에 대해 적용되는 신규성 상실의 예외는 비교대상디자인1에도 적용되어야 한다는 주장을 하였다.

2. 대상판결의 요지(대법원 2017. 1. 12. 선고 2014후1341 판결)

대법원은 구 디자인보호법(2013. 5. 28. 법률 제11848호로 전부 개정되기 전의 것, 이하 같다) 제8조의 문언과 입법 취지에 비추어 보면, 디자인등록을 받을 수 있는 권리를 가진 자가 구 디자인보호법 제8조 제1항의 6개월의 기간 이내에 여러 번의 공개행위를 하고

---

5) 특허법원 2014. 6. 20. 선고 2014허2184 판결.

그중 가장 먼저 공지된 디자인에 대해서만 절차에 따라 신규성 상실의 예외 주장을 하였더라도 공지된 나머지 디자인들이 가장 먼저 공지된 디자인과 동일성이 인정되는 범위 내에 있다면 공지된 나머지 디자인들에까지 신규성 상실 예외의 효과가 미친다. 여기서 동일성이 인정되는 범위 내에 있는 디자인이란 형상, 모양, 색채 또는 이들의 결합이 동일하거나 극히 미세한 차이만 있어 전체적 심미감이 동일한 디자인을 말하고, 전체적 심미감이 유사한 정도에 불과한 경우는 여기에 포함되지 아니한다고 판단하였다.[6)]

II. 해 설

1. 쟁 점

본 사건[7)]에 있어서 대법원은 디자인등록을 받을 수 있는 권리를 가진 자가 6개월[8)]의 기간 이내에 여러 번의 공개행위를 하고 가장 먼저 공지된 디자인에 대해서만 절차에 따라 신규성 상실의 예외 주장을 하였다. 그런데 공지된 나머지 디자인들이 가장 먼저 공지된 디자인과 동일성이 인정되는 범위 내에 있는 경우, 공지된 나머지 디자인들에까지 신규성 상실 예외의 효과가 미치는지 여부에 대해서 판단하였다. 이에 ① 여러 번의 공개행위를 하고 그중 가장 먼저 공지된 디자인에 대해서만 절차에 따라 신규성 상실의 예외 주장을 하였으나 공지된 나머지 디자인들이 가장 먼저 공지된 디자인과 동일성이 인정되는 범위 내에 있는 경우, 공지된 나머지 디자인들에까지 신규성 상실 예외의 효과가 미치는지 여부와 ② 최초 공지 디자인과 동일성이 인정되는 디자인의 의미가 무엇인지가 쟁점이다.

2. 디자인보호법상 신규성의 개념과 신규성 상실의 예외

가. 디자인보호법상 신규성의 개념

디자인의 신규성이란 특허법의 신규성과 동일한 취지이다.[9)] 이에 디자인보호법은 제33조 제1항에서 공업상 이용할 수 있는 디자인으로서 다음 각 호의 어느 하나에 해당하는 것을 제외하고는 그 디자인에 대하여 디자인등록을 받을 수 있다고 규정하고 있다.[10)]

---

6) 대법원 2017. 1. 12. 선고 2014후1341 판결.
7) 본 사건은 구디자인보호법(2013.5.28. 법률 제11848호)이 적용된 사안이다.
8) 구 디자인보호법 제8조 제1항.
9) 윤선희, 「디자인보호법의 이해」, 박영사, 2018.2., 47면.

제1호에서는 디자인등록출원 전에 국내 또는 국외에서 공지(公知)되었거나 공연(公然)히 실시된 디자인을, 제2호에서는 디자인등록출원 전에 국내 또는 국외에서 반포된 간행물에 게재되었거나 전기통신회선을 통하여 공중(公衆)이 이용할 수 있게 된 디자인을, 제3호에서는 제1호 또는 제2호에 해당하는 디자인과 유사한 디자인을 규정하고 있다.[11]

나. 신규성 상실의 예외

(1) 취지

디자인에 있어서 신규성 판단은 출원시점을 기준으로 판단하므로 신규성을 상실한 디자인과 동일 또는 유사한 경우에는 신규성이 없는 것으로 거절된다.[12] 그런데 이러한 신규성 상실에 관한 요건을 엄격하게 적용하는 경우 출원인에게 지나치게 불리한 경우가 발생할 수 있으며, 산업발전에도 바람직하지 않은 영향을 미칠 수 있어 일부 예외를 인정하고 있다. 즉, 일정한 기간 내에 일정한 절차에 따라 디자인등록출원을 하면 그 디자인은 신규성을 상실하지 아니한 것으로 취급하는 예외규정을 두고 있다.[13] 이에 현행 디자인보호법은 제36조에서는 디자인등록을 받을 수 있는 권리를 가진 자의 디자인이 신규성 상실사유 즉, 공지, 공용, 반포된 간행물의 게재 및 전기통신회선을 통한 신규성 상실이 있는 경우 그 디자인은 그날부터 12개월 이내에 그 자가 디자인등록출원한 디자인에 대하여 신규성을 상실하지 않은 것으로 규정하고 있으며,[14] 그로부터 30일 이내에 증거서면을 제출하면 된다.[15]

(2) 신규성 상실의 예외 적용 요건

신규성 상실 예외를 주장할 수 있는 자는 ① 디자인이 공지될 당시 그 디자인에 대하여 디자인 등록을 받을 수 있는 권리를 가지는 자가 출원하거나, 또는 공지된 이후

---

10) 디자인보호법 제33조 제1항.

11) 한 벌 물품의 디자인에 대해서는 한 벌 전체로서만 신규성 요건을 판단하고, 디자인일부심사등록출원에 대해서는 디자인보호법 제62조 제2항에 따라 등록 전에 신규성을 심사하지 않는다. 다만, 디자인보호법 제55조에 따라 정보제공이 있는 경우에는 이를 근거로 거절결정할 수 있다(윤선희, 「디자인보호법의 이해」, 박영사, 2018.2., 47면).

12) 윤선희, 「지적재산권법」, 제19정판, 세창출판사, 2022.2., 220면.

13) 윤선희, 「디자인보호법의 이해」, 박영사, 2018.2., 53면.

14) 다만, 그 디자인의 조약이나 법률에 따라 국내 또는 국외에서 출원공개 또는 등록공고된 경우에는 그러하지 아니하다(디자인보호법 제36조 제1항).

15) 1998년 3월 1일 이전에는 박람회 출품, 시험 및 연구발표, 의사에 반하여 공지된 경우에만 신규성을 인정하였으나, 현재는 공개의 장소·방법에 제한없이 공개된 후 12개월 이내에 출원하면 모두 신규성을 인정하고 있다(윤선희, 「지적재산권법」, 제19정판, 세창출판사, 2022.2., 221면).

그 권리를 승계한 자가 출원하여야 하며, ② 디자인의 공지주체가 여럿일 경우 그 중 1인 이상이 출원인이 포함되어 있어야 한다. 그리고 신규성 상실 예외 주장의 대상은 ① 디자인이 공지된 날로부터 12개월 이내에 출원된 것이어야 하고, ② 디자인이 자기의 의사에 반하여 공지된 경우에도 공지된 날로부터 12개월 이내에 출원된 것이어야 한다. 그리고 ③ 동일한 디자인이 여러 번 공지된 경우에는 최초 공지일로부터 12개월 이내에 출원된 것이어야 한다. ④ 출원디자인이 증명서류의 공지디자인과 동일한지 또는 유사한지 여부는 관계가 없으며, ⑤ 디자인이 법률이나 조약에 따라 국내 또는 국외에서 출원공개 또는 등록공고가 된 경 경우에는 신규성 상실 예외를 주장할 수 없다. 이러한 신규성 상실 사유의 예외주장은 출원할 때 그 취지를 출원서에 적어 주장하여야 하는데, 이후 그 공지디자인을 거절이유로 한 의견제출통지서에 대응하여 제출하는 의견서, 디자인일부심사등록 이의신청에 의한 답변서, 무효심판에 대응하여 제출하는 답변서 등을 통해 그 취지를 주장할 수 있다.[16]

그런데 위 사례에서 문제된 것처럼 동일한 디자인이 여러 번 공지가 된 경우 공지된 사유를 전부 기재해야 하는지, 혹은 최초의 공지에 대해서만 신규성 상실 예외주장을 하면 되는지에 대해서 문제가 되었다.

(3) 대법원의 판단

대법원은 신규성상실의 예외에 대해 "디자인보호법은 출원 전에 공지·공용된 디자인이나 이와 유사한 디자인, 공지·공용된 디자인으로부터 쉽게 창작할 수 있는 디자인은 원칙적으로 디자인등록을 받을 수 없도록 규정하고 있다(구 디자인보호법 제5조 제1항 규정 참조). 그러나 이러한 신규성에 관한 원칙을 너무 엄격하게 적용하면 디자인등록을 받을 수 있는 권리를 가진 자에게 지나치게 가혹하여 형평성을 잃게 되거나 산업의 발전을 도모하는 디자인보호법의 취지에 맞지 않는 경우가 생길 수 있으므로, 제3자의 권익을 해치지 않는 범위 내에서 예외적으로 디자인등록을 받을 수 있는 권리를 가진 자가 일정한 요건과 절차를 갖춘 경우에는 디자인이 출원 전에 공개되었다고 하더라도 그 디자인은 신규성을 상실하지 않는 것으로 취급하기 위하여 신규성 상실의 예외 규정을 둔 것이다."라고 그 취지를 설명한 후 "신규성 상실의 예외 규정의 문언과 입법 취지에 비추어 보면, 디자인등록을 받을 수 있는 권리를 가진 자가 구 디자인보호법 제8조 제1항의 6개월의 기간 이내에 여러 번의 공개행위를 하고 그중 가장 먼저

---

16) 윤선희, 「디자인보호법의 이해」, 박영사, 2018.2., 53-54면.

공지된 디자인에 대해서만 절차에 따라 신규성 상실의 예외 주장을 하였다고 하더라도 공지된 나머지 디자인들이 가장 먼저 공지된 디자인과 동일성이 인정되는 범위 내에 있다면 공지된 나머지 디자인들에게까지 신규성 상실의 예외의 효과가 미친다고 봄이 타당하다."고 판단하였다.[17] 이에 "원심은 (1) 피고가 이 사건 등록디자인을 출원하면서 출원서의 '신규성 상실의 예외 주장'란에 원심 판시 비교대상디자인10에 관한 사항만을 기재하고, 관련 자료를 제출한 사실을 인정한 다음, (2) 원심 판시 비교대상디자인1과 비교대상디자인10은 외관 또는 심미감에 영향을 주는 요소인 정면 상단부의 개폐손잡이의 유무에 차이가 있어서 전체적으로 그 형상, 모양, 색채 또는 이들의 결합이 시각을 통하여 동일한 미감을 일으키는 동일한 디자인으로 볼 수 없으므로, 비교대상디자인1에 대해서는 신규성 상실의 예외 규정이 적용될 수 없다고 판단하고, (3) 이 사건 등록디자인은 그 출원 전에 공지된 비교대상디자인1과 동일·유사하므로, 디자인보호법 제5조 제1항 제1호에 해당한다고 판단한 원심의 이러한 판단은 정당하고, 거기에 상고이유 주장과 같이 신규성 상실의 예외에 관한 법리를 오해하는 등의 잘못이 없다."고 판단하였다.

3. 대법원 판단에 대한 고찰

본 사건 등록디자인은 2012년 9월 28일에 출원된 것으로 2014년 7월 1일 개정 전 구디자인보호법(이하 구법)의 적용을 받는 사안으로, 구법에서는 출원 전에 공지된 디자인에 대해 신규성 상실 예외의 효과를 받기 위해서는 디자인등록 출원시 디자인등록출원서에 그 취지를 기재하여 특허청장에게 제출하고 이를 증명할 수 있는 서류를 디자인등록출원일로부터 30일 이내에 특허청장에게 제출해야했지만, 그 후 개정법에 있어서는 그 취지기재 및 증명서류 제출을 출원시뿐만 아니라 거절이유통지에 대한 의견서 제출시, 이의신청이나 무효심판의 답변서 제출시에도 가능하게 개정되었다.[18] 이에 출

---

17) 대법원 2017. 1. 12. 선고 2014후1341 판결.

18) 2022년 5월 현재 디자인보호법(2022. 4. 20. 시행 법률 제18500호, 2021. 10. 19.)의 본 규정 제36조 제1항에서 디자인등록을 받을 수 있는 권리를 가진 자의 디자인이 제33조 제1항 제1호 또는 제2호에 해당하게 된 경우 그 디자인은 그날부터 12개월 이내에 그 자가 디자인등록출원한 디자인에 대하여 같은 조 제1항 및 제2항을 적용할 때에는 같은 조 제1항 제1호 또는 제2호에 해당하지 아니한 것으로 본다. 다만, 그 디자인이 조약이나 법률에 따라 국내 또는 국외에서 출원공개 또는 등록공고된 경우에는 그러하지 아니하다고 규정하고 있으며, 제2항에서는 제1항 본문을 적용받으려는 자는 ① 제37조에 따른 디자인등록출원서를 제출할 때. 이 경우 증명할 수 있는 서류는 디자인등록출원일부터 30일 이내, ② 제62조에 따른 디자인등록거절결정 또는 제65조에 따른 디자인등록결정(이하 "디자인등록여부결정"이라 한다)의 통지서가 발송되기 전까지. 이 경우 증명할 수 있는 서류는 취지

원 전에 여러번의 공지가 있은 경우 구법에 따르면 출원시 신규성 상실의 예외를 모두 주장해야하는 반면, 그 후 개정법에 따르면 최초 공지일로부터 6개월 이내에 출원한 것이라면, 그 후 디자인 출원 이후 발견된 공지의 경우에는 제36조 제2항의 각호에 따라 출원시, 거절이유통지에 따른 의견서 제출기간, 이의신청에 대한 답변서 제출기간, 무효심판 청구에 대한 답변서 제출기간에 신규성 상실의 예외를 주장 및 증명할 수 있도록 규정하고 있다.[19]

2014. 1. 31. 시행 법률 제11962호, 2013. 7. 30.,	2014. 7. 1. 시행 법률 제11848호, 2013. 5. 28.,
제8조(신규성상실의 예외) ① 디자인등록을 받을 수 있는 권리를 가진 자의 디자인이 제5조 제1항 제1호 또는 제2호에 해당하게 된 경우 그 디자인은 그 날부터 6개월 이내에 그 자가 디자인등록출원한 디자인에 대하여 동조 제1항 및 제2항의 규정을 적용함에 있어서는 동조 제1항 제1호 또는 제2호에 해당하지 아니한 것으로 본다. ② 제1항의 규정을 적용받고자 하는 자는 디자인등록출원시 디자인등록출원서에 그 취지를 기재하여 특허청장에게 제출하고 이를 증명할 수 있는 서류를 디자인등록출원일부터 30일이내에 특허청장에게 제출하여야 한다. 다만, 자기의 의사에 반하여 그 디자인이 제5조 제1항 각호의 1에 해당하게 된 경우에는 그러하지 아니하다	제36조(신규성 상실의 예외) ① 디자인등록을 받을 수 있는 권리를 가진 자의 디자인이 제33조 제1항 제1호 또는 제2호에 해당하게 된 경우 그 디자인은 그날부터 6개월 이내에 그 자가 디자인등록출원한 디자인에 대하여 같은 조 제1항 및 제2항을 적용할 때에는 같은 조 제1항 제1호 또는 제2호에 해당하지 아니한 것으로 본다. 다만, 그 디자인이 조약이나 법률에 따라 국내 또는 국외에서 출원공개 또는 등록공고된 경우에는 그러하지 아니하다. ② 제1항 본문을 적용받으려는 자는 다음 각 호의 어느 하나에 해당할 때에 그 취지를 적은 서면과 이를 증명할 수 있는 서류를 특허청장 또는 특허심판원장에게 제출하여야 한다. 1. 제37조에 따른 디자인등록출원서를 제출할 때. 이 경우 증명할 수 있는 서류는 디자인등록출원일부터 30일 이내에 제출하여야 한다. 2. 제63조 제1항에 따른 거절이유통지에 대한 의견서를 제출할 때 3. 제68조 제3항에 따른 디자인일부심사등록 이의신청에 대한 답변서를 제출할 때 4. 제134조 제1항에 따른 심판청구(디자인등록무효심판의 경우로 한정한다)에 대한 답변서를 제출할 때

를 적은 서면을 제출한 날부터 30일 이내에 제출하되 디자인등록여부결정 전까지, ③ 제68조 제3항에 따른 디자인일부심사등록 이의신청에 대한 답변서를 제출할 때, ④ 제134조 제1항에 따른 심판청구(디자인등록무효심판의 경우로 한정한다)에 대한 답변서를 제출할 때 어느 하나에 해당할 때에 그 취지를 적은 서면과 이를 증명할 수 있는 서류를 특허청장 또는 특허심판원장에게 제출하여야 한고 규정하고 있다.

19) 이에 현재 시점에서의 논의가 큰 의미가 없음에도 불구하고, 구법을 근거로 한 판단을 함에 있어 신규성 상실에 대한 예외 규정을 적용함에 있어 의미있는 판례라 생각된다(김웅, "'신규성 상실 예외'의 적용을 받는 공지디자인의 범위", 79면.).

본 판결에서 대법원은 디자인보호법상 신규성 상실의 예외에 대해서 출원 전 6개월 이내에 여러번 공지가 되었더라도 가장 먼저 공지된 디자인에 대해서만 신규성 상실의 주장만 하더라도 나머지 공지된 디자인에까지 신규성 상실의 효과가 미치는 것이 타당하다고 보았다. 이는 특허법원에서의 판단과 같이 출원인이 가장 먼거 공지된 디자인에 대해서만 신규성상실의 예외주장을 하였다 하더라도 여기에는 그 최초분 이후에 공지된 디자인들에 대해서도 신규성 상실의 예외주장을 하고자 하는 의사가 당연히 포함된 것으로 해석하는 것이 자연스럽고, 디자인의 공지에 있어서는 그 성질상 어떤 시점의 한정적 행위가 아니라 어느 정도 계속되는 상태를 예정하고 있는 것이어서 최초의 시점에 공지된 디자인에 대해서도 그 효력을 미치도록 할 필요가 있으므로, 출원인이 최초에 공지된 디자인에 대해서만 신규성 상실의 예외주장을 하더라도 나머지 공지된 디자인에 대해서도 신규성 상실의 예외규정이 적용한다는 판단을 존중한 것으로 보인다. 이러한 법원의 판단은 디자인권의 특성 즉, 디자인은 라이프사이클이 짧고 제품의 형태로 판매되어 계속 공지상태에 있다는 특성을 감안한 타당한 판단으로 생각된다.[20] 다만, 이 경우에도 최초 공개된 디자인과 이후 공개된 여러 디자인 간의 동일성을 있어야 한다고 생각된다. 디자인권의 특성이 동일 유사한 범위까지 확장되는 점을 감안하면 신규성 예외를 인정하는 범위도 확장될 수 있을 것으로 생각할 수 있지만,[21] 대상 판결에서는 그 적용범위를 과하게 늘리는 것은 법적 안정성을 해칠 수 있기 때문에 경계하는 듯 보인다.[22]

본 사안에서는 비교대상디자인1과 비교대상디자인10의 동일성 여부가 문제가 되었다. 즉, 동일성이 인정되면 신규성 상실의 예외가 비교대상디자인1과 비교대상디자인10 모두에게 적용되겠지만, 동일성이 없으면 신규성 상실의 예외가 비교대상디자인10에만 적용되기 때문이다. 특히 양 디자인은 정면 상단부 문 손잡이에 차이가 있었으며, 이는 결국 양 디자인의 심미감을 동일 또는 유사하게 하는지가 쟁점이 되었다.[23] 이에 대해 특허법원은 두 디자인이 동일한 미감을 자아내는 동일한 디자인으로 볼 수 없다고 판

---

20) 신혜은, "발명의 공지예외를 인정받기 위한 요건과 공개행위의 밀접불가분성", 「산업재산권」, 제41권, 한국지식재산학회, 2013, 154면; 신상민, "디자인보호법상 자기공지에 의한 신규성 상실 예외의 법적 쟁점", 「법학연구」, 제20권 제3호, 인하대학교 법학연구소, 2017.9., 15면.
21) 공지된 이후 일부 제작과정 등에서 변경이 있을 수 있다는 점 등을 고려하면 최초 공지와 동일 또는 유사한 범위로 한정해 이를 인정할 필요가 있다고도 볼 수 있다(김웅, "'신규성 상실 예외'의 적용을 받는 공지디자인의 범위", 83면).
22) 김웅, "'신규성 상실 예외'의 적용을 받는 공지디자인의 범위", 83~84면.
23) 김웅, "'신규성 상실 예외'의 적용을 받는 공지디자인의 범위", 85면.

단하였고, 대법원도 이를 수긍하였다.[24]

Ⅲ. 마치며

본 사안은 디자인이 여러 번 공지된 후 최초의 디자인에 대해서만 신규성상실의 예외를 주장한 경우 이후 디자인에 대해서도 신규성상실의 예외 주장의 효력이 미치는지에 대해 판단한 사안이다. 특히 본 사건이 2014년 7월 1일 이전에 있었던 사건이기 때문에 이러한 법개정 이전의 사건에 대해서도 해당 법리가 적용될 수 있음을 확인해준 판결이라고 생각된다. 다만, 이러한 판단을 함에 있어서도 신규성 상실에 대한 예외로 인정되는 것이기에 여러번 공지에 대한 범위에 있어서는 최대한 좁게 해석해 동일한 디자인의 범위로만 한정함으로써 무작정 디자인을 공개하는 것에 대해서는 적용되지 않는다는 것을 명확히 함으로써, 자기공지에 의한 신규성 상실의 예외의 인정범위에 대해 명확한 기준을 제시하고 있다는데 의의가 있다 하겠다.

---

24) 대법은 디자인의 동일에 대해서도 판단하고 있는데, 동일성이 인정되는 범위 내에 있는 디자인이란 그 형상, 모양, 색채 또는 이들의 결합이 동일하거나 극히 미세한 차이만 있어 전체적 심미감이 동일한 디자인을 말하고, 전체적 심미감이 유사한 정도에 불과한 경우는 여기에 포함되지 아니한다고 판단하였다(대법원 2017. 1. 12. 선고 2014후1341 판결).

참고문헌

김　웅, "신규성 상실의 예외 주장(신규성의제주장)", 「발명특허(Invention & patent)」, Vol. 34 No. 9, 2009.

_____, "'신규성 상실 예외'의 적용을 받는 공지디자인의 범위", 「디자인보호법 판례연구」, 디자인법연구회 편, 박영사, 2019.8.

신상민, "디자인보호법상 자기공지에 의한 신규성 상실 예외의 법적 쟁점", 「법학연구」, 제20권 제3호, 인하대학교 법학연구소, 2017.9.

신혜은, "발명의 공지예외를 인정받기 위한 요건과 공개행위의 밀접불가분성", 「산업재산권」, 제41권, 한국지식재산학회, 2013.

윤선희, 「디자인보호법의 이해」, 박영사, 2018.2.

_____, 「지적재산권법」, 제19정판, 세창출판사, 2022.2.

대법원 2018. 7. 20. 선고 2015후1669 판결을 중심으로

디자인출원서의
창작자 허위 기재와 관련하여

임 병 웅 (특허법인 리담 대표변리사)

I. 기초사실 및 소송의 경과

1. 기초사실

가. 이 사건 등록디자인

피고의 등록디자인은 2011. 8. 17. 출원되어 2012. 5. 15. 등록된 의자용 등받이에 대한 디자인(등록번호: 제644735호)이다.

나. 비교대상디자인

비교대상디자인은 2010. 10.경 에누리닷컴(http://www.enuri.com)에 게재된 '의자용 등받이'에 관한 것이다.

2. 절차의 경위

원고 주식회사 가○아는 2014. 10. 8. 특허심판원에 이 사건 등록디자인의 디자인권 자인 피고 김○현을 상대로 하여 이 사건 등록디자인에 대해 무효심판을 청구하였는데 (2014당2496), 특허심판원은 2015. 3. 20. 등록무효사유가 없다는 이유로 원고의 청구를

기각하였다. 원고는 이에 대해 2015. 4. 14. 심결취소의 소를 제기하였는데(2015허2457) 특허법원이 2015. 9. 11. 원고의 청구를 기각하였다. 원고는 이에 대해 2015. 9. 22. 대법원에 상고하였으나(2015후1669), 2018. 7. 20. 기각되었다.

3. 원고주장의 요지

가. 창작자가 허위로 기재되어 무효라는 주장(이하 "주장 1"이라고 함)

이 사건 등록디자인은 출원서에 창작자가 허위로 기재되어 등록받은 것이므로 구 디자인보호법 제68조 제1항 제1호, 제2호, 제3조 제1항 본문, 제10조[1]에 해당하는 등록무효사유가 있다. 구체적으로, 원고는, 피고가 이 사건 등록디자인의 진정한 창작자인 소외인(김○민, 피고의 父)으로부터 이 사건 등록디자인을 등록받을 수 있는 권리를 승계했다고 하더라도, 소외인이 출원서에 창작자로 기재되지 않은 이상 디자인등록을 받을 수 있는 권리를 적법하게 승계했다고 할 수 없다. 또한 원고는 피고가 이 사건 등록디자인의 출원 당시에 19세 미만이었던 피고 자신을 창작자인 것처럼 허위로 기재하여 디자인출원료, 심사청구료, 최초 3년분의 디자인등록료의 징수를 면제받은 것은 구 특허료등의징수규칙(2011. 12. 2. 지식경제부령 제220호로 개정되기 전의 것, 이하 '구 특허료등의징수규칙'이라 한다) 제7조[2]를 악용한 것이다.

---

1) 제68조(디자인등록의 무효심판) ① 이해관계인 또는 심사관은 디자인등록이 다음 각 호의 어느 하나에 해당하는 경우에는 무효심판을 청구할 수 있다. …
1. … 제5조 … 제10조 …에 위반된 경우
2. 제3조 제1항 본문의 규정에 의한 디자인등록을 받을 수 있는 권리를 가지지 아니하거나 동조 동항 단서의 규정에 의하여 디자인등록을 받을 수 없는 경우
제3조(디자인등록을 받을 수 있는 자) ① 디자인을 창작한 자 또는 그 승계인은 이 법에서 정하는 바에 의하여 디자인등록을 받을 수 있는 권리를 가진다. …
② 2인 이상이 공동으로 디자인을 창작한 때에는 디자인등록을 받을 수 있는 권리는 공유로 한다.
제10조(공동출원) 제3조 제2항의 규정에 의한 디자인등록을 받을 수 있는 권리가 공유인 경우에는 공유자 전원이 공동으로 디자인등록출원을 하여야 한다.
2) 제7조(특허료·등록료·수수료 및 심사청구료 등의 면제 및 감면) ① 다음 각 호의 어느 하나에 해당하는 자(발명자·고안자 또는 창작자와 출원인이 같은 경우만 해당한다)가 「특허법」·「실용신안법」 또는 「디자인보호법」에 따른 출원·심사청구 또는 권리설정등록을 하는 경우에는 「특허법」·「실용신안법」 또는 「디자인보호법」별로 각각 연간 10건(반려되거나 1개월 이내에 취하 또는 포기된 것은 제외한다)에 한하여 그 출원에 대한 출원료, 심사청구료, 최초 3년분의 특허료·실용신안등록료 또는 디자인등록료를 면제한다.
6. 만 6세 이상 만 19세 미만인 자

나. 이 사건 등록디자인이 비교대상디자인과 유사하거나 비교대상디자인으로부터 용이하게 창작할 수 있다는 주장(이하 "주장2"라고 함)

이 사건 등록디자인은 그 출원 전에 공지된 비교대상디자인과 유사하거나 통상의 디자이너가 비교대상디자인으로부터 용이하게 창작할 수 있으므로, 구 디자인보호법 제68조 제1항 제1호, 제5조 제1항 및 제2항[3]의 규정에 해당하는 등록무효사유가 있다.

4. 원심판결[4]의 요지

가. 주장 1에 대하여

구 디자인보호법의 관련조항들은 디자인등록을 받을 수 있는 권리를 가진 사람이 디자인등록을 받지 않거나, 디자인등록을 받을 수 있는 권리가 공유인 경우에 공유자 전원이 공동으로 디자인등록출원을 하여 디자인등록을 받지 않은 경우를 등록무효사유로 규정하고 있을 뿐이고, 창작자를 허위로 기재한 것에 대해서는 등록무효사유로 규정하고 있지 않다. 따라서 이 사건 등록디자인이 창작자가 허위로 기재되어 구 디자인보호법 제68조 제1항 제1호, 제2호, 제3조 제1항 본문, 제10조의 등록무효사유에 해당한다는 원고의 주장은 이유 없다.

구 디자인보호법이 디자인등록을 받을 수 있는 권리의 승계가 출원서에 창작자로 기재된 진정한 창작자로부터 이루어져야만 적법한 승계로 본다고 규정하고 있지 않아서, 그러한 요건을 갖추지 않은 승계라고 하여 부적법하다거나 무효라고 할 수 없다.

구 특허료등의징수규칙 제7조를 악용한 것과 구 디자인보호법 제3조 제1항 본문, 제10조의 등록무효사유에 해당한다는 것은 별개의 문제이고, 구 디자인보호법의 위 조항

---

3) 제5조(디자인등록의 요건) ① 공업상 이용할 수 있는 디자인으로서 다음 각호의 1에 해당하는 것을 제외하고는 그 디자인에 대하여 디자인등록을 받을 수 있다. <개정 2001. 2. 3., 2004. 12. 31.>
   1. 디자인등록출원전에 국내 또는 국외에서 공지되었거나 공연히 실시된 디자인
   2. 디자인등록출원전에 국내 또는 국외에서 반포된 간행물에 게재되었거나 전기통신회선을 통하여 공중이 이용가능하게 된 디자인
   3. 제1호 또는 제2호에 해당하는 디자인에 유사한 디자인
   ② 디자인등록출원전에 그 디자인이 속하는 분야에서 통상의 지식을 가진 자가 제1항 제1호 또는 제2호에 해당하는 디자인의 결합에 의하거나 국내에서 널리 알려진 형상·모양·색채 또는 이들의 결합에 의하여 용이하게 창작할 수 있는 디자인(제1항 각호의 1에 해당하는 디자인을 제외한다)에 대하여는 제1항의 규정에 불구하고 디자인등록을 받을 수 없다. <개정 1997. 8. 22., 2001. 2. 3., 2004. 12. 31.>
4) 특허법원 2015. 9. 11. 선고 2015허2457 판결.

들이 출원서에 진정한 창작자가 기재될 것을 전제로 하는 것이라고 할 수도 없다.

나. 주장 2에 대하여

(1) 이 사건 등록디자인과 비교대상디자인의 대비

구분	이 사건 등록디자인	비교대상디자인
사시도		
정면도		
배면도		

(2) 구체적 판단

㉮ 정면부(배면부) 상단 부분에 이 사건 등록디자인은 홈이 5개 있는데, 비교대상디자인은 홈이 4개 있는 점, ㉯ 정면부(배면부)의 상단부터 중앙까지 이 사건 등록디자인은 별다른 무늬나 형상이 없는데, 비교대상디자인은 좌우 양측에 약간 기울어지고 가늘며 긴 구멍이 3개씩 대칭되게 형성되어 있는 점, ㉰ 정면부 하부의 돌출부에 있어서, 이 사건 등록디자인은 돌출부 상단의 양쪽 끝 부분이 동물의 귀처럼 상측으로 튀어나오고, 돌출부의 좌우 양단 전체가 등받이 가장자리와 상당한 간격을 두고 떨어져 있어 돌출부의 전체적인 형상이 갸름하게 형성되며, 돌출부의 표면이 별다른 줄무늬 없이 매끄러운데, 비교대상디자인은 돌출부 상단이 동물의 귀처럼 튀어나온 부분 없이 완만

한 곡선을 그리고 돌출부의 좌우 양단이 하부에서는 등받이 가장자리와 상당한 간격을 두고 떨어져 있다가 상부로 갈수록 간격이 좁아지면서 가장자리와 밀착되어 돌출부의 전체적인 형상이 넓고 둥글게 형성되며, 돌출부의 표면에 'V'자 형의 약간 굵은 두께의 띠 3개가 돌출부 전체를 크게 3분하는 형상으로 형성되어 있는 점 등에서 차이가 있다.

차이점 ㉯, ㉰와 관련된 이 사건 등록디자인의 형상은 눈에 잘 띄는 정면부를 구성하는 주요 구성형태이고, 의자용 등받이에서 흔히 볼 수 있는 형상이 아니어서 이 사건 등록디자인의 요부에 해당하는데, 비교대상디자인은 앞서 본 바와 같이 차이점 ㉯, ㉰와 관련된 형상에서 이 사건 등록디자인과 현저한 차이가 있고, 이러한 형상의 차이는 앞서 본 공통점들보다 심미감에 더 큰 영향을 미쳐 양 디자인의 전체적인 심미감에 큰 차이를 가져온다. 따라서 이 사건 등록디자인은 비교대상디자인과 유사하다고 할 수 없다.

또한, 차이점 ㉯, ㉰는 앞서 본 바와 같이 양 디자인의 전체적인 심미감에 큰 차이를 가져올 정도이므로 비교대상디자인을 이 사건 등록디자인과 같이 변형하는 것을 두고 다른 미감적 가치가 인정되지 않는 상업적·기능적 변형에 불과하다고 할 수 없다. 그리고 차이점 ㉯, ㉰와 관련된 이 사건 등록디자인의 형상이 널리 알려진 형상이라거나 그와 같이 의자용 등받이 정면부를 형성하는 것이 의자용 등받이 디자인 분야에서 흔한 창작수법이나 표현방법에 불과하다고 볼 만한 자료도 없다. 따라서 이 사건 등록디자인은 통상의 디자이너가 비교대상디자인으로부터 용이하게 창작할 수 있다고 할 수 없다.

Ⅲ. 대상판결[5]

1. 상고이유의 요지

가. 제1점: '디자인등록을 받을 수 있는 자'에 관한 법리오해, 심리미진

아버지인 창작자 김○민이 아들인 피고에게 디자인등록을 받을 수 있는 권리를 양도하였다는 것은 다투지 않지만, 이 사건 디자인등록출원서에 창작자와 출원인이 모두 피고로 되어 있다. 이처럼 디자인등록출원서상의 창작자가 허위일 경우, 구 디자인보호법 제3조 제1항 본문의 '창작한 자의 승계인'이 적법하게 존재할 수 없음은 자명한 것

---

5) 대법원 2018. 7. 20. 선고 2015후1669 판결.

이고, 수수료 등을 면탈하기 위한 위와 같은 허위 기재는 정정할 수도 없다. 따라서 피고를 창작자 김○민의 승계인으로 보는 한 그 등록행위는 무효이다.

나. 제2점: 디자인의 유사 또는 용이 창작 판단에 관한 법리오해, 심리미진

원심이 지적한 차이점 ㈏, ㈐는 전체적인 심미감에 영향을 주지 않는 미세한 차이에 불과하므로, 이 사건 등록디자인은 비교대상디자인과 유사하거나 비교대상디자인으로부터 용이하게 창작할 수 있는 것이라고 보아야 한다.

2. 판결요지

가. 상고이유 제1점에 대하여

구 디자인보호법(2013. 5. 28. 법률 제11848호로 전부 개정되기 전의 것, 이하 같다) 제3조 제1항 본문은 디자인을 창작한 자 또는 그 승계인은 디자인보호법에서 정하는 바에 의하여 디자인등록을 받을 수 있는 권리를 가진다고 규정하고, 제68조 제1항 제2호는 제3조 제1항 본문의 규정에 의한 디자인등록을 받을 수 있는 권리를 가지지 아니한 자가 출원하여 디자인등록을 받은 경우를 등록무효사유의 하나로 규정하고 있다. 따라서 디자인을 창작한 자가 아니라도 그로부터 디자인등록을 받을 수 있는 권리를 승계한 자가 직접 출원하여 디자인등록을 받은 경우에는 그러한 등록무효사유에 해당한다고 볼 수 없다.

원심은, 대상 물품을 '의자용 등받이'로 하는 이 사건 등록디자인이 디자인등록을 받을 수 있는 권리의 승계인에 의하여 출원된 이상 그 출원서에 창작자가 사실과 다르게 기재되어 있다는 사정만으로는 구 디자인보호법 제68조 제1항 제2호, 제3조 제1항 본문의 등록무효사유에 해당하는 것으로 볼 수 없다고 판단하였다. 이어 이 사건 등록디자인의 출원서에 창작자가 허위로 기재되어 그러한 등록무효사유가 있다는 원고의 주장을 배척하였다. 앞서 본 법리와 적법하게 채택된 증거들에 비추어 살펴보면, 원심의 위와 같은 판단은 정당하고, 거기에 상고이유 주장과 같이 구 디자인보호법 제3조 제1항 본문에 관한 법리를 오해하는 등의 위법이 없다.

나. 상고이유 제2점에 대하여

원심은, 이 사건 등록디자인과 원심 판시 비교대상디자인을 대비한 다음, 양 디자인은 정면부(배면부) 상부에 형성되는 가늘고 긴 구멍의 유무, 정면부 하부에 형성된 돌출부의 형상에서 현저한 차이점이 있고, 이로 인하여 원심 판시와 같은 공통점에도 불구하고 전체적으로 볼 때 심미감에 큰 차이가 있으므로, 서로 유사한 것으로 볼 수 없다고 판단하였다.

또한, 원심은 이러한 차이점과 관련된 이 사건 등록디자인의 형상이 다른 미감적 가치가 인정되지 않는 상업적·기능적 변형에 해당한다거나, 의자용 등받이 디자인 분야에서 흔한 창작수법 또는 표현방법에 불과하다고 할 수 없으므로, 이 사건 등록디자인은 비교대상디자인으로부터 용이하게 창작될 수도 없다고 판단하였다. 관련 법리와 원심이 적법하게 채택한 증거들에 비추어 살펴보면, 원심의 위와 같은 판단은 정당하고, 거기에 상고이유 주장과 같이 구 디자인보호법 제5조 제1항 제3호, 제2항에 관한 법리를 오해하는 등의 위법이 없다.

Ⅳ. 해 설

1. 문제의 소재

대상판결은 상고이유 제1점과 관련하여서는 디자인등록출원서상 창작자 기재가 사실과 다르게 기재된 것(이하 "창작자 허위 기재"라 함)이 등록무효사유에 해당하는지를 명시적으로 판단한 최초의 사례라는 점, 상고이유 제2점과 관련하여서는 등록디자인이 비교대상디자인과 유사한지 및 비교대상디자인으로부터 용이하게 창작될 수 있는지와 관련하여 구체적으로 판단한 사례라는 점에서 그 의의를 찾을 수 있다.[6] 본 고에서는 이 중 상고이유 제1점, 즉 창작자 허위 기재와 관련하여 중점적으로 검토하고, 상고이유 제2점에 대한 구체적인 검토는 생략한다.

상고이유 제1점과 관련하여 원고가 상고에서 주장한 내용의 핵심은 창작자가 허위로 기재된 경우 무권리자에 의한 출원이기 때문에 디자인보호법 제3조 제1항에 위반되어 등록무효사유에 해당하고, 더욱이 수수료를 면탈하기 위한 목적으로 허위 기재를 하면서 제도를 악용하였기 때문에 이를 인정해줘서는 안 된다는 것이다. 따라서, 먼저 창작자의 허위 기재가 디자인보호법 제3조 제1항 위반의 등록무효사유에 해당하는지 여부

---

6) 이헌, "디자인등록출원서상 창작자 허위 기재(2018. 7. 20. 선고 2015후1669 판결: 공2018하, 1796)", 「대법원판례해설」, 제118호, 법원도서관, 2018, 426-427면.

를 살펴본 후, 수수료 면탈을 위한 목적으로 제도를 악용하는 경우 이에 대한 제재조
치를 검토해 보고자 한다. 한편, 관련판례를 검토할 때는 디자인보호법뿐만 아니라 유
사한 법 체계를 가지고 있는 특허법(실용신안법)도 함께 살펴본다.

2. 창작자의 허위 기재가 디자인보호법 제3조 제1항 위반의 등록무효사유에 해당하는지 여부

가. 서 설

이해관계인 또는 심사관은 디자인등록이 등록무효사유에 해당하는 경우에 무효심판
을 청구할 수 있고,[7] 디자인등록을 무효로 한다는 심결이 확정된 때에는 그 디자인권
은 처음부터 없었던 것으로 본다.[8] 창작자의 허위 기재로 무효심판을 청구하기 위해서
는 제한열거적인 등록무효사유에 해당해야 하는데, 등록무효사유 중 이와 관련된 사유
는 "디자인보호법 제3조 제1항 본문에 따라 다자인등록을 받을 수 있는 권리를 가지지
아니한 경우"라고 할 수 있다. 구체적으로, 디자인보호법 제3조 제1항에서는 "디자인을
창작한 사람 또는 그 승계인은 이 법에서 정하는 바에 따라 디자인등록을 받을 수 있는
권리를 가진다. 다만, 특허청 또는 특허심판원 직원은 상속 또는 유증(遺贈)의 경우를
제외하고는 재직 중 디자인등록을 받을 수 없다."고 규정하고 있다. 즉, 디자인등록을
받을 수 있는 권리를 가지기 위해서는 디자인을 창작한 사람(이하 "창작자"라 함) 또는
승계인이어야 한다. 사안에서, 원고의 주장은 아버지인 창작자 김○민이 아들인 피고에
게 디자인등록을 받을 수 있는 권리를 양도하였다는 것은 다투지 않지만, 이 사건 디
자인등록출원서에 창작자와 출원인이 모두 피고로 되어 있고 이처럼 디자인등록출원서
의 창작자가 허위일 경우, 피고는 창작자도 될 수 없고 승계인이 될 수 없다는 것이다.

나. 디자인보호법 제3조 제1항 위반인지 여부

(1) 서 설

디자인등록출원을 할 때는 디자인출원서에 출원인을 기재하는 란과 창작자를 기재하
는 란이 있다. 창작자를 기재하는 란에는 디자인을 창작한 사람의 성명 및 주소를, 출
원인을 기재하는 란에는 디자인등록출원인의 성명 및 주소(법인인 경우에는 그 명칭 및
영업소의 소재지)를 기재하여야 한다.[9] 그런데, 창작자의 기재와 출원인의 기재는 상호

---

7) 디자인보호법 제121조 제1항.
8) 디자인보호법 제121조 제3항 본문.

관련성을 가지고 있다. 디자인보호법 제3조 제1항에 의하면 창작자 또는 승계인만이 출원인이 될 수 있기 때문이다. 일반적으로 창작자가 직접 디자인등록출원을 한 경우에는 창작자와 출원인이 일치하고, 승계인이 디자인등록출원을 한 경우에는 창작자와 출원인이 불일치하게 된다. 승계인이 디자인등록출원을 하였는데 필요하다고 인정되면 특허청장 또는 심판원장은 승계인임을 증명하는 서류를 제출하게 할 수 있다.[10] 문제가 되는 것은 창작자의 허위 기재를 창작자의 기재요건 위반으로 볼 것인지 아니면 출원인의 기재요건 위반으로 볼 것인지에 관한 것이다. 창작자의 기재요건 위반으로 본다면 절차보정사유 중 방식위반으로 출원의 무효가 되겠지만(디자인보호법 제47조, 제18조[11]), 출원인의 기재요건 위반으로 본다면 디자인보호법 제3조 제1항 위반으로 거절이유, 등록무효사유에 해당한다.

(2) 특허청 실무의 태도

디자인 심사기준[12]에는 창작자의 허위 기재와 관련하여 다음과 같이 기재되어 있다.

> 디자인등록을 받을 수 있는 권리는 재산권이므로 자유롭게 이전할 수 있다. 따라서 창작자 이외의 법률상 권리능력이 있는 사람은 모두 승계인으로서 디자인등록을 받을 수 있는 권리의 주체가 될 수 있다. (중략) 심사관은 출원서에 창작자로 기재된 자가 진정한 창작자인지 여부에 대하여 합리적 의심이 있는 경우[13]에는, 디자인보호법 제62

---

9) 디자인보호법 제37조 제1항 제1호 및 제6호.

10) 디자인보호법 시행규칙 제12조 제1항.

11) 제18조(절차의 무효) ① 특허청장 또는 특허심판원장은 제47조에 따른 보정명령을 받은 자가 지정된 기간 내에 그 보정을 하지 아니하면 디자인에 관한 절차를 무효로 할 수 있다.
　② 특허청장 또는 특허심판원장은 제1항에 따라 디자인에 관한 절차가 무효로 된 경우에 지정된 기간을 지키지 못한 것이 정당한 사유에 의한 것으로 인정될 때에는 그 사유가 소멸한 날부터 2개월 이내에 보정명령을 받은 자의 청구에 따라 그 무효처분을 취소할 수 있다. 다만, 지정된 기간의 만료일부터 1년이 지났을 때에는 그러하지 아니하다. <개정 2021. 10. 19.>
　③ 특허청장 또는 특허심판원장은 제1항에 따른 무효처분 또는 제2항 본문에 따른 무효처분의 취소처분을 할 때에는 그 보정명령을 받은 자에게 처분통지서를 송달하여야 한다.
　제47조(절차의 보정) 특허청장 또는 특허심판원장은 디자인에 관한 절차가 다음 각 호의 어느 하나에 해당하는 경우에는 기간을 정하여 디자인에 관한 절차를 밟는 자에게 보정을 명하여야 한다.
　1. 제4조 제1항 또는 제7조에 위반된 경우
　2. 이 법 또는 이 법에 따른 명령에서 정한 방식에 위반된 경우
　3. 제85조에 따라 내야 할 수수료를 내지 아니한 경우

12) 특허청, 「디자인 심사기준(특허청 예규 제122호)」, 2021, 22-23면.

13) 디자인 심사기준에서는 합리적 의심이 드는 사례로, 만6세 미만 단독 창작자, 창작자 연령에 비하여 그 디자인 창작 수준이 매우 높은 경우, 법인이 창작자로 기재된 경우, 기타 언론보도/정보제공 등으로 인하여 진정한 창작자임이 의심되는 때 등을 나열하고 있다.

조에 따른 거절이유를 통지할 수 있으며, 디자인보호법 제213조에 따른 기타 증명서류 등을 제출하도록 요구할 수 있다. 출원인이 착오로 창작자 중 일부 창작자를 적지 아니하거나 잘못 적은 경우에는 디자인보호법 시행규칙 제50조(창작자의 추가 등) 제1항에 따라 추가 또는 정정할 수 있다.

한편, 특허·실용신안 심사기준[14]에는 발명자의 허위 기재와 관련하여 다음과 같이 기재되어 있다.

> 특허출원서에 발명자를 기재할 때에는 진정한 발명자를 기재하는 것이 특허법 제42조 제1항의 취지에 부합한다. 이에 따라 출원서에 발명자로 기재된 사람이 진정한 발명자가 아니라는 합리적인 의심이 드는 경우에는 해당 출원에 대하여 발명자 기재방식 위반으로 보정명령하는 것을 원칙으로 한다(특허법 제42조 제1항, 제46조 제2호). 보정명령에 대응하여 발명자를 정정하지 않거나, 진정한 발명자임을 입증할 수 있는 자료(예: 발명노트 등)를 제출하지 않는 경우에는 특허출원을 무효로 할 수 있다(특허법 제16조).
>
> 또한 출원서에 출원인으로 기재되어 있는 사람이 진정한 발명자나 그 승계인이 아니라는 의심이 드는 경우에는 거절이유를 통지할 수 있다(특허법 제33조 제1항). 거절이유통지에 대응하여 출원인을 정정하지 않거나, 그 출원인이 진정한 발명자나 정당한 승계인임을 입증할 수 있는 자료(예: 발명노트, 양도증 등)를 제출하지 않는 경우에는 거절결정할 수 있다(특허법 제62조).[15]

(3) 관련판례

창작자를 결정함에 있어서 형식적으로 출원서에 기재된 사람을 창작자로 인정해야 하는지 아니면 실질적으로 파악해야 하는지와 관련하여 대법원[16]은 "甲 주식회사 직원인 피고인이 대표이사 乙 등이 직무에 관하여 발명한 '재활용 통합 분리수거 시스템'의 특허출원을 하면서 임의로 특허출원서 발명자란에 乙 외에 피고인의 성명을 추가로 기재하여 공동발명자로 등재되게 한 사안에서, 발명자에 해당하는지는 특허출원서 발명자란 기재 여부와 관계없이 실질적으로 정해지므로 피고인의 행위만으로 곧바로 甲 회

---

14) 특허청, 「특허·실용신안 심사기준(예규 제124호)」, 2021, 2105-2106면.

15) 예를 들어, 출원인은 L씨로 기재되어 있으나, [발명자]란에 발명을 하였을 것이라고 인정되지 않는 5세의 유아가 발명자로 기재되어 있어 발명자가 잘못 기재된 것이 명백한 경우, 심사관은 발명자 기재에 대한 방식 흠결을 이유로 보정명령을 할 수 있다. 또한 출원인이 발명자로 기재되어 있지 않거나 진정한 발명자의 승계인이 아니라고 판단되는 경우에는 특허법 제33조 제1항 본문의 거절이유를 통지할 수 있다.

16) 대법원 2011. 12. 13. 선고 2011도10525 판결.

사의 특허권 자체나 그와 관련된 권리관계에 어떠한 영향을 미친다고 볼 수 없어, 결국 그로 인하여 甲 회사에 재산상 손해가 발생하였다거나 재산상 손해발생의 위험이 초래되었다고 볼 수 없고, 달리 공소사실을 인정할 증거가 없으므로 업무상배임죄가 성립하지 않는다."고 판시하고 있다. 즉, 창작자(발명자)에 해당하는지는 특허출원서의 창작자(발명자)란 기재 여부와 관계없이 실질적으로 정해져야 한다는 것이다.

(4) 검 토

창작자의 허위 기재와 관련하여 디자인 심사기준과 특허·실용신안 심사기준은 다소 차이가 있다. 디자인 심사기준에 의하면 출원서에 창작자가 허위로 기재된 경우 디자인보호법 제3조 제1항 위반의 거절이유(디자인보호법 제62조)에 해당한다고 하는 반면, 특허·실용신안 심사기준에 의하면 발명자가 허위로 기재된 경우 절차보정사유(특허법 제46조 제2호)에 해당하기 때문에 보정명령후 이를 무효로 할 수 있고(특허법 제16조), 다만 출원인이 진정한 발명자나 승계인이 아닌 경우 거절이유(특허법 제62조)에 해당한다는 것이다. 즉, 출원서에는 창작자(특허법의 경우 발명자)란과 출원인란을 구분하여 기재하는데, 디자인보호법은 출원인의 허위 기재뿐만 아니라 창작자의 허위 기재에 대해서도 디자인보호법 제3조 제1항 위반이라고 하는데 반해, 특허법은 출원인의 허위 기재는 특허법 제33조 제1항[17] 위반이지만, 발명자의 허위 기재는 특허법 제46조[18]의 절차보정사유 중 방식위반에 해당한다는 것이다.

대법원의 판단법리에 따르면, 디자인 심사기준에서 창작자 허위 기재를 이유로 디자인보호법 제3조 제1항 위반이라고 하는 것을 적절치 않은 것으로 보인다. 창작자는 실질적으로 결정되어야 하는 것으로, 실질적인 창작자 또는 그 창작자로부터 디자인등록을 받을 수 있는 권리를 이전받은 승계인이 출원인으로 기재되어 있다면, 디자인보호법 제3조 제1항 위반이라고 보기 어렵기 때문이다. 따라서, 디자인 심사기준은 특허·

---

17) 특허법 제33조 제1항에서는 "발명을 한 사람 또는 그 승계인은 이 법에서 정하는 바에 따라 특허를 받을 수 있는 권리를 가진다. 다만, 특허청 직원 및 특허심판원 직원은 상속이나 유증(遺贈)의 경우를 제외하고는 재직 중 특허를 받을 수 없다."고 하여 디자인보호법 제3조 제1항과 유사한 내용을 기술하고 있다.

18) 특허법 제46조는 다음과 같이 기술되어 있다.
   제46조(절차의 보정) 특허청장 또는 특허심판원장은 특허에 관한 절차가 다음 각 호의 어느 하나에 해당하는 경우에는 기간을 정하여 보정을 명하여야 한다. 이 경우 보정명령을 받은 자는 그 기간에 그 보정명령에 대한 의견서를 특허청장 또는 특허심판원장에게 제출할 수 있다.
   1. 제3조 제1항 또는 제6조를 위반한 경우
   2. 이 법 또는 이 법에 따른 명령으로 정하는 방식을 위반한 경우
   3. 제82조에 따라 내야 할 수수료를 내지 아니한 경우

실용신안 심사기준의 내용과 같이 개정함이 적절해 보인다.

다. 창작자 허위 기재의 유형

(1) 창작자만을 허위 기재한 경우

창작자(甲)로부터 디자인등록을 받을 수 있는 권리를 이전받은 승계인(乙)이 디자인 등록출원을 할 때 창작자란에 승계인(乙) 또는 제3자(丙), 출원인란에 승계인(乙)을 기재한 경우를 말한다. 앞서 살펴본 것과 같이 대법원[19]에 따르면 창작자는 실질적으로 결정해야 하기 때문에, 승계인이 진정한 창작자로부터 디자인등록을 받을 수 있는 권리를 이전받았다면 승계는 부적법하다고 할 수 없다. 그 결과 출원인의 기재는 적법하기 때문에 디자인보호법 제3조 제1항 위반은 되지 않는다. 다만, 창작자 허위 기재는 방식 위반의 절차보정사유에 해당하므로, 이에 대한 보정명령을 하고 보정명령에 대응하여 창작자를 정정하지 않거나, 진정한 창작자임을 입증할 수 있는 자료를 제출하지 않으면 디자인등록출원을 무효로 해야 한다(디자인보호법 제47조, 제18조).

문제가 되는 것은, 창작자를 허위 기재하였는데 디자인등록된 경우인데, 이 경우에는 그 하자를 다툴 수 없을 것으로 보인다. 절차보정사유는 방식심사에서 검토되는데 방식심사는 등록 전에 디자인등록출원 등과 관련된 방식과 절차를 통일화하여 행정의 원활한 수행을 위한 것이므로 이미 절차를 수행하여 등록된 후에는 하자를 다툴 필요가 없다는 점, 창작자 허위 기재를 거절이유나 등록무효사유로 하고 있지 않은 점 등에 비추어 볼 때, 그 하자를 주장할 수 없다고 봐야 한다.[20]

(2) 창작자와 출원인 모두를 허위 기재한 경우

창작자(甲)로부터 디자인등록을 받을 수 있는 권리를 이전받지 않은 제3자(乙)가 디자인등록출원하면서, 창작자란에 제3자(乙), 출원인란에 제3자(乙)를 기재한 경우를 말한다. 이 경우 디자인보호법 제47조의 절차보정사유 중 방식위반으로 봐서 디자인등록출원을 무효로 해야 하는지 아니면 디자인보호법 제3조 제1항 위반으로 거절이유, 등록무효사유로 봐서 등록 전에는 거절결정, 등록 후에는 무효심판에 의해 무효로 해야

---

19) 대법원 2011. 12. 13. 선고 2011도10525 판결.
20) 이와 유사한 판결례로는 방식심사 중 중대한 하자에 해당하는 불수리사유와 관련된 것이 있다. 구체적으로, 대법원 2005. 5. 27. 선고 2003후182 판결에서는 특허청장이 특허관리인에 의하지 아니한 채 제출된 재외자의 서류를 반려하지 않고 특허에 관한 절차를 진행한 경우, 사후에 그 절차상 하자를 주장할 수 없다고 판시하였다.

하는지 논란이 될 수도 있겠으나, 이는 등록 전후 모두 디자인보호법 제3조 제1항 위반으로 취급함이 적절해 보인다. 출원인을 허위 기재하였다는 것은 정당한 권리자가 있다는 것이고, 거절결정, 무효로 하여야만 정당한 권리자의 디자인등록출원에 대해 소급효를 인정(디자인보호법 제44조, 제45조[21])하여 정당한 권리자를 보호해 줄 수 있기 때문이다.

라. 사안의 적용

사안은 아버지인 창작자 김○민로부터 아들인 피고에게 디자인등록을 받을 수 있는 권리가 이전되었으나 피고가 디자인등록출원하면서 창작자란에 피고, 출원인란에 피고를 기재한 경우, 즉 창작자만을 허위 기재한 경우이다. 디자인보호법 제3조 제1항이 디자인등록을 받을 수 있는 권리의 승계가 출원서에 창작자로 기재된 창작자로부터 이루어져야만 적법한 승계로 본다고 규정하고 있지 않을 뿐더러 대법원이 창작자란의 기재와 상관없이 진정한 창작자로부터 디자인등록을 받을 수 있는 권리를 이전받은 자를 승계인으로 인정하고 있기 때문에 디자인보호법 제3조 제1항의 등록무효사유는 존재하지 않는다. 한편, 창작자 허위 기재로 디자인보호법 제47조의 절차보정사유가 존재하나 절차보정사유는 등록 후에는 하자가 치유된 것으로 봐야 하고, 등록 후에 이를 이유로 디자인등록출원을 무효로 할 수는 없다. 또 다른 논점인 구 특허료등의징수규칙 제7조를 악용한 것과 관련하여서는 구 특허료등의징수규칙을 위반한 것은 등록무효사유는 별개의 문제이고, 제한열거적인 등록무효사유에 해당하지 않는다.

따라서 이하에서는 창작자의 허위 기재가 등록무효사유가 아니지만, 이와 같이 허위 기재하였을 경우 창작자의 인격권 침해에 대한 제재와 수수료 면탈과 직접 관련된 제재로서 개정된 디자인보호법을 살펴본다.

---

21) **제44조(무권리자의 디자인등록출원과 정당한 권리자의 보호)** 디자인 창작자가 아닌 자로서 디자인등록을 받을 수 있는 권리의 승계인이 아닌 자(이하 "무권리자"라 한다)가 한 디자인등록출원이 제62조 제1항 제1호에 해당하여 디자인등록거절결정 또는 거절한다는 취지의 심결이 확정된 경우에는 그 무권리자의 디자인등록출원 후에 한 정당한 권리자의 디자인등록출원은 무권리자가 디자인등록출원한 때에 디자인등록출원한 것으로 본다. 다만, 디자인등록거절결정 또는 거절한다는 취지의 심결이 확정된 날부터 30일이 지난 후에 정당한 권리자가 디자인등록출원을 한 경우에는 그러하지 아니하다.
    제45조(무권리자의 디자인등록과 정당한 권리자의 보호) 무권리자라는 사유로 디자인등록에 대한 취소결정 또는 무효심결이 확정된 경우에는 그 디자인등록출원 후에 한 정당한 권리자의 디자인등록출원은 취소 또는 무효로 된 그 등록디자인의 디자인등록출원 시에 디자인등록출원을 한 것으로 본다. 다만, 취소결정 또는 무효심결이 확정된 날부터 30일이 지난 후에 디자인등록출원을 한 경우에는 그러하지 아니하다.

3. 창작자의 인격권 침해에 대한 제재조치

가. 창작자의 인격권

발명은 발명자의 사상으로 이에는 발명자의 인격이 포함되어 있다. 이러한 발명자인격권은 발명과 동시에 발명자에게 원시적으로 귀속되는 권리로 양도할 수 없다. 이는 특허증에 대한 발명자게재권, 출원서에 발명자 표시의무 등과 같은 방법으로 구현된다.[22] 파리협약 제4조의3에는 "발명자는 특허에 발명자로서 명시될 권리를 갖는다."라고 규정하여 발명자 인격권 중 하나인 발명자게재권을 명시하고 있다. 이러한 발명자 게재권에 관한 규정은 디자인권에도 그대로 적용될 수 있기 때문에 디자인의 창작자는 디자인등록증에 창작자로서 게재될 권리가 있다고 할 수 있다.[23] 한편, 헌법 제6조 제1항에 의하면 파리협약은 국내법과 같은 효력을 가지고 있기 때문에, 우리나라의 경우에도 디자인 창작자의 게재권을 인정할 수 있다. 창작자는 인격권에 기초하여 출원인을 상대로 출원서상의 창작자 명의를 진정한 창작자로 정정할 것을 요구할 수 있고, 그 밖에 일반적인 인격권 침해이론에 의해 손해배상도 청구할 수 있다.[24]

나. 관련판례

관련판례로는 서울행정법원 2011. 11. 4. 선고 2011구합21942 판결이 있다. 구체적으로, 원고가 특허등록 후 발명자를 추가해 달라는 특허증 정정교부신청을 하였으나, 피고(특허청장)가 출원서에 적은 발명자가 아니므로 구 특허법 시행규칙 제28조[25]에 의

---

22) 윤선희, 「특허법」, 제6판, 법문사, 2019, 244면.

23) 이헌, "디자인등록출원서상 창작자 허위 기재(2018. 7. 20. 선고 2015후1669 판결: 공2018하, 1796)", 「대법원판례해설」, 제118호, 법원도서관, 2018, 414면.

24) 이헌, "디자인등록출원서상 창작자 허위 기재(2018. 7. 20. 선고 2015후1669 판결: 공2018하, 1796)", 「대법원판례해설」, 제118호, 법원도서관, 2018, 416-417면 참조.

25) 제28조(발명자의 추가 등) ① 특허출원인이 착오로 인하여 특허출원서에 발명자 중 일부의 발명자의 기재를 누락하거나 잘못 적은 때에는 그 특허출원의 특허여부결정 전까지 추가 또는 정정할 수 있다. 다만, 발명자의 기재가 누락(특허출원서에 적은 발명자의 누락에 한정한다) 또는 잘못 적은 것임이 명백한 경우에는 특허여부결정 후에도 추가 또는 정정할 수 있다. <개정 2007. 6. 29., 2008. 12. 31.>
② 특허출원인 또는 특허권자가 제1항에 따라 발명자를 추가 또는 정정하려면 다음 각 호에 따른 보정서 또는 신청서를 특허청장에게 제출하여야 한다. <개정 2007. 6. 29., 2008. 12. 31., 2014. 12. 30.>
1. 특허권의 설정등록 전까지는 별지 제9호서식의 보정서
2. 특허권의 설정등록 후에는 별지 제29호서식의 정정발급신청서
③ 대리인에 의하여 절차를 밟는 경우에는 제2항에 따른 서식에 그 대리권을 증명하는 서류를 첨부

거 정정교부를 거부한 사건에 대해, 원고는 헌법 제22조 제2항[26])에 의하여 보장되는 기본권인 발명자의 권리를 법률의 명시적인 위임없이 제한하고 있고, 구 특허법 시행규칙 제28조는 행정절차 진행의 편의와 절차의 안정성이라는 공익을 위하여 발명자의 명예권(인격권)을 박탈하는 내용인데, 이는 비례원칙에 위반될 뿐만 아니라 발명자의 명예권의 본질적인 내용을 침해한다고 하면서 특허증 정정교부거부처분을 취소하는 행정소송을 제기한 사건이다.

이에 대해, 법원은 발명자의 표시는 발명자의 인격을 구성하는 요소이고, 특허증에 발명자로 표시되는 것을 포함한 발명자의 인격은 헌법상 보호되는 가치이고, 권리로서 속성을 갖추고 있다고 하면서 특허증에 발명자로 기재될 권리를 포함한 발명자의 인격권은 단순한 법률상의 권리가 아니라 헌법상 보장되는 기본권인 것으로 인정하였다. 다만, 법원은 입법론적으로는 발명자의 인격권을 형성 또는 제한하는 구체적인 조항을 법률에 두는 것이 상당하나, 파리협약 제4조의3에는 발명자는 특허에 발명자로서 명시될 권리를 갖는다고 규정되어 있고 이는 법률의 효력을 가지므로 이에 근거하여 하위법령이 만들어 질 것을 충분히 예상가능하기 때문에 구 특허법 시행규칙 제28조가 법률의 개별적 조항을 통해 구체적인 위임을 받아 만들어진 것이 아니라 하더라도 법률의 위임을 전제로 한 것으로 판단하였다. 또한 법원은 진실한 발명자라 하더라도 특허증에 표시될 수 없게 되는 경우가 있을 수 있으나, 발명자 인격권은 특허증에 발명자로 기재될 권리에 국한되는 것이 아닌데, 구 특허법 시행규칙 제28조는 특허증에 발명자로 기재될 권리만을 제한할 뿐이고, 진실한 발명자에 대하여는 발명자 참칭 등에 대한 손해배상 등 사법적 구제가능성이 여전히 유보되어 있어서, 발명자 인격권의 본질적인 부분을 침해하는 것이거나 비례원칙에 위반된다고 보기는 어렵다고 판시하였다. 그 결과 법원은 원고의 청구를 기각하였다.

다. 검 토

정리해보면, 창작자의 인격권은 헌법상 보장되는 기본권이고, 디자인등록증에 창작자로 기재될 권리를 인격권의 한 측면이라고 할 수 있다. 따라서, 창작자가 허위 기재되거나 누락되었을 때에는 창작자는 정정을 요구할 수 있고, 창작자 참칭에 대해서는

하여야 한다. <신설 2007. 6. 29.>

[전문개정 2006. 9. 29.]

26) 제22조 ② 저작자·발명가·과학기술자와 예술가의 권리는 법률로써 보호한다.

인격권 침해에 대한 손해배상을 청구할 수 있다.

한편, 구 디자인보호법 시행규칙 제50조(구 특허법 시행규칙 제28조에 대응)에서는 디자인등록증에 창작자로 표시되는 것은 개인적인 만족을 넘어서 사회적으로 유의미한 이익을 누리도록 하는 기능이 있으므로 등록 후 창작자의 기재를 추가 또는 정정을 디자인등록출원서에 적혔던 창작자가 누락되었거나 잘못 적은 것임이 명백한 경우에 한하는 것으로 제한하였는데, 이와 같은 제한은 법률의 위임을 전제로 한 것이고, 창작자 인격권의 본질적인 부분을 침해한 것이라고 할 수 없다. 다만, 현재 시행되고 있는 디자인보호법 시행규칙 제50조[27]에서는 기존의 사유 이외에 디자인권자 및 신청 전·후 창작자 전원이 서명 또는 날인한 확인서류를 첨부한 경우에도 인정하여 등록 후에 창작자의 추가 또는 정정할 수 있는 범위를 넓혀 주고 있다.

이를 본 사건의 사안에 적용해 보면, 아버지인 창작자 김○민이 아들인 피고에게 창작자의 정정을 요청할 수 있고, 정정이 되지 않은 경우 창작자 인격권 침해를 이유로 손해배상을 청구할 수도 있으나, 본 사안과 같이 아버지와 아들이 수수료 면탈 목적으로 공모하여 창작자란에 아들인 피고를 기재한 것이라면 현실적으로 적용가능성이 없을 것이다.

4. 수수료 면탈의 디자인보호법에 의한 제재조치

개정되어 현재 시행되고 있는 디자인보호법 제86조 제3항[28]에서는 등록료 및 수수료

---

27) 제50조(창작자의 추가 등) ① 디자인등록출원인이 착오로 디자인등록출원서에 창작자 중 일부 창작자를 적지 아니하거나 잘못 적은 경우에는 추가 또는 정정할 수 있다. <개정 2019. 9. 24.>
② 디자인등록출원인 또는 디자인권자가 제1항에 따라 창작자를 추가 또는 정정하려면 다음 각 호의 구분에 따라 보정서 또는 신청서를 특허청장에게 제출하여야 한다. 이 경우 제2호에 따른 신청서를 제출할 때에는 창작자의 기재가 누락(디자인등록출원서에 적은 창작자의 누락에 한정한다) 또는 잘못 적은 것임이 명백한 경우를 제외하고는 디자인권자 및 신청 전·후 창작자 전원이 서명 또는 날인한 확인서류를 첨부하여야 한다. <개정 2019. 9. 24.>
1. 디자인권의 설정등록 전: 별지 제2호서식의 보정서
2. 디자인권의 설정등록 후: 「특허법 시행규칙」 별지 제29호서식의 정정발급신청서
③ 대리인에 의하여 절차를 밟는 경우에는 제2항에 따른 서식에 그 대리권을 증명하는 서류를 첨부하여야 한다.
28) 법률 제18404호, 2021. 8. 17., 일부개정.
제86조(등록료 및 수수료의 감면) ③ 특허청장은 제2항에 따른 등록료 및 수수료의 감면을 거짓이나 그 밖의 부정한 방법으로 받은 자에 대하여는 산업통상자원부령으로 정하는 바에 따라 감면받은 등록료 및 수수료의 2배액을 징수할 수 있다. 이 경우 그 출원인 또는 디자인권자가 하는 디자인등록출원 또는 그 디자인등록출원을 하여 받은 디자인권에 대하여는 산업통상자원부령으로 정하는 기간 동안 제2항을 적용하지 아니한다. <신설 2021. 8. 17.>

의 감면을 거짓이나 그 밖의 부정한 방법으로 받은 자에 대하여는 감면받은 등록료 및 수수료의 2배액을 징수할 수 있고, 그 출원인 또는 디자인권자가 하는 디자인등록출원 또는 그 디자인등록출원을 하여 받은 디자인권에 대하여는 일정기간 동안 수수료 감면을 적용하지 아니한다고 규정하고 있다. 이는 의료급여 수급자·국가유공자·학생 등을 대상으로 등록료·수수료를 감면할 수 있도록 한 규정을 악용하여 부당하게 감면되는 것에 대한 제재조치라고 할 수 있으며, 대상판결 이후 창작자 허위 기재에 대한 입법적 공백을 해소하는 개정인 것으로 여겨진다.

Ⅳ. 결 론

대상판결은 등록된 디자인권에 대하여 디자인등록을 받을 수 있는 권리를 가지고 있으나 창작자만 허위 기재된 경우 디자인보호법 제3조 제1항을 근거로 한 등록무효사유에 해당하지 않는다는 것을 최초로 확인하였다는 점에서 의미가 있다. 대상판결에 의하면 디자인보호법상 등록 후 창작자 허위 기재가 등록무효사유에는 해당하지 않으나 기본권이라고 할 수 있는 창작자의 인격권 침해를 이유는 등록 후에 창작자의 정정을 요구하거나 정정에 대한 소를 제기할 수도 있고, 손해배상을 청구할 수 있을 것이다.

한편, 대상판결은 수수료 면탈의 대응에 대한 디자인보호법의 입법적 공백을 확인하고 개정을 유도하였을 뿐만 아니라 등록 후 창작자의 추가 또는 정정할 수 있는 기회를 넓혀주는 계기가 되었다는 점에서 추가적인 의미가 있다고 할 수 있다.

참고문헌

윤선희, 「특허법」, 제6판, 법문사, 2019.

이　헌, "디자인등록출원서상 창작자 허위 기재(2018. 7. 20. 선고 2015후1669 판결: 공2018
　　　　하, 1796)", 「대법원판례해설」, 제118호, 법원도서관, 2018.

특허청, 「지식재산행정소송사례집」, 2012.

＿＿＿, 「디자인 심사기준(특허청 예규 제122호)」, 2021.

＿＿＿, 「특허·실용신안 심사기준(예규 제124호)」, 2021.

제3편

상표법

대법원 2018. 7. 24. 선고 2017후2208 판결

전문의약품에 관한 결합상표의 유사여부 판단

육 소 영 (충남대학교 법학전문대학원 교수)

Ⅰ. 판결의 개요

1. 사건의 개요

선등록 상표권자인 원고는 지정상품을 약제, 감각기관용 약제, 노인성 기억감퇴증치료제, 외상퇴행성 대뇌증후군치료제 등으로 하는 피고의 등록상표 GLIATAMIN이 지정상품을 외상퇴행성 대뇌증후군치료제, 노인성 기억감퇴증치료제 등으로 하는 원고의 선등록상표인 GLIATILIN(원고의 선등록상표1) 및 GLIATILIN(원고의 선등록상표1과 철자를 같이 하나 글자체가 다름, 원고의 선등록상표2)와 그 표장 및 지정상품이 유사하여 구 상표법 제7조 제1항 제7호(2022. 4. 20. 시행 상표법 제34조 제1항 제7호)에 해당하여 상표등록이 무효라고 주장하였다. 또한 피고는 주식회사 대△제약의 자회사로서 원고와 대△제약 사이의 계약 및 거래관계를 알 수 있는 위치에 있었으며, 원고가 선등록상표들을 사용하거나 사용 준비 중임을 알면서도 이와 동일·유사한 피고의 등록상표를 동일·유사한 상품에 출원하여 등록받아 구 상표법 제7조 제1항 제18호(2022년 4. 20. 시행 상표법 제34조 제1항 제20호)에도 해당한다. 따라서 원고는 피고의 등록상표에 제117조의 무효사유가 존재하여 그 등록이 무효가 되어야 한다고 주장하면서 상표등록무효심판을 청구하였다.[1]

이에 특허심판원은 피고의 등록상표가 원고의 선등록상표1 및 선등록상표2(이하 선등록상표들)와 각각 그 외관, 칭호, 관념이 서로 달라서 전체적으로 출처의 혼동을 피할 수 있는 비유사한 표장이므로 구 상표법 제7조 제1항 제7호 및 제18호의 무효사유가 존재하지 아니한다고 하면서 이 심판청구를 기각하는 내용의 심결을 하였다.

2. 대상판결의 요지

가. 원심판결

원심은 이 사건의 쟁점이 결국 피고의 등록상표가 원고의 선등록상표들과 유사하여 상표법 제7조 제1항 제7호 또는 제18호에 해당하는지 여부라고 보았다. 상표의 유사판단에 대해서는 문자 또는 도형의 조합으로 이루어진 결합상표는 그 구성부분 전체의 외관, 칭호, 관념을 기준으로 상표의 유사여부를 판단하는 것이 원칙이지만 상표 중에서 요부가 있는 경우 적절한 전체관찰의 결론을 유도하기 위하여 요부를 가지고 상표의 유사여부를 대비·판단하는 것이 필요하다.

유사판단의 주체는 수요자 및 거래자가 되는데 이 범위에는 일반 소비자는 물론이거니와 의사, 약사 등의 전문가들도 포함된다고 보아야 한다. 의약품은 식품의약품안전처장이 지정한 일반의약품과 일반의약품이 아닌 전문의약품으로 구분되는데 피고의 등록상표는 전문의약품과 함께 일반의약품도 그 지정상품으로 포함하고 있다. 전문의약품은 광고가 금지되어 있어서 일반인이 의약품에 대한 정보를 알기가 쉽지 않고 일반의약품도 환자가 증상을 설명하면 약사가 맞는 의약품을 골라주는 것이 거래실정이며 약사의 약사법에 따른 복약지도의무를 고려할 때 일반의약품도 약사의 개입 하에 구매가 이루어지게 된다. 따라서 의약품에 사용되는 상표의 유사여부에 대해서는 의약품의 최종 수요자만이 아니라 의사, 약사 등의 인식도 함께 고려되어야 한다.

원고와 피고의 상표들을 살펴볼 때 "GLIA" 부분은 신경교 또는 신경교세포를 의미하지만 신경교세포 자체와 기억감퇴증, 퇴행성 대뇌증후군 등 뇌질환 사이의 관계가 널리 알려져 있다고 보기 어려워서 "GLIA" 부분이 그 지정상품 중 뇌질환 관련 치료제의 효능, 용도 등을 직감하게 한다고 보기 어렵다.

더 나아가 그 뒤의 5글자의 영문자가 띄어쓰기 없이 이어져 하나의 단어와 같은 외관을 보이고 있는 점 등에 비추어 보아 양 상표의 유사성은 전체로서 관찰하여야 한다.

---

1) 특허법원 2017. 8. 18. 선고 2016허9196 판결.

그런데 양 상표는 앞의 세음절이 동일하고 넷째 음절의 초성이 모두 "ㅌ"이고 다섯째 음절의 중성 "ㅣ"와 종성 "ㄴ"도 같아서 넷째 음절의 중성과 다섯째 음절의 초성의 차이에도 불구하고 전체적으로 호칭이 유사하다고 볼 수 있다. 따라서 원고의 등록상표들과 피고의 상표는 유사하고 그 지정상품들도 동일·유사하며, 피고가 피고의 등록상표의 출원일 당시에 업무상 거래관계 등을 통하여 원고의 선등록상표들에 대한 사용 사실을 알고 있었음을 자인하였으므로 피고의 등록상표는 구 상표법 제7조 제1항 제7호 및 제18호에 해당하여 그 등록이 무효로 되어야 한다.[2]

나. 대법원 판결

결합상표 중 구성 부분 전부가 식별력이 없거나 미약한 경우에는 그 중 일부만이 요부가 된다고 할 수 없으므로 상표 전체를 기준으로 유사여부를 판단하여야 한다. 선등록상표들인 GLIATILIN과 무효심판이 청구된 등록상표 GLIATAMIN은 신경교 또는 신경교세포를 뜻하는 GLIA의 의미 및 사용실태, 의사, 약사 등이 실제 판매 및 거래관계에 개입하고 있는 의약품에 관한 거래실정을 고려하면 등록상표와 선등록상표들 중 GLIA 부분은 지정상품인 의약품과의 관계에서 뇌신경질환 관련 치료제로 인식되어 식별력이 없거나 미약할 뿐만 아니라 특정인에게 독점시키는 것이 적당하지 않아 요부라고 할 수 없다. 또한 TAMIN과 TILIN은 조어이기는 하지만 의약품 작명 시 다른 용어에 붙어 접사와 같이 사용되고 있어 독립하여 요부가 될 수 없다. 따라서 이 상표들은 전체를 기준으로 유사여부를 판단하여야 하고 GLIA 부분이 공통되기는 하지만 TAMIN과 TILIN의 외관과 호칭의 차이로 혼동을 피할 수 있으므로 등록상표와 선등록상표들은 동일 또는 유사하다고 볼 수 없다.

Ⅱ. 해 설

1. 상표의 유사판단

가. 유사판단기준

상표의 유사여부는 상표의 외관, 호칭, 관념을 일반 수요자나 거래자의 입장에서 전체적, 객관적, 이격적으로 관찰하여 상품의 출처에 관하여 오인, 혼동을 일으킬 우려가

---

2) 특허법원 2017. 8. 18. 선고 2016허9196 판결.

있는지 여부에 의하여 판단하여야 한다. 외관, 호칭, 관념 중 서로 다른 부분이 있더라도 어느 하나가 유사하여 일반 수요자나 거래자가 오인, 혼동하기 쉬운 경우에는 유사 상표라고 보아야 할 것이나 어느 하나가 유사하더라도 전체로서의 상표가 일반 수요자나 거래자가 상표에 대하여 느끼는 직관적 인식을 기준으로 하여 명확히 출처의 오인, 혼동을 피할 수 있는 경우에는 유사한 상표라고 할 수 없다.3) 따라서 상표의 유사여부는 외관, 호칭, 관념이라고 하는 일견 객관적인 요소들에 의해 결정되는 것으로 보이지만 실제로는 이들 요소들 중 하나 이상의 요소가 유사하다 하여 언제나 상표가 유사하다고 할 수 없으며 오인, 혼동할 수 있는지 여부 즉 오인, 혼동 가능성이라고 하는 객관적이라고 볼 수 없는 요소에 의해 결정된다.

나. 유사판단의 주체

더욱이 이 오인, 혼동 가능성은 해당 상품의 일반 수요자나 거래자를 기준으로 판단하여야 해서 해당 상품의 일반 수요자나 거래자를 누구로 볼 것인지에 따라 오인, 혼동 가능성에 대한 판단이 달라질 수 있다. 이 사건의 지정상품들은 의약품으로서 의약품은 약사법에 따라 오·남용의 우려가 적어 의사의 처방 없이 구입할 수 있는 일반의약품과 그렇지 않은 전문의약품으로 구분된다. 전문의약품은 일반인이 의약품에 대한 정보를 알기 어렵고 처방전이 있어야 구매할 수 있다는 점에서 의사, 약사와 같은 전문가가 일반 수요자는 아닐지라도 거래에 개입한다는 점에서 거래자라고 할 수 있어서 이들을 기준으로 상표의 유사판단을 하여야 한다. 같은 맥락에서 일반의약품은 의약품의 최종 소비자를 기준으로 유사여부를 판단하여야 할 것이다.

2. 대법원 판결의 이유

이 사건의 등록상표의 지정상품에는 노인성 기억감퇴증치료제와 같은 전문의약품만이 아니라 소염제, 소화기관용 약제와 같은 일반의약품도 포함되어 있다. 따라서 의사나 약사와 같은 전문가들과 일반 수요자 중 누구를 기준으로 유사판단을 해야 하는지에 대하여 보다 낮은 정도의 주의력을 요하는 일반수요자를 기준으로 판단해야 할 것이다. 그러나 대법원도 원심과 동일하게 이 사건 상표들의 유사판단은 의사나 약사와 같은 전문가들을 기준으로 판단해야 한다고 보았다. 그 이유로 대법원은 원심과 동일

---

3) 대법원 2020. 4. 29. 선고 2019후11121 판결.

하게 일반의약품의 경우에는 일반 소비자가 약국에서 직접 필요한 의약품을 구매하지만 이 경우에도 대부분 환자가 증상을 설명하면 약사가 그에 맞는 의약품을 골라주는 것이 거래실정일 뿐만 아니라 약사에게는 약사법에 따라 복약지도 의무가 인정되어 구매자가 필요로 하는 의약품을 선택할 수 있도록 지도해야 할 의무가 있으므로 의약품은 전문의약품과 일반의약품을 구분하지 않고 모두 약사의 개입 하에 구매가 이루어진다는 점을 지적하였다.

등록상표와 선등록상표들 중 공통되는 부분인 GLIA는 신경교 또는 신경교세포를 의미하며 이는 외국어인데다 일상생활에서 많이 사용되지 않는 단어이어서 일반인들은 (우리나라 수요자들은) 그 의미를 인지하지 못하는 것이 일반적일 것이다. 그러나 의사나 약사와 같은 전문가들은 자신들의 전문적 지식을 학습하는 과정에서 등장할 수 있는 단어로서 GLIA가 신경교세포에 관한 의약품들에 사용되었을 경우에 뇌신경질환과 관련 치료제임을 직감할 수 있다고 할 것이다. 그런데 등록상표와 선등록상표는 GLIA 부분을 제외하면 TILIN과 TAMIN부분만이 남게 되고 두 부분 모두 특별한 의미 없이 부가되는 접미사라고 할 수 있어 GLIA에 새로운 의미를 부가하지 않는다. 또한 외관도 IL과 AM 부분만이 상이하고 발음도 유사하여 전체적으로 유사한 상표라고 보아야 할 것이다.

그럼에도 불구하고 대법원은 GLIA부분은 식별력이 없거나 미약할 뿐만 아니라 공익상으로도 특정인에게 독점시키는 것이 적당하지 않으므로 요부라 할 수 없고 TAMIN과 TILIN도 조어이기는 하나 독립하여 요부가 될 수 없다고 보고 등록상표와 선등록상표들의 전체를 기준으로 유사여부를 판단해야 한다고 보았다. 그리고 비록 등록상표와 선등록상표들 중 GLIA부분이 공통되기는 하지만 수요자는 뒤의 두음절인 TAMIN과 TILIN의 외관과 호칭의 차이로 혼동을 피할 수 있을 것으로 보이므로 등록상표와 선등록상표들은 동일, 유사하다고 볼 수 없다는 결론에 이르렀다.

원심과 대법원의 판단의 차이를 가져온 것은 유사판단의 주체인 전문가들을 기준으로 판단할 때 TAMIN과 TILIN의 차이점으로 인하여 혼동을 피할 수 있다고 볼 수 있는지에 있었던 것으로 보인다. 원심은 이 정도의 차이만 가지고는 자신의 업무수행과 관련하여 매우 섬세한 주의력을 기울일 것으로 예상되는 의사나 약사라 하더라도 그 차이점을 구별하지 못할 것이라고 본데 반하여 대법원은 직접적으로 의사나 약사와 같은 전문가의 관점을 언급하고 있지는 않지만 약사의 복약지도의무를 언급함으로써 의사나 약사와 같은 전문가의 관점에서 판단할 때 이러한 경미한 차이점만으로도 혼동을 야기하지 않을 것이라고 판단한 것으로 보인다.

3. 대법원 판결에 대한 비판

의사나 약사와 같은 전문가들은 일반 수요자들과 비교할 때 높은 주의력을 가진 것으로 인정할 수 있다. 미국에서도 유사판단에 있어서 의사나 약사는 보다 높은 주의력을 가진 것으로 인정한다. 특히 병원의 선택이나 처방전의 작성과 같이 그들의 전문영역에 있어서는 보다 높은 전문성과 주의력을 가진 것으로 볼 수 있다. 그럼에도 불구하고 미국에서는 상표의 유사판단에 있어 잘못된 의료행위나 투약행위로부터 공중을 보호해야 한다는 점이 더 중요하게 고려된다. 따라서 이들 의료전문가들이 보다 높은 주의력을 가지고 있음에도(doctrine of greater care) 환자의 안전이 문제가 되는 전문의약품에 있어서는 상표의 유사판단에 있어 혼동가능성이 매우 적은 경우에도 유사한 것으로 인정하고 있다.[4]

반면에 대법원 판결에서는 의사나 약사와 같은 전문가들이 높은 주의력을 가지고 있어 두 상표의 작은 차이점도 잘 구분할 수 있어서 혼동이 발생하지 않는다고 보고 있다. 대법원의 이러한 입장은 실제로 의사나 약사가 예상과는 달리 일반 수요자와 차별되는 높은 주의력을 가지고 있지 않은 경우에는 환자를 포함한 공중에 대하여 잘못된 처방과 투약으로 위험을 야기할 가능성을 배제할 수 없다. 원심판결에서는 원고와 피고가 각각 제출한 설문조사에서 모두 의사와 약사의 과반수가 GLIA라는 단어에 대해서 알고 있는 것으로 조사되었으나 그 의미를 정확하게 알고 있는 것은 과반수에 이르지 못하였다. 그에 따라 등록상표의 무효를 주장하는 선등록상표권자가 행한 설문조사에서는 과반수 이상이 선등록상표들과 등록상표가 유사하다고 답하였다.[5]

두 상표가 유사하다는 선등록상표권자의 설문조사의 타당성을 인정할 수 없다고 하여도 두 설문조사에서 공통적인 것은 GLIA의 의미를 설문조사에 응한 상당수의 자가 정확하게 알지 못하였다는 것이다. 따라서 GLIA부분은 상표로서 식별력이 있다고 보아야 할 것이며 그렇다면 식별력 있는 GLIA 부분이 동일한 두 상표는 전체로 보아서도 유사한 상표라고 보아야 할 것이다. 그러나 GLIA가 전문의약품에 사용되거나 약사의 복약지도 하에 구입될 것이라는 전제 하에 대법원은 GLIATAMIN과 GLIALITIN이 비유사하다고 판단하였다. 대법원은 전문의약품 상표가 유사하다고 판단하기 위해서는 거

---

4) Louis Altman & Malla Pollack, 5 Callmann on Unfair Comp., Tr. & Mono. §21:5 (2021).
5) 특허법원 2017. 8. 18. 선고 2016허9196 판결.

의 동일하다고 볼 수 있는 정도의 유사성이 있는 경우에 한정하는 것으로 보인다. 그러한 예로 대법원은 중추신경계 약제를 지정상품으로 하는 DEPRENYL과 디프레닐의 유사판단에 대하여 양 상표의 지정상품들이 의사나 약사 등 전문가에 의하여서만 수요되고 거래되는 의약품에 해당한다고 하고 그럴 경우 유사범위를 좁게 보아야 하겠으나 양 상표는 칭호에 있어서 너무나 유사하여 전문가들 사이에서도 상품의 출처에 대하여 오인, 혼동을 일으킬 염려가 있음을 배제하기 어렵다고 보았다. 두 상표 모두 조어상표로서 관념이 없으며 각각 영어와 한국어로 되어 있어 외관이 다르다 하여도 DEPRENYL이 데프레닐 또는 디프레닐로 호칭될 수 있어 칭호가 매우 유사하고 그런 이유로 전문가들 사이에도 상품의 출처에 대하여 오인, 혼동을 일으킬 염려가 있음을 배제하기 어렵다고 보았다.[6] 그러나 일반의약품의 경우에 ETHOCYN과 ETHOCEL,[7] ELOCOM과 엘레콤은[8] 유사한 상표라고 판단하였다.

상표의 유사판단은 지정상품의 수요자를 기준으로 판단해야 하며, 의사나 약사와 같은 전문가들이 일반인과 비교할 때 높은 주의력을 가진 것은 부인할 수 없는 사실이다. 그러나 의사나 약사와 같은 전문가들이 다루게 되는 전문의약품을 포함한 의약품의 잘못된 처방과 투약으로 인한 피해로부터 환자들을 포함한 공공을 보호하기 위하여 오히려 의약품을 지정상품으로 하는 상표의 유사판단은 엄격하게 하는 것이 타당할 것이다. 그런 의미에서 전문의약품에 대한 상표의 유사판단에 엄격한 기준을 적용하지 않으므로 인하여 의약품으로부터의 안전을 전문가들의 주의력에 지나치게 의존하는 것은 아닌지 의문이 아닐 수 없다.

---

6) 대법원 1994. 5. 27. 선고 94후180 판결.
7) 대법원 1999. 8. 24. 선고 99후963 판결.
8) 대법원 2006. 9. 8. 선고 2006후954 판결.

참고문헌

■ 기타 자료

대법원 1994. 5. 27. 선고 94후180 판결.

대법원 1999. 8. 24. 선고 99후963 판결.

대법원 2006. 9. 8. 선고 2006후954 판결.

대법원 2020. 4. 29. 선고 2019후111121 판결.

특허법원 2017. 8. 18. 선고 2016허9196 판결.

Louis Altman & Malla Pollack, 5 Callmann on Unfair Comp., Tr. & Mono. §21:5 (2021).

대법원 2021. 3. 18. 선고 2018다253444 전원합의체 판결 평석을 중심으로

선출원등록 상표와 저촉되는 후등록상표 사용과 상표권 침해

김 원 오 (인하대학교 법학전문대학원 교수)

I. 대상 판결의 개요

1. 사건의 개요

원고는 이 사건 등록상표 ""를 지정상품 제42류 컴퓨터 프로그램개발업 등에 대하여 2014. 12. 18. 상표등록을 받은 상표권자이고, 피고는 이 사건 등록상표와 유사한 표장들 ". **DATA FACTORY**. "(이하 '피고 사용상표'라고 한다)을 이 사건 등록상표의 지정상품과 유사한 서비스업에 사용한 회사이다.

원고가 2016. 6. 13. 피고를 상대로 피고 사용표장들의 금지 및 폐기, 손해배상을 구하는 이 사건 소를 제기하자, 피고는 1심 소송 계속중이던 2016. 8. 10. 피고 사용표장 중 에 대하여 지정상품 및 지정서비스업을 상품류 구분 제09류 이미지 및 문서 스캔용 컴퓨터소프트웨어, 서비스업류 구분 제42류 컴퓨터 소프트웨어 설계 및 개발업 등으로 하여 상표등록출원을 하였고, 원고의 이의신청을 거쳐 2017. 8. 8. 상표등록을 받았다(이하 '피고 후출원 등록상표'라고 한다).

피고는 그 등록일 이후의 피고 등록상표의 사용은 상표권의 정당한 행사로서 침해가 성립하지 않는다는 취지의 주장을 하였다.

2. 대상판결의 요지

가. 하급심 판결

1심은 피고의 상표등록 이틀 후인 2017. 8. 10. 원고의 청구를 인용하였고, 원심인 특허법원에서도 2018. 6. 21. 피고의 청구를 기각하자(2017나2158 판결),[1] 피고가 대법원에 상고하였고 대법원은 아래와 같이 판시하였다.

나. 대법원판결

대법원은 아래와 같이 전원합의체 판결[2](이하 대상판결이라 함)을 하면서 배치되는 과거의 판례들[3]을 변경하였다.

(1) 상표법은 저촉되는 지식재산권 상호 간에 선출원 또는 선발생 권리가 우선함을 기본원리로 하고 있음을 알 수 있고, 이는 상표권 사이의 저촉관계에도 그대로 적용된다고 봄이 타당하다. 따라서 상표권자가 상표등록출원일 전에 출원·등록된 타인의 선출원 등록상표와 동일·유사한 상표를 등록받아(이하 '후출원 등록상표'라고 한다) 선출원 등록상표권자의 동의 없이 이를 선출원 등록상표의 지정상품과 동일·유사한 상품에 사용하였다면 후출원 등록상표의 적극적 효력이 제한되어 후출원 등록상표에 대한 등록무효 심결의 확정 여부와 상관없이 선출원 등록상표권에 대한 침해가 성립한다.

(2) 특허권과 실용신안권, 디자인권의 경우 선발명, 선창작을 통해 산업에 기여한 대가로 이를 보호·장려하고자 하는 제도라는 점에서 상표권과 보호 취지는 달리하나, 모두 등록된 지적재산권으로서 상표권과 유사하게 취급·보호되고 있고, 각 법률의 규정, 체계, 취지로부터 상표법과 같이 저촉되는 지적재산권 상호 간에 선출원 또는 선발생 권리가 우선한다는 기본원리가 도출된다는 점에서 위와 같은 법리가 그대로 적용된다.

---

1) 제1심과 원심은 모두 피고 사용표장 및 사용서비스업이 이 사건 등록상표의 표장 및 지정서비스업과 모두 유사하고, 침해가 인정된다고 보아, 금지 및 폐기 청구를 전부 인용하고, 손해배상청구는 일부 인용하였다.

2) 대법원 2021. 3. 18. 선고 2018다253444 전원합의체 판결.

3) 이와 달리 후출원 등록상표를 무효로 하는 심결이 확정될 때까지는 후출원 등록상표권자가 자신의 상표권 실시행위로서 선출원 등록상표와 동일 또는 유사한 상표를 그 지정상품과 동일 또는 유사한 상표에 사용하는 것은 선출원 등록상표권에 대한 침해가 되지 않는다는 취지로 판시한 대법원 1986. 7. 8. 선고 86도277 판결, 대법원 1999. 2. 23. 선고 98다54434, 54441(병합) 판결은 이 판결의 견해에 배치되는 범위에서 이를 변경하기로 한다.

II. 해 설

1. 대상 판결의 의의와 문제점

가. 핵심 쟁점과 전합판결의 경위

대상 판결은 '선출원 등록상표와 저촉되는 후출원 등록상표의 사용이 무효확정 여부와 상관없이 상표권 침해에 해당하는지'가 핵심 쟁점이다. 이는 곧 등록상표의 사용항변을 인정할 것인지의 문제와 직결된다. 이와 관련해 상표분야에서는 이를 부정하는 대법원 판결이 존재하고 있는 반면, 특허와 관련하여서는 명확한 대법원 판결은 없고 후출원 특허의 항변을 인정 사안과 부정한 사안이 공존하는 등 하급심의 처리는 통일되지 않은 상태였다.[4] 이에 대법원은 이 부분에 관한 법리를 명확히 정리할 필요가 있어 전원합의체 심리를 거쳐 대상판결을 선고한 것이다. 보충의견에서는 상표권에 관한 위와 같은 법리가 특허권과 실용신안권, 디자인권에도 그대로 적용될 수 있는 점에 관하여 좀 더 구체적으로 설시하고 있다.

나. 대상판결의 의의

이번 대법원 전원합의체 판결은 상표법상 권리저촉관계 해결을 위해 복잡한 논리구성을 하고 있었던 종례 판례를 변경하면서 선원우위의 원칙을 상표권간 저촉에도 관철시켜 단순화하고 통일화하여 법적안정성에 기여한 측면과 소급처벌 문제의 해소 등 무효 이후 법률관계 처리가 쉬워진 데에 의의가 있다.[5] 특히 이번 대법원판결은 상표권뿐만 아니라, 특허권 등 지식재산권 전반에 걸친 저촉관계에서 선원 우위의 원칙이 적용된다는 점을 분명히 하였다. 앞으로는 대상 판결에서 제시한 법리에 따라 후등록 권리의 경우 등록상표의 사용이란 항변을 할 수 없고 무효여부와 상관없이 선등록 권리에 대한 민사상, 형사상 침해책임이 인정될 것으로 보인다.

---

4) 기존 하급심 실무에서는 후출원 권리자가 등록 권리의 사용이라는 항변을 제출하는 경우, 기존 대법원 판결에 따라 권리 침해 책임을 부정하거나, 구체적 타당성을 도모하기 위하여 이러한 항변을 권리 남용으로 보고 침해책임을 인정하기도 하는 등 상반되는 다양한 실무사례가 존재하여왔다. 한규현, "후출원 특허발명 실시의 선출원 특허권 침해 여부", 「정보법학」, 제5권 제2호, 한국정보법학회, 2011, 255-280면 참조.

5) 이경은, "후출원 등록상표 사용의 선출원 등록상표에 대한 침해 성립 여부", 「사법」, 제57호, 사법발전재단, 2021.9., 900-901면.

다. 검토방향

대상판결은 상술한 의의가 있지만 비판적 시각에서 바라보면 선원우위원칙 관철은 입법적으로 해결하여야 할 문제라는 점과 현행 2원적 상표쟁송체제[6]의 근간 위협 등 여러 가지 문제점[7]도 내포하고 있다. 이러한 제반 문제점을 철저히 규명하는 것은 지면의 한계가 있어 별도의 기회로 미루기로 한다. 이하 본고에서는 전원합의체 심리를 거치는 과정에서 자체 검토[8]한 상표권저촉 관련 기본 법리의 타당성에 초점을 맞추어 본다. 나아가 상표권간의 저촉문제를 무효심판의 문제로 다루지 않고 異法간 권리의 이용저촉해결과 같이 선원우위의 원칙을 기준으로 통일적으로 정리한 것이 타당한 것인지 및 과연 상표제도 고유의 특성을 제대로 고려한 후에 내린 판결인지 여부를 중심으로 비판적으로 검토해 보기로 한다.

2. 대법원이 자체 검토한 상표권 상호 간 저촉 해결 법리의 타당성에 대한 검토

가. 명문의 근거 없이 등록상표권의 전용권 제한이 가능한가?

(1) 상표권의 두 가지 효력과 그 효력제한

상표법의 입법연혁을 보면 일부 미국상표법을 참고한 입법이 있기는 하였지만 우리 상표법의 근간은 독일법을 계수한 것으로 평가된다. 독일은 우리와 같이 상표권자에게

---

6) 우리나라 상표쟁송체제는 상표권 침해소송과 상표권 무효쟁송의 관할이 분리되어 있는 '이원주의'라 할 수 있다. 침해소송 절차에서 상표권의 무효는 직접적인 공격방어방법이 되지 못하고, 피고(침해자)는 상표권 무효심판을 특허심판원에 제기하고 당해 상표권의 무효가능성이 높음을 이유로 권리남용을 청구할 수 있을 뿐이다. 독일도 우리와 같이 비교적 엄격한 2원주의 쟁송체제에 해당한다 (Katrin Cremers et. el, "Invalid but Infringed?, an analysis of Germany's Bifurcated Patent Litigation System", ZEW Mannheim, *Max Planck Institute for Innovation and Competition*, Santa Clara University, 2014, pp.6-10).

7) 대상판결은 i) 상표권간 저촉의 본질이 등록후 실시단계에서의 사후조정(이종 권리간 이용저촉 관계)과 달리 과오등록의 문제임에도, 권리저촉조정의 문제로 일반화하여 무리한 통일적 해석을 시도한 점 ii) 권리저촉관계의 선원우위의 원칙에 관한 법률규정을 지나치게 확대해석하고 있지 않은가?, 특히 상표권의 본질에 비추어 명문 규정 없이 등록상표의 전용권 효력 제한이 가능한가? 형사사건에서 무리한 확장해석이 죄형법정주의에 반할 우려는 없는가? iii) 실체심사제도에 기반한 무효심판제도 및 상표법내 저촉방지 장치의 무력화 우려 iv) 상표제도와 상표권이 타 권리에 비해 갖는 고유한 특성과 제도를 제대로 고려하지 못한 점 v) 상표법에 고유하게 형성된 종전판례의 법리를 타법의 논리를 동원해서 파기, 변경한 것의 타당성 vi) 입법사항에 해당하는 것을 판결을 통해 해결하려는 사법우월주의가 작용한 것이 아닌가 하는 의문 등 많은 문제점도 내포하고 있다.

8) 대법원 재판연구관의 판례해설에서 확인해 볼 수 있다. 이경은, 앞의 논문, 854-905면 참조.

상표에 대한 독점적 권리로서의 적극적 사용권(positives Benutzungsrecht)과 제3자의 당해 상표에 대한 위법한 사용을 금지시키는 배타적 권리로서의 소극적 금지권(negatives Verbietungsrecht)이 부여된다. 상표권자의 적극적 사용권은 등록된 상품 또는 서비스에 관한 상표의 사용에 국한된다. 반면 상표권자의 소극적 금지권은 적극적 사용권보다 그 효력범위가 넓어 유사범위에까지 미친다.[9]

이처럼 상표권은 상표권자에게 독점적 권리인 적극적 사용권(전용권; 적극적 효력)과 배타적 권리인 소극적 금지권(배타권: 소극적 효력)이란 양면성을 가지고 있다.[10] 다만 상표권 등 산업재산권의 본질에 관해 견해 국내[11]는 물론 국외[12]에서도 견해대립과 논란이 있지만, 상표권의 본질을 '전용권'으로 본다면 후출원 상표권자의 사용은 자신의 권리에 대한 사용으로서 선출원 등록상표의 침해를 구성하지 않게 된다.[13] 다만 그 전용권(적극적 효력)이든 배타권(소극적 효력)이든 법정사유와 독트린에 따라 이를 제한[14] 할 수 있다.

(2) 상표법 제92조는 후출원 등록상표권의 전용권 제한의 근거가 될 수 없다.

대상 판결의 쟁점 중 하나는 기존의 견해를 변경하여 상표권과 상표권이 서로 저촉되는 경우에도 '선원우위 원칙(priority principle)'에 따라 선출원 등록상표와의 관계에서 후출원 등록상표의 전용권(적극적 효력)이 제한되는 것으로 본 점에 있다. 여기서 그 적

---

9) Karl-Heinz Fezer, Markenrecht, 3. Aufl., C.H. Beck, 2001, S.283.

10) 상표법은 제89조에서 '상표권의 효력'(상표권자는 지정상품에 관하여 그 등록상표를 사용할 권리를 독점한다)규정한 것은 '독점권'으로서의 상표권을, 동시에 제107조에서 '권리침해에 대한 금지청구권'을 규정하여 '배타권'으로서의 상표권 성격의 양면을 보여주고 있다.

11) 학설의 경우 대체로 특허권과 같은 지식재산권을 '독점배타적 권리'로 이해한다(윤선희, 「특허법」, 법문사, 2013, 604면); 다만 그 본질은 전용권이 아니라 배타권이라는 견해가 많다(정차호, "특허권 및 전용실시권의 개념 재정립", 「성균관법학」, 제22권 제3호, 2010.12.; 김관식, "지적재산권 상호간의 이용·저촉관계와 그 통일적 해석방안", 「고려법학」, 2007 등).

12) 竹田和彦, 特許權の本質と利用関係, 「特許管理」, 第14卷 第8号, 1988; 田辺 徹, 特許権の本質, 「パテント」, Vol. 56 No. 10, 2003. 한편 미국의 경우 19세기까지 재산권 이론은 재산을 소유, 사용, 처분할 수 있는 적극적 권리로 구성되어 있었고, 특허권의 개념도 특허발명을 소유, 사용, 처분할 수 있는 적극적 권리로 형성되어 있었으나, 1952년 미국 특허법을 개정하여 제154조는 특허권의 본질이 배타권(right to exclude others from making~)임을 분명히 하고 있다(심미랑, "배타적 재산권으로서 특허권의 개념에 관한 연구", 「법학연구」, 제14권 제2호, 2011.7., 88면).

13) 박종태 "선출원 등록상표와 동일·유사한 후출원 등록상표의 사용이 선출원 등록상표에 대한 침해를 구성하는지 여부", 「IP&DATA법」, 제1권 제2호, 인하대 법학연구소, 2021.12., 114면.

14) 전용권(적극적 효력)의 효력제한에 대한 대표적 규정으로 전용사용권 설정 규정(제95조 ③)과 이용 저촉관계를 규정한 상표법 제92조를 들 수 있다. 상표권의 배타적 권리(소극적 효력)의 효력제한에 관한 대표적 규정으로 상표법 제90조를 들 수 있으며, 선사용권 등 법정사용권의 존재, 기타 권리소진 이론, 권리남용의 항변을 통해 상표권의 배타권이 제한되기도 한다.

극적 사용권이 제한된다고 해석한 것은 상표법 제92조와 관련된 것으로[15] 이는 명문 규정에 근거한 것이 아니라 유사제도 및 타 규정으로부터 확장해석의 결과이다. 그런데 대상판결이 근거로 든 상표법 제92조는 상표권과 다른 지식재산권의 저촉만 규정할 뿐 상표권 상호간의 저촉은 규정하고 있지 않다는 점이다.[16] 제92조의 입법취지로 볼 때도 상표권 간 저촉은 의도적으로 배제된 것이어서 동 규정은 후출원 등록상표권의 전용권 제한 근거가 될 수 없다. 상표법이 상표권 사이의 저촉문제는 후 등록이 등록요건에 위배된 과오등록의 문제이므로 상표권과 다른 지식재산권 사이의 저촉문제와 달리 무효심판에 의한 해결을 의도한 것이라 이해된다.[17] 이 경우 선원주의 위반(상표법 제35조)이나 선등록상표와 저촉규정(제34조 1항 7호) 위반을 이유로 한 무효심판으로 다툴 수 있을 뿐이며 5년의 제척기간[18]이 적용된다. 제척기간은 등록후 사용으로 형성된 거래관계 존중과 법적안정성을 꾀하려는 취지이다.

한편 상표권은 준 물권적 무체재산권의 하나로 그 객체를 사용, 수익, 처분할 권리가 있고(민법 제214조) 상표권자는 지정상품에 관하여 그 등록상표를 사용할 권리를 독점한다고 규정(상표법 제89조)하여 상표 전용권을 보장하고 있다. 이렇게 부여된 권리의 제한은 명문 법규정에 의하지 아니하면 제한할 수 없는 것이 헌법상 보장된 재산권 보장과 법률유보의 원칙에 부합한다. 그런데 현행 상표법상 상표전용권이 제한되는 경우는 전용사용권을 설정한 경우(제95조③) 및 이용·저촉관계(상표법 제92조)[19] 밖에 없다. 그럼에도 불구하고 대상판결이 후술하는 선원우위의 원칙을 상표권 상호간의 저촉에도 확대 적용하여 선출원 등록상표와의 관계에서 후출원 등록상표의 전용권(적극적 효력)이 제한되는 것으로 본 것은 문제의 본질을 잘못 파악한 것일 뿐 아니라 상표법의 규

---

15) 박성호, "2021년 지적재산법 중요판례 평석", 「인권과 정의」, 통권 제505호, 2022.5., 131면.

16) 입법연혁을 보면 특허법 제98조가 상호 선원주의가 적용되는 특허권(실용신안) 상호 간의 저촉도 종전에 잠깐 포함되어 있다가 이용관계에서만 선출원 특허권자의 동의를 요하는 것으로 정비하고 저촉관계의 경우 구 특허법(1986. 12. 31. 법률 제3891호로 개정되기 전의 것) 제45조의 규정에서 삭제되었고, 저촉 디자인간 공존이 가능한 디자인보호법에만 디자인간 저촉도 포함되어 있을 뿐이다.

17) 박종태, 앞의 논문, 129-130면.

18) **상표법** 제122조(제척기간) ① 제34조 제1항 제6호부터 제10호까지 및 제16호, 제35조, 제118조 제1항 제1호 및 제214조 제1항 제3호에 해당하는 것을 사유로 하는 상표등록의 무효심판, 존속기간갱신등록의 무효심판 또는 상품분류전환등록의 무효심판은 상표등록일, 존속기간갱신등록일 또는 상품분류전환등록일부터 5년이 지난 후에는 청구할 수 없다.

19) 상표권자·전용사용권자 또는 통상사용권자는 그 등록상표를 사용할 경우에 그 사용 상태에 따라 그 상표등록출원일 전에 출원된 타인의 특허권·실용신안권·디자인권 또는 그 상표등록출원일 전에 발생한 타인의 저작권(이하 '선특허권 등'이라 한다)과 저촉되는 경우에는 선특허권 등의 권리자의 동의를 받지 아니하고는 지정상품 중 저촉되는 지정상품에 대하여 그 등록상표를 사용할 수 없다(상표법 제92조).

정과 헌법상 보장된 재산권보장과 그 제한의 원칙[20]에 반하는 것이라 할 수 있다. 나아가 대상판결은 무효심판 제척기간을 둔 취지에도 반하며, 과연 제척기간이 경과해 불가쟁성(incontestability)을 획득한 후출원 등록상표권의 경우에도 그 효력을 제한해 침해를 인정하는 것이 타당한 것인지 의문이다.

나. 상표권간 저촉문제도 타 권리와 저촉문제와 같이 선원우위의 원칙 관철이 타당한가?

(1) 지식재산권법상 광의의 권리저촉 유형과 조정방식

대상판결은 상표권 상호간에 저촉관계가 발생할 때 독점권설이나 배타권설을 취하지 않고 상표법 규정과 취지에 비추어 선원우위 원칙에 따라 처리함을 선언하였다.

권리충돌 또는 저촉이란 하나의 권리와 다른 권리가 양립할 수 없는 것, 즉 어느 한쪽의 권리의 내용과 다른 쪽의 권리의 내용이 전부 또는 일부에서 중첩되는 것을 말한다. 이러한 광의 저촉관계는 이종 권리 상호간 뿐만 아니라 동종 권리 상호간에도 발생할 수 있으나 양자의 규율방식과 논거 및 해법[21]은 상이하다.

즉 우리 법은 이종간 권리의 충돌은 이용저촉관계로 규정하여 등록은 합법적이지만 실시단계에서 선원, 선발생 우위에 의한 사후 조정하는 방식을 취하고, 후자의 동일법 영역의 저촉은 권리의 본질에 따른 중복특허배제원칙에 기반해 경합출원에 대한 우선순위를 정하는 기준에 따라 처리한다. 대체로 선사용주의 보다는 선원주의 원칙에 따라 저촉되는 후출원을 거절하고, 과오등록 시 무효심판에 의한 처리를 원칙으로 하고 있다.[22] 후출원 등록상표권은 무효심판이 확정되기까지는 병존한다.[23] 이때 산업재산권법에는 무효심판과 침해소송간 판단대상의 차이, 판단시기의 차이로 상호 모순된 결과가 발생하지 않도록 여러 가지 제도적 장치[24]로 보완하고 있으며 이를 통해 양 기관이

---

20) 허영, 「한국헌법론」, 전정18판, 박영사, 2020.2., 556면 이하: 헌법상 재산권 제한의 정당사유 3가지 중 하나가 국회가 입법절차에 따라 제정한 법률이외의 형식에 의한 제한 금지이다.

21) 김원오, 지적재산권 상호간의 경계획정의 원리와 권리충돌 해법의 모색, 「산업재산권」, 제18호, 한국지식재산학회, 2005, 314-320면.

22) 상표법은 동일·유사한 상품에 사용할 동일·유사한 상표에 대하여 다른 날에 둘 이상의 상표등록출원이 있는 경우에는 먼저 출원한 자만이 그 상표를 등록받을 수 있도록 하고 있고(제35조 제1항), '선출원에 의한 타인의 등록상표와 동일·유사한 상표로서 그 지정상품과 동일·유사한 상품에 사용하는 상표'를 상표등록을 받을 수 없는 사유로 규정하고 있다(제34조 제1항 제7호). 이와 같이 상표법은 출원일을 기준으로 저촉되는 상표 사이의 우선순위가 결정됨을 명확히 하고 있고, 이에 위반하여 등록된 상표는 등록무효 심판의 대상이 된다(제117조 제1항 제1호).

23) 윤선희, 「상표법」, 제6판, 법문사, 2021, 273면.

24) i) 심판, 소송절차의 중지(특허법, 제164조; 상표법 151조 1항, 2항), ii) 침해소송 사실의 통지 등 상

협력할 수 있도록 하는 기틀을 마련하고 있다.

(2) 대상판결은 견해차이나 과오등록으로 인한 사후처리 문제를 상표권 저촉일반으로 확대 적용한 잘못이 있다.

이 사건은 원고의 선출원 등록상표와 저촉되는 피고의 후출원 등록상표의 병존이 전제되어 있는 사안이다. 병존의 원인은 심사착오라기 보다는 상표 구성부분의 요부판단(식별력 유무)과 관련해 재량권 범위내 해석과 관점의 차이가 존재하였기 때문으로 보인다. 그런데 이 사건처럼 상표권 상호간 등 동종 권리 상호간의 저촉문제 대해서는 디자인의 경우 외에는 별도의 조정 규정이 없다. 이종 권리 상호간에는 보호객체 및 보호기준이 상이하여 중첩되는 이종 권리가 병존할 수 있으므로 등록 후에 권리조정이 필요한 반면, 동종 권리 상호간에는 독점배타권이란 부여권리의 본질로 인해 저촉되는 권리가 양립하여 존재하는 것은 상정할 수 없는 것이므로 권리조정 자체가 불필요하기 때문이다. 대신 동종 권리 상호간의 저촉은 사전에 심사하여 거절하는 체제를 취하고 있는데, 상표법을 비롯한 산업재산권법은 모두 선원주의를 취하여 후출원은 거절하여 사전에 저촉의 여지를 차단하고 있으므로 상표권이 저촉한다는 것은 침해판단 법원과 권리부여 기관 간의 견해차이로 밖에 볼 수 없으며 일부 심사착오의 결과일 뿐이다.

다만 최근 법원이 소송경제와 권리남용의 법리를 동원하여 무효항변 인정의 명문근거 없이도 무효확정 전 권리행사를 제한하는 판결을 내리고 있으나[25] 무효의 항변 인정문제는 과오등록 상표권의 배타권(소극적 금지권)이 제한되는 문제이며, 이 사안과 같이 후출원 등록상표의 정당사용 항변은 상표권의 전용권(적극 사용권)의 제한에 관한 문제이므로 별도로 심도 있는 검토가 수반되어야 할 새로운 쟁점이다.

3. 현행 상표제도의 특성에 대한 고려 미흡

가. 표지보호법인 상표법의 특색

창작보호법인 다른 지식재산권법과 달리 상표법은 영업표지 보호법으로서의 성격을 지닌다. 상표법의 보호대상은 출원표장 그 자체가 아니라 사용에 의해 화체된 신용(goodwill)이다. 창작보호가 아니다 보니 신규성이 문제되지 아니하여 등록되었다가 소멸된 상표의 재출원도 가능하며 존속기간 갱신등록을 통해 보호기간을 영구적으로 가

호 정보제공 의무(특 제164조 제3항; 상151조 제3항)
25) 김범희, "상표권 침해소송에서의 상표등록 무효사유를 원인으로 한 권리남용 항변", 「판례연구」, 제26집 제2호, 서울지방변호사회, 2013 참조.

져갈 수도 있다. 상표의 출원과 등록 못지않게 사용(use)도 중요하여 사용의사, 선사용권, 사용에 의한 식별력 취득, 미등록 선사용상표 보호규정 등 사용주의적 요소가 적절히 배치되어 조화를 이루고 있다. 나아가 유일하게 불사용취소심판제도가 운용되며 수요자 보호라는 또 다른 변수가 작용한다. 선원주의도 동일자 출원경합시 추첨에 의하며 선원주의(제35조)와 별개로 타인의 선등록상표와 저촉을 부등록사유로 규정(제34조 제1항 제7호)하여 저촉발생을 철저히 차단하면서 무효심판 제척기간을 명시하고 있다. 이러한 상표법의 특색에 비추어 특허[26]와 상표는 동일한 기준을 획일적으로 적용할 수 없는 측면이 있다. 이는 후술하는 바와 같이 대상판결이 상표와 특허제도 간에 유사하지만 근본적 차이가 있어 차별적 해석과 적용이 필요한 특징을 제대로 반영하지 못하고 성급하게 일반화를 시도한 결과라 할 수 있다.

나. 특허와 정당사용의 항변 인정 필요성의 차이

한편 상표의 경우 특허[27]와 달리 등록요건 판단과 침해판단 기준이 사실상 동일하여[28] 상표등록을 받은 이상 저촉되는 타인의 선등록 상표가 없다는 것이 등록단계에서 공식적으로 확인된 만큼 그 등록이 무효로 확정되기 전까지는 그 사용을 타인의 상표권 침해로 보기 어려운 면이 있다.[29] 따라서 침해소송에서 등록상표의 정당사용이라는 항변이 일응 가능하다. 이에 비해 양자가 일치하지 않은 특허의 경우 특허등록이 비침해를 담보하는 성격이 취약할 뿐 아니라 특히 일본과 같이 특허법 제104조의3에 의해 무효이유가 있는 특허권 행사의 가부를 침해소송법원이 판단하는 것이 인정되고 있는 법제에서는 저촉관계에 있는 후원에 관한 특허권에 기초한 실시라는 주장은 그 실시를 적법한 것으로 하는 정당한 이유로 인정되지 않는다는 견해가 유력하다.[30] 따라서 특

---

26) 대상판결 이후 특허실무의 변화에 대해서는 구민승, "후출원 등록상표(특허)의 항변 관련 향후 실무상 시사점", 「특허와 상표」, 2021. 5. 7자 참조.

27) 특허의 경우 그 등록요건은 명세서기재요건, 신규성, 진보성 등 선행발명의 공지, 이로부터의 용이창작 여부가 주이고, 중복특허 배제를 위한 선원주의는 이중특허 배제의 원칙에 따라 출원간 경합만 판단하는 반면 특허 침해판단은 구성요소완비의 원칙, 균등론 등 특허발명의 보호범위내 실시인지 여부에 대한 판단으로 양자의 기준이 서로 달라 특허등록이 된 이상 선행 특허권의 침해는 아니라는 항변이 관철되기 어렵다.

28) 상표의 경우 다른 등록요건도 있지만 가장 많이 적용되는 선등록 상표와의 저촉규정(34조 1항 7호)에서의 유사상표 판단과 침해판단에서 모두 선행 상표권과의 동일·유사여부, 즉 선권리와의 저촉여부를 판단하는 것으로 본질적으로 서로 동일하다.

29) 박종태, 앞의 논문, 130면.

30) 김동준, "후출원 특허발명을 확인대상으로 하는 권리범위확인심판", 「과학기술법연구」, 제21집 제3호, 2015, 62면.

허와 달리 출원상표가 등록된 이상 제35조 및 제34조 제1항 제7호 등의 등록요건에 따라 타인의 선권리와 동일·유사하지 않다는 것이 공식적으로 확인된 것이라면 후출원 등록상표권자의 정당사용의 항변을 인정하여야 할 필요가 특허에 비해 훨씬 크다고 할 수 있으며, 특허와 상표를 획일적으로 취급하는 것이 오히려 부당한 결과를 초래할 수 있다.

다. 등록주의 한계 보완하는 사용주의적 요소의 역할 폄하

상표제도는 등록주의의 한계를 선사용주의에 의해 보완해 주어야 균형이 유지되는 특성이 있으며 시간 변화에 따라 권리관계가 변화하는 측면에서 상표는 동사다. 상표는 사용되어야 비로소 신용(goodwill)이 화채되어 보호의 필요성이 생긴다. 선원우위원칙으로 등록후 권리관계를 처리한 대상판결은 악의적 선출원 등록자를 우월한 지위에 서게 하고, 선사용권 요건이 채 인정되지 아니하는 선사용 후출원자의 지위를 영구히 불리하게 고착시킨다는 점에서 심각한 부작용을 낳을 수 있다.

대상판결의 사실관계도 "data factory" 표장을 피고가 4개월 먼저 선사용하였으나 원고가 선출원하여 우월한 지위를 선점한 케이스이며, "data factory" 표장의 식별력 존부에 대한 판단이 모호하여 쟁점이 된 사안으로서 무효사유가 명백한 경우에해당하지 않을 뿐만 아니라 전문성을 가진 특허청 심사관합의체의 이의신청을 거쳐 등록된 후원 상표권의 효력을 무효심판 절차를 거치지 않고 사법부에서 사실상 부정한 셈이 된다.[31]

라. 권리대권리 확인심판 불인정 판례와 모순

대법원 판례는 권리대 권리간 적극적 권리범위확인심판은 확인대상표장이 심판청구인의 등록상표와 동일 또는 유사하다고 하더라도 등록무효절차 이외에서 등록된 권리의 효력을 부인하는 결과가 되어 부적법하다고 보고 있다.[32] 그런데 대상판결에 의하면, 결과적으로 등록무효절차 이외에서 등록된 권리의 효력을 부인하는 결과가 된다. 결국 권리대 권리간 권리범위확인심판은 인정이 되지 않고, 권리대 권리간 침해금지청구에 의한 사용금지는 인정되는 것인데, 이는 권리범위확인심판의 확인적 성격과 대세효를 고려한다 하여도 서로 모순적이라 아니할 수 없다.[33]

---

31) 같은 의견 배진효, "선등록 상표와 저촉되는 후등록 상표의 사용", 「특허와 상표」, 2021. 4. 23.자
32) 대법원 2019. 4. 3. 선고 2018후11698 판결.
33) 같은 의견 박종태, 앞의 논문, 137면.

마. 상표법에 고유한 제도나 결여된 제도의 차이로 인한 문제

(1) 상표법에 고유한 불사용 취소심판에서의 정당사용 판단에 영향

대상판결에 따른 후출원 등록상표권자의 불안정한 지위는 불사용취소심판에서의 상표사용과 관련하여서도 영향을 받을 수 있다. 타인의 선행 저작권에 저촉되는 등록상표사용이라도 불사용취소에서는 정당사용에 해당한다는 판결[34]은 있으나 상표권간 저촉의 경우에 관한 선례는 없었다. 그런데 대상판결이 침해판단에서 등록상표사용의 항변을 불인정함으로써 자칫 불사용취소심판에서도 정당사용으로 인정받지 못하는 것으로 낙인효과가 발생할까 우려된다. 만약 등록상표의 사용이 다른 선행 상표권의 침해에 해당한다는 이유로 불사용 취소심판에서의 정당한 사용으로 보지 않는다면 불사용취소심판에서 등록상표가 선출원 등록상표와 동일·유사한지 여부를 심리·판단할 수밖에 없게 된다. 이는 결과적으로 상표등록 무효사유를 무효심판이 아닌 취소심판에서 판단하는 것으로 되어 부당하고 불사용 취소심판에서의 심리범위도 지나치게 넓어져서 불합리하다.[35]

(2) 중용권이 없는 상표권의 특성을 반영하지 못한 점

후원 권리가 무효심판에 의하여 소급적으로 소멸하더라도 후원 권리가 유효하게 존재하던 기간 동안의 실시와 사용으로 인해 형성된 신뢰관계가 있고, 등록결정이라는 행정처분을 통해 권리를 부여한 국가기관의 잘못도 있으므로 모종의 조치가 요구된다. 이에 후원 권리자가 선의로 무효심판 예고 등록 전 국내에서 실시사업을 하거나 그 사업을 준비한 경우, 기 투자한 산업설비의 보호와 선의의 실시자 보호측면에서 특허법 제104조 및 디자인보호법 제102조는 중용권 규정을 두고 있다. 이에 비해 상표법은 중용권 규정을 두고 있지 않다.[36]

---

34) 저작권에 저촉되는 등록상표에 대한 불사용으로 인한 등록취소 사건에서 대법원은 불사용취소심판에서 정당사용 증거로 인정하여 취소를 면할 수 있다고 판단하였다(대법원 2001. 11. 27. 선고 98후2962 판결); 김원오, "권리회복된 저작권에 저촉되는 등록상표의 사용과 불사용취소심판", 「정보법판례백선(Ⅰ)」, 박영사, 2006 참고.

35) 같은 의견 권택수, 불사용으로 인한 상표등록취소심판에 있어서 등록상표의 사용이 타인의 저작권 침해에 해당되는 경우 이를 상표의 정당한 사용으로 볼 수 있는지 여부, 「대법원판례해설」, 제39호(2001 하반기), 2002, 241-242면 참고.

36) 2009년 국내에서 "상표중용권제도"를 도입(안 제57조의4 신설)하려는 시도(지식경제부 공고 제2009-90호; …무효사유를 안고 있지만 선의로 상표를 사용해 온 '후등록 상표권자'의 축적된 신뢰관계를 존중하여 상표등록무효 후에도 자신의 상표를 계속 사용할 수 있도록 중용권제도를 신설하며…)가 있었으나 학계 및 산업계의 반발로 도입되지 못하였다. 이와 달리 일본 상표법 제33조는 중용권 규

법정실시권의 하나인 중용권 문제에 대해 대상판결은 보충의견에서 민사소송에서 피고의 중용권 성립 주장은 청구원인인 침해의 성립을 전제로 한 피고의 항변에 해당한다고 설시하며 상표법에 중용권이 없다는 점의 차이를 가볍게 바라보고 있다. 그러나 특허법의 경우와 달리 상표법상 후출원 등록상표권자는 등록상표의 사용 후 자신의 등록상표가 무효로 되는 경우 그 사용으로 인한 투자와 신뢰를 보호받을 길이 전혀 없다. 따라서 특허의 경우와 달리 후출원 등록상표권자가 자신의 상표등록이 적법한 것으로 믿고 사용한 경우 그 등록에 의한 사용의 정당성을 인정하는 것 이외에 달리 그 신뢰를 보호할 길이 없다는 점에서 특허와 달리 정당사용의 항변 인정이 필요하다 할 수 있다.[37]

4. 소 결

이 사안은 하급심에서 "data factory" 표장이 성질표시적 용어로서 식별력 존부에 따라 상표의 요부가 공통되어 유사한 표장 것인지가 쟁점이 된 사안이다. 더욱이 피고가 원고의 등록상표 출원일보다 4개월 먼저 상표를 사용한 케이스로서 선사용권까지 거론된 사안으로서 전문성을 가진 특허청 심사관합의체의 이의신청을 거쳐 등록된 상표였다. 그럼에도 불구하고 피고의 후출원 상표권의 효력을 무효심판 절차를 거치지 않고 사법부에서 명확한 법적 근거 없이 확장해석을 통해 부정한 것이다. 이는 특별행정심판제도를 두고 침해소송과 무효쟁송을 이원적으로 운영하고 있는 현행 상표쟁송체제의 근본정신에 반하며, 특허와 다른 상표제도의 차이를 면밀히 검토하지 못한 아쉬움도 크다. 더욱이 특허사건이 아님에도 혼란스러웠던 특허관련 하급심 판결의 통일성을 도모하려다가 잘 정비된 상표관련 대법원판결까지 변경하는 우를 범한 셈이 되어 버렸다.

대상판결이 입법사항을 월권한 측면도 문제이다. 첫째, 대상판결은 상표권간 저촉문제까지도 선원우위의 원칙으로 처리함을 천명하고 있는데, 이는 상표법 제92조에서 의도적으로 빠져있는 사항이므로 필요하다면 법 개정을 통해 해결하여야 할 사항이다. 둘째, 대상판결은 후출원 등록상표의 적극적 효력을 명확한 법적 근거 없이 제한한 점이다. 셋째, 현행법제가 침해소송과 무효쟁송으로 2원화 되어있는 체제임에도 법해석을

정을 두고 있다.

37) 이는 특허청의 상표등록결정 자체를 신뢰하여 사용하는데 더 큰 위험성을 감수하여야 하는 것이라 볼 수 있는데, 무효여부와 상관없이 이를 침해로 보는 것은 특허청의 행정처분을 신뢰한 후출원 등록상표권자에게 지나치게 가혹한 면이 있다(박종태, 앞의 논문, 131면).

통해 사실상 일원화하려는 일련의 시도와 맥을 같이하는데, 소송경제차원에서 정비가 필요하다면 입법론적으로 해결하여야 할 것이다.

무엇보다도 창작법과 표지법은 같은 지식재산권 법제이지만 여러 가지 본질적 차이가 있음에도 불구하고 상표제도의 특성과 본질을 도외시하고 획일적, 통일적 해석을 시도한 것은 심히 유감이다. 이 판결이 그동안 상표법상의 선등록주의 문제점 해소하기 위해 애써 구축해온 보완체제에 미칠 악영향과 쟁송구조의 변화에 미칠 영향도 주시해 볼 일이다.

참고문헌

구민승, "후출원 등록상표(특허)의 항변 관련 향후 실무상 시사점", 「특허와 상표」, 2021.5.7.

권택수, "불사용으로 인한 상표등록취소심판에 있어서 등록상표의 사용이 타인의 저작권 침해에 해당되는 경우 이를 상표의 정당한 사용으로 볼 수 있는지 여부", 「대법원판례해설」, 제39호(2001 하반기), 2002.

김관식, "지적재산권 상호간의 이용·저촉관계와 그 통일적 해석방안", 「고려법학」, 고려대학교 법학연구원, 2007.

김동준, "후출원 특허발명을 확인대상으로 하는 권리범위확인심판", 「과학기술법연구」, 제21집 제3호, 2015.

김범희, "상표권 침해소송에서의 상표등록 무효사유를 원인으로 한 권리남용 항변", 「판례연구」, 제26집 제2호, 서울지방변호사회.

김원오, "저작권과 상표권의 충돌 양상과 권리 조정상의 법적 쟁점", 「지적재산권의 현재와 미래: 소담 금명신선생 화갑기념논문집」, 법문사, 2004.

_____, "지적재산권 상호간의 경계획정의 원리와 권리충돌 해법의 모색", 「산업재산권」, 제18호, 한국지식재산학회, 2005.

_____, "권리회복된 저작권에 저촉되는 등록상표의 사용과 불사용취소심판", 「정보법판례백선(Ⅰ)」, 박영사, 2006.

박성호, "2021년 지적재산법 중요판례평석", 「인권과 정의」, 통권 제505호, 2022.5.

박종태, "선출원 등록상표와 동일·유사한 후출원 등록상표의 사용이 선출원 등록상표에 대한 침해를 구성하는지 여부", 「IP&DATA법」, 제1권 제2호, 인하대법학연구소, 2021.12.

_____, 「이지 상표법」, 제15판, 한빛지적소유권센터, 2021.

박태일, "선행 저작권에 저촉되는 등록상표의 사용과 저작권침해－대법원 2014. 12. 11. 선고 2012다76829 판결－", 「법조 최신판례분석」, 제65권 제7호, 2016.8.

배진효, "선등록 상표와 저촉되는 후등록 상표의 사용", 「특허와 상표」, 2021. 4. 23.자.

심미랑, "배타적 재산권으로서 특허권의 개념에 관한 연구", 「법학연구」, 제14권 제2호, 2011.7., 88면.

윤선희, 「특허법」, 법문사, 2013.

_____, 「상표법」, 제6판, 법문사, 2021.

이경은, "후출원 등록상표 사용의 선출원 등록상표에 대한 침해 성립 여부", 「사법」, 제57

호, 사법발전재단, 2021.9.

정차호, "특허권 및 전용실시권의 개념 재정립", 「성균관법학」, 제22권 제3호, 2010.12.

한규현, "후출원 특허발명 실시의 선출원 특허권 침해 여부", 「정보법학」, 제15권 제2호, 한국정보법학회, 2011.

허 영, 「한국헌법론」, 전정18판, 박영사, 2020.2.

■ 국외문헌

Karl－Heinz Fezer, *Markenrecht*, 3. Aufl., C.H. Beck, 2001.

Katrin Cremers et. el, "Invalid but Infringed?, an analysis of Germany's Bifurcated Patent Litigation System", ZEW Mannheim, *Max Planck Institute for Innovation and Competition*, Santa Clara University, 2014.

Roger Ford, "Patent Invalidity versus Noninfringement", *Coase－Sandor Institute for Law & Economics Working Paper*, No. 670, 2013.

竹田和彦, "特許権の本質と利用関係", 「特許管理」, 第14巻 第8号, 1988.

田辺 徹, "特許権の本質", 「パテント」, Vol. 56 No. 10, 2003.

岡本智之, "登録商標使用の抗弁", 「日本知財学会誌」, Vol. 14 No. 2－2017: 86－95
　　　　【判例評釈】

대법원 2020. 1. 30. 선고 2018도14446 판결

계약위반과 권리소진 여부

강 명 수 (부산대학교 법학전문대학원 교수)

I. 사실관계

이 사건 등록상표의 상표권자인 피해자 회사는 2010. 7. 1. 상표사용료를 받는 조건으로 A사에 등록상표의 지정상품인 팔목시계 등 상품을 개발·판매할 권한을 2015. 6. 30.까지 수여하는 내용의 상표권사용계약을 체결하였다. 위 계약서에는 "A사는 피해자 회사와 합의된 고품격의 전문점과 백화점, 면세점 등에서 제품을 판매하여야 하며 할 인매장과 인터넷 쇼핑몰에서 판매하고자 할 경우, 반드시 피해자 회사의 사전 동의를 득하여야 하며, 재래시장에서는 상품을 판매할 수 없다."라는 판매장소 제한 약정이 기 재되어 있었다. 한편, 위 계약 종료를 앞둔 2015. 6. 30. 피해자 회사는 A사와 협의서를 작성하면서 A사가 2015. 12. 31.까지 잔여 재고를 처리할 수 있게 하는 대신 그 기 간의 상표사용료를 지급받기로 약정하였는데, 기존의 판매장소 외에 피해자 회사가 지 정한 아울렛 매장, 인터넷 쇼핑몰 중 피해자 회사의 직영몰과 백화점 쇼핑몰 6곳에서 의 판매도 허용하되, 그 외의 곳에서 판매하는 경우 계약을 무효로 하고 손해배상을 하는 내용이 추가되었다.

그런데 온라인몰 시계판매업체의 실질적 대표자인 피고인은 2012. 9.경부터 2016. 4. 8.까지 상표권자인 피해자 회사가 A사에 피해자 회사와 합의된 매장에서 판매하는 경 우에는 상표를 사용할 수 있는 조건으로 통상사용권을 부여한 'M'자 문양의 이 사건 브랜드가 부착된 시계를 위 약정에 위반하여 A사로부터 납품받아 피해자 회사와 합의

되지 않은 온라인몰이나 오픈마켓 등에서 판매함으로써 피해자 회사의 상표권을 침해하였다는 공소사실로 기소되었다.

II. 법원의 판단

1. 하급심의 판단

1심[1]은 ① 피고인에게 상표권 침해에 대한 미필적 고의가 인정되고, ② 판매장소 제한약정에 위반하여 A사가 가지는 통상사용권의 한계를 벗어난 것으로서 상표권 소진 주장은 이유 없으며, ③ 미등록 통상사용권으로서 피해자에게 대항할 수 없다는 주장[2]은 피고인 측이 통상사용권의 효력을 원용하는 것을 전제로 하고 있으므로 이유 없고, ④ 판매장소 제한약정이 「독점규제 및 공정거래에 관한 법률」에 따라 금지되는 불공정 거래행위(구속조건부거래; 제23조 제1항 제5호)에 해당하여 무효라는 주장도 이를 인정할 사정을 확인할 수 없다고 하면서 피고인에게 벌금 200만원을 선고하였다.

이에 대해 피고인은 ① 상표권 소진과 ② 피고인의 고의에 관하여 항소를 하였는데, 2심[3]은 "① A사가 시계류에 대한 통상사용권자라 하더라도 상표권자와의 판매장소 제한약정을 위반하여 이 사건 시계를 판매하였다면, 이 사건 상표는 통상사용권의 범위 내에서 정당하게 사용되었다고 할 수 없으므로, A사의 이 사건 시계 판매행위는 피해자 회사의 상표권 침해에 해당하고, 이에 따라 이 사건 시계가 A사로부터 피고인에게 양도되더라도 상표권 소진 이론이 적용될 여지는 없는바, 이후 피고인에 의한 이 사건 시계 판매행위 역시 상표권 침해에 해당"하고, "② 피고인의 시계판매업 경력, 상표권에 대한 경험과 지식 등에 비추어 볼 때, 피고인에게는 적어도 이 사건 상표권 침해행위에 대한 미필적 고의가 인정된다."고 하면서, 1심과 동일하게 벌금 200만원을 선고하였다.

---

1) 서울남부지방법원 2017. 2. 9. 선고 2016고정1571 판결.
2) '통상사용권의 제한은 구 상표법 제58조 제1항 제1호에 따라 등록되지 아니하면 제3자에게 대항할 수 없으므로, 피해자는 피고인에게 이 사건 판매장소 제한약정을 대항할 수 없다.'는 주장을 말한다.
3) 서울남부지방법원 2018. 8. 24. 선고 2017노496 판결(항소심에서는 1심에서의 공소사실 중 일부 내용을 변경하는 공소장변경이 이루어져서 형사소송법 제364조 제2항에 따라 1심 판결을 파기하였으나, 실질적인 범죄사실의 변경은 없었고 따라서 최종 선고된 벌금형은 1심과 동일하였다).

2. 대법원의 판단[4]

대법원은 "상표권자 또는 그의 동의를 얻은 자가 국내에서 등록상표가 표시된 상품을 양도한 경우에는 해당 상품에 대한 상표권은 그 목적을 달성한 것으로서 소진되고, 그로써 상표권의 효력은 해당 상품을 사용, 양도 또는 대여한 행위 등에는 미치지 않는다(대법원 2003. 4. 11. 선고 2002도3445 판결 참조). 한편 지정상품, 존속기간, 지역 등 통상사용권의 범위는 통상사용권계약에 따라 부여되는 것이므로 이를 넘는 통상사용권자의 상표 사용행위는 상표권자의 동의를 받지 않은 것으로 볼 수 있다. 하지만 통상사용권자가 계약상 부수적인 조건을 위반하여 상품을 양도한 경우까지 일률적으로 상표권자의 동의를 받지 않은 양도행위로서 권리소진의 원칙이 배제된다고 볼 수는 없고, 계약의 구체적인 내용, 상표의 주된 기능인 상표의 상품출처표시 및 품질보증 기능의 훼손 여부, 상표권자가 상품 판매로 보상을 받았음에도 추가적인 유통을 금지할 이익과 상품을 구입한 수요자 보호의 필요성 등을 종합하여 상표권의 소진 여부 및 상표권이 침해되었는지 여부를 판단하여야 한다."고 하면서, 제반사정을 토대로 A사가 피고인에게 상품을 공급함으로써 해당 상품에 대한 상표권은 그 목적을 달성한 것으로서 소진되고, 그로써 상표권의 효력은 해당 상품을 사용, 양도 또는 대여한 행위 등에는 미치지 않는다고 판시하였다(원심 파기).[5]

Ⅲ. 상표권의 소진

1. 의 의

상표권의 소진이란 '상표권자 또는 그의 동의를 얻은 자가 국내에서 등록상표가 표시된 상품을 양도한 경우에는 해당 상품에 대한 상표권은 그 목적을 달성한 것으로서 소진되고, 그로써 상표권의 효력은 해당 상품을 사용, 양도 또는 대여한 행위 등에는 미치지 않는다'는 원칙을 말한다.[6] 상표권자 또는 사용권자가 처음 상표를 표시하여 제

---

4) 대법원은 피고인의 고의에 대해서도 '제반 사정을 고려해 볼 때 검사가 제출한 증거들만으로는 피고인이 이를 인식하였음이 합리적인 의심을 할 여지가 없을 정도로 증명되었다고 볼 수 없다.'고 판단하였는데, 이하에서는 판매제한 약정위반과 상표권 소진을 중심으로 살펴본다.

5) 이후 파기 환송심인 서울남부지방법원 2020. 7. 14. 선고 2020노255 판결에서는 대법원 판단과 마찬가지로 상표권이 소진되었고 피고인에게 고의가 인정되지 않는다고 하면서 무죄를 선고하였다.

6) 대법원 2020. 1. 30. 선고 2018도14446 판결, 대법원 2003. 4. 11. 선고 2002도3445 판결.

조한 상품이 그 후 어떠한 유통경로를 거치든 전전 유통하는 경우 각 유통단계에서 이를 인수하여 양도 또는 인도하는 자의 행위는 적법·타당하다고 인식하는 것이 보통이며, 이러한 행위가 상표권을 침해하는 불법적인 것이라는 생각은 사회의 일반상식에 어긋난다고 하지 아니할 수 없어 상표법의 입법당초부터 당연한 전제로 되어 온 이론이다.[7] 물론 이러한 소진이론이 상표권에 대해서만 인정되는 것은 아니고 특허권 등 다른 지식재산권에 대해서도 동일하게 적용되는 것으로서 명문의 규정은 없지만 그 인정여부에 대해서는 이의 없이 받아들여지고 있다.[8]

우리 대법원은 2003. 4. 11. 선고 2002도3445 판결에서 "특별한 사정이 없는 한 상표권자 등이 국내에서 등록상표가 표시된 상품을 양도한 경우에는 당해 상품에 대한 상표권은 그 목적을 달성한 것으로서 소진되고, 그로써 상표권의 효력은 당해 상품을 사용, 양도 또는 대여한 행위 등에는 미치지 않는다."고 하여 최초로 상표권의 소진에 대해 판시하였고, 대상 판결에서도 같은 취지로 상표권의 소진을 인정하였다. 한편, 특허권의 소진과 관련하여서는 대법원 2019. 1. 31. 선고 2017다289903 판결에서 물건의 발명 뿐만 아니라 방법의 발명에 대해서도 그 특허방법의 사용에 쓰이는 물건을 적법하게 양도한 경우로서 그 물건이 방법발명을 실질적으로 구현한 것이라면, 방법발명의 특허권은 이미 목적을 달성하여 소진되었으므로, 양수인 등이 그 물건을 이용하여 방법발명을 실시하는 행위에 대하여 특허권의 효력이 미치지 않는다고 하였다.

2. 소진의 인정근거

특허권 등 지식재산권의 소진을 인정하는 근거에 대해서는 ① 소유권이전설(특허제품의 소유권이전에 의해 당해물이 특허권의 권리범위를 이탈한다고 하는 이론), ② 묵시의 실시허락설(특허제품이 유통되도록 한 경우에는 묵시의 실시허락이 있었던 것으로 의제하는 이론),[9] ③ 정당행위설(사회적 평가로부터 정당한 행위이기 때문이라는 설), ④ 목적달성에 의한 권리의 소멸설(권리자가 특허에 관계된 물건을 적법하게 확포한 경우에는 당해 물건에 한해서 특허권은 그 목적을 달성한 것이고, 그 물건에 있어서의 특허권은 소멸되었다고 하는 이론), ⑤ 대가의 회수설(이중의 이득설, 특허권자측의 인센티브에 착안: 특허권자가 특허제품을 유통시킴으로써 대가를 취득하였으므로 특허권은 그 역할을 다한 것이라는 이론), ⑥ 대가의

---

7) 서태환, "상표의 사용과 상표권의 소진", 「대법원판례해설」, 제45호, 법원도서관, 2004, 576-577면.
8) 牧山皓一, "リサイクルと特許権", 「パテント」, Vol. 61 No.1, 日本弁理士会, 2008, 9頁.
9) 묵시의 실시허락(implied license)에 대해서는 Stephen M. McJohn, *Intellectual Property*(4nd ed), Wolters Kluwer, 2012, p.344 참고.

회수설(실시자측의 행위에 착안: 특허권의 배타적 효력은 오로지 경쟁자에 의한 특허 모방품의 생산, 사용, 판매 등에 미치고 이를 배제하는 것이나, 특허제품의 적법한 취득자의 이용행위를 본래적으로 배제하는 것은 아니다. 특허제품 구입자의 이용(사용, 수익, 처분)행위는 적법하게 지불한 대가(제품 취득 비용)를 단순히 회수하는 경제적 행위에 불과하고, 이는 오히려 특허권자의 독점적 이익을 실현시키는 수단이기 때문에 허용되어야 한다는 이론) 등이 있다.[10]

우리 대법원은 상표권의 소진에 관한 최초의 판결인 2002도3445 판결에서 '특별한 사정이 없는 한 상표권자 등이 국내에서 등록상표가 표시된 상품을 양도한 경우에는 당해 상품에 대한 상표권은 그 목적을 달성한 것으로서 소진'된다고 하였고, 대상 판결에서도 2002도3445 판결을 원용하면서 동일하게 판시하였다. 그리고 특허권의 소진에 관한 대법원 2019. 1. 31. 선고 2017다289903 판결도 '이미 목적을 달성하여 소진'된다고 하여, ④ 목적달성에 의한 권리의 소멸설과 같은 입장으로 이해된다.

3. 소진론의 제한가부 및 범위

권리소진이 어느 범위에서 성립하는 것인가에 대해서는 이것을 획일적·전면적으로 받아들이는 견해와 반드시 그와 같이 받아들이지 않는 견해로 나뉜다.

전자의 견해는 권리의 소진은 권리자가 특허제품을 유통에 둔 시점에서 획일적·전면적으로 발생하고 따라서 당해 특허제품의 구입자는 당해 제품을 자유로이 사용, 양도 또는 사용을 위한 수리를 할 수 있지만, 사용·수리의 범위를 넘어 다시 특허제품을 생산하였다고 평가되는 경우에는 특허권의 효력이 미친다고 한다. 그리고 소진의 획일적·전면적 효력과 새로운 생산행위에 대한 소진의 부정은 모순이 아니라고 한다. 반면, 특허권의 소진은 인정되지만 그 효력을 반드시 획일적·전면적으로 받아들이지 아니하고 특단의 사정이 있다면 그 성립범위에 제한을 인정하는 견해가 있다. 즉, 권리의 소진은 획일적·전면적으로 발생하는 것은 아니고 특허제품의 거래태양을 사회통념에 비추어 검토하여 권리자가 양수인에 대하여 목적물에 대하여 권리자의 권리행사를 떠나 자유로이 업으로서 사용, 재양도 등을 할 수 있는 권리를 부여하였다고 해석할 수 있는 경우에만 그 한도에서 소진의 효력이 전면적으로 미친다고 하는 것이고, 그 범위를 넘는 태양으로 실시된 때에는 소진의 효력을 부정하여도 좋다는 것이다.[11]

---

10) 조용식, "판례로 본 병행수입의 인정요건", 「특허소송연구」, 제1집, 특허법원, 2006, 246-248면.

11) 林秀弥, "消尽論の近処とその成立範囲に関する序論的考察", 「パテント」, Vol. 55 No. 5, 日本弁理士会, 2002.5., 47-49頁 참조. Stephen M. McJohn, *Intellectual Property*(4nd ed), Wolters Kluwer, 2012, p.344에서는 명시적인 약정이나 다른 제반사정들에 의해 권리소진이나 묵시적 실시

판례는 상표권의 소진 범위와 관련하여 "원래의 상품과의 동일성을 해할 정도의 가공이나 수선을 하는 경우에는 실질적으로 생산행위를 하는 것과 마찬가지이므로 이러한 경우에는 상표권자의 권리를 침해하는 것으로 보아야 할 것"이라고 하였고,[12] 대상판결에서는 "통상사용권자가 계약상 부수적인 조건을 위반하여 상품을 양도한 경우까지 일률적으로 상표권자의 동의를 받지 않은 양도행위로서 권리소진의 원칙이 배제된다고 볼 수는 없고, 계약의 구체적인 내용, 상표의 주된 기능인 상표의 상품출처표시 및 품질보증 기능의 훼손 여부, 상표권자가 상품 판매로 보상을 받았음에도 추가적인 유통을 금지할 이익과 상품을 구입한 수요자 보호의 필요성 등을 종합하여 상표권의 소진 여부 및 상표권이 침해되었는지 여부를 판단하여야 한다."고 하였다. 한편, 진정상품 병행수입은 상표권 침해에 해당하지 않고 적법한 것으로 이해되는데,[13] 외국의 상표권자 내지 정당한 사용권자가 상표를 부착한 이후 거래 당사자 사이의 판매지 제한 약정에 위반하여 다른 지역으로 그 상품이 판매 내지 수출되었더라도 그러한 사정만으로 그 상품의 출처가 변하는 것은 아니라고 할 것이어서 그러한 약정 위반만으로 외국 상표권자가 정당하게 부착한 상표가 위법한 것으로 되는 것은 아니라는 것이 판례의 입장이다.[14]

Ⅳ. 판매장소 제한약정 위반과 상표권의 소진 여부

1. 상표권 소진의 한계

지식재산권의 소진범위와 관련하여 단순 수리는 가능하지만 재생산하는 경우에는 소진의 효력이 미치지 않는다고 이해되며,[15] 2002도3445 판결도 같은 취지로서 달리 문제될 바 없다. 이와 달리 본 사안에서와 같이 당사자 상호간 약정에 의해 소진의 효력을 배제할 수 있는지, 그리고 소진의 효력 배제를 어디 범위까지 인정할 수 있는지는 다툼의 여지가 있다. 미연방대법원은 소진의 적용범위를 넓게 보는 입장이고,[16]

허락(라이선스)의 허용범위가 달라질 수 있다고 한다.

12) 대법원 2003. 4. 11. 선고 2002도3445 판결(동일성을 해할 정도의 가공이나 수선으로서 생산행위에 해당하는가의 여부는 당해 상품의 객관적인 성질, 이용형태 및 상표법의 규정취지와 상표의 기능 등을 종합하여 판단하여야 할 것이다).

13) 대법원 2002. 9. 24. 선고 99다42322 판결.

14) 대법원 2005. 6. 9. 선고 2002다61965 판결.

15) Aro Manufacturing Co. v. Convertible Top Replacement Co., 365 U.S. 336 (1961).

16) Quanta Computer, Inc. v. LG Electronics, Inc., 128 S. Ct. 2109 (2008).

Lexmark 사건에서는 계약상 제한조건이나 지역에 상관 없이 특허권 소진이 적용된다고 하였다.[17] 그리고 일본에서는 앞서 본 바와 같은 견해대립이 있으나, 당사자간의 약정에 의한 소진의 적용배제를 부정하는 것이 다수의 견해이다.[18]

이와 관련하여 대상 판결은 "지정상품, 존속기간, 지역 등 통상사용권의 범위는 통상사용권계약에 따라 부여되는 것이므로 이를 넘는 통상사용권자의 상표 사용행위는 상표권자의 동의를 받지 않은 것으로 볼 수 있다."고 하여 약정에 의해 허락된 범위를 벗어난 사용행위는 상표권 소진의 범위를 벗어나는 것으로 본다. 실제로 약정하지 않은 사용 또는 실시행위는 앞서 본 '④ 목적달성에 의한 권리의 소멸'의 범위를 벗어나는 것이어서 소진이 적용되지 않는다고 볼 수 있다. 다만, 그 배제 범위를 어디까지 인정할 것인지와 관련하여 대상 사안과 같이 부수적인 약정을 위반한 경우에 대해서도 일률적으로 소진의 적용을 배제할 것인지 문제될 수 있다.

2. 법원의 판단

대상 사안에서 하급심 법원은 "A가 시계류에 대한 통상사용권자라 하더라도 상표권자와의 판매장소 제한약정을 위반하여 이 사건 시계를 판매하였다면, 이 사건 상표는 통상사용권의 범위 내에서 정당하게 사용되었다고 할 수 없으므로, 피해자 회사의 상표권 침해에 해당"한다고 보았으나, 대법원은 "통상사용권자가 계약상 부수적인 조건을 위반하여 상품을 양도한 경우까지 일률적으로 상표권자의 동의를 받지 않은 양도행위로서 권리소진의 원칙이 배제된다고 볼 수는 없고, 계약의 구체적인 내용, 상표의 주된 기능인 상표의 상품출처표시 및 품질보증 기능의 훼손 여부, 상표권자가 상품 판매로 보상을 받았음에도 추가적인 유통을 금지할 이익과 상품을 구입한 수요자 보호의 필요성 등을 종합하여 상표권의 소진 여부 및 상표권이 침해되었는지 여부를 판단"하여야 한다고 보았다.

그러면서 구체적인 판단으로 들어가 (1) 피고인이 판매한 시계는 상표권자인 피해자 회사의 허락을 받아 공소외 2 회사가 적법하게 상표를 부착하여 생산한 소위 진정상품

---

17) Impression Products, Inc v. Lexmark International, Inc., 37 S.Ct. 1523(2017). 이 판결은 저작권의 국제 소진을 인정하였던 Kirtsaeng v John W/ley 公 Sons, Inc. 판결(133 S.Ct. 1351 (2013))과 궤를 같이 하는 것으로 이해된다.

18) 林秀弥, "消尽論の近処とその成立範囲に関する序論的考察", 「パテント」, Vol. 55 No. 5, 日本弁理士会, 2002.5., 47頁; 中山信弘・小泉直樹編, 「新・註解特許法(中巻)」, 第2版, 青林書院, 2017, 1157頁.

으로서, 판매장소 제한 약정을 위반하여 피고인의 인터넷 쇼핑몰에서 상품을 유통시킨 것만으로는 상표의 출처표시 기능이나 품질보증 기능이 침해되었다고 보기 어려운 점, (2) 상표권사용계약상 A사에 시계 상품에 대한 제조·판매 권한이 부여되어 있고 판매를 전면 금지한 재래시장과는 달리 할인매장과 인터넷 쇼핑몰에서의 판매는 상표권자의 동의하에 가능하여 유통이 원천적으로 금지되지도 않았으며, 실제로 재고품 처리를 위한 협약서에는 피해자 회사의 직영몰, 백화점 쇼핑몰 등 일부 인터넷 쇼핑몰에서의 판매가 허용되기도 한 점, (3) 이 사건에서 피고인의 인터넷 쇼핑몰이 판매가 허용된 다른 인터넷 쇼핑몰과 근본적인 차이가 있다고 보이지 않고, 인터넷 쇼핑몰에서 판매된다는 것만으로 바로 피해자 회사 상표의 명성이나 그동안 피해자 회사가 구축한 상표권에 대한 이미지가 손상된다고 보기도 어려운 점, (4) 피해자 회사는 상표권사용계약에 따라 A사로부터 상표권 사용료를 지급받기로 하였고, A사는 피고인으로부터 대가를 받고 상품을 공급한 것이므로, 상품이 판매됨으로써 상표권자에게 금전적 보상이 이루어졌다고 볼 수 있어 이 사건에서 상표권자가 추가적인 유통을 금지할 이익이 크다고 보기는 어려운 반면, 거래를 통해 상품을 구입한 수요자 보호의 필요성은 인정되는 점 등을 고려하여, 결국 A사가 피고인에게 상품을 공급함으로써 해당 상품에 대한 상표권은 그 목적을 달성한 것으로서 소진되고, 그로써 상표권의 효력은 해당 상품을 사용, 양도 또는 대여한 행위 등에는 미치지 않는다고 판시하였다.

3. 검 토

대상 판결에 대해서는 먼저 상표권 사용계약에서 부수적인 조건과 본질적인 조건의 구분 기준이 명확하지 않다는 문제를 제기할 수 있다. 판례는 민법상 계약해제의 요건에 대해 "민법 제544조에 의하여 채무불이행을 이유로 계약을 해제하려면, 당해 채무가 계약의 목적 달성에 있어 필요불가결하고 이를 이행하지 아니하면 계약의 목적이 달성되지 아니하여 채권자가 그 계약을 체결하지 아니하였을 것이라고 여겨질 정도의 주된 채무이어야 하고 그렇지 아니한 부수적 채무를 불이행한 데에 지나지 아니한 경우에는 계약을 해제할 수 없다."고 하고,[19] "계약상의 의무 가운데 주된 채무와 부수적 채무를 구별함에 있어서는 급부의 독립된 가치와는 관계없이 계약을 체결할 때 표명되었거나 그 당시 상황으로 보아 분명하게 객관적으로 나타난 당사자의 합리적 의사에

---

19) 대법원 2001. 11. 13. 선고 2001다20394, 20400 판결.

의하여 결정하되, 계약의 내용·목적·불이행의 결과 등의 여러 사정을 고려하여야 한다"고 판시하고 있어[20] 일응 참고가 될 수 있겠지만, 대상 판결은 '의무'가 아닌 계약에서 정한 '조건'에 대한 것이어서 같은 기준이 적용되기 어려운 측면도 있다. 그러한 점에서 '부수적인 조건'과 '그렇지 않은 조건'의 구분 기준에 대한 설시가 필요하지 않았나 하는 아쉬움이 있다. 다음으로 대상 사안에서 A사 및 피고인의 행위가 계약상 부수적인 조건 위반인지에 대한 의문이 있다. 이 사건에서 피해자 회사는 직영몰과 백화점 쇼핑몰 6곳에서의 판매는 허용하되 그 외의 곳에서는 판매할 수 없음을 분명히 하였고, 계약내용에 의하면 이러한 판매장소 제한이 계약의 핵심적인 부분이라 볼 수 있다. 즉, 상표권자가 상표사용허락 계약을 체결하면서 상표를 사용할 수 있는 판매장소를 구체적으로 특정했고 사용권자도 이에 동의했다는 것은 그만큼 판매지 특정이 중요한 요소라는 것을 반증하는 것이고, 이러한 약정에 위반하여 판매행위를 한 것은 명백히 상표권자의 의사 및 계약조건에 반하는 것이다. 따라서 이 사건에서의 위반행위를 부수적인 조건 위반으로 보는 것은 무리가 있다.

그럼에도 불구하고 대상 판결이 부수적인 조건 위반임을 전제로 상표권 소진의 예외 기준을 제시하면서 상표권 침해를 부정한 것은 결국 약정에 의한 상표권 소진의 배제를 제한하고자 하는 의도라고 이해되고, 상표권 소진의 인정 근거와 상품 유통 촉진 및 소비자 보호의 측면에서 긍정할 부분이 있다고 할 것이다.

V. 대상 판결의 의의

상표권 소진과 관련하여 그 적용범위를 어디까지 인정할 것인지, 당사자 상호간의 약정에 따른 소진의 예외를 어디 범위까지 허용할 것인지에 대해 그동안 명확한 기준이 없었다. 특히 후자와 관련하여서는 충분한 이론적 논의와 실무례가 없어 혼란이 있을 수 있는데, 비록 그와 같은 적용 배제의 근거에 대한 설시가 없는 점이 아쉽기는 하지만 대상 판결은 통상실시권자가 상표권자와의 사용계약에 따른 허락의 범위를 벗어나서 상표를 사용한 경우 상표권 침해에 해당할 수 있더라도, '통상사용권자가 계약상 부수적인 조건을 위반하여 상품을 양도한 경우까지 일률적으로 상표권자의 동의를 받지 않은 양도행위로서 권리소진의 원칙이 배제된다고 볼 수는 없고, 계약의 구체적인

---

20) 대법원 1997. 4. 7.자 97마575 결정.

내용, 상표의 주된 기능인 상표의 상품출처표시 및 품질보증 기능의 훼손 여부, 상표권자가 상품 판매로 보상을 받았음에도 추가적인 유통을 금지할 이익과 상품을 구입한 수요자 보호의 필요성 등을 종합하여 상표권의 소진 여부 및 상표권이 침해되었는지 여부를 판단'하여야 한다는 점을 명확하게 밝힌 점에서 의의가 있다.

참고문헌

■ 국내문헌

서태환, "상표의 사용과 상표권의 소진", 「대법원판례해설」, 제45호, 법원도서관, 2004.
조용식, "판례로 본 병행수입의 인정요건", 「특허소송연구」, 제1집, 특허법원, 2006.

■ 국외문헌

Stephen M. McJohn, *Intellectual Property*(4nd ed), Wolters Kluwer, 2012.

林秀弥, "消尽論の近処とその成立範囲に関する序論的考察", 「パテント」, Vol. 55 No.
        5, 日本弁理士会, 2002.5.
牧山皓一, "リサイクルと特許権", 「パテント」, Vol. 61 No.1, 日本弁理士会, 2008.
中山信弘・小泉直樹編, 「新・註解特許法(中巻)」, 第2版, 青林書院, 2017.

대법원 2017. 6. 29. 선고 2015후2006 판결을 중심으로

불사용취소심판에서 상표의 사용에 관한 소고

이 승 훈 (성균관대학교 예술대학 디자인학과 겸임교수, 변리사)

I. 판결의 개요

1. 사건의 개요

원고 ㈜한라산은 상품분류 제33류 소주 등을 지정상품으로 원 테두리 안에 3개의 산봉우리 모양과 파도가 출렁이는 물결모양을 도안화한 도형과 그 도형 하단에 작은 문자로 '제주소주'를 표기하여 구성된 상표(이하 '이 사건 등록상표'라 한다)를 2011. 11. 9. 등록받았다.[1)]

[그림 1] 이 사건 등록상표

피고 ㈜제주소주는 2014. 11. 19. 원고를 상대로 구 상표법(2016. 2. 29. 법률 제14033호로 전부 개정되기 전의 것) 제73조 제1항 제3호의 규정에 의하여 그 등록이 취소되어야 한다는 취지의 불사용취소심판을 청구하였고, 특허심판원은 이 사건 등록상표가 광고에 표시된 사실은 있으나 이는 지정상품의 출처표시를 위해 사용된 것이 아니라는 이유로 심판청구를 인용하는 심결을 하였다. 이에 원고는 특허법원에 심결 취소의 소를 제기하였다.

---

1) 출원번호(출원일): 40-2010-0046622(2010. 9. 6.). 등록번호: 40-0889360.

2. 대상판결의 요지

가. 원심판결(특허법원 2015. 10. 29. 선고 2015허4187 판결)

원심은 원고가 이 사건 등록상표를 표시한 광고지 등에는 이 사건 등록상표가 표시된 부분 이외에 이 사건 등록상표에 관한 광고 문구가 전혀 없을 뿐만 아니라 이 사건 등록상표도 소주 상품에 표시된 것이 아니라 광고지 등의 여백에 표시되어 있는 점 등에 비추어 볼 때, 이 사건 등록상표가 한라산 ORIGINAL 이나 한라산 올레 소주 상품을 위한 표장이라고 보기 어렵고, 이 사건 등록상표의 표시 행위는 실제 상품의 출처를 구분하기 위하여 사용한 것이라기보다는 표장의 단순한 표시에 불과하다고 판단하였다.

또한, 이 사건 등록상표를 사용한 소주 상품이 생산되거나 생산될 예정에 있다는 점을 인정할 아무런 증거가 없고, 이 사건 등록상표가 광고지 등에 표시된 시기도 이 사건 심판청구일인 2014. 11. 19. 직전인 점, 이 사건 등록상표를 표시한 모양과 색상도 마치 기존의 광고지 등에 스탬프를 흐리게 인쇄한 것처럼 보이는 점 등에 비추어 볼 때, 이 사건 등록상표의 표시는 상표의 등록 취소를 모면하기 위한 것일 뿐 정당한 상표의 사용행위라고 할 수 없다고 판단하였다.

[그림 2] 이 사건 등록상표가 광고에 표시된 태양(원심 갑 제5호증에서 발췌)

나. 대상판결(대법원 2017. 6. 29. 선고 2015후2006 판결)

대상판결은 원심판결과 같이 광고에 표시된 등록상표는 원고가 제조·판매하는 소주 상품의 출처를 표시하기 위하여 사용된 것이라고 보기 어렵고, 원고의 광고 시기는 이 사건 심판청구일인 2014. 11. 19. 직전인데, 그 당시 이 사건 등록상표를 사용한 소주 상품이 생산되거나 생산될 예정에 있었다는 점을 인정할 아무런 증거가 없다는 사정 등에 비추어 볼 때 이 사건 등록상표가 광고지 등에 표시되어 있다고 하더라도 상표의 등록취소를 모면하기 위하여 명목상으로 사용된 것에 불과하다고 보여 이 사건 등록상표는 이 사건 심판청구일 전 3년 이내에 그 지정상품에 대하여 국내에서 정당하게 사용되었다고 볼 수 없다고 판시하였다.

Ⅱ. 해 설

1. 대상판결의 배경

대상판결은 2014년 당시 제주도 소주 시장을 압도적으로 점유하고 있는 원고 ㈜한라산(불사용취소심판의 피청구인)[2]과, 마찬가지로 제주도에 기반을 둔 후발 주자로서 상대적으로 신생기업인 피고 ㈜제주소주(불사용취소심판의 청구인)[3] 간 상표권을 둘러싼 여러 분쟁 중 하나에 관한 것이다.

대상판결의 불사용취소심판 청구 이전, 원고의 '올래 olle'와 피고의 '올레' 관련 상표권 분쟁이 계속되고 있었고, 불사용취소심판 청구 직전인 2014. 10. 2. 제주 지역 인터넷 신문에 양 기업 간의 상표권 분쟁이 기사화되기도 했다.[4]

대상판결의 상표등록 취소 대상 등록상표에 포함된 문자가 '제주소주'이어서 불사용취소심판청구인인 피고의 상호와 동일하였고, 원고와 피고 간에는 '올래 olle' 또는 '올레' 관련 상표사용금지청구소송, 별건 등록상표에 대한 불사용취소심판 등이 진행 중이었는데, 추가로 대상판결의 불사용취소심판이 청구되었다.[5]

---

2) '주식회사 한라산'은 1950년 '호남 양조장'으로 창업하여 1970년 설립한 소주 제조업체로서, 한때 제주도 소주 시장을 90% 점유하는 등 지역 내에서 압도적인 위치에 있었다. 조선일보, "[제주르포] 새벽에 술 마셔도 OK … 경품 꼼수로 얼룩진 제주 소주시장", 2021. 4. 21. (https://biz.chosun.com/site/data/html_dir/2021/04/21/2021042102022.html) 및 KISLINE 기업정보 참고.

3) ㈜제주소주는 2011년 설립되었다. KISLINE 기업정보 참고.

4) 제이누리, "'올레'와 '올래'의 진실공방 … 소주전쟁 제2라운드", 2014. 10. 2. (http://www.jnuri.net/news/articleView.html?idxno=20383)

5) 대상판결과 같이 별건 등록상표에 관하여 불사용취소심판이 청구되자 그 무렵 단발적으로 광고를 한 등록상표에 대하여 불사용취소심판이 청구된 사안에서, 그 광고행위는 단순히 등록상표에 대한 불사용취소를 면하기 위하여 명목상으로 이루어진 것에 불과하다고 판단한 사례로는 대법원 2011. 6. 30. 선고 2011후354 판결이 있었다.

2. 불사용취소심판

상표법은 등록상표의 불사용에 의한 상표등록취소제도(불사용취소심판제도)를 마련하고 있는데, 이는 일정한 요건만 구비하면 사용 여부에 관계없이 상표를 등록받을 수 있도록 하는 등록주의를[6] 채택함으로써 발생할 수 있는 폐해를 시정하고 타인의 상표선택의 기회를 확대하기 위한 것으로서,[7] 등록주의하에서 사용주의를 가미한 제도라고 할 수 있다.[8] 대상판결도 불사용취소심판제도의 취지를 등록상표의 사용을 촉진하는 한편 그 불사용에 대한 제재를 가하려는 데에 있다고 설시하였다.[9]

상표등록제도를 운영하는 대부분의 국가는 상표선택기회가 제한되는 문제를 해결하기 위하여 불사용에 의한 상표등록취소제도를 운영하고 있다.[10] 상표사용 사실과 무관하게 상표등록을 허용하는 등록주의에서는 불사용 등록상표를 제거하기 위한 제도는 등록주의 합리화 근거가 된다. 예를 들어 프랑스는 1964년 사용주의에서 등록주의로 전환하면서, 상표등록제도의 남용과 제3자의 상표선택기회가 제한되는 등의 문제를 해결하고자 등록상표 불사용에 따른 상표등록취소제도를 도입하였다.[11] 우리나라는 1949년 제정 상표법부터 독일, 일본의 영향으로 상표권 발생 근거로서 등록주의를 채택하고, 심판으로 불사용 등록상표의 상표등록을 취소하는 제도를 두었고 이는 현행 상표법까지 이어지고 있으며,[12] 실무에서도 적극적으로 활용되고 있다.[13]

---

6) 우리나라는 등록주의를 원칙으로 하기 때문에 상표등록을 받는 것은 사용을 전제로 한다는 설명은 윤선희, 「상표법」, 제6판, 법문사, 2021, 652면.

7) 대법원 2013. 9. 26. 선고 2012후2463 전원합의체 판결; 대법원 2001. 4. 27. 선고 98후751 판결 등 참고.

8) 윤선희, 「지적재산권법」, 제17정판, 세창출판사, 2018, 374면.

9) 대법원 1982. 2. 23. 선고 80후70 판결; 대법원 1990. 7. 10. 선고 89후1240, 89후1257 판결; 대법원 1992. 8. 18. 선고 92후209 판결; 대법원 2011. 6. 30. 선고 2011후354 판결 등 참고. 불사용취소심판제도는 상표권자에게 등록상표를 사용하게 하는 의무를 부과하고, 등록상표를 사용하지 않는 경우 그 제재로 그 상표등록을 취소하는 것이라고 볼 수도 있다는 설명은 특허법원 지적재산소송실무연구회, 「지적재산소송실무」, 제3판, 박영사, 2014, 726면 참고.

10) 상표권 발생 근거로서 사용주의를 채택한 미국도 불사용에 따른 상표 포기나 연방등록상표의 상표사용선언서 제출 등의 규정을 두고 있다. 따라서 불사용 등록상표를 제거하기 위한 제도는 전 세계적으로 보편성을 가진 제도라 할 수 있다. 문삼섭, 「미국 상표법」, 세창출판사, 2019, 345, 444-446면 참고.

11) 이는 현행 상표법으로 유지되고 있다(L714-5 CPI). [Pierre Sirinelli · Sylviane Durrande · Antoine Latreille · Nathalie Maximin, *Code de la propriété intellectuelle: annoté & commenté*, Paris: Dalloz, 2019, p.807.]

12) 1990년 상표법까지는 등록상표의 불사용 가능기간(저장기간)을 1년으로 하였으나, 1990년 상표법에서 3년으로 개정하여 현재까지 유지되고 있다. 등록상표의 불사용 가능기간은 상표권자의 이익(영업의 발전조성 기간)과 그 상표를 사용하려는 제3자의 상반되는 이익을 조정하는 기능을 한다. WTO/

3. 상표등록취소를 면하게 하는 등록상표 사용: 자타상품 출처표시

상표권자가 상표등록취소를 면하기 위해서는 ⓐ 국내에서, ⓑ 상표권자 또는 상표사용 허락을 받은 자가, ⓒ 자타상품 식별표시를 위하여, ⓓ 등록상표와 사회통념상 동일성이 인정되는 상표를, ⓔ 취소심판청구일 전 3년 이내에, ⓕ 정당하게 사용하였거나, ⓖ 등록상표 불사용에 정당한 이유가 있음을 주장·증명하여야 한다. 대상판결에서 쟁점은 등록상표의 표시가 자타상품 식별표시를 위한 정당한 상표사용(상표적 사용)[14]으로 인정될 수 있는지 이다.

상표등록취소를 면하기 위한 등록상표 사용은, 상표의 본질적인 기능이라고 할 수 있는 자타상품의 출처표시를 위하여 사용되는 것이어야 한다.[15] 상표제도는 자타상품 식별표지로서 사용되는 상표를 보호하는 것이고, 등록주의하에서 자타상품 식별표지로서 상표를 선택하려는 자의 기회 제한을 해결하는 것이 불사용 상표등록취소제도이므로, 당연히 취소를 면하기 위한 등록상표의 사용은 자타상품 식별표지로서 등록상표를 사용한 경우로 한정된다.

따라서 등록상표를 자타상품 식별표지가 아닌 단순히 상호로 사용하거나 상업적 거래에 유통되지 않는 작업지시서에 등록상표를 표시한 것만으로는 불사용 등록취소를 면하는 상표의 사용이라고 할 수 없다.[16] 이 외에도 문화단체 등이 무상으로 서비스를 제공하며 상표를 표시한 경우,[17] 사업자 등록을 한 경우,[18] 세금계산서의 품목란에 기

TRIPs[Art.19(1)]는 최소 3년(at least three years of non-use)으로 정하고 있는데, 이는 선진국의 5년 안과 개도국의 1년 안의 타협 결과이다[송영식·이상정·황종환·이대희·김병일·박영규·신재호, 「지적소유권법(하)」, 제2판, 육법사, 2013, 190면].

13) 특허청이 발간한 '2020년도 지식재산백서'에 따르면, 우리나라의 2020년 존속 상표권의 건수는 무려 백삼십만 건이 넘는다. 이 백삼십만 건이 넘는 등록상표 중 상당수는 실제로는 사용되지 않고 있다. 그럼에도 불구하고 그 등록상표에 관한 상표권은 등록주의하에서 유효하며(차단효와 금지효가 있으며), 그 만큼 다른 국민의 상표선택기회는 제한될 수밖에 없다. 특허청 보도자료(2019. 5. 24.), 「"등록상표도 사용 안 하면 취소"… 상표취소심판 청구 증가」에 의하면, 2014년부터 2018년까지 5년간 총 10,121건의 취소심판이 청구되었고, 이 중 6,917건이 불사용을 이유로 상표등록이 취소되었다. 상표취소심판청구 건수는 2018년에는 2,523건으로 5년 전인 2014년에 비해 무려 1,000여 건(74%)이 증가하였다.

14) 상품의 출처를 표시하고 품질을 보증하는 상표의 본질적 기능에 비추어 불사용취소심판 제도하에서 상표의 등록 유지를 위해 상표권자 등에게 요구되는 '등록상표 사용'이 그 상표를 출처표시로서 사용하는 것을 의미한다는 점에는 이견이 없고, 이를 강학상 '상표적 사용'이라고 한다(류시원, "불사용취소심판에서의 '상표의 사용' 판단기준", 「LAW & TECHNOLOGY」, 통권 제85호, 2020.1., 138면).

15) 대법원 2012. 5. 9. 선고 2011후4004 판결, 대법원 2000. 12. 26. 선고 98도2743 판결, 대법원 2009. 5. 14. 선고 2009후665 판결 등 참조.

16) 특허법원 2004. 7. 30. 선고 2004허2185 판결.

재한 경우,[19] 거래의 목적이 아닌 상품에 표시한 경우,[20] 단순히 명함에 등록상표를 표시한 경우,[21] 광고매체가 되는 물품에 등록상표를 표시한 경우,[22] 등록상표의 상표권을 행사한 경우[23] 등은 상표사용자의 자타상품 식별표지로서 등록상표를 사용하려는 의사가 인정되지 않으므로 등록취소를 면하기 위한 등록상표의 사용으로 인정되지 않는다. 다만, 등록상표 불사용에 따른 상표등록취소의 불이익은 등록상표의 사용을 촉진하고 그 불사용에 대한 제재를 가하는 것이 목적이므로 등록상표 사용자의 자타상품 식별표지로서 등록상표를 사용하려는 의사가 중요한 것이지, 사용하는 상표가 일반 수요자에게 상표로서 인식되어야 하는 것은 아니다.[24]

대상판결은 ⓐ 이 사건 등록상표가 표시된 광고지 등에 원고가 제조·판매하는 소주와 관련하여 별도의 표장이 사용되고 있고, ⓑ 이 사건 등록상표가 표시된 부분 이외에 이 사건 등록상표에 관한 광고 문구가 없으며, ⓒ 이 사건 등록상표도 소주 상품에 표시된 것이 아니라 광고지 등의 여백에 표시되어 있다는 사정 등에 비추어, 이 사건 등록상표는 원고가 제조·판매하는 소주 상품의 출처를 표시하기 위하여 사용된 것이라고 보기 어렵다고 판단하였다.

4. 정당한 사용, 명목상 사용 불인정

등록상표의 상표등록취소를 면하기 위해서는 등록상표를 정당하게 사용하여야 하고, 어느 지정상품과의 관계에서 등록상표가 정당하게 사용되었는지 여부를 결정함에 있어서는 그 지정상품이 교환가치를 가지고 독립된 상거래의 목적물이 될 수 있는 물품으로서의 요건을 구비하고 있는지 여부 및 국내에서 정상적으로 유통되고 있거나 유통될 것을 예정하고 있는지 여부를 기준으로 판단하여야 한다.[25]

상표법의 목적과 불사용 상표등록취소제도의 취지에 비추어 형식적 등록상표의 사용으로 상표등록의 취소를 면할 수는 없다. 따라서 등록상표를 그 지정상품에 관하여 광고한 사실이 있다고 하더라도 그 지정상품이 국내에서 정상적으로 유통되고 있거나 유

---

17) 특허법원 2012. 8. 23. 선고 2012허2197 판결.
18) 특허법원 2011. 9. 28. 선고 2011허2725 판결.
19) 특허법원 2006. 4. 28. 선고 2005허11070 판결.
20) 특허법원 1999. 7. 1. 선고 99허3627 판결.
21) 특허법원 2002. 1. 31. 선고 2001허3149 판결.
22) 특허법원 2010. 11. 5. 선고 2010허4601 판결.
23) 특허법원 2000. 12. 19. 선고 2000허6523 판결.
24) 대법원 2012. 5. 9. 선고 2011후4004 판결; 대법원 2013. 2. 28. 선고 2012후3206 판결 참조.
25) 대법원 2006. 9. 22. 선고 2005후3406 판결.

통될 것을 예정하고 있는 것이 아니고, 단순히 등록상표에 대한 불사용취소를 면하기 위하여 명목상으로 등록상표에 대한 광고행위를 한 데에 그친 경우에는 등록상표를 정당하게 사용하였다고 할 수 없다.[26)]

한편, 대상판결과 같이 양 당사자 간에 별건 불사용취소심판이 진행되는 등의 이유로 불사용취소심판 청구가 제기될 것이라는 사정을 알았거나 알 수 있는 경우, 시기적으로 심판청구일 직전의 광고행위는 명목상 등록상표의 사용으로 사실상 추정될 여지도 있다. 원심판결에서 "이 사건 등록상표가 광고지 등에 표시된 시기도 이 사건 심판청구일인 2014. 11. 19. 직전인 점"을 상표의 명목상 사용에 관한 간접증거로 명시하였다는 점은 주목할 만하다.[27)]

관련하여, 유럽연합 상표법(EUTMR) 제58조는 유럽연합상표 불사용에 따른 취소 청구나 반소 제기 이전 3개월 이내에 상표 사용을 개시하더라도 취소 청구나 반소가 제기될 것을 안 때에는 상표 사용으로 인정되지 않는다는 규정을 두고 있다. 이는 통상 상표등록 취소를 구하는 청구인이 상표권자에게 상표를 사용하는지 문의하게 되는데, 그런 문의로 촉발되는 상표 사용은 고려하지 않기 위함이다.[28)]

일본 상표법 제50조 제3항도 심판청구 전 3월부터 그 심판청구의 등록일까지의 사이에 등록상표의 사용이 그 심판청구가 되는 것을 안 후임을 청구인이 증명한 때에는

---

26) 대법원 2011. 6. 30. 선고 2011후354 판결. 같은 취지의 판결: 대법원 1990. 7. 10. 선고 89후1240 판결. "지정상품이 의약품인 경우 … 허가를 받지 아니하였다면 신문지상을 통하여 1년 못미처에 한 차례씩 그 상표를 광고하였다거나 국내의 일부 특정지역에 그 등록상표를 부착한 지정상품이 판매되었다고 하더라도 상표의 정당한 사용이 있었다고 볼 수 없다."; 특허법원 2003. 1. 9. 선고 2002허 4804 판결. "제작을 의뢰한 점퍼의 수량이 일반적인 거래 실정에 비추어 극히 소량에 불과할 뿐만 아니라, 그 가운데도 이 사건 등록상표가 그대로 부착된 것은 1-2벌에 불과한 점, 납품받은 점퍼를 구체적으로 어떤 경로를 통하여 판매를 하였는지에 관하여 명확히 밝히지 못하고 있는 점 등을 종합하면, 납품하는 점퍼의 일부에 이 사건 등록상표를 표시하게 한 것은 국내에서의 통상적인 상거래를 통하여 유통되는 것을 전제로 한 것이라기보다는 불사용 취소를 면하기 위한 명목상의 사용에 불과한 것이라고 판단되므로 …."

27) 다만, 대상판결에서는 "원고의 위와 같은 광고 시기는 이 사건 심판청구일인 2014. 11. 19. 직전인데, 그 당시 이 사건 등록상표를 사용한 소주 상품이 생산되거나 생산될 예정에 있었다는 점을 인정할 아무런 증거가 없[다]"는 점을 판단 근거로 삼아 원심판결과 논리 전개상 약간의 차이가 있다. 심판청구일 직전의 광고행위에 대한 원심판결과의 이런 차이에 대하여 보다 구체적이고 정밀한 설명을 제시하지 않은 점에 대하여는 아쉬움이 있다. 대상판결 이후 2021년 11월 19일 특허법원은, 사용료 지급 등을 요구하여 등록상표에 관한 분쟁이 현실화된 직후부터 불사용취소심판 청구일 무렵까지 6개월간의 광고에 대하여, 대상판결을 인용하며 명목상 사용에 불과하다고 판단하였다(특허법원 2021. 11. 19. 선고 2021허3192 판결).

28) Gordian N. Hasselblatt (ed.), *Community Trade Mark Regulation (EC) No 207/2009 A Commentary*, C.H.BECK · Hart · Nomos, 2015, pp.673-674.

그 등록상표 사용은 같은 조 제1항의 등록상표의 사용에 해당하지 않는다고 규정한다. 이는 이른바 '심판청구 직전의 급한 사용'[駆け込み使用]에 관한 것인데, 등록상표의 형식적 또는 명목상 사용을 염두에 둔 것이다.[29]

이와 같은 유럽연합 상표법이나 일본 상표법의 규정은 우리에게 시사하는 바가 크다.[30] 2016년 상표법 개정 시 애초 정부 개정안(의안번호: 1913183)에는 일본 상표법 제50조 제3항과 같은 취지의 조항이 있었으나 입법 과정에서 삭제되었다. 당시 상표권자의 자유로운 상표사용기간을 사실상 단축한다는 이유 등이 제시되었다.[31]

Ⅲ. 결 론

대상판결은 불사용으로 인한 상표등록취소심판 제도의 규정 내용과 취지에 비추어 볼 때, 등록상표가 광고 등에 표시되었다고 하더라도, ⓐ 상표의 사용이 인정되려면 상표권자 또는 그 사용권자가 상표를 자기의 상품의 출처를 표시하기 위하여 사용하여야 한다고 판시한 대법원 2013. 11. 28. 선고 2012후1071 판결, ⓑ 광고행위가 단순히 등록상표에 대한 불사용취소를 면하기 위하여 명목상 이루어진 것에 불과하여 등록상표가 정당하게 사용되었다고 볼 수 없다고 판시한 대법원 2011. 6. 30. 선고 2011후354 판결 등에서 밝힌 기본 법리를 종합하여, "상품의 출처표시로서 사용된 것이 아니거나, 그 지정상품이 국내에서 정상적으로 유통되고 있거나 유통될 것을 예정하고 있지 아니한 상태에서 단순히 등록상표에 대한 불사용취소를 면하기 위하여 명목상으로 등록상표에 대한 광고행위를 한 데에 그친 경우에는 등록상표를 정당하게 사용하였다고 할 수 없다."고 판시하였다는 점에 의의가 있다.[32]

불사용취소심판을 청구하는 입장에서는 형식적인 등록상표의 사용 정황을 만드는 것

---

29) 보다 자세한 내용은 金井重彦・鈴木将文・松嶋隆弘, 「商標法コンメンタール」, LexisNexis, 2015, 755-756頁; 平尾正樹, 「商標法」, 第2次改訂版, 学陽書房, 2015, 511-513頁; 小野昌延 編, 「(注解)商標法(下巻)」, 青林書院, 2005, 1154-1155頁 참고. 이를 '심판청구 직전의 급한 사용'으로 번역한 예는 정태호, "일본의 상표불사용취소심판제도와 그 특징에 관한 비교법적 연구", 「원광법학」, 제26권 제4호, 원광대학교 법학연구소, 2010, 182면 참고.

30) 이경규, "등록상표의 불사용 취소심판에 관한 소고-등록상표의 정당한 사용에 관한 판례의 분석을 중심으로-", 「법조연구」, 제22권 제3호, 인하대학교, 2019.9., 226-227면.

31) 상표권자의 자유로운 상표사용기간을 사실상 3개월 단축하는 것이고, 3년 이내에 사용만 있으면 취소를 면할 수 있는 규정과 상충된다는 지적이 있었다. [산업통상자원위원회, "상표법 전부개정법률안 심사보고서", 대한민국 국회, 2016.2., 25-26면.]

32) 박종태, 「리담 상표법」, 제15판, 한빛지적소유권센터, 2021, 803면.

에 대한 우려 때문에 불사용취소심판을 비밀스럽게 준비해서 갑작스럽게 청구하는 것이 일반적이고, 피청구인인 상표권자의 입장에서는 갑작스러운 심판 청구에 대한 반감이 생길 수도 있어, 양측 간의 대립이 심화되기도 한다. 따라서 일도양단(一刀兩斷)식의 공격적인 불사용취소심판 청구를 지양하고 합리적인 협상이 가능하도록 제도적으로 뒷받침해 줄 필요가 있다.

일본이나 유럽의 제도와 같이, 일정한 요건하에 불사용취소심판 청구 전 등록상표의 사용을 불사용으로 추정하는 제도를 도입하여, 불사용 등록상표에 대한 당사자 사이의 사적 교섭에 문제의 해결을 우선 맡기고, 당사자의 교섭으로 해결되지 아니한 경우에 불사용취소심판을 청구할 수 있도록 제도를 보완하는 것이 바람직하다고 생각한다.[33]

---

33) 같은 취지로 송영식·황종환·김원오, 「상표법」, 개정판, 한빛지적소유권센터, 1997, 791면; 문삼섭, 「상표법」, 제2판, 세창출판사, 2004, 966-967면. ("상표권자가 탈법적으로 심판청구일 직전에 심판청구의 대상이 되는 등록상표를 사용하기 시작한 경우에도 상표등록의 취소를 면하게 되는 문제점 … 심판청구 전 3월 이내에 취소심판이 청구될 것이라는 사실을 알고 등록상표를 사용하기 시작하거나 … 당해 등록상표가 취소의 대상이 되도록 현행의 규정을 개정하여야 한다는 주장이 설득력을 얻고 있다.") 정태호, 앞의 논문, 2010, 182-184면. ("불사용등록상표를 양수받아 사용하려는 자와 상표권자와의 관계에 있어서 불사용취소심판청구를 이용하는 경우가 자주 발생할 수 있을 것이므로, 이상과 같은 일본의 입법례 및 판단기준 등을 참고하여 불사용취소심판의 입법 및 판단기준에 있어서 반영할 필요가 있다고 생각된다.")

참고문헌

■ 국내문헌

류시원, "불사용취소심판에서의 '상표의 사용' 판단기준". 「LAW & TECHNOLOGY」, 통권
　　　　제85호, 2020.1.

문삼섭, 「상표법」, 제2판, 세창출판사, 2004.

_____, 「미국 상표법」, 세창출판사, 2019.

박종태, 「리담 상표법」, 제15판, 한빛지적소유권센터, 2021.

송영식 · 이상정 · 황종환 · 이대희 · 김병일 · 박영규 · 신재호, 「지적소유권법(하)」, 제2판, 육
　　　　법사, 2013.

송영식 · 황종환 · 김원오, 「상표법」, 개정판, 한빛지적소유권센터, 1997.

윤선희, 「지적재산권법」, 제17정판, 세창출판사, 2018.

_____, 「상표법」, 제6판, 법문사, 2021.

이경규, "등록상표의 불사용 취소심판에 관한 소고－등록상표의 정당한 사용에 관한 판례
　　　　의 분석을 중심으로－", 「법조연구」, 제22권 제3호, 인하대학교, 2019.9.

정태호, "일본의 상표불사용취소심판제도와 그 특징에 관한 비교법적 연구", 「원광법학」,
　　　　제26권 제4호, 원광대학교 법학연구소, 2010.12.

특허법원 지적재산소송실무연구회, 「지적재산소송실무」, 제3판, 박영사, 2014.

■ 국외문헌

Gordian N. Hasselblatt (ed.), *Community Trade Mark Regulation (EC) No 207/2009
　　　　A Commentary*, C.H.BECK · Hart · Nomos, 2015.

Pierre Sirinelli · Sylviane Durrande · Antoine Latreille · Nathalie Maximin, *Code de la
　　　　propriété intellectuelle: annoté & commenté*, Dalloz, 2019.

金井重彦 · 鈴木将文 · 松嶋隆弘, 「商標法コンメンタール」, LexisNexis, 2015.

小野昌延 編, 「(注解)商標法 (下巻)」, 青林書院, 2005.

平尾正樹, 「商標法」, 第2次改訂版, 学陽書房, 2015.

대법원 2021. 7. 15. 선고 2016다25393 판결

자산양도계약무효와 상호를 계속 사용하는 양수인의 책임

박 태 일 (서울서부지방법원 부장판사)

Ⅰ. 사안의 개요

원고 회사 – 소외인	피고 1 회사	피고 2
• 자산매매계약 및 변경계약 체결 **피고 1 회사 설립하여 상호와 도메인이름 포함 원고 회사의 자산 인수케 함** • 원고 회사 상호 변경 굿옥션㈜ ⇒ ㈜바이하우스	• '굿옥션㈜' 상호로 설립 • 원고 회사의 유무형 자산 일체를 인수받아 경매부동산 정보제공업 영위 • 피고 2 등록명의 도메인이름들을 피고 1 회사의 인터넷 웹사이트 주소로 **사용**	• 피고 1 회사가 원고 회사로부터 이전받은 도메인이름 상당수의 **등록명의**를 피고 1로부터 이전받음 • 피고 2 명의로 새로 도메인이름 등록

자산매매계약 및 변경계약이 원고 회사 주주총회 특별결의 흠결로 무효라는 선행판결 확정

• 피고 1 회사는 상호와 도메인이름 계속 사용
• 피고 2는 도메인이름 등록명의 계속 보유

이 사건 도메인이름은 원고와 소외인 사이의 이 사건 매매계약 및 변경계약에 따라 피고 회사에 등록이전된 후 피고 2에게 다시 등록이전되었거나, 피고 회사가 소외인을 통하여 원고로부터 양수한 영업을 수행하는 과정에서 피고 2 명의로 새로 등록된 것들로 '굿옥션', '조은경매', 'goodauction' 문자로 이루어져 있다.

이 사건 매매계약 및 변경계약은 2007년경 원고의 당시 대주주이자 대표이사가 자신의 원고 주식과 원고의 유·무형 자산 일체를 소외인에게 매도하기로 하였다가, 원고가 타인의 경매정보 데이터베이스를 무단 복제하여 배포하였다는 공소사실로 형사재판을 받아 유죄가 인정되면 손해배상청구를 당할 염려가 있게 되자 그 손해배상의 부담을 피하기 위해, 새로이 법인을 설립하고 그 법인에 원고의 자산을 인수케 하며 원고는 상호를 다른 것으로 변경하기로 하는 변경계약을 체결한 것이다.

II. 쟁점 별 판단 및 해설

1. 피고 2에 대한 도메인이름 등록이전청구의 당부

가. 대상판결의 판단

원심은, 인터넷주소법[1] 제12조 규정의 취지는 부정한 목적으로 도메인이름을 선점하는 이른바 사이버스쿼팅(cybersquatting) 행위를 규제하는 데에 있다고 보는 전제에서, '피고 2가 원고의 도메인이름 등록을 방해하거나 원고로부터 부당한 이득을 얻는 등 부정한 목적을 가지고 이 사건 도메인이름을 선점하는 이른바 사이버스쿼팅 행위를 하였다'고 인정하기에 부족하다고 판단하였다.

그러나 대상판결은, 상호 '굿옥션'의 권리자인 원고는 이 사건 도메인이름에 대해 정당한 권원이 있고, 피고 2는 원고가 이 사건 도메인이름을 사용하여 영업하는 것을 방해하려는 부정한 목적으로 이 사건 도메인이름을 자신의 명의로 등록이전하였다고 볼 여지가 있다고 하였다. 나아가 원심이 인터넷주소법 제12조 제2항이 부정한 목적으로 도메인이름을 선점하는 이른바 '사이버스쿼팅'을 한 사람만을 대상으로 한다는 전제에서 이 사건 도메인이름이 이 사건 매매계약과 변경계약을 통하여 피고 2에게 등록이전된 것이라는 등의 사정만을 근거로 원고의 피고 2에 대한 도메인이름 등록이전청구를 받아들이지 않았으므로 잘못이라고 판결하였다.

---

1) 「인터넷주소자원에 관한 법률」을 인터넷주소법으로 약칭한다.

나. 해 설

(1) 관련 법리

(가) 대법원 2013. 4. 26. 선고 2011다64836 판결

인터넷주소법 제12조 규정의 취지는, 도메인이름은 선착순으로 자유롭게 등록할 수 있는 것이 원칙이나 그 중복 등록이 불가능함을 악용하여 부정한 목적으로 도메인이름을 선점하는 이른바 사이버스쿼팅(cybersquatting) 행위를 규제함으로써 정당한 권원이 있는 이의 도메인이름 등록 및 사용을 보장하고 도메인이름에 관한 인터넷 사용자들의 혼동 등을 방지하려는 데에 있다. 한편 위 규정에서 정하는 '부정한 목적'이 있는지 여부는 정당한 권원이 있는 이의 성명·상호·상표·서비스표 그 밖의 표지(이하 '대상표지')의 인식도 또는 창작성의 정도, 도메인이름과 대상표지의 동일·유사성의 정도, 도메인이름을 등록·보유 또는 사용하는 이가 대상표지를 알고 있었는지 여부 및 도메인이름을 판매·대여하여 경제적 이익을 얻고자 한 전력의 유무, 도메인이름에 의한 웹사이트의 개설 및 그 웹사이트의 실질적인 운영 여부, 그 웹사이트상의 상품 또는 서비스업 등과 대상표지가 사용된 상품 또는 서비스업 등과의 동일·유사성 내지는 경제적 견련관계 유무, 대상표지에 화체되어 있는 신용과 고객흡인력으로 인하여 인터넷 사용자들이 그 웹사이트로 유인되는지 여부, 그 밖에 도메인이름의 등록·보유 또는 사용을 둘러싼 제반 사정을 종합적으로 고려하여 판단되어야 한다. 다만 도메인이름의 등록·보유 또는 사용에 정당한 권리나 이익을 가지고 있는 이에게는 특별한 사정이 없는 한 이와 같은 부정한 목적이 없는 것으로 보아야 할 것이다.[2]

(나) 대법원 2013. 9. 12. 선고 2011다57661 판결

도메인이름의 등록말소 또는 등록이전을 청구하는 이에게 '정당한 권원'이 있다고 하려면, 그 도메인이름과 동일 또는 유사한 성명, 상호, 상표, 서비스표 그 밖의 표지('대상표지')를 타인이 도메인이름으로 등록하기 전에 국내 또는 국외에서 이미 등록하였거나 상당 기간 사용해 오고 있는 등으로 그 도메인이름과 사이에 밀접한 연관관계를 형성하는 한편, 그 도메인이름을 대가의 지불 없이 말소하게 하거나 이전을 받는 것이 정의 관념에 비추어 합당하다고 인정할 수 있을 만큼 직접적 관련성이 있고 그에 대한

---

2) 판례해설은 유영선, "인터넷주소자원에 관한 법률 제12조가 정한 '부정한 목적'의 판단 기준", 「대법원판례해설」, 제96호, 법원도서관, 2013, 476면 이하 참조.

보호의 필요성도 충분하다는 사정이 존재하여야 한다. 그리고 인터넷 공간에서 사용되는 도메인이름의 속성과 위에서 본 인터넷주소자원법 제12조의 입법 취지, 인터넷주소자원법 제4조가 종전에는 '대한민국의 국가코드에 따르는 도메인이름 등의 인터넷주소자원'만을 위 법의 적용대상으로 규정하고 있었는데 2009. 6. 9. 법률 제9782호로 개정되면서 그 적용대상을 '대한민국에서 등록·보유 또는 사용되는 도메인이름 등 인터넷주소자원'으로 확대한 점, 이와는 달리 부정경쟁방지 및 영업비밀보호에 관한 법률은 제2조 제1호 (아)목에서 정당한 권원이 없는 자가 '국내에 널리 인식된' 타인의 성명, 상호, 상표, 그 밖의 표지와 동일하거나 유사한 도메인이름을 등록·보유·이전 또는 사용하는 행위를 부정경쟁행위로 한정하여 규정하고 있는 점 등에 비추어 보면, 도메인이름에 대한 정당한 권원을 인정하는 데에 그 대상표지가 반드시 국내에서 널리 인식되어 있음을 요하는 것은 아니라 할 것이다.

(다) 대법원 2017. 6. 29. 선고 2016다216199 판결

인터넷주소법 제12조에서 '보유'란 등록된 도메인이름을 가지고 있는 것을 의미하며, '사용'은 등록된 도메인이름으로 인터넷에서 웹사이트를 개설하여 자기가 관리하는 컴퓨터 등 정보시스템의 식별기호로 이용하는 등 도메인이름의 등록·보유 후에 이를 실제로 이용하는 것을 의미한다. 이와 같이 인터넷주소법은 도메인이름의 '등록'과는 별도로 '보유 또는 사용' 행위를 금지의 대상으로 정하고 있으므로, 도메인이름의 등록에는 부정한 목적이 없었더라도 '보유 또는 사용'에 부정한 목적이 있다면 인터넷주소법 제12조에 의한 등록말소 또는 등록이전 청구가 가능하다고 해석되며, '보유 또는 사용' 행위에 대하여 부정한 목적이 있는지는 그와 같은 행위 시를 기준으로 판단함이 타당하다.

그리고 인터넷주소법에서 정한 부정한 목적이 있는 행위에는 정당한 권원이 있는 사람으로부터 부당한 이득을 얻는 행위뿐 아니라 도메인이름의 등록을 방해하는 행위 등과 같이 부당한 이득과 직접 관련되지 아니하는 행위도 포함한다.

도메인이름의 '보유 또는 사용' 목적이 도메인이름을 판매·대여하여 경제적인 이득을 얻기 위한 것이 아니라는 이유만으로 부정한 목적이 부정된다고 단정할 수 없다.[3]

---

3) 판례해설은 구민승, "인터넷주소자원에 관한 법률 제12조의 '부정한 목적'을 판단하는 기준 시기", 「대법원판례해설」, 제112호, 법원도서관, 2017, 140면 이하 참조.

(2) 시사점

인터넷주소법 제12조 규정의 기본적인 입법 취지가 사이버스쿼팅 행위를 규제하기 위함이고 대법원 2013. 4. 26. 선고 2011다64836 판결이 이를 밝히는 법리를 설시하였으나, 이는 어디까지나 해당 판결의 사안이 사이버스쿼팅 여부가 문제되는 경우이었기 때문이지, 위 규정의 입법 취지가 사이버스쿼팅 규제에만 있다고 볼 것은 아니다.

피고가 원고의 국내에이전트가 된 후 원고의 제품을 소개하기 위하여 문제된 도메인이름을 등록하여 사용하였으나 그 후 그 에이전트 계약이 종료되어 원고와는 경쟁업체가 되었음에도 해당 도메인이름을 피고의 웹사이트 주소로 계속 사용한 사안에서 피고에게 인터넷주소법 제12조의 '부정한 목적'을 인정한 대법원 2017. 6. 29. 선고 2016다216199 판결을 통해 도메인이름 등록 당시 기준으로는 부정한 목적이 없었더라도 이후 보유나 사용에 부정한 목적이 있으면 인터넷주소법 제12조 제2항의 등록말소 또는 이전청구가 인정될 수 있음이 설시된 바도 있다.

다만 위 2016다216199 판결의 사안은 문제된 도메인이름의 등록명의인인 피고가 종료된 계약관계의 계약당사자이었던 데 비하여, 대상판결의 사안에서는 도메인이름의 등록명의인으로서 인터넷주소법 제12조 제2항에 따른 등록이전청구의 상대방이 되는 피고 2가 해당 도메인이름 등록명의 취득의 원인이 된 계약관계의 계약당사자가 아니라는 차이는 있다.

그러나 인터넷주소법 제12조 제1항은 부정한 목적으로 도메인이름을 등록·보유 또는 사용하여서는 아니 되는 사람의 범위에 관하여 '누구든지'로 규정하고 있고, 이를 전제로 제2항에서 정당한 권원이 있는 사람에게 도메인이름 등록이전청구권이 있음을 밝히고 있으므로, 현재 도메인이름 등록명의인이 관련 계약관계의 계약당사자가 아니었다는 점만으로는 등록이전청구를 배척할 사유가 되지 못한다(현재 등록명의인의 해당 도메인이름 보유 또는 사용에 부정한 목적이 있는지의 여부가 중요할 뿐이다).[4]

---

4) 애초에 피고 2가 이 사건 도메인이름 등록명의를 취득하여 보유하고 있는 원인에 원고와 소외인 사이의 이 사건 매매계약 및 변경계약이 있었으므로, 위 계약관계가 무효로 됨에 따른 이해관계의 청산이 이루어졌는지, 비록 위 계약관계가 무효로 되기는 하였으나 피고 회사가 이 사건 도메인이름을 사용하여 영업한 기간이 짧지 않아 보이므로 피고 회사에 의하여 축적되었을 인지도 등을 어떻게 평가함이 타당한지 등에 관하여 의문을 가질 수 있고, 이러한 점이 인터넷주소법 제12조의 부정한 목적 여부 판단에 영향을 미칠 수 있는 것은 아닌지 등을 고심할 여지는 있다고 생각된다. 원심이 이러한 고려까지 포함하여 인터넷주소법 제12조의 적용 범위를 좁게 판단하였을 수도 있다고 생각되나, 원심의 판결이유에 이러한 사유까지는 직접 드러나지는 않는 것으로 보이고, 인터넷주소법 제12조의 부정한 목적을 원심이 설시한 이유로만 한정하는 것은 대법원 2017. 6. 29. 선고 2016다

2. 원상회복청구권 또는 방해배제청구권에 기한 문자 사용금지와 간접강제 청구의 당부

가. 대상판결의 판단

원심은, 도메인이름의 등록·사용에 관한 권리는 등록자와 등록기관 사이의 계약에 의하여 발생하는 채권 또는 그에 유사한 권리에 불과할 뿐, 물권이나 물권에 유사한 권리가 아니므로 그 권리에 기하여 방해배제청구권이 발생하는 것은 아니라고 보았다.

그러나 대상판결은 이 점에 관하여 "인터넷주소법 제12조에 따르면 도메인이름에 관하여 정당한 권원이 있는 자는 도메인이름 등의 등록을 방해하거나 부정한 목적으로 도메인이름을 등록·보유 또는 사용한 자에 대하여 도메인이름의 등록말소 또는 등록이전을 청구할 수 있다. 나아가 도메인이름에 관하여 정당한 권원이 있는 자는 도메인이름에 관한 권리를 침해하고 있거나 이후 도메인이름을 직접 등록·보유 또는 사용하여 도메인이름에 관한 권리를 침해할 우려가 있는 자에 대하여 침해의 우려가 있는 행위의 금지 또는 예방을 청구할 수 있다. 이때 위와 같은 행위의 금지 또는 예방 청구를 할 수 있는지는 침해행위의 양태, 피침해이익의 성질과 그 정도에 비추어 그 위법성이 인정되는지 여부와 함께 그 침해가 이루어진 후에는 손해배상만으로 피해 회복의 실효성을 기대하기 어려운지 여부와 침해의 우려가 있는 행위를 금지 또는 예방함으로써 보호되는 권리자의 이익이 그로 인하여 발생하는 침해자의 손실보다 더 크다고 볼 수 있는지 여부를 종합적으로 고려하여 판단하여야 한다."라고 새로운 법리를 설시하였다.

그리고 피고 회사는 원고의 이 사건 도메인이름에 관한 권리를 사실상 침해하고 있거나 침해할 우려가 있으므로 원고가 피고 회사를 상대로 이 사건 도메인이름을 인터넷 웹사이트 주소로 사용하는 행위의 금지와 간접강제를 청구할 수 있다고 볼 여지가 크다고 하였다. 나아가 원심이 원고의 도메인이름에 관한 권리는 대세효가 없는 채권 또는 그에 유사한 권리에 불과하다는 사정만을 근거로 피고 회사가 이 사건 도메인이름을 인터넷 웹사이트 주소로 사용하는 행위의 금지와 간접강제 청구를 인정하지 않았으므로 잘못이라고 판결하였다.[5]

216199 판결의 취지에 반한다고 보인다(다만 이 판결은 원심판결 선고 후에 선고된 대법원판결이어서 원심판결 당시에 참조할 수는 없었다).

5) 다만 원고의 이 사건 도메인이름에 관한 권리는 이 사건 도메인이름의 등록과 사용 자체에 관한 것이므로 이 사건 도메인이름에 사용되는 '굿옥션' 등의 문자를 인터넷 웹사이트 주소가 아닌 피고 회사의 전자우편 주소나 광고 또는 홍보의 수단으로 사용하는 행위는 이러한 권리를 침해하는 행위로

나. 해 설

'국내에 널리 인식된' 타인의 성명, 상호, 상표, 그 밖의 표지와 동일하거나 유사한 도메인이름을 등록·보유·이전 또는 사용하는 행위는 부정경쟁방지 및 영업비밀보호에 관한 법률 제2조 제1호 (아)목 따라 부정경쟁행위가 될 수 있고, 이때에는 같은 법 제4조에 따라 '금지청구권'이 인정된다.

한편 국내에 널리 인식된 것은 아니더라도 타인의 등록상표와 동일하거나 유사한 도메인이름을 사용하는 행위가 등록상표의 지정상품과 동일하거나 유사한 상품에 대한 출처표시로서의 사용으로 평가될 경우에는 등록상표권침해행위가 될 수 있고, 이때에는 상표법 제107조에 따라 '금지청구권'이 인정된다.

그런데 이러한 경우가 아니라 인터넷주소법 제12조 자체에 의하여 도메인이름 등록말소 또는 등록이전 청구 외에 '금지청구'를 할 수 있는지에 관하여는 명확하지 않고, 대상판결 전 선례도 발견되지 않는다.

통상적으로는 도메인이름 등록명의인이 해당 도메인이름을 자신의 인터넷 웹사이트 주소로 사용하고 있거나, 실제 사용은 아무도 하지 않으면서 등록만 해 둔 경우가 많아, 등록명의인을 상대로 하여 인터넷주소법 제12조에 따라 도메인이름 등록말소 또는 등록이전 외에 해당 도메인이름을 인터넷 웹사이트 주소로 사용하는 행위에 대한 별도의 금지청구를 할 필요성은 사실상 없었다고 생각된다. 그런데 이 사건은 피고 2에게 등록명의만 있고, 실제로 사용은 피고 회사가 하고 있으며, 비록 피고 2에 대하여 원고 앞으로의 등록이전이 명해지더라도 피고 회사가 도메인이름을 자신 앞으로 이전하여 계속 사용할 우려가 있는 특수한 경우로 보인다.

이러한 사안에서 현재 등록명의인인 피고 2로부터 원고 앞으로 인터넷주소법 제12조에 따른 등록이전을 명하는 것만으로는 종국적인 해결이 이루어지지 않고 피고 회사의 인터넷 웹사이트 주소 사용행위에 대한 금지까지 이루어져야 비로소 종국적인 해결이 된다고 볼 수 있다.

원심은 도메인이름 등록·사용에 관한 권리의 성격이 대세효가 없는 채권 또는 그에

보기는 어렵다(따라서 원고가 피고 회사에 대하여 이 사건 도메인이름을 인터넷 웹사이트 주소로 사용하는 행위 외의 다른 행위를 금지하는 청구는 인정하기 어렵다)고 하였다. 또한 원고는 피고 2에게도 이 사건 도메인이름의 사용금지를 구하고 있으나, 피고 2는 이 사건 도메인이름을 자기 앞으로 등록했지만 실질적으로 사용하고 있지 않으므로, 피고 2에 대해서는 등록이전 청구를 인정하는 것으로 충분하고 사용금지를 인정할 필요는 없다고 보았다.

유사한 권리에 불과하여 금지청구권을 인정할 수 없다고 보았으나,[6] 대법원은 인터넷주소법 제12조에 따라 도메인이름 등록말소나 등록이전청구만이 아니라 인터넷 웹사이트 주소로 사용하는 행위의 금지청구도 할 수 있다는 취지의 새로운 법리를 설시하였다. 나아가 대법원은 금지청구를 인정하는 것이므로 단순히 인터넷주소법 제12조에서 명문으로 정한 요건만을 따지는 것으로는 충분하지 않고, '침해행위의 양태, 피침해이익의 성질과 그 정도에 비추어 그 위법성이 인정되는지 여부와 함께 그 침해가 이루어진 후에는 손해배상만으로 피해 회복의 실효성을 기대하기 어려운지 여부와 침해의 우려가 있는 행위를 금지 또는 예방함으로써 보호되는 권리자의 이익이 그로 인하여 발생하는 침해자의 손실보다 더 크다고 볼 수 있는지 여부'를 종합적으로 고려하여 판단하여야 한다는 판단방법도 설시하였다.[7][8]

대법원은 새로운 법리에 따라 피고 회사의 사용행위 금지도 인용될 여지가 크다고 본 것이다(대세적인 금지청구권을 인정하는 법리이므로 피고 회사가 현재 등록명의인이 아니더라도 발령 요건에 부합하면 도메인이름을 자신의 웹사이트 주소로 사용하는 행위에 대한 금지를 명할 수 있게 된다고 이해된다).[9]

---

6) 원심은, 인터넷주소법 제12조는 등록말소 또는 등록이전청구만을 한정하여 특별히 인정한 법률 규정이라고 본 것으로 이해된다.

7) 이와 관련하여 김재형(대상판결의 주심 대법관), "2010년 민법 판례동향", 「민사재판의 제문제」, 제20권, 한국사법행정학회, 2011, 34면 이하 등 '위법행위에 대한 금지청구권' 인정에 관한 선행연구를 참조할 수 있다.

8) 또한 우리나라에서는 하자 없는 완전한 권리의 경우라면 특허권 등 명문으로 침해금지청구를 구제수단으로 규정하고 있는 지재법 영역에서 침해가 인정됨에도 금지청구를 인용하지 아니하기는 어려운 구조이지만, 미국 판례와 EU 집행지침은 기본적으로 특허권침해가 인정되더라도 금지청구 인용 여부는 재량적으로 판단할 수 있도록 정하고 있다. 미국 연방대법원 판결[eBay Inc., et al. v. MercExchange, 547 U.S. 388 (U.S. 2006)]은 ① 원고가 회복 불가능한 손해를 입었고, ② 금전적 손해배상과 같이 법적으로 가능한 구제가 피해를 보상하기에 부적절하며, ③ 원고와 피고 사이의 고통을 비교하여 형평법상의 구제가 필요하고, ④ 영구적 금지명령으로 인해 공공의 이익에 피해를 입히지 않을 것이라는 4가지 요건이 구비되었는지를 심리하여 금지명령(Injunctions)을 발하여야 한다고 법리를 세웠고, EU 집행지침(Directive 2004/48/EC of the European Parliament and of the Council of 29 April 2004 on the enforcement of intellectual property rights) 제12조는 금지명령으로 인한 영업활동의 중단 등으로 인해 '침해자에게 치명적인 손해'가 발생한다고 인정되는 경우, 그 침해자가 '선의·무과실'인 경우에 한하여 시정조치와 금지명령을 대체하여 합리적으로 충분한 금전적 보상금을 지급할 것을 명령할 수 있다고 하여 대체조치(Alternative measures)를 규정하고 있다. 인터넷주소법 제12조와 같이 금지청구에 관한 명문의 규정은 없는 상황에서 금지청구를 인정할 경우에는 이러한 외국의 법리와 규정도 참조할 여지가 있다고 생각된다.

9) 대법원은, 이 사건 매매계약 및 변경계약의 무효로 인한 원상회복청구를 피고들에게 할 수 없다는 원심의 판단에 대해서는 특별히 언급하지 않고, 인터넷주소법 제12조에 따라 금지청구권이 인정될 수 있다는 취지로 판단한 것으로 이해된다.

3. 상법 제23조의 상호사용금지청구권에 따른 문자 사용금지와 간접강제 청구의 당부

가. 대상판결의 판단

원심은, 상법 제23조 제1, 2항 규정의 '부정한 목적'이란 어느 명칭을 자기의 상호로 사용함으로써 일반인으로 하여금 자기의 영업을 그 명칭에 의하여 표시된 타인의 영업으로 오인시키려고 하는 의도를 말한다고 보는 전제에서 '피고들이 피고 회사의 영업을 원고의 영업으로 오인시킬 목적으로 원고의 상호를 사용하였다'고 인정하기에 부족하다고 보았다.

그러나 대상판결은, 피고 회사는 원고가 사용 중이던 상호 '굿옥션'을 모방하여 사용한 것은 아니지만 이 사건 변경계약이 무효여서 원고에 귀속될 상호 '굿옥션'을 계속 사용함으로써 자신의 영업을 원고의 영업으로 오인하게 하고 이로 인하여 원고에게 손해를 가하고 자신은 부당한 이득을 얻으려는 부정한 목적이 있었다고 볼 여지가 있다고 하였다. 나아가 원심이 원고가 이 사건 변경계약으로 상호 '굿옥션'을 포기하고 피고 회사에 사용하게 하였다는 사정에 중점을 두어 피고 회사가 자신의 영업을 원고의 영업으로 오인시킬 목적으로 원고의 상호를 사용하였다고 인정하기에 부족하고 피고 회사에 부정한 목적이 없다고 보았으므로 잘못이라고 판결하였다.[10]

나. 해 설

(1) 관련 법리: 대법원 2016. 1. 28. 선고 2013다76635 판결

상법 제23조 제1항 규정의 취지는 일반거래시장에서 상호에 관한 공중의 오인 · 혼동을 방지하여 이에 대한 신뢰를 보호함과 아울러 상호권자가 타인의 상호와 구별되는 상호를 사용할 수 있는 이익을 보호하는 데 있다.

위와 같은 입법 취지에 비추어 볼 때 어떤 상호가 '타인의 영업으로 오인할 수 있는 상호'에 해당하는지를 판단함에 있어서는 양 상호 전체를 비교 관찰하여 각 영업의 성질이나 내용, 영업 방법, 수요자층 등에서 서로 밀접한 관련을 가지고 있는 경우로서

---

10) 피고 회사가 상호 '굿옥션'을 사용하는 것이 원고 회사의 영업으로 오인할 정도인지, 상호 '굿옥션'을 사용함으로써 자신은 부당한 이득을 얻고 원고에게는 손해를 가하려는 등의 부정한 목적이 있었는지에 대한 필요한 심리를 다하여야 한다고 판시하였다. 다만 피고 2는 상호 '굿옥션'을 사용하는 자가 아니므로 피고 2에 대하여 상법 제23조에 따른 상호사용금지와 간접강제 청구를 인정하지 않은 원심 판결이 부당하다는 상고이유 주장은 받아들이지 않았다.

일반인이 양 업무의 주체가 서로 관련이 있는 것으로 생각하거나 또는 그 타인의 상호가 현저하게 널리 알려져 있어 일반인으로부터 기업의 명성으로 인하여 견고한 신뢰를 획득한 경우에 해당하는지 여부를 종합적으로 고려하여야 한다.

또한 위 조항에 규정된 '부정한 목적'이란 어느 명칭을 자기의 상호로 사용함으로써 일반인으로 하여금 자기의 영업을 그 명칭에 의하여 표시된 타인의 영업으로 오인하게 하여 부당한 이익을 얻으려 하거나 타인에게 손해를 가하려고 하는 등의 부정한 의도를 말하고, 부정한 목적이 있는지는 상인의 명성이나 신용, 영업의 종류·규모·방법, 상호 사용의 경위 등 여러 가지 사정을 종합하여 판단하여야 할 것이다.[11]

(2) 시사점

상법 제23조 제1항 규정의 취지는 일반거래시장에서 상호에 관한 공중의 오인·혼동을 방지하여 이에 대한 신뢰를 보호함과 아울러 상호권자가 타인의 상호와 구별되는 상호를 사용할 수 있는 이익을 보호하는 데 있다(대법원 2002. 2. 26. 선고 2001다73879 판결 등 참조). 여기서 영업 오인의 판단주체를 '수요자'로 한정할 것인가, 아니면 '일반인'으로 볼 것인가 살펴볼 필요가 있는데,[12] 위 2001다73879 판결에서는 판단주체를 '일반 수요자'로 보는 듯한 설시가 있으나, 그 의미가 반드시 해당 영업분야에 한정되는 수요자를 상정한 것은 아니었다고 보인다. 이와 관련하여 대법원 1995. 9. 29. 선고 94다31365, 31372(반소), 대법원 2004. 3. 26. 선고 2001다72081 판결은 상법 제23조 제1항, 제4항 소정의 부정한 목적이란 "어느 명칭을 자기의 상호로 사용함으로써 '일반인'으로 하여금 자기의 영업을 그 명칭에 의하여 표시된 타인의 영업으로 오인시키려고 하는 의도"를 말한다고 판시하여, 부정한 목적의 판단주체를 일반인으로 설정하고 있다. 또 대법원 2011. 12. 27. 선고 2010다20754 판결은 상법 제23조 제1항의 입법취지에 관하여 "상호에 관한 일반 공중의 오인·혼동을 방지하기 위한 장치"라고 설시하여 특별히 수요자로 한정되지 않는 일반인의 오인·혼동을 방지하고자 한다는 취지를 밝히고 있다. 이후 대법원 2016. 1. 28. 선고 2013다76635 판결은 어떤 상호가 '타인의 영업으로 오인할 수 있는 상호'에 해당하는지를 판단함에 있어서는 양 상호 전체를 비

---

11) 판례해설은 김정아, "상법상의 상호와 부정경쟁방지법상의 영업표지", 「대법원판례해설」, 제108호, 법원도서관, 2016, 129면 이하 참조.

12) 상호 보호의 근거법률인 상법에는 '수요자'를 전제로 한 규정은 발견되지 않고, 상호의 성격상 재화·용역(서비스)의 제공이라는 통상적인 영업(기업)활동과는 거리가 있는 지주회사의 상호가 문제되는 경우와 같이 해당 영업분야를 상정하기 어려운 사안도 있기 때문이다. 이 외에 상표와 상호의 차이점에 관하여는 윤선희, 「상표법」, 제6판, 법문사, 2021, 68면 참조.

교 관찰하여 각 영업의 성질이나 내용, 영업방법, 수요자층 등에서 서로 밀접한 관련을 가지고 있는 경우로서 일반인이 양 업무의 주체가 서로 관련이 있는 것으로 생각하거나 또는 그 타인의 상호가 현저하게 널리 알려져 있어 일반인으로부터 기업의 명성으로 인하여 견고한 신뢰를 획득한 경우에 해당하는지 여부를 종합적으로 고려하여야 한다고 판시함으로써, 위 2001다73879 판결의 취지를 계승하면서도 그 판단주체가 일반인임을 명확하게 하였다.[13)]

또한 위 2013다76635 판결은 상법 제23조 제1항에 규정된 '부정한 목적'의 의미에 관하여, 어느 명칭을 자기의 상호로 사용함으로써 일반인으로 하여금 자기의 영업을 그 명칭에 의하여 표시된 타인의 영업으로 오인하게 하여 부당한 이익을 얻으려 하거나 타인에게 손해를 가하려고 하는 등의 부정한 의도를 말하고, 부정한 목적이 있는지는 상인의 명성이나 신용, 영업의 종류·규모·방법, 상호 사용의 경위 등 여러 가지 사정을 종합하여 판단하여야 할 것이라고 최초로 판시하였다. 부정한 목적의 의미에 관한 위와 같은 판시는 부정한 목적의 의미를 무임승차 또는 부정경쟁행위보다 넓게 포섭함으로써, 명성·신용·영업규모가 작은 선사용자의 상호를 명성·신용·영업규모가 큰 상인이 사용하는 경우에도 부정한 목적을 탄력적으로 인정할 수 있도록 한 취지라고 이해할 수 있다.[14)15)]

원심은 피고 회사가 상호 '굿옥션'을 사용하게 된 원인이 된 계약관계가 있었음에 주목하여 피고 회사가 피고 회사의 영업을 원고의 영업으로 오인시킬 목적으로 원고의 상호를 사용한 경우에 해당하지 않는다고 본 것으로 생각된다. 그러나 상호의 유사로

---

13) 대성그룹으로 알려진 기업집단이 계열분리된 이후 창업주의 셋째 아들 측 계열사들의 지주회사(원고)가 '대성홀딩스 주식회사(영문: DAESUNG HOLDINGS CO., LTD)'를 상호로 사용하자, 장남 측 계열사들의 지주회사(피고)가 '주식회사 대성지주(DAESUNG GROUP HOLDINGS CO., LTD.)'를 상호로 사용한 데 대하여, 전자가 후자를 상대로 상법 제23조에 기하여 상호사용금지 등을 구한 사안이었다(제1심 원고승소판결 → 항소기각 → 상고기각).

14) 위 2013다76635 판결의 사안에서도 피고가 원고의 상호와 유사하여 일반인으로 하여금 오인·혼동을 일으킬 수 있다는 것을 충분히 알 수 있었음에도 불구하고 피고의 상호를 사용한 사정 등을 이유로 '부정한 목적'이 인정된다고 판단하였다.

15) 한편 원고가 '대성'이라는 표지가 포함된 상호를 선정하여 사용한 것이 영업주체 혼동행위에 해당하여 권리남용에 해당한다는 피고의 항변도 있었는데, 대법원 2016. 1. 28. 선고 2014다24440 판결(경제적·조직적으로 관계가 있는 기업그룹이 분리된 경우, 어느 특정 계열사가 그 기업그룹 표지를 채택하여 사용하는 데 중심적인 역할을 담당함으로써 일반 수요자에게 그 기업그룹 표지에 화체된 신용의 주체로 인식됨과 아울러 그 기업그룹 표지를 승계하였다고 인정되지 아니하는 이상, 해당 기업그룹의 계열사들 사이에서 그 기업그룹 표지가 포함된 영업표지를 사용한 행위만으로는 타인의 신용이나 명성에 편승하여 부정하게 이익을 얻는 부정경쟁행위가 성립한다고 보기 어렵다고 판시)과 같은 취지에서 영업주체 혼동행위에 해당하지 않는다고 판단하여 위 항변을 배척하였다.

인하여 일반인으로 하여금 오인·혼동을 일으킬 수 있다는 것을 충분히 알 수 있었음에도 불구하고 해당 상호를 계속 사용하는 행위 자체가 부정한 목적 있는 사용으로 인정될 수 있고, 부정한 목적의 의미는 무임승차 또는 부정경쟁행위보다 넓으므로, 원인된 계약관계가 있었다는 사정은 그 계약 무효 이후의 사용에 부정한 목적 있음을 인정하는 데 장해가 된다고 보기 어렵다.[16)

대법원은 상호 '굿옥션'을 사용함으로써 피고 회사는 부당한 이득을 얻고 원고에게는 손해를 가하려는 등의 부정한 목적이 있었는지를 심리하여야 한다고 판시하여 상법 제23조 제1항의 부정한 목적에 관한 종전 법리를 재확인하고 발전시켰다고 생각된다.

Ⅲ. 대상판결의 의의

대상판결은 인터넷주소법 제12조 제1항의 '부정한 목적' 인정범위에 관한 대법원 2017. 6. 29. 선고 2016다216199 판결의 법리를 발전시킨 사례로서, 또 인터넷주소법 제12조에 근거하여 도메인이름 등록말소 또는 등록이전 외에 도메인이름을 인터넷 웹사이트 주소로 사용하는 행위에 대한 금지청구권을 최초로 인정한 판결로서 의의가 있다. 나아가 상법 제23조 제1항의 '부정한 목적' 인정범위에 관한 대법원 2016. 1. 28. 선고 2013다76635 판결의 법리를 발전시킨 사례로서 의의가 있다.

---

16) 애초에 피고 회사가 이러한 상호를 사용하게 된 원인은 원고와 소외인 사이의 이 사건 매매계약 및 변경계약이었으므로, 위 계약관계가 무효로 됨에 따른 이해관계의 청산이 이루어졌는지, 비록 위 계약관계가 무효로 되기는 하였으나 피고 회사가 위 상호를 사용하여 영업한 기간이 짧지 않아 보이므로 피고 회사에 의하여 축적되었을 인지도 등을 어떻게 평가함이 타당한지 등에 관하여 의문을 가질 수 있고, 이러한 점이 상법 제23조의 부정한 목적 여부 판단에 영향을 미칠 수 있는 것은 아닌지 등을 고심할 여지는 있다고 생각된다. 원심이 이러한 고려까지 포함하여 상법 제23조의 적용 범위를 좁게 판단하였을 수도 있다고 생각되나, 원심의 판결이유에 이러한 사유까지는 직접 드러나지는 않는 것으로 보이고, 상법 제23조의 부정한 목적을 원심이 설시한 이유로만 한정하는 것은 대법원 2016. 1. 28. 선고 2013다76635 판결의 취지에 반한다고 보인다.

참고문헌

구민승, "인터넷주소자원에 관한 법률 제12조의 '부정한 목적'을 판단하는 기준 시기", 「대법원판례해설」, 제112호, 법원도서관, 2017.

김재형, "2010년 민법 판례동향", 「민사재판의 제문제」, 제20권, 한국사법행정학회, 2011.

김정아, "상법상의 상호와 부정경쟁방지법상의 영업표지", 「대법원판례해설」, 제108호, 법원도서관, 2016.

유영선, "인터넷주소자원에 관한 법률 제12조가 정한 '부정한 목적'의 판단 기준", 「대법원판례해설」, 제96호, 법원도서관, 2013.

윤선희, 「상표법」, 제6판, 법문사, 2021.

부경법

대법원 2020. 3. 26. 자 2019마6525 결정

BTS 퍼블리시티권 사건과 입법적 발전

손 승 우 (한국지식재산연구원 원장)

Ⅰ. 판결의 개요

1. 사건의 개요

연예인들의 사진, 기사 등을 주요 내용으로 하는 잡지를 제작·판매하는 갑 주식회사(엠지엠미디어)가 연예인 매니지먼트, 음반 제작, 공연 기획 등 엔터테인먼트 사업을 하는 을 주식회사(빅히트엔터테인먼트)의 허락 없이 을 회사 소속 유명 아이돌 그룹인 방탄소년단(BTS)의 구성원들의 화보집 등을 제작하여 위 잡지 특별판의 특별 부록으로 판매하려고 하였다. 갑 주식회사는 2018년 11월 22일 자신의 홈페이지에 BTS 데뷔 2,000일을 기념하여 <BTS History 심층취재판>을 발행할 예정이고 2013년 방탄소년단의 데뷔 쇼케이스 현장부터 각종 행사와 무대, 비하인드 컷들이 다양하게 수록될 예정'이라는 취지의 소개글을 게시하였다. 이 소식을 접한 을 회사는 갑 회사를 상대로 갑 회사의 행위가 「(구)부정경쟁방지 및 영업비밀보호에 관한 법률」(이하, "부정경쟁방지법"이라 한다) 제2조 제1호 (카)목에서 정한 부정경쟁행위에 해당한다며 위 특별 부록의 제작·배포 등의 금지 등을 구하는 가처분을 신청하였다.[1]

---

1) 이 판결 이후 2021. 12. 7. 법률 제18548호로 개정된 부정경쟁방지 및 영업비밀보호에 관한 법률에서 위 (카)목은 (파)목으로 변경되었다. 이 사건과 관련해서 이하 '(카)목'이라고 한다.

부정경쟁방지법 (카)목은 "그 밖에 타인의 상당한 투자나 노력으로 만들어진 성과 등을 공정한 상거래 관행이나 경쟁질서에 반하는 방법으로 자신의 영업을 위하여 무단으로 사용함으로써 타인의 경제적 이익을 침해하는 행위"를 부정경쟁행위의 한 유형으로 규정하고 있다. 이 사건은 위 특별 부록을 제작·판매하는 갑 회사의 행위가 공정한 상거래 관행이나 경쟁질서에 반하는 방법으로 자신의 영업을 위하여 을 회사의 성과 등을 무단으로 사용하는 행위로서 위 (카)목의 부정경쟁행위에 해당하는지가 주요 쟁점이 되었다. 그간 우리나라는 퍼블리시티권(right of publicity)에 관한 명시적 법규정의 부재로 그 인정 여부에 대해 판례마다 조금씩 다르게 판단해 왔는데, 이 판례는 부정경쟁방지법에 근거하여 연예인 등의 퍼블리시티를 보호할 수 있는 판단 기준을 구체적으로 제시하였다는 점에서 의의가 있다. 한편, 이 사건의 또 다른 쟁점으로 BTS의 명칭, 그 구성원의 이름, 사진 등에 부가된 신용, 명성, 고객 흡인력의 귀속 주체가 BTS 구성원인지 아니면 소속사에 귀속되는지가 문제되었다.

2. 대상판결의 요지

가. 원심결정[2]

이 사건 하급심은 BTS 무단 화보집의 발행이 '부정경쟁행위'에 해당한다는 점은 인정하였다. 2012년 그룹을 결성한 이래 10장이 넘는 앨범을 발매하여 2018. 5.까지 총 730만 장의 앨범을 판매하였고, 국내외의 주요 음반 순위에서 1위를 기록하였으며, 유튜브에서 1억 회 재생을 달성하는 등 국내외에서 상당한 인지도가 있는 점 등을 고려할 때 BTS의 명칭, 그 구성원의 이름, 사진 등이 상품의 판매, 광고계약 등과 관련하여 가지는 고객흡인력은 상당한 투자나 노력으로 얻은 성과이며, 법률상 보호할 가치 있는 경제적 이익이 있다고 보았다.

그러나 회사 소속 BTS의 명칭, 그 구성원의 이름, 사진 등에 부가된 신용, 명성, 고객 흡인력의 귀속 주체는 BTS 구성원에게 귀속된다고 보고 이를 '소속사(을 주식회사)'의 성과로 인정하지 않았다. 다만, 소속사는 BTS와의 전속계약에 따른 독점적 이용권한에 근거하여 화보집을 무단 발행한 업체들을 상대로 부정경쟁행위의 금지를 구할 수 있는 것으로 판시하였다.

---

2) 서울남부지방법원 2019. 5. 2.자 2019카합20050 결정.

나. 대법원 판결

(1) 결정

대법원의 결정에서는 소속사가 아티스트를 선발하여 그룹을 결성하고 훈련하여 연예활동을 기획하고 여러 콘텐츠를 제작·유통시키는 등 일련의 과정에서 상당한 투자와 노력을 하였다는 점에서 BTS와 관련하여 쌓인 명성, 신용, 고객 흡인력을 소속사 자체의 성과로 인정하고, 그러한 소속사의 성과를 무단사용하는 행위를 부정경쟁행위로 판단하였다.

(2) (카)목 각 요건에 대한 판단기준

대법원은 우선 (카)목의 '성과 등'에 대하여 성과 등의 유형에 제한을 두지 않으므로, '성과 등'에는 유형물과 무형물이 모두 포함되고, 기존 지식재산권법으로 보호받기 어려웠던 새로운 형태의 결과물도 포함된다고 보았다. 그리고 '성과 등'을 판단할 때에는 결과물이 갖게 된 명성이나 경제적 가치, 결과물에 화체된 고객흡인력, 해당 사업 분야에서 결과물이 차지하는 비중과 경쟁력 등을 종합적으로 고려한다.

둘째, '상당한 투자나 노력으로 만들어진' 것인지 여부와 관련하여, 권리자가 투입한 투자나 노력의 내용과 정도를 그 성과 등이 속한 산업분야의 관행이나 실태에 비추어 구체적, 개별적으로 판단하되, 성과 등을 무단으로 사용함으로써 침해된 경제적 이익이 공공영역(public domain)에 속하지 않는다고 평가할 수 있어야 한다.

셋째, '공정한 상거래 관행이나 경쟁질서에 반하는 방법으로 자신의 영업을 위하여 무단으로 사용' 한 경우와 관련하여, 권리자와 침해자가 경쟁관계에 있거나 가까운 장래에 경쟁관계에 놓일 가능성이 있는지, 권리자가 주장하는 성과 등이 포함된 산업분야의 상거래 관행이나 경쟁질서의 내용과 그 내용이 공정한지, 위와 같은 성과 등이 침해자의 상품이나 서비스에 의해 시장에서 대체될 가능성, 수요자나 거래자들에게 성과 등이 어느 정도 알려졌는지, 수요자나 거래자들의 혼동가능성 등을 종합적으로 고려해야 한다고 판시하였다.

(3) 판단기준의 적용

대법원은 '상당한 투자나 노력으로 만들어진 성과 등'에 대하여 을 회사는 2011년 오디션을 통해 7명을 선발하여 BTS를 구성하였고, 2012년 6월경 위 구성원들과 구성원들의 성명, 사진, 초상, 필적, 음성 기타 구성원들의 동일성을 나타내는 일체의 것에 대한 독점적 이용권을 부여받기로 하는 등의 내용을 담은 이 사건 전속계약을 체결한 후 구성원 전체의 공연과 광고 촬영 및 방송 출연을 비롯한 대중문화예술인으로서의 활동 전반을 기획하였음을 인정하였다. 또한, 을 회사는 훈련을 통해 구성원들의 능력을 향상시키고 전속계약에 따라 그들의 음악, 공연, 방송, 출연 등을 기획하였으며, 음원, 영상 등의 콘텐츠를 제작·유통시키는 등 위 아이돌 그룹의 활동에 상당한 투자와 노력을 하였고, 그로 인해 위 아이돌 그룹과 관련하여 쌓인 명성·신용·고객흡인력이 상당한 수준에 이르렀다. 이는 '상당한 투자나 노력으로 만들어진 성과 등'으로 평가할 수 있고, 누구나 자유롭게 이용할 수 있는 공공영역에 속한다고 볼 수 없으므로, 타인이 무단으로 위의 표지를 사용하면 을 주식회사의 경제적 이익을 침해하게 된다고 판단하였다.

다음으로 '공정한 상거래 관행이나 경쟁질서에 반하는 방법으로 자신의 영업을 위하여 무단으로 사용'하였는지 여부와 관련하여, 연예인의 이름과 사진 등을 상품이나 광고 등에 사용하기 위해서는 연예인이나 소속사의 허락을 받거나 일정한 대가를 지급하는 것이 엔터테인먼트 산업분야의 상거래 관행인 점을 감안하면 통상적인 정보제공의 범위를 넘어 특정 연예인에 대한 특집 기사나 사진을 대량으로 수록한 별도의 책자나 DVD 등을 제작하면서 연예인이나 소속사의 허락을 받지 않거나 대가를 지급하지 않는 것은 상거래 관행이나 공정한 거래질서에 반하고, 갑 회사가 발매한 특별 부록은 을 회사가 발행하는 위 아이돌 그룹의 화보집과 관계에서 수요를 대체할 가능성이 충분하여 경쟁관계도 인정되므로, 갑 회사가 위 특별 부록을 제작·판매하는 행위는 공정한 상거래 관행이나 경쟁질서에 반하는 방법으로 자신의 영업을 위하여 을 회사의 성과 등을 무단으로 사용하는 행위로서 위 (카)목의 부정경쟁행위에 해당한다고 판단하였다.

Ⅱ. 해 설

1. 쟁 점

이 사건은 소위 퍼블리시티권의 보호 대상이 되는 '유명인의 성명·초상' 등 인격표지를 무단 사용한 행위가 부정경쟁방지법의 보충적 일반조항인 (카)목의 적용을 받을 수 있는지가 쟁점이 되었다.

2013년 7월 30일 개정된 부정경쟁방지법에 추가된 (카)목은 기술발전, 영업 환경의 변화 등으로 종래의 지식재산권 관련 제도나 기존 법률로는 미처 포섭할 수 없었던 새로이 등장하는 경제적 가치를 지닌 유무형의 성과를 보호하기 위해 신설되었다. 또한, 입법자가 부정경쟁행위의 모든 행위를 규정하지 못한 점을 보완하여 법원이 새로운 유형의 부정경쟁행위를 좀 더 명확하게 판단할 수 있도록 하는 '보충적 일반조항(catch-all clause)'의 성격을 가진다.

대법원은 이러한 입법 경위와 함께 법규정 등을 종합적으로 고려하여 (카)목의 보호 대상인 '타인의 상당한 투자나 노력으로 만들어진 성과 등'에는 유형물뿐만 아니라 '유명인의 성명·초상'을 포함한 무형물을 포함하며, 저작권법, 디자인보호법 등 기존 지식재산권법으로 보호받기 어려웠던 새로운 형태의 성과물도 포함될 수 있다고 보았다.

이 판례가 의미가 있는 것은 대법원이 (카)목의 적용에 필요한 판단 기준을 구체적으로 제시하였다는 점이다. 즉, '성과 등'에 대한 판단, '상당한 투자나 노력으로 만들어진 것인지 여부', '공정한 상거래 관행이나 경쟁질서에 반하는 방법으로 자신의 영업을 위하여 무단으로 사용'한 경우에 대한 기준을 각기 제시하고 여러 증거를 적용하여 판시하였다.

우선 '성과 등'을 판단할 때는 그 결과물이 갖게 된 명성이나 경제적 가치, 결과물에 화체된 고객흡인력, 해당 사업 분야에서 결과물이 차지하는 비중과 경쟁력 등을 종합적으로 고려하며, 성과 등이 '상당한 투자나 노력으로 만들어진' 것인지 여부는 투자나 노력의 내용과 정도를 그 성과 등이 속한 산업분야의 관행이나 실태에 비추어 구체적, 개별적으로 판단하되, '공공영역'에 속하지 않는다고 평가할 수 있어야 한다. 과거 판례를 보면 기술적인 성과 이외에도 '골프장의 종합적인 이미지',[3] '방송사들이 공동으로 실시한 출구조사의 결과',[4] '특정 영업을 구성하는 영업소 건물의 형태와 외관, 내부 디자인, 장식, 표지판 등 영업의 종합적 이미지(단팥빵 매장의 인테리어)'[5] 등에서 해당 산업분야의 실태나 특성 등을 개별적으로 고려하여 투자나 노력의 내용, 정도, 기간 등을 판단하여 성과를 인정하였다.

대법원은 '공정한 상거래 관행이나 경쟁질서에 반하는 방법으로 자신의 영업을 위하여 무단으로 사용'한 경우에 해당하기 위해서는 ① 권리자와 침해자가 경쟁 관계에 있

---

3) 대법원 2020. 3. 26. 선고 2016다276467 판결.
4) 대법원 2017. 6. 15. 선고 2017다200139 판결.
5) 대법원 2016. 9. 21. 선고 2016다229058 판결.

거나 잠재적 경쟁 관계에 놓일 가능성, ② 성과 등이 포함된 산업분야의 상거래 관행이나 경쟁질서의 내용과 그 내용이 공정한지, ③ 성과가 침해자의 상품·서비스에 의해 시장에서 대체될 가능성, ④ 수요자·거래자들에게 성과가 어느 정도 알려졌는지, ⑤ 수요자·거래자의 혼동가능성 등을 종합적으로 고려하도록 하였다. (카)목은 보충적 일반조항의 성격을 갖는 만큼 모든 영역에 적용될 수 있으므로 '공정한 상거래 관행이나 경쟁질서에 반하는지 여부'에 대한 판단은 개별 산업분야의 특성을 기반으로 위 4가지 기준을 포함한 다양한 요소들을 종합적으로 고려하게 된다. 이 사안에서 대법원은 연예인의 이름·사진 등을 상품 등에 사용하기 위해서는 연예인이나 소속사의 허락을 받거나 대가를 지급하는 것이 엔터테인먼트 산업분야의 상거래 관행인 점을 인정하고, 갑 회사가 무단으로 BTS에 관한 대량의 기사·사진 등을 수록한 책자 등을 제작한 것은 이 분야의 상거래 관행이나 공정한 경쟁질서에 반하는 것으로 보았다.

이와 관련하여, 켈리 백과 버킨 백과 유사한 형태의 핸드백 전면에 별개로 창작한 눈알 모양의 도안을 부착하여 판매한 행위에 대하여 (카)목 적용을 인정한 '에르메스(HERMES) 사건'에서 대법원은 피고들이 에르메스(HERMES)의 높은 주지성과 인지도에 편승하려는 의도를 인정하면서 타인의 동의 없이 저명한 상품표지에 스스로 창작한 도안을 부착하여 상업적으로 판매하는 행위는 공정한 경쟁질서에 부합하는 행위라고 보기 어렵고, 또한 이러한 타인의 상품표지를 사용하기 위해서는 계약 등을 통해 제휴나 협업을 하는 것이 공정한 상거래 관행에 부합한다고 판시하였다.[6]

한편, 대법원은 BTS의 명칭, 그 구성원의 이름, 사진 등에 부가된 신용, 명성, 고객흡인력의 귀속 주체와 관련하여 원심과 달리 판단하였다. 원심은 신청인이 BTS의 연예활동과 관련하여 전속계약에 따라 상당한 투자와 노력을 하였더라도, BTS의 명칭, 그 구성원의 이름, 사진 등에 부가된 신용이나 명성, 고객흡인력은 BTS의 구성원에게 귀속되는 것으로 보았으며, 소속사가 BTS의 브랜드 이미지 등에 대해 독자적으로 주장할 수 있는 권리나 경제적 이익을 가진다고 보기는 어렵다고 하였다. 반면, 대법원은 소속사가 BTS라는 이름의 그룹을 결성하고 구성원을 선발하여 전속계약을 체결한 후 훈련을 통해 구성원들의 능력을 향상시켰고, 각종 공연 및 방송 출연을 기획하고 관련 음원, 영상콘텐츠를 유통하는 등 상당한 투자와 노력을 한 점을 인정하였고, 그로 인해 BTS가 갖는 명성, 신용, 고객흡인력을 타인이 무단으로 사용한 것은 '소속사'의 경제적

---

6) 대법원 2020. 7. 9. 선고 2017다217847 판결.

이익을 침해한 것으로 보았다.

2. 본 판결 뒤 후속 입법

가. 부정경쟁방지법 개정

이 사건은 퍼블리시티권의 보호 객체인 '유명인의 성명·초상 등'을 무단으로 사용한 행위를 부정경쟁방지법에 근거하여 보호할 수 있는 길을 열어 주면서 한류 및 국내 엔터테인먼트 산업에 긍정적인 영향을 준 것으로 평가된다. 그간 우리나라는 퍼블리시티권에 관한 법률상 명문의 규정이 없어서 그 인정 여부가 논란이 되었으며, 1995년 이휘소 사건[7] 이래로 퍼블리시티권을 인정했던 판례의 태도도 부정하는 경향으로 변모하였다.[8] 본 판결은 퍼블리시티권을 법적으로 보호할 수 있는 하나의 근거를 제시하였다는 점에서 의미가 있으나 구체적 사안에 대하여 부정경쟁방지법상의 보충적 일반조항을 적용한 것에 불과하므로 향후 다른 인격표지 관련 사건에 일반적으로 적용될 수 있을지는 단정할 수 없다.

> (부정한 판례) 우리나라에서도 근래에 이르러 연예, 스포츠 산업 및 광고 산업의 급격한 발달로 유명인의 성명이나 초상 등을 광고에 이용하게 됨으로써 그에 따른 분쟁이 적지 않게 일어나고 있으므로 이를 규율하기 위하여, 성명이나 초상, 서명 등이 갖는 재산적 가치를 독점적, 배타적으로 지배하는 권리인 퍼블리시티권(Right of Publicity)이라는 새로운 권리 개념을 인정할 필요성은 충분히 수긍할 수 있다. … 중략 … <u>퍼블리시티권의 성립요건, 양도·상속성, 보호대상과 존속기간, 침해가 있는 경우의 구제수단 등을 구체적으로 규정하는 법률적인 근거가 마련되어야만 비로소 퍼블리시티권을 인정할 수 있다</u>(서울남부지방법원 2019. 5. 2.자 2019카합20050 결정, 서울서부지방법원 2014. 7. 24. 2013가합32048 판결, 수원지방법원 성남지원 2014. 1. 22. 2013가합201390 판결 등).

퍼블리시티권은 성명이나 초상 등을 상업적으로 이용할 수 있는 권리로 그간 입법부와 정부 및 학계는 초상·성명 등 인격표지를 권리로 인정하려는 연구와 입법적 노력을 계속해 왔으나 양도·상속 등에 대한 합의가 이루어지지 않으면서 관련 입법들이 무산되었다.[9] 대표적으로 문화체육관광부는 퍼블리시티권을 문화의 영역으로 인식하고 인

---

7) 서울지방법원 1995. 6. 23. 선고 94카합9230 판결.
8) 손승우, 『지식재산권법의 이해』, 제3판, 동방문화사, 2019, 443면 이하.
9) 2005년, 2009년, 2012년에 저작권법상 저작물의 범위에 '초상재산권'을 포함하는 개정안이 발의되었고, 2015년에는 『인격표지권 보호 및 이용에 관한 법률』이 발의(길정우 의원)되기도 하였다.

격표지재산권을 저작권법으로 보호하는 법개정을 추진해 왔으며, 법무부는 민법상 인격권의 일종으로 성명, 초상 등을 보호하는 입법을 추진해 왔다.[10] 해외의 경우를 보면, 독일·일본은 퍼블리시티권을 법률에서 명시적 재산권으로 규정하고 있지는 않다. 미국은 현재 캘리포니아주를 비롯해 19개 주에서 재산적 권리를 주법으로 인정하고 있다.[11]

최근 한류의 영향력이 확대되고 유명인의 초상·성명 등을 사용하는 제품·서비스가 다양해지면서 관련 불법 상품의 제작·판매 행위도 증가하고 있으나, 유명인 등의 재산적 손실이나 소비자에게 발생한 피해를 적절히 보호하는 데 한계가 있었다. 이에 유명인의 초상·성명 등에 독자적 권리를 부여하여 보호하자는 논의가 제기되어 왔으나, 초상 등의 일신전속적 성격상 권리의 양도·상속이 불가능하여 상표권과 권리충돌이 발생하는 등 그 특성상 복잡한 논란이나 부작용이 야기될 소지가 있다는 지적이 있었다. 예를 들면, 90년대 유명 인기 그룹이었던 H.O.T 멤버들이 2018년 재결합 콘서트를 개최하는 가운데, 'H.O.T' 상표권을 개인적으로 보유하고 있던 SM기획의 전 대표가 'H.O.T' 상표를 무단사용하였다고 주장하며 3억원 상당의 손해배상을 청구하는 소송을 제기하였다.[12]

이러한 상황 속에서 2021년 12월 7일 개정 부정경쟁방지법에 유명인의 초상, 성명과 같은 인적 식별표지에 대한 무단사용을 새로운 부정경쟁행위로 신설((타)목)하게 되었다. 대법원의 BTS 판결은 본 개정에 영향을 미친 것으로 평가되며 유명인의 인적 식별표지의 무단사용을 부정경쟁행위로 명문화함으로써 법 적용의 명확성과 통일성 및 안정성을 확보할 수 있게 되었다.[13] (타)목은 "국내에 널리 인식되고 경제적 가치를 가지는 타인의 성명, 초상, 음성, 서명 등 그 타인을 식별할 수 있는 표지를 공정한 상거래 관행이나 경쟁질서에 반하는 방법으로 자신의 영업을 위하여 무단으로 사용함으로써 타인의 경제적 이익을 침해하는 행위"를 규정하고 있다.

이번 개정으로 (타)목이 신설되면서 인격표지의 무단사용 행위를 부정경쟁행위로 규정하게 되었지만, 부정경쟁방지법은 경쟁원리에 따른 행위 규제를 원칙으로 하므로 '퍼

---

10) 2022년 4월 5일 법무부는 인격권과 인격권 침해 배제·예방 청구권을 명문화하는 내용의 민법 개정안을 입법예고했다. (민법 일부개정법률(안) 입법예고, 법무부공고 제2022-86호)
11) 권태상, "미국법상 퍼블리시티권", 「비교사법」, 제23권 제1호, 한국비교사법학회, 2016, 75면 이하.
12) 2021년 5월 28일 서울중앙지법 민사합의 62부는 상표권자인 전 SM기획 대표이사가 제기한 상표권 침해금지 등 청구소송에서 원고 패소 판결을 내렸고, 최종적으로 특허법원이 상표 등록무효 판결을 하였다. "17년 만에 돌아온 H.O.T. … 콘서트서 이름 부르지 못한 이유", 중앙일보, 2018.10.15.
13) 윤선희, 「지적재산권법」, 제19정판, 세창출판사, 2022, 제7장; Lee & Ko 지식재산권 그룹, "데이터 및 유명인의 초상, 성명 등 보호를 위한 부정경쟁방지법 개정", Lee & Ko Newsletter 2021.11.

블리시티권'과 같은 배타적 권리를 부여하지는 않는다. 또한, 성명, 초상, 음성, 서명 등 그 타인을 식별할 수 있는 표지는 모두 보호 대상이 되도록 명확히 하였지만, '국내에 널리 인식되고 경제적 가치를 가지는 것'으로 식별표지가 '주지성'과 '경제적 가치'를 지닌 경우로 한정하였다. 타인의 인적 식별표지를 무단사용하는 행위에 대해서는 행정조사와 금지청구, 손해배상 등 민사조치를 할 수 있도록 하되, 형사처벌 대상에서는 제외하였다(제18조 제3항).

나. 저작권법 전면개정안

2021년 1월 15일 도종환 의원이 발의한 「저작권법 전부개정법률안」에는 '초상등'의 보호에 관한 규정을 신설하여 퍼블리시티권을 규정하였다.[14] 개정안에는 인격표지의 정의, 보호기간, 상속, 양도(불가) 등에 관한 규정을 두고 있다. 먼저 개정안은 "초상등"을 '사람의 성명·초상·목소리 또는 그 밖에 이와 유사한 것으로 그 사람을 특정할 수 있는 것'으로 정의한다(제2조 제22호). 그리고 개정안은 초상등에 대한 '재산적 권리'를 인정하고(제123조 및 제126조),[15] 그 보호 대상을 유명인에 한정하지 않고 모든 사람을 포함한다는 점에서 부정경쟁방지법과 다르다.

초상등재산권은 초상등재산권자의 일신에 전속하며(제128조 제1항), 다른 사람에게 양도 또는 압류하거나 담보로 제공할 수 없도록 하였다(제128조 제2항). 따라서 초상등 재산권은 일신전속성에 따라 그의 생존기간 동안 재산권으로 보호받을 수 있다. 또한, 초상등재산권자는 다른 사람에게 이용을 허락할 수 있으며(제129조 제1항), 허락을 받은 사람은 허락받은 이용 방법 및 조건의 범위 안에서 초상등을 이용할 수 있으며(제129조 제2항), 그의 명예를 훼손하는 방법으로 그 초상등을 이용할 수 없다(제129조 제4항).

개정안은 초상등의 이용에 관하여 일정한 초상등재산권의 제한을 규정하고 있는데, 예를 들면, 학교교육 목적, 시사보도, 공표된 저작물의 인용, 사적이용을 위한 복제 등을 위하여 초상등을 이용하더라도 침해를 구성하지 않게 함으로써 재산권과 공공의 이익 간에 균형을 유지할 수 있도록 하였다. 현재 본 개정안은 초상등에 대하여 저작권법을 타법에 우선하여 적용하도록 규정하고 있는바(제125조), 동 개정안이 입법될 경우 부정경쟁방지법 (타)목의 적용 범위가 축소될 여지가 있어 추이가 주목된다.

---

14) 저작권법 전부개정법률안, 2021년 1월 15일 (의안번호: 2107440호).

15) 개정안 제126조에서 "초상등이 특정하는 사람은 자신의 초상등을 상업적 목적을 위하여 일반 공중에게 널리 인식되도록 하는 방법으로 이용할 수 있는 권리를 가진다."라고 규정한다.

참고문헌

■ 국내문헌

Lee & Ko 지식재산권 그룹, "데이터 및 유명인의 초상, 성명 등 보호를 위한 부정경쟁방
　　　지법 개정", Lee & Ko Newsletter 2021.11.

권태상, "미국법상 퍼블리시티권", 「비교사법」, 제23권 제1호, 한국비교사법학회, 2016.

손승우, 「지식재산권법의 이해」, 제3판, 동방문화사, 2019.

윤선희, 「지적재산권법」, 제19정판, 세창출판사, 2022.

중앙일보, "17년 만에 돌아온 H.O.T. … 콘서트서 이름 부르지 못한 이유", 2018.10.15.

■ 기타 자료

대법원 2016. 9. 21. 선고 2016다229058 판결.

대법원 2017. 6. 15. 선고 2017다200139 판결.

대법원 2020. 3. 26. 선고 2016다276467 판결.

대법원 2020. 7. 9. 선고 2017다217847 판결.

서울지방법원 1995. 6. 23. 선고 94카합9230 판결.

서울남부지방법원 2019. 5. 2.자 2019카합20050 결정.

서울서부지방법원 2014. 7. 24. 2013가합32048 판결.

수원지방법원 성남지원 2014. 1. 22. 2013가합201390 판결.

대법원 2020. 3. 26. 선고 2016다276467 판결

부정경쟁방지법상 기타 성과 도용행위의 요건 및 판단 기준

임 형 주 (법무법인(유한) 율촌 변호사)

Ⅰ. 판결의 개요

1. 사건의 개요

이 사건 원고들은 각각 회원제 골프장을 소유·운영하는 회사들이고, 피고 주식회사 골프존(이하 '피고')은 골프시뮬레이터 시스템을 개발하여 스크린 골프장 운영업체에게 이를 이용할 수 있도록 온라인 서비스를 제공하거나 직접 스크린 골프장을 운영하는 사업 등을 영위하는 회사다.

피고는 2000. 5. 설립된 이래 국내외 유명 골프장의 모습을 거의 그대로 재현하여 3D 영상으로 제공하고, 이용자의 골프 스윙을 감지하여 3D 골프장 영상 속 공의 움직임으로 변환하는 골프시뮬레이터 개발로 큰 성공을 거두었다. 피고가 재현하여 3D 영상으로 제공한 골프장에는 원고들이 소유·운영하는 골프장(이하 '이 사건 골프장')도 포함되어 있었다.

원고들은 2014. 3. 28. 피고를 상대로, 피고는 원고들의 허락 없이 무단으로 이 사건 골프장의 모습을 그대로 재현한 시뮬레이션 시스템을 개발하여 사용하고 있는바, 이는 이 사건 골프장에 대한 원고들의 저작재산권을 침해하는 행위라는 이유로 손해배상청구의 소를 제기하였다. 원고들은 항소심에서 피고의 행위가 민법상 불법행위 내지 부

정경쟁방지 및 영업비밀보호에 관한 법률(이하 '부정경쟁방지법') 제2조 제1호 (차)목[현재 (카)목, 2022. 4. 20. 개정 부정경쟁방지법 시행 이후 (파)목, 이하 '기타 성과 도용행위']에 해당한다는 주장을 추가하였다.

2. 대상판결의 요지

가. 원심판결

(1) 제1심 판결[1]

제1심은 골프장은 저작권의 보호대상인 저작물에 해당할 수 있다는 전제 하에, 이 사건 골프장은 다른 골프장들과 구별할 수 있을 정도의 창조적인 개성이 인정되어 이를 저작물로 인정하였으며, 이 사건 골프장의 저작재산권자를 각 골프장의 최초 조성자 내지 최초 조성자로부터 저작재산권을 양수한 원고들로 인정하였다. 나아가, 제1심은 피고가 이 사건 골프장을 거의 그대로 재현한 시뮬레이션 시스템을 제작하여 스크린골프 운영업체에 그 사용을 위한 온라인 서비스를 제공한 행위를 각 골프장에 대한 원고들의 저작재산권(복제권, 전송권) 침해로 인정하고, 원고들의 손해배상청구를 일부 인용하였다.

(2) 항소심 판결[2]

먼저 저작재산권 침해를 원인으로 한 손해배상청구에 관하여, 항소심은 이 사건 골프장이 인간의 사상 또는 감정이 표현된 것으로서 창작성을 갖추어 저작권의 보호대상인 저작물에 해당한다는 제1심 판단을 긍정하면서도, 골프장과 같은 건축저작물의 저작자는 골프장 건축주가 아닌 설계자이고, 원고들이 이 사건 골프장의 설계자로부터 저작재산권을 양수하였거나 골프장을 직접 설계하였다고 인정할 증거가 없다는 이유로 원고들이 이 사건 골프장의 저작재산권자임을 전제로 한 이 부분 청구를 기각하였다.

다음으로 민법상 불법행위 내지 기타 성과 도용행위를 원인으로 한 손해배상청구에 관하여, 항소심은 "이 사건 각 골프장의 골프코스의 모습, 즉 골프코스를 실제로 골프장 부지에 조성함으로써 외부로 표현되는 지형, 경관, 조경요소, 설치물 등이 결합된 이 사건 각 골프장의 골프코스의 모습 내지 종합적인 '이미지'는 원고들의 상당한 투자나 노력으로 만들어진 성과에 해당한다"고 인정하였다. 나아가, 항소심은 피고가 이 사건

---

1) 서울중앙지방법원 2015. 2. 13. 선고 2014가합520165 판결.
2) 서울고등법원 2016. 12. 1. 선고 2015나2016239 판결.

골프장의 모습을 거의 그대로 재현함으로써, 경쟁관계에 있는 원고들의 상당한 노력과 투자에 편승하여 이 사건 골프장의 모습(이미지)을 자신의 영업을 위해 무단으로 이용하여 원고들의 경제적 이익을 침해하였다는 이유로 이 부분 청구를 일부 인용하였다.

나. 대법원 판결

대법원은 기타 성과 도용행위의 요건, 즉 '① 타인의 상당한 투자나 노력으로 만들어진 ② 성과 등을 ③ 공정한 상거래 관행이나 경쟁질서에 반하는 방법으로 자신의 영업을 위하여 무단으로 사용할 것'에 대하여 다음과 같은 판단기준을 제시하였다.

① 성과 등: 기타 성과 도용행위는 성과의 유형에 제한을 두고 있지 않으므로 종래 지식재산권법에 따라 보호받기 어려웠던 새로운 형태의 유형물·무형물이 이에 포함될 수 있으며, 판단 시 이와 같은 결과물이 갖게 된 명성이나 경제적 가치, 결과물에 화체된 고객흡인력, 해당 사업 분야에서 결과물이 차지하는 비중과 경쟁력 등을 종합적으로 고려해야 한다.

② 타인의 상당한 투자나 노력: 권리자가 투입한 투자나 노력의 내용과 정도를 그 성과 등이 속한 산업분야의 관행이나 실태에 비추어 구체적·개별적으로 판단하되, 성과 등을 무단으로 사용함으로써 침해된 경제적 이익이 누구나 자유롭게 이용할 수 있는 이른바 공공영역(公共領域, public domain)에 속하지 않는다고 평가할 수 있어야 한다.

③ 공정한 상거래 관행이나 경쟁질서에 반하는 방법으로 자신의 영업을 위하여 무단으로 사용: 권리자와 침해자가 경쟁 관계에 있거나 가까운 장래에 경쟁관계에 놓일 가능성이 있는지, 권리자가 주장하는 성과 등이 포함된 산업분야의 상거래 관행이나 경쟁질서의 내용과 그 내용이 공정한지, 위와 같은 성과 등이 침해자의 상품이나 서비스에 의해 시장에서 대체될 수 있는지, 수요자나 거래자들에게 성과 등이 어느 정도 알려졌는지, 수요자나 거래자들의 혼동가능성이 있는지 등을 종합적으로 고려해야 한다.

대법원은, 이 사건 골프장의 종합적인 '이미지'는 골프코스 설계와는 별개로 골프장을 조성·운영하는 원고들의 상당한 투자나 노력으로 만들어진 성과에 해당하고, 원고들과 경쟁관계에 있는 피고가 이 사건 골프장의 모습을 거의 그대로 재현한 골프 시뮬레이터를 제작·사용한 행위는 원고들의 성과를 공정한 상거래 관행이나 경쟁질서에 반하는 방법으로 피고의 영업을 위하여 무단으로 사용함으로써 위 원고들의 경제적 이익을 침해하는 행위로 보아 원심 판단을 긍정하고 상고를 모두 기각하였다.

II. 해 설

1. 기타 성과 도용행위의 연혁 및 의의

2013. 7. 30. 도입되어 2014. 1. 31.부터 시행된 부정경쟁방지법 제2조 제1호 (카)목 [2018. 4. 17. 개정 이전 (차)목, 2022. 4. 20. 개정 이후 (파)목]은 "그 밖에 타인의 상당한 투자나 노력으로 만들어진 성과 등을 공정한 상거래 관행이나 경쟁질서에 반하는 방법으로 자신의 영업을 위하여 무단으로 사용함으로써 타인의 경제적 이익을 침해하는 행위"를 부정경쟁행위의 한 유형으로 규정하고 있다.

기타 성과 도용행위가 도입되기 이전 부정경쟁방지법은 제2조 제1호 (가) 내지 (자)목에서 9가지 유형의 부정경쟁행위를 열거식으로 규정하였다. 이는 상품표지[(가)목], 영업표지[(나)목], 등록되지 아니한 상품형태[(자)목] 등 기존 지식재산권법으로 보호에 한계가 있었던 유·무형의 성과에 편승하는 행위를 금지하였다는 의의가 있었으나, 기술이 발전하고 시장이 변화함에 따라 생겨나는 새로운 유형의 성과, 그리고 이러한 성과의 도용에 대처하기 어렵다는 한계를 지니고 있었다.[3]

이에 대법원은 "경쟁자가 상당한 노력과 투자에 의하여 구축한 성과물을 상도덕이나 공정한 경쟁질서에 반하여 자신의 영업을 위하여 무단으로 이용함으로써 경쟁자의 노력과 투자에 편승하여 부당하게 이익을 얻고 경쟁자의 법률상 보호할 가치가 있는 이익을 침해하는 행위는 부정한 경쟁행위로서 민법상 불법행위에 해당한다"고 보고, 이러한 행위에 대한 손해배상청구뿐만 아니라 금지 또는 예방의 청구까지 긍정하여 입법적 공백을 메워왔다.[4]

기타 성과 도용행위는 위 대법원 판시를 거의 동일하게 부정경쟁행위의 한 유형으로 신설하였다. 대법원은 기타 성과 도용행위의 의미를 "새로이 등장하는 경제적 가치를 지닌 무형의 성과를 보호하고 입법자가 부정경쟁행위의 모든 행위를 규정하지 못한 점을 보완하여 법원이 새로운 유형의 부정경쟁행위를 좀 더 명확하게 판단할 수 있도록 함으로써, 변화하는 거래관념을 적시에 반영하여 부정경쟁행위를 규율하기 위한 보충적 일반조항"으로 보고 있다.[5]

---

3) 정상조, 「부정경쟁방지법 주해」, 박영사, 2020, 208면.
4) 대법원 2012. 3. 29. 선고 2010다20044 판결; 대법원 2010. 8. 25.자 2008마1541 결정.
5) 대법원 2020. 3. 26. 선고 2016다276467 판결; 대법원 2020. 6. 25. 선고 2019다282449 판결 등.

2. 기타 성과 도용행위의 요건 및 판단 기준

기타 성과 도용행위는 다른 지식재산권법에서 찾기 힘든 보충적 일반조항으로, 권리자의 보호와 자유로운 경쟁 사이의 균형을 추구하는 지식재산권법제도를 무력화할 가능성이 높으며, 추상적 요건으로 인해 법적 안정성을 해할 것이라는 우려가 제기되어 왔다.[6]

대법원은 기타 성과 도용행위의 도입 이후 다수의 사건에서 기타 성과 도용행위의 판단 기준을 정립하였으며, 대상판결은 '① 타인의 상당한 투자나 노력으로 만들어진 ② 성과 등을 ③ 공정한 상거래 관행이나 경쟁질서에 반하는 방법으로 자신의 영업을 위하여 무단으로 사용할 것'의 각 요건에 대해 상당히 자세한 판단 기준을 제시하고 있다. 이를 분석하면 다음과 같다.

가. 성과 등

대상판결에서 대법원은 성과 등에 유형물뿐만 아니라 무형물도 포함되고, 종래 지식재산권법에 따라 보호받기 어려웠던 새로운 형태의 결과물도 포함될 수 있으며, 판단할 때에는 위와 같은 결과물이 갖게 된 명성이나 경제적 가치, 결과물에 화체된 고객흡인력, 해당 사업 분야에서 결과물이 차지하는 비중과 경쟁력 등을 종합적으로 고려해야 한다고 판시하였다.

즉, 대법원은 보호대상인 성과의 유형에는 제한을 두지 않으면서도 성과의 가치 내지 중요도를 고려하여 사소한 성과는 기타 성과 도용행위의 적용범위에 포함되지 않는다는 입장이다. 위 판단 기준에 따를 때, 성과 자체를 객관적으로 보아 상당한 명성, 경제적 가치, 고객흡인력 등 이를 도용함으로써 편승할 수 있는 가치가 있지 아니하다면 기타 성과 도용행위의 보호대상이 될 수 없다.

나. 타인의 상당한 투자나 노력

대상판결에서 대법원은 성과 등이 '상당한 투자나 노력으로 만들어진' 것인지는 권리자가 투입한 투자나 노력의 내용과 정도를 그 성과 등이 속한 산업분야의 관행이나 실태에 비추어 구체적·개별적으로 판단하되, 성과 등을 무단으로 사용함으로써 침해된 경제적 이익이 누구나 자유롭게 이용할 수 있는 이른바 공공영역(公共領域, public

---

6) 정진근, "「부정경쟁방지 및 영업비밀보호에 관한 법률」에 대한 입법평가", 한국법제연구원, 2018, 22면.

domain)에 속하지 않는다고 평가할 수 있어야 한다고 판시하였다.

대상판결은 특정 성과가 기타 성과 도용행위의 보호대상인 '성과 등'에 해당하는지 여부와 이러한 성과가 '타인의 상당한 투자나 노력'으로 만들어진 것인지 여부를 분리하여 각각에 대한 기준을 제시하고 있다. 이는 '성과 등'에 해당하는지 여부는 성과 자체에 상당한 가치가 있는지 여부를 판별하는 것임에 비해, '타인의 상당한 투자나 노력'으로 만들어진 것인지 여부는 성과를 만들기 위해 들인 노력에 비추어 볼 때 성과의 소유자를 법적으로 보호할 필요가 있는지 규범적으로 판단하는 것이라는 취지로 보인다. 즉, 노력과 투자를 통해 이룬 것이 아니라 순간적인 착상에 의한 것인 성과는 경제적 자치가 상당하더라도 기타 성과 도용행위의 보호대상이 되기 어렵다.[7]

대상판결은 본 요건에 대한 판단기준을 비교적 추상적으로 제시하면서도 성과 등이 누구나 자유롭게 이용할 수 있는 공공영역에 속하지 않아야 한다는 조건을 부가하였다. 기타 성과 도용행위에 대하여 종래의 지식재산권의 보호 기준에 부합하지 않는 성과는 누구나 자유롭게 이용할 수 있는 공공영역에 있는 것이므로, 이를 무단으로 사용하였다고 하여 곧바로 위법하다고 판단할 수 없다는 지적이 있다.[8] 대상판결이 성과가 공공영역에 속하지 않을 것이라는 조건을 부가한 것은 특허법, 상표법, 저작권법 등 기존 지식재산권법 체계에 의할 때 공공영역에 해당하는 성과의 사용에 대해서는 기타 성과 도용행위를 인정할 수 없거나, 적어도 보다 신중히 인정하여야 한다는 의미로 보인다.

다. 공정한 상거래 관행이나 경쟁질서에 반하는 방법으로 자신의 영업을 위하여 무단으로 사용

대상판결에서 대법원은 성과를 '공정한 상거래 관행이나 경쟁질서에 반하는 방법으로 자신의 영업을 위하여 무단으로 사용'하였는지 여부의 판단은 권리자와 침해자가 경쟁 관계에 있거나 가까운 장래에 경쟁관계에 놓일 가능성이 있는지, 권리자가 주장하는 성과 등이 포함된 산업분야의 상거래 관행이나 경쟁질서의 내용과 그 내용이 공정한지, 위와 같은 성과 등이 침해자의 상품이나 서비스에 의해 시장에서 대체될 수 있는지, 수요자나 거래자들에게 성과 등이 어느 정도 알려졌는지, 수요자나 거래자들의

---

7) 손천우, "부정경쟁방지법 제2조 제1호 (카)목이 규정하는 성과물 이용 부정경쟁행위에 관한 연구", 「사법」, 통권 제55호, 사법발전재단, 2021, 1034면.
8) 신지혜, "부정경쟁방지법 제2조 1호 일반조항의 적용 기준에 관한 고찰-대법원 2020. 3. 26. 선고 2016다276467 판결을 계기로-", 「법조」, 통권 제750호, 법조협회, 2021, 437면.

혼동가능성이 있는지 등을 종합적으로 고려해야 한다고 판시하였다.

성과의 사용이 공정한 상거래 관행이나 경쟁질서에 반하는지 여부는 실제 사례에서 가장 많이 문제되는 요건으로,[9] 대상 판결은 이에 관하여 가장 풍부한 판단 기준을 제시하고 있다. 권리자와 침해자가 경쟁 관계에 있는지 여부, 성과가 침해자의 상품에 의해 대체될 수 있는지 여부, 수요자나 거래자들의 혼동가능성이 있는지 여부 등은 결국 침해자의 행위로 인해 권리자가 성과로부터 향유하고 있거나 잠재적으로 향유할 수 있는 보호가치 있는 이익이 줄어들지 여부를 가리는 것으로 보인다. 대법원은 기타 성과 도용행위 시행 전후 다수의 사건들에서, 성과 등에 기여한 주체에게 사전에 동의를 받거나 대가를 지급하는 것이 해당 분야의 상거래 관행이나 경쟁질서임에도 불구하고 그러한 동의를 받거나 대가를 지급하지 않았다면 불법행위 내지 기타 성과 도용행위를 인정하였다.[10]

다만, '수요자나 거래자들에게 성과 등이 어느 정도 알려졌는지'는 성과가 기타 성과 도용행위의 보호대상인 '성과 등'에 해당하는지 여부를 판단할 때 고려할 요소로, 본 요건의 판단 기준으로 삼는 것은 부적절해 보인다.

3. 이 사건에의 적용

대상판결은 피고가 도용한 원고들의 성과를 이 사건 골프장의 종합적인 '이미지'로 보았다. 이러한 이미지는 설계자의 저작물인 골프코스 자체와는 별개의 것으로, 기존 지식재산권법에 규정되지 아니한 새로운 형태의 무형적 결과물에 해당한다.

아울러, 항소심은 골프코스를 부지에 실제로 조성하는 과정에서 원고들이 막대한 비용을 투자하였으므로 이 사건 골프장의 이미지는 원고들의 상당한 투자나 노력으로 만들어진 것으로 보았고, 대상판결은 이러한 판단을 긍정하였다. 항소심은 피고가 원고들로부터 이 사건 골프장을 3D 영상으로 구현하기 위한 허락을 구한 점을 들어, 피고 역시 위 성과가 원고들의 상당한 투자나 노력으로 만들어진 것으로서 법률상 보호가치 있는 성과물에 해당함을 인식하고 있었다고 보았다.

마지막으로, 항소심은 대다수의 골프 이용자가 스크린골프와 필드 골프를 모두 이용하여 골프장을 소유·운영하는 원고들과 골프시뮬레이터를 제작·공급하는 피고는 경쟁관계에 있고, 스크린골프가 필드 골프의 수요를 대체하는 경우가 있다는 점 등을 이

9) 손천우, 앞의 논문(주 7), 1040면.
10) 손천우, 앞의 논문, 1042면.

유로 피고가 이 사건 골프장의 이미지를 무단으로 사용함으로써 원고들의 경제적 이익을 침해하였다고 판단하였다. 이는 결국 성과를 '공정한 상거래 관행이나 경쟁질서에 반하는 방법으로 자신의 영업을 위하여 무단으로 사용'하였는지 여부에 관하여 대상판결이 제시한 판단 기준 중 '권리자와 침해자가 경쟁 관계에 있거나 가까운 장래에 경쟁 관계에 놓일 가능성이 있는지' 여부, 그리고 '성과 등이 침해자의 상품이나 서비스에 의해 시장에서 대체될 수 있는지' 여부에 각각 대응하는 것으로 보인다.

4. 기타 성과 도용행위와 타 부정경쟁행위 및 지식재산권법과의 관계

가. 전통적 지식재산권법 및 기존 부정경쟁행위와의 관계

기타 성과 도용행위는 성과 및 도용행위의 태양에 문언상 제한이 없는 광범위한 보충적 일반조항으로, 전통적 지식재산권법과의 관계가 문제된다. 부정경쟁방지법 제15조 제1항은 특허법, 실용신안법, 디자인보호법, 상표법, 농수산물 품질관리법 또는 저작권법에 부정경쟁방지법 제2조 내지 제6조, 제18조 제3항과 다른 규정이 있으면 그 법에 따른다고 하여, 전통적 지식재산권법이 기타 성과 도용행위를 포함한 부정경쟁행위 규정에 우선한다고 명시하고 있다. 이는 특허법 등 전통적 지식재산권법에 의하여 국가가 정당한 권리로 인정한 것은 그 권리가 소멸하지 않는 한 기타 성과 도용행위를 포함한 부정경쟁행위 규정에 의해 규제하는 것은 타당하지 아니함을 의미한다.[11] 물론, 전통적 지식재산권법에 의하여 보호되는 권리일지라도 그 법에 저촉되지 아니하는 범위 내에서는 기타 성과 도용행위를 포함한 부정경쟁행위 규정이 적용될 수 있다.[12]

한편, 기타 성과 도용행위와 부정경쟁방지법 제2조 제1호 (가)목 내지 (자)목의 기존 부정경쟁행위와의 관계도 문제되어 왔다. 실무적으로도 다른 부정경쟁행위를 주위적 청구원인으로, 기타 성과 도용행위를 예비적 청구원인으로 주장하는 경우가 흔하다. 이에 관하여는 기타 성과 도용행위가 보충적 일반조항임을 강조하여 보충성을 엄격하게 적용해야 한다는 견해와 보충성을 유연하게 적용해야 한다는 견해가 대립하나, 기타 성과 도용행위는 시간이 지나며 대상판결 등으로 그 독자적인 요건이 규명되고 있고, 다른 지식재산권법 사이에도 중복되는 영역이 있어 왔음에도 판례는 이를 합리적으로 해결하여 왔음을 고려하면 기타 성과 도용행위는 독자적인 부정경쟁행위의 유형으로

11) 윤선희, 「지적재산권법」, 제16정판, 세창출판사, 2016, 552면.
12) 손천우, 앞의 논문(주 7), 1022면.

보아야 하고, 보충성을 엄격하게 적용하는 것은 부적절해 보인다. 다만, 다른 부정경쟁행위가 인정되기 어렵다는 이유만으로 기타 성과 도용행위를 무분별하게 예비적 청구원인으로 주장하는 행위는 기타 성과 도용행위의 독자성을 오히려 퇴색시킬 수 있으므로 지양되어야 할 것이다.

나. 새로운 부정경쟁행위와의 관계

기타 성과 도용행위가 보충적 일반조항으로서 부정경쟁방지법에 추가된 이후, 2018. 4. 17. 개정되어 2018. 7. 18. 시행된 부정경쟁방지법은 (차)목으로 아이디어 탈취행위를, 2021. 12. 7. 개정되어 2022. 4. 20. 시행된 개정 부정경쟁방지법은 (카)목으로 데이터 부정사용행위, (타)목으로 퍼블리시티 도용행위를 새로운 부정경쟁행위로 추가하였다.

그런데 아이디어 탈취행위, 데이터 부정사용행위, 퍼블리시티 도용행위는 모두 이미 기타 성과 도용행위로 금지되었던 행위들이라고 볼 여지가 있다. 가령, 소속사의 허락 없이 방탄소년단(BTS)의 화보집을 판매한 행위가 소속사의 성과인 방탄소년단의 명성, 신용, 고객흡인력을 도용한 기타 성과 도용행위로 판단하였던 사안에서,[13] 이러한 행위는 퍼블리시티 도용행위로 볼 수도 있을 것이다. 이러한 새로운 부정경쟁행위가 기존에 기타 성과 도용행위로 규율되던 행위들 중 일부를 독자적 부정경쟁행위 유형으로 구체화한 것인지, 아니면 기존에 기타 성과 도용행위로 규율되지 아니하던 행위들을 새롭게 부정경쟁행위법의 보호 범위로 포섭한 것인지는 향후 연구 및 실무로 규명되어야 할 것이다.

5. 결 론

이상에서 대상판결의 요지, 대상판결이 제시한 기타 성과 도용행위의 요건 및 판단 기준, 그리고 기타 성과 도용행위와 타 부정경쟁행위 및 지식재산권법과의 관계를 살펴 보았다. 대상판결은 새로운 유형의 성과를 보호하고, 이러한 성과에 대한 새로운 유형의 부당한 침해를 막기 위한 기타 성과 도용행위의 요건 및 판단기준을 비교적 명확히 제시하였다는 데 그 의의가 있다. 그러나 기타 성과 도용행위와 전통적 지식재산권법 및 타 부정경쟁행위, 특히 아이디어 탈취행위, 데이터 부정사용행위, 퍼블리시티 도용행위와의 이론적 · 실무적 관계는 앞으로도 주목하여야 할 영역으로 남아 있다.

---

13) 대법원 2020. 3. 26.자 2019마6525 결정.

참고문헌

■ 국내문헌

손천우, "부정경쟁방지법 제2조 제1호 (카)목이 규정하는 성과물 이용 부정경쟁행위에 관한 연구", 「사법」, 통권 제55호, 사법발전재단, 2021.

신지혜, "부정경쟁방지법 제2조 1호 일반조항의 적용 기준에 관한 고찰ー대법원 2020. 3. 26. 선고 2016다276467 판결을 계기로ー", 「법조」, 통권 제750호, 법조협회, 2021.

윤선희, 「지적재산권법」, 제16정판, 세창출판사, 2016.

정상조, 「부정경쟁방지법 주해」, 박영사, 2020.

■ 기타 자료

정진근, "「부정경쟁방지 및 영업비밀보호에 관한 법률」에 대한 입법평가", 한국법제연구원, 2018.

서울고등법원 2021. 9. 9.자 2020나2038172 판결[1]

영업비밀의 공동 귀속과 그 실시

강 태 욱 (법무법인(유한) 태평양 변호사)

Ⅰ. 판결의 개요

1. 사건의 개요

가. 사실관계

원고는 평판 디스플레이 패널 생산 설비의 제조 판매업체이고, 피고1은 평판 디스플레이 패널 생산용 설비를 제조, 판매하는 업체, 피고2는 원고 또는 피고1로부터 위 설비에 포함되는 부품 제작을 의뢰받아 공급하는 업체이다.

피고1은 원발주자인 S사와 사이에 패널 생산 설비를 납품하기로 하는 계약을 체결하였는데, 피고1은 해당 장비 중 일부는 직접 제작하고 나머지 일부(VTS, 진공이송시스템 등)는 2차 협력업체인 원고를 통해 제작하기로 하여, 2016. 원고와 사이에 VTS 공급을 위한 거래기본계약을 체결하였다.

이후 원고는 피고2와 다른 업체 등 원고의 하청업체들에게 관련 VTS 장비의 부품 도면을 제공하여 부품을 제작하게 하는 등 위 거래기본계약에 따라 피고1로부터 발주받은 VTS 장비 1차분을 제작하여 납품하였다.

이후 원고는 피고1에게 VTS 1차분 제작, 납품 과정에서 추가비용이 발생하였음을 이유로 그 보전을 요구하다 협의가 되지 않자 나머지 VTS 장비의 제작을 포기한다는

---

[1] 2022. 5. 1. 현재 대법원 2021다28939 사건으로 상고심 진행 중이다.

의사를 표시하였고, 그 후 피고1은 피고2를 포함한 다른 협력업체들에게 나머지 장비의 제품 제작을 의뢰하여 완성 후 발주자인 S사에 납품하였다.

원고와 피고1 사이에 체결된 계약에는 양자 사이에 공동연구개발 등을 통해 창출된 정보, 지식재산권 등의 귀속에 관한 내용이 없었다.

나. 당사자들의 주장

원고는 이 건 대상이 되는 VTS 장비 관련 도면들은 원고의 영업비밀에 해당하고, 피고2는 원고로부터 VTS 1차분을 생산하기 위하여 제공받은 위 도면을 비밀로 유지할 의무가 있음에도 불구하고 이를 사용하여 VTS 2차, 3차분을 제작하여 피고1에게 납품하였고 이 도면 자료를 피고1에게 제공하였는바 이러한 행위는 부정경쟁방지법 제2조 제3호 (라)목의 영업비밀 침해행위에 해당한다고 주장하였다. 또한 원고는, 피고1은 원고와 VTS 2차, 3차분 제작에 대한 추가 공급계약을 체결하지 못하여 위 도면을 사용할 수 없다는 것을 알면서도 원고 또는 피고2로부터 제공받은 도면을 VTS 제작에 사용하였는바, 이러한 피고1의 행위는 부정경쟁방지법 제2조 제3호 (라) 또는 (마)목의 영업비밀 침해행위에 해당한다고 주장하였다. 원고는 이러한 주장을 근거로 피고들에 대하여 영업비밀의 폐기 및 손해배상을 구하였다.

이에 대하여 피고들은, 원고가 주장하는 설계도면은 애초 설계자인 I사가 S사에 VTS 장비를 납품하는 과정에서 원고가 I사로부터 취득한 도면과 실질적으로 차이가 없으므로 원고가 이를 근거로 영업비밀 침해를 주장할 수 없고, 원고가 주장하는 설계도면은 I사의 도면과 대비하여 볼 때 변경, 추가된 부분이 기술적 가치가 크지 않고 비밀로 관리되지도 않았으므로 영업비밀에 해당하지 아니한다고 주장하였다. 또한, 피고1은 VTS 설계도면의 작성에 실질적으로 기여하였으므로 영업비밀의 공동보유자로서 사용할 권한이 있고, 따라서 피고1이 이를 사용하여도 비밀침해에 해당하지 아니하며, 피고2에게 이 사건 설계도면을 사용하여 생산하게 한 것은 피고1의 정당한 권리행사에 해당하고, 피고2 역시 영업비밀 보유자인 피고1로부터 도면의 사용을 허락받았으므로 이를 사용하여 제품을 제작한 행위는 영업비밀의 침해에 해당하지 아니한다고 주장하였다.

2. 대상판결의 요지

가. 1심 판결

영업비밀의 보유자란 당해 정보를 자신이 직접 생산, 개발한 경우나 법적으로 유효한 거래행위에 의하여 이를 취득하는 등으로 정당한 권한을 가진 자를 의미한다. 한편, 복수의 주체가 공동연구개발을 통해 생산, 개발한 영업비밀에 대해서 별도로 귀속에 대하여 정하지 않았다면 그 영업비밀은 이를 생산, 개발하는 과정에 실질적으로 기여한 연구개발 주체에게 공동귀속된다.

영업비밀도 독립한 경제적 가치를 갖는 무형의 기술상 또는 경영상의 정보이므로 다른 지식재산과 마찬가지로 공동 보유자 1인에 의한 자유 사용이 허용된다고 보아야 한다. 만일 그렇게 보지 않으면 공동 보유자들 전원이 동의하지 않는 경우 극단적으로 다수의 공동보유자 중 1인이 반대하기만 하면 누구도 영업비밀을 사용할 수 없게 된다. 이러한 결과는 부정경쟁방지법이 영업비밀을 보호하는 취지에도 반하고 생산, 판매, 그 밖에 영업활동에 유용하게 사용될 것을 전제로 하는 영업비밀의 본질에도 부합하지 않는다.

공동 보유자 사이의 법률관계는 별도의 약정으로 정하지 않는 한 민법 제278조에 따라 준공유 관계에 있으므로 민법 제262조 이하의 규정이 적용된다. 공동보유자 중 1인은 공동보유하는 영업비밀의 전부를 지분의 비율로 사용, 수익할 수 있다. 따라서 공동 보유자 1인이 영업비밀을 사용하는 것은 영업비밀 침해행위에 해당하지 않는다. 다만, 영업비밀을 사용하여 생산한 제품이 독과점적 시장구조에서만 판매되는 것으로 공동 보유자 1인이 영업비밀 전부를 사용하여 수익을 얻는 것으로 인하여 다른 공동 보유자가 그 영업비밀을 사용, 수익하지 못하는 손해를 입었다고 볼 수 있는 경우에는 영업비밀을 사용하여 수익을 얻은 공동 보유자에게 자신의 지분 비율만큼 부당이득으로 반환할 것을 청구할 수 있다.

나. 2심 판결의 요지

영업비밀이 공동으로 귀속되는 경우 공동보유자 중 1인이 다른 보유자의 동의 없이 영업비밀을 사용한 행위가 영업비밀 침해행위에 해당하는지 여부에 대하여 부정경쟁방지법에 명시적인 규정은 없으나, 영업비밀의 공동보유자도 그들 사이에 달리 약정이 없는 한 영업비밀성을 상실하게 하지 않는 이상 다른 보유자의 동의가 없더라도 영업비밀을 사용할 수 있고 영업비밀 침해행위에도 해당하지 않는다고 봄이 상당하다.

이는 영업비밀 공동보유자가 직접 기술정보를 실시하는 경우뿐 아니라, 영업비밀 공동보유자가 자신이 기술정보를 실시하기 위한 목적으로 합리적으로 보아 기술정보를 제3자에게 제공할 수 밖에 없는 경우 비밀유지의무를 부과하여 비밀성을 유지함으로써 가능하다 할 것이다. 이와 같이 보지 않으면, 원고의 경우에도 도면을 제작할 뿐 이에 기한 부품의 가공 등 제작은 협력업체에 하도급하고, 이러한 하도급업체로부터 공급받은 부품으로 VTS를 조립, 제작하여 발주자에게 납품한다는 것인데 원고가 이러한 방법으로 공동 영업비밀인 이 사건 도면을 사용하는 것조차 피고1에 대한 관계에서 영업비밀 침해가 될 수 밖에 없는 결과가 된다.

또한 위와 같이 피고들이 피고1이 원고와 공동보유하는 영업비밀로서 그 사용권한 범위 내에서 이 사건 도면을 사용한 것으로 두고 원고의 영업비밀 내지 업무상비밀을 누설하였다거나 부당하게 사용한 것이라고 볼 수 없으므로, 원고와 피고들 사이의 VTS 1차분 제조, 납품에 관한 계약상 비밀유지의무를 위반하였다거나 하도급거래 공정화에 관한 법률 제12조의3 제3항에서 금지하고 있는 수급사업자의 기술자료를 부당하게 사용한 행위에 해당한다고 볼 수 없다.

II. 해 설

1. 개 요

영업비밀을 보유한 자는 자신이 이를 독점적으로 사용할 수 있을 뿐만 아니라 다른 제3자가 이를 허락없이 사용하는 경우 그 사용에 대한 금지 및 손해배상을 구할 수 있다(부정경쟁방지 및 영업비밀보호에 관한 법률(이하 '부정경쟁방지법') 제10조, 제11조). 한편, 이러한 영업비밀이 공동으로 귀속된 경우에 그 공동을 귀속된 자들 사이에 권리관계는 어떠한지, 나아가 그 중 1인이 단독으로 그 권리를 행사할 수 있는 권리의 범위는 어디까지인지 여부 등 세부적인 권리 귀속 및 행사에 관한 사항은 부정경쟁방지법에서 명시하고 있지 않다. 이 판결은 이러한 영업비밀이 공동으로 귀속된 경우에 그 권리관계 및 권리 행사의 범위에 대하여 정면으로 판시한 사안이다.[2]

---

2) 그 이외에도 본 건은 영업비밀의 공동귀속을 위한 요건이 무엇인지에 대하여는 다투어 졌으나 이 부

2. 다른 지식재산권의 경우 공동귀속의 법률관계에 대한 규율

지식재산권의 공유에 대하여는 개별 법률에서 일반적인 내용을 규정하고 있으며, 그 내용 이외의 경우에는 민법이 보충적으로 적용된다는 점에는 별다른 이견이 없다. 나아가 구체적으로 공동 귀속에 관한 규정의 해석에 대한 것 및 지식재산권의 공동 귀속을 민법 상 여러 공동 소유의 체계(공유, 합의, 총유) 중 어느 규정을 준용할 것인지에 대하여는 다소간의 논란이 있다.[3]

특허권, 실용신안권, 디자인권의 경우 법률에서 공동권리자 1인의 자유 실시를 규정하고 있다. 원칙적으로 지식재산권의 지분 양도를 위해서는 다른 공유자의 동의가 있어야 하고, 공유자가 제3자에게 실시권이나 사용권을 설정하기 위해서도 다른 공유자의 동의가 필요하다. 다만, '자신이 실시'하는 경우, 즉 '단독'으로 '실시'하는 경우에는 다른 공유자의 동의 없이도 가능하다.

> **특허법 제99조**
> ③ 특허권이 공유인 경우에는 각 공유자는 계약으로 특별히 약정한 경우를 제외하고는 다른 공유자의 동의를 받지 아니하고 그 특허발명을 자신이 실시할 수 있다.
> ④ 특허권이 공유인 경우에는 각 공유자는 다른 공유자 모두의 동의를 받아야만 그 특허권에 대하여 전용실시권을 설정하거나 통상실시권을 허락할 수 있다.
>
> **실용신안법 제28조**
> 실용신안권에 관하여는 특허법 (중략), 제99조, (중략)를 준용한다.
>
> **디자인보호법 제96조**
> ③ 디자인권이 공유인 경우에는 각 공유자는 계약으로 특별히 약정한 경우를 제외하고는 다른 공유자의 동의를 받지 아니하고 그 등록디자인 또는 이와 유사한 디자인을 단독으로 실시할 수 있다.
> ④ 디자인권이 공유인 경우에는 각 공유자는 다른 공유자의 동의를 받지 아니하면 그 디자인에 대하여 전용실시권을 실시하거나 통상실시권을 허락할 수 없다.

분은 본고에서는 검토하지 아니한다.

3) 조영선, "특허권 공유의 법률관계", 「법조」, 통권 제654호, 2011, 66면에서는 공유에 준하여 보고 있고, 정상조 외 1, 「특허법 주해」, 박영사, 2010, 1227-1228면에서는 지식재산권의 공동소유를 원칙적으로 준합유로 보고 있으며, 강신하, "특허권 공유의 성립 및 법적 성질과 관련한 제문제", 「중앙법학」, 제11집 제3호, 2009, 444-448면에서는 합의 및 공유의 성질이 혼합된 것으로 파악하고 있다.

저작권의 경우에는 저작권법 제48조 제1항에서 공동저작물에 관한 저작재산권의 행사방법을 정하고 있다. 공동저작자가 다른 공동저작자와의 합의 없이 공동저작물을 이용하더라도 공동저작자들 사이에서 저작권법 제48조 제1항이 정하고 있는 공동저작물에 관한 저작재산권의 행사방법을 위반한 행위가 될 뿐 다른 공동저작자의 공동저작물에 관한 저작재산권을 침해하는 행위가 되지 않는다(대법원 2014. 12. 11. 선고 2012도16066 판결 참조).[4]

> **저작권법 제2조**
> 21. "공동저작물"은 2명 이상이 공동으로 창작한 저작물로서 각자의 이바지한 부분을 분리하여 이용할 수 없는 것을 말한다.
>
> **제15조**
> ① 공동저작물의 저작인격권은 저작자 전원의 합의에 의하지 아니하고는 이를 행사할 수 없다. 이 경우 각 저작자는 신의에 반하여 합의의 성립을 방해할 수 없다.
>
> **제39조**
> ② 공동저작물의 저작재산권은 맨 마지막으로 사망한 저작자가 사망한 후 70년간 존속한다.
>
> **제48조**
> ① 공동저작물의 저작재산권은 그 저작재산권자 전원의 합의에 의하지 아니하고는 이를 행사할 수 없으며, 다른 저작재산권자의 동의가 없으며 그 지분을 양도하거나 질권의 목적으로 할 수 없다. 이 경우 각 저작재산권자는 신의에 반하여 합의의 성립을 방해하거나 동의를 거부할 수 없다.

이에 비하여 영업비밀과 관련하여서는 부정경쟁방지법을 포함한 법률에서 복수의 소유자가 공동으로 소유하는 경우에 대하여 아무런 규정을 두고 있지 아니하고 해석에 맡겨져 있다.

---

4) 김병일, "공동저작물과 저작재산권의 행사(이른바 '친정엄마' 사건)", 「정보법 판례백선(Ⅱ)」, 한국정보법학회, 박영사, 2016, 9면 이하 참조.

3. 영업비밀의 공동 귀속 및 그 실시

가. 영업비밀과 지식재산, 지식재산권

영업비밀을 지식재산기본법 상의 '지식재산'으로 볼 것인지에 대하여 이는 '지식재산'
에는 해당하나 영업비밀 자체의 권리성을 인정하고 있지 아니한 우리 법제상 '지식재산
권'에는 해당하지 아니한다는 견해가 대체적인 것으로 보인다.[5] 그런데 영업비밀은 비
밀성을 본질로 한다는 점에서 지식재산의 공개를 전제로 성립하는 다른 지식재산권과
는 그 성격을 달리한다. 즉, 특허권과 같은 지식재산권은 발명 등에 대하여 공개 등의
과정을 전제로 독점적이고 배타적인 전용권을 보유하고 이러한 독점적 권리를 법정된
일정한 기간 동안 보호하는 체계이다. 이와 비교하여 부정경쟁방지법은 영업비밀에 대
하여 그 자체로 배타적인 전용권을 보호한다기 보다는 비밀로 유지되는 상태를 보호함
으로써 이러한 과정을 통하여 결과적으로 공정한 경쟁질서를 유지하는 것을 그 목적으
로 한다.

나. 공동 영업비밀의 단독 사용 가부

영업비밀 역시 다른 지식재산권과 마찬가지로 점유라는 개념을 상정할 수 없고 기술
적 사상을 활용하므로 권리의 실시를 지분의 범위 내로 한정하는 것이 의미가 없다.
또한, 무체재산으로서 경제적으로 유용한 가치를 가지고 유체물과 달리 공동보유자 1인
의 사용이 다른 공동보유자의 사용을 방해하지 않는다는 점에서 다른 지식재산권들과
공통점이 있다. 즉, 이러한 점에서 영업비밀의 상태가 유지되는 한 즉 '비밀로 유지되
는 상태'에서 공동보유자 중의 1인의 사용은 허용되어야 함이 상당하다는 주장이 가능
하다. 이와 달리 민법상 공유규정을 준용하여 공유물의 사용을 공유지분의 과반수의
찬성으로 허용하여야 한다는 주장도 있을 수 있는데, 이와 같이 해석한다면 2인 공유
의 경우 1인이 반대하면 누구도 해당 영업비밀을 사용할 수 없는 결과가 초래된다.

법원 역시 영업비밀의 공동보유자도 그들 사이에 달리 약정이 없는 한, 영업비밀성
을 상실하게 하지 않는 이상 다른 보유자의 동의가 없더라도 영업비밀을 사용할 수 있
고 영업비밀 침해행위에도 해당하지 않는다고 봄이 상당하다고 판시하였다.

---

5) 최정열·이규호, 「부정경쟁방지법」, 제2판, 진원사, 2017, 233면; 최종모, "영업비밀의 지식재산권 해
당 여부에 따른 국제사법적 쟁점에 대한 법적 고찰 – 준거법과 재판관할을 중심으로", 「IP소액연구사
업」, 한국지식재산연구원, 2016, 14-15면 참조.

다. 공동 영업비밀을 단독을 제3자에게 제공하여 실시하게 하는 경우

위와 같이 영업비밀의 공동보유자 1인이 직접 실시하는 경우가 아니라 제3자를 통하여 실시행위가 이루어질 경우 그에 대하여는 어디까지 단독으로 실시행위의 허락이 허용되는 문제된다. 즉 공유 특허권의 경우 통상실시권의 허락을 위해서는 다른 특허공유권자의 동의가 필요한데 영업비밀의 경우에는 어떠한 경우를 단독 실시와 동일하게 볼 것인지, 다른 지분권자의 실시허락의 동의가 필요한 경우로 볼 것인지의 문제이다.

관련하여, 특허권에 대하여 제3자에게 사용하게 하더라도, 그 제3자 회사가 공유 특허권자의 1인의 지시 감독 하에 제품을 생산하게 되어 그 제3자가 단순히 공유 특허권자의 수족처럼 움직여 독립적인 계약자로 볼 수 없고 해당 제품을 오로지 공유 특허권자에게만 납품하는 경우에는 자기 실시의 외연을 초과한 것이라고 볼 수 없고 자기실시의 범위 내에 포함된다고 보고 있다.[6)]

대법원은 사용허락 받은 자가 제3자를 통하여 생산을 한 경우의 상표권 침해 여부와 관련하여, "사용권자가 직접 사용하지 않고 사용권이 없는 제3자가 사용하는 때에는 제3자가 사용권자와 주종관계를 맺고 사용권자의 영업이익을 위하여 사용권자의 실질적인 통제 아래 등록상표를 사용하는 것과 같이 거래 사회의 통념상 제3자가 아닌 사용권자가 등록상표를 사용하고 있다고 볼 수 있는 경우에 한하여, 사용권자는 물론 제3자도 상표권 침해의 책임을 지지 않는다"라고 판시하였다(대법원 2013. 11. 28. 선고 2011다73793 판결).

이 법원은, 영업비밀의 공동보유자가 직접 영업비밀을 실시하는 경우뿐만 아니라, 영업비밀 공동보유자가 자신이 기술정보를 실시하기 위한 목적으로 합리적으로 보아 기술정보를 제3자에게 제공할 수 밖에 없는 경우 비밀유지의무를 부과하여 비밀성을 유지함으로써도 가능하다 할 것이라고 판시하였다. 이처럼 보지 아니하면 실제로 영업비밀의 실시를 통한 제품의 제작 등에 있어서 자신이 아닌 하청 업체들을 활용하는 경

---

6) 최승재, "특허권의 공유와 자기실시의 범위", 법률신문, 2005.5.30. 이보다 좀더 넓게 해석하여 특허 제품의 제조 수량, 품질, 규격 등에 관하여 공동소유자의 지휘감독을 받는다는 약정하에 제3자에게 실시허락을 한 경우에는 직접 실시를 볼 수 있다는 견해도 존재한다. 강신하, "특허권 공유의 성립 및 법적성질과 관련된 제문제", 「중앙법학」, 제11조 제3호, 2009, 중앙법학회, 444면 이하. 일본의 공유특허권의 자기 실시 기준에 대하여는 고영수, "공유특허권의 실시와 실시허락", 「지식재산연구」, 제1권 제1호, 2006, 23면; 공동연구개발과 관련한 자기실시 범위에 대하여는 권태복, "공유특허권의 실시와 이전에 관한 쟁점과 제언", 「법학논총」, 제29집 제2호, 2009, 전남대학교 법학연구소, 89면 이하 참조.

우가 매우 많은데, 그러한 활용행위 자체가 전면적으로 금지되는 것이 되어 통상의 사회관념에서 보더라도 부당하다는 점이 고려된 것이다.[7]

4. 결 론

특허권, 상표권, 디자인권, 저작권의 공동 귀속 및 그 사용에 대하여는 법률에 일부 명문이 있고 판결례 역시 일부 존재하여 그 공동 귀속의 범위 및 특히 제3자를 통한 공유자 중 1인에 의한 실시 허락의 허용 범위가 어느 정도 구체화되어 있다. 이에 비하여 영업비밀의 경우 권리가 아니라 타인의 영업비밀을 침해하는 행위를 금지함으로써 건전한 거래질서를 유지하고 이를 통하여 보호가 이루어지는 체계 하에 있는데 이러한 영업비밀의 공동 귀속의 범위 및 3자에 대한 실시행위에 대하여 불명확한 점들이 존재하였다. 위 항소심의 판시는 다른 지식재산권과 유사하게, 영업비밀의 비밀성이 유지되는 한도 내에서 공유자가 단독으로 제3자를 통하여 실시행위를 허락할 수 있음을 명시함으로써 그 허용 범위를 구체화하였다는 점에서 의미가 있다.

---

7) 일반론의 관점에서, 영업비밀에 대하여도 무형의 지식재산권에 해당하는 점을 고려하여 공유 영업비밀의 이용, 침해 소송 및 제3자에 대한 라이선스에 대해서도 통일적 관점에서 관련 규정을 마련할 필요가 있다는 견해로는, 김수철, "공유 지식재산권의 활용에 관한 제도적 고찰", 「지식재산연구」, 제15권 제1호, 2020, 157-158면.

참고문헌

강신하, "특허권 공유의 성립 및 법적성질과 관련된 제문제", 「중앙법학」, 제11조 제3호, 2009.

김수철, "공유 지식재산권의 활용에 관한 제도적 고찰", 「지식재산연구」, 제15권 제1호, 2020.

정상조 외, 「특허법 주해」, 박영사, 2010.

조영선, "특허권 공유의 법률관계", 「법조」, 통권 제654호, 2011.

최정열·이규호, 「부정경쟁방지법」, 제2판, 진원사, 2017.

최종모, "영업비밀의 지식재산권 해당 여부에 따른 국제사법적 쟁점에 대한 법적 고찰ㅡ 준거법과 재판관할을 중심으로, 「IP소액연구사업」, 한국지식재산연구원, 2016.

의정부지방법원 2016. 9. 27. 선고 2016노1670 판결

영업비밀 보호요건으로서의
'비밀관리성' 판단기준

조 용 순 (한세대학교 산업보안학과 부교수)

Ⅰ. 판결의 개요

1. 사건의 개요

피해자 회사(이하 '갑 회사'라고 한다)는 제약업체 내지 식품업체가 해외에서 전시회 등의 행사를 개최하는 경우 항공권 및 숙소를 제공하는 여행전문업체이며, 피고인(이하 '을'이라 한다)은 2008년 2월 1일 부터 2014년 12월 30일까지 갑 회사의 이사로 근무하면서 단체항공권 예약, 현지 호텔 수배 및 예약, 환전, 여행자보험가입, 해외전시회 동행 및 동행 시 고객인솔 등의 업무를 담당하였던 자이다.

을은 2014년 12월 갑 회사 사무실에서 본인이 업무용으로 사용하던 컴퓨터에 저장되어 있던 고객정보인 이름, 회사명, 핸드폰번호, 이메일 주소 등이 기재되어 있는 식품·제약업체 고객정보 파일을 이동식 메모리 디스크(USB)에 옮기는 방법으로 취득하였다. 이후 을은 갑 회사를 퇴사한 후 해외 전시회 참관단 모집 안내문을 작성하여, 을이 취득한 고객정보 파일에 기재되어 있는 갑 회사의 거래처인 공소외 2 주식회사 등 1,400명에게 위 안내문을 이메일과 단체문자메시지 등을 이용하여 송부하는 방법으로 이를 사용하였다. 이에 을은 부정경쟁방지 및 영업비밀보호에 관한 법률 위반으로 기소되었다.

원심에서는 갑 회사가 이 사건 고객정보를 비밀로 유지하기 위해 '상당한 노력' 또는 '합리적인 노력'을 하지 않았다는 이유로 무죄가 선고되었다. 그러나 항소심에서는 갑 회사는 고객정보를 비밀로 유지하기 위한 '합리적인 노력'을 다하였으므로 고객정보 파일은 영업비밀에 해당한다는 이유로 을에게 유죄를 선고하였다.

2. 대상판결의 요지

가. 원심의 판단[1]

갑 회사는 다년간 축적된 고객정보를 별도의 데이터로 관리하면서 직원들 모두에게 이를 공유하게 하였을 뿐, 직원들 중 을에게만 정보접근권한을 부여하거나 비밀준수의 무를 부과하지 않았고, 이 사건 고객정보에 비밀임을 표시하거나 직원들에게 이것이 비밀임을 고지한 바도 없었던 점, 이 사건 고객정보 중 상당 부분은 을이 영업활동을 하면서 얻어 등록하거나 수정한 것이고, 등록이나 수정에 별다른 제한을 받지도 않았던 점에 비추어 볼 때 갑 회사가 이 사건 고객정보를 비밀로 유지하기 위해 '상당한 노력'을 하였다고 보기 어렵다. 2015년 1월 28일 「부정경쟁방지 및 영업비밀보호에 관한 법률」(이하 '부정경쟁방지법'이라고 한다)이 개정되면서 영업비밀의 구성요소가 '상당한 노력'에서 '합리적인 노력'으로 변경되었으나, '상당한 노력'과 '합리적인 노력'은 동일하게 해석하여야 하므로(상당한 노력 = 합리적인 노력), 갑 회사가 이 사건 고객정보를 비밀로 유지하기 위해 '합리적인 노력'을 하였다고 보기 어렵다고 판시하면서 을에 대하여 무죄를 선고하였다.

나. 항소심의 판단[2]

을이 이 사건 고객정보를 사용한 시점은 2015년 3월 26일 경이므로, 이 사건에 있어서는 2015년 1월 28일자로 개정된 법률이 적용되어야 한다.

비밀로 유지하기 위한 '합리적인 노력'을 기울였는지 여부는 해당 정보에 대한 접근을 제한하는 등의 조치를 통해 객관적으로 정보가 비밀로 유지·관리되고 있다는 사실이 인식 가능한 상태가 유지되고 있는지 여부(= 접근 제한 + 객관적 인식가능성)를, 해당 정보에 대한 ① 물리적, 기술적 관리, ② 인적, 법적 관리, ③ 조직적 관리가 이루어졌는지 여부에 따라 판단하되, 각 조치가 '합리적'이었는지 여부는 영업비밀 보유 기업의 규모,

---

1) 의정부지방법원 고양지원 2016. 6. 17. 선고 2015고정1353 판결.
2) 의정부지방법원 2016. 9. 27. 선고 2016노1670 판결.

해당 정보의 성질과 가치, 해당 정보에 일상적인 접근을 허용하여야 할 영업상의 필요성이 존재하는지 여부, 영업비밀 보유자와 침해자 사이의 신뢰관계의 정도, 과거에 영업비밀을 침해당한 전력이 있는지 여부 등을 종합적으로 고려해 판단해야 한다고 하였다.

원심이 적법하게 채택하여 조사한 증거들에 의하여 인정되는 다음과 같은 사정들에 비추어 볼 때, 갑 회사는 이 사건 고객정보를 비밀로 유지하기 위한 '합리적인 노력'을 다하였다고 판단하였다.

① 갑 회사는 제약업체 내지 식품업체가 해외에서 전시회 등의 행사를 개최하는 경우 항공권 및 숙소를 제공하는 여행전문업체이다.

② 갑 회사는 행사와 관련된 정보(개최장소, 개최일시, 행사의 성격, 출품업체, 여행일정, 행사규모 등) 및 행사가 열리는 지역의 여행정보에 대하여는 홈페이지 등을 통해 일반인의 접근을 허용하였으나, 고객들의 성명, 소속업체, 직위, 이메일주소, Fax 번호, 휴대전화번호 등이 포함된 이 사건 고객정보는 별도 관리하면서 갑 회사 직원들에게만 접근을 허용하였다(합리적 구분).

③ 갑 회사는 네이버 주소록으로 작성된 정보는 법인계정으로 관리하였고, 구글 스프레드쉬트로 작성된 정보는 초대기능을 활용, 갑 회사 직원들만 초대하는 방법으로 일반인의 접근을 차단하였다(기술적 관리).

④ 네이버계정과 구글계정은 모두 갑 회사의 대표인 고소인이 관리하고 있었다(조직적 관리).

⑤ 갑 회사는 직원 4명, 연간매출액 2억 원 정도에 불과한 소규모 회사이다.

⑥ 을이 근무하였을 당시 갑 회사의 직원들은 을을 제외하고는 전원이 대표자와 그 가족들로 구성되어 있었다.

⑦ 이 사건 고객정보 가운데 구글 스프레드쉬트로 작성된 것에는 고객들이 갑 회사가 보낸 메일을 읽었는지, 참석 의사를 밝힌 적이 있는지, 실제로 참석하였는지, 참석한 경우 어떠한 행사에 참석하였는지 여부 등이 상세하게 기재되어 있었는데, 이는 사전에 고객의 수요를 예측하여 항공권이나 호텔 등을 미리 예약할 수 있게 해주는 중요한 기능을 하고 있었고, 을은 갑 회사의 이사 직함으로 근무하면서 단체항공권 예약, 현지 호텔 수배 및 예약, 환전, 여행자보험가입, 해외전시회 동행 및 동행 시 고객인솔 등의 업무를 담당하고 있었기 때문에 그와 같은 사정을 충분히 인식할 수 있었다.

⑧ 이 사건 고객정보에는 고객의 성명, 소속업체, 직위, 이메일주소, Fax 번호, 휴대전화번호 등 민감한 개인정보들이 포함되어 있어 이를 함부로 유출하는 경우 거래관계

의 중단을 초래할 수 있음은 물론 민·형사상의 책임이 야기될 소지가 있었는바, 이 사건 고객정보의 작성에 참여한 을로서는 그와 같은 사정을 충분히 인식할 수 있었다.

⑨ 을은 1989년경 □□여행사에서 갑과 함께 근무하게 되면서 갑을 알게 되었다.

⑩ 을의 갑 회사 근속기간이 10년을 초과하여 을과 갑 회사 간에는 상당한 신뢰관계가 형성되어 있었다.

⑪ 갑 회사가 을을 비롯한 회사 직원들에게 이 사건 고객정보에 대하여 상시 접근을 허용하였던 것은 사실이나, 이는 이 사건 고객정보가 다른 직원들의 업무와도 밀접하게 관련되어 있었고, 지속적인 업데이트가 필요하였기 때문이었다.

⑫ 을이 퇴사한 직후 갑 회사는 이 사건 고객정보에 대한 을의 접근을 차단하였으나, 을은 이를 예상하고 퇴사 직전 이 사건 고객정보를 다운로드받아두었기 때문에 갑 회사는 영업비밀의 유출을 막을 수 없었다.

⑬ 갑 회사는 이 사건 발생 이전에는 영업비밀을 침해당한 적이 없었다.

Ⅱ. 해 설

1. 쟁 점

부정경쟁방지법의 영업비밀의 정의규정상의 비밀관리성과 관련하여 2015년 '상당한 노력'이 '합리적인 노력'에 의하여 비밀로 유지되는 정도로 개정되었다. 그러나 이러한 개정이 있었음에도 불구하고 중소기업의 경우 비밀관리성 요건을 충족하기 위한 충분한 영업비밀 보호 시스템을 구비하기 어렵고, 또한 집행 단계에서 '상당한'과 '합리적' 모두 불확정 개념으로 그 구분이 모호하고 사실상 동일한 의미로 사용되어 비밀요건을 완화한 효과가 나타나지 않고 있어 그 요건을 더욱 '완화'할 필요성이 있다는 지적이 있었다. 이러한 이유로[3] 2019년 '합리적 노력'이라는 문구를 삭제하고 '비밀로 관리된' 으로 개정되었다.

그간 '합리적 노력' 기준은 영업비밀 보유자의 사정에 맞게 나름의 비밀관리, 즉, '합리적인'수준의 비밀보호 조치를 하는 것으로 이해되어 법원과 기업에 기준이 될 수 있었다. 개정 전의 우리나라의 부정경쟁방지법의 '합리적 노력'이라는 문구는 다른 국가

---

3) 산업통상자원위원회, "부정경쟁방지 및 영업비밀보호에 관한 법률 일부개정법률안 검토보고서(의안번호 5155)", 2017.3., 6-7면.

나 국제조약에서도 발견된다. 예를 들어 미국의 통일영업비밀법(Uniform Trade Secrets Act: UTSA) 제1조(4)의 'efforts that are reasonable', 영업비밀보호법(Defend Trade Secret Act: DTSA) 제1839조 (3)의 'reasonable measures', EU 영업비밀보호지침[4] 제2조와 TRIPs 제39조의 'reasonable steps', 대만의 영업비밀법 제2조의 '合理之保密措施' 등이다.[5][6]

한편, 개정된 부정경쟁방지법상의 영업비밀의 정의규정은 일본의 부정경쟁방지법상의 정의규정과 상당히 유사한 바,[7] 일본의 비밀관리성에 판단에 대한 최근 동향과 비교하여 살펴본다.

2. 우리나라에서의 비밀관리성 판단

우리나라의 판례는 그간 비밀유지를 위한 '상당한 노력'과 관련하여 '비밀관리조치 등을 통하여 객관적으로 정보가 비밀로 유지·관리되고 있다는 사실이 인식 가능한 상태'(접근제한 + 객관적 인식가능성)로 판단하여 왔다.[8][9] 이러한 접근제한과 관련한 조치는 '인적관리(대인적 조치)'와 '물적관리(대물적 조치)'로 나눌 수 있으며,[10][11] 관련 판례에서 언급되는 예시들을 표로 작성하면 다음과 같다.

---

4) Directive (EU) 2016/943 of the European Parliament and of the Council of 8 June 2016 on the protection of undisclosed know-how and business information (trade secrets) against their unlawful acquisition, use and disclosure.

5) 이외에 합리인 조치를 요구하는 국가로 코스타리카, 엘살바도르, 가나, 인도네시아, 요르단, 모리셔스, 사우디아라비아, 카타르, 태국, 통가(Tonga), 트리니다드 토바고(Trinidad and Tobago), 바누아투 등이 있다(CREATe, "REASONABLE STEPS" TO PROTECT TRADE SECRETS: Leading Practices in an Evolving Legal Landscape, 2015, p.4.(https://ac-counsel.com/wp-content/uploads/CREATe_org_Trade_Secrets_Reasonable_Steps_7_15_15_Final.pdf, 2022년 3월 30일 최종방문).

6) 조용순, "기술보호 관련 법률에서의 비밀관리성에 대한 고찰-부정경쟁방지법, 하도급법, 중소기업기술보호법을 중심으로-", 「산업재산권」, 제61호, 한국지식재산학회, 2019.10., 135-136면.

7) 일본 부정경쟁방지법 제2조 제6항에서는 영업비밀을 "비밀로서 관리되고 있는 생산방법, 판매방법 기타 사업활동에 유용한 기술상 또는 영업상의 정보로, 공연히 알려지지 않은 것"으로 정의하고 있다.

8) '상당한 노력에 의하여 비밀로 유지된다'는 것은 그 정보가 비밀이라고 인식될 수 있는 표시를 하거나 고지를 하고, 그 정보에 접근할 수 있는 대상자나 접근 방법을 제한하거나 그 정보에 접근한 자에게 비밀준수의무를 부과하는 등 객관적으로 그 정보가 비밀로 유지·관리되고 있다는 사실이 인식 가능한 상태인 것을 말한다(대법원 2008. 7. 10. 선고 2008도3435 판결).

9) 대법원 2010. 7. 15. 선고 2008도9066 판결; 대법원 2011. 7. 14. 선고 2009다12528 판결; 대법원 2012. 6. 28. 선고 2011도3657 판결 등.

10) 윤선희·김지영·조용순, 「영업비밀보호법」, 전면개정 제3판, 법문사, 2019, 126-127면.

11) 인적관리와 물적관리를 물리적·기술적 관리, 인적·법적 관리, 조직적 관리(일본의 구 영업비밀보호지침, 의정부지방법원 2016. 9. 27. 선고 2016노1670 판결) 또는 물리적관리, 기술적관리, 인적관리(滝沢和子, "秘密管理性要件と営業秘密管理", 「早稲田国際経営研究」, No. 46, 早稲田大学WBS研究センター, 2015, 54頁) 등으로 세분하여 나눌 수도 있다.

〈표 1〉 비밀관리성에 있어서 판례에서 언급되는 인적관리와 물적관리의 예시[12]

구분	주요 조치
인적관리	보안규정마련(총괄규정·별도 전산보안규정 등), 비밀유지서약서(종업원·퇴직자·협력업체·라이선시 대상), 보안교육 실시, 보안책임자 운영, 비밀 관리 대상자 지정, 정책상 접근권한의 차등부여
물적관리	대외비 표시·비밀구분 표시·홍보물부착·사진촬영금지 표시,[13] CCTV, 잠금장치, 출입통제시스템(카드·지문·홍채·정맥), 컴퓨터 접속 관리, 자료유출 방지프로그램 등

판례를 살펴보면 비밀관리성의 인정을 위해서는 인적관리와 물적관리를 함께 요구하는 경우가 많다.[14] 따라서 인적관리나 물적관리 모두 또는 어느 한쪽이 부족한 경우는 비밀관리성을 인정하지 않는다. 예를 들어 비밀준수 서약서만 직원에게 받고 접근제한 조치를 소홀히 한 경우,[15] 대외비 표시만 하고 책꽂이 등에 방치한 경우,[16] 보안규칙과 보안교육이 없는 경우,[17] ERP시스템 그 자체,[18] 전자도면 등 컴퓨터 보안이 필요한 부분에 지문인식장치만 둔 경우 등이 있다.[19]

3. 최근 일본의 동향

일본의 부정경쟁방지법은 비밀관리성 요건과 관련하여 우리나라의 부정경쟁방지법과 동일하게 "비밀로 관리되고 있는(秘密として管理されている)"으로 규정하고 있다(일본 부정경쟁방지법 제2조 제6항). 일본에서도 비밀관리성 요건은 영업비밀 보유 기업의 비밀관리의사가 구체적인 상황에 따른 경제적이고 합리적인 비밀관리 조치에 의해 종업원과 거래처 등에 명확하게 알려져 결과적으로 종업원 등이 해당 비밀에 대한 기업의 관리 의사를 쉽게 인식할 수 있도록 하여야 한다고 설명되고 있다.[20]

---

12) 조용순, 앞의 논문, 145면.
13) 이들은 대물적 조치이지만, 사람의 인식에 직접 작용하는 측면에서 대인적 조치에도 해당된다.
14) 비밀유지 서약서도 있으면서, 출입통제와 함께 직원에게 비밀관리교육을 한 경우(서울중앙지방법원 2007. 1. 11. 선고 2006고단1831 판결), 보안규정제정, 보안책임자, 대외비표시, 보안포스터, 보안서약서, 출입통제, CCTV, 컴퓨터 접속 및 자료유출 탐지 프로그램 가동을 한 경우(서울중앙지방법원 2009. 4. 23. 선고 2008고합1298, 2009고합32(병합) 판결), 대표이사의 노트북에만 정보를 저장하고 타인에게는 접근을 제한한 경우(부산지방법원 2010. 6. 18. 선고 2010노1053판결) 등
15) 대법원 2009. 9. 10. 선고 2008도3436 판결; 대구지방법원 2007. 2. 13. 선고 2004가합10118 판결; 서울중앙지방법원 2008. 1. 24. 선고 2006고단4808 판결.
16) 수원지방법원 2007. 11. 9. 선고 2006가합17631 판결.
17) 대법원 2003. 1. 24. 선고 2001도4331 판결; 서울남부지방법원 2005. 11. 25. 선고 2005노244 판결.
18) 서울고등법원 2018. 2. 8. 선고 2017나2042188 판결.
19) 서울중앙지방법원 2017. 11. 3. 선고 2016가합552517 판결.

한편, 2015년 개정 전까지의 일본의 '영업비밀 관리지침'에서는 비밀관리성 요건과 관련하여 우리나라와 같이 ① 정보에 접근 권한이 제한되어 있는지(접근제한), ② 정보에 접근한 자에게 해당 정보가 영업비밀임을 인식할 수 있도록 되어 있을 것(인식가능성)의 두 가지가 판단 요소가 된다고 설명되어왔다. 그러나 영업비밀 관리지침에 비밀관리성과 관련하여 일반적인 관리방법과 고도의 관리방법 등을 망라적으로 내용에 담고 있었기 때문에 기업 등에서는 비밀관리조치와 관련하여 무엇을 어디까지 해야 하는지에 대한 어려움이 있었다.[21] 이에 법적보호를 받기 위한 최저한의 수준의 대책을 제시하는 것에 특화하여 2015년 1월 영업비밀 관리지침이 전부 개정되었다.[22] 비밀관리의 정도와 관련하여서는 기업이 특정 정보에 관하여 '상당히 높은 수준의 비밀관리조치를 망라적'으로까지는 할 필요성은 없다고 하고 있다.[23]

특히 개정된 영업비밀 관리지침에서는 접근제한과 인식가능성은 비밀관리성 여부를 판단하는 중요한 요소이만, 서로 독립적인 요구 사항이 아니라 '접근제한'[24] 즉, "비밀관리조치는 '인식가능성'을 담보하는 하나의 수단"으로 설명하고 있다.[25] 이와 관련한 판례로 2017년 3월 도쿄 고등법원은 피고인이 A회사의 정보시스템 개발 등의 업무를 하면서 업무용 계정으로 영업비밀인 A회사의 고객정보를 SD카드에 복제 등의 방법으로 유출한 사건과 관련하여, "본건 시스템의 내용, 목적, 정보의 성질 등으로 피고인은 고객정보가 A회사의 영업전략상 중요한 정보로 비밀로 해야 하는 정보임을 쉽게 인식할 수 있었다. 따라서 본건 고객 정보로의 접근제한에 여러 가지 미비가 있었다고는 해도, 일정한 접

---

20) 経済産業省, 「営業秘密管理指針」, 平成 15年 1月30日(最終改訂: 平成31年1月23日), 6頁; 茶園成樹, 「知的財産法入門(第2版)」, 有斐閣, 2017, 271頁.

21) 長井 謙, "営業秘密保護指針の全部改訂の解説", 「営業秘密保護の手引き(別冊NBL No.159)」, 商事法務, 2016, 35頁.

22) 비밀관리성을 인정받기 위한 최소한의 수준은 영업비밀 관리지침에 규정해두었지만, 영업비밀 누설방지를 위한 구체적인 대책과 관련해서는 '비밀정보 보호 핸드북'을 별도로 마련하여 일본 기업 등이 참고하도록 하고 있다(経済産業省 知的財産政策室, 「秘密情報の保護ハンドブック―企業価値向上に向けて―」, 平成29年 6月 참조).

23) 그 이유로는 ① 현실 경제활동에 있어 영업비밀은 그것을 보유하는 기업의 내·외부에 공유된 채 사용되어야 그 효용을 발휘하는 측면이 있는 점, ② 중소기업에 대하여 '철벽'과 같은 비밀관리를 요구하는 것은 현실적이지 않을 뿐만 아니라 혁신을 저해하는 결과를 초래하게 된다는 점, ③ 개인정보 내지 협력업체의 정보가 누설된 경우 그로 인한 피해자는 영업비밀을 보유하고 있었던 기업에 한정되지 않는다는 점을 들고 있다(経済産業省, 前掲指針, 6頁).

24) '접근제한'이라는 용어는 권한이 없는 자가 정보에 접근할 수 없는 조치를 취하는 것이지만, '비밀임을 나타내는 표시'나 '비밀유지계약 등의 계약상의 조치'도 포함해 넓게 생각하므로 일본의 영업비밀 관리지침에서는 이를 '비밀관리 조치'라는 용어로 설명하고 있다. 우리나라도 접근제한보다는 비밀관리조치로 표기한다면 더 이해가 쉬울 것으로 생각된다.

25) 経済産業省, 前掲指針, 6頁.

근제한 조치(정보보안 교육, 비밀유지서약서 등)가 취해지고 있던 것을 고려하면, 비밀관리성의 요건은 충족되고 있었다."고 판단하고 있다.[26] 특히 그 이유로 "원심 판결[27]이 객관적인 인식가능성과 비밀관리조치를 비밀관리성의 병존적인 요건처럼 판단하고 있으나, '객관적 인식가능성이 중요'하며, 비밀관리조치도 비밀관리성 여부를 판단하는데 중요한 요소이지만 객관적 인식가능성과 독립적인 요건으로 보는 것은 상당하지 않다."고 하고 있다.[28] 이는 비밀관리성에 있어서 비밀관리 조치보다는 "객관적 인식가능성을 우위"에 두고 있다는 것을 직접적으로 언급하고 있는 판례로 주목할 필요가 있다.[29]

이와 유사한 판례로 2017년 10월 오사카 지방법원은 컴퓨터에 저장된 정보의 폴더에 비밀표시, 대외비 표시도 없고, 패스워드도 없어 복제가 자유로웠던 경우 "비밀관리 방법으로서 충분하다고는 할 수 없다"고 하면서도, "이러한 데이터는 제품의 연구 개발을 실시하는 과(課)에 속하는 적은 인원의 종업원 내부의 문제로, 이 사건의 전자데이터를 비밀로서 관리되고 있는 것을 당연히 인식하고 있었다"라고 하여 비밀관리성을 인정한 예도 있다.[30] 이 판례도 역시 객관적 인식가능성을 중심으로 하여 비밀관리조치를 판단한 것이라고 할 수 있다.

비밀관리 조치의 구체적인 내용·정도는 해당 영업비밀에 접하는 종업원의 수, 업태, 종업원의 직무, 정보의 성질, 사무실의 상황 등에 따라 다른 것이며, 이러한 사정을 종합적으로 고려하여 '합리성' 있는 비밀관리를 하면 된다.[31] 예를 들어 영업비밀에 합법적이고 현실적으로 접할 수 있는 종업원이 소수일 경우에 있어서, 상황에 따라서는 해당 종업원 간에 구두에 의해 "비밀 정보일 것"을 확인하고 있는 등의 조치로 충분한 경우도 있을 수 있다. 따라서, 정보에 접근한 사람이 비밀이라고 인식하여 "인식가능성"을 충족시키는 경우에, 비밀관리조치가 충분하지 않음을 근거로 비밀관리성이 부정되는 것은 아니다.[32]

다만, 종업원이 비밀로 인식한다고 하여 아무런 조치가 필요하지 않은 것은 아니며 영업비밀의 요건에 "비밀로 관리되는"이라는 문구가 있으므로 아무런 조치가 없는 경

---

26) 東京高判平成29年3月21日 高等裁判所刑事判例集 70卷 1号 10頁 [ベネッセ顧客情報漏えい事件]
    피고인은 영업비밀 침해에 대한 유죄가 인정되어 징역 2년 6월에 벌금 300만엔을 선고받았다.
27) 東京地裁立川支部平成26年(わ)第872号 [不正競争防止法違反被告事件].
28) 東京高判平成29年3月21日 高等裁判所刑事判例集 70卷 1号 10頁 [ベネッセ顧客情報漏えい事件].
29) 조용순, 앞의 논문, 140-141면.
30) 大阪地判平成29年10月19日 平成27年(ワ)第4169号 [不正競争行為差止等請求事件].
31) 経済産業省 知的財産政策室, "不正競争防止法による営業秘密の保護", 「営業秘密保護の手引き(別册NBL No.159)」, 商事法務, 2016, 35頁.
32) 経済産業省, 前掲指針, 7頁.

우에는 비밀관리성 요건을 충족하지 않게 된다.[33]

Ⅲ. 맺음말

우리나라의 부정경쟁방지법상 영업비밀의 정의와 같이 일본의 경우에도 영업비밀의 정의규정에 '합리적 노력'이라는 용어가 명시되어 있지는 않다. 최근 일본의 경우 비밀관리성의 판단과 관련하여 종업원 등이 어떠한 정보를 실제로 비밀로 인식하였는지 또는 비밀로 인식이 가능한지에 초점을 맞추고 있다. 즉, 비밀관리조치는 어떤 정보가 비밀이라는 것을 종업원 등이 인식하는데 도움을 주는 수단으로 이해하고 있다. 이렇게 이해하게 된다면 조직 및 사업 구성이 복잡하고 방대한 대기업의 경우 더 체계적이고 세밀한 비밀관리조치가 필요할 것이며, 소규모 인원이 근무하는 중소기업의 경우에는 설령 비밀관리조치가 다소 부족하더라도 어떤 부서에서 관계 종업원들이 비밀로 실제 인식하고 있다면 비밀관리성을 인정해줄 수 있는 유연성을 가지게 될 것으로 보인다.[34]

한편, 부정경쟁방지법의 개정 과정 중에 비밀관리성 요건 중 "합리적 노력"의 문구가 삭제되는 경우 특별한 관리 노력 없이 영업비밀 보유자의 단순한 비밀관리 의사만으로도 영업비밀로 인정되게 되어, 영업비밀의 범위가 과도하게 확대될 우려가 있다는 지적도 있었다.[35] 그러나 개정된 부정경쟁방지법은 '비밀로 관리된'을 요구하고 있으므로, 영업비밀보유자의 비밀관리 노력이 여전히 필요한 것으로 해석되며,[36] 영업비밀 보유자가 아무런 조치가 없는 경우에는 비밀관리성은 당연히 부정된다고 할 것이다.[37] 즉, 영업비밀 보유자의 주관적인 비밀관리의사만으로 영업비밀로 인정되지는 않을 것이며, 비밀관리의사가 비밀관리조치에 의하여 종업원 등이 인식되어야 할 것이다. 반대로 비밀관리조치가 전혀 없는 경우에도 종업원이 어떤 정보를 주관적으로 비밀로 인식한다고 해서 이것이 영업비밀로 인정되는 것도 아니라고 할 것이다.[38]

---

33) 経済産業省, 前掲指針, 5頁.
34) 조용순, 앞의 논문, 148면.
35) 산업통상자원위원회, 앞의 보고서, 7면.
36) 윤선희・김지영・조용순, 앞의 책, 120면.
37) 経済産業省, 前掲指針, 5頁.
38) 비밀관리조치의 유무에 관계없이, 종업원이 어떤 정보가 비밀이라는 것을 알고 취득한 정보에 대해서는 해당 종업원에게는 영업비밀성을 인정해 민형사상의 대상으로 해야 한다고 하는 견해도 있을 수 있다. 그러나 "비밀로서 관리"라는 문구와 맞지도 않을 뿐더러, 이러한 견해는 종업원의 주관이라고 하는 사후적으로 검증이 곤란한 사실에 의존하게 되기 때문에, 예견가능성이 부족하고, 경제활동의 안정성이나 원활한 전직을 해칠 우려가 있다(経済産業省, 前掲指針, 4頁).

참고문헌

■ 국내문헌

산업통상자원위원회, "부정경쟁방지 및 영업비밀보호에 관한 법률 일부개정법률안 검토보
　　고서(의안번호 5155)", 2017.3.

윤선희·김지영·조용순, 「영업비밀보호법」, 전면개정 제3판, 법문사, 2019.

조용순, "기술보호 관련 법률에서의 비밀관리성에 대한 고찰－부정경쟁방지법, 하도급법,
　　중소기업기술보호법을 중심으로－", 「산업재산권」, 제61호, 한국지식재산학회,
　　2019.10.

■ 국외문헌

経済産業省, 「営業秘密管理指針」, 平成 15年 1月30日(最終改訂: 平成31年1月23日).

経済産業省 知的財産政策室, 「秘密情報の保護ハンドブック－企業価値向上に向けて－」,
　　平成29年 6月.

経済産業省 知的財産政策室, "不正競争防止法による営業秘密の保護", 「営業秘密保
　　護の手引き(別冊NBL No.159)」, 商事法務, 2016.

茶園成樹, 「知的財産法入門(第2版)」, 有斐閣, 2017.

滝沢和子, "秘密管理性要件と営業秘密管理", 「早稲田国際経営研究」, No. 46, 早稲田
　　大学WBS 研究セ ンター, 2015.

長井 謙, "営業秘密保護指針の全部改訂の解説", 「営業秘密保護の手引き(別冊NBL No.159)」,
　　商事法務, 2016.

■ 기타 자료

CREATe, "REASONABLE STEPS" TO PROTECT TRADE SECRETS: Leading Practices
　　in an Evolving Legal Landscape, 2015 (https://ac-counsel.com/wp-content/
　　uploads/CREATe_org_Trade_Secrets_Reasonable_Steps_7_15_15_Final.pdf,
　　2022년 3월 30일 최종방문).

제5편

저작권법

대법원 2021. 6. 30. 선고 2019다268061 판결

고전문헌의 번역과 지적행위의 보호[*]

김 윤 명 (특허법률사무소 기율 연구위원)

Ⅰ. 판결의 개요

1. 사건의 개요[1)]

가. 사실관계

(1) 조선시대 실학자 서유구가 편찬한 '임원경제지'는 전원생활을 하는 선비에게 필요한 지식과 기술, 기예와 취미 등을 다룬 113권 분량의 백과전서로서 '본리지', '위선지', '만학지' 등 총 16개의 지로 구성되어 있다.

(2) 원고는 피고 대한민국 산하 전북대학교 쌀·삶·문명연구원(이하 '전북대 문명연구원'이라 한다)과 협력하여 임원경제지의 번역 사업(이하 '이 사건 협력 사업'이라 한다)을 수행하기로 하였다.

(3) 원고는 임원경제지 중 '위선지'와 '만학지'의 번역 작업을 위하여 여러 필사본에 대한 종합적인 서지조사를 하고, 그중 하나의 필사본을 기초로 원문을 입력한 다음, 이를 다른 필사본과 비교·대조하여 오류가 있는 부분을 수정하는 방식으로 교감 작업을 하였다. 이를 토대로 원문을 확정하고, 그에 대한 초벌 번역을 실시하면서 관련 원전이 수록된 자료들을 참조·활용하거나 번역자들 사이의 논의를 거쳐 올바른 표점을 검토

---

* 존경하는 윤선희 교수님의 정년을 축하하는 헌정에 참여할 수 있어 기쁘기 그지없습니다. 늘 건강하시길 소원합니다.

1) 서울고등법원 2019. 8. 29. 선고 2019나2007790 판결.

하여 기재하는 방식으로 표점 작업을 하였다. 원고는 위와 같이 교감(校勘)·표점(標点) 작업이 이루어진 원문을 기초로 해당 부분을 번역하고 그에 대한 교열 과정 등을 거침으로써, 결국 위선지와 만학지의 일부에 관하여 교감·표점 작업이 되어 있는 원문과 이를 번역한 번역문으로 이루어진 번역본 초고(이하 '원고 번역본 초고'라 한다)를 작성하였다.

(4) 전북대 문명연구원은 2009. 8. 5. 임원경제지 중 4개의 지에 대한 번역자를 공개 모집한다는 내용의 공고를 게시하였다. 이에 대하여 원고는 전북대 문명연구원이 원고와 협의 없이 독자적으로 임원경제지 번역 사업을 진행하려 한다는 이유로 2009. 8. 13. 전북대 문명연구원에 이 사건 협력 사업의 종결을 통보하였다. 원고는 그와 함께 원고 번역본 초고를 비롯하여 전북대 문명연구원이 취득한 원고의 번역·원문 자료 등을 폐기하고 위 자료를 서적 출판 또는 그 밖의 목적으로 사용하지 말라고 요청하였다.

(5) 그 후 전북대 문명연구원은 피고 3과 위선지의 번역을 위한 계약을, 피고 4, 피고 5와 만학지의 번역을 위한 계약을 체결하고, 이들의 번역 작업을 거쳐 2010. 9. 30. 만학지의 번역서가, 2011. 11. 20. 위선지의 번역서(이는 위에서 본 '피고 저작물'이다)가 피고 주식회사 소와당을 통하여 출판되었다.

(6) 피고 저작물과 원고 번역본 초고는 그 번역 작업의 기초가 되었던 필사본 일부가 서로 다르다. 그러나 원고 번역본 초고에 있는 오류가 피고 저작물에 그대로 나타나는 경우가 다수 존재하고, 단순한 우연으로 보기 어려울 만큼 세세한 번역 문구가 서로 일치하는 사례도 적지 않다.

나. 쟁 점

이 사건의 쟁점은 원저작물인 서유구의 임원경제지 중 위선지에 대하여 교감·표점 작업을 하여 완성하였다는 원저작물과 이를 번역한 원고의 저작물이 저작권법에 의하여 보호되는 2차적 저작물에 해당하는지, 보호대상에 해당한다 하더라도 의거성과 실질적 유사성이라는 저작권침해 요건의 관점에서 피고의 저작물이 원고의 저작물을 침해하였다고 볼 수 있는지 여부가 될 것이다[원고와 피고들은 이 사건에서 자신의 교감·표점 작업을 한 원문이나 번역본이 학문적으로 더 우수하다거나 또는 상대방이 자신의 번역본을 표절했다는 취지의 주장도 하는 것으로 보이기는 하나 학문적으로 우수한지 여부는 관련 학계의 연구와 논의를 거쳐서 평가되는 문제이므로 이 법원의 판단대상이 아니다. 나아가 표절의 개념은 가장 좁게는 타인표절만 의미할 수도 있고, 여기에 자기표절/중복게재, 저작권 침해, 위조,

변조, 저작자부당표시와 같은 연구윤리 전반에 걸친 것 순서로 그 개념이 넓어지게 되는데, 저작권침해와 표절이 일치하는 경우도 있고, 저작권 침해가 되지 않지만 표절이 되는 경우, 저작권침해가 되지만 표절이 안 되는 경우도 있으므로, 반드시 표절이 되었다고 하여 저작권침해가 성립한다고 볼 수도 없다. 이 사건에서 원고는 청구원인으로 저작권 침해 주장을 하고 있으므로 그 부분에 한하여 판단하고, 표절이 되는지 여부는 이 법원에서 판단대상은 아니다(피고들이 원고의 저작물을 표절하였다는 것은 아니다)].

2. 대상판결의 요지

가. 원심판결[2]

(1) 교감·표점 작업이 이루어진 부분 및 원고 저작물의 번역문 부분 모두 저작권법의 보호대상이 되는 저작물에 해당하는지 여부

원고 저작물 중 번역문 부분의 경우 한문으로 된 문장을 언어체계가 다른 한글로 풀어내는 데 있어 다양한 어미 변화, 조사, 어감, 접속사 등을 역자의 창조적 개성에 따라 사용하였고, 적절한 어휘와 구문의 선택 및 배열, 문체, 어조 등에 있어 번역자의 창조적 개성이 나타나 있다고 할 것이므로, 소외인 등의 창의와 정신적 노력이 깃든 창작성이 인정되는 번역저작물로서 저작권법이 보호하는 2차적 저작물에 해당한다.

한편, 원문 부분 중 교감·표점 작업이 이루어진 부분에 관하여 보건대, 소외인 등이 규장각본 등 4종의 필사본에 대한 종합적인 서지조사를 하고 이를 비교·대조하는 방식으로 오류가 있는 부분을 수정하는 등 상당한 노력을 들여 교감작업을 하였더라도 이는 창작적인 표현이 아니라 원문의 재현에 불과하고, 또 소외인 등이 원문을 확정한 뒤 견해에 따라 쉼표 등 부호를 표점 작업을 한 것도 그 자체가 저작물 작성자의 개성이 드러나는 창작적 표현이 아니라 어느 부분을 한 어구로 보아 원문을 해석할지에 관한 학술적인 내용에 해당한다.

(2) 저작권 침해 여부

(가) 의거성

증거 및 감정인의 감정결과 및 변론 전체의 취지에 의하면 원고의 저작물인 소외인 본과 피고의 저작물인 피고 3본 사이에 아래와 같은 공통오류 등이 존재하는 사실이 인정되고, 여기에 당초에는 원고와 전북대 문명연구원이 공조하여 번역사업을 추진하

---

2) 서울고등법원 2019. 8. 29. 선고 2019나2007790 판결.

면서 상호 저작물을 공유하였을 것으로 보이는 점, 소외인이 2005. 8.경부터 2007. 3. 경까지 원고의 홈페이지에 위선지의 교열·번역 작업 정리본을 게시하여 피고들이 이를 접하였을 상당한 가능성이 있었다고 보이는 점 등을 더하여 보면, 피고 3본이 소외인본에 의거하여 작성된 사실을 추인할 수 있다.

(나) 실질적 유사성 여부

소외인본 131면 각주 234는 '천일성(천일성): 천을성(천을성)성이라고도 하며, 지황(지황)씨의 정화가 하늘로 올라가서 별로 되었다고 말해진다. 만물을 품고 기르며 소통시키는 역할을 한다고 믿어진다.'라는 기재가 피고 3본에 그대로 옮겨져 있고, 소외인본 131면의 '천일성이 밝으면서 빛이 나면 음양이 잘 소통되어서 만물이 성숙하지만, 그렇지 않다면 이와는 반대되는 일이 일어난다.'라는 기재가 피고 3본에는 '빛이 나면' 부분이 '빛나면'이라고 변경된 외에는 그대로 옮겨져 있는 등 원고가 주장하는 바와 같이 피고의 저작물에 일부 원고의 저작물과 동일·유사한 문장이 사용된 사실이 인정된다. 그러나 각 증거들에 의하여 인정되는 사실 및 사정들을 종합하면, 소외인본이 번역저작물로서 갖는 창작적 특성이 피고 3본에서 감지될 정도에 이르러 소외인본과 피고 3본 사이에 실질적 유사성이 인정된다고 보기 어려우므로 피고들이 원고의 저작권을 침해하였음을 전제로 한 원고의 주장은 이유 없다.

(3) 일반 불법행위 해당 여부

피고 3본이 임원경제지 위선지 4권 모두에 대하여 교감 및 표점 작업을 하고, 번역이 이루어진데 비하여 소외인본은 위선지 1권 전체와 2권의 19장 전반부(19.5장)까지 교감 및 표점 작업을 하고 번역이 이루어져 위선지 전체 중 31.7%에 불과하여 완성된 저작물이 아닌 점, 앞서 본 바와 같이 실질적 유사성이 인정되지 않아 저작권 침해를 인정할 수 없는 점, 피고들이 국립대학교 교수 등의 신분에서 이 사건 번역작업을 하게 된 것이고, 원고의 저작권을 적극적으로 침해할 의도는 없었던 것으로 보이는 점 등에 비추어 보면 일부 의거성이 인정된다고 하여 피고들에게 불법행위가 성립한다고 볼 수 없고, 달리 이를 인정할 증거가 없다.

나. 대법원 판결[3]

(1) 저작권 침해 부분

갑 사단법인의 저작물은 조선시대 실학자 서유구가 편찬한 '임원경제지'를 구성하는 16개의 지 중 하나인 '위선지'의 원문에 교감, 표점 작업을 한 부분과 이를 번역한 부분으로 이루어진 것인데, 위 교감·표점 부분이 창작성을 가지는지 문제 된 사안에서, 갑 법인의 저작물에서 교감 작업을 통해 원문을 확정하는 것과 표점 작업을 통해 의미에 맞도록 적절한 표점부호를 선택하는 것은 모두 학술적 사상 그 자체에 해당하고, 이러한 학술적 사상을 문자나 표점부호 등으로 나타낸 갑 법인의 교감·표점 부분에 관해서는 갑 법인과 동일한 학술적 사상을 가진 사람이라면 논리구성상 그와 달리 표현하기 어렵거나 다르게 표현하는 것이 적합하지 않아 위 부분은 결국 누가 하더라도 같거나 비슷한 방식으로 표현될 수밖에 없으므로, 특별한 사정이 없는 한 갑 법인의 저작물 중 교감한 문자와 표점부호 등으로 나타난 표현에는 갑 법인의 창조적 개성이 있다고 보기 어렵다.

(2) 불법행위 부분

갑 사단법인이 을 국립대학교의 연구원과 협력하여 수행한 조선시대 실학자 서유구가 편찬한 '임원경제지' 번역 사업에서 '위선지'와 '만학지'의 일부에 관한 교감·표점 작업이 되어 있는 원문과 이를 번역한 번역문으로 이루어진 번역본 초고를 작성하였다가 위 협력 사업이 중간에 종결되자 을 대학교 연구원에 번역본 초고를 폐기할 것과 이를 서적 출판 등 목적으로 사용하지 말 것을 요청하였는데, 이후 을 대학교 연구원이 병 등과 번역을 위한 계약을 체결한 다음 이들의 번역 작업을 거쳐 '위선지'의 번역서를 출판사인 정 주식회사를 통해 출판하자, 갑 법인이 위 출판행위가 민법상 불법행위를 구성한다며 국가 및 병 등을 상대로 손해배상을 구한 사안에서, 갑 법인의 번역본 초고가 작성되기까지 상당한 시간과 적지 않은 비용 및 높은 수준의 정신적 노력이 투입되었을 것으로 판단되는 점, 갑 법인의 번역본 초고는 을 대학교 연구원과의 협력관계나 신뢰관계를 바탕으로 번역 계약의 체결을 위한 준비과정에서 갑 법인의 노력과 투자에 의해 작성된 것이고, 갑 법인이 협력 사업 종료 후 번역본 초고의 폐기와 사용 금지를 명시적으로 요청하기도 하였는데, 만일 을 대학교 연구원 등이 위와 같은 사정

---

3) 대법원 2021. 6. 30. 선고 2019다268061 판결.

을 인식하고서도 갑 법인의 번역본 초고를 무단으로 이용하여 위선지 번역서를 작성·출판한 것이라면 그 행위는 상도덕이나 공정한 경쟁질서에 반하는 것이라고 평가할 여지가 더욱 큰 점 등을 고려하면, 위와 같은 사정들을 구체적으로 심리하여 이를 기초로 을 대학교 연구원 등의 행위가 계약 체결을 위한 준비단계에서 협력관계나 신뢰관계에 있었던 갑 법인이 가지게 된 보호가치 있는 기대나 신뢰를 침해하고 부정한 경쟁행위로서 민법상 불법행위를 구성하는지 판단하였어야 하는데도, 이와 달리 민법상 불법행위가 성립하지 않는다고 본 원심판결에 법리오해 등의 잘못이 있다.

Ⅱ. 해 설

1. 문제의 소재

표점작업은 한문원문에 해독하기 쉽게 쉼표, 마침표 등을 표시함으로써 그 의미를 쉽게 이해할 수 있도록 하는 작업을 말한다. 한문번역은 표점작업을 통하여 문맥을 파악할 수 있도록 하는 절차를 거친다. 표점작업이 제대로 이루어지지 못할 경우, 번역 또한 원저작의 의도와 다르게 의미를 해석할 수밖에 없다. 그런 점에서 표점작업이 갖는 의의는 충분하다.

고전을 탐구함으로써 그 시대의 상황을 이해하고 학문적으로 활용할 수 있는 내용을 찾아가는 것은 의미가 있다. 다만, 이미 공유영역(public domain)에 들어와 있는 문화유산인 고전을 저작권법상 독점화하는 것은 저작권법을 포함한 지식재산법제가 추구하는 지식의 확산이라는 가치를 훼손할 수 있음이다. 그런 점에서 법적 보호관점보다는 연구자의 연구결과물에 대한 가치평가 영역으로 남겨두는 것이 타당하다. 그렇지만, 이미 물은 엎질러졌으니 수습해야 한다. 그 방향은 저작권법의 적용이 아닌 공정한 대가관계를 판단할 수 있도록 하는 것이 합리적이다.

2. 번역의 창작성 논란[4]

가. 창작성

저작권법은 저작물을 '인간의 사상 또는 감정을 표현한 창작물'로 규정하여 창작성을 요구하고 있다. 창작성은 완전한 의미의 독창성을 요구하는 것은 아니라고 하더라도,

---

4) 대법원 2021. 6. 30. 선고 2019다268061 판결.

창작성이 인정되려면 적어도 어떠한 작품이 단순히 남의 것을 모방한 것이어서는 안되고 사상이나 감정에 대한 창작자 자신의 독자적인 표현을 담고 있어야 한다. 즉, 사상이나 감정에 대한 창작자 자신의 독자적인 표현을 담고 있어 창작자의 창조적 개성이 나타나 있는 경우라면 창작성을 인정할 수 있으므로 저작물로서 보호를 받을 수 있다(대법원 2020. 4. 29. 선고 2019도9601 판결).

나. 번역저작물의 창작성

번역저작물의 창작성은 원저작물을 언어체계가 다른 나라의 언어로 표현하기 위한 적절한 어휘와 구문의 선택 및 배열, 문장의 장단 및 서술의 순서, 원저작물에 대한 충실도, 문체, 어조 및 어감의 조절 등 번역자의 창의와 정신적 노력이 깃들은 부분에 있는 것이고, 그 번역저작물에 나타난 사건의 전개, 구체적인 줄거리, 등장인물의 성격과 상호관계, 배경설정 등은 경우에 따라 원저작물의 창작적 표현에 해당할 수 있음은 별론으로 하고 번역저작물의 창작적 표현이라 할 수 없으므로, 번역저작권의 침해 여부를 가리기 위하여 번역저작물과 대상 저작물 사이에 실질적 유사성이 있는가의 여부를 판단함에 있어서는 위와 같은 번역저작물의 창작적인 표현에 해당하는 것만을 가지고 대비하여야 한다.

번역저작물의 개개 번역 표현들을 구성하고 있는 어휘나 구문과 부분적으로 유사해 보이는 어휘나 구문이 대상 저작물에서 드문드문 발견된다는 사정만으로 바로 번역저작물과 대상 저작물 사이에 실질적 유사성이 있다거나 번역저작물에 대한 번역저작권이 침해되었다고 단정할 수는 없고, 그 실질적 유사성을 인정하기 위해서는 대상 저작물에서 유사 어휘나 구문이 사용된 결과 번역저작물이 갖는 창작적 특성이 대상 저작물에서 감지될 정도에 이르러야 한다(대법원 2007. 3. 29. 선고 2005다44138 판결).

다. 교감 및 표점의 창작성

갑 사단법인의 저작물은 조선시대 실학자 서유구가 편찬한 '임원경제지'를 구성하는 16개의 지 중 하나인 '위선지'의 원문에 교감, 표점 작업을 한 부분과 이를 번역한 부분으로 이루어진 것인데, 위 교감·표점 부분이 창작성을 가지는지 문제 된 사안에서, 갑 법인의 저작물에서 교감 작업을 통해 원문을 확정하는 것과 표점 작업을 통해 의미에 맞도록 적절한 표점부호를 선택하는 것은 모두 학술적 사상 그 자체에 해당하고, 이러한 학술적 사상을 문자나 표점부호 등으로 나타낸 갑 법인의 교감·표점 부분에 관해서는 갑 법인과 동일한 학술적 사상을 가진 사람이라면 논리구성상 그와 달리 표현하기 어렵거나 다르게 표현하는 것이 적합하지 않아 위 부분은 결국 누가 하더라도 같거나 비슷한 방식으로 표현될 수밖에 없으므로, 특별한 사정이 없는 한 갑 법인의 저작물 중 교감한 문자와 표점부호 등으로 나타난 표현에는 갑 법인의 창조적 개성이 있다고 보기 어렵다.

3. 신뢰관계를 해치는 위법성 논란[5]

가. 계약상 보호가치

계약 체결을 위한 교섭 과정에서 어느 일방이 보호가치 있는 기대나 신뢰를 가지게 된 경우에, 그러한 기대나 신뢰를 보호하고 배려해야 할 의무를 부담하게 된 상대방이 오히려 상당한 이유 없이 이를 침해하여 손해를 입혔다면, 신의성실의 원칙에 비추어 볼 때 계약 체결의 준비 단계에서 협력관계에 있었던 당사자 사이의 신뢰관계를 해치는 위법한 행위로서 불법행위를 구성할 수 있다고 보아야 한다. 특히 계약 체결을 위한 교섭 과정에서 상대방의 기대나 신뢰를 보호하고 배려해야 할 의무를 위반하면서 상대방의 성과물을 무단으로 이용한 경우에는 당사자 사이의 신뢰관계를 해칠 뿐만 아니라 상도덕이나 공정한 경쟁질서를 위반한 것으로서 그러한 행위의 위법성을 좀 더 쉽게 인정할 수 있다.

나. 위법성에 따른 불법행위

원심은 다음과 같은 사항을 고려하지 않고 피고의 불법행위에 대해 불법행위가 성립하지 않는다고 판단하였다. 즉, 갑 법인의 번역본 초고가 작성되기까지 상당한 시간과 적지 않은 비용 및 높은 수준의 정신적 노력이 투입되었을 것으로 판단되는 점, 갑 법인의 번역본 초고는 을 대학교 연구원과의 협력관계나 신뢰관계를 바탕으로 번역 계약의 체결을 위한 준비과정에서 갑 법인의 노력과 투자에 의해 작성된 것이고, 갑 법인이 협력 사업 종료 후 번역본 초고의 폐기와 사용금지를 명시적으로 요청하기도 하였는데, 만일 을 대학교 연구원 등이 위와 같은 사정을 인식하고서도 갑 법인의 번역본 초고를 무단으로 이용하여 위선지 번역서를 작성·출판한 것이라면 그 행위는 상도덕이나 공정한 경쟁질서에 반하는 것이라고 평가할 여지가 더욱 큰 점 등을 고려했다면

---

5) 대법원 2021. 6. 30. 선고 2019다268061 판결.

달리 판단할 수 있었다는 점이다.

4. 이 판결의 의의

고전은 오래전 선대의 지식이나 문화를 이해할 수 있는 사료(史料)로서 역할을 한다. 그렇지만, 당시의 문자체계는 현재의 문자체계와 상이하기 때문에 이해하기가 쉽지 않다. 고전번역은 고전에 담겨있는 시대상황과 문화를 우리가 살고있는 현재시대의 문자체계로 변환하는 것이다. 구슬이 서 말이라도 꿰어야 보배라는 말처럼, 조상들의 삶의 가치가 담겨있는 고전을 우리세대가 이해할 수 있는 언어나 문자체계로 전환하지 않는 이상 그 의미가 없다. 그렇기 때문에 고전의 번역이 갖는 의미는 대중이 이해하지 못하는 문화유산을 바르고, 쉽게 이해할 수 있는 수단이라는 점이다.

일반적으로 번역은 다른 언어체계로 변환하는 것을 의미한다. 변환의 결과가 창작성이 있는 경우, 2차적저작물로써 인정받는다. 한자로 작성된 고전도 한글로 전환하는 과정, 즉 번역과정을 거치면서 번역자의 창작적 노력이 들어간다. 다만, 한자는 띄어쓰기라는 개념이 없기 때문에 원본이 의도한 내용으로 이해하기 위한 표점이라는 선행 작업이 필요하다. 이른바, 표점이라는 작업을 말하는데 이 과정은 한문 체계 전반적인 이해가 있어야만이 가능하다. 즉, 이 분야의 전문가라면 단순할 수도 있는 일이기는 하나, 이를 객관적으로 본다면 단순한 작업으로 간주하기는 어렵다. 참고로, 띄어쓰기가 없는 일본어로 작성된 문서의 편집이나 교정과도 비교할 수 있다. 일본어로 작성된 문서를 이해하기 위해서는 일본어의 체계에 대한 이해와 해당 문서의 내용이나 취지를 이해하지 않고서는 제대로 된 번역이 어렵기 때문이다. 고전에 담긴 한자도 이러한 문자 체계와 문구 하나하나가 의도하는 뜻이 상황에 따라 다르게 해석되는 점을 볼 때, 한문고전에 대한 번역은 쉬운 일이 아니다.

대법원은 고전의 번역과정에서 발생한 저작권 이슈 및 불법행위에 대해 판단을 내렸다. 몇 차례 번역저작물의 창작성에 대한 판단을 내린 대법원의 판례가 이번에도 기준이 되었다. 이와 더불어, 민법상 불법행위 원리를 보충적으로 판단한 것이나 번역의 창작성에 대해 다시 판단한 것은 아니다. 창작성을 판단할 정도까지의 번역이 양적으로 이루어지지 않았다는 것이 그 이유이다. 다만, 불법행위에 대해서는 신뢰의 이익이 있는 곳에는 보호가 있다는 것처럼 계약관계에서 보호해야 할 법익이 있음을 확인하였고 그것은 학문의 발전을 위한 과정의 보호 필요성을 평가한 것이다.

최근에는 고전 번역까지도 기계번역을 활용한다는 기사가 나온다. 기계학습이 인간의 학습의 양적, 질적 수준을 넘어서고 있다. 모든 분야에서 완벽하게 인간을 앞설 수는 없겠지만 특정 영역이 일반화되는 과정에 있다면 언젠가는 인간만이 할 수 있는 영역은 좁아지게 될 것이다. 논란이 된 고전번역의 영역에서 인간끼리의 분쟁이 큰 의미가 없어지는 날이 올 것을 예감한다. 지금도 기계번역은 이미 일정 부분 인간의 능력을 넘어서고 있으며, 기술의 발전과 학습모델의 거대화는 특이점을 앞당길 수 있다. 이러한 상황에서 인간끼리의 다툼은 무의미한 일이 될 수 있다. 인간이 고민해야할 것은 학문의 대승적 방향은 공유라는 점, 다만 그 공유가 타인의 이익을 함부로 침해하는 것이 아니라는 점이다. 이러한 고민은 기본적으로 윤리의 영역이고 인공지능의 가치판단에서도 다르지 않아야 한다. 인공지능 윤리로서 공공선(公共善)을 추구해야할 인간의 가치 또한 기계에게도 전이될 필요가 있다. 다만, 인간이 기계를 학습시킬 수 있을 때까지만 유효하지 않을까 생각한다.

참고문헌

■ 기타 자료

대법원 2020. 4. 29. 선고 2019도9601 판결.

대법원 2021. 6. 30. 선고 2019다268061 판결.

서울고등법원 2019. 8. 29. 선고 2019나2007790 판결.

대법원 2017. 11. 9. 선고 2014다49180 판결

리얼리티 방송 프로그램의 저작물성과 실질적 유사성 판단

신 재 호 (경상국립대학교 법과대학 교수)

I. 판결의 개요

1. 사건의 개요

이 사건은 결혼적령기에 있는 일반인 남녀가 '애정촌'이라는 공간에 모여 일정 기간 함께 생활하면서 자기소개, 게임, 데이트 등을 통해 자신의 짝을 찾아가는 과정을 녹화하여 제작한 원고의 영상물을 피고가 모방하여 영상물을 제작하고 방송·전송함으로써 ① 원고 영상물에 관한 저작권재산권과 저작인격권을 침해하였거나, ② 주지된 원고의 영업표지 등과 유사한 표장을 사용하여 출처의 혼동을 가져오거나 원고 영업표지의 식별력과 명성을 손상하는 부정경쟁행위를 하였거나, ③ 원고가 상당한 노력과 투자로 구축한 영상물의 명성과 고객흡입력에 무단 편승하는 불법행위를 저질렀다고 주장하면서 선택적으로 불법행위에 기초한 손해배상을 청구한 사안이다.

영상물은 기본적으로 매우 다양한 요소들로 구성되고, 본 사안에서는 피고의 모방 여부가 다투어진 요소들이 적지 않아 각각의 요소에 대한 지적재산권법상 보호적격 및 보호범위를 검토하고 있는 이 판결은 그 내용이 방대할 뿐만 아니라 쟁점사항도 지적 재산권법 전반에 걸쳐 펼쳐 있다. 다만, 이 판결이 주목받는 이유는 저작권 침해에 대한 판단에 있어 법원의 입장 변화이며, 판결에서 언급된 모든 주장에 대한 평석은 자

칫 논점을 흐리게 할 수 있어 독자의 양해를 구하고 본 평석에서는 저작권 침해와 관련된 판결 내용에 집중하여 논의하기로 한다.

원고의 영상물은 이른바 리얼리티 방송 프로그램으로 일반적으로 구체적인 대본이 없이 대략적인 구성안만을 기초로 출연자 등에 의하여 표출되는 상황을 담아 제작되지만, 제작 의도나 방침에 따라 무대, 배경, 소품, 음악, 진행방법, 게임규칙 등 다양한 구성요소들이 선택되어 배열된다.

한편, 피고 영상물 1은 원고 영상물의 기본적인 모티브나 일부 구성을 차용하여 제작된 것이지만, 일반인 남녀가 출연하여 구체적인 대본 없이 출연자 사이의 상호작용에 따라 사건이 진행되는 리얼리티 방송 프로그램이 아니라, 전문 연기자가 출연하여 구체적인 대본에 따라 재소자나 환자 등을 연기하는 성인 대상 코미디물이라는 점에서 프로그램의 성격이 원고 영상물과는 다르다.[1]

피고 영상물 2도 원고 영상물을 구성하는 핵심 요소들을 그대로 사용하고 있지만, 피고가 게임물을 홍보할 목적으로 제작한 것으로서[2] 실제로는 진지하게 짝을 찾는 일반인 남녀들 간의 상호작용을 보여주기 위한 프로그램은 아니며, 온라인 게임 속의 퀘스트(Quest) 시스템을 도입하여 출연자가 자신의 속마음과는 달리 주어진 임무에 따라 행동하도록 하는 등 원고 영상물에 나타나 있지 아니한 요소가 일부 추가되어 있다.[3]

2. 대상판결의 요지

가. 원심판결(서울고등법원 2014. 7. 3. 선고 2013나54972 판결)

원고는 피고 영상물이 원고 영상물과 실질적으로 유사하지 않고, 원고 영상물과 로고가 원고의 상품표지나 영업표지로 사용되지 않았으며, 원고 영상물의 일부 장면이나

---

1) 방송채널인 'tvN'을 통하여 <새러데이 나잇 라이브 코리아(Saturday Night Live Korea) 시즌2>라는 제목의 예능프로그램에서, 2012. 6. 16. '짝 재소자특집 1부', 2012. 6. 23. '짝 재소자특집 2부', 2012. 7. 14. '짝 재소자 리턴즈', 2012. 10. 6. '짝 메디컬 특집'이라는 제목의 영상저작물을 각 6분가량 4차례에 걸쳐 방송하였다.
2) 'RIFT'라는 게임의 국내 프로모션을 위해 제작된 홈페이지에서 '짝꿍 게이머 특집'이라는 제목으로 예고편(1분), 2012. 2. 17.부터 1부 만남편 (20분), 2부 느낌편(15분)을, 2012. 2. 24.부터 3부 최종선택편(10분)을 전송하였다.
3) 피고 영상저작물 2는 게임을 즐기는 사람들이 함께 '애정촌 던전'에 모여 함께 게임을 할 짝을 찾는 과정에서, 온라인 게임 내의 퀘스트 시스템을 도입하여 출연자에게 과제를 주고 그에 따른 행동을 하도록 지시하여, 짝을 찾고자 하는 출연자의 순수한 마음에 따른 선택이 아닌 과제 수행에 따른 선택을 하도록 함으로써 출연자의 진심을 상대방이 알 수 없도록 만들고, 마지막에 이르러서야 과제로 인한 선택이었음을 밝히는 내용으로 구성되어 있다.

구성을 사용한 영상물을 제작하여 영업활동을 한 피고의 행위가 불법행위를 구성하지 않는다는 이유로 원고의 청구를 기각한 제1심 판결4)에 불복하여 항소를 제기하였다.

원심에서는 원고 영상물에 관한 저작권 침해 여부에 대하여 ① 저작물의 제목을 표현하는 간판 내에 표시되어 있는 '짝'이라는 글자는 그 자체로 독립하여 감상의 대상으로 삼기 위해서 창작된 것이라 볼 수 없으며, 글자 자체가 독립된 미술저작물에 해당한다 할 수 없다고 판단하였고, ② 출연자가 서로 'O호'라고 불러 특정하는 방식이나 '애정촌 O기' 등으로 출연자 집단별 저작물의 제목을 표현하는 방식은 창작적 표현이 포함되어 있다고 할 수 없고, 저작권의 보호대상이 되지 않는 아이디어에 불과하다고 판단하였다. ③ 출연자의 등장방식이나 출연자가 한 명씩 도착할 때 다른 출연자의 속마음을 인터뷰하여 넣는 등의 구성 자체는 아이디어에 해당하며, 다른 리얼리티방송에서도 흔히 사용되는 것으로 거기에 어떠한 창작적 표현이 있다고 보기 어렵고, ④ 자기소개의 표현 방식과 프로필 정리 장면의 구성도 종래의 통상적 방식과 특별히 다를 것이 없어 창작성을 인정할 수 없다고 판단하였다. ⑤ 도시락을 들고 마음에 드는 이성을 선택하여 그 이성과 함께 도시락을 먹는다는 설정 자체는 아이디어에 지나지 않아 창작적 표현이라 할 수 없고, ⑥ 제작진과 속마음을 인터뷰하는 방식이나 지정된 전화기를 이용하여 가족과 전화통화를 하도록 하는 방식도 일반 예능프로그램에서 흔히 사용되는 것으로 원고가 새로운 창작성을 부여한 것으로 보기 어렵다고 판단하였다. ⑦ 데이트권리를 얻기 위한 게임 방식은 단순한 아이디어에 지나지 않으며, ⑧ '크리스마스를 짝과 보내고 싶은 짝없는 청춘 남녀의 출연신청을 기다립니다' 등 프로그램 종료 마지막 장면의 문구는 방송참가 신청에 관한 안내문구에 불과하여 거기에 어떤 독창성이 있다고 할 수 없고, ⑨ 내레이션을 통한 사건 전개에 있어 관찰자의 입장을 강조하기 위한 평서체, 문어체의 사용 등의 특징은 내레이션을 위한 아이디어에 불과하며, 원고 영상물의 내레이션이 저작자에 의해서 특수한 성격이 묘사된 인물을 포함한 캐릭터 저작물의 일부에 해당하는 것이 아니라면 성우의 음색 자체가 원고의 창작적 표현에 해당한다 할 수 없다고 판단하였다. 문제는 대사의 동일 유사성에 대한 판단인데, ⑩ 그 중 상황 설명을 위한 내레이션이나 제작진의 규칙 소개 또는 진행을 위한 안내에 관한 대사의 문구는 단순히 정보전달을 위한 내용에 불과하거나, 이미 관용적으로 사용되는 문구를 인용한 것에 불과하여 창작적 표현에 해당한다고 볼 수 없다

---

4) 서울중앙지방법원 2013. 8. 16. 선고 2012가합80298 판결.

고 판단하였다. 즉, 원심에서는 거의 모든 쟁점 요소에 대해 창작성이 없거나 아이디어에 불과하다는 이유로 "창작적 표현"에 해당하는 부분만으로 실질적 유사성을 판단하여야 한다는 원칙[5]에 따라 실질적 유사성을 인정하기 어렵다고 판단하였으며, 실질적 유사성을 전제로 하는 저작재산권 및 저작인격권 침해를 모두 부정하였다.

나. 대법원 판결(대법원 2017. 11. 9. 선고 2014다49180 판결)

대법원은 먼저, 구체적인 대본이 없이 대략적인 구성안만을 기초로 출연자 등에 의하여 표출되는 상황을 담아 제작되는 이른바 리얼리티 방송 프로그램도 저작물로서 보호받을 수 있는지 여부를 결정하기 위하여 새로운 창작성 판단방법을 제시하였다. 즉, 리얼리티 방송 프로그램도 일정한 제작 의도나 방침에 따라 개별 구성요소들이 선택되고 배열됨으로써 따른 프로그램과 확연히 구별되는 특징이나 개성이 나타날 수 있기 때문에, 리얼리티 방송 프로그램의 창작성을 판단할 때에는 그 프로그램을 구성하는 개별 요소들 각각의 창작성 외에도, 이러한 개별 요소들이 일정한 제작 의도나 방침에 따라 선택되고 배열됨에 따라 구체적으로 어우러져 그 프로그램 자체가 다른 프로그램과 구별되는 창작적 개성을 가지고 있어 저작물로서 보호를 받을 정도에 이르렀는지도 고려하여야 한다는 것이다.

이에 따라, 원고 영상물을 이루는 개별적인 요소들은 아이디어의 영역에 속하거나 다른 프로그램에서도 이미 사용되는 등의 사정으로 인해 그 자체로만 보면 창작성을 인정하기에 부족한 점이 있지만, 원고 측의 축적된 방송 제작 경험과 지식을 바탕으로 프로그램의 성격에 비추어 필요하다고 판단된 요소들만을 선택하여 나름대로의 편집 방침에 따라 배열한 원고 영상물은 이를 이루는 개별 요소들의 창작성 인정 여부와는 별개로 구성요소의 선택이나 배열이 충분히 구체적으로 어우러져 기존의 방송 프로그램과는 구별되는 창작적 개성을 가지고 있다고 할 수 있다고 판단하였고, 이러한 원고 영상물의 창작적 특성에 비추어, 원고 영상물과 피고 영상물의 실질적 유사성을 판단하고 있다.

결론적으로 피고 영상물 1은 애정촌에 모인 남녀가 자기소개나 게임 등을 통해 짝을 찾는다는 원고 영상물의 기본적인 모티브나 일부 구성을 차용하여 제작된 것이기는 하

---

5) 저작권의 침해 여부를 가리기 위하여 두 저작물 사이에 실질적인 유사성이 있는가를 판단함에 있어서 창작적인 표현형식에 해당하는 것만을 가지고 대비하여야 한다(대법원 2010. 11. 11. 선고 2009다16742 판결 참조).

지만, 원고 영상물과 피고 영상물 1 사이에는 프로그램의 성격, 등장인물, 구체적인 사건의 진행과 내용 및 그 구성 등에서 표현상의 상당한 차이가 있으므로, 이들 사이에 실질적 유사성이 인정된다고 보기 어렵다고 판단하였다.

실질적 유사성을 부정하면서 구체적으로 제시된 근거는, 원고 영상물은 진지하게 짝을 찾아가는 남녀와 그들의 상호작용을 대상으로 삼아 객관적으로 보여주는 프로그램의 성격에 맞추어 이를 표현하는 데 주안점을 두고 전체적으로 심각하고 긴장감 있는 느낌을 주도록 이루어진 개별 요소들의 선택 및 배열이 영상물의 특징을 이루지만, 피고 영상물 1은 성인 대상 코미디물이라는 프로그램의 성격에 따라 현실에서 좀처럼 발생하기 어려운 과장된 상황과 사건들이 극 전개의 중심을 이루어 구성됨으로써 전체적으로 가볍고 유머러스한 분위기가 느껴지도록 표현된 것을 특징으로 하고 있다는 점이다.

반면, 피고 영상물 2는 피고가 게임물을 홍보할 목적으로 제작한 것으로서 실제로는 진지하게 짝을 찾는 일반인 남녀들 간의 상호작용을 보여주기 위한 프로그램은 아니라고 하더라도, 피고 영상물 2의 시청자들로 하여금 출연한 남녀들을 객관적으로 관찰하는 것을 특징으로 하는 리얼리티 방송 프로그램을 보는 느낌을 갖도록 표현되어 있고, 시청자들의 입장에서는 이와 같은 차이점에 따른 표현상의 차이를 느끼기는 어려워 보인다고 판단하였고, 피고 영상물 2에는 온라인 게임 속의 퀘스트(Quest) 시스템을 도입하여 출연자가 자신의 속마음과는 달리 주어진 임무에 따라 행동하도록 하는 등 원고 영상물에 나타나 있지 아니한 요소가 일부 추가되어 있기는 하나, 피고 영상물 2 내에서 이러한 요소가 차지하는 질적 또는 양적 비중이 미미하다고 판단하였다.

결국 원고 영상물과 피고 영상물 2 사이에는 구성요소의 선택과 배열에 관한 원고 영상물의 창작적 특성이 피고 영상물 2에 담겨 있어서 실질적 유사성이 인정된다고 볼 여지가 있다는 점에서, 원고 영상물의 저작물성을 부정하고 피고 영상물 2 사이에 실질적 유사성도 인정되지 아니한다고 단정하여, 이에 관한 원고의 저작권 침해 주장을 받아들이지 아니한 피고 영상물 2에 관한 원심의 판단에는 위법이 있다고 판단하여 원심판결 중 피고 영상물 2에 대한 부분은 파기하고, 이 부분 사건을 원심법원에 환송하였다.[6]

---

6) 파기 환송된 후 원심법원에서는 조정이 성립되어 사건이 종결되었다(서울중앙지방법원 2018. 5. 18. 자 2017나28964).

Ⅱ. 해 설

1. 원고 영상물의 창작성 판단

본 판결이 주목받는 이유는 저작물을 구성하는 개별 요소들의 창작성 인정 여부와는 별개로 구성요소의 선택이나 배열이 충분히 구체적으로 어우러져 기존의 저작물과 구별되는 창작적 개성이 인정될 경우 저작물로서 보호를 받을 수 있다는 것을 대법원에서 명시적으로 인정했다는 점이다. 대부분 창작성이 인정되는 저작물은 창작성이 있는 요소들을 포함하고 있고, 창작성이 인정되는 요소들을 중심으로 실질적 유사성을 판단하는 것이 일반적이다. 이 사안 원심에서도 원고 저작물과 피고 저작물 사이에 유사 여부가 다투어지는 개별 요소들에 대한 창작성 여부만을 판단하였을 뿐, 저작물을 구성하는 구성요소들의 선택이나 배열을 그 전체로서 창작성 여부를 판단하지는 않았다. 이러한 입장은 일부 논문에서 주장된 바 있고,[7] 하급심 판결에서도 유사한 취지로 언급된 바 있지만,[8] 개별 구성요소들은 하나하나 독립하여 저작권법상 보호를 받을 수 없지만, 구성요소들의 선택과 배열을 그 전체로서 창작성을 인정하여 저작권 침해를 인정한 최초의 대법원 판결이다. 그러나 이러한 입장은 저작권법에서 편집저작물을 인

---

7) 포괄적 유사성이란 근본적인 본질 또는 구조(내재적 표현)의 복제에 따른 전체로서의 유사성이며, 이러한 포괄적 유사성 판단으로 중요한 것이 앞서 언급한 편집저작물로서의 실질적 유사성 판단이다. 게임콘텐츠가 그 전체로서 편집저작물성을 갖춘 경우 즉, 구성요소들의 선택, 조합, 전개, 구체화 등에 있어 창작성이 인정되는 경우에는 편집저작물로서의 실질적 유사성 판단이 필요하다. 편집저작물의 창작성 판단에 있어서는 소재의 저작물성을 고려하지 않기 때문에 저작권법상 보호적격을 갖추지 못한 구성요소(이미 공지되어 창작성 없는 요소나 소재(素材)성이 강한 아이디어적 요소 등)들로서 조합된 게임콘텐츠에 특히 유용하고 유의미한 판단이다(신재호, "편집저작물성을 고려한 게임콘텐츠의 표절여부 판단", 「디지털재산법연구」, 제13호, 2010, 83면).
   실질적 유사성 판단에 있어 "이러한 전체적 판단방법에 의한 판단은 모든 저작물을 마치 보호받는 요소들과 보호받지 못하는 요소들이 선택·배열된 일종의 편집저작물로 간주하여 저작권침해의 판단을 하는 것이라고도 볼 수 있다. 즉, 하나의 저작물(그것이 편집저작물이 아니라 하더라도)을 구성하는 요소들을 편집저작물에서의 소재들(그 중에는 보호받지 못하는 요소들도 있다)과 같은 것으로 파악하고, 그들의 선택·배열 또는 구성에 있어서의 창작성이 인정될 경우 그것과 전체로서의 피고 저작물 사이의 유사성을 비교 판단하는 것이다"(오승종, "저작재산권침해의 판단기준에 관한 연구", 서강대박사학위논문, 2005, 99면).
8) 서울고등법원 2012. 12. 20. 선고 2012나17150 판결에서는 "극저작물에 있어서 주제, 인물, 구성 및 사건의 전개가 조화를 이루는 구체적인 설정은, 비록 위 구성요소 하나하나는 독립하여 저작권법상 보호를 받을 수 없다 하더라도, 전체적으로는 하나의 저작물을 다른 저작물과 구별할 수 있는 근간이므로 저작권법의 보호대상인 표현으로 보아야 한다."고 하면서 "극저작물에 있어서의 보호대상인 표현으로 볼 수 있는 주제, 인물, 구성 및 사건의 전개가 조화를 이루는 구체적 설정이 유사하므로, 양 저작물의 사이의 포괄적·비문언적 유사성을 인정할 수 있다."고 판시하였다.

정한 취지를 고려하면 이례적이거나 특별한 취급으로 볼 수 없다. 소재 저작물과 별개로 편집저작물에 대해 독자적인 저작권을 부여하는 것과 같은 취지로, 일반 저작물에 대해서도 편집저작물성(창작성)에 대한 판단을 통해 구성요소의 선택, 배열, 조합, 전개 등을 보호할 필요가 있기 때문이다. 다만, 이미 공지되어 창작성 없는 요소나 소재(素材)성이 강한 아이디어적 요소 등 저작권법상 보호적격을 갖추지 못한 다양한 요소들로 구성된 저작물에 있어 보다 큰 의미가 있다. 구체적인 대본이 없기 때문에 저작권법상 보호받을 수 있는 표현의 영역은 대부분 출연자 등에 의하여 표출되는 상황을 담아 제작되는 리얼리티 방송 프로그램이나 상당 부분 기능적 요소에 의하여 표현이 결정되는 비디오게임물 등에 있어 저작권 침해 여부를 결정하는 중요한 역할을 하게 될 것이다.[9]

2. 피고 영상물 1의 실질적 유사성 판단

본 사안에서 대법원은 피고 영상물 1과 피고 영상물 2의 실질적 유사성 판단의 결론을 달리하였는데, 피고 영상물 1은 전문 연기자가 출연하여 구체적인 대본에 따라 재소자나 환자 등을 연기하는 성인 대상 코미디물이라는 점에서, 본 판결은 저작권법에서 꾸준히 논의되고 있는 패러디의 취급에 있어서도 의미가 있다. 실제 원고는 1심법원에서 원고 영상저작물의 일반 출연자 대신 '짝을 찾는 재소자'를 가정하고 성적으로 희화화(戲畫化)시켰다는 것을 이유로 동일성유지권 침해를 주장하였으며, 대법원에서 실질적 유사성을 부정한 가장 중요한 근거도 프로그램의 성격이 다르다는 점이었다.

> "원고 영상물은 진지하게 짝을 찾아가는 남녀와 그들의 상호작용을 대상으로 삼아 객관적으로 보여주는 프로그램의 성격에 맞추어 이를 표현하는 데 주안점을 두고 전체적으로 심각하고 긴장감 있는 느낌을 주도록 이루어진 개별 요소들의 선택 및 배열이 영상물의 특징을 이룬다. 반면, 피고 영상물 1은 성인 대상 코미디물이라는 프로그램의 성격에 따라 현실에서 좀처럼 발생하기 어려운 과장된 상황과 사건들이 극 전개의 중심을 이루어 구성됨으로써 전체적으로 가볍고 유머러스한 분위기가 느껴지도록 표현된 것을 특징으로 하고 있다."

---

9) 이후 모바일 게임 사건(대법원 2019. 6. 27. 선고 2017다212095 판결)에서도 같은 취지로 "구성요소들이 일정한 제작 의도와 시나리오에 따라 기술적으로 구현되는 과정에서 선택·배열되고 조합됨에 따라 전체적으로 어우러져 그 게임물 자체가 다른 게임물과 구별되는 창작적 개성을 가지고 저작물로서 보호를 받을 정도에 이르렀는지도 고려해야 한다."고 판시하였다.

즉, 개별 요소들의 선택 및 배열을 객관적으로 비교하여 실질적 유사성을 판단한 것이 아니라 개별 요소들의 선택 및 배열에 있어 저작물의 성격에 따른 일정한 제작 의도나 방침을 고려한 것이다. 다만, 포괄적 유사성 판단이 아닌 부분적 유사성 판단에 있어서도 저작물의 성격이나 그 성격에 따른 의도나 방침을 고려할 수 있는지는 의문이다.[10] 본 판결에서는 이 점을 분명히 하고 있지 않지만, 실질적 유사성 판단방법은 포괄적 유사성 판단과 부분적 유사성 판단시 달리 접근할 필요가 있다고 생각하며, 향후 이에 대한 연구가 필요하다고 본다.

한편, 피고 영상물 1을 패러디라는 관점에서 고찰하면, 실질적 유사성을 부정하기보다는 공정이용 법리를 통해 저작권 침해를 부정하는 선행 연구들과 차이가 있다.[11] 다만, 패러디의 범주가 불명확하고 그 유형이 다양하여 일률적으로 저작권 침해를 부정하는 근거를 일반화할 수는 없다고 생각한다.

3. 피고 영상물 2의 실질적 유사성 판단

대법원은 일정한 제작 의도나 방침에 따라 구성요소를 선택·배열한 것에 창작성을 인정하면서 원고 영상물의 저작물성을 부정한 원심 판단 부분의 잘못을 지적하고 있지만, 피고 영상물 1에 대해서는 실질적 유사성을 부정하여 파기 환송된 부분은 피고 영상물 2에 대한 실질적 유사성 판단 부분만이다.

피고 영상물 1과 달리 실질적 유사성을 인정한 이유는, 피고 영상물 2도 출연자인 게이머들이 마치 게임처럼 수행할 과제를 부여받고 이를 완수하는 과정에서 일어나는 사건을 주로 표현하고 있다는 점에서 차이가 있지만, 원고 영상물과 마찬가지로 피고 영상물 2의 시청자들로 하여금 출연한 남녀들을 객관적으로 관찰하는 것을 특징으로 하는 리얼리티 방송 프로그램을 보는 느낌을 갖도록 표현되어 있고, 시청자들의 입장에서는 피고 영상물 2 자체로부터 원고 영상물과 피고 영상물 2 사이의 차이점에 따른

---

10) 저작물 사이의 유사성에는 두 가지 서로 다른 형태의 유사성이 있다. 즉, '포괄적·비문언적 유사성'(comprehensive non-literal similarity)과 '부분적·문언적 유사성'(fragmented literal similarity)이다. 후자가 저작물의 세부적인 부분이 복제된 경우임에 반하여, 전자는 저작물의 근본적인 본질 또는 구조를 복제함으로써 양 저작물 사이에 대응되는 유사성은 없어도 전체로서 포괄적인 유사성이 있다고 할 수 있는 경우를 말한다(오승종, 「저작권법」, 제5판, 박영사, 2020, 1269면).

11) 성공한 패러디에 대해 저작권 침해를 부정하는 법적 근거도 정리되어 있지 않지만, 실질적 유사성은 인정되지만, 패러디 항변(공정이용 법리 doctrine of fair use)를 통해 저작권 침해를 부정하는 방안들이 주로 논의되고 있다(김우성, "패러디 항변의 도그마를 넘어서," 「서울대 법학」, 제56권 제1호, 2015, 170면 이하 참조).

표현상의 차이를 느끼기는 어렵다고 판단하였기 때문이다. 즉, 피고 영상물 1과 달리, 원고 영상물에서 구성요소를 선택·배열한 의도나 효과가 피고 영상물 2에서는 크게 차이나지 않는다고 평가한 것인데,[12] 판결문에서는 "구성요소의 선택과 배열에 관한 원고 영상물의 창작적 특성이 피고 영상물 2에 담겨 있어서 실질적 유사성이 인정된다고 볼 여지가 있다"고 판시하고 있다. 피고 영상물 1과 마찬가지로 개별 요소들의 선택 및 배열에 있어 제작 의도나 방침을 실질적 유사성 판단에 고려한 것이다.

한편, 피고 영상물 2에 대해서는 새로운 요소가 추가된 경우에도 실질적 유사성이 인정될 수 있는지에 대하여 언급하고 있는데, 결론적으로 피고 저작물에서 추가된 요소가 차지하는 질적·양적 비중을 고려하여 실질적 유사성을 판단하고 있다.

구성요소의 선택·배열에 있어 창작성을 인정하고, 그 전체로서 실질적 유사성을 판단하는 경우, 피고 저작물에서 추가 또는 삭제된 구성요소를 어떻게 평가할지 항상 문제가 될 수밖에 없다. 판결문에서는 "원고 영상물에 나타나 있지 아니한 요소가 일부 추가되어 있기는 하나, 피고 영상물 2 내에서 이러한 요소가 차지하는 질적 또는 양적 비중이 미미하다"는 이유만으로 원고 영상물과 피고 영상물 2 사이의 실질적 유사성을 인정하고 있지만, ⅰ) 피고 저작물에서 추가된 구성요소가 피고 저작물의 주요한 구성요소이거나 피고 저작물에서 차지하는 비중이 크다면, 원고 저작물의 주요한 구성요소들을 그대로 사용하여도 실질적 유사성은 부정되는지, ⅱ) 피고 저작물에서 삭제된 구성요소가 원고 저작물의 주요한 구성요소라면 실질적 유사성은 부정되는지, ⅲ) 주요한 구성요소인지 여부, 구성요소가 차지하는 비중은 어떻게 판단하는지 등 향후 보다 구체적인 논의가 진행되어야 할 것이다.[13]

---

12) 판결문에서는 "원고 영상물은 출연한 남녀들이 짝을 찾아가는 모습을 최대한 꾸밈없이 드러나도록 하고 시청자들이 이를 객관적으로 관찰하는 느낌을 갖도록 여러 가지 요소들을 선택하여 결합"한 것으로 보고 있다.

13) 개인적으로는 원고 저작물을 이용하는 과정에서 일부 구성요소가 추가, 삭제, 변경되기 때문에 원고 저작물의 모든 구성요소를 가지고 실질적 유사성을 판단할 수 없고, 결국 "공통된 구성요소의 조합만"으로도 보호적격(창작성)이 인정되는지 여부를 판단하여야 할 것이며, 특히 아이디어적 요소로 이루어진 구성요소의 조합은 저작자가 의도하는 바를 구현하기 위해 선택된 것이고, 원고 저작물의 구성요소를 통해 의도한 바가 피고 저작물의 표현에 나타나지 않는다면, 공통된 구성요소의 조합은 형식적으로는 동일해 보여도, 추가되거나 삭제된 구성요소에 의해 실질적으로는 다른 구성요소의 조합으로 평가하여야 한다고 생각한다.

참고문헌

■ 국내문헌

김우성, "패러디 항변의 도그마를 넘어서," 「서울대 법학」, 제56권 제1호, 2015.
신재호, "편집저작물성을 고려한 게임콘텐츠의 표절여부 판단," 「디지털재산법연구」, 제13
　　　호, 2010.
오승종, "저작재산권 침해의 판단기준에 관한 연구", 서강대 박사학위논문, 2005.
_____, 「저작권법」, 제5판, 박영사, 2020.

■ 기타 자료

대법원 2010. 11. 11. 선고 2009다16742 판결.
대법원 2017. 11. 9. 선고 2014다49180 판결.
대법원 2019. 6. 27. 선고 2017다212095 판결.
서울고등법원 2012. 12. 20. 선고 2012나17150 판결.
서울고등법원 2014. 7. 3. 선고 2013나54972 판결.
서울중앙지방법원 2013. 8. 16. 선고 2012가합80298 판결.
서울중앙지방법원 2018. 5. 18 자 2017나28964.

대법원 2020. 4. 29. 선고 2019도9601 판결

건축저작물의 창작성 판단기준: 강릉 테라로사 카페 사건*

박 준 우 (서강대학교 법학전문대학원 교수)

I. 판결의 개요

1. 사건의 개요

피해자는 강원도 강릉시 사천면 소재 카페(: 피해자 카페)의 설계자이고, 피고인은 경상남도 사천시 소재 카페(: 피고인 카페)의 설계자이다. 피해자 카페는 2011년 7월에 완공되었는데, 피고인은 2013년 8월 초에 건축주의 의뢰를 받고 2014년 8월 6일에 피고인 카페를 완공하였다.

[그림 1] 피해자 카페(피해자 건축사사무소 SNS)

* 윤선희 교수님의 퇴임을 축하드립니다. 그동안의 노고에 감사드리고, 앞으로도 변함없이 후학들을 이끌어 주시기를 부탁드립니다.
  이 글은 박준우, "건축저작물의 창작성 판단 기준: 강릉 테라로사 카페 사건", 「저작권문화」, 통권 제311호, 한국저작권위원회, 2020.7., 24-27면을 집필 목적에 맞게 수정·보완하였습니다.

2. 대상판결의 요지

가. 제1심판결

창원지방법원 진주지원은 피고인의 행위가 저작권법 제136조 제1항 제1호의 저작재산권 침해죄에 해당한다며 벌금 5백만원을 선고하였다.[1]

(1) 의거관계 인정

우선 1심법원은 다음을 이유로 피고인 카페는 피해자 카페에 의거하여 설계되었다고 판단하였다: ① 피고인 카페가 피해자 카페와 극히 유사한 점; ② 피해자 카페의 외관은 2011년 건축전문도서인 '건축세계'에 실린 점; ③ 2012년 강원도 경관우수건축물로 선정되어 우수상을 받은 점; ④ 월간지 '건축사협회'에 수록되는 등 건축계에 널리 알려진 점; ⑤ 피고인이 피해자와 동종업계에 있는 점.

(2) 실질적 유사성 인정

1심법원은 피해자 카페의 특징은 "시공이 어렵고 공간활용이 효율적이지 않다는 점에서 그 용도나 기능 자체와 무관"하며, "외관의 아름다움을 고려한 디자인 형태로서 전체적인 외관에 미적 창의성"을 갖춘 저작물이라고 하였다. 법원이 밝힌 피해자 카페의 특징을 구성요소 및 그 조합을 중심으로 정리하면 표와 같다.

〈표 1〉 피해자 카페의 특징

구성요소		구성요소의 조합 형태
슬래브	외벽과의 연결	외벽과 지붕슬래브가 곡선으로 이어져 1층과 2층 사이의 슬래브까지 분절 없이 하나의 선으로 연결
	2층 바닥형상	외벽과 연결된 슬래브가 건축물의 2/3 부분까지만 돌출되어, 끝을 45도 각도로 마감
외벽	형상	아래보다 위가 더 넓은 모양으로 양쪽 외벽이 비슷하게 기울어짐
	재질	송판무늬 노출콘크리트
창		전면부: 모두 유리창(2층 바닥슬래브 제외) 건축물 왼쪽: 1−2층 창 연결
테라스		건축물 오른쪽 2층에 창이 없는 테라스
전체		건축물 전체가 하나의 거대한 판에 의하여 ¼클립 모양으로 말려 있는 모양 위 요소들이 조합되어 전체적으로 외관이 투명하고 세련된 느낌

---

1) 참고로 피고인 카페의 건축주도 기소되었으나, 1심법원은 '건축주가 피해자 카페의 사진 등을 피고인에게 교부하고 모방건축물을 설계해 달라며 피고인과 공모하였다.'는 사실을 인정하지 아니하고 무죄를 선고하였다(창원지방법원 진주지원 2018. 10. 18. 선고 2018고정81 판결).

나. 대법원 판결

상고심에서 대법원도 피해자 카페의 창작성을 인정하며, 저작재산권의 침해를 인정한 원심의 판단을[2] 유지하였다. 대법원은 우선 '건축저작물의 창작성' 판단기준에 관하여 '건축물이 건축분야의 일반적 표현방법, 그 용도나 기능 자체, 저작물 이용자의 편의성 등에 따라 기능 또는 실용적 사상을 나타내고 있을 뿐이라면 창작성을 인정하기 어렵지만, 사상이나 감정에 대한 창작자 자신의 독자적인 표현을 담고 있어 창작자의 창조적 개성이 나타나 있는 경우라면 창작성을 인정할 수 있다.'고 하였다. 그리고 위의 기준을 적용하여, '피해자 카페는 여러 특징이 함께 어우러져 창작자 자신의 독자적인 표현을 담고 있으므로 저작물에 해당한다.'고 판단하였다.

Ⅱ. 해 설

1. 쟁점: 피해자 카페의 창작성

대상판결은 형사사건이었지만, 2017년에 같은 사안의 민사사건에서 춘천지방법원 강릉지원은 대상판결과 유사한 내용의 판결을 내리고 피고 건축사에게 5백만원의 손해배상을 명령하였다.[3] 당연한 말이지만, 피해자 작품과 피고인 작품 사이에 유사한 부분이 발견되어야 저작권 분쟁이 시작되는데, 건축저작물도 마찬가지다. 그리고 위 유사 부분 중 ① 창작성 있는 부분의 ② 의거관계와 ③ 실질성이 모두 입증되면 저작재산권 침해가 인정된다. 그런데 이 사건에서는 피고인 카페와 피해자 카페의 외관이 극히 유사하고 건축물의 용도도 같았기 때문에, '의거관계'와 '실질성'은 어렵지 않게 인정될 수 있었다. 따라서 피고인의 저작재산권 침해 여부는 피해자 카페의 창작성 인정 여부에 달려 있었으므로, 핵심 쟁점은 유사 부분의 '창작성'이었다.

2. 저작물의 창작성과 '아이디어 – 표현 이분법'

대상판결은 피해자 카페의 창작성을 판단하면서 '아이디어'와 '표현'이라는 용어를 대

---

2) 항소심에서 피고인은 의거관계와 피해자 카페의 창작성을 부인하고 양형이 부당하다고 주장하였으나 모두 기각되었다. 창원지방법원 2019. 6. 19. 선고 2018노2564 판결.
3) 춘천지방법원 강릉지원 2017. 11. 29. 선고 2016가단54083 판결. 항소심법원도 원심을 유지하고 확정하였다. 춘천지방법원 강릉지원 2018. 9. 11. 선고 2017나32579 판결.

비하여 사용하지 아니하였다. 그동안 대법원은 저작권법의 창작성을 판단할 때 종종 '아이디어-표현 이분법'이라는 기준을 제시하였다. '아이디어-표현 이분법'은 원래 미국에서 '특허법과 저작권법 사이'에 존재하며 해당 사안에 적용될 법률의 '교통정리'를 하던 기준이었다. 즉, 지적 창작물 중 방식이나 절차 등의 '아이디어'는 특허법의 영역에서, 독자적(: 베끼지 않은) 표현이라는 '결과물'은 저작권법의 영역에서 그 보호 여부를 판단한다는 의미였다. 그리고 '아이디어'와 '결과물(표현)'의 두 가지 성격을 모두 가진 창작물은 특허법의 영역에서 판단한다는 '합체의 원칙'으로 이를 보완하였다. 이후 기능적 결과물도 저작권법의 보호대상에 포함되고 독자성(originality) 이외에 창작성(creativity)도 저작물의 성립요건이 되면서, '아이디어-표현 이분법'의 역할과 위치가 달라졌다. 즉, '아이디어-표현 이분법' 중 '표현'이란 '창작성 있는 표현'으로서 저작권의 보호대상인 반면, '아이디어'란 '창작성 없는 표현'으로서 저작권의 보호대상이 될 수 없다는 '저작권법 안(內)의 기준'이 되었다. 이제는 '아이디어'도 '표현'이고 '표현'도 '표현'이다.

지금은 '아이디어-표현 이분법'과 '합체의 원칙'을 구별할 실익이 있는지 의문이고, 심지어 '아이디어-표현 이분법'이 필요한지도 의문이다. '창조적 개성'이라는 용어에 덧붙여 위 원칙들을 사용하여도 판단기준이 더 명확해지지 아니한다. 대상판결의 대법원도 '아이디어-표현 이분법' 없이 '창조적 개성'만으로도 적절한 판단을 하였다. 이제 '아이디어-표현 이분법'이나 '합체의 원칙' 등은 기존 판결의 의미를 설명하는 문헌이나 강의실에서라면 모를까, 앞으로의 판결에서는 판단기준으로 적용할 실익이 없는 과거의 (그것도 외국법의) 흔적에 불과하다.

3. 건축저작물의 창작성: 선택과 배열

건축저작물의 창작성을 판단할 때도 어문저작물 등 다른 종류의 저작물과 같은 기준이 적용된다. 즉, 예술품의 정도에 이를 필요는 없지만,[4] 작성자의 창조적 개성이 나타나 있어야 한다. 따라서 건축물 중 건축사의 '창조적 개성'이 나타난 부분에는 창작성이 인정된다. 최근 대법원은 리얼리티프로그램포맷·게임물·체험전기획안 등의 창작

---

4) 과거에는 건축저작물의 예술성을 다소 강하게 요구하는 견해도 있었다. "… 건축가의 예술적 정신이 보는 사람에게 느껴질 수 있게 되어야 하는 것이다. 그러므로 감상을 목적으로 창작한 미술작품이라야 하고 …" 허희성, 「신저작권법축조개설(上)」, 명문프리컴, 2011, 84면. 이 견해를 직접적으로 비판한 견해도 있다. "저작물성 판단은 예술성이나 품격 등과는 아무런 관련이 없으며, 굳이 건축저작물에만 이러한 요건을 추가하는 것은 곤란하다고 본다." 최경수, 「저작권법개론」, 한울아카데미, 2010, 144면.

성을 인정하면서, '구성요소의 선택·배열 등의 조합'을 고려한다는 설명을 하였다.[5] '구성요소의 선택과 배열'은 표현이라는 결과물의 작성과정을 직접적으로 설명한 것이며, 소설·음악·미술작품 등의 전통적인 저작물도 결국 '구성요소를 선택하여 배열'한 결과물이다.[6] 단지 그동안 '선택과 배열'이란 용어를 법원이 좀처럼 사용하지 아니하였을 뿐인데, 새로운 유형의 결과물, 특히 기능성이나 사실성이 강한 결과물을 저작물로 인정하면서 위 용어를 적극적으로 사용하기 시작하였다.[7] 대상판결도 피해자 카페 구성요소들의 선택·배열·조합 등에서 창작성을 인정하였다.

반면 건축물은 그 기능성 때문에 표현에 제한이 있어 건축사라면 누구나 사용할 수 있게 해줘야 하는 '선택·배열·조합'이 상대적으로 많다.[8] 그동안 법원이 '건축저작물 중 누구나 사용할 수 있어야 하는 창작성 없는 표현형식'으로서 제시한 예는 다음과 같다:[9] ① 건축관계법령에 따른 건축조건에 따른 부분; ② 법령상 인정되는 세제상 혜택에 따른 부분; ③ 당시 유행하는 선호 평형 및 방 숫자 등(아파트); ④ 설계 관행 또는 일반적인 표현형식; ⑤ 대지 등 공간적인 제약요소; ⑥ 좁은 공간을 최대한 활용해야 하는 등 주거성과 실용성을 높이기 위한 기능적 요소 등.

카페의 예를 들면, 내부공간이 주방·카운터·손님공간으로 구분되거나, 각 공간을

---

5) 대법원 2017. 11. 9. 선고 2014다49180 판결(리얼리티프로그램포맷); 대법원 2019. 6. 27. 선고 2017다212095 판결(매치3게임); 대법원 2019. 12. 27. 선고 2016다208600 판결(체험전기획안). 위 판결들에 대한 해설은 홍승기, "방송 프로그램 포맷의 저작물성 판단 기준", 「저작권문화」, 통권 제281호, 한국저작권위원회, 2018.1., 22면; 최승수, "모바일 게임물의 창작성 및 실질적 유사성 판단 기준에 관한 판결(킹 닷컴 vs 아보카도)", 「저작권문화」, 통권 제301호, 한국저작권위원회, 2019.9., 22면; 홍승기, "체험전 기획안의 저작물성", 「저작권문화」, 통권 제307호, 한국저작권위원회, 2020.3., 22면.

6) 예를 들면, 음악저작물은 '가락·리듬·화성이라는 구성요소'가(대법원 2015. 8. 13. 선고 2013다 14828 판결(썸데이)), 소설 등의 극저작물은 '등장인물·배경·플롯 등의 구성요소'가, '선택·배열된 표현형식'이다.

7) 법원뿐만 아니라, 저작권법도 '자료의 집합물'이라는 사실성·기능성이 강한 결과물의 창작성을 인정하기 위하여 '소재의 선택·배열 또는 구성'이라는 용어를 사용하고 있다(저작권법 제2조 제18호(편집저작물)).

8) 대법원도 건축물의 기능성 때문에 건축가의 창조적 개성이 드러나지 않을 가능성이 크다고 하였다(대법원 2009. 1. 30. 선고 2008도29 판결(아파트백과)). 같은 취지: 오승종, 「저작권법」, 전면개정판, 박영사, 2016, 129면. 유의할 점은 위의 견해들은 모두 건축저작물의 실용성 때문에 창작성을 '의도적으로 좁게 해석해야 한다'는 것이 아니라, '결과적으로 좁게 해석된다'는 의미이다. 같은 취지: 박성호, 「저작권법」, 제2판, 박영사, 2017, 111-112면; 최경수, 앞의 책(주 4), 144면. 반면 건축물이 저작물로 인정되기 위해서는 비교적 엄격한 또는 까다로운 심사를 받아야 한다는 견해도 있다. 이해완, 「저작권법」, 제3판, 박영사, 2015, 127-128면.

9) 건축저작물 중 창작성 없는 표현형식에 대한 자세한 사항은 박준우, "건축저작물의 실질적 유사성 판단기준에 관한 검토", 「계간저작권」, 통권 제123호, 한국저작권위원회, 2018. 가을, 14-28면.

나누는 벽이 없이 트여 있거나, 카페 앞쪽에 테라스가 있거나, 카페 옆이나 뒤에 계단을 설치하거나, 카페의 전면부가 바다나 산을 향하고 있는 등의 조합은 '카페를 설계하는 건축사라면 누구나 사용해야 할 선택·배열·조합'이다. 대상판결에서도 만약 피고인이 베낀 부분이 '카페의 앞면을 모두 유리창으로 한 것' 뿐이었다면, 법원의 판결이 달라졌을 수도 있다.[10]

Ⅲ. 마치며: 지역문화의 향상발전과 건축저작물

대상판결의 피해자 카페는 커피의 중심지인 강릉에 있으며, 손님들이 소나무 숲 안에서 바다와 대관령을 함께 감상할 수 있도록 설계되었다. 또한, 강릉의 문화와 자연 등의 '지역성'을 반영한 건축물로 평가받는다.[11] 어느 지역의 문화와 자연환경을 반영한 건축물, 조형물, 특산물, 축제 등은 함께 어우러져 그 지역문화에 창조적 개성과 생명력을 불어넣는다. 따라서 건축저작물에 대한 보호는 조형예술저작물, 민간전승물의 2차적저작물, 지리적 표시, 축제 관련 상표의 보호와 함께 '지역문화 및 관련 산업의 향상발전에 이바지'할 수 있는 중요한 법적 수단이다. 그러므로 지방자치단체들도 지역문화를 반영한 건축물을 관리하고 저작권침해에 대응하는 등 적극적인 지원체계를 마련한다면 좋을 것이다.

반면 대상판결에 관하여 "건축계가 각성하는 긍정적인 측면"을 인정하면서도 '건축설계의 위축 가능성'이나 '피고인 건축사의 명예에 대한 상처'를 걱정하는 견해도 있다.[12] 물론 '모든 건축사가 자유롭게 사용할 수 있는 선택과 배열'에까지 창작성을 주장하며 저작권 침해소송을 제기한다면 건축설계의 위축이 현실로 나타날 수 있다. 실제로 미국에서는 소송을 통한 이윤창출 목적으로 건축설계회사를 인수한 후, 100여 건에 가까운 저작권침해소송을 제기한 사례도 있다. 일종의 저작권 괴물(copyright troll)에 의한 건축저작물 기획소송이다. 그러나 법원은 "고도의 미적 창작성을 갖춘" 건축물이라도 그 건축물의 '선택과 배열' 중 창작성이 인정되지 않는 부분만을 모방한 것은 저작권의 침해가 아니라는 점을 이미 명확히 하였다.[13]

---

10) "전면의 유리나 1, 2층 사이를 개방한 설계안은 무수히" 많다. 이경훈, 건축과 저작권, 국민일보 (2020. 6. 10.).

11) 커피 포레스트 바이 테라로사, 건축사 (2015. 2. vol. 550), 41면.

12) 채희찬, 대법원 "건축물 표절, 저작권침해", 건설경제 (2020. 6. 12.).

13) 서울중앙지방법원 2007. 9. 12. 선고 2006가단208142 판결(UV하우스).

대상판결에서 피해자와 피고인은 모두 건축사이다.[14] 건축사들은 "동료 건축사의 수임업무와 지식재산을 존중한다."는 윤리선언을 한다.[15] 동료 건축사의 지식재산을 존중하지 않는 행위에는 '창작성 있는 부분의 모방'뿐 아니라 '창작성 없는 부분에 대한 저작권 침해주장', 그리고 '건축사의 의사에 반하여 성명을 표시하지 아니하는 행위' 등이 모두 포함된다. 이제는 카페든 펜션이든 '구글 렌즈'로 찍으면 지구 반대쪽에 있는 유사한 건축물까지 검색된다. '경주타워'와 같은 유명 건축가의 작품이 아니라도 스마트폰만 있으면 누구나 국내외의 유사한 건축물을 쉽게 찾아낼 수 있으므로 건축저작물 관련 분쟁도 일어나기 쉬워졌다. 이에 비례하여 건축물의 창작성 판단에 대한 수요도 늘어날 것이다. 그런데 건축물 중 '건축사의 창조적 개성이 드러난 표현형식'과 '모든 건축사가 자유롭게 사용할 수 있는 표현형식'은 건축사들이 가장 잘 구별할 수 있다. 건축사협회 차원에서 건축물 유형별로 창조적 개성이 있는 부분과 없는 부분에 대한 지침을 만들고, 건축사들 스스로 존중하여 '업계의 공정한 상거래 관행'으로까지 발전시키면 위 윤리선언을 구체적으로 실행할 수 있다. 법원과 정부는 거들 수 있을 뿐이다.

마지막으로 '유명 건축물과 똑같이 디자인해 달라는 건축주'도 건축저작물 모방의 주요 원인이라고 한다.[16] 아무쪼록 피고인 카페의 잘 보이는 곳에 피해자가 저작자로 표시되었기를 바란다.[17]

---

14) 부산 '웨이브온카페 사건'의 원고와 피고도 모두 건축사인데, 이 사건의 원고는 '건물의 철거'까지 청구하였다. 김민정, 건축물 표절, 이젠 그냥 안 넘어간다, 오피니언뉴스 (2020. 6. 8.).

15) 건축사법 시행규칙 별지 제18호 서식. 건축사법은 건축사 등록을 위하여는 '건축사 윤리선언'을 하도록 하고 있으며(제18조 제2항), 윤리선언을 위반하면 건축사징계위원회는 징계할 수 있다(제30조의3 제1항 제2호).

16) 채희찬, 앞의 기사(주 12).

17) 서울중앙지방법원 2012. 9. 21. 선고 2012가합10930 판결(경주타워-성명표시). 신일권, '건축가 유동룡' 이름 다시 새기는 경주타워, 경상매일신문 (2020. 2. 5.).

참고문헌

■ 국내문헌

박성호, 「저작권법」, 제2판, 박영사, 2017.

박준우, "건축저작물의 실질적 유사성 판단기준에 관한 검토", 「계간저작권」, 통권 제123
　　　호, 한국저작권위원회, 2018. 가을.

＿＿＿, "건축저작물의 창작성 판단 기준: 강릉 테라로사 카페 사건", 「저작권문화」, 통권
　　　제311호, 한국저작권위원회, 2020.7.

오승종, 「저작권법」, 전면개정판, 박영사, 2016.

이해완, 「저작권법」, 제3판, 박영사, 2015.

최경수, 「저작권법개론」, 한울아카데미, 2010.

최승수, "모바일 게임물의 창작성 및 실질적 유사성 판단 기준에 관한 판결(킹 닷컴 vs
　　　아보카도)", 「저작권문화」, 통권 제301호, 한국저작권위원회, 2019.9.

허희성, 「신저작권법축조개설(上)」, 명문프리컴, 2011.

홍승기, "방송 프로그램 포맷의 저작물성 판단 기준", 「저작권문화」, 통권 제281호, 한국
　　　저작권위원회, 2018.1.

＿＿＿, "체험전 기획안의 저작물성", 「저작권문화」, 통권 제307호, 한국저작권위원회,
　　　2020.3.

■ 기타 자료

김민정, "건축물 표절, 이젠 그냥 안 넘어간다", 오피니언뉴스 (2020. 6. 8.).

신일권, "'건축가 유동룡' 이름 다시 새기는 경주타워", 경상매일신문 (2020. 2. 5.).

이경훈, "건축과 저작권", 국민일보 (2020. 6. 10.).

채희찬, 대법원 "건축물 표절, 저작권침해", 건설경제 (2020. 6. 12.).

"커피 포레스트 바이 테라로사", 건축사 (2015. 2. vol. 550).

대법원 2009. 1. 30. 선고 2008도29 판결(아파트백과).

대법원 2015. 8. 13. 선고 2013다14828 판결(썸데이).

대법원 2017. 11. 9. 선고 2014다49180 판결(리얼리티프로그램포맷).

대법원 2019. 6. 27. 선고 2017다212095 판결(매치3게임).

대법원 2019. 12. 27. 선고 2016다208600 판결(체험전기획안).

대법원 2020. 4. 29. 선고 2019도9601 판결(테라로사-형사).

서울중앙지방법원 2007. 9. 12. 선고 2006가단208142 판결(UV하우스).

서울중앙지방법원 2012. 9. 21. 선고 2012가합10930 판결(경주타워 – 성명표시).

창원지방법원 2019. 6. 19. 선고 2018노2564 판결(테라로사 – 형사2심).

창원지방법원 진주지원 2018. 10. 18. 선고 2018고정81 판결(테라로사 – 형사1심).

춘천지방법원 강릉지원 2017. 11. 29. 선고 2016가단54083 판결(테라로사 – 민사1심).

춘천지방법원 강릉지원 2018. 9. 11. 선고 2017나32579 판결(테라로사 – 민사2심).

대법원 2018. 5. 15. 선고 2016다227625 판결('숭례문·광화문 사건')

실제 건축물의 축소 모형의
창작성 여부*

차 상 육 (경북대학교 법학전문대학원 교수)

Ⅰ. 판결의 개요

1. 사안의 개요

원고는 프로모션 아이템의 개발 및 제조·유통, 교구재의 제조 및 유통업 등을 목적으로 설립된 법인으로, 광화문, 숭례문 등의 건축물에 대한 평면 설계도를 우드락(폼보드)에 구현하여 칼이나 풀을 사용하지 않고 뜯어 접거나 꽂는 등의 방법으로 조립할 수 있는 입체퍼즐을 제조·판매하는 회사이다.

피고들은 원고회사의 직원이었던 자들로서 모두 원고 회사에서 퇴사한 후 피고회사를 설립하거나 입사한 자들이다. 피고 회사는 설립 이후 2012년 1월경부터 숭례문 등의 건축물에 대한 평면설계도를 우드락(폼보드)에 구현하여 칼이나 풀을 사용하지 않고 뜯어 접거나 꽂는 등의 간단한 방법으로 입체로 조립할 수 있는 3D 입체퍼즐을 제조·판매하여 왔다. 요컨대 피고들은 원고의 직원으로서 원고의 광화문(2면 및 4면) 모형을 개발 또는 판매하다가 퇴직한 후, 피고 회사를 설립하여 피고들의 숭례문(2면) 모

---

* 윤선희 교수님의 정년을 맞이하여 그동안의 노고에 깊이 감사를 드립니다. 앞으로도 늘 건강하시기를 기원합니다. 참고로 이 글은 차상육, "기존 건축물을 축소한 모형의 저작물성 및 저작권 침해 판단 기준", 「저작권문화」, 통권 288호, 한국저작권위원회, 2018.8., 19-22면을 집필 목적에 맞게 대폭 수정·보완한 것임을 밝힙니다.

[그림 1] 원고의 작품과 피고의 작품의 대비

형을 제작하였다.

원심[1]에서 원고의 주장요지는 이하와 같다. 원고가 제조, 판매하는 광화문[전개도 2면 및 4면, 이하 '광화문(2면)', '광화문(4면)'이라 함] 모형에 있어 조립품의 전체적인 외형 및 개별 퍼즐조각은 원고의 사상이나 감정이 창작성 있게 구현되어 저작권법의 보호를 받는 표현에 해당한다. 그런데도 피고들이 원고의 표현형식과 실질적으로 유사한 숭례문[전개도 2면, 이하 '숭례문(2면)'이라 함] 모형을 제조, 판매함으로써 원고의 저작재산권 중 복제권 또는 2차적 저작물작성권을 침해하였다. 따라서 피고들은 숭례문(2면) 모형을 복제, 전시, 배포하여서는 아니되고 이를 폐기하여야 하며, 원고의 저작재산권 중 복제권 또는 2차적저작물작성권의 침해로 인한 손해를 배상할 의무가 있다.

이에 대해 피고는 원고의 광화문(2면 및 4면) 모형은 창작성이 없고, 또 원고의 광화문(2면 및 4면) 모형과 피고의 숭례문(2면) 모형 사이에 실질적 유사성이 인정되지 않는다고 항변하면서 저작권침해를 부인하였다.

원심은 피고들이 숭례문(2면) 모형을 제작하여 판매한 것은 원고의 광화문(2면 및 4면) 모형에 관한 저작재산권을 침해하는 행위에 해당한다고 판단하고, 그 침해에 따른 손해배상의무를 인정하였다. 이에 불복하여 피고들은 대법원에 상고하였으나, 아래와 같은 판결이유로 상고 기각되었다.[2]

---

1) 서울고등법원 2016. 5. 12. 선고 2015나2015274 판결. 이 사건 원심에 대한 1심 판결은 서울서부지 방법원 2015. 2. 12. 선고 2012가합32560 판결이다.

2) 대법원 2018. 5. 15. 선고 2016다227625 판결.

2. 대상 판결의 요지

가. 실제 건축물의 축소 모형의 저작물성 판단기준

실제 존재하는 건축물을 축소한 모형도 실제의 건축물을 축소하여 모형의 형태로 구현하는 과정에서 건축물의 형상, 모양, 비율, 색채 등에 관한 변형이 가능하고, 그 변형의 정도에 따라 실제의 건축물과 구별되는 특징이나 개성이 나타날 수 있다. 따라서 실제 존재하는 건축물을 축소한 모형이 실제의 건축물을 충실히 모방하면서 이를 단순히 축소한 것에 불과하거나 사소한 변형만을 가한 경우에는 창작성을 인정하기 어렵지만, 그러한 정도를 넘어서는 변형을 가하여 실제의 건축물과 구별되는 특징이나 개성이 나타난 경우라면, 창작성을 인정할 수 있어 저작물로서 보호를 받을 수 있다.

원고의 광화문(2면 및 4면) 모형은 실제의 광화문을 축소하여 모형의 형태로 구현하는 과정에서 실제의 광화문을 그대로 축소한 것이 아니라, 지붕의 성벽에 대한 비율, 높이에 대한 강조, 지붕의 이단 구조, 처마의 경사도, 지붕의 색깔, 2층 누각 창문 및 처마 밑의 구조물의 단순화, 문지기의 크기, 중문의 모양 등 여러 부분에 걸쳐 사소한 정도를 넘어서는 수준의 변형을 가한 것이다.

원고의 광화문(2면 및 4면) 모형은 저작자의 정신적 노력의 소산으로서의 특징이나 개성이 드러나는 표현을 사용한 것으로 볼 수 있으므로, 창작성을 인정할 수 있다.

나. 저작권 침해 판단기준 – 실질적 유사성

저작권의 침해 여부를 가리기 위하여 두 저작물 사이에 실질적인 유사성이 있는지를 판단할 때에는, 창작적인 표현형식에 해당하는 것만을 가지고 대비해 보아야 한다. 따라서 건축물을 축소한 모형 저작물과 대비 대상이 되는 저작물 사이에 실질적인 유사성이 있는지를 판단할 때에도, 원건축물의 창작적인 표현이 아니라 원건축물을 모형의 형태로 구현하는 과정에서 새롭게 부가된 창작적인 표현에 해당하는 부분만을 가지고 대비하여야 한다.[3]

원고의 광화문(2면 및 4면) 모형에서 나타나는 창작적인 표현이 원심 판시 피고들의 숭례문(2면) 모형에서도 그대로 나타나고 있으므로, 원고의 광화문(2면 및 4면) 모형과 피고들의 숭례문(2면) 모형 사이에는 실질적인 유사성이 인정된다.

---

3) 대법원 2007. 3. 29. 선고 2005다44138 판결, 대법원 2013. 8. 22. 선고 2011도3599 판결 등 참조.

다. 저작권 침해 판단기준 - 의거성

저작권법이 보호하는 복제권이나 2차적저작물작성권의 침해가 성립되기 위하여는 대비 대상이 되는 저작물이 침해되었다고 주장하는 기존의 저작물에 의거하여 작성되었다는 점이 인정되어야 한다. 이러한 의거관계는 기존의 저작물에 대한 접근가능성 및 대상 저작물과 기존의 저작물 사이의 유사성이 인정되면 추정할 수 있다.[4]

피고들 4인은 원고의 직원으로서 원고의 광화문(2면 및 4면) 모형을 개발 또는 판매하다가 퇴직한 후, 피고 회사를 설립하여 피고들의 숭례문(2면) 모형을 제작한 점에 비추어 원고의 광화문(2면 및 4면) 모형에 대한 접근가능성이 인정되고, 피고들의 숭례문(2면) 모형과 원고의 광화문(2면 및 4면) 모형 사이의 유사성도 인정되므로, 피고들의 숭례문(2면) 모형은 원고의 광화문(2면 및 4면) 모형에 의거하여 작성되었음을 인정할 수 있다.

II. 해 설

1. 사안의 쟁점

원고는 자신이 제조, 판매하는 광화문 모형이 저작물임에도 불구하고 무단으로 피고들이 이와 유사한 숭례문 모형을 제조, 판매함으로써 원고의 복제권 또는 2차적저작물작성권 등을 침해하였으므로 손해배상의무가 있다고 주장하며 이 사건 소를 제기하였다.

이 사건 상고이유를 둘러싼 쟁점을 요약하면 이하와 같다. 첫째, 이 사건에서는 원고가 제조, 판매하는 광화문 모형에 있어 조립품의 전체적인 외형(외관) 및 개별 퍼즐 조각이 저작권법상 보호대상인 저작물에 해당하는지 여부이다. 둘째, 저작권침해의 요건 사실의 충족여부를 검토함에 있어서 원고의 광화문 모형과 피고의 숭례문 모형을 대비할 때 양자 사이에 실질적 유사성 및 의거성이 인정되는지 여부이다. 셋째, 만약 저작권침해의 요건사실을 충족하여 저작권침해가 인정되는 경우, 즉 피고들의 숭례문 모형을 제작, 판매하는 것이 원고의 광화문 모형에 관한 복제권 또는 2차적 저작물작성권 등 저작재산권을 침해하는 행위에 해당한다고 판단되는 경우, 그로 인하여 피고는 원고가 입은 손해를 배상할 의무가 있는 데, 그 손해액의 산정에 있어서 제125조를 적용

---

4) 대법원 2014. 7. 24. 선고 2013다8984 판결 등 참조.

하지 않고 법 제126조를 적용한 것이 법리상 적정한지 여부이다.[5]

2. 건축저작물의 기초 법리

가. 우리 저작권법

건축저작물이란 건축물에 의해 표현되는 저작물을 말하며, 여기에는 건축물뿐만 아니라 건축을 위한 모형이나 설계도 등도 포함한다. 여기서 건축물이란 건물의 외관은 물론 각종 구성요소가 공간적으로 배치된 전체적인 조합을 말한다. 그래서 건축물을 구성하는 장식품과 같은 개별 구성요소는 건축저작물이 아니다.[6]

건축저작물은 건축법상 건축물의 정의규정(건축법 제2조 제1항 제2호[7])에 따르면 인간의 사상 또는 감정이 토지상의 공작물에 표현되어 있는 저작물을 말한다고 할 수 있다. 그러나 반드시 '토지상'의 공작물이 아니라 하더라도 예컨대 한강의 수면 위에 건축된 '세빛둥둥섬'(Floating islands)과 같은 수상가옥처럼 하천이나 바다 위에 세워진 건물도 건축저작물이 될 수 있다. 요컨대 저작권법상 건축저작물은 건축법상 건축물의 정의규정(건축법 제2조 제1호 제2호)에 한정하지 않고, 저작권법상 독립하여 그 자체가 창작성을 가지고 있다면 건축저작물로 보는데 지장이 없다.[8]

건축물이라 함은 집이나 사무실 건물과 같은 주거가 가능한 구조물은 물론이고, 반드시 주거를 주된 목적으로 하지 않는다.[9] 예컨대 교회나 정자, 전시장, 가설 건축물 등을 포함한다. 나아가 협의의 건축물 외에 토목공작물인 교량, 고속도로, 도시설계 및 정원, 공원 등도 포함하는 의미로 이해된다.[10] 다만 비주거용 목적의 건축물이더라도 건축저작물로서 보호대상이 되려면 사람의 통상적인 출입이 예정되어 있을 건축물(예컨대 남산 타워 같은 구조물)일 필요가 있고, 그렇지 않은 경우에는 예컨대 다보탑이나 석가탑 같은 것은 미술저작물로 보는 것이 타당하고 이를 건축저작물의 개념으로 파악할 것은 아니라는 견해가 있다.[11] 이에 반하여 다리나 탑과 같은 구조물과 인공적으로 만

---

5) 이 글에서는 위 세 가지 주요 쟁점 중 기존 건축물을 축소한 모형의 저작물성(창작성) 판단 문제를 중심으로 살펴보고자 한다.

6) 임원선, 「실무자를 위한 저작권법」, 제6판, 한국저작권위원회, 2020, 66-67면.

7) **건축법 제2조 제1항:** 2. "건축물"이란 토지에 정착(定着)하는 공작물 중 지붕과 기둥 또는 벽이 있는 것과 이에 딸린 시설물, 지하나 고가(高架)의 공작물에 설치하는 사무소·공연장·점포·차고·창고, 그 밖에 대통령령으로 정하는 것을 말한다.

8) 윤태식, 「저작권법」, 박영사, 2020, 78면.

9) 박성호, 「저작권법」, 제2판, 박영사, 2017, 108면.

10) 이해완, 「저작권법」, 제3판[전면개정판], 박영사, 2015, 124면.

11) 오승종, 「저작권법」, 제4판[전면개정판], 박영사, 2016, 123면.

든 정원이나 공원과 같은 조원(造園) 등도 보호대상에 포함된다는 견해가 있다.[12] 한편 실내건축도 건축저작물로 성립할 수 있다.

우리 저작권법 제4조 제1항 제5호에서는 건축물, 건축을 위한 모형 및 설계도서 등을 건축저작물로서 예시하고 있다. 판례에 따르면 이른바 '해운대 등대 도안 사건'[13]에서 저작권법 제4조 제1항 제5호에 정한 건축을 위한 모형 또는 설계도서에 해당하기 위해서는 거기에 표현되어 있는 건축물의 저작물성이 인정되는 경우에 한정되고, 그렇지 않은 경우에는 건축저작물이 아니라 도형저작물이나 미술저작물에 해당하는 데 그친다고 판시하였다.

한편 설계도서와 같은 건축저작물이나 도형저작물은 예술성의 표현보다는 기능이나 실용적인 사상의 표현을 주된 목적으로 하는 이른바 기능적 저작물이라 할 수 있다. 기능적 저작물은 그 표현하고자 하는 기능 또는 실용적인 사상이 속하는 분야에서의 일반적인 표현방법, 규격 또는 그 용도나 기능 자체, 저작물 이용자의 이해의 편의성 등에 의하여 그 표현이 제한되는 경우가 많으므로 작성자의 창조적 개성이 드러나지 않을 가능성이 크다.[14] 요컨대 건축설계도서와 같은 건축저작물은 본질상 기능적저작물의 범주에 속하는데 기능적인 측면의 고려로 인하여 표현의 자유도가 낮아질 수밖에 없는 점에서, 저작물성 판단 내지 창작성 판단을 어떻게 하여야 하는가 하는 점이 소송실무상 가장 중요한 문제로 등장한다.

나. 미국 저작권법

미국 저작권법상 건축저작물(Architectural Works)의 법리[15]는 비교법적으로 우리와 차이가 있다. 미국저작권법상 건축저작물이란 "건물, 건축설계도 또는 설계도 등의 유형적인 표현매개체에 구현된 건물 디자인을 말한다. 건축저작물에는 디자인에 있어 공간이나 배치 및 구성과 함께 전체적인 형상에 미치지만, 개개의 표준적인 특징은 포함하지 않는다"고 정의한다(동법 제101조). 이러한 정의규정에 따르면, 해석상 사람이 거주하는 구조물을 전제로 하고 있으므로, 주거의 개념과 상관이 없는 교량(다리)이라든가 고속도로 입체교차로, 도로, 댐과 같은 것은 건축저작물이 아니라고 보고 있다.[16]

---

12) 윤선희, 「지적재산권법」, 제17정판, 세창출판사, 2018, 421면.
13) 서울고등법원 2008. 10. 29. 선고 2008나4461 판결.
14) 대법원 2005. 1. 27. 선고 2002도965 판결 참조.
15) Marshall A. Leaffer, *Understanding Copyright Law*, 5th Edition, LexisNexis, 2010, pp.129-135.
16) 송영식·이상정·황종환·이대희·김병일·박영규·신재호 공저, 「송영식 지적소유권법(하)」, 제2판,

또한 미국저작권법은 표준적인 개별적인 구성요소나 특징을 건축저작물로부터 명시적으로 배제하고 있다. 즉, 건축저작물에서 저작권법상 보호대상은 원칙적으로 전체적인 디자인이고, 이는 결국 공간과 각종 구성요소의 배치와 조합을 포함한 전체적인 틀을 말한다. 따라서 미국저작권법상 건축저작물로서의 창작성은 주로 그 자체로서는 저작권보호를 받지 못하는 개개 구성요소들(예컨대 창문, 문 등 그 밖의 표준적인 구성요소들)을 미적으로 선택·배열·조합함으로써 전체적으로 보호받는 저작물을 만들어내는 데 있다고 할 수 있다.

미국저작권법의 경우 건축물 자체가 저작물로서 보호된 것은 1990년 12월 1일부터 시행된 개정저작권법 부터이다. 건축물은 개정법에 따라 저작물의 8번째 카테고리로써 저작권법상 보호대상으로 삼아 제102조(a)(8)에 명문화되었다. 1990년 개정법은 그 시행일인 1990년 이전에 건조된 건축물에는 적용되지 않는다. 1990년 개정저작권법 이전에는 건축설계도 자체는 회화, 그래픽 및 조각저작물{제102조(a)(5)}로서 보호되었다. 이에 따라 1990년 개정법 이전에는 건축계획도나 설계도 그 자체의 복제 없이, 타인이 건축설계도 등에 기초하여 건물 그 자체를 무단으로 건축한 경우에는 저작권침해가 성립되지 않았다.

미국의 경우 1990년 12월 1일부터 시행된 개정저작권법의 기초가 된 미의회보고서(1990)의 '2단계 테스트'에 따르면, 1990년 개정 저작권법에서는 건축저작물성 여부의 판단기준으로서는, 첫째 전체적인 형상이나 내부 건축양식도 포함하여 창작적인 디자인 요소를 볼 수 있는지 여부를 검토하고, 둘째 그러한 창작적 디자인 요소가 기능적으로 필요한 것인지 여부를 검토한다. 이 때 그 디자인이 만약 기능적으로 필요한 요소가 아니라면 더 이상 물리적 또는 관념적 분리가능성 유무에 관계없이 건축저작물로서 보호할 수 있다.[17]

나아가, 미국저작권법은 제101조에서 건축설계도면은 건축저작물과 미술저작물(회화·그래픽·조각을 포함하는) 양쪽에 해당하는 것으로 정의하고 있다.

다. 일본 저작권법

일본 저작권법은 제10조 저작물의 예시규정에서 같은 조 제5호의 건축저작물에는 건축물만이 해당된다고 규정하고 있다. 이에 반해 설계도면 등은 같은 조 제6호의 도

육법사, 2013, 554면; 오승종, 전게서, 123면.
17) H.R.Rep. No. 101-735, 101st Cong., 2d Sess. 20-21(1990).

형저작물에서 건축저작물과 별개로 독립하여 규정하고 있다. 즉 일본 저작권법 제10조에서는 제5호에서 건축저작물을 예시하고 있고, 같은 조 제6호에서 지도 또는 학술적인 성질을 가지는 도면, 도표, 모형 그 밖의 도형저작물을 예시하고 있다.

일본의 학설 중에는 건축저작물이란 모든 건축물을 대상으로 하는 것이 아니라, 미적감상의 대상이 될 수 있고 예술성 있는 건조물만이 대상으로 된다는 견해가 있다.[18] 이 견해는 건축저작물로서 필요한 창작성 요건의 의미에 예술성을 강조하는 것이라 할 수 있다. 생각건대 이 견해에 대해서는 예술성과 같은 주관적 요소에 따라 건축저작물성을 판단하는 것은 문제이고, 건축저작물도 다른 저작물과 같이 건축물 자체의 창작성 유무에 따라서 저작물성을 판단하면 족하고 비판할 수 있다고 본다.

일본 판례 중에는 건축저작물의 저작물성을 부정한 사례가 있다. 1심에서 해당 건축물이 일본 저작권법상 건축저작물에 해당하지 않는다고 판시하여 항소하였으나, 2심도 같은 이유로 항소를 기각하였다. 즉 Y건물이 X건물(고급주문주택)의 저작권을 침해한 것인지 여부가 문제된 사안에서 법원은 다음과 같은 이유로 해당 건물의 저작물성을 부인하였다.[19] 본건과 같이 X건물이 고급주문주택이라고 하더라도 건축회사가 시리즈로서 기획하여 모델하우스를 통해 고객을 끌어 모으며, 일반인용으로 다수의 동종 설계에 이한 일반주택을 건축하는 경우에는—실용품과 유사성이 한층 높게 되어 당해 모델하우스의 건축의 건축에 있어서 통상 갖추어야 할 정도의 미적 창작이 베풀어져 있더라도 건축저작물이라고 말하기 어렵다. 이에 반하여 드물지만 객관적·외형적으로 보아—거주용 건물로서의 실용성이나 기능성과는 별개로 독립해서 미적 감상의 대상으로 되고, 건축가·설계자의 사상 또는 감정이라고 하는 문화적 정신성을 감득시킬 수 있는 만한 조형예술로서의 미술성을 구비하고 있다고 인정되는 경우에는 건축저작물성이 긍정될 수 있다. 다만 이 사안에서와 같이 일반주택 수준으로는 저작권법상 보호대상이 되는 건축저작물에는 해당하지 않는다.

3. 건축저작물에서 창작성의 의미와 판단

가. 학설의 대립

건축저작물의 창작성 의미와 판단에 대해 학설은 다음과 같이 분류할 수 있다.

---

18) 中山信弘, 「著作權法」, 有斐閣, 2007, 77頁.
19) 大阪高裁平成16年9月29日決定 平成15年(ネ)第3575号[グルニエ·ダイン事件: 控訴審].

첫째, 예술성을 강조하는 견해로서, 이에 따르면 "지적 활동에 의하여 창작된 건축예술이라고 평가되는 건축물에" 해당하는 것만이 건축저작물로 보호된다는 견해이다. 즉 "건축가의 예술적 정신이 보는 사람에게 느껴질 수 있게 되어야 하는 것"으로서 "감상을 목적으로 창작한 미술작품"이어야 한다고 설명한다.[20]

둘째, 예술성과 같은 주관적인 요소에 따라 건축저작물성을 판단하는 것을 비판하면서, 건축저작물도 저작물의 한 종류의 예시에 속하는 이상 "다른 일반 저작물과 마찬가지로 건축물 자체의 창작성의 유무에 따라서 그 저작물성을 판단하는 것"이 바람직하다는 견해이다. 다만, 건축의 특성인 주거성, 실용성, 기술성 등을 고려하여 그 보호범위를 좁혀서 판단하면 족하다고 설명한다.[21]

셋째, 건축저작물성은 예술성이 높은 건축물에 한정하여 인정되는 것이 아니며, "빌딩이나 일반주택 등에 있어서도 아주 흔한 것은 그만두더라도 그것이 사회통념상 미술의 범위에 속한다고 인정되는 경우"이면 창작성을 인정할 수 있다는 견해이다.[22] 또한 위의 견해가 설득력이 있다는 전제 아래, 건축저작물도 넓은 의미의 미술저작물에 속한다는 점에서 건축저작물의 창작성이란 평균적인 일반인의 관점에서 해당 건축물의 외관에 표현된 디자인을 미리 감상의 대상으로 삼을 수 있는지 여부로 판단할 수 있을 것이라는 견해[23]도 같은 범주의 견해로 분류할 수 있다.

넷째, 건축물이 저작물로 인정되기 위해서는 건축을 통한 미적 형상의 표현에 있어서 '인간의 사상 또는 감정의 창작적 표현'이라고 인정할 수 있는 요소가 있어야 하고, '창작성'을 인정하기 위해서는 '창조적 개성'의 유무 및 정도에 대하여 비교적 엄격한 심사를 받아야 한다는 견해이다.[24] 이 견해는 예술성을 강조하는 첫째 견해보다는 세 번째 견해를 지지하면서, 빌딩이나 주택과 같은 경우에도 일반적으로 흔한 것이 아니라 그 심미적 표현에 있어서 저작자의 창조적 개성이 충분히 표현되었다고 인정될 경우에는 건축저작물로서의 창작성을 인정할 수 있는 경우가 매우 드물더라도 있을 수 있으며, 결국 창작성은 구체적 사건에서 '선택의 폭' 기준이나 '합체의 원칙'등을 감안하여 개별적으로 판단하여야 할 것으로서 건축물의 종류에 따라 획일적으로 결정할 문제

---

20) 허희성, 「2011 신저작권법 축조개설(상)」, 명문프리컴, 2011, 84면; 加戸守行, 「著作權法逐条講義」, 四訂新版, 著作權情報センター, 2003, 121頁.
21) 오승종, 전게서, 129면.
22) 半田正夫, 「著作權法概説」, 第14版, 法學書院, 2009, 89頁.
23) 박성호, 전게서, 112면.
24) 이해완, 전게서, 127-128면.

는 아니라고 주장한다.

나. 학설의 검토

건축저작물의 창작성 여부를 논할 때 일반 미술저작물과 같은 정도의 창작성이 있으면 충분하다고 봄이 타당하고, 이와 달리 그보다 높은 고도의 창작성이나 예술성이 요구된다고 보는 것은 지지하기 어렵다고 생각한다. 다만 실무상 건축저작물은 본래 실용성, 기능성 및 미술성을 함께 갖추고 있는 것이 보편적이고, 또 그 표현방법에 있어서는 폭 넓은 선택지가 있는 일반 미술저작물과 달리, 실용성과 기능성의 특성에 비추어 상대적으로 그 창작성의 인정범위가 한정될 수밖에 없다고 봄이 타당하다. 결국 건축저작물로서 보호되기 위해서는 창작성이 필요하지만 창작성이 인정되는 범위는 다른 저작물 보다 한정될 수밖에 없을 것이다.[25]

저작권법 제2조 제1호에서는 저작물이란 "인간의 사상 또는 감정을 표현한 창작물을 말한다."고 정의하고 있다. 따라서 저작물성은 이 정의규정에 해당하는 지 여부에 따라서 판단된다고 할 수 있다. 우선 저작물이라고 판단하기 위해서는 사상 또는 감정을 표현한 것이어야 하므로 결국 사상·감정을 핵심으로 하는 표현물일 것을 요한다. 여기서 사상·감정이란 철학적 혹은 심리적 개면과 같이 좁고 엄격하게 해석해서는 안되고 보다 넓은 의미로 파악하여야 할 것이다. 그리고 사상 또는 감정을 나타낸 것인지 여부는 사실판단의 문제이기보다는 저작권법의 체계로부터 규범적 판단을 해야 하는 문제로서 이해하여야 할 것이다.

생각건대 통상 건축저작물의 창작성 여부를 논할 때 일반 미술저작물과 같은 정도의 창작성이 있으면 충분하다고 봄이 타당하다. 즉 건축저작물에 있어서 저작권 보호를 받는 것은 건축물에 의하여 표현된 미적 형상으로서 전체적인 외관(디자인)이라 할 것이다.[26] 다만 건축저작물 중 건축설계도서와 같은 기능적 저작물의 경우 기능성 내지 실용성에 기반을 둔 것이므로 상대적으로 창조적 개성이 드러나기 어렵다 할 것이므로, 기능적 요소 이외의 요소로서 건축물의 전체적 디자인에 다른 건축물과 구분될 정도로 설계자의 창조적 개성이 드러나는 미적 표현이 있는 경우에는 그 한도 내에서 저작물로서 창작성이 인정될 수 있을 것이다. 즉 건축저작물에서 주거성, 실용성 등을 높이기 위한 기능적 요소에 대하여는 설사 그 요소에 창작성이 있다고 하더라도 저작권

---

25) 半田正夫·松田政行 編, 「著作権法コンメンタール 1」, 勁草書房, 2009, 533-534면(木村孝 집필부분).
26) 이규홍·김기영·장현진·김병국 공저, 「저작권과 침해-판례를 중심으로」, 육법사, 2016, 184면.

의 보호가 제한될 수 있다.[27]

4. 실제 건축물을 축소한 모형의 저작물성(창작성) 판단 문제

이 사건에서 법원은 광화문 모형의 완성된 외관과 그 모형의 개별 퍼즐조각에 대해서는 각각 창작성 판단을 달리 하였다. 법원은 광화문의 완성된 외관은 저작권법상 보호받는 저작물에 해당하지만, 개별 퍼즐 조각은 저작권법상 보호받는 저작물이라고 보기 어렵다고 판단하였다.

우선 법원은 광화문 모형의 완성된 외관에 대한 창작성 판단에서, "실제 존재하는 건축물을 축소한 모형도 실제의 건축물을 축소하여 모형의 형태로 구현하는 과정에서 건축물의 형상, 모양, 비율, 색채 등에 관한 변형이 가능하고, 그 변형의 정도에 따라 실제의 건축물과 구별되는 특징이나 개성이 나타날 수 있다. 따라서 실제 존재하는 건축물을 축소한 모형이 실제의 건축물을 충실히 모방하면서 이를 단순히 축소한 것에 불과하거나 사소한 변형만을 가한 경우에는 창작성을 인정하기 어렵지만, 그러한 정도를 넘어서는 변형을 가하여 실제의 건축물과 구별되는 특징이나 개성이 나타난 경우라면, 창작성을 인정할 수 있어 저작물로서 보호를 받을 수 있다."는 판단기준을 제시하였다. 그리고 이 사안에 경우 법원은 실제 광화문을 모형의 형태로 축소하는 과정에서 역사적 건축물의 축소에 그치지 않고 상당한 수준의 변형을 하였으므로 그 표현의 창작성을 인정할 수 있다고 판단하였다.

살피건대, 이러한 법원의 태도는 실존하는 역사적 건축물의 축소 모형의 완성된 외관에 대한 창작성 판단에 있어서 통상 건축저작물의 창작성 여부를 논할 때와 같이 일반 미술저작물과 같은 정도의 창작성이 있으면 충분하다는 법리에 기초할 때 타당하다고 보인다.

다음으로 법원은 광화문 모형의 개별 퍼즐조각에 대한 창작성 판단에서, 그 형상과 그 위에 인쇄된 그림으로 구성되어 있는데, 각 그림들은 이미 기존에 널리 사용되던 그림으로 보이고, 광화문의 지붕 및 성벽 등을 표현함에 있어서 그 모양 및 홈의 형태에 상당한 제약이 있으므로, 개별 퍼즐 조각들의 형상은 누구나 동일하거나 비슷한 형태로 만들 수 있을 것으로 보이며 또 동종업계에서 원고 광화문 모형의 개별 퍼즐조각들과 형상이 유사한 퍼즐조각을 사용하고 있는 점에 비추어 개별 퍼즐조각 까지 창작

---

27) 이규홍 · 김기영 · 장현진 · 김병국 공저, 전게서, 184면.

성을 가진다고 보기 어렵다고 판단하였다.

생각건대, 이러한 법원의 태도는 존하는 역사적 건축물의 축소 모형의 개별 퍼즐조각에 대한 창작성 판단에 있어서도 '창조적 개성'이 있어야 하는데, 개별 퍼즐 조각들의 형상은 누구나 동일하거나 비슷한 형태로 만들 수 있을 것으로 보이기 때문에 창조적 개성이 있다고 보기 어렵다고 판단한 점에서 타당하다고 보인다.

5. 대상판결의 의의

첫째, 대상판결은 실제 존재하는 건축물인 광화문을 모형의 형태로 축소하는 과정에서 역사적 건축물의 축소에 그치지 않고 건축물의 형상, 모양, 비율, 색채 등에서 상당한 수준의 변형을 하였고 나아가 실제의 건축물과 구별되는 특징이나 개성이 나타난 경우라면 창작성을 인정할 수 있다고 판단하고 있다. 이러한 점에서 대상판결은 실존하는 역사적 건축물의 축소 모형의 완성된 외관에 대한 창작성 판단기준을 제시한 최초의 사례라는 점에서 의의가 있다.

둘째, 대상판결은 실존하는 역사적 건축물의 축소 모형의 개별 퍼즐조각에 대한 창작성 판단에 있어서는 종래의 도형저작물이나 건축저작물의 기능적 저작물성에 주목하면서 창작성 여부 판단에 있어 비교적 엄격한 심사태도를 취한 점에 의의가 있다. 즉 이른바 기능적 저작물은 예술성의 표현보다는 기능이나 실용적인 사상의 표현을 주된 목적으로 하는 것인 바 그 표현하고자 하는 기능 또는 실용적 사상이 속하는 분야에서의 일반적인 표현방법, 규격 또는 그 용도나 기능 자체, 저작물 이용자의 이해의 편의성 등에 의하여 그 표현에 제한되는 경우가 많으므로 작성자의 창조적 개성이 드러나지 아니할 가능성이 크다고 할 것이다. 대상판결의 경우 기능적 저작물도 저작권법의 보호대상 되기 위해서는 작성자의 창조적 개성이 나타나 있어야 한다는 법리를 설시한 점에서 종래 판결의 태도를 그대로 확인한 것이라 할 수 있다. 나아가 법원의 판시내용은 합체의 원칙(merger doctrine)을 그대로 확인한 것이라 할 수 있다. 합체의 원칙은 기능적저작물의 저작물성 판단에 있어서 아이디어와 표현의 이분법에 대한 보충원리임과 동시에 창작성 유무를 판단하는 핵심적 기준으로 자리 잡고 있다. 이 사건에서 법원은 "누가 하더라도 같거나 비슷할 수밖에 없거나", 또는 "그 표현이 제한되는 경우가 많은 경우"와 같은 제약이 있을 경우 그 창작성이 있는 저작물이라 할 수 없다고 판단한 점에서 창작성의 관점에서 합체의 원칙을 수용한 것이라 볼 수 있고, 결국 이러한 판단 내용은 실질적으로 합체의 원칙에 기한 것이라 볼 수 있다.

참고문헌

■ 국내문헌

박성호, 「저작권법」, 제2판, 박영사, 2017.

송영식・이상정・황종환・이대희・김병일・박영규・신재호 공저, 「송영식 지적소유권법(하)」, 제2판, 육법사, 2013.

오승종, 「저작권법」, 제4판[전면개정판], 박영사, 2016.

윤선희, 「지적재산권법」, 제17정판, 세창출판사, 2018.

윤태식, 「저작권법」, 박영사, 2020.

이규홍・김기영・장현진・김병국 공저, 「저작권과 침해−판례를 중심으로」, 육법사, 2016.

이해완, 「저작권법」, 제3판[전면개정판], 박영사, 2015.

임원선, 「실무자를 위한 저작권법」, 제6판, 한국저작권위원회, 2020.

허희성, 「2011 신저작권법 축조개설(상)」, 명문프리컴, 2011.

■ 국외문헌

Marshall A. Leaffer, *Understanding Copyright Law*, 5th Edition, LexisNexis, 2010.

中山信弘, 「著作権法」, 有斐閣, 2007.

加戸守行, 「著作権法逐条講義」, 四訂新版, 著作権情報センター, 2003.

半田正夫, 「著作権法概説」, 第14版, 法学書院, 2009.

半田正夫・松田政行 編, 「著作権法コンメンタール 1」, 勁草書房, 2009.

대법원 2021. 6. 24. 선고 2017다261981 판결

건축설계도서의 저작물성

박 태 일 (서울서부지방법원 부장판사)

Ⅰ. 판결의 개요

1. 사안의 개요

원고(건축사)	피고1	피고2(건축사)
• 피고1의 위탁을 받아 '이 사건 다가구주택' 설계 • 그 설계도에서 CAD 파일을 피고1에게 교부	• 원고에게 '이 사건 다가구주택' 설계위탁 • 피고1에게 '이 사건 타운하우스' 설계위탁 • 원고의 '이 사건 다가구주택' 설계도서 CAD 파일을 피고2에게 제공	• 피고1을 통해 원고의 '이 사건 다가구주택' 설계도서 CAD 파일 제공받음 • 피고1의 위탁을 받아 '이 사건 타운하우스' 설계 • '이 사건 타운하우스' 설계도서는 '이 사건 다가구주택' 설계도서를 일부 수정한 것

이 사건 다가구주택 설계도	이 사건 타운하우스 설계도

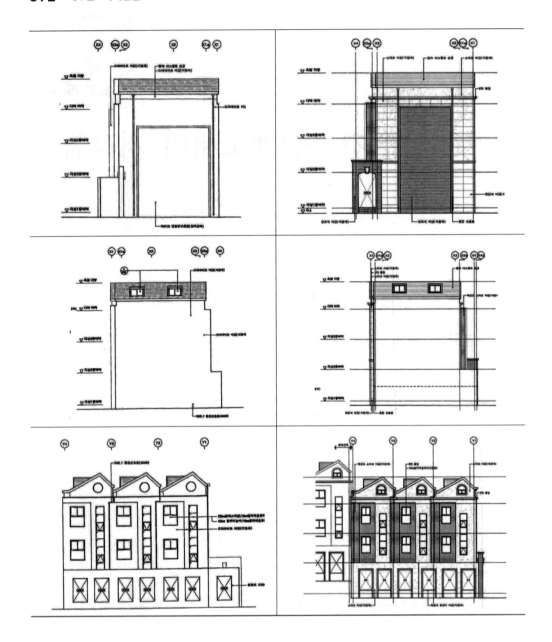

2. 소송의 경과

제1심은 이 사건 다가구주택 설계도서에서 기능적 요소를 넘어 창작성을 인정할 요소는 찾기 어렵다고 보아 위 설계도서가 저작권법에 의하여 보호받는 저작물에 해당하지 않는다고 판단하였다.

반면에 항소심은 창작성을 인정하고, 이를 토대로 이 사건 타운하우스 설계도서가 이 사건 다가구주택 설계도서의 2차적저작물에 해당한다고 보아 저작권 침해를 인정하였다.

피고들이 상고하였고 대상판결은 항소심 판단을 유지하여 상고를 기각하였다.

Ⅱ. 해 설

1. 쟁 점

대상판결의 사안에서는 '건축 설계도서가 저작권법에 의하여 보호되는 저작물에 해당하는지'가 주된 쟁점으로 되었다.

2. 창작성에 관한 대법원의 태도

일반적으로 저작권법의 보호를 받기 위하여 요구되는 창작성이란 완전한 의미의 독창성을 말하는 것은 아니며 단지 어떠한 작품이 남의 것을 단순히 모방한 것이 아니고 작자 자신의 독자적인 사상 또는 감정의 표현을 담고 있음을 의미한다.[1] 대법원판례는 저작물의 성립요건으로서 '창작성'을 요구하지만 설시 문구로만 보면 창작성의 수준을 그리 높게 설정하고 있지는 않다고 할 수 있다.[2] 다만 '도면'과 '지도' 등 도형저작물에 대한 대법원 2005. 1. 27. 선고 2002도965 판결, 대법원 2003. 10. 9. 선고 2001다50586 판결, 대법원 2007. 8. 24. 선고 2007도4848 판결, 대법원 2009. 1. 30. 선고 2008도29 판결, 그리고 편집저작물에 대한 대법원 2003. 11. 28. 선고 2001다9359 판결을 보면, 우리 대법원은 실제 사안에서는 창작성의 수준을 비교적 높게 설정하고 있는 것으로 분석할 수도 있다.

저작물은 그것이 목적으로 하는 바에 따라 문예적 저작물과 기능적 저작물로 분류할 수 있고,[3] 예술적 저작물(works of art)과 사실적 저작물(works of fact) 및 기능적 저작

---

1) 대법원 2003. 10. 23. 선고 2002도446 판결, 대법원 2014. 12. 11. 선고 2012다76829 판결 등 참조.
2) 저작권법의 보호를 받기 위하여 요구되는 창작성의 개념을 설시하고 있는 대표적인 대법원판결로 대법원 1995. 11. 14. 선고 94도2238 판결('세탁학기술개론'의 창작성 인정), 대법원 1997. 11. 25. 선고 97도2227 판결('대학 본고사 입시문제'의 창작성 인정), 대법원 1999. 11. 26. 선고 98다46259 판결(수지침이론에 관한 '고려수지요법강좌'의 창작성 인정), 이러한 판결들을 토대로 하여 창작성의 개념을 일반론으로 설시하고 있는 대법원 2005. 1. 27. 선고 2002도965 판결(다만 이 판결은 위 선행 판결들과는 달리 기능적 저작물인 '지하철 화상전송설비에 대한 설계도면'에 대하여 창작성을 높게 요구하여 창작성을 부정한 사례임) 등 참조.
3) 오승종, 「저작권법」, 제3판(전면개정판), 박영사, 2013, 147면; 윤선희, 「지적재산권법」, 18정판, 세창

물(works of function)로 분류하기도 한다.[4] 기능적 저작물은 설계도·각종 서식·규칙집 등과 같이 특정한 기술 또는 지식·개념을 전달하거나 방법이나 해법, 작업과정 등을 설명한 것으로, 자연히 예술적 표현보다는 그 저작물이 달성하고자 하는 기능을 위한 실용성에 초점이 있다.[5] 사실적 저작물은 사실과 정보의 전달을 주된 목적으로 하고 있는 저작물로서, 그 성질은 기능적 저작물과 유사하다.[6]

사실과 정보의 전달 또는 일정 기능의 수행을 주된 목적으로 하고 있는 사실적 저작물이나 기능적 저작물은 그 표현방법이 제한되어 있어서 그에 관한 저작권 보호범위를 좁게 해석하지 않으면 그 사실과 정보까지 보호하는 불합리한 결과를 가져올 수도 있으므로 보호범위를 제한해야 한다.[7]

건축 설계도서는 그 특성상 예술성의 표현보다는 기능이나 실용적인 사상의 표현을 주된 목적으로 하는 '기능적 저작물'에 해당한다. 건축을 위한 설계도서 즉 건축 설계도서는 저작물의 예시 가운데 건축저작물에 포함되고(저작권법 제4조 제1항 제5호), 한편 설계도는 도형저작물의 예시에도 포함되어 있다(저작권법 제4조 제1항 제8호). 건축저작물로서의 건축 설계도서의 창작성은 그 대상물인 건축물의 외관(디자인)에 표현된 3차원의 미적 형상에 관한 표현형식에서 인정되어야 하는 데 비하여, 도형저작물로서의 설계도의 창작성은 그 대상물이 창작성을 가지는지의 여부와는 관계없이 2차원의 도면을 작성하는 표현형식에서 인정되어야 하는 차이가 있다.[8] 건축저작물로 보호되는 것은 건축물의 기능적 측면이 아니라 미적 형상으로 표현된 외관(디자인)이므로 건축 설계도서의 창작성 인정 여부는 그 대상물인 건축물의 외관에 기능 또는 실용적인 사상을 나타내는 정도를 넘어 사상이나 감정에 대한 창작자 자신의 독자적인 표현이 담겨 있는지의 여부에 따라 살펴볼 필요가 있다.

출판사, 2020, 422면.

4) 정상조 편(박성호 집필부분), 「저작권법 주해」, 박영사, 2007, 29면 각주 18; 정상조, "창작과 표절의 구별기준", 「법학」, 제44권 제1호, 2003.3., 서울대학교 법학연구소, 126-127면은 이와 같은 분류를 전제로 논의를 전개하고 있다.
5) 오승종, 앞의 책, 147면; 정상조, 앞의 논문, 127면 참조.
6) 오승종, 앞의 책, 147면; 정상조, 앞의 논문, 127면 참조.
7) 정상조, 앞의 논문, 126-127면 참조(저작권법은 저작권이라고 하는 인센티브를 줌으로써 저자의 창작을 유도하고 학문과 예술의 발전을 도모하는 것을 그 법 목적으로 삼고 있기 때문에, 저작물의 창작적인 표현을 보호하되 아이디어는 보호하지 않음으로써 그러한 아이디어의 전파와 활용에 의하여 학문과 예술이 발전되도록 하고 있음. 이러한 저작권법정책은, 필연적으로 저작권 보호의 범위가 저작물의 종류 또는 그에 포함된 아이디어의 종류에 따라서 달라질 수밖에 없게 되는 결과를 가져다줌).
8) 박성호, 「저작권법」, 제2판, 박영사, 2017, 113면 참조.

3. 건축 설계도서의 저작물성과 관련된 선례

위에서 언급한 대법원 2009. 1. 30. 선고 2008도29 판결('건설회사에서 작성한 설계도면을 단순 변용한 정도의 아파트 평면도 및 배치도'의 창작성 부정) 외에도, 대법원 2009. 7. 9. 선고 2007다36384 판결[골프장을 구성하는 클럽하우스, 연습장, 휴게소, 주차장, 펜션, 식당, 숙소, 진입도로, 연결도로, 홀(티 박스, 페어웨이, 그린, 벙커, 러프 등), 연못과 그 밖의 부대시설의 모양, 위치, 배열 등을 도시한 설계도면에 대해, 골프장 부지 내에서의 개개의 구성요소의 배치와 조합을 포함한 골프장의 전체적인 미적 형상의 표현방식에 있어 저작물로서의 창작성 인정)], 대법원 2018. 3. 13. 선고 2017도16753 판결(오피스텔 신축을 위한 건축계획심의 신청 시 제출된 건축계획심의도면에 대해, 한라산의 오름과 바다의 파도를 연상시키려는 입면 형태의 계획 하에 건물 외곽선 밖으로 직각을 이루는 창문 형태를 표현하여 그 기능적 효율성의 감소에도 불구하고 건축물의 좌측 및 우측의 형태에 있어 나름대로 창조적 개성을 표현하려 하는 등 단순히 주거성·실용성만을 강조한 건물이 아니라 형태·색채·재료·조명 등에 있어 주변 경관과 조화를 이루면서도 지역적 특색이 표출될 수 있는 조형미를 갖춘 제주도 해안 소재의 오피스텔을 표현하였음을 이유로 저작물로서의 창작성을 인정한 원심 수긍), 대법원 2018. 5. 15. 선고 2016다227625 판결(실제로 존재하는 건축물인 광화문을 축소한 '모형'의 창작성 인정), 대법원 2019. 5. 10. 선고 2016도15974 판결(2차원의 형태로 되어 있는 설계도면을 3차원적인 조형물로 제작한 행위에 대해 복제권 침해 인정) 등을 대표적인 선례로 참조할 수 있다.

한편 '건축물 자체'의 건축저작권 인정 여부에 관한 선례로서 대법원 2001. 1. 19. 선고 2000도5295 판결(버섯모양의 궁전형태 건축물에 대해 저작권 인정), 대법원 2020. 4. 29. 선고 2019도9601 판결(카페 '테라로사'의 외벽과 지붕슬래브가 이어져 1층, 2층 사이의 슬래브에 이르기까지 하나의 선으로 연결된 형상, 슬래브의 돌출 정도와 마감 각도, 양쪽 외벽의 기울어진 형태와 정도 등 여러 특징이 함께 어우러져 창작자 자신의 독자적인 표현을 담고 있어 창조적 개성을 나타내고 있다고 인정) 등을 대표적인 선례로 들 수 있다.[9]

4. 대상판결 사안에 관한 구체적인 판단 내용

항소심이 창작성을 인정한 부분을 살펴보면, 이 사건 다가구주택의 설계도서 중 지

---

9) 대법원 2020. 4. 29. 선고 2019도9601 판결은 특히 최근의 판결로서 법리적으로나 사안 판단의 면에서나 대상판결에 직접적인 영향을 미쳤다고 보인다. 위 판결에 대한 상세한 해설을 포함하여 건축저작권 인정 여부에 대한 다양한 재판례와 이론에 관하여는 정희엽, "건축물이 건축저작물로서 보호되기 위한 요건과 그 판단 기준", 「대법원판례해설」, 제124호, 법원도서관, 2020, 608면 이하 참조.

붕의 형태는 가구별로 짧은 평면으로 시작하여 2면의 길이를 달리하는 경사각의 지붕에 콘크리트 슬래브가 있는 형태로서 동일한 경사각으로 이루어진 같은 형태의 지붕이 가구별로 이어져 물결치는 듯한 외관을 형성하는 것을 그 특징적인 요소로 하고 있고, 출입구의 구조는 3가구가 출입문 1개를 공유하고 출입문에 이어진 회랑을 따라 가구별 현관문이 나란히 설치된 형태로 되어 있음에 주목하고 있다. 위와 같은 지붕 형태는 이 사건 다가구주택의 부지가 해당하는 블록형 단독주택용지에 적용되는 건설교통부 지침인 환경친화적인 블록형 단독주택용지 조성요령과 지구단위계획의 범위 내에서 원고의 개성을 반영하여 독창적으로 표현한 것이고, 위와 같은 출입구 구조도 건물 1동의 출입문은 1개라는 제한을 1개의 출입문에 회랑 형식으로 이어진 구조로 창의적으로 반영시킨 결과라고 본 것이다. 제출된 증거조사 결과를 종합하여 이러한 지붕 형태 및 출입구 구조는 이 사건 다가구주택 인근 지역의 다가구주택이나 다른 유럽형 타운하우스와도 차별된다고 판단하고 있다.

대상판결은, "저작권법은 제4조 제1항 제5호에서 '건축물·건축을 위한 모형 및 설계도서 그 밖의 건축저작물'을, 같은 항 제8호에서 '지도·도표·설계도·약도·모형 그 밖의 도형저작물'을 저작물로 예시하고 있다. 그런데 건축저작물이나 도형저작물은 이른바 기능적 저작물로서, 해당 분야에서의 일반적인 표현방법, 그 용도나 기능 자체, 저작물 이용자의 이용의 편의성 등에 의하여 그 표현이 제한되는 경우가 많다. 따라서 기능적 저작물이 그와 같은 일반적인 표현방법 등에 따라 기능 또는 실용적인 사상을 나타내고 있을 뿐이라면 창작성을 인정하기 어렵지만, 사상이나 감정에 대한 창작자 자신의 독자적인 표현을 담고 있어 창작자의 창조적 개성이 나타나 있는 경우라면 창작성을 인정할 수 있으므로 저작물로서 보호를 받을 수 있다."라고 법리를 설시하고 이러한 법리에 따라 원심의 판단이 정당하다고 판결하였다.

5. 대상판결의 의의

대상판결은 건축물이 건축저작물로서 보호받기 위한 요건을 제시한 대법원 2020. 4. 29. 선고 2019도9601 판결의 법리와 궤를 같이 하여, 건축저작물이나 도형저작물 등 이른바 기능적 저작물에 대한 창작성 인정 기준에 관한 판시를 발전시킨 법리를 선언한 사례로서 의의가 있다.

참고문헌

박성호, 「저작권법」, 제2판, 박영사, 2017.

오승종, 「저작권법」, 제3판(전면개정판), 박영사, 2013.

윤선희, 「지적재산권법」, 18정판, 세창출판사, 2020.

정상조 편, 「저작권법 주해」, 박영사, 2007.

정상조, "창작과 표절의 구별기준", 「법학」, 제44권 제1호, 서울대학교 법학연구소, 2003.3.

정희엽, "건축물이 건축저작물로서 보호되기 위한 요건과 그 판단 기준", 「대법원판례해설」, 제124호, 법원도서관, 2020.

대법원 2017. 11. 23. 선고 2015다1017(본소), 2015다1024(병합),
2015다1031(병합), 2015다1048(반소) 판결

프로그램 저작물의 이용과 일시적 복제

김 병 일 (한양대학교 법학전문대학원 교수)

I. 판결의 개요

1. 사건의 개요

이 사건은 오픈캡쳐 사용자인 원고들(복수이지만 이하에서는 '원고'라 칭함)이 컴퓨터프로그램인 '오픈캡쳐'의 저작권자인 피고에 대하여 저작권 침해와 관련한 손해배상채무가 존재하지 아니함을 확인하는 소송을 제기하였고, 피고는 원고를 상대로 손해배상을 청구하는 반소를 제기한 사건이다.

피고는 소프트웨어 개발 등을 목적으로 하는 회사이고, 원고들은 피고가 저작권을 가지고 있는 컴퓨터프로그램 저작물을 사용한 개별 직원들의 사용자이다.

이 사건 프로그램은 2003년 무렵 소외인 A에 의해 개발되었고, 오픈캡쳐에 관한 저작재산권은 B를 거쳐 피고에게 양도되었다. 오픈캡쳐는 오픈 버전 6.7까지 무료로 제공되었으나, 2012.2.5. 오픈캡쳐 버전 7.0으로 업데이트 되면서 '비상업용·개인용'으로 사용하는 경우에만 무료로 제공되고, 그 밖의 경우에는 기업용 라이선스를 구매한 때에만 사용할 수 있도록 유료로 변경되었다.

오픈캡쳐 무료버전을 사용하던 직원들이 유료버전으로 업데이트 한 후에도 기업용 라이선스를 구매하지 않고 계속하여 업무상 사용하였다. 피고는 오픈캡쳐에 관한 저작

재산권을 양수받은 2012. 4. 1.부터 원고들에게 할당된 공인 IP주소로부터 수집된 MAC 주소에 대한 정보를 수집한 다음, 원고들에 대하여 비상업용·개인용으로 사용하는 경우에만 무료로 제공됨에도 불구하고 원고들이 기업용 라이선스를 구매하지 않은 채 오픈캡쳐 유료버전을 업무용으로 사용함으로써 피고의 저작권(복제권)을 침해하였다고 주장하면서 저작권침해에 따른 손해배상을 요구하였다.

2. 대상판결의 요지

가. 제1심판결[1]

제1심판결은 원고들의 직원인 개별 사용자들이 오픈캡쳐 유료버전을 컴퓨터에서 실행하여 사용함으로써 그 일부 또는 전부를 컴퓨터의 RAM에 일시적으로 복제함으로써 피고의 컴퓨터프로그램에 대한 저작재산권 중 복제권을 침해하였다고 인정한 다음, 컴퓨터에서 저작물을 이용하는 경우에 원활하고 효율적인 정보처리를 위하여 필요하다고 인정되는 경우란 통상적 의미에서 디지털화된 저작물을 송신받아 이용하거나 또는 컴퓨터 내의 저장매체나 그 밖의 저장매체에 저장된 저작물을 이용하는 과정 또는 인터넷 검색중 디지털화된 저작물을 이용하는 과정에서 버퍼링(buffering)이나 캐싱(cashing) 등을 통해서 이루어지는 일시적 복제의 경우를 말하는 것으로서 컴퓨터프로그램은 그 자체가 메모리에 복제된 상태에서 일정한 정보의 처리를 위해서 동작하는 것일 뿐, 디지털 저작물과 같이 그 저작물 자체가 정보처리의 대상으로서 효율적인 처리를 위해서 메모리에 복제되는 것은 아니라는 이유 등으로 개별 사용자들이 오픈캡쳐 유료버전의 실행을 위하여 이를 RAM에 일시적으로 저장한 것은 원활하고 효율적인 정보처리를 위하여 필요하다고 인정되는 범위 안에서 그 저작물을 컴퓨터에 일시적으로 복제한 것으로 볼 수 없다고 보아 원고들의 저작권법 제35조의2에 따른 면책 주장을 받아들이지 않았다.

나. 서울고등법원판결[2]

서울고등법원은 원고들의 직원인 개별 사용자들이 오픈캡쳐 유료버전을 컴퓨터에서

[1] 서울중앙지방법원 2014. 2. 21. 선고 2013가합63771(본소), 2013가합57233(병합), 2013가합72478(병합), 2014가합7105(반소).
[2] 서울고등법원 2014. 11. 20. 선고 2014나19631(본소), 2014나19648(병합), 2014나19655(병합), 2014나19662(반소) 판결. 한편 대상판결에 대해 피고가 상고를 제기하여 현재 상고심[대법원 2015다1017(본소), 2015다1024(병합), 2015다1031(병합), 2015다1048(반소)] 계속 중이다.

실행하여 사용함으로써 그 일부 또는 전부를 컴퓨터의 RAM에 일시적으로 복제함으로써 피고의 컴퓨터프로그램에 대한 저작재산권 중 복제권을 침해하였으나, 컴퓨터프로그램을 일시적으로 RAM에 저장하는 것은 중앙처리장치(CPU)는 처리속도가 빠른 반면 하드디스크 등의 보조기억장치에서 데이터를 읽어 오는 속도는 느리므로 두 장치 사이의 속도 차이를 조정하여 처리 속도를 높이기 위한 것이므로 오픈캡쳐 유료버전의 실행 과정에서 이루어지는 일시적 복제는 원활하고 효율적인 정보처리를 위하여 필요한 범위 내의 복제에 해당하는데, 개별 사용자들이 오픈캡쳐 유료버전으로 업데이트하는 과정에서 오픈캡쳐 유료버전을 컴퓨터의 하드디스크에 인스톨하여 설치하면서 화면에 저작권자인 피고가 제시한 개인용 또는 비업무용으로만 사용하는 것에 동의한다는 표시가 나오자 이를 클릭함으로써(클릭하지 않으면 다음의 화면으로 진행되지 않는다) 이른바 click-on 방식으로 사용허락계약이 성립하였음에도 원고들의 회사에서 업무용으로 사용하여 피고와 사이의 사용허락계약을 위반하였으나, 이는 저작권법상의 복제권 등의 저작재산권의 지분권을 침해하는 경우에 해당하지 않으므로 저작권법 제35조의2 단서가 적용되지 않고, 오픈캡쳐 유료버전을 실행하면서 그에 부수하여 일시적 복제가 이루어진 경우에 해당하여 개별 사용자들이 피고에 대하여 사용허락계약 위반에 따른 채무불이행책임을 부담하는 것은 별도로 하더라도 그와 같은 컴퓨터프로그램을 실행하는 과정에서 이루어지는 컴퓨터 내의 RAM에의 일시적 복제행위는 저작권법 제35조의2 본문에 따라 면책된다고 판시하였다.

다. 대법원판결

(1) 저작권법 제16조는 저작재산권을 이루는 개별적 권리의 하나로 저작물을 복제할 권리를 들고 있고, 제2조 제22호는 '복제'는 인쇄·사진촬영·복사·녹음·녹화 그 밖의 방법으로 일시적 또는 영구적으로 유형물에 고정하거나 다시 제작하는 것을 말한다고 규정하고 있다. 컴퓨터프로그램을 컴퓨터 하드디스크 드라이브(HDD) 등 보조기억장치에 설치하는 것은 저작권법 제2조 제22호의 영구적 복제에 해당한다. 한편 저작권법 제46조 제2항은 저작재산권자로부터 저작물의 이용을 허락받은 자는 허락받은 이용 방법 및 조건의 범위 안에서 그 저작물을 이용할 수 있다고 규정하고 있다. 위 저작물의 이용 허락은 저작물을 복제할 권리 등 저작재산권을 이루는 개별적 권리에 대한 이용 허락을 가리킨다. 따라서 저작재산권자로부터 컴퓨터프로그램의 설치에 의한 복제를 허락받은 자가 위 프로그램을 컴퓨터 하드디스크 드라이브(HDD) 등 보조기억장치에

설치하여 사용하는 것은 저작물의 이용을 허락받은 자가 허락받은 이용 방법 및 조건의 범위 안에서 그 저작물을 이용하는 것에 해당한다. 위와 같이 복제를 허락받은 사용자가 저작재산권자와 계약으로 정한 프로그램의 사용 방법이나 조건을 위반하였다고 하더라도, 위 사용자가 계약 위반에 따른 채무불이행책임을 지는 것은 별론으로 하고 저작재산권자의 복제권을 침해하였다고 볼 수는 없다.

(2) 사용자가 컴퓨터 하드디스크 드라이브(HDD) 등의 보조기억장치에 설치된 컴퓨터프로그램을 실행하거나 인터넷으로 디지털화된 저작물을 검색, 열람 및 전송하는 등의 과정에서 컴퓨터 중앙처리장치(CPU)는 실행된 컴퓨터프로그램의 처리속도 향상 등을 위하여 컴퓨터프로그램을 주기억장치인 램(RAM)에 적재하여 이용하게 되는데, 이러한 과정에서 일어나는 컴퓨터프로그램의 복제는 전원이 꺼지면 복제된 컴퓨터프로그램의 내용이 모두 지워진다는 점에서 일시적 복제라고 할 수 있다.

한편 저작권법은 제2조 제22호에서 복제의 개념에 '일시적으로 유형물에 고정하거나 다시 제작하는 것'을 포함시키면서도, 제35조의2에서 "컴퓨터에서 저작물을 이용하는 경우에는 원활하고 효율적인 정보처리를 위하여 필요하다고 인정되는 범위 안에서 그 저작물을 그 컴퓨터에 일시적으로 복제할 수 있다. 다만 그 저작물의 이용이 저작권을 침해하는 경우에는 그러하지 아니하다."라고 규정하여 일시적 복제에 관한 면책규정을 두고 있다. 그 취지는 새로운 저작물 이용환경에 맞추어 저작권자의 권리보호를 충실하게 만드는 한편, 이로 인하여 컴퓨터에서의 저작물 이용과 유통이 과도하게 제한되는 것을 방지함으로써 저작권의 보호와 저작물의 원활한 이용의 적절한 균형을 도모하는 데 있다. 이와 같은 입법 취지 등에 비추어 볼 때 여기에서 말하는 '원활하고 효율적인 정보처리를 위하여 필요하다고 인정되는 범위'에는 일시적 복제가 저작물의 이용 등에 불가피하게 수반되는 경우는 물론 안정성이나 효율성을 높이기 위해 이루어지는 경우도 포함된다고 볼 것이지만, 일시적 복제 자체가 독립한 경제적 가치를 가지는 경우는 제외되어야 한다.

Ⅱ. 해 설

1. 서 언

컴퓨터프로그램(이하 '프로그램')과 디지털 저작물을 컴퓨터에서 구동하기 위해서는 컴퓨터 내에 존재하는 보조기억장치인 하드드라이버에서 주기억장치인 램(RAM, read access memory)에 그 저작물을 저장하여야만 이용할 수 있다. 즉, 컴퓨터에서 프로그램을 이용하기 위해서는 일반적으로 먼저 프로그램을 하드웨어의 저장장치에 설치(저장)하여야 한다. 프로그램을 컴퓨터에 설치하는 과정에서 영구적인 복제가 이루어진다. 다만, 프로그램을 실제로 사용하는 것은 하드웨어에 저장되어 있는 프로그램을 그대로 사용하는 것이 아니라 램에 복제하여 사용하는 방식으로 이루어진다. 램에 대한 일시적 복제는 디지털화된 저작물 이용을 위해서는 필수적이다.

일시적 복제는 영구적인 복제나 전송 등에 의하여 수반되는 경우가 일반적이다. 최근 일시적 복제가 저작물 이용의 주된 행태가 되는 추세가 증가하고 있다. LP, 카세트테이프, CD, DVD, 종이(책) 등 저작물을 고정시킨 매개체(medium)를 소유하여 저작물을 향유하던 시대에서 서버에 접속하여 저작물을 이용할 수 있는 시대로 변하고 있다.[3] 이러한 과정에서 영구적인 복제를 하지 않고 일시적 복제만으로도 저작물을 향유할 수 있는 시대가 되었다. 따라서 일시적 복제 자체만으로도 중요한 경제적 가치를 가지는 경우도 증가하고 있다.

종래 램에의 일시적 저장은 "유형물에 고정하거나 유형물로 다시 제작하는 것"에 해당하지 아니하므로 복제에 해당하지 않는다고 보았다. 그런데 한미 FTA[4]의 국내이행을 위하여 개정된 저작권법은 제2조 제22호[5]의 정의규정에서 "복제"의 개념에 "일시적 또는 영구적으로 유형물에 고정"하는 것이라고 하여, 일시적 복제도 복제에 포함됨을 명시하였다.[6] 개정저작권법은 동시에 일시적 복제에 대한 저작재산권 제한규정을 신설하여, 제35조의2[7]에서 '컴퓨터에서 저작물을 이용하는 경우에는 원활하고 효율적인 정

---

3) 이대희, "컴퓨터프로그램의 일시적 보제와 그 예외", 「계간저작권」, 2015 봄호(통권 109호), 131면.
4) 한·미 FTA는 제18.4조 제1호에서 "각 당사국은, 저작자·실연자 및 음반제작자가 어떠한 방식이나 형태로, 영구적 또는 일시적으로(전자적 형태의 일시적 저장을 포함한다), 그의 저작물·실연 및 음반의 모든 복제를 허락하거나 금지할 권리를 가지도록 규정한다."라고 하여 일시적으로 이루어지는 복제 또한 저작권자의 허락대상이 되는 복제로 규정할 것을 합의하였다.
5) 22. "복제"는 인쇄·사진촬영·복사·녹음·녹화 그 밖의 방법으로 <u>일시적</u> 또는 영구적으로 유형물에 고정하거나 다시 제작하는 것을 말하며, 건축물의 경우에는 그 건축을 위한 모형 또는 설계도서에 따라 이를 시공하는 것을 포함한다. EU와 우리나라는 명문의 규정으로 일시적 복제를 복제 개념에 포함시키고 있다.
6) 일시적 복제 도입을 둘러싼 쟁점에 대한 분석은, 임원선, "일시적 복제의 보호 입법에 관한 연구", 「계간저작권」, 2011년 봄호, 4면 이하; 김인철, "일시적 복제 도입의 문제점", 「과학기술법연구」, 제18집 제3호, 2012, 153면 이하.
7) 제35조의2(저작물 이용과정에서의 일시적 복제) 컴퓨터에서 저작물을 이용하는 경우에는 원활하고 효율적인 정보처리를 위하여 필요하다고 인정되는 범위 안에서 그 저작물을 그 컴퓨터에 일시적으로 복제할 수 있다. 다만, 그 저작물의 이용이 저작권을 침해하는 경우에는 그러하지 아니하다.

보처리를 위하여 필요하다고 인정되는 범위 안에서 그 이 저작권을 침해하는 경우에는 그러하지 아니하다'고 규정함과 아울러 제101조의3 제2항에서 '컴퓨터의 유지·보수를 위하여 그 컴퓨터를 이용하는 과정에서 프로그램(정당하게 취득한 경우에 한한다)을 일시적으로 복제할 수 있다'고 규정하였다.

2014년 2월 서울중앙지방법원은 프로그램을 컴퓨터에서 이용하는 것과 관련된 일시적 복제에 대한 판결을 하였고, 2014년 11월 항소심인 서울고등법원은 하급심의 판단과 다른 접근을 하였다.[8] 대법원 2017. 11. 23. 선고 2015다1017(본소) 등 판결(이하 '대상 판결'이라고 한다)은 프로그램 저작물의 이용과 일시적 복제의 개념을 둘러싼 쟁점을 우리 저작권법에 도입된 후 처음 내려진 판결이다. 이 사건의 핵심 쟁점은 오픈캡쳐 유료버전 프로그램을 실행할 때 이루어지는 램에서의 일시적 복제가 일시적 복제에 대한 예외에 해당하는지 여부이다.

항소심에서의 핵심 쟁점은 ① 원고가 오픈캡쳐 유료버전을 컴퓨터의 하드디스크에 설치하는 과정에서 복제권을 침해하였는지, ② 오픈캡쳐 유료버전의 실행 과정에서 일시적 저장의 방법으로 복제가 이루어졌는지, ③ 실행 과정에서 이루어진 일시적 저장이 일시적 복제에 대한 예외에 해당하여 면책되는지 여부, 그리고 ④ 사용허락계약을 위반한 프로그램의 실행과 저작권 침해여부이고, 대상 판결은 ③과 ④ 쟁점에 대해서 판결을 내렸다. 이하에서는 대상 판결의 내용을 정리하고, 컴퓨터프로그램 실행의 저작권법상 의미, 컴퓨터프로그램의 이용과 관련된 일시적 복제에 대한 예외, 그리고 와 라이선스 계약을 위반한 실행행위(저작권 라이선스위반과 저작권 침해)의 취급에 대해 검토하고자 한다.

2. 프로그램 설치행위의 저작권 침해여부

유료버전이 발행된 이후 사용자가 기존의 무료버전(6.7 버전)을 실행하면 '새 버전으

---

8) 대상 판결에 대한 자세한 분석으로는, 이대희, 앞의 논문 131면 이하: 유지혜, "컴퓨터프로그램의 실행에 대한 저작권법상 해석, 「법학연구」, 제18집 제2권, 인하대학교 법학연구소, 2014, 123면 이하; 김현숙, "소프트웨어 실행은 저작권법상 의미 없는 사용행위인가", 「지식재산연구」, 제10권 제1호, 2015, 151면 이하; 나강, "일시적 복제에 관한 소고", 「법학논문집」, 제38집 제2호, 중앙대학교 법학연구원, 2014, 255면 이하; 정윤형, "컴퓨터에서의 저작물 이용에 따른 일시적 복제와 그에 대한 면책", 한국정보법학회 세미나 발제자료(2015.5), 23면 < http://kafil.or.kr/?p = 3363&cat = 5, 2016.6.29. 최종 접속); 조영선, "디지털 저작물의 이용과 일시적 복제", 「고려법학」, 제88호, 2018, 201면 이하; 문선영, "저작권법 제35조의2에 의한 일시적 복제의 허용범위", 「선진상사법률연구」, 통권 제88호, 2019, 55면 이하.

로 업데이트를 시작합니다. 확인'이라고 된 창이 나타나는데, 이용자가 확인을 누르지 않아도 자동으로 유료버전이 자동적으로 사용자 컴퓨터의 임시 경로로 다운로드 된다. 그리고 다운로드 후 확인 버튼을 누르면 하드디스크에 유료버전이 설치되어 업데이트가 진행되며, 업데이트가 완료되면 사용허락계약서가 포함된 라이선스 약관에 동의하는지를 묻는 창이 나오고, 사용자가 최종적으로 확인 버튼을 누르면 설치가 완료되면서 유료버전을 컴퓨터에서 실행할 수 있는 상태가 되어 컴퓨터프로그램 저작물의 복제가 완료된다.

사용자의 컴퓨터에 6.7 버전이 설치된 상태에서 ① 오픈캡쳐 6.7 버전을 실행하면 '새 버전으로 업데이트를 시작합니다. 확인'이라는 내용의 창이 나타난다. 그런데 ② 확인 버튼을 누르는 것과 관계없이 유료버전이 자동적으로 컴퓨터의 하드디스크의 임시 경로로 다운로드가 되고, ③ 그 후 위 ①의 확인 버튼을 누르면 업데이트가 진행되어 하드디스크에 프로그램이 설치된다. ④ 업데이트가 이루어진 후 사용허락계약서가 포함된 라이선스 약관에 동의하는지를 묻는 창이 나오는데, ⑤ 사용자가 '약관동의 및 비상업용/개인용으로만 사용하겠습니다. 기업용 라이선스 구매하기' 문구 앞의 상자를 선택하여 확인 버튼을 누르면 설치가 완료되고, ⑥ 오픈캡쳐 유료버전을 컴퓨터에서 이용할 수 있는 상태가 된다.9)

이에 대해 피고는 "저작권법에서 보호하는 규범적 의미에서의 복제행위는 기술적 의미에서의 단순한 컴퓨터 하드디스크로의 저장행위와 구별되어야 하므로 유료버전이 실제로 이용될 수 있도록 실행 가능한 상태로 되는 시점에 도달해야 비로소 저작권법이 규정하는 복제행위가 완료된 것"이며, 직원들이 라이선스 약관에 동의하였음에도 이용허락을 위반하여 유료버전을 업무용으로 사용하면, 복제물의 설치행위가 복제권을 침해하는 것이 된다는 취지의 주장을 하였다.

항소심 법원은 설치 행위가 복제인지를 판단함에 있어, "저작권법 2조 22호는 '복제'를 인쇄·사진촬영·복사·녹음·녹화 그 밖의 방법으로 일시적 또는 영구적으로 유형물에 고정하거나 다시 제작하는 것을 말하며, 건축물의 경우에는 그 건축을 위한 모형 또는 설계도서에 따라 이를 시공하는 것을 포함한다고 정의한다. 이처럼 현행법에서 저작물의 복제라고 함은 기존의 저작물에 의거하여 그 내용과 형식을 인식할 수 있거나 감지하기에 충분한 정도로 일시적 또는 영구적으로 유형물에 고정하거나 다시 만

---

9) 이대희, 앞의 논문, 134면.

드는 것으로 유형적인 협의의 복제를 의미하므로 컴퓨터프로그램의 파일을 컴퓨터의 하드디스크 등 저장장치에 인스톨하여 설치하여 저장하는 행위는 저작권법에 정해진 복제에 해당한다."고 판시하였다. 다만 이 사건에서는 유료버전의 설치는 업데이트 과정에서 저작권자가 업데이트를 알리는 창과 함께 라이선스 약관에 동의하는지를 묻는 창을 통하여 유료버전의 복제에 대한 이용허락을 포함하는 소프트웨어사용허락계약에 따라 이루어진 것으로 보았다. 사용자가 '확인'버튼을 누르는 것과 관계없이 업데이트 파일을 컴퓨터에 복제하고 '확인'을 누르면 설치에 의해 복제를 시작하므로, 라이선스 화면이 나타나기 전에 이 창을 통해 권리자가 이미 설치를 허용한 것으로 판단하였다. 즉, 유료버전 설치에 따른 복제는 피고의 허락에 따라 이루어진 것이며, 이후 제시된 허락의 범위를 넘는 사용행위가 있었다고 하더라도 이러한 추후의 행위로 인해 이미 완료된 복제행위가 복제권 침해로 되지는 않는다고 판시했다. 따라서 유료버전 설치행위는 사용허락계약에 따라 복제된 것으로 보아 복제권 침해가 부정되었다.

일반적으로 보통 소프트웨어 라이선스 화면이 제시되는 시점은 둘로 나눌 수 있다.[10] 첫 번째는 소프트웨어를 설치하기 전에 제시하는 것으로, 이에 동의해야 복제가 시작된다. 이때는 라이선스계약을 통해 명시적 혹은 묵시적으로 설치에 의한 복제를 허용한 것으로 볼 수 있다. 두 번째는 이 사건의 경우와 같이 설치가 종료된 이후나 소프트웨어를 처음 실행할 때 라이선스 화면이 나타나는 경우이다. 이때는 설치에 대한 복제는 권리자의 묵시적 동의에 의해 허용된 것이고, 라이선스계약은 설치에 의한 복제와는 무관하다고 보아야 한다.[11]

컴퓨터프로그램을 컴퓨터에 설치함에 있어서는 하드디스크에 저장할 수밖에 없고, 이러한 설치에 수반되는 저장은 저작물의 영구적인 복제에 해당한다. 저작권자로부터 이용허락을 받지 않았거나 저작권 제한 사유에 해당하지 않으면서 저작물을 복제하면 저작권 침해에 해당한다. 유료버전 7.0 설치에 따른 저작권 침해 여부는 업데이트에 의한 7.0버전의 설치가 저작권자의 이용허락을 받아 설치되었는가에 여부에 의하여 결정되는데, 궁극적으로는 설치(업데이트에 의한 영구적 복제) 시점과 이용허락조건의 제시 시점을 비교함으로써 결정될 수 있다.[12] 제1심과 항소심은 모두 저작권자가 이용허락 조건을 제기하기 전에 프로그램이 설치되었고 따라서 프로그램의 복제는 정당한 것이

---

10) 김현숙, 앞의 논문, 160면.
11) 김현숙, 앞의 논문, 161면.
12) 이대희, 앞의 논문, 134-135면.

라고 판단하였다.

3. 프로그램 실행행위의 저작권 침해여부

프로그램의 실행과정에서 필연적으로 발생하는 일시적 복제가 복제권 침해에 해당하는가? 나아가 동 사건의 저작권자는 사용허락계약을 통해 프로그램을 비상업용·개인용으로만 사용할 수 있도록 허락하고, 별도의 라이선스를 구매하지 않는 한 업무상 사용하는 것은 허락하지 않았다. 따라서 원고가 프로그램을 업무상 사용한 행위는 계약의 위반에도 해당하는데, 이러한 위반행위가 저작권법상 부여된 복제권의 범위에 속하는지 여부 및 복제권의 제한여부가 문제되었다.

항소심 법원은 유료버전의 실행과정에서 일시적 저장의 방법으로 피고의 복제권을 침해하였는지 여부를 판단함에 있어서, 우선 "사용자가 컴퓨터에서 유료버전을 실행하면 윈도우 그림판, 윈도우 탐색기, 윈도우 메모장 등 다른 컴퓨터프로그램과 마찬가지로 사용자 컴퓨터의 저장장치인 램의 일정 공간에 일시적으로 저장되는 과정을 통하여 실행되는 사실"을 인정하였다. 그리고 저작권법상 복제는 "기존의 저작물에 의거하여 그 내용과 형식을 인식할 수 있거나 감지하기에 충분한 정도로 일시적 또는 영구적으로 유형물에 고정하거나 다시 만드는 것"을 의미하므로, "컴퓨터에서 프로그램을 실행함에 있어 컴퓨터 내의 램에 프로그램이 일시적으로 저장되고 전원을 끄면 사라져버리는 경우에 이러한 형태의 저장도 물리적으로는 저작물인 프로그램을 유형적으로 고정하거나 다시 만드는 것이 틀림없으므로 일시적인 복제에 해당"한다고 판시하여, 프로그램을 실행할 때 발생하는 일시적인 복제는 복제행위에 해당함을 명확히 하였다.

그리고 "유료버전이 설치된 컴퓨터에서 사용자가 프로그램을 실행하게 되면 그 실행과정에서 유료버전의 일부가 램에 일시적으로 저장되고, 컴퓨터프로그램이 컴퓨터 내의 저장장치인 램에 저장되는 것은 결국 유형적으로 일시적으로 고정하거나 다시 만드는 것에 해당하므로 유료버전은 그 프로그램을 실행하여 사용하는 과정에서 유형물인 램에 고정되어 일시적 복제가 이루어진다. 그리고 유료버전은 실행을 위해서 램에 저장되는 과정에서 그 전부 또는 일부가 일시적으로 복제가 이루어지고, 유료버전의 작동을 위해서 저작물로서 창작성이 인정되는 부분도 복제가 이루어질 것으로 추인할 수 있다"고 보았다.

다만, 항소심 법원은 "컴퓨터프로그램을 실행하는 등 저작권자의 허락이 없더라도 당연하게 허용되는 형태로 저작물을 사용하는 행위는 저작권법 46조에서 말하는 '이용'

에 해당하지 아니하며"라 판시하여 프로그램의 실행은 저작물의 '사용이라고 보고 있다. 저작물은 무체물이므로 최종 사용자가 인지하고 통제할 수 있는 것은 저작물이 화체된 복제물이다. 전통적으로 최종사용자가 복제물을 사용하여 저작물을 단순히 향수하는 것에 불과한 경우에는 지분권에 속하는 행위가 수반되지 않았다. 따라서 복제물을 그대로 사용하는 것은 저작물의 사용이고 이용이 아니라는 논리가 설득력이 있었다.[13] 그러나 일시적 복제를 도입의 입법취지를 고려하면, 프로그램의 실행을 일시적 복제로 보고 이를 제한규정에 따라 면책할 수 있는지 여부를 검토해야 한다.

최종사용자가 컴퓨터프로그램복제물을 구입하여 해당 복제물을 컴퓨터와 상호작용하도록 하여 프로그램저작물을 설치하고 구동하여 기능을 실현하는 것은 복제물을 사용하여 프로그램저작물을 향수하는 것에 불과하다.[14] 그러나 프로그램의 실행은 프로그램을 주기억 장치에 배정하고 그 처리 시작 주소에서 연속 명령을 수행하므로, 실행을 위해서는 기억장치에 프로그램을 일시적이나마 저장해야 한다.[15] 2012년 개정 저작권법에서 복제권의 개념이 일시적 복제를 포함하게 되었다(제2조 제22호). 프로그램 복제물을 사용하는 행위도 그 과정에서 복제나 일시적 복제가 수반된다면 복제권의 범위에 속하는 것이라 볼 수 있다. 다만 이용자의 행위가 정당한 경우에는 저작재산권의 제한규정을 이용하여 저작권 침해를 부정할 수 있을 것이다.[16]

4. 실행과정에서 발생하는 일시적 복제와 저작권법 제35조의2의 저작권제한

가. 쟁 점

이 사건의 핵심적인 쟁점은 이 사건 프로그램을 실행하는 과정에서 램에 이루어진 일시적 복제가 면책되는가 여부이다. 원고는 이러한 일시적 복제가 컴퓨터에서 저작물을 이용하는 경우에 원활하고 효율적인 정보처리를 위하여 행해지는 일시적 복제에 해당하므로 제35조의2 본문에 따라 일시적 복제의 예외로서 면책된다고 주장하였다. 피

---

13) 이대희, 앞의 논문, 143-144면.
14) 저작권법 제124조는 컴퓨터프로그램 복제물의 사용을 저작권법상 복제행위로 볼 것인가에 대한 기존 저작권법의 태도를 보여주고 있는데, 컴퓨터프로그램을 이용하는 것만으로는 저작권의 침해가 되지 않지만 불법복제물을 업무상 이용하는 경우에는 예외적으로 침해로 본다고 규정하고 있다. 유지혜, 앞의 논문, 135-136면. 이는 곧 프로그램 복제물을 사용하는 것은 저작권의 침해가 아니지만 불법복제물을 취득하여 업무상 사용하는 경우는 예외적으로 침해로 간주한다는 태도로 보아야 한다는 견해가 있다.
15) 유지혜, 앞의 논문, 136면.
16) 이해완, 「저작권법」, 제4판, 2017, 803-813면.

고는 저작권자인 피고의 이용허락의 조건과 범위를 위반하여 업무용으로 사용하여 원고에 의한 램에의 일시적 저장은 저작권을 침해하는 경우에 해당하므로 면책되지 않는다고 주장하였다.

나. 일시적 복제의 면책요건

(1) 개요

프로그램복제물을 사용하여 프로그램을 실행하는 것이 일시적 복제에 해당한다면 다음으로 검토되어야 할 것은 이러한 행위에 대해 복제권이 제한되는지 여부이다. 일시적 복제를 규제하는 경우는 당해 일시적 복제행위를 통해 당초 지분권의 본질적 가치를 훼손한다고 볼 수 있는 등 지분권의 보호를 입법한 목적에 합치되는 경우여야만 하며,[17] 단지 독자적인 경제적 가치를 지니지 못하고 기술적으로 수반되는 일시적 저장은 복제권의 보호범위에 속하지 않는다고 보아야 할 것이다.[18] 복제권의 본질적 보호범위에 속하지 않는 일시적 저장은 저작권자에 의해 통제될 수 없다. 이러한 이용태양에 대해서는 복제권의 효력을 제한하는 규정을 두고 있다. 예컨대, 미국 저작권법 제117조(a), 유럽연합의 컴퓨터프로그램의 법적보호에 관한 지침 제5조 제1항, 독일 저작권법 제69조d 제1항, 일본 저작권법 제47조의3, 제47조의8 등은 정당하게 취득한 복제물의 소유자에게 복제물의 사용을 통해 발생하는 복제를 면책하도록 하고 있다. 한미 FTA를 이행하기 위하여 개정된 저작권법도 일시적 복제를 복제의 개념에 포함시키고 (제2조 22호), 일시적 복제에 대한 비교적 전반적인 예외를 규정하였다.

저작권법 제35조의2에 따라 복제권이 제한되려면, 우선 저작물이 RAM이나 하드디스크에 저장되는 시간의 면에서도 '영구성'이 아닌 '일시성'을 가질 것을 요한다.[19] 또 그 일시적 복제가 ① 컴퓨터에서 이루어지는 저작물의 '주된' 이용에 따른 '부수적인' 이용이어야 하고, ② 원활하고 효율적인 정보처리를 위하여 필요하다고 인정되는 범위 안이어야 한다.

---

17) 中山信弘 저(윤선희 역), 「저작권법」, 법문사, 2008, 187면.

18) Ian Hargreaves and Bernt Hugenholtz, Copyright Reform for Growth and Jobs: Lisbon Council Policy Brief, Interactive policy brief Issue 13/2013, p.12(유지혜, 앞의 논문, 재인용).

19) 여기서 일시적 저장과 순간적(transitory) 저장을 구별할 필요가 있다. 양자 모두 전원을 끄면 정보가 사라져 버리지만, 후자는 장래 반복하여 사용될 가능성이 없기 때문에 유형물의 재제 또는 고정이라 볼 수 없으므로 처음부터 복제에 해당하지 않는다고 한다. 박성호, 「저작권법」, 제2판, 박영사, 2017, 623-624면.

(2) 컴퓨터에서의 저작물을 이용하는 경우일 것

저작권법 제35조의2에 따른 일시적 복제에 대한 면책은 컴퓨터에서 저작물을 이용하는 것이 주된 이용이고, 컴퓨터에서 일시적으로 복제하는 것은 그에 따라 이루어지는 '부수적 이용'일 것을 요건으로 한다.

본문의 '저작물을 이용하는 경우'란 컴퓨터 등의 내부의 저장장치나 외부의 저장장치에 수록된 저작물의 복제물을 이용하는 것과, 저작물의 송신이 외부에서 이루어지는 것을 수신하여 컴퓨터에서 이용하는 경우가 포함된다.[20] 따라서 이 때의 저작물 이용이란 프로그램 복제물을 실행 등의 방법으로 사용하여 프로그램의 기능을 이용하거나, DVD에 수록된 영화를 감상, IPTV에서 컨텐츠를 수신하여 시청, 그리고 인터넷에 접속하여 정보를 검색하거나 열람 등과 같이 지분권에 포함되지 않는 사용까지 포함한 넓은 개념이다.[21]

DVD를 구입하여 컴퓨터에서 시청하기 위해 재생을 시키는 과정에서 DVD에 수록된 파일의 내용이 컴퓨터의 RAM에 일시적으로 저장되는 것, 인터넷상의 정보를 검색하고 이용하는 과정에서 그 정보의 내용이 RAM에 저장되거나 일부 내용이 캐시 파일로 하드디스크에 일시적으로 복제되는 것 등이 컴퓨터에서의 저작물 이용(주된 이용)에 따른 부수적 이용에 해당한다. 이 때 컴퓨터에서 DVD를 재생하여 시청하는 것이 주된 목적이라면 그 과정에서 RAM에의 일시적 복제가 일어나는 것은 부수적인 성격을 가지는 것이며, 인터넷상의 정보를 검색, 열람하는 것과 그 과정에서 RAM이나 캐싱을 위해 지정된 폴더에 정보(저작물)가 일시적으로 복제되는 것의 관계도 마찬가지이다.[22]

저작물의 주된 이용 행위를 위해서는 원활하게 저작물을 이용·재생하거나 정보검색의 속도를 향상시키기 위하여 프로그램 파일을 램에 일시적으로 복제하거나 캐싱이나 버퍼링(buffering) 등에 의하여 파일을 하드디스크의 임시폴더에 저장하는 등 일시적인 복제가 이루어질 수밖에 없고, 저작권법은 이들 행위에 대하여 저작권 침해로부터 면책하고 있다. 최종사용자가 컴퓨터프로그램복제물을 사용하는 과정에서 발생하는 모든 일시적 복제는 동조항의 본문에 해당할 수 있다.

일시적 복제에 대한 예외는 이를 인정하지 않는 경우에 부당한 결과가 발생하는 것

20) 박성호, 앞의 책, 622면.
21) 문화체육관광부, 「개정 저작권법 해설서」, 2012, 30면; 이해완, 앞의 책, 803-804; 박성호, 앞의 책, 622면; 임원선, 「저작권법」, 제6판, 한국저작권위원회, 2020, 247면.
22) 이해완, 앞의 책, 806-808면.

을 예방하기 위한 것이다. 곧 예외를 인정하지 않는다면, 예컨대 프로그램을 정당하게 구입하여 컴퓨터에 설치한 경우에도 램에 일시적 복제하는 것에 대하여 별도의 이용허락을 받아야 하고[23] 따라서 일시적 복제는 결국 저작물에 대한 접근을 통제하는 결과에 이르게 된다.[24] 또한 인터넷을 통한 통상적인 자료검색 행위도 복제권이 미치게 되어 정보 접근의 자유가 심각하게 제한되거나 저작물 이용 및 유통을 지나치게 경색시키는 부당한 결과가 발생할 수 있다.[25]

그러나 불법 복제물을 설치하여 이용하거나 불법 서버로부터 소프트웨어 스트리밍의 방식으로 프로그램을 전송받아 이용하는 경우 등과 같이 일시적 복제 자체가 독립한 경제적 가치[26]를 가지고 있는 경우에는 면책되어서는 안 된다.[27]

(3) 원활하고 효율적인 정보처리를 위하여 필요하다고 인정되는 범위 안에서 이루어질 것

저작권법 제35조의2에서 규정한 '원활하고 효율적인 정보처리를 위하여 필요하다'는 것은 저작물의 이용과정에서 다양하게 발생하고 기술발전에 따라 새로이 나타나는 일시적 복제를 포괄한다는 의미이다.[28] 예컨대, DVD의 원활한 재생을 위해 그 안에 수록된 정보를 RAM에 일시적으로 저장하는 것이나 정보검색의 속도를 향상시키기 위한 버퍼링(buffering)이나 캐시파일을 PC 하드디스크의 임시폴더에 저장해 두는 것과 같이, 원활하고 효율적인 정보처리를 위한 기술적 필요에 의하여 일시적 복제가 필요한 경우를 말한다고 한다.[29]

다만 저작물을 이용하는 경우에 원활하고 효율적인 정보처리를 위하여 필요하다고 인정되는 범위를 넘어서 독자적인 의미를 가지는 복제의 경우에는 본조가 적용되지 아니 한다.[30] 또한 사용자가 특별히 하드디스크에 저장한 후 일정한 기간만 사용하는 등의 경우에는 그 사용기간이 비록 짧았다 하더라도 위 요건을 충족하는 것으로 보기 어렵다.[31] 한편, 위와 같은 캐싱 등의 기술적 과정에서 하드디스크에 저장된 파일이라 하

---

23) 이대희, 앞의 논문, 137-138면 이하.
24) 임원선, 앞의 책, 246면.
25) 이대희, 앞의 논문, 134-135면.
26) EU 저작권지침(정보사회화 지침) 전문(33)은 일시적 복제와 관련하여 "관련된 복제행위는 그 자체로 독립한 경제적 가치를 갖지 않아야 한다"고 규정하고 있다.
27) 이해완, 앞의 책, 808면.
28) 박성호, 앞의 책, 622면.
29) 이해완, 앞의 책, 803-804면; 박성호, 앞의 책, 622-623면.
30) 박성호, 앞의 책, 623면.
31) 오승종, 「저작권법」, 제5판, 2020, 870면; 이해완, 앞의 책, 805면.

더라도 그것을 다른 저장 공간으로 복사하여 사용하는 등의 2차적인 사용행위를 할 경우에는 '원활하고 효율적인 정보처리'를 위해 필요한 '범위 내'의 이용이라고 할 수 없으므로, 역시 이 요건을 충족하지 못하는 것이 되고 결과적으로 복제권 침해가 성립할 수 있다고 한다.[32)

(4) 주된 이용이 저작권침해를 구성하지 않을 것

저작권법 제35조의2 단서는 '다만, 그 저작물의 이용이 저작권을 침해하는 경우에는 본문의 적용을 받을 수 없다'고 규정하고 있다. 위 요건에 해당하더라도 일시적 복제를 수반하는 그 저작물의 이용(주된 이용)이 저작권을 침해하는 경우에는 본조가 적용되지 않는다.[33) 저작물에 관한 주된 이용과 부수적인 이용을 전체로서 하나의 행위로 평가하여 주된 저작물의 이용이 위법한 경우에는 그 부수적인 이용도 아울러 위법하다는 취지이다.

저작물의 주된 이용이 저작권을 침해하는가 여부는 일시적 복제에 대한 예외 허용 여부를 결정하는 중요한 기준이 된다.[34) 따라서 저작물을 수신하여 이용하는 경우에는 적법하게 수신하여 취득된 저작물을 이용하는 과정에서 발생하는 일시적 복제, 저장매체에 저장된 저작물을 이용하는 경우에는 적법하게 저장함으로서 취득된 저작물을 이용하는 과정에서 발생하는 일시적 복제에 대해서는 복제권이 제한된다.[35)

그러나 프로그램을 설치하는 복제행위나 DVD나 스트리밍의 형태로 제공되는 콘텐츠를 공연하는 행위가 저작재산권의 지분을 침해하거나[36) 저작권 침해로 간주되는 경우(저작권법 제124조 제1항 제3호)에는 일시적 복제가 이러한 복제나 공연을 위한 원활하고 효율적인 정보처리를 위한 것이라 할지라도 일시적 복제에 대한 예외로서 허용되지 않고 저작권 침해를 구성하게 된다.[37)

결국 저작권법 제35조2의 단서 규정은 일시적 복제의 주체가 하는 저작물의 '주된 이용'이 저작권법상의 복제권, 공중송신권 등의 저작재산권의 지분권을 침해하는 경우에는 그에 부수하여 이루어지는 일시적 복제만을 제35조의2에 따라 침해가 아닌 것으

---

32) 이해완, 앞의 책, 805면.
33) 이해완, 앞의 책, 806-808면; 박성호, 앞의 책, 624면.
34) 이대희, 앞의 논문, 144면.
35) 이대희, 앞의 논문, 144면.
36) 여기서 저작권을 침해하는 경우에는 저작인격권을 침해하는 경우는 제외된다. 이해완, 앞의 책, 807면.
37) 이대희, 앞의 논문, 147면; 정윤형, "컴퓨터에서의 저작물 이용에 따른 일시적 복제와 그에 대한 면책", 한국정보법학회 세미나 발제자료(2015.5), 17면; 박성호, 앞의 책, 624-625면.

로 볼 필요가 없다는 이유로 그 경우에는 일시적 복제도 침해가 된다는 취지의 규정을 한 것이라고 보아야 할 것이다.[38]

한편, 저작권법 제35조의2는 '독립한 경제적 가치가 없을 것'을 하나의 요건으로 제시하고 있지는 않지만, 일시적 복제가 독립된 경제적 가치를 가지는 경우를 제외하고는 광범위하게 저작재산권 제한사유에 해당하는 것으로 해석을 하여야 하고,[39] 이를 명확히 하는 법개정도 고려할 필요가 있다. 독일 저작권법 제44조의 a는 일시적 복제의 적용제한에 대해서 다음과 같이 규정하고 있다.

> 저작물 또는 그 밖의 보호대상의 일시적 복제행위가 잠정적 또는 부수적으로 일어나고, 기술적 과정의 필수적이고 본질적인 부분을 형성하고, 다음 각호의 1을 그 유일한 목적으로 하며, 독자적인 경제적 의미를 갖지 않는 경우, 그 행위는 허용된다.
> 1. 네트워크상에서 매개자에 의해서 이루어지는 제3자 사이의 전송
> 2. 적법한 이용

이는 유럽연합의 저작권지침 제5조 제1항의 내용을 국내입법화한 것으로, 잠정적 또는 부수적으로 이루어지고 기술적 과정의 일부로서 필연적으로 일어날 수밖에 없는 일시적 복제행위로서, 네트워크상에서 발생하는 제3자 사이의 저작물의 전송 또는 저작물의 적법한 이용을 가능하게 하는 행위는 저작권자의 복제권으로부터 제외한다는 내용이다. 독일 저작권법은 한편으로는 제16조 제1항[40]의 복제권에 관한 규정에서 일시적 복제도 저작권법상 복제의 개념에 포함된다고 규정하면서도, 다른 한편으로는 제44조의a에 의하여 그 적용범위를 제한하고 있는 것이다. 이는 디지털저작물의 이용시에 필연적으로 수반되는 일시적 복제행위에 대한 규정으로, 한국 저작권법 개정시 입법론적으로 참고가 될 수 있을 것이다.[41]

---

38) 이해완, 앞의 책, 806면.
39) 이해완, 앞의 책, 808면; 손천우, "저작재산권자로부터 컴퓨터프로그램의 설치에 의한 복제를 허락받은 자가 위 프로그램을 컴퓨터에서 실행하는 행위가 영구적 복제권 및 일시적 복제권의 침해에 해당하는지 여부", 「대법원판례해설」, 제114호 2017(하), 법원도서관, 2018.6., 323-324면.
40) "복제권은 <u>잠정적 또는 영속적이거나,</u> 그 방법 및 수를 불문하고 저작물의 복제물을 제작하는 권리이다"(Das Vervielfältigungsrecht ist das Recht, Vervielfältigungs− stücke des Werkes herzustellen, gleichviel ob <u>vorübergehend oder dauerhaft,</u> in welchem Verfahren und in welcher Zahl).
41) 안효질, "개정 독일 저작권법에 비추어 본 저작권의 제한," 「디지털재산법연구」, 제3권 제1호, 2004.5., 165면.

다. 법원의 판단

제1심법원은 프로그램을 램에 복제하는 것이 제35조의2 본문의 일시적 복제의 예외에 해당하지 않는다고 판단하였다. 원활하고 효율적인 정보처리를 위하여 필요하다고 인정되는 경우는 저작물을 송신 받아 이용하거나, 컴퓨터 내 또는 그 밖의 저장매체에 저장되는 저작물을 이용하거나 인터넷 검색 중 저작물을 이용하는 과정에서 버퍼링이나 캐싱 등을 통하여 이루어지는 일시적 복제를 의미한다는 것으로 보고, 프로그램을 실행하기 위하여 램에 일시적으로 저장하는 것은 원활하고 효율적인 정보처리를 위하여 필요하다고 인정되는 범위 안에서의 이용에 해당하지 않으며 따라서 예외에 해당하지 않는다는 것이다.

항소심법원은 실행과정에서 발생하는 일시적 복제가 "실행과정에서 속도가 느린 저장장치에서 속도가 빠른 저장장치로 자료를 일시적으로 고정하여 처리 속도를 높이기 위하여" 이루어진 것이며, 제35조의2에서 규정하는 주된 이용은 저작재산권의 구체적 지분권에 해당하는 이용뿐만 아니라 일반적인 의미에서의 이용도 포함하는 것이라 전제했다. 그리고 이 사건 유료버전을 실행하게 되면 유료버전이 컴퓨터 내의 램에 일시적으로 저장되는데, 이처럼 프로그램을 일시적으로 램에 저장하는 것은 중앙처리장치(CPU)는 처리속도가 빠른 반면 하드디스크 등이 보조기억장치에서 데이터를 읽어 오는 속도는 느리므로 두 장치 사이의 속도 차이를 조정하여 처리 속도를 높이기 위한 것이므로 유료버전의 실행과정에서 이루어지는 일시적 복제는 원활하고 효율적인 정보처리를 위하여 필요한 범위 내의 복제에 해당한다고 판시하였다.

제1심법원은 원활하고 효율적인 정보처리를 위하여 필요한 경우로서 컴퓨터 내에 저장되어 있는 저작물을 이용하는 과정에서 이루어지는 것을 포함시키면서도 저장되어 있는 프로그램을 이용하면서 이루어지는 일시적 복제는 배제하고 있다. 제1심법원은 프로그램을 램에 복제하는 것이 제35조의2 본문의 일시적 복제의 예외에 해당하지 않는다고 판단하였고 따라서 제35조의2 단서규정에 대한 판단을 할 필요성이 없었다. 그러나 프로그램을 램에 복제하는 것이 수반되지 않는다면 하드디스크에 복제되어 있는 프로그램을 실행시킬 방법이 없으므로, 램에 일시적으로 복제하는 것은 원활하고 효율적인 정보처리를 위하여 필요한 것이라 할 수 있다.[42]

---

42) 이대희, 앞의 논문, 141면.

항소심법원은 프로그램을 램에 복제하는 것이 제35조의2 본문의 일시적 복제의 예외에 해당하는 근거로써 다음 세 가지를 제시하였다. 첫째, 프로그램을 실행하면 하드디스크 등에 설치되어 있는 프로그램이 램에 일시적으로 저장되는데, 중앙처리장치가 캐시(cache)를 조사하고 없으면 램에 접근하여 램에서 읽은 자료를 캐시에 저장하여 연산이나 화면생성 등의 처리과정을 통하여 프로그램이 실행되는데, 프로그램을 일시적으로 복제함으로써 처리 속도를 높일 수 있다. 둘째, 프로그램을 사용함에 있어서 불가피하게 수반되는 램에서의 일시적 저장에 대하여 복제권이 미친다고 해석하면 프로그램 저작권의 효력이 미치지 않는 프로그램 사용행위까지도 저작권자가 통제할 수 있는 부당한 결과가 초래된다. 셋째, 일시적 저장에 의한 복제는 권리자의 이익을 침해하는 것이 비교적 적다.

항소심은 프로그램을 램에 복제하는 것이 제35조의2 본문의 일시적 복제의 예외에 해당한다고 함으로써 제1심과 판단을 달리하였지만, 이러한 일시적 복제가 저작권 침해에 의한 것이 아니므로 일시적 복제의 예외에 대한 제35조의2 단서에 해당하지 않는다고 함으로써, 일시적 복제에 의한 저작권 침해를 부인하는 결론을 내렸다. 즉, 프로그램을 '실행'하는 등 작물을 사용하는 행위는 '이용'에 해당하지 아니하고 '사용'에 해당하는 것이고, 사용허락계약을 위반하여 프로그램을 실행하여 사용한 행위는 제35조의2 단서가 적용되지 않으며, 사용허락계약 위반에 따른 채무불이행 책임을 부담할 수는 있어도 '컴퓨터프로그램을 실행하는 과정에서 이루어지는 컴퓨터 내의 램에의 일시적 복제행위'는 저작권법 35조의2 본문에 따라 면책된다는 것이다.[43] 대상 판결도 항소심과 동일한 설시를 반복함으로써 원심의 판단을 지지하였다.

5. 사용허락계약을 위반한 프로그램의 실행과 저작권 침해

가. 사용허락의 의의 및 위반 시 효과

저작권법은 "저작재산권자는 다른 사람에게 그 저작물의 이용을 허락할 수 있으며, 허락을 받은 자는 허락받은 이용 방법 및 조건의 범위 안에서 그 저작물을 이용할 수 있다(제46조 제1항 및 제2항)"고 규정하고 있다. 이용허락은 계약에 따라 이루어진다는 것이 통상적인 설명으로 이용허락계약에 따라 이용자는 저작물을 이용할 권리(이용권)를 가지고, 저작권자로 하여금 이러한 이용행위에 대해 금지청구 및 손해배상청구를

---

43) 이대희, 앞의 논문, 141면.

하지 않도록 하는 권원, 즉 부작위청구권을 가진다. 저작권자가 부담하는 부작위의무의 범위는 이용허락에 수반하는 이용방법 및 조건에 의해 결정될 수 있는데, 이에 위반한 저작물의 이용은 저작권 침해가 된다.[44]

동 사건에서 저작권자는 무료버전을 이용하는 자에게 유료버전을 자동으로 업그레이드 받도록 하고, 업그레이드 버전을 설치할 때 사용권 계약서[45]를 제시하여 동의하도록 하였다. 이 사용권 계약서는 제품을 구매한 사용자에게 제품을 사용할 권리를 허용하되, 업무용으로 사용하지 않는 개인의 경우에는 구매하지 않고도 사용할 수 있다고 규정하고 있다. 통상적으로 제품을 구매한다는 의미는 제품을 취득하지 않은 상태에서 특정 급부를 제공하고 반대급부로서 제품을 교부받는 것을 의미할 것이나, 본 사안에서는 이미 유료버전을 다운로드 받도록 한 후이므로 '제품을 구매'한다는 의미는 저작권자에게 대가를 지급한다는 것으로 볼 수 있을 것이다. 그렇다면 복제물을 이미 취득한 자에게 대가를 지급하는 것을 조건으로 복제물을 사용할 수 있는 권리를 허락한다고 하는 것이 동 사용계약의 주요 내용이 된다.

이때 저작권자에게 대가를 지급하는 것을 조건으로 이용을 허락받은 경우 대가의 지급은 이용조건에 해당하는지, 아니면 계약상 채무에 불과한지 여부가 문제된다. 이는 대가를 지급할 것이라는 의무가 저작권의 본래적 내용에 관한 것인지 아니면 저작권의 행사와 관련하여 저작재산권자가 부가한 채무를 부담하는 것인지 여부에 따라 결정될 것이다.[46] 즉, 이용권자가 '저작권의 효력으로서 부담하는 의무'를 위반하면 저작권 침해에 해당하지만, '계약(합의)의 효력으로서 부담하는 의무'에 위반한 경우에는 단순히 채무불이행에 그치게 된다.[47] 따라서 대가의 지급의무는 위반하더라도 저작권의 행사로 강제할 수 없으므로 저작권 이용료 채무에 대해서는 계약의 효력으로 이행의무를 부담한다고 해석된다.[48] 다만 저작권의 본래적 내용에 기한 이용조건/저작권의 행사와

---

44) 박성호, 앞의 책, 452-455면.
45) 오픈캡처 프로그램을 설치할 때 제시되는 사용허락계약의 내용은 다음과 같다. 1.1. 본 "사용권 계약서"에 동의하는 경우 "사용자"에게 다음과 같은 권리가 허가됩니다. 1.2. 본 "제품"을 정당하게 구매한 "사용자"에 한하여 "제품"에 포함된 인증서에 명시된 사용범위 및 사용기간에 한정하여 사용할 권리를 허용합니다. 1.3. 다만 업무용으로 사용하지 않는 개인의 경우에는 구매하지 않고도 사용할 수 있습니다. 만약 업무장소에 소재한 컴퓨터로 사용한 것은 업무목적으로 사용한 것이라고 간주합니다. 1.4. 본 "제품"은 개인 아닌 사업자 또는 업무목적의 "사용자"가 자신의 목적을 위하여 타인에게 "제품"을 설치하여 주는 경우에는 정당하게 사용권을 구매하여야 합니다.
46) 오승종, 앞의 책, 625-627면.
47) 박성호, 앞의 책, 453-454면.
48) 박성호, 앞의 책, 454면; 오승종, 앞의 책, 626-627면.

관련하여 부가된 채무를 구분하는 것은 획일적인 기준이 아니고 후자를 위반한 경우에
도 그것이 다른 여러 가지 사정과 합쳐져서 저작권의 본질적 내용에 대한 위반으로 평
가할 수 있을 정도가 된다면 그 경우에는 저작권 침해의 책임을 물을 수 있고, 후자의
이용방법 및 조건의 경우도 그것을 위반하였음을 이유로 하여 이용허락계약이 해제 또
는 해지된다면 해제 또는 해지의 효력이 생기는 때로부터 그 이용행위는 저작권 침해
가 된다고 한다.49) 만약 저작권자가 이용대금의 미지급을 해제조건으로 복제물의 저장
과 이용을 허락한 경우에는 복제물의 취득 자체가 허락 없이 복제한 것으로 볼 수 있
으므로 금전적 채무라 하여 저작권법상 문제가 전혀 발생하지 않는다고 단정하기는 어
려울 것이라 생각된다.50)

나. 컴퓨터프로그램 복제물의 사용이 이용허락의 대상이 되는 지 여부

(1) 저작물의 이용과 사용

저작물을 활용하는 형태는 이용과 사용으로 구분된다. 저작물의 '이용'은 저작권법
제16조부터 제22조에 규정되어 있는 저작재산권을 구성하는 지분권에 속하는 행위이
고, 사용은 그에 속하지 않는 단순한 저작물의 향수에 불과하다는 것이 일반적인 설명
이다.51) 저작물의 이용과 사용의 개념은 출판사나 영화관과 같이 저작권자로부터 라이
선스를 받은 자가 저작물을 이용하여 경제적 수익을 올리는 것을 '이용'(Verwertung)이
라 하고, 최종 사용자가 책을 읽거나 음악을 듣거나 영화를 보는 등의 행위를 '사용'
(Benutzung)이라 하여 구분할 수 있다고 한다.52)

저작권법 저작물의 이용허락에 관하여 제46조는 '저작재산권자는 다른 사람에게 그
저작물의 이용을 허락할 수 있고(제1항), 그 이용허락을 받은 자는 허락받은 이용방법
및 조건의 범위 안에서 그 저작물을 이용할 수 있다(제2항)'고 규정하고 있다. 여기서
'이용'이란 저작권법에 규정된 저작재산권의 내용으로 되어 있는 행위에 해당하는 복

---

49) 오승종, 앞의 책, 626면.
50) 유지혜, 앞의 논문, 133면.
51) 박성호, 앞의 책, 442-443면; 오승종, 앞의 책, 627-628면. 저작권법에는 이용과 사용이라는 용어가
사용되고 있으나, 사용과 이용을 구분하여 각기 다른 의미로 규정한 것인지 명확하지 않다. 예컨대
제104조의2 제1항 제6호에서는 정당한 권한을 가지고 프로그램을 사용하는 자의 복제행위를 면책하
고, 제13조 제2항 제3호 및 제4호, 제101조의3 제1항 제6호, 제101조의4 제1항은 정당한 권한에 의
하여 프로그램을 이용하는 자가 프로그램을 변경하거나 프로그램코드역분석을 할 수 있다고 규정하
고 있다. 당해 조문의 입법 취지를 고려하여 문리적 해석을 통해 저작재산권을 구성하는 지분권에
속하는 행위에 속하는지의 여부를 판단할 수밖에 없다.
52) 안효질, "소프트웨어양도계약과 그 한계", 「경영법률」, 제12집, 한국경영법률학회, 2001, 486면.

제, 공연, 공중송신, 전시, 배포, 대여, 2차적저작물 작성 등 저작권의 지분권에 관한 행위를 말하고, 저작물이 화체된 매체를 매개로 저작물을 지각하는 행위 등 제3자에 대하여 저작권법에서 금지의 효력이 미치지 아니하는 형태로 저작물의 내용을 향수하는 행위를 가리키는 저작물의 '사용'과 구별된다.[53] 그리고 저작권법 제46조에서 규정한 '허락'이라고 함은 저작물의 이용을 원하는 자에 대하여 일정한 이용방법 및 조건의 범위 안에서 저작물의 이용을 인정하는 저작권자의 의사표시를 말하는 것이다.[54]

따라서 저작권자가 저작재산권의 지분권에 기초하여 금지권을 행사할 수 없는 행위에 관하여 사용허락을 한 경우에는 계약책임이 문제될 뿐 저작권 침해로 인한 어떠한 법률 효과도 발생하지 아니한다.[55]

(2) 저작물의 이용허락위반과 저작권침해

저작권법 제46조 제2항에서 규정한 저작물의 이용허락과 관련하여, 이용허락계약에 포함되어 있는 어떤 조항을 위반하면 채무불이행에 그치고 어떤 조항을 위반하면 채무불이행을 물론 저작권 침해에 해당하는 점에 대한 구별 기준에 대해서는 다양한 견해가 존재한다.[56]

저작물의 이용허락을 받은 자가 이용방법이나 조건에 위반하여 저작물을 이용한 경우 저작권 침해가 되는지에 관하여, 허락받은 이용의 방법 또는 조건 중에서 저작권의 본질적인 내용에 관계되는 것, 즉 저작물의 이용을 적법하게 해 주는 방법 및 조건과, 기타 저작권의 비본질적인 내용에 관계되는 방법 및 조건으로 나누어, 전자를 위반한 경우에는 채무불이행은 물론이고 저작권침해의 책임까지 부담하지만, 후자를 위반한 경우에는 단순한 채무불이행의 책임만을 질 뿐 저작권침해의 책임까지 지는 것은 아니라고 해석하는 견해가 있다.[57] 또한 이용방법인지 이용조건인지, 본래적 내용인지의 여부, 계약범위인지 계약내용인지의 여부, 그리고 본질적 내용인지의 여부등과 같은 기준 자체가 매우 자의적이라 비판하고, 이용자가 부담하는 의무관계를 그 발생 근거에 따라서 저작권법에 의해 설정된 의무와 당사자의 합의에 의하여 발생한 의무로 구별하고, 전자의 위반은 저작권 침해에 이르지만 후자의 위반은 채무불이행에 그친다는 견

---

53) 박성호, 앞의 책, 442면; 오승종, 앞의 책, 627면.
54) 박성호, 앞의 책, 442-443면.
55) 정윤형, 앞의 논문, 20면.
56) 다양한 견해의 소개 및 비판에 대해서는 박성호, 앞의 책, 453-454면.
57) 오승종, 앞의 책, 625-626면.

해도 존재한다.[58]

저작재산권자는 다른 사람에게 그 저작물의 이용을 허락할 수 있으며, 허락을 받은 자(라이선시)는 허락받은 이용 방법 및 조건의 범위 안에서 그 저작물을 이용할 수 있다(저작권법 제46조 제1항 및 제2항). 그런데 미국 Jacobesen 사건[59]에서 나타난 바와 같이, 라이선시가 그러한 허락을 받은 자가 이용 방법이나 조건에 위반하여 이용할 경우에 저작권 침해가 되는지의 여부가 문제가 된다. 저작물의 이용허락과 관련하여 저작권법 제46조 제2항에서 규정하고 있는 이용방법은 이용형태, 이용부수나 횟수, 이용시간, 이용장소 등 세부적인 이용방법을 포함하고, 조건은 이용대금의 선불이나 우선이용권의 부여 등의 특약조항으로서 이러한 이용방법과 조건은 저작권자가 일방적으로 붙일 수 있는 것이므로 '이용'의 범위를 제한하는 것에 한정되고 허락을 받은 자에게 의무를 부담하게 하는 것을 포함하지 않는다고 보아야 한다는 견해가 있다.[60] 허락받은 이용 방법 및 조건이 저작물의 이용을 적법화하는 방법 및 조건과 같은 저작권의 본질적 내용에 관한 것을 위반한 경우에는 채무불이행 책임뿐만 아니라 저작권 침해의 책임까지 부담하지만, 저작권의 비본질적 내용에 관한 방법 및 조건을 위반한 경우에는 단순한 채무불이행 책임만을 질 뿐 저작권 침해의 책임까지 지지 아니한다.[61]

대상사건 항소법원은 프로그램 저작권자는 그 프로그램을 실행하는 것에 대하여 배타적 권리를 가지는 것은 아니므로 프로그램의 실행은 저작권법 제46조 제1항, 제2항에 정해진 '이용'에 해당하지 아니하고, 그와 관련한 허락도 저작권법 제46조 제1항, 제2항에 정해진 '이용허락'에 포함되지 아니한다고 보았다.[62] 또한 복제물을 사용하여 컴

---

58) 박성호, 앞의 책, 454면.

59) Jacobsen v. Katzer, 89 U.S.P.Q.2D (BNA) 1441 (N.D. Cal. 2009). 본 사건의 쟁점은 Artistic License 위반은 단순한 라이선스 계약 위반에 불과한 것인지, 아니면 저작권 침해도 되는 것인지의 여부, 즉 Artistic License는 조건(conditions)인가 아니면 합의사항 (covenants)인가라는 점이다. 자신의 저작물을 비배타적으로 사용하는 라이선스를 허락한 저작권자는 라이선시에 대해서 저작권 침해를 이유로 제소할 권리를 포기하고 계약위반만을 이유로 소를 제기할 수 있다. 한편, 라이선스의 범위가 제한되어 있는 경우에는 라이선시의 행위가 그 범위를 벗어난 것이라면 라이선서는 저작권 침해를 이유로 소송을 제기할 수 있다. 따라서 라이선스 규정이 조건(conditions)이라면 저작권법이 적용되고, 합의사항(covenants)에 불과하다면 계약법이 적용될 것이다. 이 사건에 대한 분석은, 김병일, "오픈소스 라이선스 위반과 저작권침해", 「계간저작권」, 2009년 여름호(통권 제86호), 6-10면.

60) 정윤형, 앞의 논문, 23면.

61) 오승종, 앞의 책, 626면. 따라서 사용료(Royalty)의 미지급 등과 같은 단순한 계약내용을 위반하는 행위는 채무불이행 책임은 문제되지만 저작권 침해의 책임까지 물을 수는 없을 것이다. 수량제한 위반에 대해서는 단순한 채무불이행으로 볼 것인지 아니면 저작권 침해까지 성립한다고 볼 수 있을 것인지에 대해서는 의견의 대립이 있다. 오승종, 앞의 책, 626-627면; 中山信弘, 「著作權法」, 有斐閣, 2007, 329-330면.

퓨터프로그램을 실행하는 행위는 컴퓨터프로그램복제물을 정당하게 취득(저장)한 후 그 효용을 누리기 위한 과정에서 통상적으로 수반되는 것으로서 복제권의 보호범위에 속하지 않는 것으로 보이며, 제46조 제1항에서 규정하는 이용허락의 대상이 되지 않는다는 견해도 있다.[63]

그러나 프로그램을 실행하는 것은 프로그램저작물을 일시적으로 저장하는 행위이고 복제행위이지만, 복제물을 정당하게 취득하여 저장한 자가 이를 사용하는 프로그램의 실행은 물건의 구매한 자가 이를 이용하는 것과 마찬가지로 자연스럽게 수반되는 통상적인 후속행위이므로 제35조의2의 적용을 받아 복제권이 제한된다. 따라서 이 경우 프로그램을 사용(실행 자체)는 이용허락의 대상이 되지 않으며 저작권자가 복제물의 사용을 금지했다 하더라도 이를 사용함으로 인해 발생되는 일시적 복제는 저작권을 침해하지 않는다[64]는 논리가 합리적이라고 생각한다.

Ⅳ. 결 어

저작권법 제35조의2에 따른 일시적 복제에 대한 면책은 컴퓨터에서 저작물을 이용하는 것이 주된 이용이고, 컴퓨터에서 일시적으로 복제하는 것은 그에 따라 이루어지는 '부수적 이용'일 것을 요건으로 한다. 저작물의 주된 이용이 저작권을 침해하는가 여부는 일시적 복제에 대한 예외 허용 여부를 결정하는 중요한 기준이 된다. 따라서 일시적 복제의 경우 어떠한 행위를 저작물의 주된 이용으로 보는가에 따라 예외 규정 적용 여부가 달라진다. 컴퓨터에서 프로그램을 이용하기 위해서는 일반적으로 먼저 프로그램을 하드웨어의 저장장치에 설치(영구적 저장)를 하여야 하고, 프로그램은 사용자 컴퓨터의 저장장치인 램의 일정 공간에 일시적으로 저장되는 과정을 통하여 실행된다. 여기서 프로그램의 주된 이용행위를 설치를 볼 것인지 아니면 실행으로 볼 것인지의 여부에 따라 램에 대한 일시적 복제의 법적 평가가 달라질 수 있다. 주된 이용행위를 저작재산권의 지분권에 해당하지 않는 실행이라고 보는 경우 영구적 복제와 이에 수반되는 일시적 복제의 관계가 단절되어 영구적 복제에 따라 저작물을 원활하고 효율적인 정보처리를 위하여 필요한 범위 안에서 일시적 복제에 대한 예외를 인정하는 입법취지

---

62) 정윤형, 앞의 논문, 20면.
63) 유지혜, 앞의 논문, 140면.
64) 이대희, 앞의 논문, 149-150면.

와 부합하지 아니한다. 디지털 저작물 이용 방법은 (i) 전형적인 유체물(복제물)을 인도하거나, (ii) 디지털형식인 상품(복제물)을 전송의 방법으로 인도하거나(delivery of material goods), (iii) 이용자에게 디지털 복제물의 전송 등이 존재하지 아니하는 서비스 등 다양하게 거래 형태가 발전하고 있다. (i), (ii)의 거래방법의 경우 디지털 저작물 이용에는 램에 대한 일시적 복제는 필수적이다. 적법하게 취득한 디지털 저작물 이용에 수반되는 일시적 복제에 대해서 저작권법은 추가적인 통제권을 저작재산권자에게 부여하지 않고 있음은 명백하다.

저작물의 이용허락을 받은 자가 이용방법이나 조건에 위반하여 저작물을 이용한 경우 저작권 침해가 되는지에 관하여, 이용권자(라이선시)가 저작권의 효력으로서 부담하는 의무에 위반하면 저작권 침해에 해당하고, '계약(합의)'의 효력으로서 부담하는 의무에 위반한 경우에는 채무불이행으로 인한 계약 책임만 부담한다.[65] 저작권법 제46조 제2항은 이용권자가 허락받은 '이용방법 및 조건'의 범위 내에서만 이용하면 그 이용행위에 대해서는 저작권밥상의 침해책임을 지지 규정한 것이다.[66] 여기서 말하는 이용은 저작권법이 저작재산권을 부여하고 있는 복제, 공중송신, 배포, 2차적저작물 작성 등 행위만을 뜻하고, 저작재산권의 통제범위 밖에 있는 '사용'행위는 포함되지 아니한다. 따라서 '이용방법 및 조건'은 이러한 '이용'의 의미를 전제로 파악하여야 할 것이다.[67] 권리자(라이선서)가 저작물에 대하여 '이용'에 포함되지 않는 '사용'행위에 대하여 방법이나 조건을 정한 경우에 그것을 '이용'의 조건으로 볼만한 특별한 사정이 없다면 이용자가(라이선시)가 그것을 위반하여도 저작재산권 침해는 성립하지 않고 계약위반으로 인한 책임만 부담한다.

---

65) 박성호, 앞의 책, 453-454면.
66) 이해완, 앞의 책, 634-637면.
67) 이해완, 앞의 책, 635면.

참고문헌

■ 국내문헌

김병일, "오픈소스 라이선스 위반과 저작권침해", 「계간저작권」, 2009년 여름호(통권 제86
　　　호), 2009.

＿＿＿, "클라우드 환경에서의 오픈소스 라이선스 준수와 책임", 「정보법학」, 제22권 제1
　　　호, 2018.4.

김인철, "일시적 복제 도입의 문제점", 「과학기술법연구 제18집 제3호, 2012.

김현숙, "소프트웨어 실행은 저작권법상 의미 없는 사용행위인가", 「지식재산연구, 제10권
　　　제1호, 2015.

문선영, "저작권법 제35조의2에 의한 일시적 복제의 허용범위", 「선진상사법률연구」, 통권
　　　제88호, 2019.10.

박성호, 「저작권법」, 제2판, 박영사, 2017.

손천우, "저작재산권자로부터 컴퓨터프로그램의 설치에 의한 복제를 허락받은 자가 위프로
　　　그램을 컴퓨터에서 실행하는 행위가 영구적 복제권 및 일시적 복제권의 침해에
　　　해당하는지 여부", 「대법원판례해설」, 제114호 2017(하), 법원도서관, 2018.6.

신창환, "인공지능 시대의 저작물 대량 디지털화에 관한 소고", 「성균관법학」, 제31권 제1
　　　호, 2019.3.

안효질, "개정 독일 저작권법에 비추어 본 저작권의 제한," 「디지털재산법연구」, 제3권 제
　　　1호, 2003.

오승종, 「저작권법」, 제5판, 박영사, 2020.

유지혜, "컴퓨터프로그램의 실행에 대한 저작권법상 해석", 「법학연구」, 제18집 제2권, 인
　　　하대학교, 2015.

이대희, "컴퓨터프로그램의 일시적 복제와 그 예외", 「계간저작권」, 2015년 봄호(통권 109
　　　호), 2015.

이해완, 「저작권법」, 제4판, 박영사, 2017.

임원선, "일시적 복제의 보호 입법에 관한 연구", 「계간저작권」, 2011년 봄호, 2011.

＿＿＿, 「저작권법」, 제6판, 한국저작권위원회, 2020.

정윤형, "컴퓨터에서의 저작물 이용에 따른 일시적 복제와 그에 대한 면책", 한국정보법학
　　　회 세미나 발제자료(2015.5), ＜http://kafil.or.kr/?p＝3363&cat＝5, 2016.6.29.최
　　　종 접속).

조영선, "디지털 저작물의 이용과 일시적 복제 - 대법원 2017. 11. 23. 선고 2015다1017

(본소) 등 판결에 대한 검토－", 「고려법학」, 제88호, 2018.3.

_____, "디지털 저작물의 이용과 일시적 복제", 「고려법학」, 제88호, 2018.

中山信弘 저(윤선희 역), 「저작권법」, 법문사, 2008.

최상필, "사용조건을 위반한 저작물 이용의 법적 책임－'Open Capture' 사건을 중심으로 －", 「민사법의 이론과 실무」, 제22권 제3호, 2019.8.

■ 국외문헌

Dreier/Schulze, *Urberrechtsgesetz, Kommentar*, C.H.Beck, 6. Aufl. 2018.

中山信弘, 「著作權法」, 有斐閣, 2007.

대법원 2019. 12. 24. 선고 2019도10086 판결

컴퓨터프로그램 무단복제 적발
사안에서 회사법인의 형사책임
불인정 여부[*]

차 상 육 (경북대학교 법학전문대학원 교수)

Ⅰ. 대상판결의 개요

1. 사안의 개요

피고인1 주식회사(이하 '피고인1'이라 함)는 서울 소재 광고대행업, 광고물제작 및 판매업 등을 목적으로 하는 법인이고, 피고인2 주식회사(이하 '피고인2'라 함)는 광고대행업, 광고물제작 및 판매업 등을 목적으로 하는 법인으로 피고인1 주식회사의 자회사이다. 피고인A는 피고인1의 대표이사이고, 피고인B는 피고인2의 사내이사이다.

피고인들은 자신들의 종업원인 성명불상 직원들이 2016.11.10.경 피고인들 사무실에서 공소외인들(프로그램 저작권자들)이 저작권을 보유하고 있는 프로그램 저작물을 무단복제하여 취득한 후 이를 업무에 사용함으로써 피고인들의 업무에 관하여 프로그램 저작권자들의 저작권을 침해하였다는 공소사실에 기하여 기소되었다. 검사는 공소장에

---

[*] 윤선희 교수님의 정년을 맞이하여 그동안의 노고에 깊이 감사를 드립니다. 앞으로도 늘 건강하시기를 기원합니다. 참고로 이 글은 차상육, "컴퓨터프로그램 무단복제 적발 사안에서 회사법인의 형사책임 불인정 여부", 「저작권문화」, 통권 제308호, 한국저작권위원회, 2020.4., 22~25면을 집필 목적에 맞게 수정·보완한 것임을 밝힙니다.

기재된 공소사실에 대한 적용법조를 저작권법 제141조, 제136조 제2항 제4호, 제124조 제1항 제3호로 기재하여 기소하였다.

재판의 경과는 다음과 같다. 우선, 1심 법원은 피고인 A, B에 대한 각 주위적 및 예비적 공소사실은 모두 무죄를 선고하고, 피고인1, 피고인2에 대한 각 주위적 공소사실은 무죄를 선고하며, 각 예비적 공소사실은 일부 유죄를 선고하였다(각 벌금 100만원). 다음으로, 2심 법원(항소심)은 피고인1과 피고인2에 대하여 각 예비적 공소사실 중 일부에 대해서만 유죄를 인정하였다(각 벌금 70만원). 항소심은 피고인들에 대한 예비적 공소사실에 대하여 피고인들의 방어권 행사에 지장이 없고, 다른 사실과 구별될 정도로 공소사실이 충분히 특정되어 있다고 판단하여, 위 공소사실이 불특정 되었다는 취지의 피고인들의 주장(항소이유)을 배척하였다. 마지막으로, 3심 법원은 원심판결 중 피고인들에 대한 유죄 부분을 파기·환송하였다. 그 이유는 원심의 조치에는 공소사실의 특정에 관한 법리를 오해하여 판결에 영향을 미친 잘못이 있다는 것이다.

2. 대상판결의 요지

가. 제1심 법원의 판결 요지[1]

(1) 유죄부분(범죄사실)

피고인C 주식회사(이하 '피고인1'이라 함)는 서울 소재 광고대행업, 광고물제작 및 판매업 등을 목적으로 하는 법인이고, 피고인D 주식회사(이하 '피고인2'라 함)는 광고대행업, 광고물제작 및 판매업 등을 목적으로 하는 법인으로 피고인1 주식회사의 자회사이다.

(가) 피고인 C 주식회사(피고인1)

피고인은 피고인의 종업원인 성명불상의 직원들이 2016.11.10.경 위 C주식회사 사무실에서 'F'에서 저작권을 보유하고 있는 프로그램 저작물 'G' 7개, 'H' 1개, 'I'에서 저작권을 보호하고 있는 'J' 6개와 'K' 19개, '주식회사 L'에서 저작권을 보유하고 있는 'M' 4개, '주식회사 N'에서 저작권을 보유하고 있는 'O' 6개와 'P' 4개를 무단 복제하여 취득한 후 이를 업무에 사용함으로써 피고인의 업무에 관하여 프로그램 저작권자들의 저작권을 침해하였다.

---

1) 서울동부지방법원 2018. 10. 12. 선고 2017고정824 판결.

(나) 피고인 D 주식회사(피고인2)

피고인은 피고인의 종업원인 성명불상의 직원들이 2016.11.10.경 위 D주식회사 사무실에서 'F'에서 저작권을 보유하고 있는 프로그램 저작물 'G' 9개, 'H' 8개, 'Q' 2개, 'R' 8개, 'I'에서 저작권을 보호하고 있는 'J' 42개와 'K' 38개, '주식회사 L'에서 저작권을 보유하고 있는 'M' 17개, '주식회사 N'에서 저작권을 보유하고 있는 'O' 16개와 'P' 28개를 무단 복제하여 취득한 후 이를 업무에 사용함으로써 피고인의 업무에 관하여 프로그램 저작권자들의 저작권을 침해하였다.

(2) 무죄부분

(가) 주위적 공소사실 부분에 대한 판단

저작권법 제136조 제2항 제4호, 제124조 제1항 제3호에 의하면, 프로그램의 저작권을 침해하여 만들어진 프로그램의 복제물을 그 사실을 알면서 취득한 자가 이를 업무상 이용하는 행위를 하는 경우 그 행위자를 처벌하도록 규정하고 있으므로, 법인의 직원이 프로그램저작권을 침해하여 만들어진 프로그램의 복제물을 그 사실을 알면서 이를 취득하여 업무상 이용하였을 뿐 법인의 대표자가 이를 직접 취득하여 업무상 이용한 것이 아니라면 그 대표자가 위 법조에서 정한 행위를 하였다고 볼 수는 없고, 설령 법인의 대표자가 직원이 그러한 복제물을 취득하여 업무상 이용하는 것을 알고 방치하였다고 하더라도 행위자인 그 직원과의 공동정범 내지 방조범이 성립하는지는 별론으로 하고, 직접 위 법조의 행위자로서 처벌되는 것은 아니다(대법원 2011. 3. 10. 선고 2009도6256 판결 참조).

피고인 C주식회사(피고인1에 해당), 피고인 D주식회사(피고인2에 해당)의 성명불상 직원들이 위 공소사실 기재 컴퓨터프로그램의 복제물을 설치하여 업무상 이용한 사실을 인정할 수 있으나, 나아가 검사가 체출한 증거들만으로는 피고인 A, B가 이를 취득하여 업무상 이용하였다거나 위 직원들이 무단 복제한 사실을 알고 있음에도 불구하고 이를 취득한 다음 위 직원들로 하여금 업무에 사용하게 하였다고 인정하기 부족하고 달리 이를 인정할 증거가 없으므로, 피고인 A, B를 저작권법 제124조 제1항 제3호의 행위로 인한 저작권법위반죄로 처벌할 수 없고, 피고인 A, B가 저작권법 제124조 제1항 제3호의 행위를 하였음을 전제로 한 피고인 C주식회사(피고인 1에 해당), 피고인 D주식회사(피고인2에 해당)의 저작권법 위반죄 역시 인정할 수 없다.

(나) 예비적 공소사실 부분에 대한 판단

피고인 A, B는 해당 법인의 대표이사 혹은 사내이사로서 직원들의 컴퓨터프로그램 사용과 관련하여서는 업무담당자로부터 프로그램 구매 기안이 올라오면 결재를 하는 정도의 업무를 한 것으로 보이고, 일부 직원들이 프로그램을 무단 복제하여 사용하는 상황을 파악할 수 있었다는 특별한 정황은 보이지 않는 점, 피고인 C주식회사는 2016. 3.11.경 I 유한회사로부터 V라이선스와 관련하여 정품사용 확인요청 공문을 받은 뒤 바로 W라이센스 100개를 구매하기도 한 점 등에 비추어 보면, 검사가 제출한 증거들만으로는 피고인 A, B가 위 공소사실 기재 일시경 각 해당 법인의 성명불상 직원들이 위와 같이 불법 복제한 프로그램을 사용하고 있는 사실을 인식 혹은 예견하고도 이를 묵인, 방치하였다고 인정하기 부족하다.

나. 항소 법원의 판결 요지[2]

(1) 공소장 변경의 한계 일탈 여부[3]

원심에서 공판기일에서 변경된 공소사실에 저작물을 취득하여 업무에 이용한 직원들의 성명이 기재되어 있지는 않다. 그러나, 변경 전 공소사실도 '직원들이 무단복제한 사실을 알고 있음에도 불구하고 이를 취득한 다음 위 직원들로 하여금 업무에 사용하게 하였다.'는 것이어서, 직접적인 행위의 주체가 직원인 것을 전제로 기재되어 있었던 점 등에 비추어 볼 때 변경된 공소사실은 당초의 공소사실과 그 기초가 되는 사회적 사실관계가 동일한 것으로 보인다. 원심의 공소장 변경에 피고인들 주장과 같은 위법이 있다고 할 수 없다.

(2) 공소사실 기재의 불특정 여부[4]

형사소송법 제254조 제4항에서 범죄의 일시·장소와 방법을 명시하여 공소사실을 특정하도록 한 취지는 법원에 대하여 심판의 대상을 한정하고 피고인에게 방어의 범위를 특정하여 그 방어권 행사를 용이하게 하기 위한 데 있다. 따라서 공소가 제기된 범

---

2) 서울동부지방법원 2019. 6. 27. 선고 2018노1505 판결. 여기서는 항소심 판결 내용 중, 이 사건 판례평석에 필요한 쟁점을 다룬 예비적 공소사실에 관한 판단 내용을 중심으로 살핀다.

3) 피고인들 항소이유의 요지를 보면, 검사는 원심에서 예비적 공소사실의 행위자를 "피고인의 대표이사인 위 A 등이" 및 "피고인의 대표이사인 위 B 등이"에서 "피고인의 종업원인 성명불상 직원들이"로 각각 변경하였는데, 이는 공소장 변경의 한계를 일탈한 것이라고 한다.

4) 피고인들 항소이유의 요지를 보면, 공소사실의 행위자가 "성명불상의 종업원"으로 기재되어 있고, 구체적인 행위(일시, 장소, 방법)에 관한 기재가 없는 등 공소사실이 특정되어 있지 아니하다고 한다.

죄의 성격에 비추어 그 공소의 원인이 된 사실을 다른 사실과 구별할 수 있을 정도로 그 일시, 장소, 방법, 목적 등을 적시하여 특정하면 족하고, 그 일부가 다소 불명확하더라도 그와 함께 적시된 다른 사항들에 의하여 그 공소사실을 특정할 수 있고, 그리하여 피고인의 방어권 행사에 지장이 없다면 공소제기의 효력에는 영향이 없다(대법원 2010. 4. 29. 선고 2010도2556 판결 등 참조).

살피건대, 이 사건 공소사실에 범죄의 일시(구성요건의 문구상 이용한 때가 범행 일시이다) 및 장소가 특정되어 있고 이를 업무에 사용하였다는 기재가 있는 점, 침해의 대상인 저작물 및 그 개수, 저작권자가 각 기재된 점 등에 비추어 보면, 피고인들의 방어권 행사에 지장이 없고, 다른 사실과 구별될 정도로 공소사실이 충분히 특정되어 있으므로, 공소제기의 효력에 영향이 있다고 보기 어렵다. 피고인들의 이 부분 주장은 이유 없다.

(3) 종업원의 처벌이 법인 처벌의 전제조건인지 여부[5]

실제 행위자의 행위가 전제되지 아니하고는 양벌규정을 적용하여 피고인들을 처벌할 수 는 없으나, 반드시 실제 행위자인 종업원들이 법인인 피고인들보다 먼저 또는 함께 처벌되어야 하는 것은 아니므로, 법인인 피고인들에 대하여만 공소제기가 되었다고 하더라도 그와 같은 공소제기가 효력이 없거나, 실제 행위자인 종업원들이 처벌받지 않았다고 법인인 피고인들을 처벌하지 못하는 것은 아니다. 이 부분 피고인들의 주장도 이유 없다.

(4) 사용되지 않은 소프트웨어의 존재여부[6]

(가) 피고인들 회사의 직원인 N은 수사기관에서, 설치는 되었으나 실제 사용하지 않은 프로그램이 있다고 진술하고 있는 점, 피고인 C주식회사(피고인1에 해당)가 제출한 자료에 따르면, 'O'에서 저작권을 가지고 있는 'G' 2개, '주식회사 P'의 'H' 3개, '주식회사 Q'의 'I' 3개는 위 피고인 회사에 설치된 날짜와 최종사용일이 동일한 것으로 나타나 있는 점, 이 사건 범행의 구성요건이 '프로그램의 저작권을 침해하여 만들어진 프로그램의 복제물을 그 사실을 알면서 취득한 자가 이를 업무상 이용하는 행위'인데, 위

---

5) 피고인들의 항소이유의 요지를 보면, 실제 행위자인 종업원이 처벌받지 않은 이상 법인인 피고인들도 처벌할 수 없다고 한다.
6) 피고인들의 항소이유의 요지를 보면, 원심은 사용되지 않은 소프트웨어에 관하여도 이를 업무상 이용하였다는 공소사실이 인정된다고 판단하였다는 것이다.

각 프로그램이 설치된 외에 달리 업무상 이용되었다는 사실에 관한 입증이 없는 점 등에 비추어 보면 피고인 C주식회사(피고인 1에 해당)의 이 부분 주장은 이유 있다.

(나) 피고인 D주식회사(피고인 2에 해당)가 제출한 자료에 따라 피고인 회사에 설치된 날짜와 최종 사용일이 동일한 것으로 기재된, 'R'가 저작권을 가진 'J' 1개, 'K' 3개, "L" 1개, 'M' 2개, 'O'에서 저작권을 가지고 있는 'G' 1개, '주식회사 P'의 'H' 3개, '주식회사 Q'의 'I' 13개도 가)항과 같은 이유로 업무에 사용하였다고 볼 증거가 부족하여, 위 피고인의 위 부분 주장은 이유 있다.

다. 대법원의 판결 요지[7]

검사는 공소장에 기재된 공소사실에 대한 적용법조를 저작권법 제141조, 제136조 제2항 제4호, 제124조 제1항 제3호로 기재하여 기소하였다.

원심은 피고인들에 대한 예비적 공소사실에 대하여 피고인들의 방어권 행사에 지장이 없고, 다른 사실과 구별될 정도로 공소사실이 충분히 특정되어 있다고 판단하여, 위 공소사실이 불특정되었다는 취지의 피고인들의 주장을 배척하였다.

그러나 원심의 판단은 아래와 같은 이유로 받아들이기 어렵다.

(1) 공소사실의 기재는 범죄의 일시, 장소와 방법을 명시하여 사실을 특정할 수 있도록 하여야 하며(형사소송법 제254조 제4항), 이와 같이 공소사실의 특정을 요구하는 법의 취지는 피고인의 방어권 행사를 쉽게 해주기 위한 데에 있다.

(2) 저작권법 제136조 제1항은 저작재산권 등을 복제 등의 방법으로 침해하는 자를 처벌하는 한편, 제124조 제1항 제3호에서는 '프로그램의 저작권을 침해하여 만들어진 프로그램의 복제물을 그 사실을 알면서 취득한 자가 이를 업무상 이용하는 행위'를 프로그램저작권을 침해하는 행위로 보면서 제136조 제2항 제4호에서 이를 처벌하는 규정을 별도로 두고 있다.

저작권법 제124조 제1항 제3호는, 프로그램의 사용행위 자체는 본래 프로그램저작권에 대한 침해행위 태양에 포함되지 않지만, 침해행위에 의하여 만들어져 유통되는 프로그램의 복제물을 그러한 사정을 알면서 취득하여 업무상 사용하는 것을 침해행위로 간주함으로써 프로그램저작권 보호의 실효성을 확보하기 위하여 마련된 규정이다(대법원 2017. 8. 18. 선고 2015도1877 판결 참조).

---

7) 대법원 2019. 12. 24. 선고 2019도10086 판결.

이러한 저작권법 제124조 제1항 제3호의 입법취지와 문언에 비추어보면, 컴퓨터프로그램을 컴퓨터 하드디스크 등에 복제하는 방법으로 프로그램저작권을 침해한 사람은 위 조항이 규정하고 있는 침해행위에 의하여 만들어진 프로그램의 복제물(컴퓨터 하드디스크 등)을 취득한 사람에 해당한다고 볼 수 없다. 따라서 그에 대하여 저작권법 제136조 제1항 위반죄만이 성립하고, 제136조 제2항 제4호 위반죄가 성립하는 것은 아니다.

(3) 공소사실이 특정되지 아니한 부분이 있다면, 법원은 검사에게 석명을 구하여 특정을 요구하여야 하고, 그럼에도 검사가 이를 특정하지 않는다면 그 부분에 대해서는 공소를 기각할 수밖에 없다(대법원 2016. 12. 15. 선고 2015도3682 판결 참조).

(4) 위와 같은 법리에 따라 이 사건을 살펴보면, 위 공소사실 자체에 종업원들이 컴퓨터프로그램을 '무단 복제하여 취득한 것'으로만 기재되어 있어 '침해행위에 의하여 만들어진 프로그램의 복제물'을 취득한 것인지, 그 복제물이 무엇인지가 분명하지 않고, 그 취득 방법 또한 명확하지 않아 피고인들의 방어권 행사에 지장을 초래하고 있고, 그 행위자인 종업원들이 성명불상자로만 기재되어 있고 누구인지 전혀 특정되어 있지 아니하여 피고인들로서는 그 종업원이 해당 컴퓨터프로그램을 컴퓨터 하드디스크 등에 직접 복제한 사람인지, '침해행위에 의하여 만들어진 프로그램의 복제물'이라는 사실을 인식하고 이를 취득하였는지 등에 관하여 전혀 방어권을 행사할 수 없다.

(5) 따라서 피고인들에 대한 예비적 공소사실이 구체적으로 특정되었다고 할 수 없다.

그렇다면 원심으로서는 검사에게 석명을 구하여 행위자인 종업원들, 종업원들이 취득한 복제물에 관하여 공소사실을 특정하도록 요구하고, 만약 이를 특정하지 아니하면 공소를 기각하였어야 하는데, 원심은 이러한 조치를 아니한 채 유죄의 실체 판단을 하였다. 이러한 원심의 조치에는 공소사실의 특정에 관한 법리를 오해하여 판결에 영향을 미친 잘못이 있다.

그러므로 나머지 상고이유에 대한 판단을 생략한 채 원심판결 중 피고인들에 대한 유죄부분을 파기하고, 이 부분 사건을 다시 심리·판단하도록 원심법원에 환송하기로 하여, 관여 대법관의 일치된 의견으로 주문과 같이 판결한다.

Ⅱ. 해 설

1. 이 사건 쟁점의 개요

이 사건은 주식회사인 피고인들의 종업원인 성명불상의 직원들이 컴퓨터 프로그램을 무단 복제하여 취득한 후 이를 업무에 사용함으로써 피고인들의 업무에 관하여 프로그램 저작권자들의 저작권을 침해하였다는 공소사실로 기소된 사안이다.

지방법원의 1심부터 대법원의 종심에 이르기까지의 주요 쟁점은, 첫째 공소장 변경의 한계의 일탈 여부(소극), 둘째 공소사실 기재의 불특정 여부(적극), 셋째 종업원이 처벌이 법인 처벌의 전제조건인지 여부(소극), 넷째 사용하지 않은 소프트웨어에 관하여 이를 업무상 이용하였다는 공소사실로 인정할 수 있는지 여부(소극), 그리고 다섯째, 침해간주규정 및 양벌규정의 행위자 특정 문제와 적용법조의 적정성 여부이다.

이 글은 지면관계상, ⅰ) 공소사실 기재의 특정 여부와 ⅱ) 사용하지 않은 소프트웨어에 대한 구성요건 해당성 여부, 및 ⅲ) 침해간주(의제)규정과 양벌규정의 각 행위자 특정 문제와 적용법조의 적정성 여부 위주로 관련 쟁점을 검토한다.

2. 공소사실 기재의 불특정 여부

피고인들의 항소이유와 상고이유에서 크게 다툰 쟁점은 공소사실 기재의 특정 문제이다. 즉 공소사실의 행위자가 "성명불상의 종업원"으로 기재되어 있고, 구체적인 행위(일시, 장소, 방법)에 관한 기재가 없는 등 공소사실이 특정되어 있지 아니하다고 피고인들은 주장하였다.

우선 항소심에서는 피고인들의 주장을 배척하였다. 이 사건 공소사실에 범죄의 일시(구성요건의 문구상 이용한 때가 범행 일시이다) 및 장소가 특정되어 있고 이를 업무에 사용하였다는 기재가 있는 점, 침해의 대상인 저작물 및 그 개수, 저작권자가 각 기재된 점 등에 비추어 보면, 피고인들의 방어권 행사에 지장이 없고, 다른 사실과 구별될 정도로 공소사실이 충분히 특정되어 있으므로, 공소제기의 효력에 영향이 있다고 보기 어렵다고 판단하였다.

이에 반해 대법원에서는, 위 공소사실 자체에 종업원들이 컴퓨터프로그램을 '무단 복제하여 취득한 것'으로만 기재되어 있어 '침해행위에 의하여 만들어진 프로그램의 복제물'을 취득한 것인지, 그 복제물이 무엇인지가 분명하지 않고, 그 취득 방법 또한 명확하지 않아 피고인들의 방어권 행사에 지장을 초래하고 있다고 설시하였다. 그리고 그 행위자인 종업원들이 성명불상자로만 기재되어 있고 누구인지 전혀 특정되어 있지 아니하여 피고인들로서는 그 종업원이 해당 컴퓨터프로그램을 컴퓨터 하드디스크 등에 직접 복제한 사람인지, '침해행위에 의하여 만들어진 프로그램의 복제물'이라는 사실을 인식하고 이를 취득하였는지 등에 관하여 전혀 방어권을 행사할 수 없으므로, 따라서 피고인들에 대한 예비적 공소사실이 구체적으로 특정되었다고 할 수 없다고 판시하였다.

형사소송법 제254조 제4항에서 범죄의 일시·장소와 방법을 명시하여 공소사실을 특정하도록 한 취지는 법원에 대하여 심판의 대상을 한정하고 피고인에게 방어의 범위를 특정하여 그 방어권 행사를 용이하게 하기 위한 데 있다. 따라서 공소가 제기된 범죄의 성격에 비추어 그 공소의 원인이 된 사실을 다른 사실과 구별할 수 있을 정도로 그 일시, 장소, 방법, 목적 등을 적시하여 특정하면 족하고, 그 일부가 다소 불명확하더라도 그와 함께 적시된 다른 사항들에 의하여 그 공소사실을 특정할 수 있고, 그리하여 피고인의 방어권 행사에 지장이 없다면 공소제기의 효력에는 영향이 없다.[8] 결국 공소사실은 이러한 요소를 종합하여 구성요건 해당사실을 다른 사실과 구별할 수 있을 정도로 기재하면 족하다.[9]

공소사실 기재의 특정 문제와 관련하여 우리 판례 중 '소리바다 형사사건' 항소심 판결을 살필 필요가 있다. 소리바다 항소심 판결은 저작권침해죄의 방조죄로 공소제기된 사건에서 정범의 범죄사실이 어느 정도로 기재되어야 공소사실이 특정되었다고 할 수 있는지 여부가 쟁점이었다. 1심에서는 공소사실이 특정되어 있지 않다는 이유로 공소기각판결이 선고되었다. 항소심에서 검사는 공소사실을 변경하였다. 변경된 공소사실에는 정범들 5명의 성명, 각 소리바다 프로그램의 설치 및 mp3 파일을 다운로드 받은 시기와 장소, 구체적인 행위태양, 공유폴더에 위와 같이 다운로드 받은 mp3 파일을 저장한 채 다시 소리바다 서버에 접속함으로써 다수의 회원들이 위 파일을 다운로드 받아갈 수 있도록 제공한 시기 등을 구체적으로 특정하였다. 항소심은 이렇게 변경된 공소사실에는 정범들의 저작권법위반의 행위에 대하여 다른 범죄사실과 구별될 수 있을 정도로 구체적으로 특정하여 기재되어 있는 것으로 봄이 상당하다고 판단하였다.

요컨대 형사소송법 제254조 제4항의 취지가 법원에 대하여 심판의 대상을 한정하고 피고인에게 방어의 범위를 특정하여 그 방어권 행사를 용이하게 하기 위한 데 있는 점

---

8) 대법원 2010. 4. 29. 선고 2010도2556 판결.
9) 서울중앙지방법원 2005. 1. 12. 선고 2003노4296 판결; 대법원 1999. 11. 12. 선고 99도2934 판결.

을 고려하면, 대법원이 항소심 판단에 대해 공소사실의 특정에 관한 법리오해를 지적한 것은 타당하다.

3. 구성요건 해당성 문제 – 사용되지 않은 소프트웨어의 '업무상 이용' 여부

피고인들은 항소이유에서 1심이 사용되지 않은 소프트웨어에 관하여도 이를 업무상 이용하였다는 공소사실이 인정된다고 판단한 것은 부당하다고 주장하였는데, 이것은 결국 구성요건해당성의 해석 문제라 할 수 있다.

특히 이 사건에서는 저작권법 제136조 제2항 제4호, 제124조 제1항 제3호에 해당하는 "업무상 이용"의 의미가 문제되었다. 이 규정은 업무상 이용하는 경우이므로 개인적인 목적으로 이용하는 경우는 여기에 해당하지 않는다. 여기서 '업무상'이란 영리·비영리를 묻지 않으며 업무의 일환으로 사용되는 한 예컨대 1회에 한한 사용이더라도 업무상이라고 할 수 있다. 또 '이용'이란 저작권자의 배타적 권리에 포함되는 이용의 개념이 아니라 일반적인 '사용'의 개념으로 쓰인 것이다. 즉 저작권의 효력이 미치는 행위태양으로서 이용이 아니라 저작권의 효력이 미치지 않는 행위태양으로서 사용을 의미한다. 나아가 '업무상 이용'하는 경우에 한하므로, 공표된 저작물을 개인적으로 이용하거나 가정 및 이에 준하는 한정된 범위 안에서 이용하는 경우에는 이 규정이 적용되지 않는다. 또 취득 당시 불법 복제 프로그램이라는 사실을 알면서 취득하여야 한다. 즉 사전악의(事前惡意)가 필요하다. 따라서 불법 복제물의 취득 당시에는 몰랐으나 나중에 불법 복제물인 것을 알게 된 경우, 즉 사후악의(事後惡意)인 경우에는 이를 계속 이용하더라도 이 규정의 적용은 없고 침해로 보지 않게 된다. 이른바 '사후적 관여행위'에는 죄형법정주의 원칙상 이 규정에 따라 처벌되지 않는다.

요컨대 항소심의 판단은 타당하며, 그 이유는 다음과 같다. 즉, ⅰ) 피고인들 회사의 직원인 N은 수사기관에서 설치는 되었으나 실제 사용하지 않은 프로그램이 있다고 진술하고 있는 점, ⅱ) 피고인 C주식회사(피고인1)와 피고인 D주식회사(피고인2)가 각 제출한 자료에 따르면, 프로그램 중 일부는 위 피고인들 회사에 설치된 날짜와 최종사용일이 동일한 것으로 나타나 있는 점, ⅲ) 이 사건 범행의 구성요건이 '프로그램의 저작권을 침해하여 만들어진 프로그램의 복제물을 그 사실을 알면서 취득한 자가 이를 업무상 이용하는 행위'인데, 위 각 프로그램이 설치된 외에 달리 업무상 이용되었다는 사실에 관한 입증이 없거나 업무에 사용하였다고 볼 증거가 부족한 점을 들 수 있다.

4. 침해간주규정 및 양벌규정의 행위자 특정 문제와 적용법조의 적정성 여부

가. 침해간주규정의 법리

(1) 저작권법 제124조 제1항 제3호에서는 "프로그램의 저작권을 침해하여 만들어진 프로그램의 복제물(제1호에 따른 수입 물건을 포함한다)을 그 사실을 알면서 취득한 자가 이를 업무상 이용하는 행위"를 저작권 등 권리의 침해로 본다고 규정하고 있다. 이 간주규정의 입법취지는 프로그램에 관해서 일정한 경우 그 행위태양을 규제하지 않으면 프로그램을 저작권법으로 보호하는 의미가 반감되기 때문에 권리침해로 간주(의제)하는 규정이라 할 수 있다. 프로그램을 무단 복제하거나 전송하는 등의 저작권을 침해하는 행위태양(즉 저작권의 효력이 미치는 행위태양)에는 해당하지 않는다. 이 규정은 구 컴퓨터프로그램보호법 제29조 제4항 제2호를 2009년 개정 저작권법 통합 시에 옮겨놓은 것이다. 즉 다른 사람이 불법 복제한 프로그램이라는 사실을 알면서 그 불법 복제 프로그램을 취득하여 이용하는 행위는 금지된다.[10)

저작권법 제124조 제1항에 따른 침해행위로 보는 행위를 한 자에 대해서는 법정형이 보다 낮은 제136조 제2항 제4호에 벌칙이 규정되어 있으므로, 제1항의 벌칙규정은 적용대상에서 제외된다. 한편 영리를 목적으로 또는 상습적으로 제136조 제2항 제4호에 해당하는 행위를 한 경우에는 친고죄가 아니라 반의사불벌죄로 규정하고 있다. 즉 제124조 제1항 제3호의 경우에는 피해자의 명시적 의사에 반하여 처벌하지 못한다(저작권법 제140조 제1호).

이러한 침해간주규정의 적용범위는 업무상 이용하는 경우이므로 개인적인 목적으로 이용하는 경우는 여기에 해당하지 않는다. 여기서 '업무상'이란 영리·비영리를 묻지 않으며 업무의 일환으로 사용되는 한 예컨대 1회에 한한 사용이더라도 업무상이라고 할 수 있다. 또 '이용'이란 저작권자의 배타적 권리에 포함되는 '이용'의 개념이 아니라 일반적인 '사용'의 개념으로 쓰인 것이다.[11) 즉 저작권의 효력이 미치는 행위태양으로서 '이용'이 아니라 저작권의 효력이 미치지 않는 행위태양으로서 '사용'을 의미한다.[12) 나아가 '업무상 이용'하는 경우에 한하므로, 공표된 저작물을 개인적으로 이용하거나 가정 및 이에 준하는 한정된 범위 안에서 이용하는 경우에는 이 규정이 적용되지 않는

---

10) 오승종, 「저작권법」, 제4판(전면개정판), 박영사, 2016, 1655면.
11) 이해완, 「저작권법」, 제3판(전면개정판), 박영사, 2015, 1103면.
12) 박성호, 「저작권법」, 제2판, 박영사, 2017, 691-692면.

다. 또 취득 당시 불법 복제 프로그램이라는 사실을 알면서(惡意) 취득하여야 한다. 즉 사전악의(事前惡意)가 필요하다. 따라서 불법 복제물의 취득 당시에는 몰랐으나 나중에 불법 복제물인 것을 알게 된 경우(즉 事後惡意)에는 이를 계속 이용하더라도 이 규정의 적용은 없고 침해로 보지 않게 된다. 즉 영업비밀 침해행위와 달리 이른바 사후적 관여행위에는 이 규정에 따라 처벌되지 않는다.

(2) 이 사건에서 침해간주규정에 관련한 쟁점을 이하에서 구체적으로 검토한다.

저작권법 제136조 제2항 제4호, 제124조 제1항 제3호에 의하면, 프로그램 저작권을 침해하여 만들어진 프로그램의 복제물을 그 사실을 알면서 취득한 자가 이를 업무상 이용하는 행위를 하는 경우 그 행위자를 처벌하도록 규정하고 있다. 그러므로 법인의 직원이 프로그램저작권을 침해하여 만들어진 프로그램의 복제물을 그 사실을 알면서 이를 취득하여 업무상 이용하였을 뿐 법인의 대표자가 이를 직접 취득하여 업무상 이용한 것이 아니라면, 그 대표자가 위 법조에서 정한 행위를 하였다고 볼 수 없다. 설령 법인의 대표자가 직원이 그러한 복제물을 취득하여 업무상 이용하는 것을 알고 방치하였다고 하더라도 행위자인 그 직원과의 공동정범 내지 방조범이 성립하는지는 별론으로 하고, 직접 위 법조의 행위자로서 처벌되는 것은 아니다.[13]

따라서 법인의 대표자가 설령 그 종업원 등의 컴퓨터프로그램 복제 및 업무상 사용행위를 지시 또는 방치하였다고 하더라도 그것만으로는 법인 대표자에 대하여 저작권법 제136조 제2항 제4호, 제124조 제1항 제3호 위반죄의 단독정범으로 처벌할 수는 없고, 법인 대표자가 구체적으로 어떻게 복제·사용 등의 행위를 하였다는 것인지가 특정되어야 할 것이다.[14]

나아가 저작권법 제124조 제1항 제3호의 입법취지와 문언에 비추어보면, 컴퓨터프로그램을 컴퓨터 하드디스크 등에 복제하는 방법으로 프로그램저작권을 침해한 사람은 위 조항이 규정하고 있는 침해행위에 의하여 만들어진 프로그램의 복제물(컴퓨터 하드디스크 등)을 취득한 사람에 해당한다고 보기 어렵다.

나. 양벌규정의 법리

양벌규정에 관하여 보면, 법인의 대표자나 법인 또는 개인의 대리인·사용인 그 밖의 종업원이 그 법인 또는 개인의 업무에 관하여 저작권법에 정한 죄를 범한 때에는

---

13) 대법원 2011. 3. 10. 선고 2009도6256 판결.
14) 대법원 2011. 3. 10. 선고 2009도6256 판결.

행위자를 벌하는 외에 그 법인 또는 개인에 대하여도 각 해당 조의 벌금형을 과한다(저작권법 제141조 본문). 다만, 법인 또는 개인이 그 위반행위를 방지하기 위하여 해당 업무에 관하여 상당한 주의와 감독을 게을리 하지 아니한 경우에는 위 양벌규정을 적용하지 아니한다(법 제141조 단서).[15]

2009년 개정 저작권법에서는 저작권법상 양벌규정에 책임주의 원리를 구현한 제141조 단서규정을 추가하였다. 이에 따라 형벌의 자기책임원칙에 비추어 위반행위가 발생한 업무와 관련하여 법인이 상당한 주의 또는 관리감독의무를 게을리 한 때에 한하여 양벌규정이 적용된다.[16] 즉 이러한 단서규정은 책임주의 원리를 구현한 것인데, 이는 헌법재판소가 법인의 과실 유무에 상관없이 양벌규정을 적용하여 처벌하는 것은 '책임주의' 원칙에 위배되므로 「보건범죄단속에 관한 특별조치법」상의 양벌규정에 대해 위헌이라고 결정한 것을[17] 우리 저작권법에도 반영한 것이다.[18]

한편, 저작권법과 달리 특허법을 비롯한 산업재산권법에서의 양벌규정의 특색은 양벌규정에 따라서 사용자인 법인에 대하여 종업원 등의 행위자보다 가중된 벌금형을 부과하도록 규정하고 있다는 점이다(부정경쟁방지법 제외).[19] 이러한 법인 가중처벌 규정은 법인에 의한 침해행위는 개인에 비하여 대규모로 이루어지고 그로 인한 이익의 규모도 크기 때문에 이에 대한 범죄억지력을 확보하려는 데 그 취지가 있다.[20]

여기서 '행위자'는 대표자, 대리인, 사용인, 그 밖의 종업원을 가리킨다. 즉 법인의 '대표자'나 법인 또는 개인의 '대리인, 사용인 기타 종업원'이 바로 이 조항에서의 행위자이다. 그리고 여기서 '법인 또는 개인'은 단지 형식상의 사업주가 아니라 자기의 계산으로 사업을 경영하는 실질적인 사업주를 말한다.[21]

저작권법상 양벌규정에 따르면, 그러한 행위자가 저작권법 제136조 제2항 제4호, 제124조 제1항 제3호에 정한 저작권법위반죄를 범한 때에는 그 법인 또는 개인도 벌금형으로 처벌하게 된다. 이와 달리 법인의 대표자 예컨대 주식회사의 대표이사는 본인이

---

15) 윤선희, 「지적재산권법」, 제17정판, 세창출판사, 2018, 530면.

16) 대법원 2010. 7. 8. 선고 2009도6968 판결; 대법원 2010. 2. 25. 선고 2009도5824 판결.

17) 헌법재판소 2007. 11. 29. 선고 2005헌가10 결정.

18) 임원선, 「실무자를 위한 저작권법」, 제4판, 한국저작권위원회, 2015, 486면; 허희성, 「신저작권법 축조개설(하)」, 명문프리컴, 2011, 719면; 오승종, 전게서, 1650면.

19) 윤선희, 전게서, 136면(특허법 제230조), 366-367면(상표법 제235조), 562면(부정경쟁방지법 제19조) 등 참조.

20) 박태일, "상표권침해 및 상품주체오인혼동행위 형사사건에 관한 연구", 「법조」, Vol. 641, 법조협회, 2010.2., 342면.

21) 대법원 2000. 10. 27. 선고 2000도3570 판결.

직접 행위자가 아닌 경우에는 처벌되지 않고, 이러한 경우 법인도 양벌규정에 의하여 처벌되지 않는다.

다. 소 결

요컨대 이 사건에 저작권법상 양벌규정의 법리를 적용하면, 이 사건에서 공소장에 기재된 공소사실에 대한 적용법조가 저작권법 제141조, 제136조 제2항 제4호, 제124조 제1항 제3호로 기재된 것은 직접 행위자와 관련된 이 사건의 기초적 사실관계에 비추어 적정하다고 보기 어렵다 할 것이므로, 결국 법원의 판단은 타당하다고 본다.

5. 대상판결의 의의

첫째, 대상판결은 양벌규정(제141조)의 적용여부 등이 문제된 사안에서 공소사실 특정과 불특정의 판단기준을 명백히 한 점에 의의가 있다. 직원들의 악의의 업무상 프로그램 이용행위(침해간주행위)에 대하여 법인인 피고인들이 양벌규정에 의하여 저작권법 위반죄(법 제141조, 제136조 제2항 제4호, 제124조 제1항 제3호)로 기소된 사안에서는 '성명불상의 직원들', '컴퓨터 프로그램을 무단 복제하여 취득한'이라는 기재만으로는 각 조문상 행위자 및 실행행위 관련 공소사실이 특정되었다고 볼 수 없다고 해석된다.

둘째, 대상판결은 저작권법 제136조 제2항 제4호, 제124조 제1항 제3호의 벌칙규정과 저작권법 제136조 제1항의 벌칙규정을 대비할 때 각 구성요건해당행위 및 행위자를 분명히 한 점에 의의가 있다. 대상판결에 따르면 저작권법 제136조 제2항 제4호, 제124조 제1항 제3호는 침해행위에 의하여 만들어져 유통되는 프로그램의 복제물을 그러한 사정을 알면서 취득하여 업무상 사용하는 것만을 구성요건해당행위로 보고 있다. 이와 달리 컴퓨터 프로그램을 컴퓨터 하드디스크 등에 복제하는 방법으로 프로그램 저작권을 침해한 자는 여기에 포함되지 않는다. 결국 컴퓨터프로그램을 컴퓨터 하드디스크 등에 복제하는 방법으로 프로그램저작권을 침해하는 행위를 한 자는 저작권법 제136조 제1항 위반죄만이 성립할 수 있다.

참고문헌

박성호, 「저작권법」, 제2판, 박영사, 2017.

박태일, "상표권침해 및 상품주체오인혼동행위 형사사건에 관한 연구", 「법조」, Vol. 641, 법조협회, 2010.2.

오승종, 「저작권법」, 제4판(전면개정판), 박영사, 2016.

윤선희, 「지적재산권법」, 제17정판, 세창출판사, 2018.

이해완, 「저작권법」, 제3판(전면개정판), 박영사, 2015.

임원선, 「실무자를 위한 저작권법」, 제4판, 한국저작권위원회, 2015.

허희성, 「신저작권법 축조개설(하)」, 명문프리컴, 2011.

대법원 2021. 9. 9. 선고 2017도19025 전원합의체 판결

링크행위와 공중송신(전송)권 침해 방조 성부

이 주 연 (한양대학교 법학전문대학원 부교수)

I. 판결의 개요

1. 사건의 개요[1]

이 사건의 피고인은 이른바 '다시보기 링크 사이트'의 운영자로서, 자신이 개설하여 운영하는사이트 XXX(이하 '이 사건 링크 사이트') 게시판에 성명불상자들이 해외에 서버가 있는 동영상 공유사이트(이하 '이 사건 해외 동영상 공유사이트')에 무단으로 업로드하여 "계속하여 게시"하고 있는 드라마·영화 등의 동영상(이하 '이 사건 영상저작물')과 연결되는 링크를 게시하였다(이하 '이 사건 링크 행위'). 이에 피고인은 성명불상자들이 이 사건 영상저작물에 대한 저작권자들의 전송권을 침해하고 있다는 사실을 알면서 광고수익을 목적으로 이 사건 링크 사이트 게시판에 2015. 7. 25.부터 같은 해 11. 24.까지 총 450회에 걸쳐 이 사건 링크 행위를 하고, 이 사건 링크 사이트 방문자들이 제목 등으로 이 사건 영상저작물을 검색하여 게시된 링크를 찾을 수 있게 한 뒤 이들이 링크를 클릭하면 이 사건 영상저작물의 재생화면으로 이동하여 개별적으로 송신이 이루어지게 함으로써, 영리목적 또는 상습으로 성명불상자들의 전송권 침해행위를 방조하였

---

1) 대법원 2021. 9. 9. 선고 2017도19025 전원합의체 판결 중 공소사실의 요지 부분 참조.

다는 이유로 저작권위반의 방조죄로 기소되었다.

2. 대상판결의 요지

가. 하급심 판결[2]

이 사건의 항소심 법원은 소외 성명불상자들이 이 사건 해외 동영상 사이트에 이 사건 영상저작물을 게시함으로써 그 전송권 침해죄는 기수에 이르지만 그 이후 게시를 철회하기 전까지는 실행행위가 종료된다고 볼 수 없다고 하면서 그 게시가 철회될 때까지는 전송권 침해의 방조행위가 이루어질 수 있음을 인정하였다. 그러나 피고인의 이 사건 링크 행위는 "저작권 침해행위의 실행 자체를 용이하게 한 것이 아니라 그와 무관한 지위에서 단순히 전송권이 침해되고 있는 상태를 이용한 것에 불과"하다며 이 사건 링크 행위에 대한 방조죄 성립을 부정하고, 피고인에게 무죄를 선고한 1심 판결을 유지하였다.

나. 대법원 판결(다수의견)

대법원은 이 사건을 전원합의체에서 심리하였는데, 10인의 다수의견[3]은 피고인에게 공중송신(전송)권 침해의 방조범이 성립할 수 있다고 판단하고, 방조에 관한 법리를 오인했다는 이유로 원심(항소심)판결을 파기하고 사건을 환송하였다. 이 점에 대한 다수의견의 요지는 다음과 같다:[4]

> 정범이 침해 게시물을 인터넷 웹사이트 서버 등에 업로드하여 공중의 구성원이 개별적으로 선택한 시간과 장소에서 접근할 수 있도록 이용에 제공하면, 공중에게 침해 게시물을 실제로 송신하지 않더라도 공중송신권 침해는 기수에 이른다. 그런데 정범이 침해 게시물을 서버에서 삭제하는 등으로 게시를 철회하지 않으면 이를 공중의 구성원이 개별적으로 선택한 시간과 장소에서 접근할 수 있도록 이용에 제공하는 가별적인 위법행위가 계속 반복되고 있어 공중송신권 침해의 범죄행위가 종료되지 않았으므로, 그러한 정범의 범죄행위는 방조의 대상이 될 수 있다.
> 저작권 침해물 링크 사이트에서 침해 게시물에 연결되는 링크를 제공하는 경우 등과 같이, 링크 행위자가 정범이 공중송신권을 침해한다는 사실을 충분히 인식하면서 그러

2) 서울중앙지방법원 2017. 11. 3. 선고 2017노2303 판결; 서울중앙지방법원 2017. 6. 14. 선고 2017고단 77 판결.
3) 김명수(재판장), 이기택, 김재형(주심), 박정화, 안철상, 민유숙, 이동원, 노정희, 이흥구, 천대엽.
4) 대법원 2021. 9. 9. 선고 2017도19025 전원합의체 판결.

한 침해 게시물 등에 연결되는 링크를 인터넷 사이트에 영리적·계속적으로 게시하는 등으로 공중의 구성원이 개별적으로 선택한 시간과 장소에서 침해 게시물에 쉽게 접근할 수 있도록 하는 정도의 링크 행위를 한 경우에는 침해 게시물을 공중의 이용에 제공하는 정범의 범죄를 용이하게 하므로 공중송신권 침해의 방조범이 성립한다. 이러한 링크 행위는 정범의 범죄행위가 종료되기 전 단계에서 침해 게시물을 공중의 이용에 제공하는 정범의 범죄 실현과 밀접한 관련이 있고 그 구성요건적 결과 발생의 기회를 현실적으로 증대함으로써 정범의 실행행위를 용이하게 하고 공중송신권이라는 법익의 침해를 강화·증대하였다고 평가할 수 있다. 링크 행위자에게 방조의 고의와 정범의 고의도 인정할 수 있다.

Ⅱ. 해 설

1. 쟁 점

이 사건의 피고인에 대한 저작재산권 침해의 방조죄 성립을 부정한 하급심 법원의 판단의 배경에는 저작권법 학계에서 많은 비판[5]을 받았던 이른바 '츄잉 사건'의 대법원 2015. 3. 12. 선고 2012도13748 판결이 있었다.

이에 대법원은 이 사건의 주요 쟁점은 이 사건 링크 행위가 정범의 공중송신(구체적으로는 전송)권을 침해한 저작권법위반죄의 방조범에 해당되는지 여부, 즉 "링크를 하는 행위 자체는 …… 그 침해행위의 실행 자체를 용이하게 한다고 할 수는 없으므로, 이러한 링크 행위만으로는 위와 같은 저작재산권 침해행위의 방조행위에 해당한다고 볼 수 없다"고 하여, 이를 부정한 종전의 '츄잉 사건'의 대법원 판결을 유지할 것인지 여부에 있다고 하였다.

2. 링크 행위는 공중송신(전송)행위가 될 수 없는가?

유럽사법재판소는 일정 요건 하에서는 링크 행위도 공중이용제공행위(전송행위)가 될 수 있음을 인정한다. 저작물로 연결해주는 링크의 제공도 '이용제공'에 해당한다는 것이다.[6] 실제 동 재판소는 저작권자의 허락 없이 무단으로 게시된 저작물로 연결되는

---

5) 대표적으로 이해완, "인터넷 링크와 저작권 침해 책임", 「성균관법학」, 제27권 제3호, 성균관대학교 법학연구원, 2015; 박준석, "인터넷 링크행위자는 이제 정범은 물론 방조범조차 아닌 것인가?-대법원 2012도13748 판결의 문제점과 저작권 형사범죄 처벌의 논리", 「산업재산권」, 제48호, 한국지식재산학회, 2015.

6) Case C 466/12, Svensson, 2014 EUR-Lex CELEX 62012CJ0466, paras. 19-20 참조 ("As is

링크가 문제되었던 GS Media 사건 판결[7]에서 링크 행위자가 그 저작물이 권리자의 동의 없이 게시된 사실을 알았거나 알 수 있었을 경우에는 그 링크 행위가 '공중전달'[8]에 해당한다고 판시한 바 있다. 그러나 이른바 링크 행위의 전송행위 해당 여부를 판단함에 있어 이른바 '서버 기준(server test)'을 채택한 미국 법원과 일본 법원은 간접책임 내지 방조책임은 별론으로 링크 행위는 저작권의 직접침해에는 해당할 수 없는 것으로 보았다.[9][10]

이와 관련하여 국내 저작권법 학계에서는 링크 행위의 전송행위 해당 여부를 판단함에 있어 '인라인 링크'의 경우에는 다른 링크 방식보다 광고 수익 등 저작권자의 경제적 이익에 미치는 영향이 크고 링크 행위자의 행위지배도 크다는 이유로 전송행위로 볼 수 있다거나[11]와 유럽사법재판소가 제시한 '새로운 공중 기준(new public test)'을 보다 협소하게 적용하여 공중의 접근이 금지된 저작물에 연결하는 링크 행위(접근금지 우

---

apparent from Article 3(1) of Directive 2001/29, for there to be an 'act of communication', it is sufficient, in particular, that a work is made available to a public in such a way that the persons forming that public may access it, irrespective of whether they avail themselves of that opportunity [내부 인용 부분 생략]. It follows that, in circumstances such as those in the case in the main proceedings, the provision of clickable links to protected works must be considered to be 'making available' and, therefore, an 'act of communication', within the meaning of that provision.").

7) Case C-160/15, GS Media BV v. Sanoma Media Netherlands BV and Others, 2016 ECLI:EU:C: 2016:644.

8) 유럽 정보사회지침(Directive 2001/29/EC of the European Parliament and of the Council of 22 May 2001 on the harmonisation of certain aspects of copyright and related rights in the information society) Article 3.1에서는 공중이용제공권(우리의 '전송권'에 상응하는 권리)을 포함하는 상위 권리로서 저작자의 공중전달권(Right of communication to the public, 우리의 '공중송신권'에 상응하는 권리)을 규정하고 있다. 유럽사법재판소는 GS Media 사건 판결에서 문제된 링크가 정보사회지침 Article 3.1.의 공중전달에 해당한다고 판단하였는데, 이때 동 재판소가 링크 행위를 공중이용제공(전송)행위로 파악하였기 때문인지, 아니면 공중이용제공 이외의 공중전달행위로 파악하였기 때문인지 논의가 있을 수 있지만, 앞선 Svensson 판결의 판시 문언에 비추어 보면 유럽사법재판소 전자를 의도한 것이라 생각된다. 국내 학자들도 그렇게 이해하고 있는 것으로 보인다. 예컨대 이해완, "링크사이트에 의한 저작권침해 확산에 대한 입법적 대응방안 연구", 「성균관법학」, 제29권 제4호, 성균관대학교 법학연구원, 2017, 429면; 임원선, "저작권법상 링크와 링크사이트의 법적 성격에 관한 검토", 「계간 저작권」, 제30권 제3호, 한국저작권위원회, 2017, 135면 등.

9) 예컨대 Ticketmaster Corp., et al. v. Tickets.Com, Inc. No. 99CV7654, 2000 WL 1887522 (C.D Ca. Aug. 10, 2000), Aff'd, No. 00-56574, D.C. CV-99-7654-HLH (9th Cir. Jan. 22, 2001); Perfect 10, Inc. v. Amazon.com, Inc., 487 F.3d 701 (9th Cir. 2007); Perfect 10, Inc. v. Amazon.com, Inc., 508 F.3d 1146 (9th Cir. 2007).

10) 예컨대 大阪地方裁判所 平成23年(ワ)第15245号 平成25年6月20日判決, 損害賠償等請求事件[일명 ロケットニュース24事件].

11) 박준석, "이미지 검색엔진의 인라인링크 등에 따른 복제, 전시, 전송 관련 저작권침해 책임", 「민사판례연구」, 제33권(상), 민사판례연구회, 2011, 628, 680-682면.

회 링크)의 경우에만 전송행위에 해당한다는[12] 등 제한적으로 링크 행위의 전송행위성을 인정하는 견해가 있다.[13]

그러나 우리 법원은 링크 자체는 웹 서버에 저장된 개개의 저작물 등의 웹 위치 정보 또는 경로를 나타낸 것에 불과하다고 하며 링크 행위를 저작물 등을 '이용에 제공하는 것'으로 보지 않는다. 이 사건에서도 대법원은 '서버 기준'에 입각하여 인터넷 이용자가 링크를 클릭함으로써 저작권침해물 등에 직접 연결된다 하더라도 이러한 연결 대상 정보, 즉 저작권침해물 등을 전송하는 주체는 그것을 서버에 업로드한 자이지 링크 행위자가 아니라고 하며, 링크 행위는 전송에 해당하지 않는다는 종래 대법원 판결(대법원 2009. 11. 26. 선고 2008다77405 판결, 대법원 2010. 3. 11. 선고 2009다4343 판결 등)을 재확인하였다.

3. 링크 행위자는 공중송신권 침해의 방조범이 될 수 있는가?

가. 공중송신(전송)권을 침해한 정범인 업로더는 계속범인가, 상태범인가?

(1) 계속범으로 파악하는 입장

'츄잉 사건'의 대법원 판결을 비판하면서, 링크 행위자를 공중송신(전송)권 침해의 방조범으로 처벌할 수 있는 이론적 근거가 저작권법 학계를 중심으로 제시되었다. 대표적으로는 우리 저작권법상 전송의 정의규정(저작권법 제2조 제10호)에서 "저작물 등을 이용에 제공하는 것"뿐 아니라 "그에 따라 이루어지는 송신을 포함"하고 있는 점에 착안하여 전송을 정범의 불법복제물 업로드(사전적 침해행위)와 후속 송신(사후적 침해행위)으로 구분하고 링크 제공행위가 전자에 대하여는 방조가 될 수 없지만 후자에 대하여는 방조 책임이 있다는 주장(이른바 '사후적 침해행위 방조론')[14]과 공중송신권 침해죄는 '이용제공'이라는 구성요건적 행위가 시간적으로 계속된다는 점에서 계속범에 해당하고, 따라서 정범의 업로드 행위, 즉 기수 이후에도 범죄의 종료가 있기 전까지는 방조범이 성립할 수 있다는 주장(이른바 '계속적 이용제공 방조론')[15]이 제기되었다. '사후적

---

12) 임원선, 앞의 논문, 140면. 이 견해는 웹에서 유료 회원만 저작물을 이용할 수 있도록 제한한 경우 일반 이용자들은 잠재적인 고객으로서 원래 의도했던 공중이지 새로운 공중이 아니라는 이유로 그것을 우회하는 링크 행위는 전송(공중이용제공)이 아니며, 이는 기술적 보호조치의 문제라고 설명한다.

13) 그 밖에도 링크 행위자의 정범성을 긍정할 수 있다는 견해로 최진원, "저작물에 대한 링크와 법적책임에 관한 小考-사례 분석을 통한 합법과 위법 경계의 탐색-", 「계간 저작권」, 제30권 제3호, 한국저작권위원회, 2017, 221-222면 등.

14) 이해완(2015), 앞의 논문, 255면 이하.

15) 박준석(2015), 앞의 논문, 151-152면; 이 견해에 대하여는 '이용제공'의 실행행위는 업로드 행위에

침해행위 방조론'도 이용제공의 실행행위와 후속 송신을 개념적으로 구분한다는 점에서 계속적 이용제공 방조론과 차이가 있을 뿐, 공중송신(전송)권 침해의 계속범적 성격을 긍정하는 견해이다.[16]

이 사건에 앞선 서울고등법원 2017. 3. 30. 선고 2016나2087313 판결[17]과 이 사건의 원심판결인 서울중앙지방법원 2017. 11. 3. 선고 2017노2303 판결도 '계속적 이용제공 방조론'의 시각에서 정범의 공중송신(전송)권 침해를 계속범으로 파악한 것으로 보인다.

(2) 상태범으로 파악하는 입장

반면 이 사건의 대법원 판결에서 3인의 반대의견[18]은 "이 사건 영상저작물을 공중의 이용에 제공하는 정범의 행위는 업로드로써 종료"된다고 하여, 정범인 성명불상자들의 공중송신(전송)권 침해의 저작권법위반죄를 상태범으로 파악하고, 업로드 이후의 후속 송신을 정범들의 행위로 평가하지 않았다. 김선수 대법관은 반대의견에 대한 보충의견에서 "저작물을 공중의 이용에 제공하는 행위는 공중이 접근할 수 있는 인터넷 웹사이트 서버 등에 저작물을 업로드함으로써 종료되고, 그 이후에는 저작물이 공중의 이용에 제공된 '상태'가 유지될 뿐"이라 설명하였다.

(3) 정범의 실행행위 계속 유무를 기준으로 판단하는 입장

공중송신(전송)권 침해의 저작권법위반죄가 계속범에 해당되는지 여부를 일률적으로 판단하지 않고, 정범의 저작권침해물 업로드 이후 그의 실행행위 계속 유무를 계속범과 상태범인지 여부의 판단의 기준으로 삼아야 한다는 견해가 형법학계에서 제기되었다.[19] 이 견해는 작위에 의한 위법상태 야기 후 뒤따르는 위법상태의 유지가 부작위에 의한 경우 행위불법의 측면에서 계속범에 요구되는 실행행위의 지속과 함께 범의의 연속성을 인정할 수 있는지는[20] (부진정)부작위범 판단의 일반론(보증인적 지위와 행위정형

한정되고, 링크에 의하여 더 많은 공중의 구성원들이 저작물에 접근할 수 있게 되어 피해가 확대된다 하더라도 링크는 실행행위 자체를 용이하게 하는 것으로 보기 어렵다는 비판이 있다. 이해완(2017), 앞의 논문, 421면.

16) 이해완(2017), 위의 논문, 421면.

17) 서울고등법원 2017. 3. 30. 선고 2016나2087313 판결("공중송신 중 전송은 다른 이들이 접근할 수 있도록 이용에 제공하는 행위가 본질이므로(위 저작권법 제2조 제10호 참조) 업로드된 침해 저작물이 인터넷상에 존속하는 동안은 여전히 이용에 제공이 계속되고 있는 것이고,").

18) 조재연, 김선수, 노태악.

19) 박성민, "저작권침해행위의 계속범 성립여부에 관한 형법적 고찰 - 대법원 2015. 3. 12. 선고 2012도13748판결을 중심으로 -", 「비교형사법연구」, 제19권 제4호, 한국비교형사법학회, 2018, 64면. 이 견해는 계속범과 상태범은 법익침해의 상태가 지속된다는 점에서는 동일하지만, 계속범은 실행행위가 계속되고 있다는 점에서 실행행위가 종료된 상태범과 구별된다고 설명한다.

의 동가치성)에 의해 판단하여야 한다고 하면서, 저작권침해물을 업로드한 자가 서버를 관리하고, 웹페이지를 개선하면서 이용에 제공하고 있다면 계속범으로 인정할 수 있지만, 업로드 후 이를 잊어버린 경우(통상의 일반 사용자는 이러한 경우에 해당할 것이다)라면 계속범으로 인정할 수 없다고 한다.[21]

(4) 이 사건에서 대법원(다수의견)의 판단

이 사건의 대법원 다수의견은 정범이 침해 게시물을 인터넷 웹사이트 서버 등에 업로드하면 공중송신권 침해는 기수에 이르지만, "정범이 침해 게시물을 서버에서 삭제하는 등으로 게시를 철회하지 않으면 이를 공중의 구성원이 개별적으로 선택한 시간과 장소에서 접근할 수 있도록 이용에 제공하는 가벌적인 위법행위가 계속 반복되고 있어 공중송신권 침해의 범죄행위가 종료되지 않았으므로, 그러한 정범의 범죄행위는 방조의 대상이 될 수 있다."고 하였다. 대법관 김재형, 천대엽은 다수의견에 대한 보충의견에서 공중송신 중 전송은 그 개념 자체에서 시간적 계속성을 예정하고 있다는 점을 논거로 부연하였다. 이같은 대법원 다수의견은 입장은 '계속적 이용제공 방조론'의 입장을 받아들인 것으로 평가된다.

나. 공중송신(전송)권 침해의 방조범 성립 요건 및 이 사건에의 적용

앞서 살펴본 '사후적 침해행위 방조론'과 '계속적 이용제공 방조론' 모두 '츄잉 사건'의 판결을 비판하면서 제기된 이론으로, 링크 행위자의 공중송신(전송)권 침해의 저작권법위반죄의 방조범 성립을 긍정한다. 이 두 견해는 전송행위 자체의 개념 내지 성격뿐 아니라 구 저작권법 제102조 제1항 제4호(현행 제102조 제1항 제3호)에서도 그 근거를 찾는다.[22] 이처럼 저작권법 학계를 중심으로 특히 링크 사이트와 관련하여 링크 행위자 내지 링크 사이트 운영자의 공중송신(전송)권 침해의 방조범 성립을 긍정하는 견해가 우세하다.[23]

---

20) 계속범은 행위불법의 측면에서 실행행위의 지속과 함께 범의의 연속성이 요구되고 결과불법의 측면에서는 위법야기행위로 촉발된 법익침해의 상태가 유지 또는 강화되는 반면, 결과불법은 유지되거나 확장하고 있지만 행위불법이 부정된다면 상태범이다. 박성민, 위의 논문, 69면.

21) 박성민, 위의 논문, 70, 72면; 이 견해에 의하면 정범의 계속성이 부정되는 경우, 예컨대 무관심한 업로더의 사이트에 게시된 저작권침해물에 링크 행위자가 영리목적으로 링크를 걸었다 하더라도 그를 방조범으로 처벌할 수 없게 된다. 이 견해는 이 문제의 경우 이러한 결과가 업로더 행위 자체를 계속범으로 판단할 근거가 될 수는 없고, 방조범 처벌의 필요성은 입법정책적으로 해결해야 하며 정범의 범죄성립에 영향을 줄 수는 없다고 주장한다. 박성민, 같은 논문, 74면.

22) 이해완(2015), 앞의 논문, 258, 262면; 박준석(2015), 앞의 논문, 99-101면.

다만 실제 사안에서 방조범이 성립하는지는 구체적으로 따져봐야 하는데, 방조범이 성립하기 위한 주관적 구성요건으로는 정범의 실행을 방조한다는 '방조의 고의'와 정범의 행위가 구성요건에 해당한다는 점에 대한 '정범의 고의', 즉 이중의 고의가 요구되고,[24] 객관적 구성요건으로는 정범의 실행행위를 용이하게 하는 행위가 필요하다.[25] 또한 통설에 따르면 방조행위와 정범의 범죄 사이에는 인과관계가 필요한데, 인과관계의 구체적인 내용과 기준에 대하여 다수설은 방조행위가 정범의 실행행위의 기회를 증대시킨 경우에 한하여 방조범의 성립을 인정할 수 있다고 본다.[26]

(1) 링크 행위자의 방조범 성립을 긍정하는 입장

먼저 '사후적 침해행위 방조론'은 저작권침해물 등의 업로드(이용제공행위) 이후 그에 기하여 이루어지는 개별적으로 이루어지는 후속 송신은 앞선 이용제공행위와는 별도의 공중송신(전송)행위에 해당한다고 주장한다. 인터넷 이용자가 링크를 클릭할 때 업로더로부터 인터넷 이용자에게로 이루어지는 침해물의 송신은 업로더의 공중송신(전송)행위로 평가되어야 하고, 이러한 업로더의 사후적 침해행위로서의 공중송신(전송)권 침해에 대한 관계에서, 링크 행위자의 링크 제공행위는 정범인 업로더의 침해행위를 용이하게 하는 행위이므로 공중송신권 침해의 방조행위로 평가되어야 한다고 것이다.[27] 이 견해는 '계속적 이용제공 방조론'에 의한다면 '이용제공'의 실행행위는 업로드 행위에 한정되는데, 링크 행위는 업로드 행위 자체를 용이하게 하는 것이라 보기는 어렵다며 계속적 이용제공 방조론을 비판한다.[28] 즉, 이 견해에 의하면 후속 송신에 대하여만 방조가 성립할 수 있을 뿐, 정범의 업로드 행위에는 방조책임을 인정할 수 없다.[29]

반면 전송에 의한 공중송신권 침해범죄는 '이용제공'이라는 구성요건적 행위가 시간적으로 계속된다는 점에서 계속범으로 취급하여야 한다는 '계속적 이용제공 방조론'은 링크가 설정되면 그것은 실질적으로 이용제공의 여지를 더욱 확대시키는 조력행위에 해당하므로 형법상 공중송신행위에 대한 방조에 해당하는 것으로 볼 수 있다고 주장한다.[30] 다만 방조의 대상 내지 방조범의 죄책을 지울 수 있는 범위가 정범의 행위 전체

---

23) 예컨대 임원선, 앞의 논문, 152, 155면; 최진원, 앞의 논문, 221면.
24) 편집대표 박상옥·김대휘, 「주석 형법」, 제3판, 2020, 182-183면(하태한 집필부분).
25) 편집대표 박상옥·김대휘, 위의 책, 173-174면.
26) 편집대표 박상옥·김대휘, 위의 책, 180-181면.
27) 이해완(2015), 앞의 논문, 256면.
28) 이해완(2017), 앞의 논문, 420-421면.
29) 이해완(2017), 위의 논문, 420면.
30) 박준석(2015), 앞의 논문, 151면.

에 미치는지(형법학계의 다수설적 입장에 의할 경우), 아니면 링크를 건 시점 이후에 국한되는지(형법학계의 유력한 입장에 의할 경우)에 대하여는 논의의 여지를 남기며 명확한 답을 제시하지는 않았다.[31] 이 견해는 '사후적 침해행위 방조론'에 대하여 후속 송신이 실제 있었는지 여부와 같은 우연한 사실에 의하여 그 이전 시점에 설정된 링크행위로 방조범의 죄책을 부담할지 여부가 결정되는 것은 부당하며,[32] 설령 그러한 논리로써 방조를 인정한다 하더라도 실제 송신사실(정범)이 있음을 입증하기 어려워 현실적으로 방조책임을 추궁하는 것이 어려울 것이라는 점을 지적한다.[33]

(2) 링크 행위자의 방조범 성립을 부정하는 입장

우선 정범인 업로더들의 공중송신(전송)권 침해의 저작권법위반죄를 상태범으로 이해하는 이 사건 대법원 판결의 반대의견에 따르면 논리적으로 링크 행위자는 방조범이 될 수 없다.[34] 반대의견은 나아가 설령 업로드 이후의 후속 송신을 다수의견과 같이 정범들의 행위로 평가한다 하더라도, "정범들의 업로드 행위 이후 공중송신권 침해의 실행행위 자체를 용이하게 하는 행위"란 "송신 및 그 계속성 · 지속성 유지를 위한 기술적 조치와 관련된 행위, 즉 송신의 속도를 높이는 프로그램을 제공하거나 송신을 중단시키기 위해 게시물을 서버에서 삭제하고자 하는 제3자의 시도를 막을 수 있는 프로그램을 제공하는 행위 등 송신행위와 객관적으로 밀접한 관련성이 있는 행위를 말하는 것"이라며, 링크행위는 업로드 이후에 행해지는 개별적인 후속 송신 자체에 어떠한 영향을 미치지 않으므로 그 침해행위의 실행 자체를 용이하게 한다고 할 수 없어 방조행위에 해당한다고 볼 수 없다고 하였다.

---

31) 박준석(2015), 위의 논문, 152면.
32) 안효질, "'인터넷 링크와 저작권침해 책임'에 대한 토론문", 한국저작권법학회 2015 상반기 학술세미나 발표자료집, 2015, 74면; 박준석(2015), 위의 논문, 150면.
33) 박준석(2015), 위의 논문, 150-151면.
34) 3인의 반대의견은 이 사건 링크 행위 당시 정범들의 업로드는 이미 종료된 상태였으므로, 이 사건 링크 행위는 이 사건 영상저작물을 공중의 이용에 제공하는 정범들의 행위를 용이하게 한다고 볼 수 없다는 이유로 이 사건 피고인의 공중송신권 침해의 방조범 성립을 부정하였다. 반대의견은 업로드 이후 이 사건 영상저작물에 접근한 이용자들의 요청에 따라 일어난 개별적인 후속 송신은 이미 종료된 업로드를 기초로 해외 공유사이트 서버에 설치된 파일 전송 프로그램(file transfer protocol)을 통해 기계적 · 반복적으로 구현되는 결과에 지나지 않는다고 하며, 나아가 설령 이를 정범들의 행위로 평가할 수 있다고 하더라도 이 사건 링크 행위가 위와 같은 개별적인 후속 행위 자체에 실질적인 기여를 하였다고 평가하기는 어렵다고 설명한다. 김선수 대법관은 보충의견에서 이 사건 링크 행위에 대하여는 방조의 고의도 인정할 수 없다고 주장한다. 피고인은 "정범들에 의해 야기된 공중송신권 침해 상태를 이용하여 자신의 경제적인 이익을 추구한다는 인식 내지 의사만 있었을 뿐 이 사건 링크 행위를 통해 정범들의 공중송신권 침해행위를 용이하게 한다는 인식 내지 의사는 없었다"는 것이다.

이 사건의 항소심 법원은 대법원의 반대의견과 달리 이 사건 영상저작물을 게시한 성명불상자인 정범의 공중송신(전송)권 침해를 계속범으로 인정한 듯한 판시를 하였지만, 피고인의 방조범 성립요건을 충족하였는지 판단하는 부분에서는 반대의견과 유사하게 이 사건 링크 행위는 "저작권 침해행위의 실행 자체를 용이하게 한 것이 아니라 그와 무관한 지위에서 단순히 전송권이 침해되고 있는 상태를 이용한 것에 불과"하다는 이유로 방조죄 성립을 부정하였다. 공중송신(전송)권이 아닌 복제권 침해를 중심으로 판단한 것이기는 했지만 그에 앞선 '츄잉 사건' 항소심 법원도 유사한 논리로 링크 행위자의 방조범 성립을 부정한 바 있다.[35]

(3) 이 사건에서 대법원(다수의견)의 판단

이에 대하여 대법원의 다수의견은 이 사건과 같이 저작권 침해물 링크 사이트에서 이루어지는 링크 행위에 대하여 다음과 같은 논리로 방조범 성립을 위한 이중의 고의, 정범의 실행행위를 용이하게 하는 행위 및 인과관계를 차례로 긍정하였다:

> 저작권 침해물 링크 사이트에서 이루어지는 링크 행위와 같이 링크 대상이 침해 게시물 등임을 알면서 그러한 게시물 등에 연결되는 링크를 영리적·계속적으로 제공한 자는 정범의 행위가 공중송신권 침해의 구성요건에 해당한다는 점을 충분히 인식하면서도 침해 게시물을 공중의 이용에 제공하는 행위를 용이하게 하여 공중송신권 침해를 강화·증대할 의사로 링크 행위를 하였다고 볼 수 있다.
>
> 저작권 침해물 링크 사이트에서 제공하는 링크가 없었더라면 정범이 게시한 저작권 침해물을 발견할 수 없었던 공중의 구성원까지 그 링크를 통해 원하는 시간과 장소에서 쉽게 저작권 침해물에 접근할 수 있게 되었다. 링크 행위로 말미암아 공중이 접근할 수 있도록 저작권 침해물을 이용에 제공하는 정범의 실행행위가 용이하게 되고 공중송신권이라는 법익의 침해가 강화·증대된다. 이와 같이 링크를 제공하는 행위가 공중의 구성원이 개별적으로 선택한 시간과 장소에서 침해 게시물에 쉽게 접근할 수 있도록 하는 정도에 이른다면, 침해 게시물을 공중의 이용에 제공하는 정범의 범죄 실현과 밀접한

---

35) 청주지방법원 2012. 10. 19. 선고 2012노626 판결("인터넷 이용자 등이 외국 블로그에 이 사건 디지털컨텐츠를 게시하는 순간 범죄는 기수에 이르지만 그 이후 위 게시를 철회하기까지는 실행행위가 종료된다고 볼 수 없다. 그러므로 위 게시가 철회되기까지는 유·무형의 방법으로 방조행위가 이루어질 수 있지만, 그 방조행위는 복제권 침해의 실행행위 자체를 용이하게 하는 방법으로만 가능하다고 할 것이다. 그런데 이 사건 링크 행위나 이 사건 링크 글을 방치하는 행위는 인터넷 이용자 등에 대하여 복제권 침해의 실행행위를 용이하게 한 것이 아니라, 인터넷 이용자 등과 무관한 지위에서 단순히 인터넷 이용자 등에 의하여 복제권이 침해된 상태를 이용한 것에 불과하다고 할 것이어서 그 행위를 방조행위로 볼 수 없고, 그 행위가 복제권 침해행위로 인한 피해를 확산시키는 결과를 가져오더라도 달리 볼 것은 아니다.").

관련이 있고 그 구성요건적 결과 발생의 기회를 현실적으로 증대함으로써 공중송신권
이라는 법익의 침해를 강화·증대하였다고 볼 수 있다. 이러한 경우 단순히 공중송신권
이 침해되고 있는 상태를 이용한 것에 지나지 않는다고 볼 수 없고 방조범 성립에서 요
구되는 방조행위와 정범의 범죄 실현 사이의 인과관계를 인정할 수 있다.

위와 같은 다수의견의 논리에 따라 대법원은 이 사건 피고인에게 공중송신권 침해의
방조범이 성립할 수 있음을 인정하면서, 이와 달리 일률적으로 링크 행위만으로는 공
중송신권 침해의 방조행위에 해당될 수 없다는 취지로 판시한 '츄잉 사건'의 대법원 판
결을 변경하였다.

4. 이 사건 대법원 판결에 대한 평가

이 사건 판결은 해외에 서버가 있는 불법 동영상 공유사이트에 대한 단속과 처벌의
한계 및 링크 사이트에 대한 규제의 필요성,[36) 그리고 종전 '츄잉 사건'의 대법원 판결
에 대한 학계의 비판[37)을 고려하여 내려졌다. 판결 이유에는 적시되어 있지 않으나 링
크 행위자는 공중송신(전송)권 침해의 정범뿐 아니라 방조범도 될 수 없다고 한 '츄잉
사건' 판결 이후로 링크 사이트의 활동이 더욱 기승을 부리게 된 것에 대한 반성적 고
려도 작용하였을 것으로 추측된다. 이 사건 대법원 판결이 있기 이전에 법원 내에서도
민사사건 판결이기는 했지만 '츄잉 사건'의 대법원 판결을 비판하는 하급심 판결이 내
려지기도 하였다.[38)

36) 대법원 2021. 9. 9. 선고 2017도19025 전원합의체 판결("온라인에서 이루어지는 대량의 저작권 침해
는 주로 해외 서버에서 일어나고 있다. 국제 공조를 통하지 않고서는 정범을 특정하거나 적발하는
데 어려움이 있기 때문에 정범에 대한 단속과 처벌에는 현실적인 한계가 있다. 이러한 상황에서 저
작권 침해물 링크 사이트를 통해 침해 게시물 등에 연결되는 링크를 영리적·계속적으로 제공하는
등으로 정범의 범죄 실현에 조력하는 행위자마저도 방조범으로 처벌하지 않는다면 저작권이 침해되
는 상황을 사실상 방치하는 결과가 되고, 이는 권리자에게는 지나치게 가혹하다."); 그러나 이러한
대법원 다수의견의 논거에 대하여는 반대의견의 시각과 마찬가지로 죄형법정주의 관점에서 부적절하
였다는 평가가 있다. 예컨대 강명수, "저작권 침해 게시물에 대한 링크 행위의 방조책임 – 대법원
2021. 9. 9. 선고 2017도19025 전원합의체 판결을 중심으로 –", 「산업재산권」, 제69호, 한국지식재
산학회, 2021, 285면.
37) 대법원 2021. 9. 9. 선고 2017도19025 전원합의체 판결 중 다수의견에 대한 대법관 김재형, 대법관
천대엽의 보충의견("다수의견은 종전 판례에 대한 법원 내부와 외부의 비판(가령 박준석, "인터넷 링
크 행위자는 이제 정범은 물론 방조범조차 아닌 것인가?", 「산업재산권」, 제48호, 한국지식재산학회,
2015, 80-81면; 이해완, "링크 사이트에 의한 저작권 침해 확산에 대한 입법적 대응방안 연구", 「성
균관법학」, 제29권 제4호, 성균관대학교 법학연구원, 2017, 418-421면 참조)을 수용하고 방조의 개
념에 관한 판례와 다수설을 이 사건에 적용한 것").
38) 서울고등법원 2017. 3. 30. 선고 2016나2087313 판결("이 사건 링크행위는 실질적으로 해외 동영상

그러나 이 사건의 대법원 다수의견에 대하여도 저작권법 학계에서 다양한 비판이 제기되고 있다. 예를 들면 전송권 침해의 본질은 '이용제공'이 아닌 후속 '송신'에 있다고 주장하며, 대법원이 '이용제공'행위를 중심으로 방조범을 구성하다 보니 이 사건에서 확장해석을 하게 된 것이라는 비판이 있다(이러한 견해는 '계속적 이용제공 방조론'보다는 '사후적 침해행위 방조론'을 지지하는 것으로 보인다).39)40) 다른 의견으로는 링크 행위자로서의 책임과 링크 사이트 운영자로서의 책임을 구별해야 했다거나41) 링크가 전송에 해당되지 않는다면 전송 이외의 공중송신에 해당될 가능성을 검토할 필요가 있었다42)는 지적도 있다. 그 밖에 링크로 인한 폐해는 입법을 통해 대처43)하여야 한다는 반대의견 등 링크를 둘러싼 다양한 논의들이 제기되고 있으므로 이번 대법원 전원합의체 판결로 링크 문제가 온전히 해결되었다고 단정짓기는 어려울 듯하다.

끝으로 언급하고 싶은 것은 대법원이 언급하고 있는 링크와 관련된 해외 법원의 판단의 상이점이다. WIPO 인터넷 조약상의 공중이용제공권에 그 뿌리를 두고 있는 우리의 전송권과 각국의 그에 상응하는 권리의 적용범위는 이론적으로는 동일해야 하고 그것이 이상적이다. 하지만 WIPO 인터넷 조약상 공중이용제공권의 수용 방식 및 그것을 공중이용제공행위를 규율하는 권리에 관한 법규정의 문언은 국가별로 차이가 있다.44) 같은 뿌리라는 관점에서 동일 또는 유사 사건에서의 타국 법원의 판결이 사안을 해결하는 주요한 논거가 될 수 있지만,45) 법해석론에서 주요한 기준이 되는 법문의 차이는

공유 사이트 게시자의 공중에의 이용제공의 여지를 더욱 확대시키는 행위로서 해외 동영상 공유 사이트 게시자의 공중송신권(전송권) 침해행위에 대한 방조에 해당한다고 봄이 타당하다(따라서 이와 일부 배치되는 대법원 2015. 3. 12. 선고 2012도13748 판결 등의 견해는 변경되어야 하고……)").

39) 강명수, 앞의 논문, 258, 269-274면; 이 견해는 '사후적 침해행위 방조론'의 입장에 의할 때 후속 '송신'이 이루어지지 않은 '이용제공' 단계에서는 링크 행위자에 대하여 방조책임을 물을 수 없는 한계가 있지만 이는 죄형법정주의의 관점에서 당연하다고 한다. 강명수, 같은 논문, 273, 291면.

40) 전송행위의 중심은 '이용제공'행위에 있지만 다만 저작권법 제2조 제10호의 법문상 후속 송신도 전송에 포함된다고 규정하고 있는 점을 근거로 인터넷 이용자들이 계속 후속 송신을 받게 된다면 전송행위는 계속 이루어지는 것이라는 해석론도 있다. 박윤석·신창환, "대법원 링크 판결에 대한 비판적 고찰-대법원 2021. 9. 9. 선고 2017도19025 전원합의체 판결을 중심으로-", 「계간 저작권」, 제34권 제4호, 2021, 123-124면.

41) 박윤석·신창환, 위의 논문, 111-115면.

42) 박윤석·신창환, 위의 논문, 115-118, 121-122면; 이러한 지적은 논리적으로는 타당할 수 있으나, 법원의 심리범위는 공소사실에 기재된 범위 내로 한정된다는 점(대법원 1970. 3. 10. 선고 69도1157 판결 참조)을 고려하면 법원을 탓할 수는 없을 것이다.

43) 일본의 경우가 그러하다. 일본 저작권법 제113조, 제119조, 제120조의2 참조.

44) 이 점에 대하여는 이주연, "인터넷조약상 공중이용제공권의 수용에 관한 연구", 「법학논총」, 제34집 제3호, 한양대학교 법학연구소, 2017.

45) 향후에는 우리나라 법원이 판결에서 국내 문헌을 인용할 경우뿐 아니라 해외 판결을 인용할 경우에도 그 출처까지 표시하는 방향으로 변화하기를 기대한다.

동일 또는 유사한 사안에서 각국 법원의 판단이 달라지는데 결정적인 역할을 하기도 한다.[46] WIPO 인터넷 조약상 공중이용제공권 및 그 상위 권리로서 공중전달권에 대한 규정을 거의 그대로 받아들인 유럽 정보화사회지침에 따라 링크 행위를 판단하는 유럽 사법재판소와 공중이용제공권을 배포권, 전시권 등으로 규율하는 미국의 법원이 링크 행위를 판단하는 방식이 다른 것이 그러한 예이다. 이 사건에서 대법원은 전송과 관련하여 '이용제공'에 중심을 두고 해석하고 있지만, 학설 중에는 WIPO 인터넷 조약상 공중이용제공에 대한 규정과는 달리 우리 저작권법이 전송은 후속 '송신'을 포함한다고 명시하고 있는 부분이 방조범의 성립을 지지하는 해석론의 논거로 사용되는 것도 그러한 예이다.

---

46) 이 점에 대하여는 이주연, "인터넷조약상 공중이용제공권 침해사례 분석–각 국 법원 판결의 비교를 중심으로–", 「선진상사법률연구」, 제80호, 법무부, 2017.

참고문헌

강명수, "저작권 침해 게시물에 대한 링크 행위의 방조책임 - 대법원2021. 9. 9. 선고 2017도19025 전원합의체 판결을 중심으로 -", 「산업재산권」, 제69호, 한국지식재산학회, 2021.

박상옥·김대휘 외, 「주석 형법」, 제3판, 한국사법행정학회, 2020.

박성민, "저작권침해행위의 계속범 성립여부에 관한 형법적 고찰 - 대법원 2015. 3. 12. 선고 2012도13748판결을 중심으로 -", 「비교형사법연구」, 제19권 제4호, 한국비교형사법학회, 2018.

박윤석·신창환, "대법원 링크 판결에 대한 비판적 고찰 - 대법원 2021. 9. 9. 선고 2017도19025 전원합의체 판결을 중심으로 -", 「계간 저작권」, 제34권 제4호, 한국저작권위원회, 2021.

박준석, "이미지 검색엔진의 인라인링크 등에 따른 복제, 전시, 전송 관련 저작권침해 책임", 「민사판례연구」, 제33권(상), 민사판례연구회, 2011.

_____, "인터넷 링크행위자는 이제 정범은 물론 방조범조차 아닌 것인가? - 대법원 2012도13748 판결의 문제점과 저작권 형사범죄 처벌의 논리 -", 「산업재산권」, 제48호, 한국지식재산학회, 2015.

이주연, "인터넷조약상 공중이용제공권 침해사례 분석 - 각 국 법원 판결의 비교를 중심으로 -", 「선진상사법률연구」, 제80호, 법무부, 2017.

_____, "인터넷조약상 공중이용제공권의 수용에 관한 연구", 「법학논총」, 제34집 제3호, 한양대학교 법학연구소, 2017.

이해완, "인터넷 링크와 저작권 침해 책임", 「성균관법학」, 제27권 제3호, 성균관대학교 법학연구원, 2015.

_____, "링크사이트에 의한 저작권침해 확산에 대한 입법적 대응방안 연구", 「성균관법학」, 제29권 제4호, 성균관대학교 법학연구원, 2017.

임원선, "저작권법상 링크와 링크사이트의 법적 성격에 관한 검토", 「계간 저작권」, 제30권 제3호, 한국저작권위원회, 2017.

최진원, "저작물에 대한 링크와 법적책임에 관한 小考 - 사례 분석을 통한 합법과 위법 경계의 탐색 -", 「계간 저작권」, 제30권 제3호, 한국저작권위원회, 2017.

대법원 2016. 1. 14. 선고 2014다202110 판결

영상저작물 특례규정에서의 '영상화'의 의의

김 경 숙 (상명대학교 지적재산권학과 교수)

Ⅰ. 판결의 개요

1. 사건의 개요

이 사건의 원고는 한국음악저작권협회(이하 '음저협'이라고 한다)이고, 피고는 CGV이다. 원래 원고가 사용하던 사용신청서 양식에는 저작권사용료 징수규정 제34조를 근거로 "영화관 등에서 상영을 목적으로 하는 영상물의 복제 사용료는 사용자와 협의하여 정한다"라고 기재되어 있었으며, 사용조건란에 "본 사용신청은 사용자의 저작권료 납입시 계약이 성립하며, 사용료 미납 시 저작권법 제136조(권리의 침해죄)에 의거 형사상의 책임을 져야 합니다."라고 기재되어 있었다. 그런데 2010년 10월 경 원고는 사용신청서 내용을 변경하였는데, 변경된 사용조건란에 "상영(방송) 목적 최초복제 및 2차적 이용을 위한 최초복제에 한하여 승인함. 공연권, 복제권(DVD 등 2차 복제) 및 공중송신권 등은 별도의 규정(일부 사용신청서 양식에는 '별도의 규정' 대신 '저작권법'으로 되어 있다)에 따라 처리하여야 함."이라는 문구를 추가하였다.

2011년 5월 12일경 원고는 변경한 사용신청서 내용 중의 '저작권 사용료 징수규정'을 바탕으로 피고(CGV)와 롯데쇼핑 주식회사를 비롯한 국내의 복합상영관들을 대상으로 영화에 삽입된 음악저작물에 관한 공연사용료의 지급을 요청하였다. 영화계에서는

처음에는 이를 무시하였으나, 이후 이를 그대로 둘 경우 형사고소 등이 예상되어 이를 예방하기 위해 영화음악저작권대책위원회(이하 '영대위'라 한다)가 구성되어 원고와는 2011년 6월 협상을 시작하였으나, 원고가 롯데시네마를 저작권 침해로 형사고소하며 협상은 결렬되었다.

2012년 3월 15일 문화체육관광부(이하 '문화부'라 한다)는 음저협과 한국음악실연자연합회의 음악저작권 사용료 징수규정 개정안을 승인했다.[1] 이후 사용료 징수규정의 변경을 근거로 원고는 2012년 4월 CJ CGV, 메가박스를 상대로 민사소송을 하였다. 2012년 9월 문화부 중재로 영대위와 음저협간 '영화음악 저작권 사용료에 관한 합의서'[2]가 도출되고, 원고는 2010년 10월 임의로 징수규정을 개정한 때로부터 문화부가 징수규정을 승인한 2012년 3월 15일전까지의 사용료 부분에 대해서 CJ CGV를 대표로 하여 소송을 제기하였다.

2. 대상판결의 요지

가. 제1심의 판단(서울중앙지방법원 2013. 5. 23. 선고 2012가합512054 판결)

(1) 영화에 사용된 기성곡의 특례규정 적용여부

피고는 저작권법 제99조 제1항 제2호에 의하면 저작재산권자가 저작물의 영상화를 다른 사람에게 허락한 경우 특약이 없는 때에는 영상저작물을 공개 상영할 수 있는 권

---

1) 주요 개정내용은, 영화에 음악저작물을 이용함에 있어서 복제와 공연 등을 별도로 허락하기로 하는 특약이 있는 경우 곡당 복제사용료를 사용량(시간) 및 관람객수에 따라 영화상영이 종료된 후에 원고에게 납부하도록 하며, 납부 주체는 영화제작자로 하되 영화제작자가 납부하지 아니한 경우 영화상영관에게 납부를 요구할 수 있도록 하는 것 등이다.

2) 합의 내용결과 도출된 징수규정은 아래와 같다.
제34조(영화 사용료) ① 영화에 음악저작물을 이용함에 있어서 복제·배포·공연 등을 일괄적으로 허락하는 경우의 곡당 사용료는 다음과 같다.
300만원+(스크린당 곡단가×개봉 첫날 스크린 수)×지분율
비고1) 스크린당 곡단가는 13,500원으로 한다.
비고2) 개봉 첫날 스크린 수는 영화진흥위원회 극장 입장권전산망 집계를 기준으로 한다.
비고3) 순제작비 10억 미만 영화의 경우, 위 기준에 의하여 산출된 사용료의 1/10로 한다.
비고4) 저작인격권과 관련된 사항에 대하여는 저작자와 협의하여 정한다.
② 영화에 음악저작물을 이용함에 있어서 복제와 공연 등을 별도로 허락하기로 특약이 있는 경우 곡당 복제사용료는 아래표의 금액에 지분율을 곱한 금액으로 산정한다.

사용량에 따른 구분	5초 이상 1분 미만	1분 이상 5분 미만	5분 이상
영화제 출품	4만원	8만원	12만원

비고1) 별도 영화개봉(공연)시의 공연사용료는 (스크린당 곡단가×개봉 첫날 스크린 수)×지분율로 하고, 위 ①항의 비고1) 내지 비고4)를 준용한다.

리를 포함하여 허락한 것으로 추정되는데,[3] 원고와 영화제작자들 사이에는 특약이 없었으므로 복제 뿐 아니라 공연도 포함한다고 볼 것이므로 공연사용료 지급의무가 없다고 주장하였다. 법원은 이에 대해 원고와 피고사이에 특별한 약정이 없었다고 판단하여, 제99조 제1항이 적용되므로 영상물 상영에 대한 별도의 공연사용료 지급의무는 없다고 판시하였다.

(2) 음악저작물의 영상화 가능 여부

원고는 제99조가 규정하는 '저작물의 영상화'란 저작물을 시각적인 영상으로 만드는 것을 의미하고 그러기 위해서는 일정한 이야기가 있어야 하므로, 일정한 이야기가 있는 어문저작물만 영상화의 대상이 될 뿐이라고 주장하였다. 이에 대해 법원은 영화의 제작단계에서 개별 저작권자들로부터 이용허락을 받았다 하더라도 그 상영을 위하여 별도로 모든 저작권자들의 허락을 받아야 하는 문제가 발생하므로 영상저작물에 대하여 종합예술로서 특성을 살리고 그 이용의 원활화를 기하고자 하는 위 조항의 입법취지가 크게 훼손되는 점을 고려하여 보면, 음악저작물도 영상화의 대상 저작물이 된다고 보아야 한다고 판시하였다.

나. 제2심의 판단(서울고등법원 2013. 12. 19. 선고 2013나2010916 판결)

원고는 기성곡에 대한 주장은 포기하고 영화를 위해 새롭게 창작된 곡(이하 '창작곡'이라 한다)을 주된 대상으로 하여 항소하였다.

(1) 창작곡의 권리귀속 문제

피고의 주장에 의하면 관행적으로 영화에 사용되는 음악 중 창작곡은 음악제작을 의뢰받은 음악감독이 영화제작자와의 사이에 '음악감독계약'을 체결한 후 직접 제작하여 영화제작자에게 그 저작권을 양도하거나 이용허락을 하는 방식으로 권리처리가 이루어져 왔다. 한편 원고의 '저작권신탁계약약관'(2009.3.18. 변경된 것) 제3조 제1항은 "위탁자(저작자)는 현재 소유하고 있는 저작권 및 장차 취득하게 되는 저작권을 신탁재산으로

---

3) 영상저작물의 제작과정에서 창작적으로 기여한 자들의 권리귀속에 관한 특례규정(저작권법 제100조)은 비교법적으로 베른협약 제14조의2를 비롯하여, 미국의 업무상저작물제도, 일본 저작권법 제29조의 법정양도제도, 독일 저작권법 제89조의 추정양도제도, 프랑스 저작권법 제132조의 24의 추정양도제도, 그리고 우리나라 저작권법 제100조의 추정양도제도 등 다수의 예가 존재한다. 김경숙, "영상저작물의 권리귀속 문제에 관한 일 고찰 - 한국저작권법의 비교법적 위치 -"「창작과권리」, 통권51호, 2008년 여름, 35-71면; 최현호, "영상저작물에 관한 특례,"「한국저작권논문선집(Ⅰ)」, 저작권심의조정위원회, 1992; 황적인, "영상저작물의 특례해석,"「계간저작권」, 1988년 봄호 참조.

수탁자(원고)에게 저작권을 이전하고"라는 규정을 근거로 이 사건 창작곡의 저작권은 창작과 동시에 그 저작물의 저작재산권이 원고에게 양도되어 해당 저작물에 대한 저작재산권자는 원고가 되므로, 영화제작자들이 그 저작자로부터 저작물의 이용허락을 받거나 저작권을 양도받았다고 하더라도 이는 무권리자로부터 받은 것에 불과하여 효력이 없다고 주장하였다.

제2심 법원은 "저작재산권의 양도 또는 처분제한은 등록하지 아니하면 제3자에게 대항할 수 없는데(저작권법 제54조 제1호), 원고는 이 사건 창작곡에 대한 저작권신탁을 등록하지 아니하였으므로, 창작곡의 저작재산권 신탁에 따른 양도로써 대항할 수 없다."고 하고 "특별한 사정이 없는 한 적어도 해당 영화에 창작곡을 이용하는 데 대한 음악저작자의 허락은 있는 것으로 봄이 상당하다"고 판시하였다.

(2) 음악저작물의 영상화 가능 여부

제2심법원은 '영상화'에는 영화의 주제곡이나 배경음악과 같이 음악저작물을 특별한 변형없이 사용하는 경우도 포함된다고 보아야 하고, 이를 반드시 2차적저작물을 작성하는 것으로 제한 해석하여야 한다고 보기어렵다고 제1심과 같은 취지의 판시를 하였다.

다. 대법원의 판단(대법원 2016. 1. 14. 선고 2014다202110 판결)

원고가 제1심과 항소심에서 제기한 대부분의 쟁점에 관한 주장이 상고심에서도 그대로 반복되었는데, 대법원은 원심의 판단은 모두 정당한 것이라고 보아 원고의 상고를 기각하였다.

Ⅱ. 해 설

1. 사건 판결의 의의

본 판결은 저작권법상 "영상저작물에 관한 특례규정"(제99조~제101조) 중 제99조의 적용범위에 관한 대법원에 의한 최초의 사법적 판단으로서, 저작물의 영상화의 의미 속에는 음악저작물을 2차적저작물로 작성하는 경우뿐만 아니라 주제곡이나 배경음악과 같이 변형없이 사용하는 경우도 포함한다는 법리를 명확하게 확립하였다는 점에서 큰 의미를 갖는다고 볼 수 있다.

또한, 음악저작물의 영상화에 관하여 크게 두 가지 관점에서 원고측과 피고측의 공

방이 이어졌음을 알 수 있다. 즉, 음악저작물(기성곡＋창작곡)도 영상화의 대상에 포함
되는지에 관한 영상저작물 특례규정 제99조의 해석문제와, 창작곡의 영상화와 관련하
여 원고와 저작자들의 신탁계약에 의하여 창작곡이 원고에 권리이전된 경우에도 창작
곡의 저작자가 영화제작자에게 그 창작곡을 이용허락하거나 양도하는 것이 허용될 것
인지의 해석문제(창작곡의 권리귀속과 처리의 문제)가 그것이다.

2. 음악저작물의 영상화의 가능성

본 사건에서 가장 큰 쟁점이 되었던 것이 바로 음악저작물이 영상화의 대상이 되느
냐의 문제였다. 원고는 영상화란 저작물을 시각적인 영상으로 만드는 것을 의미하기
때문에 일정한 이야기가 있는 어문저작물만이 그 대상이 될 수 있고, 또한 영상화는 2
차적저작물을 작성하는 것만을 의미하기 때문에 음악저작물과 같이 특별한 변형 없이
그대로 영화에 삽입하여 이용되는 것은 복제에 해당하므로 영상화에는 해당되지 않는
다고 주장하였다. 이에 대해 대법원은 영상저작물의 원활한 이용과 유통을 도모하고자
하는 특례규정의 입법취지를 감안하여 영상화에는 영화의 주제곡이나 배경음악과 같이
음악저작물을 특별한 변형 없이 사용하는 경우도 포함된다고 보아야 하고, 이를 반드
시 2차적저작물을 작성하는 것으로 제한적으로 해석할 이유가 없다고 판시했다.

저작권법 제99조는 영상화의 대상을 '저작물'로 폭넓게 규정하고 있기 때문에 그 점
에서는 음악저작물도 포함된다고 해석될 여지가 생기게 된다. 그런데 원저작물을 이용
하여 영상물을 제작하는 경우를 상정한 제99조 제1항 제1호에 의하면(제2호 이하는 영상
저작물의 이용에 관한 규정이다), 허락이 추정되는 것은 "영상저작물을 제작하기 위하여
저작물을 각색하는 것" 한 가지 뿐이고 "저작물의 변형없는 이용" 내지 복제는 제외되
어 있다. 또한 "2차적저작물"에 관한 법조문을 살펴보아도 영상화 내지 영화화의 의미
내지 대상을 유추해볼 수 있다. 즉 우리나라 저작권법 제5조는 "원저작물을 번역·편
곡·변형·각색·영상제작 그 밖의 방법으로 작성한 창작물은 독자적인 저작물("2차적
저작물")로서 보호된다."고 규정하고 있고, 일본저작권법 제27조는 번역권 및 번안권등
의 내용으로서 "저작자는 그의 저작물을 번역, 편곡 또는 변형하거나 각색, 영화화 그
밖에 번안할 권리를 전유한다."고 규정하고 있다. 이들 조문으로부터 우리나라 저작권
법과 일본저작권법의 영상제작 및 영화화는 2차적저작물 작성 또는 번안으로 한정된다
고 해석될 수 있다. 그렇다면 '영상화'의 대상 저작물은 각색이 가능한 저작물만이 가
능하다고 해석할 수 있고, 그렇다면 결국은 스토리가 있고 각색이 가능한 어문저작물

정도로 한정되어질 수밖에 없을 것이다.

이러한 점에서 영상저작물 특례규정은 저작권자의 권리를 제한하는 것이므로 엄격하게 해석될 필요가 있고 따라서 '영상화'라는 개념에 단순 '복제'까지 포함하는 것은 부당하다는 원고의 주장은 나름의 설득력을 갖는다고 할 수 있다.

그러나, 법원(특히 1심 법원)은 저작권법 제2조 제1호는 저작물에 대해 '인간의 사상 또는 감정을 표현한 창작물로 규정하고 있으므로, 제99조 제1항의 저작물을 어문저작물로만 한정하여 해석할 근거가 없는 점, 그리고 저작권법 제100조 제2항에서 "영상저작물의 제작에 사용되는 소설·각본·미술저작물 또는 음악저작물 등의 저작재산권은 제1항의 규정으로 인하여 영향을 받지 아니한다."고 규정하여, 음악저작물도 소설, 각본 등의 어문저작물과 마찬가지로 영상화의 대상이 됨을 전제로 하고 있는 점, 저작권법 제99조 제1항의 저작물의 범위를 어문저작물로만 한정하고 음악저작물을 제외하게 된다면, 영화의 제작단계에서 개별 저작권자들로부터 이용허락을 받았다 하더라도 그 상영을 위하여 별도로 모든 저작권자들의 허락을 받아야 하는 문제가 발생하므로 영상저작물에 대하여 종합예술로서 특성을 살리고 그 이용의 원활화를 기하고자 하는 위 조항의 입법취지가 크게 훼손되는 점을 고려하여 보면, 음악저작물도 영상화의 대상 저작물이 된다고 할 것이다.

생각건대 영상물에 이용되는 저작물의 종류에는 제한이 없다고 보아야 한다. 어문저작물 또는 음악저작물뿐만이 아니라, 미술저작물 또는 영상저작물 등 모든 저작물이 영화의 일부로 사용될 수 있기 때문이다. 영상저작물에서 음악(이른바 영화음악)이 차지하는 비중을 고려할 때에는 더욱 그러하다. 이러한 관점에서 영상화에 2차적저작물을 작성하는 것뿐 아니라 보통 변형없이 복제의 형식으로 이용되는 음악저작물도 그 대상이 된다는 대법원의 판단은 타당하다고 생각된다.[4]

3. 창작곡의 권리귀속 문제

흔히 영화에 삽입되는 음악저작물은 크게 두 가지로 분류될 수 있다. 하나는 창작 당시 영화 삽입을 염두에 두지 않고 만들어진 기성곡으로서 흔히 통상곡 혹은 스코어라 불린다. 다른 하나는 영화에 삽입하기 위해 창작된 음악으로서 창작곡 혹은 오리지널 스코어 또는 이른바 O.S.T(Original Sound Track)라 부르는 것이 그것이다.[5] 국내 영

---

4) 이에 대해서는 오승종, 「저작권법」, 제3판, 박영사, 2013, 984-985면도 같은 취지이다.
5) 영화음악저작권대책위원회, "영화음악 사용허락에 관한 궁금증, 시원하게 답해드립니다-한국음악저

화제작 실무상 영화제작자는 원고(음저협)가 관리하는 기성곡을 영화 배경음악 등으로 이용할 경우, 원고에 사용신청서를 제출하고 사용승인을 받아 저작권료를 지급하고 사용해 왔고, 오리지널 창작곡에 대하여는 저작권자와 직접 협상을 통해 저작권료를 책정하고 사용해 왔다.[6] 이와 같이 실무상으로는 음악저작물의 이용형태가 다르기 때문에 본 사건에서도 제1심에서는 기성곡에 대한 권리귀속 내지 권리처리 문제가, 제2심에서는 창작곡에 대한 권리귀속 내지 권리처리 문제가 각각 다투어졌다.

대법원에서 정당하다고 판시한 원심의 사실인정에 의하면, 창작곡이 영상화를 위하여 제작될 경우의 권리귀속 문제는 보통 관행적으로 영화제작자와 음악감독 사이에 음악감독계약을 통하여 해결하고 있다. 즉 음악감독이 영화에 사용되는 음악을 직접 제작하여 영화제작자에게 그 저작권을 양도하거나 이용허락을 하고, 직접 제작하지 아니한 음악에 대하여는 이용권한을 획득하는 등의 용역 업무를 포괄적으로 수행하고, 영화제작자는 그에 대한 보수를 지급하는 것을 내용으로 하는 계약이 체결된다.[7] 문제는 원고와 신탁계약을 체결한 음악저작자들의 창작곡이다. 이 경우에는 장래적으로 작사·작곡할 곡에까지 포괄적 신탁을 한다는 원고 작성의 '저작권신탁계약'의 내용[8]에 따라 원고가 창작곡에 대해 권리를 가지는 것으로 해석될 수 있다는 점이다. 이러한 이유에서 원고는 창작자들이 영화를 위해 창작한 오리지널 곡들을 양도한다는 음악감독과 영화제작자 사이의 계약은 무효이고 따라서 원고의 허락없이 영화에 이를 이용한 것은 저작권침해라고 주장한 것이다.

그러나 대법원은 창작곡을 원고가 저작자들로부터 신탁을 받았다 하더라도 영화제작자와 영화상영업자(피고)가 저작자들로부터 창작곡의 이용허락을 받거나 저작재산권을 양수하는 데에는 아무런 문제가 없다는 취지로 판시하였다. 즉 대법원은 창작곡이 해당 영화에 사용될 목적으로 영화제작자나 음악감독 등의 위탁 및 보수지급에 따라 새롭게 창작되었다는 그 본질적 특성에 비추어 볼 때 적어도 해당 영화에 창작곡을 이용하는 데 대한 음악저작자의 허락은 있는 것으로 보아야 한다는 원심의 판단을 정당하다고 판시하거나,[9] 원고가 이 사건 창작곡의 저작자들로부터 그에 관한 저작재산권을

작권협회 영화음악 사용료 징수규정과 관련한 Q&A", ver. 20120822, pp.1-2.

6) 백경태, "영화음악 사용료 징수에 대한 저작권법적 검토", 「계간저작권」, Vol. 26 No.1 통권 제101호, 2013년 봄, p.198.

7) 본건 대법원 판결 【이유】 1.

8) 제3조(저작재산권의 신탁) ① 위탁자는 현재 소유하고 있는 저작권 및 장차 취득하게 되는 저작권을 본 계약기간 중 신탁재산으로 수탁자에게 저작권을 이전하고, 수탁자는 위탁자를 위하여 신탁저작권을 관리하여 이로 인하여 얻어진 저작물 사용료 등을 위탁자에게 분배한다.

신탁받았더라도 그 이전등록을 마치지 아니한 이상 저작자들로부터 저작재산권을 이중 양수하거나 저작물의 이용허락을 받은 영화제작자들과 그들로부터 영화를 공급받아 상영한 피고에 대하여 저작재산권 신탁에 따른 양도로써 대항할 수 없다는 원심의 판단을 정당하다고 판시하여[10] 원고의 주장을 기각하였다.

대법원이 위와 같이 판시한 논거는 저작권 신탁에 대한 이전등록을 하지 아니한 이상 신탁에 따른 양도로써 영화제작자와 영화상영업자에게 대항할 수 없다는 것이다. 즉 저작권의 권리변동을 제3자에게 대항하기 위해서는 등록이 필요하다는 저작권법 제54조의 취지(대항요건주의)[11]에 입각한 것이다. 이러한 판단은 타당한 것이지만 원고가 주장하는 저작권신탁계약의 유효성을 논리적 전제로 한다는 점에 주의하여야 한다. 즉 저작권신탁계약에 의해 창작곡이 원고에게 신탁(권리이전)되었음을 논리적 전제로 원고는 이에 대한 권리의 등록을 하지 않았기 때문에 (창작곡에 대한 권리를 양도받은) 피고에게 대항할 수 없다는 논리인 것이다. 이 또한 타당한 판결이라 할 것이다.

Ⅲ. 결 론

본 사건은 영상저작물 특례규정과 관련하여 원저작물로서의 음악저작물의 이용범위가 어디까지인가 다투어진 사안이었다. 대법원판결은 형식적으로는 원고의 청구를 기각하면서 음악저작물이 영상화의 대상이 된다는 법리를 새롭게 창출하였다는 점에서 그 의의를 발견할 수 있지만, 본 판결은 원고가 임의로 징수규정을 개정한 때로부터 문화체육관광부가 이를 승인한 1년여의 기간 내에서만 타당한 것이고, 이후에는 위 징수규정이 사실상의 '특약'으로 기능하여 특례규정의 적용에 우선하게 될 것이라는 점 및 저작권신탁의 등록을 통한 원고의 창작곡 이용에의 관여가 가능하게 되었다는 점을 합법적으로 확인시키는 결과가 될 수 있다는 점에서 실질적인 의의를 발견하여야 할 것으로 생각한다. 이것은 대법원이 비록 영상저작물 특례규정을 둔 입법취지를 강조하

---

9) 본건 대법원 판결 【이유】 1.
10) 본건 대법원 판결 【이유】 2.
11) 제54조(권리변동 등의 등록·효력) 다음 각 호의 사항은 이를 등록할 수 있으며, 등록하지 아니하면 제3자에게 대항할 수 없다.
  1. 저작재산권의 양도(상속 그 밖의 일반승계의 경우를 제외한다) 또는 처분제한
  2. 제57조에 따른 배타적발행권 또는 제63조에 따른 출판권의 설정·이전·변경·소멸 또는 처분제한
  3. 저작재산권, 제57조에 따른 배타적발행권 및 제63조에 따른 출판권을 목적으로 하는 질권의 설정·이전·변경·소멸 또는 처분제한

며 판시를 하였으나, 결과적으로는 우리 저작권법이 특례규정을 둔 입법 정책적 결단의 산물이라면 그 취지에 맞게 제도를 운용할 필요성이 있어 보인다. 그러한 입법취지와는 반대되는 결과가 되어버릴 수도 있다는 점을 인식할 필요가 있다.

참고문헌

■ 국내문헌

김경숙, "영상저작물의 권리귀속 문제에 관한 일 고찰-한국저작권법의 비교법적 위치-",
「창작과권리」, 통권 51호, 2008년 여름.

____, "음악저작물의 영상화와 영상저작물 특례규정의 의의-대법원 2016. 1. 14. 선고
2014다202110 판결-",「스포츠와 법」, 제19권 제2호 (통권 제47호), 2016.5.

백경태, "영화음악 사용료 징수에 대한 저작권법적 검토",「계간저작권」, Vol. 26 No. 1
통권 제101호, 2013년 봄.

영화음악저작권대책위원회, "영화음악 사용허락에 관한 궁금증, 시원하게 답해드립니다.
한국음악저작권협회 영화음악 사용료 징수규정과 관련한 Q&A", ver. 20120822,
8면.

오승종, 「저작권법」, 제3판, 박영사, 2013.

최현호, "영상저작물에 관한 특례,"「한국저작권논문선집(Ⅰ)」, 저작권심의조정위원회, 1992.

황적인, "영상저작물의 특례해석,"「계간저작권」, 1988년 봄호.

■ 국외문헌

Salokannel, Marjut, Ownership of Rights in Audiovisual Productions: A Comparative
Study, The Hague, London and Boston: K luw er Law International, 1997.

WIPO, *Guide to the Berne Convention for the protection of Literary and Artistic
Works (Paris Act, 1971)*, Geneva: WIPO, 1978.

대법원 2016. 7. 29. 선고 2014도16517 판결

드라마 극본 무단 출판 사건*

신 재 호 (경상국립대학교 법과대학 교수)

Ⅰ. 판결의 개요

1. 사건의 개요

방송작가인 피해자 甲은 MBC 사극 "○○○"(이하 '이 사건 드라마'라 한다)의 제작을 위하여 2009. 7. 30. 방송사내에 설립된 유한회사 A(이하 '드라마 제작사'라 한다)의 대표이사인 피고인 乙과 드라마의 극본집필계약을 체결하고, 1∼6회까지의 극본(이하 '이 사건 극본'이라 한다)을 집필하다가 2010. 3. 중순경 방송사의 직원으로 이 사건 드라마의 총괄기획자인 피고인 丙 등이 작가팀에 새로이 합류하여 공동으로 극본을 집필하였다. 그러나 피해자 甲과 새로이 합류된 작가들과의 갈등, 11회 대본의 확정문제 등으로 인하여 드라마 제작사 대표인 피고인 乙은 2010. 6. 13. 甲과의 극본집필계약을 해지한다는 이메일을 발송하였고, 이에 대해 피해자 甲은 2010. 6. 15. 피고인 乙에게 계약해지의 부당성을 주장하며, 기존의 작업성과를 이용하지 말 것 등을 통보하였으나, 이후부터는 다른 작가들이 나머지 극본을 완성하여 2010. 9. 18. 32부작으로 이 사건 드라마가 종영되었다.

한편, 피고인들은 극본집필계약의 해지를 통지하기 이전인 2010. 3. 9. 이 사건 드라마의 홍보를 위하여 이 사건 극본을 각색한 소설을 출판하기로 출판계약을 체결하였

---

* 본 평석은 신재호, "복수의 저작자가 관여한 저작물에 관한 검토," 「법조」, Vol. 722, 법조협회, 2017, 807면 이하를 요약 정리하면서, 주된 쟁점을 수정 보완한 것이다.

고, 이후 이 사건 극본을 포함한 32회 극본이 모두 출판사에게 전달되어 2010. 10. 25. 이 사건 드라마의 극본을 각색한 소설(이하 '이 사건 소설'이라 한다)이 출판되었는데, 소설책 표지에는 이 사건 드라마명을 원작으로 표시하고, 이 사건 소설의 저자명만을 표시하고 있었다. 피해자 甲은 그로부터 1년여가 경과된 후 이 사건 소설이 이 사건 극본의 2차적저작물작성권 및 성명표시권과 동일성유지권을 침해하였다는 취지로 고소를 하였다.

2. 대상판결의 요지

가. 원심판결(서울남부지방법원 2014. 11. 14. 선고 2014노378 판결)

피고인들은 저작권법 제136조 제1항 제1호에 규정된 2차적저작물작성권 침해죄 및 저작권법 제136조 제2항 제1호에 규정된 저작인격권(성명표시권, 동일성유지권) 침해로 인한 명예훼손죄를 인정한 1심 판결[1]에 불복하여 고소기간 경과에 따른 공소기각 주장, 피고인들에게 고의가 없다는 주장, 저작인격권을 침해하였다 하더라도 명예를 훼손하지 않았다는 주장 등을 하면서 항소를 제기하였다.

이에 대해 법원은 먼저, 이 사건 드라마 극본 집필계약 부당해지로 인한 위약금청구소송의 1심[2]에서 승소한 2011. 8. 12. 이후에나 이 사건 소설이 출간된 사실을 알게 되었으므로 고소기간 6개월을 도과하지 않았다고 판단하였다. 또한, ① 피고인들이 피해자에게 통지한 계약해지의 적법성에 대한 다툼이 있었으므로 피해자가 집필한 각본을 원저작물로 하여 소설을 출판할 수 있는 권리가 피고인들에게 있는지 여부가 불명확하였고, ② 피해자와의 집필계약 체결 당시 출판에 앞서 피해자와 사업내용, 수익분배조건에 대해 사전 협의하기로 약정하였으나 피해자와 구체적인 출판조건 등에 관한 명시적 합의가 없었으므로, 피해자의 허락 없이 피해자가 단독 집필한 1~6회 극본을 소설

---

1) 서울남부지방법원 2014. 2. 13. 선고 2013고정1341 판결.
2) 甲은 2010. 7. 13. 드라마 제작사를 상대로 이 사건 드라마 극본집필계약 부당해지로 인한 위약금을 청구하는 민사소송을 제기하였다(서울중앙지법 2011. 8. 12. 선고 2010가합71856 판결). 이 위약금 청구소송에서 원고는 극본집필계약에서의 약정에 따라 집필료의 3배를 위약금으로 청구하였으나, 법원은 집필계약의 해지에 있어 원고에게 귀책사유가 없는 것으로 판단하면서도 위약금약정은 손해배상예정으로 적절한 감액이 가능하다고 보고, 위약금으로 1억 3200만원을 지급하라고 판결하였다. 항소심(서울고등법원 2012. 5. 4. 선고 2011나68861 판결)에서도 1심 판결과 같은 취지로 집필료의 130%인 2억 4,960만원에서 이미 지급된 계약금 6,000만원을 뺀 1억 8,960만원으로 위약금을 감액하였으며, 이 판결은 대법원의 2012. 10. 11. 심리불속행기각 판결로 확정되었다(2012다58913). 보다 자세한 내용은 홍승기, "방송작가 집필계약상 손해배상예정액의 처리", 「인하대학교 법학연구」, 제16집 제1호, 2013, 325-326면 참조.

로 출간하여 판매하거나 위 극본을 각색하여 만든 2차적저작물을 출간하여서는 아니됨에도 불구하고, 피고인들은 출판사로부터 드라마 1~32회 극본을 각색한 소설이 출판될 예정이라는 연락을 받고도 이를 피해자에게 알리거나 출판중단을 요청하지 아니한채, 피해자의 1~6회 극본을 임의로 각색한 부분을 포함하여 집필한 소설을 출간되게한 것은 피고인들이 공모하여 피해자의 2차적저작물작성권을 고의로 침해한 것으로 판단하였다.

한편, 제1심과 달리, 원심에서는 피고인들이 이 사건 소설에 피해자의 성명을 표시하지 않고 출간하도록 했어도 원저작권자인 피해자의 성명표시권 또는 동일성유지권을 침해하였다고 보기 어렵고 달리 이를 인정할 증거도 없다고 판단하였는데, 그 근거로서 저작권법 제12조에 의하면, 저작자는 "저작물의 원본이나 복제물"에 그의 실명 또는 이명을 표시할 권리를 가진다고 규정하고 있을 뿐, "2차적저작물"에 성명표시권을 가진다고 규정하고 있지 않으며, 저작권법 제13조에 의하면, 저작자는 그의 "저작물"에 대하여 동일성유지권을 가질 뿐, 새로운 창작성을 가지는 "2차적저작물"에 대하여 동일성유지권을 가진다고 규정하고 있지 않기 때문에 2차적저작물로 성립한 이상 그러한 2차적저작물을 원저작자의 동의를 받지 않고 무단으로 창작한 경우 저작재산권인 2차적저작물작성권 침해를 이유로 처벌할 수 있음은 별론으로 하고, 새로운 창작성을 가지는 2차적저작물에 원저작자를 표시하지 않았고, 원저작물의 동일성을 유지하지 않았다는 이유로 원저작권자인 피해자의 성명표시권 또는 동일성유지권을 침해하였다고 보기 어렵고, 저작인격권 침해죄로 처벌할 수는 없다고 판단하였다.[3]

나. 대법원 판결(대법원 2016. 7. 29. 선고 2014도16517 판결)

피고인들은 이 사건 전체 극본은 피해자와 이 사건 전체 극본을 최종적으로 완성한 작가들 사이의 공동저작물임을 전제로 하여 피고인들이 이 사건 전체 극본을 완성한 작가들로부터 저작권을 양수하였다고 주장하면서, 공동저작자가 다른 공동저작자와 합의하지 않고 저작물을 이용하더라도 저작권침해가 성립하지 않는다는 대법원 판결[4]에

---

3) 설령, 새로운 창작성을 가지는 2차적저작물에도 원저작자를 표시하여야 하고, 원저작자의 허락을 받지 않고 2차적저작물을 작성하면 동일성유지권을 침해하는 것이라고 하더라도, 피고인들이 원작을 표시하여 간접적인 방법으로 피해자가 원작자임을 표기하였다는 점에서 이 사건 소설을 피해자의 동의 없이 출간한 행위가 피해자에 대한 저작인격권 침해를 넘어서 피해자의 명예를 훼손하는 정도에 이르렀다는 점을 인정할 만한 증거가 없다고 판시하고 있다.

4) 대법원 2014. 12. 11. 선고 2012도16066 판결에서는 공동저작자가 단독으로 공동저작물을 이용하였다 하더라도 저작권행사방법을 위반하는 것일 뿐 제136조 제1항의 저작권침해행위에는 해당하지 아

따라 저작권 침해죄가 성립하지 않는다고 주장하며 상고하였다.

이에 대해 대법원은 2인 이상이 시기를 달리하여 순차적으로 창작에 기여함으로써 단일한 저작물이 만들어지는 경우에, 선행 저작자에게 자신의 창작 부분이 하나의 저작물로 완성되지는 아니한 상태로서 후행 저작자의 수정·증감 등을 통하여 분리이용이 불가능한 하나의 완결된 저작물을 완성한다는 의사가 있고, 후행 저작자에게도 선행 저작자의 창작 부분을 기초로 하여 이에 대한 수정·증감 등을 통하여 분리이용이 불가능한 하나의 완결된 저작물을 완성한다는 의사가 있다면, 이들에게는 각 창작 부분의 상호 보완에 의하여 단일한 저작물을 완성하려는 공동창작의 의사가 있는 것으로 인정할 수 있지만, 선행 저작자에게 위와 같은 의사가 있는 것이 아니라 자신의 창작으로 하나의 완결된 저작물을 만들려는 의사가 있을 뿐이라면 설령 선행 저작자의 창작 부분이 하나의 저작물로 완성되지 아니한 상태에서 후행 저작자의 수정·증감 등에 의하여 분리이용이 불가능한 하나의 저작물이 완성되었다고 하더라도 선행 저작자와 후행 저작자 사이에 공동창작의 의사가 있다고 인정할 수 없다고 판시하였다. 따라서 이때 후행 저작자에 의하여 완성된 저작물은 선행 저작자의 창작 부분을 원저작물로 하는 2차적저작물로 볼 수 있을지언정 선행 저작자와 후행 저작자의 공동저작물로 볼 수 없고, 따라서 이 사건 전체 극본은 피해자의 창작 부분을 원저작물로 하는 2차적저작물로 볼 수 있을지언정 피해자와 위 작가들의 공동저작물로 볼 수 없으며, 이와 달리 이 사건 전체 극본이 공동저작물이라고 보는 전제에서, 피고인들이 피해자와 합의 없이 이 사건 소설이 출판되게 하였더라도 피해자의 저작재산권을 침해하는 행위에 해당하지 않는다는 상고이유 주장은 받아들일 수 없다고 판단하였다.

Ⅱ. 해 설

1. 쟁 점

첫 번째 쟁점은 피해자 甲이 집필한 미완성 극본과 이를 포함하여 완성된 극본의 관계이다. 완성된 극본을 공동저작물로 보는 경우 일부 공동저작자에 의한 권리행사는 설령 다른 공동저작자와의 합의가 없는 경우라 하여도 합의에 반대한 공동저작자가 신

니한다고 해석함이 상당하다고 한 원심(서울남부지방법원 2012. 12. 6. 선고 2012노979 판결)의 판단이 정당하다고 판시하였다.

의에 반하여 합의의 성립을 방해한 것이라면 저작권 침해의 책임이 면제될 수도 있고, 특히 저작재산권 침해에 따른 형사책임에 있어서는 공동저작자가 다른 공동저작자와의 합의 없이 공동저작물을 이용한다고 하더라도 다른 공동저작자의 공동저작물에 관한 저작재산권을 침해하는 행위까지 된다고 볼 수는 없다는 것이 우리 대법원 판례의 입장이기 때문이다(대법원 2014. 12. 11. 선고 2012도16066 판결).[5]

두 번째 쟁점은 2차적저작물에 있어 원저작물의 동일성유지권 내지 성명표시권 침해에 따른 저작인격권 침해의 판단이다. 피해자 甲이 집필한 미완성 극본을 포함하여 완성된 극본이 공동저작물에 해당하는지 여부와 별개로, 완성된 극본을 기초로 작성된 소설이 2차적저작물에 해당하는 것에는 다툼이 없기 때문에 극본을 기초로 작성된 소설에 피해자 甲의 성명을 표시하지 않고, 甲이 집필한 부분을 변경한 것이 피해자 甲의 성명표시권과 동일성유지권을 침해한 것인지 여부가 다투어진 것이다. 일부 공동저작자에 의한 공동저작물의 이용행위가 저작권 침해에 해당하지 않는다는 우리 대법원 판례에서도 공동저작물의 이용에 따른 이익의 배분방법이 규정되어 있다는 점 등을 근거로 공동저작물에 관한 "저작재산권"의 침해만을 부정하였기 때문에 저작인격권 침해 문제는 완성된 최종 극본이 공동저작물에 해당하는지 여부와 별개로 쟁점이 되는 것이다.

2. 미완성 극본과 이를 포함하여 완성된 극본의 관계

복수의 저작자가 시기를 달리하여 창작에 참여하는 경우 특히, 선행 저작자의 창작 부분을 이용하여 후행 저작자가 저작물을 완성하는 경우 공동 창작의 의사가 문제된다. 이 경우 선행 저작자의 창작 부분은 물리적으로 분리될 수 있기 때문에 설령 미완성저작물의 형태일지도 독립적으로 이용될 가능성이 있고, 후행 저작자에게는 선행 저작자의 창작 부분에 의존하여 하나의 최종 저작물을 완성하고자 하는 공동 창작의 의사가 인정될 수도 있기 때문이다.

대상판결은 특히, 2인 이상이 시기를 달리하여 순차적으로 창작에 기여한 저작물에 있어 공동저작물의 요건으로서 "공동 창작의 의사"를 분명히 한 점에서 의미가 있다.

---

5) 본 사안에서 피해자 甲이 집필한 일부 극본을 포함하고 있는 최종 완성 극본이 공동저작물에 해당하는지 여부가 주된 쟁점으로 다투어진 이유는 우리 대법원의 공동저작자에 의한 공동저작물의 이용에 대한 특별한 취급 때문이다. 즉, 최종 저작물인 전체 저작물에 대하여 공동저작자로 인정되는 경우에는 공동저작자가 단독으로 전체 저작물을 이용하는 경우에도 위법행위로서 민사상의 손해배상 기타 불법행위책임을 부담하는 것은 별론으로 하고, 형사처벌까지 가능한 저작권 침해로는 보지 않기 때문이다.

즉, "공동 창작의 의사는 법적으로 공동저작자가 되려는 의사를 뜻하는 것이 아니라, 공동의 창작행위에 의하여 각자의 이바지한 부분을 분리하여 이용할 수 없는 단일한 저작물을 만들어 내려는 의사를 뜻하는 것이라고 보아야 한다"는 선행 대법원의 판결[6]을 인용하면서 2인 이상이 시기를 달리하여 순차적으로 창작에 기여함으로써 단일한 저작물이 만들어지는 경우에는 선행 저작자에게 "자신의 창작으로 하나의 완결된 저작물을 만들려는 의사가 있을 뿐이라면 설령 선행 저작자의 창작 부분이 하나의 저작물로 완성되지 아니한 상태에서 후행 저작자의 수정·증감 등에 의하여 분리이용이 불가능한 하나의 저작물이 완성되었다고 하더라도 선행 저작자와 후행 저작자 사이에 공동 창작의 의사가 있다고 인정할 수 없다"는 점을 분명히 하였다.

더 나아가 "공동 창작의 의사" 요건이 결여된 분리이용이 불가능한 저작물을 "선행 저작자의 창작 부분을 원저작물로 하는 2차적저작물로 볼 수 <u>있을지언정</u> 선행 저작자와 후행 저작자의 공동저작물로 볼 수 없다"고 판시하였는데, 이 점에도 주목할 필요가 있다고 생각한다. 선행 저작자(들)의 창작 부분을 이용하여 공동 창작의 의사 없이 완성한 저작물은 2차적저작물이나 편집물에 해당할 수 있고,[7] 본 사안에서와 같이 "공동 창작의 의사" 요건이 결여된 분리이용이 불가능한 저작물은 공동저작물이 아닌 2차적저작물이라 해석하는 것이 일반적이지만, 대상판결에서는 공동저작물도, 2차적저작물도 아닐 수 있다는 여지를 남기고 있기 때문이다.

개인적으로도 본 사안에서와 같이 원저작물의 상당 부분을 그대로 이용하면서도 추가된 부분에 있어 창작성이 인정된 저작물을 우리 저작권법에서 번역, 편곡, 변형, 각색, 영상제작 등으로 예시하고 있는 (외부적 표현이 실질적으로 개변된) 순수한 의미의 2차적저작물과 동일하게 취급하는 것은 문제가 있다고 생각하며, 원저작물을 그대로 복제하면서 추가된 부분에 창작성이 인정된 저작물을 공동 창작의 의사가 없다는 이유로 2차적저작물로 취급한다면, 원저작물의 복제행위가 2차적저작물작성행위로 변해버리는 불합리한 상황이 발생할 수 있다.

결국 2인 이상이 시기를 달리하여 순차적으로 창작에 기여한 저작물이 반드시 공동저작물이거나 2차적저작물에 해당할 필요는 없다고 생각한다. 부분적으로 선행저작물의 복제권을 침해하면서 새로운 저작물이 창작되는 경우는 매우 일반적인 현상이며,

---

6) 대법원 2014. 12. 11. 선고 2012도16066 판결.
7) 2차적저작물과 편집물은 선행 저작자인 원저작물의 저작자 또는 소재 저작물의 저작자의 공동 창작의 의사와 무관하게 창작된 저작물이다.

완성된 극본은 미완성 저작물의 복제권을 침해하면서 창작된 저작물일 뿐이다.[8]

3. 2차적저작물에 있어서 저작인격권 침해 여부

2차적저작물에 있어 원저작물의 저작인격권 침해 문제는 최근까지도 많은 논란이 있는 부분이다. 먼저, 2차적저작물에 있어 원저작물의 성명표시권을 어떻게 해석하여야 하는지 다양한 견해가 있다. 원저작자를 2차적저작물에도 표시하여야 하는지의 문제이다. 일본 저작권법에서는 2차적저작물에 있어서도 원저작물을 이용하는 경우와 마찬가지로 원저작물의 저작자명을 표시할 권리를 가진다고 규정하고 있지만,[9] 우리 저작권법은 "저작물의 원본이나 그 복제물"에 또는 "저작물"의 공표매체에 그의 실명 또는 이명을 표시할 권리를 가진다고 규정하고 있을 뿐(제12조 제1항) 2차적저작물의 이용에 있어서도 원저작자명을 표시하여야 하는지는 언급하고 있지 않기 때문이다.[10] 대상판결의 원심에서는 우리 저작권법이 "저작자는 "저작물의 원본이나 복제물"에 그의 실명 또는 이명을 표시할 권리를 가진다고 규정하고 있을 뿐, "2차적저작물"에 성명표시권을 가진다고 규정하고 있지 않"는다는 이유로 독자적인 창작성을 가지는 2차적 저작물인 "이 사건 소설에 피해자의 성명을 표시하지 않고 출간하도록 했어도 원저작권자인 피해자의 성명표시권을 침해하였다고 보기 어렵"다고 하였으며, 이는 대상판결에서도 번복되지 않았다. 다만, 본 사안에서는 원작의 저작자명은 표시되지 않았지만 원작은 표시되었고, 'MBC 주말특별기획 ○○○ 원작'이라는 의미는 결국 위 드라마의 극본작성자들이 원저작자라는 것을 은연 중 나타내는 표현이므로, 간접적인 방법으로 피해자가 원저작자임을 표기한 것이라고 언급함으로써 이를 고려하였음을 밝히고 있다. 또한, 이

---

8) 본 사안에서 선행 미완성저작물의 저작자는 피해자 甲이며, 이를 포함하여 완성된 극본의 저작자는 작가팀에 새로이 합류하여 공동으로 극본을 완성한 피고인 丙 등이다. 자신이 창작한 부분이 포함되어 있다는 이유만으로 자신의 의사에 반하여 창작된 모든 저작물에 대해 저작자의 지위를 인정하는 것은 부당하며, 완성된 극본은 피해자 甲의 선행 저작물의 저작권(복제권)을 침해한 저작물일 뿐이다.

9) 일본 저작권법 제19조(성명표시권) ① 저작자는 그의 저작물의 원작품에 또는 그의 저작물을 공중에 제공하거나 또는 제시할 때 그의 실명 혹은 이명을 저작자명으로 표시하거나 또는 저작자명을 표시하지 아니할 권리를 가진다. 그의 저작물을 원저작물로 하는 2차적저작물을 공중에 제공하거나 또는 제시할 때 원저작물의 저작자명의 표시에 있어서도 마찬가지이다.

10) 입법론으로는 일본 저작권법과 마찬가지로 원작은 물론 2차적 저작물의 이용에 있어서도 원저작자를 표시하도록 하는 것이 창작·학문윤리나 사회정의 등에 부합하고, 다른 창작자나 이용자가 원작에 접근할 수 있는 기회를 제공하며, 원저작자를 확인함으로써 저작물의 이용을 다변화·활성화할 수 있고, 불필요한 저작권 침해의 가능성을 줄일 수 있다는 여러 가지 이점이 있지만(김형렬, "저작인격권에 관한 연구", 박사학위논문, 성균관대학교, 2008, 218면), 현행 우리 저작권법에서 2차적저작물에 원작의 저작자명을 표시하지 않은 경우 성명표시권 침해를 인정할 수 있느냐의 문제는 쉽지 않다.

사건이 민사사건이 아니라 성명표시권을 침해하여 저작자의 명예를 훼손하여야 침해죄가 인정되는 형사사건이라는 점을 함께 고려하여 판단하였으며, 때문에 우리 법원이 2차적저작물에 원저작자를 표시하지 않아도, 민사적으로도 성명표시권의 침해를 인정하지 않는다고 단언하기는 여전히 곤란한 상황이다.

한편, 2차적저작물은 필연적으로 원저작물의 변형을 수반하기 때문에 특히 원저작물의 저작자의 허락 없이 작성된 2차적저작물은 2차적저작물작성권 침해 여부와 별개로, 저작자 일신에 귀속되는 동일성유지권 침해가 인정되는지 여부도 많은 논란이 있다. 2차적저작물의 동일성유지권 침해 여부에 관하여 기존의 학설과 판례는 저작권자의 허락을 받아 작성된 2차적저작물과 허락 받지 않은 2차적저작물로 나누어 검토하면서, 허락을 받아 작성된 2차적저작물은 원저작물의 본질을 개변하지 않는 이상 포괄적 예외규정(법 제13조 제2항 제5호)이나 묵시적 허락 등 다양한 근거를 이유로 동일성유지권의 침해를 부정하고 있지만, 허락 없이 작성된 2차적저작물은 2차적저작물작성권의 침해와 별도로 동일성유지권을 침해하는 것으로 보는 것이 다수의 견해이다.[11] 그리고 그 전제로 2차적저작물은 "원저작물의 동일성"을 유지할 수 없다고 보고 있다.[12]

그러나 2차적저작물은 원저작물과 별개의 독립된 저작물이며, 동일성유지권은 원저작물이 훼손되거나 왜곡되는 것을 금지하는 것이지, 원저작물을 기초로 하는 새로운 저작물의 창작을 금지하는 것이 아니다. 또한 저작물의 원본을 직접 첨삭하거나, 원저작자의 명의를 저작자로 표시하는 등 원저작물인 것처럼 이용하지 않는 한 후행 저작자의 변형 이용만으로 원저작물의 동일성은 쉽게 훼손되지 않는다. 예컨대, 외국소설을 번역하거나 소설을 영상화하면, 원작은 그대로 있는 것이고 새로운 저작물이 발생하는 것이며, 번역, 영상화 그 자체로써 "원작의 동일성"이 훼손된다고 볼 수는 없다. 물론 번역·영상화 과정에서 스토리를 왜곡하면 원작의 동일성이 훼손될 수 있으며, 이 경우에는 2차적저작물의 작성에 대해 저작권자의 허락을 얻었다 하여도 동일성유지권이

---

11) 오승종, 「저작권법」, 제5판, 박영사, 2020, 459-464면 참조. 또한 하급심 판례에서 2차적저작물로 인정되는 이상 원저작자에 대한 2차적저작물작성권 침해가 성립하는 외에 동일성유지권 침해 여부는 거론될 여지가 없다고 한 판결도 있지만(서울서부지방법원 1998. 5. 29. 선고 96가합48355 판결; 서울서부지방법원 2006. 3. 17. 선고 2004가합4676 판결), 2차적저작물작성권 침해와 동일성유지권 침해가 별도로 성립하는 것처럼 본 사례가 다수인 것 같다고 한다. 또한 해당 판결에 대한 보다 자세한 설명은 박준우, "저작인격권 남용의 방지에 관한 연구", 「산업재산권」, 제39호, 한국산업재산권법학회, 2012, 65-66면 참조.

12) '저작자의 사상과 감정을 담은 저작물이 저작자의 의사와 무관하게 변경된 형태로 따로 존재하면 인격적 이익의 손상을 입을 것이 분명'하다는 것을 근거로 제시하고 있다(류영선, "제13조 동일성유지권", 정상조 편, 「저작권법 주해」, 박영사, 2007, 351면).

문제될 수 있다. 특단의 사정이 없는 한 번역이나 영상화 과정에서 가능한 한 원작을 충실히 담아내리라는 기대가 있기 때문이다.

즉, 동일성유지권은 "원저작물의 동일성"을 유지할 권리이다. 저작권법에서도 "그의 저작물"의 내용·형식 및 제호의 동일성을 유지할 권리를 가진다고 규정하고 있으며, 2차적저작물의 동일성유지권 침해 여부 문제에서 "그의 저작물"은 원저작물을 의미한다. 따라서 개변된 "2차적저작물"이 원저작물의 동일성을 변경하였는지가 아니라 "2차적저작물로부터 파악할 수 있는 원저작물"이 실제 원저작물의 동일성을 변경하였는지 여부에 따라 동일성유지권 침해 여부를 판단하여야 할 것이다. 물론 원저작물을 기초로 작성된 2차적저작물을 마치 원저작물인 것처럼 이용한 경우에는 개변된 2차적 저작물 자체가 원저작물의 동일성을 훼손한 것인지 판단하여야 할 것이다.

대상판결의 원심에서도 "저작자는 그의 "저작물"에 대하여 동일성유지권을 가질 뿐, 새로운 창작성을 가지는 "2차적저작물"에 대하여 동일성유지권을 가진다고 규정하고 있지 않"기 때문에 "2차적 저작물로 성립한 이상 그러한 2차적저작물을 원저작자의 동의를 받지 않고 무단으로 창작한 경우 저작재산권인 2차적저작물작성권 침해를 이유로 처벌할 수 있음은 별론으로 하고, 원저작물의 동일성을 유지하지 않았다는 이유로 즉 저작인격권 침해로 처벌할 수는 없다고 판단"하였다. 다만, 대상판결에서는 저작인격권 침해 문제가 별도로 다투어지지 않았기 때문에 본 사안에서 성명표시권과 동일성유지권 침해가 부정된 근거가 명확하게 정립되지 못한 점은 아쉬운 부분이다.

참고문헌

■ 국내문헌

김형렬, "저작인격권에 관한 연구", 박사학위논문, 성균관대학교, 2008.

박준우, "저작인격권 남용의 방지에 관한 연구", 「산업재산권」, 제39호, 한국산업재산권법
　　　학회, 2012.

신재호, "복수의 저작자가 관여한 저작물에 관한 검토,", 「법조」, Vol. 722, 법조협회, 2017.

오승종, 「저작권법」, 제5판, 박영사, 2020.

정상조 편, 「저작권법 주해」, 박영사, 2007.

홍승기, "방송작가 집필계약상 손해배상예정액의 처리", 「인하대학교 법학연구」, 제16집
　　　제1호, 2013.

■ 기타 자료

대법원 2014. 12. 11. 선고 2012도16066 판결.

대법원 2016. 7. 29. 선고 2014도16517 판결.

서울고등법원 2012. 5. 4. 선고 2011나68861 판결.

서울중앙지법 2011. 8. 12. 선고 2010가합71856 판결.

서울남부지방법원 2012. 12. 6. 선고 2012노979 판결.

서울남부지방법원 2014. 2. 13. 선고 2013고정1341 판결.

서울남부지방법원 2014. 11. 14. 선고 2014노378 판결.

서울서부지방법원 1998. 5. 29. 선고 96가합48355 판결.

서울서부지방법원 2006. 3. 17. 선고 2004가합4676 판결.

대법원 2021. 7. 21. 선고 2021다219116 판결

사용기간의 정함이 없는 촬영계약상 사진 사용기간의 해석

박 태 일 (서울서부지방법원 부장판사)

Ⅰ. 판결의 개요

1. 사안의 개요

모델인 원고와 장신구를 온라인으로 판매하는 피고는 2016. 6.경 촬영계약을 체결하고, 2016. 7.경부터 2017. 6.경까지 9회 사진촬영을 하였다. 이후 피고는 원고의 얼굴 등을 포함하는 사진 1,000장 이상을 인터넷에 게시하였다.

원고는 소외 연예매니지먼트 회사와 2017. 6.경 연예인 전속계약을 체결하고, 2018. 11.경 피고에게 촬영계약 해지 및 사진 사용 허락 철회를 명시적으로 표시하였다. 또한 피고를 상대로 초상권침해금지등을 청구한 것이 이 사건이다.

2. 소송의 경과

제1심은 애초에 촬영계약만으로는 사진을 피고가 판매하는 상품 광고 목적을 위하여 상업적으로 사용하는 것에 동의하였다고 볼 수 없다고 보아 원고의 주장을 받아들여 침해금지를 명하였다.

피고가 항소하였고 항소심에서 원고는 손해배상청구를 추가하였는데, 항소심은 사진에 포함된 상품을 판매하는 동안이면 기간의 제한 없이 사진을 사용하는 것이 원고가

허용한 범위에 속한다고 판단하여 항소심에서 추가된 청구를 포함하여 원고의 청구를 모두 기각하였다.

원고가 상고하였고 대상판결은 원심으로서는 원고가 사진의 사용을 허용하였다고 볼 수 있는 합리적인 기간을 심리·판단하여야 한다고 판결하여 사건을 원심법원에 환송하였다.

II. 해 설

1. 쟁 점

대상판결의 사안에서는 초상권 침해가 문제되었고, '사진을 피고가 판매하는 상품 광고 목적을 위하여 상업적으로 사용하는 것에 동의하였는지', '사진에 포함된 상품을 판매하는 동안이면 기간의 제한 없이 사진 사용에 동의하였는지'가 쟁점으로 되었다.

2. 초상권 보호 일반론

가. 대법원의 확립된 법리

사람은 누구나 자신의 얼굴 기타 사회통념상 특정인임을 식별할 수 있는 신체적 특징에 관하여 함부로 촬영 또는 그림묘사되거나 공표되지 아니하며 영리적으로 이용당하지 않을 권리를 가지는데, 이러한 초상권은 헌법 제10조에 의하여 헌법적으로도 보장되고 있는 권리이다.[1] 따라서 타인의 얼굴 기타 사회통념상 특정인임을 식별할 수 있는 신체적 특징이 나타나는 사진을 촬영하거나 공표하고자 하는 사람은 피촬영자로부터 촬영에 관한 동의를 받고 사진을 촬영하여야 하고, 사진촬영에 관한 동의를 받았다 하더라도 사진촬영에 동의하게 된 동기 및 경위, 사진의 공표에 의하여 달성하려는 목적, 거래관행, 당사자의 지식, 경험 및 경제적 지위, 수수된 급부가 균형을 유지하고 있는지 여부, 사진촬영 당시 당해 공표방법이 예견 가능하였는지 및 그러한 공표방법을 알았더라면 당사자가 사진촬영에 관한 동의 당시 다른 내용의 약정을 하였을 것이라고 예상되는지 여부 등 여러 사정을 종합하여 볼 때 사진촬영에 관한 동의 당시에 피촬영자가 사회 일반의 상식과 거래의 통념상 허용하였다고 보이는 범위를 벗어나 이를 공표하고자 하는 경우에는 그에 관하여도 피촬영자의 동의를 받아야 한다. 그리고

---

1) 대법원 2006. 10. 13. 선고 2004다16280 판결 참조.

이 경우 피촬영자로부터 사진촬영에 관한 동의를 받았다는 점이나, 촬영된 사진의 공표가 사진촬영에 관한 동의 당시에 피촬영자가 허용한 범위 내의 것이라는 점에 관한 증명책임은 그 촬영자나 공표자에게 있다.[2)]

나. 초상권의 의의

초상권은 자기의 초상을 권한 없이 타인이 회화, 조각, 사진 등으로 작성·공표하는 것을 금지할 수 있는 권리이고, 초상권의 내용으로 ① 자신의 초상이 함부로 촬영·작성되는 것을 거부할 수 있는 이른바 촬영·작성거절권, ② 촬영·작성된 초상이 함부로 공표·복제되는 것을 거부할 수 있는 공표거절권, ③ 자신의 초상이 함부로 영리목적에 사용되지 않도록 할 수 있는 이른바 초상영리권의 3종류의 권능을 그 내용으로 한다고 설명된다.[3)] 초상권이 침해된 경우 불법행위를 이유로 하는 손해배상청구권이 인정됨은 물론이나,[4)] 나아가 금지청구권도 인정되고 있다.[5)]

다. 초상권과 퍼블리시티권의 관계

퍼블리시티권은 미국의 판례법 또는 성문법상 형성되어온 것으로서 사람이 자신의 성명, 초상, 목소리, 서명, 이미지 등을 상업적으로 이용하거나 그 이용을 허락할 수 있는 권리라고 정의할 수 있다.[6)]

초상권의 권능 가운데 이른바 초상영리권은 강학상 퍼블리시티권(right of publicity)과 교차될 수 있다. 이미 초상권의 권능으로 초상영리권까지 인정하고 있으므로 대상판결의 사안과 같이 권리자 스스로 초상권 침해를 주장하는 사안에서는 특별히 퍼블리시티권이라는 개념을 논하지 않더라도 대체로 권리 구제가 가능하다고 볼 수도 있으나, 재산권적인 성격으로서 양도·상속성을 인정할 것인지의 여부, 저작재산권에 준하여 권리자 사후에도 일정한 기간 권리가 존속된다고 볼 것인지의 여부, 손해배상액 산정을

---

2) 대법원 2013. 2. 14. 선고 2010다103185 판결 참조.

3) 정상조 편집대표(박성호 집필부분), 「부정경쟁방지법 주해」, 박영사, 2020, 259-260면 참조.

4) 초상권에 대한 부당한 침해는 불법행위를 구성하고, 그 침해를 당한 사람에게는 특별한 사정이 없는 한 정신적 고통이 수반된다고 봄이 상당하다(대법원 2012. 1. 27. 선고 2010다39277 판결 참조).

5) 서울민사지방법원 1982. 7. 21.자 82카19263 결정, 서울민사지방법원 1992. 5. 16.자 92카44613 결정 등이 가처분 사건에서 초상권 침해로 인한 금지청구를 인용한 이래 다수의 재판례를 통해 금지청구권이 인정됨을 전제로 판단이 이루어져왔다[한위수, "사진의 무단촬영·사용과 민사책임 – 초상권의 침해 –", 「민사재판의 제문제」, 제8권, 한국사법행정학회, 1994, 240면 각주 116 참조].

6) 박성호 집필부분, 앞의 「부정경쟁방지법 주해」, 252면; 윤선희, 「지적재산권법」, 18정판, 세창출판사, 2020, 445면 각 참조.

저작재산권 침해의 경우와 마찬가지 방식으로 할 수 있는지의 여부 등의 문제를 명확하게 해결하기 위해서는 입법 또는 대법원판결의 법리에 의한 퍼블리시티권 정립이 필요하다고 생각된다.

3. 광고모델계약에 관한 종전 사례

초상권 또는 퍼블리시티권에 관한 종전 사례 가운데 광고모델계약 관련 주요 사례들은 아래와 같다.[7]

가. 서울민사지방법원 1988. 5. 18. 선고 87가합6175 판결

피고들이 원고를 모델로 촬영한 사진을 토대로 삽화를 제작하여 신문광고로 사용한 사안에서 신문광고에 실린 그림이 원고라고 곧바로 식별할 수 있는 정도는 아니라고 보인다는 이유로 원고의 초상권 침해를 부정하였다.

나. 서울고등법원 1989. 1. 23. 선고 88나38770 판결

피고들은 원고를 모델로 한 카탈로그용 사진의 촬영 및 광고에 관하여만 원고의 승낙을 얻었음에도 불구하고 그 <u>승낙의 범위를 벗어나 당초 원고가 피고들과 모델 계약을 체결할 때 예상한 것과는 상이한 별개의 광고방법인 월간잡지에까지</u> 원고의 사진을 승낙 없이 사용하여 원고의 초상권을 침해하였다고 인정하였다.

다. 서울민사지방법원 1991. 7. 25. 선고 90가합76280 판결

텔레비전 광고방송물의 제작 출연계약의 <u>계약기간 만료 후</u>에도 계속 광고를 방영한 피고에 대하여 원고의 재산상 손해와 정신적 손해배상청구를 인정하였다.

라. 서울고등법원 1998. 3. 27. 선고 97나29686 판결[8]

영상광고물 계약 존속기간이 경과한 후에도 광고를 계속 방송한 피고에 대하여 원고의 재산상 손해배상청구를 인정하였다. 재산권으로 보호되므로 특별한 사정이 없는 한 재산상 손해 외에 정신상 손해가 발생한다고 보기는 어렵고, 가사 발생하였다고 하더

---

7) 아래의 사례들 중 상당 부분은 인하대학교 산학협력단(연구책임자 홍승기), "퍼블리시티권에 관한 국내 실태 조사", 한국저작권위원회, 2012, 36-119면을 참조하여 대상판결 해설 목적에 필요한 범위 내에서 추출·요약하고 재정리한 것이다.
8) 상고 없이 확정.

라도 재산상 손해의 배상에 의하여 정신적 고통 역시 회복된다는 이유로 정신적 손해 배상청구는 기각하였다.

마. 서울중앙지방법원 2000. 3. 16. 선고 99가합46206 판결[9]

신인 탤런트였던 원고가 잡지 화보 촬영에만 동의하였는데 광고에까지 자신의 초상이 사용되었다는 이유로 초상권 침해를 주장하였으나, 사회통념상 연예계의 신인이라면 오히려 인기연예인과는 반대로 잡지나 방송 등의 매체에 될수록 많은 기회에 자신의 사진이 게재되거나 방송되게 하여 자신의 지명도를 높이기 위하여 애쓴다는 점 등을 고려한다면, 원고로서는 당시 원고가 모델이 되어 촬영한 사진 가운데 일부가 피고 측의 광고용 사진으로 사용될 수 있다는 것을 용인하였다고 볼 것이라는 이유로 초상권 침해를 부정하였다.

바. 서울고등법원 2000. 5. 16. 선고 99나30444 판결[10]

광고출연계약의 존속기간 후에도 원고의 상반신 사진이 인쇄된 포장용기를 계속 사용한 피고가 광고계약 기간 이전에 제작된 판촉물은 계약기간이 경과한 이후에도 모두 소모될 때까지 사용하는 것이 광고업계의 관행이고, 원고는 이 사건 포장용기가 계약기간 이후에도 사용되고 있다는 것을 알고도 이에 대하여 아무런 이의를 제기하지 아니함으로써 이를 승인하였다고 주장하나 그러한 관행과 승인에 대한 증거가 없다고 배척한 후 원고의 재산상 손해배상청구를 인정하였다.

사. 서울중앙지방법원 2004. 12. 10. 선고 2004가합16025 판결[11]

광고계약 존속기간이 경과한 후에도 이미 제작되어 공표한 적이 있는 원고를 모델로 한 광고물을 사용한 피고에 대하여 원고의 재산상 손해배상청구를 인정(정신적 손해배상청구는 기각)하였다.[12]

---

9) 항소 없이 확정.
10) 상고 없이 확정.
11) 항소기각 확정.
12) 항소심인 서울고등법원 2005. 6. 22. 선고 2005나9168 판결은 입법 없이도 인격권과는 독립된 별개의 재산권으로서 퍼블리시티권을 인정할 수 있다는 판시를 추가하였다.

아. 부산지방법원 2006. 5. 4. 선고 2005가단108441 판결[13]

당초 약정한 광고모델 동의범위는 '포스터, 전단지, 제품박스 표지'인데 별도 동의를 받아 '신문광고'에도 사용하다 원고의 명시적 중단 통보가 있었음에도 원고가 나오는 신문광고를 게재한 피고에 대하여 원고의 정신적 손해배상청구를 인정하였다. <u>피고가 원고를 신문광고의 모델로 게재한 것은 원래 계약 당시 원고가 동의한 범위 내에 속하므로 제품의 판매가 완료될 때까지는 원고를 모델로 한 광고를 게재할 권리가 있다고 주장하였으나 배척</u>

자. 서울중앙지방법원 2007. 10. 24. 선고 2006가합63759 판결[14]

계약기간이 경과한 후에도 원고를 표상하는 캐릭터를 사용한 피고에 대하여 원고의 재산상 손해배상청구를 인정하였다.

차. 서울동부지방법원 2010. 7. 14. 선고 2009가합16764 판결[15]

계약기간이 경과한 후에도 원고의 사진을 인터넷 사이트에 사용한 피고에 대하여 원고의 재산상 손해와 정신적 손해배상청구를 인정하였다.

4. 사진을 피고가 판매하는 상품 광고 목적을 위하여 상업적으로 사용하는 것에 동의하였는지

제1심은, ① 촬영계약서의 표제를 '광고모델계약서'가 아닌, 단지 '촬영계약서'로 하고, 촬영계약서 제2조에서도 이 계약서를 '원고와 피고가 촬영을 원하는 날짜, 시간, 장소, 촬영세부내용 등을 확약하는 문서'라고만 정의하여 그 이상의 활용을 제한하려는 의사를 내비치고 있는 점, ② 촬영계약서 제5조 제1호에서는 사진의 저작권 및 사용권이 피고에게 있고, 제3호에서 피고가 사진을 인터넷에 게시, 인화, 전시, 출판할 수 있다고 기재하고 있기는 하나, 사용권의 구체적인 내용, 즉 사용 목적, 범위, 기간 등에 대해서는 전혀 정하지 않고 있고, 오히려 제5호 이후의 문구로, "촬영본의 제3자에 대한 상업적인 제공 및 2차 가공은 불가능하며, 상업적 활용 및 제3자에 대한 제공이 필요할 경우 원고와 피고가 상호 협의하여야 한다"고 정하고 있는 점 등을 근거로 하여,

---

13) 항소기각, 심리불속행기각 확정.
14) 항소심에서 화해로 종결.
15) 항소 없이 확정.

위 촬영계약만으로 피고가 사진을 피고의 상품을 광고하는 등 상업적으로 사용할 권한이 발생한다고 보기 어렵고, 이를 위해서는 별도 협의가 필요하다고 판단하였다.

반면 항소심은, ① 촬영계약서 제5조 제1항은 촬영계약에 따라 만들어진 촬영본의 저작권 및 사용권이 피고에게 있음을, 제3항은 피고가 촬영본을 인터넷에 게시, 인화, 전시 출판할 수 있음을 명시하고 있는 점, ② 피고는 사진 촬영에 2,000만 원이 넘는 비용을 투입한 것으로 보이고, 이러한 사정과 사회통념을 고려해보면 피고가 촬영계약서 제5조 제3항에 따라 사진을 인터넷에 게시한다는 것은 피고가 상품 판매를 위하여 사진을 사용하는 것임이 명백하며, 이에 따라 원고의 초상이 쇼핑몰 웹사이트에 게재되거나 인터넷 포털사이트 검색에 노출되는 것은 당연히 전제되어 있다고 할 것인 점, ③ 이와 달리 "촬영본의 제3자에 대한 상업적인 제공 및 2차 가공은 불가능하며, 상업적 활용 및 제3자에 대한 제공이 필요할 경우 원고와 피고가 상호 협의하여야 한다"는 계약조항을 피고의 사진 사용에 별도의 합의가 필요하다는 의미로 보는 것은 촬영계약서 제5조 다른 항과의 체계와 전혀 부합하지 않고, 오히려 위 조항의 '제3자에의 제공 및 2차 가공', '상업적 활용'이나 '제3자에의 제공'의 의미는 촬영본을 제3자에게 판매하는 등 촬영본 그 자체를 통해 수익을 발생시키는 경우를 예정한 것으로 볼 여지가 있는 점, ④ 촬영계약 당시 원고는 모델로 활동하며 피고와 동종 제품을 판매하는 업체와의 사진촬영에 참여하였던 것으로 보이고, 피고 측은 원고에게 촬영본이 편집된 후 피고 제품의 판매를 위해서 사용된다는 점을 고지한 것으로 보이는 점 등을 종합하여, 피고가 사진을 피고의 상품을 광고하는 등 상업적으로 사용할 수 있다고 판단하였다. 대법원도 이 부분 원심 판단은 유지하였다.

초상권을 제약하는 당사자의 의사 해석을 엄격하게 하여야 한다는 견지에서 제1심의 기본적인 입장은 타당하지만, 원고와 피고가 촬영계약을 체결하고 사진을 촬영하게 된 목적 등을 고려하면 사진을 피고가 판매하는 상품 광고 목적을 위하여 상업적으로 사용하는 것에는 동의하였다고 봄이 타당하다고 생각된다.

5. 사진에 포함된 상품을 판매하는 동안이면 기간의 제한 없이 사진 사용에 동의하였는지

제1심은 설령 피고에게 사진의 상업적 사용권한이 인정된다고 하더라도, ① 일반적으로 광고 모델 사진의 사용기간을 무제한으로 정하는 경우는 이례적이고, 오히려 6개월 내지 1년으로 정하는 경우가 통상적인 점, ② 장신구는 의류 상품과 달리 교체주기가 길다는 점을 고려한다고 하더라도 이 사건의 경우에는 마지막 사진 촬영일로부터 제1심 변론종결일까지 2년 10개월 가량이 지난 점, ③ 1회 당 45만 원은 원고의 초상권에 대한 제한 없는 사용권 부여의 대가로 보기에는 이례적으로 소액이라는 점 등을 근거로 하여, 이미 통상적인 광고 모델 사진의 사용기간은 도과되었다고 봄이 타당하다고 판단하였다.

반면 항소심은, ① 피고가 상품 판매에 사용한 전체 촬영본 중 원고의 얼굴이 드러나는 사진에 비하여 원고가 착용한 제품 자체에 초점을 맞춘 사진이 차지하는 비중이 훨씬 높은 점, ② 온라인 쇼핑몰 운영업체와 모델 간에 제품 착용 사진을 촬영하는 계약을 체결할 경우 그 촬영본이 해당 업체의 제품 설명을 위해 사용되며 그 상품이 판매되는 기간 동안 사용된다는 점을 당사자 모두 인지한 상태에서 계약을 진행하는 것으로 보이고, 피고가 판매하는 제품처럼 판매주기가 길다고 하여 별도로 촬영본의 사용기간을 제한하는 등의 합의가 이루어지고 있다는 자료는 찾아볼 수 없는 점, ③ 전속적 성격을 가진 광고모델계약과 달리 이 사건 촬영계약의 경우 원고가 다른 업체와 촬영하는 것을 제한하고 있지 않고, 원고가 촬영 시마다 지급받은 45만 원은 보통의 사람들이 하루 동안 벌 수 있는 수입에 비교해 볼 때 고수익에 해당하며, 원고로서는 사진이 인터넷에 게재됨으로써 모델 경력이 인정되고 인지도가 상승하는 이익이 발생하는 반면에, 피고는 사진을 촬영하는 데 약 2,000만 원 이상의 비용을 투입하였을 뿐만 아니라 원고의 인지도가 제품 홍보에 미치는 영향이 크지 않으므로 사진 사용에 따라 발생한 판매수익은 피고가 촬영에 투입한 비용의 회수에 가깝다고 평가할 수 있는 점 등을 이유로 하여, 사진에 포함된 상품을 판매하는 동안이면 기간의 제한 없이 사진을 사용하는 것이 원고가 허용한 범위에 속한다고 판단하였다.

그러나 대법원은, 사진에 포함된 상품을 판매하는 동안이면 기간의 제한 없이 피고에게 사진의 사용권을 부여하는 내용이라고 해석하는 것은 사진의 광범위한 유포 가능성에 비추어 원고의 초상권을 사실상 박탈하여 원고에게 중대한 불이익을 부과하는 경우에 해당하므로, 이에 관한 명시적 약정 내지 그에 준하는 사정의 증명이 있어야 이를 인정할 수 있다고 보았다. 또한 사진의 피사체가 인격적 존재인 경우 사진은 촬영자의 저작권의 대상이 됨과 동시에 피사체의 인격적 법익 즉 초상권의 대상이 되는데, 촬영계약은 초상권이 원고에게 있음을 명시적으로 확인하고 있으므로, 원고가 위 계약 당시 피고의 일방적인 선택에 따라서는 피고가 사진을 기간의 제한 없이 사용할 가능성이 있다는 점을 예견할 수 있었다고도 단정하기 어렵다고 판단하였다. 나아가, 사진의 자유로운 유포로 인하여 초상권의 행사에 현저한 제약을 받게 되는 당사자인 원고가 촬영에 응한 동기 및 경위, 경험과 지식, 경제적 지위, 원고가 촬영한 사진의 공표 범위와 사용 목적 및 원고의 식별 정도, 사진의 내용과 양, 촬영의 난이도 및 촬영기간, 사진이 기간 제한 없이 무제한 사용된다는 사정을 알았더라면 원고가 다른 내용의 약정을 하였을 것으로 예상되는지 여부, 사진에 나오는 상품 유형의 일반적인 판매수명기간(사진모델 교환 기간)에 관한 거래관행 등의 사정까지 종합하여 보면, 그 사용기간에 대한 명백한 합의가 존재하지 않는 사진의 사용기간은 위 각 사정을 반영하여 거래상 상당한 범위 내로 한정된다고 보는 것이 합리적이라고 판시하였다.

대법원의 판단은 명시적인 약정 없이 초상권을 사실상 박탈하는 결과로 되는 의사해석에 이르는 것은 매우 신중하게 접근하여야 한다는 취지를 담고 있다고 생각된다. 촬영된 사진의 공표가 사진촬영에 관한 동의 당시에 피촬영자가 허용한 범위 내의 것이라는 점에 관한 증명책임은 그 촬영자나 공표자에게 있다는 법리에 따라 보더라도 기한의 제한 없는 사용 동의를 인정하려면 보다 분명한 근거가 제출되어야 할 것이다. 환송 후 합리적인 기간 설정을 위하여 이 사건에서 문제되는 장신구 상품 유형의 일반적인 판매수명기간(주로 온라인 쇼핑몰에서 판매되는 여성용 장신구 상품 광고를 위하여 원고와 비슷한 정도의 인지도를 갖춘 사진모델로 촬영한 경우 새로운 사진모델로 변경하는 데 통상적으로 소요된 기간 등)에 관한 거래관행 등에 관한 심리가 더 이루어질 것으로 예상된다.

6. 대상판결의 의의

대상판결은 대법원판결로서는 광고모델계약이 존재하는 사안에서 초상권 침해 여부를 판단한 드문 사례이다. 동의의 판단기준 및 증명책임의 소재 등 초상권 보호에 관한 법리를 재확인하고 사용기간에 대한 명백한 합의가 존재하지 않는 사안에서 사용기간은 제반사정을 반영하여 거래상 상당한 범위 내로 한정된다고 보는 것이 합리적이라고 판단한 판결로서 의의가 있다.

참고문헌

윤선희, 「지적재산권법」, 18정판, 세창출판사, 2020.

인하대학교 산학협력단(연구책임자 홍승기), "퍼블리시티권에 관한 국내 실태 조사", 한국
저작권위원회, 2012.

정상조 편, 「저작권법 주해」, 박영사, 2007.

정상조 편, 「부정경쟁방지법 주해」, 박영사, 2020.

한위수, "사진의 무단촬영·사용과 민사책임－초상권의 침해－", 「민사재판의 제문제」, 제
8권, 한국사법행정학회, 1994.

대법원 2013. 2. 15. 선고 2011도5835 판결

저작권법 제28조의 요건 중 '정당한 범위 안에서 공정한 관행에 합치되게 인용'한 것인지 판단하는 기준*

박 성 호 (한양대학교 법학전문대학원 교수)

Ⅰ. 판결의 개요

1. 사건의 개요

국내 X법인은 2001년경부터 해외 Y법인으로부터 '초록입홍합 추출 오일물(LYPRINOL)'을 수입·판매하였다. X법인은 2001년경 식약청에 개별인정형 제품의 판매허가 신청을 위해 A 외 7인의 의대 교수들에게 초록입홍합 추출 오일에 대한 임상시험을 실시하였다. A 외 7인은 2002년 "슬관절 및 퇴행성 관절염에서 뉴질랜드산 '초록입홍합 추출 오일물(LYPRINOL)'의 유효성 및 안정성에 대한 고찰"이라는 다기관 임상연구 논문(이하, '이 사건 논문'이라고 한다)을 발표하였다. X법인은 2004년 이 사건 논문을 식약청에 제출하고 '초록입홍합 추출 오일'에 대하여 개별인정형 기능성 원료로 인정받고, 2005년 이를 사용하여 만든 제품에 대하여 건강기능식품 인정을 받았다.

---

* 이 평석 논문은 필자가 2022. 2. 한국저작권위원회의 「저작권 판례 평석집」에 제출한 원고를 수정·보완한 것입니다. 2000. 2. 11. 지적재산법판례연구회 월례발표회에서 처음 알게 된 이래 지금까지 변함없는 모습으로 연구와 교육에 헌신하신 윤선희 교수님의 정년퇴임을 축하드립니다.

X법인은 2008년 5월 Y법인과의 사이에 리프리놀 공급가액을 둘러싼 다툼이 발생하자 대리점계약 해지하고, 뉴질랜드에 소재한 Z법인으로부터 초록입홍합 추출 오일을 수입하여 이를 이용한 제품을 제조·판매하였다.

Y법인의 국내 지사 대표이사인 피고인은 식약청으로부터 '리프리놀 — 초록입홍합 추출 오일복합물'을 개별인정형 기능성 원료로 인정받기 위해 신청서를 제출하면서 이 사건 논문 전체를 허락 없이 복제·첨부하였다. 이에 이 사건 논문의 저자인 A 외 7인으로부터 그 법적 조치 권한을 위임받은 X법인의 대표이사(A의 친누나)가 저작권법 위반으로 고소하였고 검찰은 피고인을 저작권법 위반죄로 기소하였다.

2. 대상판결의 요지

가. 제1심 및 원심판결

제1심(수원지방법원 성남지원 2010. 7. 16. 선고 2010고정592 판결)과 원심(수원지방법원 2011. 4. 27. 선고 2010노3551 판결)에서 피고인은 다음과 같이 주장하며 다투었다. 첫째 피고인은 대리점계약 관계에 있던 X법인으로부터 저작재산권을 양도 내지 포괄적 이용허락을 받은 Y법인을 통해 이 사건 논문에 대한 이용허락을 받았고, 둘째 이 사건 논문을 신청서에 첨부한 것은 구 저작권법(2009. 3. 25. 법률 제9529호로 개정되기 전의 것, 이하 같다)상 공정이용의 법리와 제28조의 권리제한 등에 해당하며, 셋째 이 사건 논문을 신청서에 첨부한 것은 구 저작권법 제30조 소정의 사적이용을 위한 복제에 해당한다고 주장하였다.

그러나 제1심과 원심은 피고인에게 유죄판결을 선고하였고 피고인이 위 세 가지 주장을 상고이유로 제시하면서 상고하였다.

나. 대법원 판결

대법원 2013. 2. 15. 선고 2011도5835 판결(이하, '대상판결'이라고 한다)은 아래와 같은 이유로 피고인의 상고를 기각하였다.

(1) 저작물의 공정이용은 저작권자의 이익과 공공의 이익이라고 하는 대립되는 이해의 조정 위에서 성립하므로 공정이용의 법리가 적용되기 위해서는 그 요건이 명확하게 규정되어 있을 것이 필요한데, 구 저작권법(2009. 3. 25. 법률 제9529호로 개정되기 전의 것. 이하 같다)은 이에 관하여 명시적 규정을 두지 않으면서('저작물의 공정한 이용'에 관한

규정은 2011. 12. 2. 법률 제11110호로 개정된 저작권법 제35조의3으로 비로소 신설되었다) 제 23조 이하에서 저작재산권의 제한사유를 개별적으로 나열하고 있을 뿐이므로, 구 저작 권법하에서는 널리 공정이용의 법리가 인정되는 것으로 보기는 어렵다.

　(2) 구 저작권법(2009. 3. 25. 법률 제9529호로 개정되기 전의 것) 제28조는 "공표된 저작 물은 보도·비평·교육·연구 등을 위하여는 정당한 범위 안에서 공정한 관행에 합치 되게 이를 인용할 수 있다."고 규정하고 있다. 이 규정에 해당하기 위하여는 인용의 목 적이 보도·비평·교육·연구에 한정된다고 볼 것은 아니지만, 인용의 '정당한 범위'는 인용저작물의 표현 형식상 피인용저작물이 보족, 부연, 예증, 참고자료 등으로 이용되 어 인용저작물에 대하여 부종적 성질을 가지는 관계(즉, 인용저작물이 주이고, 피인용저작 물이 종인 관계)에 있다고 인정되어야 하고, 나아가 정당한 범위 안에서 공정한 관행에 합치되게 인용한 것인지는 인용의 목적, 저작물의 성질, 인용된 내용과 분량, 피인용저 작물을 수록한 방법과 형태, 독자의 일반적 관념, 원저작물에 대한 수요를 대체하는지 여부 등을 종합적으로 고려하여 판단하여야 한다.

Ⅱ. 해 설

1. 문제의 제기

　대상판결은 이 사건 논문에 대한 저작재산권 양도나 이용허락 여부, 저작권법 제30 조 소정의 사적이용을 위한 복제에 해당하는지 여부 등도 쟁점이 되었지만 주된 쟁점 은 저작권법[1] 제28조의 적용요건에 관한 것이다.

　대상판결은 저작권법 제28조에서 정하는 인용의 '정당한 범위'와 관련하여 피인용저 작물이 인용저작물과의 관계에서 '부종적 성질'을 가져야 한다는 점(이른바 '주종관계설') 을 재확인하였다. 또한 제28조의 요건인 "정당한 범위 안에서 공정한 관행에 합치되게" 인용하였는지 여부를 판단할 때에 인용의 목적이나 저작물의 성질 등 6가지 요소들을 종합적으로 고려하여 판단해야 한다는 이른바 '종합고려설'의 관점을 재확인하였다. 나 아가 대상판결은 비록 2011년 저작권법(12월 2일 개정법)에서 신설된 제35조의3(현 제35 조의5) '공정이용' 조항의 적용이 직접 관련된 사건은 아니었지만, 제35조의3(현 제35조

---

1) 대상판결은 구 저작권법(2009. 3. 25. 법률 제9529호로 개정되기 전의 것) 제28조에 관한 것이지만 현행 저작권법 제28조와 법문상으로 아무런 변함이 없으므로 이하에서는 '저작권법'이라고만 표현하 기로 한다.

의5) 신설조항과 제28조 기존규정 간에 그 적용범위를 둘러싸고 전개될 해석 방향에 대해 일정한 적용 기준을 암시하였다.

문제는 대상판결에서 재확인된 '주종관계설'과 '종합고려설'이 어떠한 학설사적 계보와 그 체계형성을 통하여 대상판결과 같은 결론에 이르렀는지 하는 점이다. 이에 관한 입체적인 고찰을 행하는 것이 본 평석의 목적이다.

2. 저작권법 제28조의 윤곽

저작권법 제28조가 요구하는 인용으로서 적법하기 위한 요건을 살펴보면, (1) '공표된 저작물'을 (2) '보도·비평·교육·연구 등을 위하여' (3) '정당한 범위 안에서' (4) '공정한 관행에 합치되게' (5) '인용(하여 이용)할 수 있다'는 다섯 가지 요건으로 구성된다. 그 가운데에서 해석론상 중요한 의미를 차지하는 것은 (2)(3)(4)의 세 가지 요건이다. 특히 (2) 인용의 목적 요건과 (3) 정당한 범위 요건은 서로 밀접한 관련이 있으므로 구체적인 상호 관련성을 고려하면서 검토되어야 한다. 다시 말해 '정당한 범위 안에서'라는 요건 그 자체는 추상적 표현에 불과하기 때문에 피인용저작물의 성질마다 또 인용의 목적과 관련하여 정당한 범위가 달라질 수밖에 없으므로 양 요건은 상호 밀접한 관련 아래에서 함께 검토될 필요가 있는 것이다. 요컨대 양 요건을 결합하여 '인용의 목적상 정당한 범위 안에서'라는 관점에서 검토될 필요가 있을 것이다.

그런데 '인용의 목적상 정당한 범위 안에서'라는 요건의 해석과 관련하여 지금까지 우리 학설과[2] 재판례는[3] 피인용저작물이 인용저작물과의 관계에서 '부종적 성질'을 가져야 한다는 이른바 '주종관계설'의 관점에서 해석론을 전개하여왔다. 즉 인용저작물이 주(主)이고 피인용저작물이 종(從)인 관계에 있다고 인정되어야 한다는 것이다. 문제는 인터넷 환경에서 타인의 저작물을 인용하여 이용하는 경우 그 구체적인 인용태양(引用

---

2) 강신하, 「저작권법」 제2판, 진원사, 2014, 346면; 김정완, 「저작권법개설」, 제5판, 전남대출판문화원, 2018, 167-171면; 남형두, 「표절론」, 현암사, 2015, 410면 이하; 서달주, 「저작권법」, 제2판, 박문각, 2009, 391-392면; 박성호, 「저작권법」, 제2판, 박영사, 2017, 553면 이하; 송영식·이상정, 「저작권법개설」, 제9판, 세창출판사, 2015, 391면; 오승종, 「저작권법」, 제5판, 박영사, 2020, 733면 이하; 윤태식, 「저작권법」, 제2판, 박영사, 2021, 232면 이하; 이해완, 「저작권법」, 제4판, 박영사, 2019, 688면 이하; 장인숙, 「저작권법원론」, 개정판, 보진재, 1996, 99면; 정상조 편, 「저작권법 주해」, 박영사, 2007, 515면 이하(김기영 집필); 최경수, 「저작권법 개론」, 한울, 2010, 405-406면; 하용득, 「저작권법」, 법령편찬보급회, 1988, 186면; 허희성, 「2011 신저작권법 축조개설 상」, 명문프리컴, 2011, 230면; 황적인·정순희·최현호, 「저작권법」, 법문사, 1988, 285면각 참조.
3) 대법원 1990. 10. 23. 선고 90다카8845 판결; 대법원 1998. 7. 10. 선고 97다34839 판결; 대법원 2013. 2. 15. 선고 2011도5835 판결 등 각 참조.

態様)은, 종래의 아날로그 환경에서 이루어지던 인용과 비교하여 매우 다양하기 때문에[4] '주종관계설'에 따른 제28조 요건의 해석론에는 일정한 한계가 있을 수밖에 없다는 점이다. 이러한 문제에 직면하여 그간 우리 학설과 재판례는 그 한계상황을 어떻게 돌파해왔으며 또 앞으로는 새로운 문제 환경에 어떻게 대처하여야 하는지에 관해서 살펴보도록 한다.

3. 이른바 '주종관계설'의 기원과 그 의미

우리나라 판결들 중 인용의 '정당한 범위' 요건의 충족 여부와 관련하여 '주종관계' 법리를 최초로 제시한 것은 '사진저작물의 인용'에 관한 대법원 1990. 10. 23. 선고 90다카8845 판결(이하, '① 판결'이라 한다)이다. ① 판결에 따르면 "인용의 요건 중의 하나인 '정당한 범위'에 들기 위하여서는 그 표현형식상 피인용저작물이 보족·부연·예증·참고자료 등으로 이용되어 인용저작물에 대하여 부종적 성질을 가지는 관계{즉, 인용저작물이 주(主)이고, 피인용저작물이 종(從)인 관계}에 있다고 인정되어야 할 것"이라고 한다. ① 판결은 '정당한 범위'에 해당하는지 여부를 판단하면서 인용의 목적인 보족·부연 등을 함께 고려한 것이므로, 이는 '인용의 목적상 정당한 범위 안에서'라는 요건을 충족하기 위해서는 '주종관계', 즉 인용저작물이 주(主)이고 피인용저작물이 종(從)인 관계가 요구된다는 취지이다. 그런데 이러한 법리에 따라 ① 판결의 사실관계를 살펴보면, 월간잡지에 게재된 사진저작물을 제외한 그 해설기사가 3분의 1 정도에 불과하고 인용된 사진들의 성상, 크기, 배치 등을 종합하면 오히려 인용저작물(해설기사)이 종(從)이고 피인용저작물(사진)이 주(主)인 관계에 있어서 인용의 목적상 정당한 범위에 합치되지 않으므로 저작권 침해에 해당한다고 판시한 것이다.

그러면 ① 판결이 제시한 '주종관계'라는 법리는 어디에서 유래한 것이며 또 언제 어떻게 형성된 것인가? 결론부터 말하자면, '주종관계'의 법리는 '패러디 몽타주 사진' 사건에 관한 일본 최고재판소 1980(昭和55)년 3월 28일 판결에서 유래한다. 이와 같이 인용 요건의 해석에 결정적인 영향을 끼친 '주종관계론'의 기원을 '패러디 몽타주 사진' 사건[5] 판결에서 찾는 것은 이론(異論)의 여지가 없이 확고한 일본 학계의 견해이다.[6]

---

4) 가령 블로그에 게재되거나 SNS 상에서 인용되는 것은 물론이고 검색엔진을 통해 썸네일 형태로 표시되어 저장되는 경우 등을 들 수 있다.

5) 사안은 원고가 눈 덮인 산을 배경으로 눈의 경사면을 스키자국을 내면서 활강하는 스키어들을 소재로 촬영한 사진을 사진집에 발표하고 광고용 달력에도 게재하였는데, 피고가 눈 덮인 산의 왼쪽 일부를 잘라내고 커다란 스노우타이어를 배치하여 합성한 몽타주 기법의 사진을 만들어 자신의 사진집

아울러 국내 문헌에서도 ① 판결이 나오게 된 이론적 배경에는 위 일본 최고재 판결이 있었음을 언급하고 있다.[7] 위 최고재 판결은 일본 구 저작권법 제30조 제1항 제2호의 "자기의 저작물 중에 정당한 범위 내에서 절록인용(節錄引用)"하는 경우 저작권 침해가 성립하지 않는다는 것과 관련하여 '절록인용'의 해석론을 전개한 판결이었다. 즉 위 판결은 '인용'에 해당하기 위해서는 "인용을 포함한 저작물의 표현형식상 인용으로서 이용하는 측의 저작물과, 인용되어 이용되는 측의 저작물을 명료하게 구별하여 인식할 수 있고, 또한 위 양 저작물 간에 전자가 주, 후자가 종의 관계가 있다고 인정되는 경우"이어야 하며, 아울러 "인용되는 측의 저작물의 저작인격권을 침해하는 태양(態樣)으로 이루어지는 인용은 허용되지 않는다"고 판시하였다. 요컨대, 위 판결은 인용의 적법요건으로 '명료구별성'과 '주종관계' 두 요건을 요구하는 것으로 이해되어왔다.[8] 이 중 명료구별성 요건은 그것이 존재하지 않는다는 이유로 인용의 항변이 부정된 경우는 거의 없으며 대부분의 사건에서는 주종관계가 있는지 여부의 판단에 따라 결론이 좌우되었다. 그리고 이러한 법리는 일본 현행 저작권법 제32조 제1항(인용)의[9] 해석과 관련해서도 그대로 적용되었거나 일부 수정되어 적용되었더라도 그 기본 틀은 그대로 유지되었다.[10]

그런데 일본 구 저작권법 제30조 제1항 제2호와 거의 동일하게 우리나라 구 저작권법인 1957년 저작권법 제64조 제1항 제2호도 "자기의 저작물 중에 정당한 범위 내에

에 게재하고 이를 주간지에도 발표하자 원고가 저작재산권 및 저작인격권의 침해를 이유로 50만엔의 위자료와 사죄광고를 구하는 소송을 제기한 사건이다.

6) 일본 원로 학자의 것만을 편의상 소개하면, 半田正夫, 「著作権法概説」, 第15版, 法学書院, 2013, 172-173면; 斉藤博, 「著作権法」, 第3版, 有斐閣, 2007, 243면; 渋谷達紀, 「著作権法」, 中央経済社, 2013, 246-247면; 中山信弘, 「著作権法」, 第2版, 有斐閣, 2014, 322-323면; 半田正夫・松田政行 編, 「著作権法コメンタール 2」, 勁草書房, 2009, 190면, 195-198면(盛岡一夫 집필) 각 참조.

7) 이에 관하여 가장 먼저 언급한 것으로는, 이형하, "저작권법상의 자유이용", 「지적소유권에 관한 제문제(하)」, 법원행정처, 1992, 365-367면 참조.

8) 위 최고재 판결의 인용에 관한 판시사항을 정리하면 ① 인용저작물과 피인용저작물을 명료하게 구별하여 인식할 것(명료구별성), ② 인용저작물이 주, 피인용저작물이 종일 것(주종관계), ③ 피인용저작물의 저작인격권을 침해하지 않을 것(저작인격권의 비침해)이지만, 저작재산권 제한사유인 '인용'과 관련하여 의미를 가지는 것은 ①②이다.

9) 일본 저작권법 제32조 제1항(인용)은 "공표된 저작물은 인용하여 이용할 수 있다. 이 경우에 그 인용은 공정한 관행에 합치하는 것이어야 하고, 또한 보도・비평・연구 그 밖에 인용의 목적상 정당한 범위 내에서 행해지는 것이어야 한다"고 규정하고 있다. 이는 우리 저작권법 제28조(공표된 저작물의 인용)에 상응하는 조항이다.

10) 동경지방재판소 1979(昭和59)년 8월 31일 판결(제1심) 및 동경고등재판소 1980(昭和60)년 10월 17일 판결(항소심)(논문에 그림을 복제하여 이용한 사건); 동경지방재판소 2010(平成22)년 5월 28일 판결(암 투병 매뉴얼 사건) 등.

있어서 절록인용(節錄引用)하는" 경우 저작권 침해에 해당하지 않는다고 규정하고 있었다. 이 조항의 해석에 관하여 대법원 1991. 8. 27. 선고 89도702 판결(이하, '② 판결'이라 한다)은 '노가바(노래가사 바꿔 부르기) 패러디' 사건에서 "자기의 저작물 중에… 절록 인용하는 것"이란 타인의 저작물을 종(從)된 자료로 인용하거나 설명하는 자료로 삽입하는 것을 의미한다는 취지로 판시하였다. 이러한 경우를 통상 '종적' 인용 혹은 '삽입형' 인용이라 한다. '노가바 패러디' 사건은 기존 가요의 곡조에 노동자들 사이에서 구전되던 노동현실을 풍자하는 개사곡의 가사를 수집·정리한 60여 개의 가사를 해당 악곡의 악보와 함께 편집하여 100부를 출판하였다는 이유로 피고인이 구 저작권법 제71조 제1항의 부정출판공연죄로 기소된 사안이었는데, 대법원은 "원곡의 악보를 전사(轉寫)하고… 악곡의 전부와 가사를 그대로 편집한 것은 자기의 저작물의 종된 자료로서 이를 이용하거나 또는 학문적, 예술적 저작물을 설명하는 자료로서 이를 삽입한 것으로 볼 수도 없어" 비침해행위를 규정한 구 저작권법 제64조 제1항 각호의 어디에도 해당하지 않는다고 판시하여 유죄를 인정한 바 있다.[11]

그런데 우리나라 현행 저작권법 제28조나 일본 현행 저작권법 제32조 그 어디에도 우리나라나 일본의 구 저작권법에서 각 규정하는 바와 같은 "자기의 저작물 중에"라는 전제조건이 법 문언상 요구되고 있지 않아서 과연 현행 저작권법 아래에서도 '주종관계'가 필요한 것인지 의문이 제기될 수 있지만, 전술한 것처럼 현행 저작권법에서도 인용요건의 해석과 관련하여 '주종관계'라는 기준이 요구된다는 점에 대해서 학설은 대체적으로 이론(異論)없이 수긍하여 왔다.[12]

문제는 자기의 저작물 중에 타인의 저작물을 종적 관계로 끌어들이는 '종적' 인용 혹은 '삽입(Insert)형' 인용이 아니라, 자기의 저작물이 존재하지 않거나 설령 존재하더라도 사소한 상태에서 오로지 타인의 저작물을 전부 인용하는 '전유(Appropriation)형' 인용의 경우에 발생한다. 다시 말해 저작권법 제28조는 '전유형'(專有型) 인용도 포함하는 규정인가 하는 문제인데, 만일 이를 긍정한다면 '주종관계' 법리는 수정될 수밖에 없을 것이다.

---

11) ② 판결에 관한 비판적 평석으로는, 박성호, "'노가바' 저작권법 위반사건", 「민주사회를 위한 변론」, 창간호, 역사비평사, 1993, 143면 이하(특히 157-158면) 참조.
12) 각주 2) 문헌 참조.

4. 이른바 '종합고려설'의 학설사적 계보와 그 체계형성

가. 학설사적 계보 탐색의 의미

저작권법 제28조는 '전유형'(專有型) 인용도 포함하는 규정인가 하는 문제는 특히 인터넷 환경 하에서는 타인의 저작물을 이용하는 쟁점과 관련하여 부각되었는데, 구체적 사안으로 제기된 것이 후술하는 썸네일(thumb nail) 이미지 사건이었다. 이러한 논의를 전후(前後)하여 국내 실무 및 학설상 새로운 해석론으로 떠오른 것이 이른바 '종합고려설'이다. 인용요건의 충족 여부를 둘러싼 개별 사안에서 인용의 목적, 그 방법이나 형태 등 제반 요소들을 종합적으로 고려할 필요가 있다는 관점은, '주종관계' 법리에 관한 기존 논의의 전체 모습과 그 한계를 총체적으로 살펴볼 수 있는 계기를 제공하였다는 점에서 학설사적(學說史的)으로 그 의미하는 바가 적지 않다.

나. '종합고려설'이 등장한 계기와 그 내용

'주종관계' 법리를 수정한 것처럼 보이는 '종합고려설'이 우리나라에서 맨 처음 등장한 것은 '대입 본고사 입시문제' 사건에 관한 대법원 1997. 11. 25. 선고 97도2227 판결(이하, '③ 판결'이라 한다)이다. 이어서 '주종관계' 법리와 '종합적 고려'를 결합하여 판단할 것을 처음 제시한 것은 후술하는 '소설 무궁화 꽃이 피었습니다' 사건에 관한 대법원 1998. 7. 10. 선고 97다34839 판결(이하, '④ 판결'이라 한다)이다. 그리고 '전유형' 인용이 제28조 '공표된 저작물의 인용' 규정에 의해 해결 가능하다는 것을 최초로 판시한 것은 후술하는 '썸네일 이미지'에 관한 대법원 2006. 2. 9. 선고 2005도7793 판결(이하, '⑤ 판결'이라 한다)이다. ⑤ 판결에서는 '전유형' 인용의 가능성이 부각되었기 때문에 '종합고려설'이 새삼 크게 주목을 받았다.

그러면 ③ 판결에서는 어떠한 계기로 인용의 목적 등 여러 요소들을 '종합고려'할 필요가 있다는 '종합고려설'이 제시되었던 것일까? 우리 법원의 실무 형성에 지침서로서 역할을 해온 국내 문헌에[13] 입각할 때, 우선 ③ 판결은 일본 하급심 판결인 동경고등재판소 1985(昭和60)년 10월 17일 판결로부터 상당한 영향을 받은 것으로 생각된다. ③ 판결의 원심인 서울지방법원 1997. 8. 12. 선고 97노50 판결은 과목별 대학입시교재의 각 분야별(국어, 논술, 영어, 수학 등)로 나누어진 각 단원의 서두에 '기출문제'라는

---

13) 이형하, 앞의 논문, 367면.

표제를 붙이고 주요 대학별 대입 본고사 입시문제를 인용한 다음 위 기출문제와 유사한 문제들을 '유제'라는 표제 하에 연이어 게재하는 형식으로 편집한 사안에서, 인용저작물(교재)에 피인용저작물(대입 기출문제)이 부종적 지위에서 인용된 것이라 볼 수 없고 인용의 목적도 교육이나 학술적 이유가 아니라 영리목적으로 인용저작물(교재)의 상업성을 높이기 위한 방편이라고 판단하여 저작권 침해를 인정하였다. 원심 단계에서는 판결이유 어디에도 '종합고려'라는 문구는 등장하지 않는다.

그런데 원심의 상고심인 ③ 판결에서 비로소 '종합고려'라는 문구가 등장한다. 즉 "정당한 범위 안에서 공정한 관행에 합치되게 인용한 것인가의 여부는 인용의 목적, 저작물의 성질, 인용된 내용과 분량, 피인용저작물을 수록한 방법과 형태, 독자(讀者)의 일반적 관념, 원저작물에 대한 수요를 대체하는지의 여부 등" 6가지 요소를 "종합적으로 고려하여 판단하여야 할 것"이라고 판시한 것이다. 이 중 '인용의 목적'과 관련해서는 "반드시 비영리적인 이용이어야만 교육을 위한 것으로 인정될 수 있는 것은 아니라 할 것이지만, 영리적인 교육목적을 위한 이용은 비영리적 교육목적을 위한 이용의 경우에 비하여 자유이용이 허용되는 범위가 상당히 좁아진다고 볼 것"이라고 하였다. 그리고 '인용된 내용과 분량'에 관하여 판단하면서 "개개 문제의 질문을 만들기 위해 그 질문의 '일부분으로' 대학입시문제를 인용한 것"이어야 하는데 위 사안에서는 그렇게 하지 않았다는 점을 지적함으로써 간접적이지만 여전히 피인용저작물이 '일부분으로' 인용되어야 한다는 것, 즉 '부종적 성질'을 가져야 한다는 관점을 유지하였다. 또한 '원저작물에 대한 수요를 대체하는지 여부'에 관해서는 본고사 문제를 전부 수록함으로써 "일반 수요자들의 시장수요를 상당히 대체하였다"고 판단하였다. 따라서 ③ 판결에서는 '주종관계'를 직접적으로 언급하지는 않았지만 간접적으로 이를 전제로 하면서 이를 보완하는 관점에서 '종합고려'라는 판단기준을 채택한 것이라고 이해할 수 있다. 요컨대 ③ 판결은 6가지 요소를[14] 종합적으로 고려하여 판단할 때 위 사안은 "교육을 위한 정당한 범위 안에서 공정한 관행에 합치되는 인용이라고는 볼 수 없다"고 판시하였다.

여기서 유의할 점은 '주종관계설'은 제28조의 인용 요건들 중 (2) '보도·비평·교육·연구 등을 위하여'라는 인용의 목적 요건과 (3) '정당한 범위 안에서'라는 요건을 결합하여 '인용의 목적상 정당한 범위 안에서'라는 요건에 해당하는지를 판단하는 기준

---

14) ③ 판결에 따를 때 6가지 요소는 (ⅰ) 인용의 목적, (ⅱ) 저작물의 성질, (ⅲ) 인용된 내용과 분량, (ⅳ) 피인용저작물을 수록한 방법과 형태, (ⅴ) 독자의 일반적 관념, (ⅵ) 원저작물에 대한 수요를 대체하는지 여부이다. 후술하는 ④⑤ 판결에서도 동일하다.

으로 제시된 것이었다. 즉 '주종관계설'이 (2)(3)요건에 초점을 맞춘 판단기준이었다면, '종합고려설'은 (2) 인용의 목적 요건을 6가지 고려 요소 중의 하나로 그 판단의 층위와 위계를 낮추는 대신 (3) '정당한 범위 안에서'라는 요건과 (4) '공정한 관행에 합치되게'라는 요건을 함께 검토하기 위한 판단기준으로 제시된 것이었다. 이와 같이 이해한다면 결국 '종합고려설'은 (3)(4)요건에 초점을 맞춘 판단기준이라고 평가할 수 있다.

앞에서 ③ 판결이 동경고등재판소 1985(昭和60)년 10월 17일 판결로부터 상당한 영향을 받은 것처럼 보인다고 언급하였는데, 위 동경고재 판결의 사안은, 현대 일본 서양화작품을 복제하여 게재한 감상용(鑑賞用) 도판의 말미에 미술사가(美術史家)가 집필한 논문이 수록되었고 이 논문 중에 일본인 서양화가 작품 12점이 보충도판으로 복제된 사건이었다. 제1심인 동경지방재판소 1979(昭和59)년 8월 31일 판결과 항소심인 위 동경고재 판결은 '명료구별성'은 충족된다고 인정하였지만 보충도판의 독립적인 감상성(鑑賞性)이 인정된다는 점을 중시하여 '주종관계'의 존재를 부정하여 적법인용의 항변을 배척하였다. 그런데 위 동경고재 판결에서는 '주종관계'에 대하여 "두 저작물의 관계를 인용의 목적, 두 저작물의 각각의 성질, 내용 및 분량 그리고 피인용저작물의 채록 방법, 태양(態樣) 등 여러 점에 걸쳐서 확정한 사실관계에 기하여, 또한 당해 저작물이 상정하는 독자(讀者)의 일반적 관념에 비추어 인용저작물이 전체 중에서 주체성을 보유하고, 피인용저작물이… 인용저작물에 대해 부종적인 성질을 가지고 있음에 지나지 않는다고 인정되는지 여부를 판단하여 결정해야 할 것"이라고 '주종관계'의 판단기준으로 여러 요소들을 열거하고 있다는 점에 유의할 필요가 있다.15) 문제는 위 동경고재 판결이유 어디에도 '종합고려'라는 문언은 발견되지 않는다는 것인데, 우리나라 법원의 재판실무에 상당한 영향을 끼친 바 있는 국내 논문은 위 동경고재 판결을 소개하면서 판결이유 원문에는 존재하지 않는 "종합적으로 고려하여"라는 문언을 덧붙여 다음과 같이 소개하고 있다.

> "두 저작물 사이의 주종관계는 인용의 목적, 저작물의 성질, 인용된 내용과 분량, 피인용저작물을 채록한 방법·형태, 독자(讀者)의 일반적 관념 등을 <u>종합적으로 고려하여</u> 인용저작물이 저작물 전체 중에서 주체성을 유지하고 피인용저작물이… 인용저작물에

---

15) 요컨대, 위 동경고재 판결은 일본 저작권법 제32조의 '공정한 관행에 합치' 및 '인용의 목적상 정당한 범위 내'라는 요건의 판단은 '명료구별성' 및 '주종관계'라는 요건의 판단문제로 환원된다고 파악한 다음 그 중 '주종관계' 요건의 판단기준으로 여러 요소들을 열거하여 판단해야 할 것이라고 설시한 것이다. 결론은 제1심과 마찬가지로 인용의 항변을 배척하였다.

대한 부종적 성질을 가지는가 여부를 기준으로 하여 판단한다(밑줄은 인용자 주)."[16]

국내 문헌이 위와 같이 소개한 위 동경고재 판결에서의 열거 요소들은 ③ 판결에서 거의 그대로 반복 재현되고 있으며, 다만 "원저작물에 대한 수요를 대체하는지 여부"라는 요소만이 ③ 판결에서 새롭게 추가되고 있을 뿐이다.[17][18]

다. '종합고려설'의 체계형성과 3단계 테스트와의 관련성

그러면 원저작물, 즉 "피인용저작물에 대한 수요를 대체하는지 여부"라는 요소는 어떤 이유 때문에 새롭게 추가된 것일까? 우선 위 동경고재 판결을 해설한 논문들을 검토한 결과 그 중 "주종관계를 판단할 때의 고려사항을 구체적으로 제시하고 있는 점에서 본 판결의 의의가 있을 것"이지만 미국 저작권법 제107조의 공정이용의 판단요소로서 제시한 4가지 요소들과 비교할 때 "본 판결의 고려사항은 경제적 측면에 대한 고려가 적은 감이 있다"고[19] 비판한 것이 눈에 띄었다. 어쩌면 ③ 판결은 이러한 비판을 의식하여 '종합고려'의 판단요소 중의 하나로 경제적 측면인 "원저작물에 대한 수요를 대체하는지 여부"를 포함시킨 것일지도 모른다는 추측도 가능할 것이다.

그러나 좀 더 계통적으로 비교법적 연구를 진전시키면 ③ 판결에는 동경고재 판결과 차별되는 뚜렷한 특징이 있다. 즉 동경고재 판결은 '주종관계'를 판단할 때에 여러 요소들을 열거하여 판단해야 한다고 설시한 것임에 비하여,[20] ③ 판결은 '주종관계'에 관해서는 직접적인 언급 없이 간접적으로 시사하고 있을 뿐이다. 이러한 차별점이 의미하는 바는 무엇일까?

생각건대, ③ 판결에서는 '종합고려'나 간접적 암시로 그치는 '주종관계' 모두 인용요

---

16) 이형하, 앞의 논문, 367면. 아울러 국내 논문은 동경고재 판결 중에서 '태양'을 '형태'로 바꾸어 인용하고 있다.

17) 그런데 위 동경고재 판결과 우리 ③ 판결 간에는 근본적인 차이점이 있다. 동경고재 판결은 '주종관계'를 인용요건 중의 하나로 보고 그 판단기준으로 여러 요소들을 고려해야 한다('종합고려')고 판시한 것인 반면에 ③ 판결은 '주종관계'나 '종합고려' 모두 인용요건이 아니라 인용요건의 판단기준에 불과한 것으로 보았다는 점이다.

18) 한편, 국내 학설 중에는 저작권 분야에서 미국법의 영향력이 증대하면서 인용 조항의 해석에서 미국 저작권법 제107조에서 규정한 '공정이용 4요소'를 포함한 다양한 사정을 종합적으로 고려하여 판단할 것을 요구하게 되었는데 이를 잘 보여준 사건이 바로 ③ 판결이라면서 이는 일본에서의 논의와는 구별되는 것이라고 설명하는 견해가 있다. 박준석, "저작권법 제28조 인용조항 해석론의 변화 및 그에 대한 비평", 「법학」, 제57권 제3호, 서울대 법학연구소, 2016.9., 181-181면.

19) 山中伸一, "引用(3)─藤田嗣治絵画複製事件", 「著作権判例百選」, 第2版, 有斐閣, 1994, 157면.

20) 각주 15) 참조.

건이 아니라 인용요건에 해당하는지 여부를 판단하는 기준일 따름이다. 그래서 ③ 판결은 제28조의 인용요건 중 (3) '정당한 범위 안에서'라는 요건과 (4) '공정한 관행에 합치되게'라는 요건을 함께 검토하는 장면에서 6가지 요소를 종합적으로 고려하여 판단하고 있다. 이때 위 동경고재 판결과 달리 ③ 판결에서 새롭게 추가된 "원저작물에 대한 수요를 대체하는지 여부"라는 요소는 (4) '공정한 관행에 합치되게'라는 요건과 관련이 있는 요소라고 보아야 할 것이다. WIPO가 펴낸 베른협약 안내서에 따르면, 베른협약 제10조 제1항에서 말하는 '공정한 관행에 합치'하여야 한다는 요건에서 '공정한'이란 피인용저작물과 인용저작물이 시장에서 경합하지 않는다는 것을 나타내는 의미이므로 위 요건은 인용이 원저작물을 위한 시장을 저해하는지 여부에 좌우되는 것이라고 설명한다.[21] 아울러 베른협약 제10조 제1항이 규정하는 '공정한 관행에 합치'라는 요건 자체와 '공정한'이란 문구는 이른바 3단계 테스트(three-step test)의[22] 둘째 기준과 셋째 기준에 상응하는 것이고 제10조 제1항의 적용범위가 제한되어 있으므로 첫째 기준은 이미 충족되어 있다는 것이다.[23][24]

그러므로 베른협약 제10조 제1항에 관한 이해를 전제로 하면 다음과 같이 정리할 수 있을 것이다. ③ 판결의 6가지 고려 요소들 중 "원저작물에 대한 수요를 대체하는지 여부"라는 요소는, 3단계 테스트의 둘째·셋째 기준에 각 상응하는 것으로서 제28조의 (4) '공정한 관행에 합치되게'라는 요건의 판단요소에 수렴되고, 이를 제외한 나머지 5가지 요소들은 '주종관계' 기준을 보완하기 위해 (3) '정당한 범위 안에서'라는 요건의[25]

---

21) WIPO, *Guide to the Berne Convention for the Protection of Literary and Artistic Works* (Paris Act, 1971), 1978, pp.58-59.

22) 3단계 테스트란 배타적인 권리에 대한 제한 또는 예외규정을 제정하거나 이를 해석할 때에 적용되는 기준을 말한다. 즉 배타적 권리에 대한 제한 또는 예외는 (ⅰ) 일부 특별한 경우에 (ⅱ) 저작물의 통상적 이용과 충돌하지 아니하고 (ⅲ) 권리자의 합법적인 이익을 부당하게 해치지 않는 경우로 한정하여야 한다는 것이다. 3단계 테스트의 핵심은 (ⅰ)(ⅱ)(ⅲ)의 세 가지 기준을 반드시 그 순서에 따라 단계별로 적용(이른바 '누적적 적용')하고 이를 모두 충족하는 방식으로 저작재산권의 제한이 이루어져야 한다는 것이다. 베른협약 제9조 제2항에서는 복제권의 일반 예외규정으로 3단계 테스트를 적용하였으나 TRIPs 협정 제13조는 배타적 권리 전반에 대해 3단계 테스트를 적용하고 있다. 이에 관해서는, 박성호, 「저작권법」, 제2판, 박영사, 2017, 631-634면 참조.

23) Sam Ricketson and Jane C Ginsburg, *International Copyright and Neighbouring Rights: The Berne Convention and Beyond*, Vol. I, 2nd ed., Oxford University Press, 2006, p.786, p.858.

24) 따라서 ③ 판결의 6가지 고려 요소들 중 "원저작물에 대한 수요를 대체하는지 여부"라는 요소는 (4) '공정한 관행에 합치되게'라는 요건의 판단요소에 수렴되고 이를 제외한 나머지 5가지 요소들은 '주종관계' 기준을 보완하는 관점에서 (3) '정당한 범위 안에서'라는 요건의 판단요소에 수렴되는 것이라고 이해할 수 있을 것이다.

25) 여기서 제28조의 (2) '보도·비평·교육·연구 등을 위하여'라는 인용의 목적 요건과 (3) '정당한 범위 안에서'라는 요건을 결합하여 '인용의 목적상 정당한 범위 안에서'라는 관점에서 검토할 필요가

판단요소에 수렴되는 것이라고 이해할 수 있다. 이러한 점에서 ③ 판결은 비록 동경고재 판결에서 '힌트'를 얻은 것이었지만 그러한 실마리를 통해 도출한 법리는 일본 하급심 판결과는 차원을 달리하여 그 수준을 한 단계 높인 것이었다는 점, 다시 말해 "원저작물에 대한 수요를 대체하는지 여부"라는 3단계 테스트와 관련성이 있는 경제적 판단사항까지 고려요소에 포함시킴으로써 '종합고려설'을 일본보다 이론적으로 선취(先取)하여[26] 우리 이론과 실무를 선도(先導)한 판결이었다는 점에서 그 학설사적 의의를 평가할 수 있을 것이다.

라. '종합고려설'의 이후 전개

③ 판결 이후 '소설 무궁화 꽃이 피었습니다' 사건에서 ④ 판결은 '주종관계' 법리와 6가지 요소의 '종합적 고려'를 결합하여 판단해야 한다는 법리를 제시하였다. 즉 "인용의 '정당한 범위'는 인용저작물의 표현 형식상 피인용저작물이 보족, 부연, 예증, 참고자료 등으로 이용되어 인용저작물에 대하여 부종적 성질을 가지는 관계(즉, 인용저작물이 주이고, 피인용저작물이 종인 관계)에 있다고 인정되어야 하고, 나아가 정당한 범위 안에서 공정한 관행에 합치되게 인용한 것인지 여부는 인용의 목적, 저작물의 성질, 인용된 내용과 분량, 피인용저작물을 수록한 방법과 형태, 독자의 일반적 관념, 원저작물에 대한 수요를 대체하는지 여부 등을 종합적으로 고려하여 판단하여야 한다"고 판시하였다.

그 후 '썸네일 이미지' 사건에서 ⑤ 판결은 위 6가지 요소를 종합적으로 고려해야 한다는 점을 강조하면서도 피인용저작물의 '부종적 성질'에 대해서는 일절 언급하지 않음으로써 제28조 '공표된 저작물의 인용' 요건의 해석과 관련하여 새로운 국면에 접어드는 계기가 마련되었다. 즉, ⑤ 판결은 검색서비스의 한 형태로 인터넷상에 공개된 이미지 자료들을 검색할 수 있도록 제공하면서 타인의 저작물인 이미지를 이른바 썸네일(thumb nail) 이미지로 축소하여 게재하고 원래의 이미지가 있는 사이트로 링크를 걸어둔 것이 저작권 침해가 되는지 여부가 문제된 사안에서 저작권법 제28조의 "정당한 범

있다는 전술한 관점(Ⅱ. 2.)을 언급하지 않는 이유는, 인용의 목적 요건이 이미 나머지 5가지 고려요소들 중의 하나로 그 판단의 위치를 낮추어 수렴되어 있기 때문이다.

26) 시간적 선후관계로 볼 때 ③ 판결 선고 이후에야 비로소 일본의 학설과 실무에서는 '종합고려설'이 본격적으로 논의되었던 것이 아닌가 추측된다. 학설로는, 飯村敏明, "裁判例における引用の基準について", 「著作權研究」, No. 26, 著作權法學會, 1999, 91면 이하(특히 96면); 上野達弘, "引用をめぐる要件論の再構成", 「著作權法と民法の現代的課題」, 半田正夫先生 古稀記念論集, 法學書院, 2003, 307면(특히 325면) 이하. 재판례로는, 동경지재 2001(平成13)년 6월 13일 판결('절대음감' 사건); 지재고재 2010(平成22)년 10월 13일 판결('미술품 감정서' 사건) 등이 있다.

위 안에서 공정한 관행에 합치되게 인용한 것인지 여부는 인용의 목적, 저작물의 성질, 인용된 내용과 분량, 피인용저작물을 수록한 방법과 형태, 독자의 일반적 관념, 원저작물에 대한 수요를 대체하는지 여부 등을 종합적으로 고려하여 판단하여야 한다"고 밝히면서 썸네일 이미지로 축소하여 게재한 것은 공표된 저작물의 인용요건에 해당한다고 보았다. 요컨대, ⑤ 판결은 '주종관계'에 구애받을 필요가 없다는 취지로 판시한 것이다.

이처럼 ⑤ 판결은 인용요건을 해석하면서 '주종관계' 대신에 종합적으로 고려하여 판단할 것을 강조함으로써 '인용'이라는 문구를 '이용' 전반을 의미하는 것으로 확장하여 해석하게 이른 것이다.[27] 이로 인해 자기의 저작물(인용저작물) 중에 타인의 저작물(피인용저작물)을 종적 관계로 끌어들이는 '삽입(Insert)형' 인용 뿐 아니라 자기의 저작물 자체가 존재하지 않는 상태에서 오로지 타인의 저작물을 전부 인용하는 '전유(Appropriation)형' 인용(引用) 내지 이용(利用) 일반도 제28조의 적용범위에 포함시킬 수 있는 계기가 마련되었다. 전유형 인용의 경우는 특히 저작권법상 패러디의 허용과 관련하여 그 논의의 실익이 매우 크다고 말할 수 있다.[28]

5. 소결 – 저작권법 제35조의5(구 제35조의3) '공정이용' 조항의 신설에 따른 제28조 적용범위의 재조정

③ 및 ⑤ 각 판결에서 정리·소개한 인용의 목적을 비롯한 6가지 요소들을 종합적으로 고려할 때 제28조의 핵심 요건인 (3) '정당한 범위 안에서' (4) '공정한 관행에 합치되게'라는 각 요건을 함께 갖춘 것으로 판단되면 피인용저작물을 인용저작물에 (5) '인용(하여 이용)할 수 있다'는 것이다.

문제는 저작권법 제35조의5(구 제35조의3) '공정이용' 조항이 신설됨으로써 제28조의 적용범위를 어떻게 설정할 것인지 하는 논의가 재론(再論)되었다는 점이다. '썸네일 이미지' 사건에 관한 위 ⑤ 판결처럼 '삽입형' 뿐 아니라 '전유형' 인용까지 모두 제28조에 의해 해결 가능하다는 취지라면, '공표된 저작물의 인용'에 관한 한 신설된 제35조의5(구 제35조의3) 조항은 별다른 기능과 역할을 수행하지 못하는 결과가 초래될 수도 있기 때문이다.

그런데 이러한 문제와 관련하여 대상판결은 전술한 '판결의 개요'(Ⅰ.), 그리고 '해설'

---

27) 박준석, 앞의 논문, 191면.
28) 박성호, 앞의 책, 560-561면.

(Ⅱ.)에서 보았듯이, 비록 저작권법 제35조의5(구 제35조의3) '공정이용' 신설조항의 적용이 직접적으로 문제된 사건은 아니었지만, 제35조의5(구 제35조의3) '공정이용' 신설조항과 제28조 기존규정 간에 그 적용범위를 둘러싸고 앞으로 전개될 해석 방향과 관련하여 일정한 기준을 암시하고 있다는 점에서 그 의의가 크다.

대상판결은 제28조의 '공표된 저작물의 인용'에는 인용저작물과 피인용저작물 간의 '주종관계'를 전제로 한 '삽입형' 인용만이 적용될 수 있을 것이고, 이와 달리 제35조의5(구 제35조의3) '공정이용' 조항에는 제28조가 적용될 수 없는 이용 양태가 적용 가능하다는 것, 예컨대 '전유형' 인용이 적용될 수 있다는 점을 암시함으로써 제35조의5(구 제35조의3) 조항에 관해 전개될 앞으로의 해석방향을 제시한 것으로 판단할 수 있다.

이처럼 대상판결은 '종합고려설'의 관점을 그대로 유지하면서도 '대입 본고사 입시문제' 사건에 관한 위 ③ 판결처럼 피인용저작물의 '부종적 성질'을 간접적으로 설시한 것이 아니라 위 ① 판결에서처럼 명시적으로 강조하였다. 즉, 대상판결은 인용의 정당한 범위와 관련하여 인용저작물과의 관계에서 피인용저작물이 '부종적 성질'을 가져야 한다는 '주종관계'를 명시한 위 ① 판결의 판시취지와, 정당한 범위 안에서 공정한 관행에 합치되게 인용한 것인지 여부는 6가지 요소의 '종합적 고려'에 의해 판시해야 한다는 위 ③ 판결의 판시취지를, 모두 강조하면서 결합한 것이라고 이해할 수 있다.

정리하면 대상판결은 '주종관계'와 '종합고려'를 결합한 위 ④ 판결의 입장으로 회귀(回歸)한 것으로 평가된다.[29] 이로써 대상판결은 제28조의 '공표된 저작물의 인용'에는 인용저작물과 피인용저작물 간의 '주종관계'를 전제로 한 '삽입형' 인용만이 적용될 수 있을 것이고, 이와 달리 제35조의5(구 제35조의3) '공정이용' 조항에는 제28조가 적용될 수 없는 이용 양태가 적용 가능하다는 것, 예컨대 '전유형' 인용이 적용될 수 있다는 점을 암시함으로써, 제35조의5(구 제35조의3) 조항에 관한 향후 해석 방향을 제시한 것이라고 이해할 수 있다. 그러한 점에서 '주종관계' 대신에 종합적으로 고려하여 판단할 것을 강조한 '썸네일 이미지' 사건에 관한 위 ⑤ 판결은 이제 그 역사적 소임을 다한 것이라고 평가할 수 있을 것이다.[30]

---

29) 박준석, 앞의 논문, 199면.
30) 박성호, 앞의 책, 563면.

참고문헌

■ 국내문헌

강신하, 「저작권법」, 제2판, 진원사, 2014.

김정완, 「저작권법개설」, 제5판, 전남대출판문화원, 2018.

남형두, 「표절론」, 현암사, 2015.

박성호, "'노가바' 저작권법 위반사건", 「민주사회를 위한 변론」, 창간호, 역사비평사, 1993.

_____, 「저작권법」, 제2판, 박영사, 2017.

박준석, "저작권법 제28조 인용조항 해석론의 변화 및 그에 대한 비평", 「법학」, 제57권 제3호, 서울대 법학연구소, 2016.9.

서달주, 「저작권법」, 제2판, 박문각, 2009.

송영식·이상정, 「저작권법개설」, 제9판, 세창출판사, 2015.

오승종, 「저작권법」, 제5판, 박영사, 2020.

윤태식, 「저작권법」, 제2판, 박영사, 2021.

이해완, 「저작권법」, 제4판, 박영사, 2019.

이형하, "저작권법상의 자유이용", 「지적소유권에 관한 제문제(하)」, 법원행정처, 1992.

장인숙, 「저작권법원론」, 개정판, 보진재, 1996.

정상조 편, 「저작권법 주해」, 박영사, 2007.

최경수, 「저작권법 개론」, 한울, 2010.

하용득, 「저작권법」, 법령편찬보급회, 1988.

허희성, 「2011 신저작권법 축조개설 상」, 명문프리컴, 2011.

황적인·정순희·최현호, 「저작권법」, 법문사, 1988.

■ 국외문헌

Sam Ricketson and Jane C Ginsburg, *International Copyright and Neighbouring Rights: The Berne Convention and Beyond*, Vol. I, 2nd ed., Oxford University Press, 2006.

WIPO, *Guide to the Berne Convention for the Protection of Literary and Artistic Works* (Paris Act, 1971), 1978.

半田正夫, 「著作権法概説」, 第15版, 法学書院, 2013.

半田正夫·松田政行 編, 「著作権法コメンタール 2」, 勁草書房, 2009.

飯村敏明, "裁判例における引用の基準について", 「著作権研究」, No. 26, 著作権法学会, 1999.

山中伸一, "引用(3)—藤田嗣治絵画複製事件", 「著作権判例百選」, 第2版, 有斐閣, 1994.

渋谷達紀, 「著作権法」, 中央経済社, 2013.

上野達弘, "引用をめぐる要件論の再構成", 「著作権法と民法の現代的課題」, 半田正夫先生 古稀記念論集, 法学書院, 2003.

斉藤博, 「著作権法」, 第3版, 有斐閣, 2007.

中山信弘, 「著作権法」, 第2版, 有斐閣, 2014.

대법원 2016. 4. 28. 선고 2013다56167 판결

구 저작권법상 음반의 저작자 결정 기준[*]

정 지 석 (법무법인 남강 변호사)

I. 판결의 개요

1. 사건의 개요

이 사건은 약 45개의 음반(이하 '이 사건 음반'이라고 함)에 수록된 음악을 작사·작곡·편곡하고 음반 녹음과정에서 직접 노래를 부르거나 연주를 하는 등으로 음반 제작에 관여한 원고가, 음반에 대한 복제권·배포권·대여권·전송권 등 저작인접권으로 인정된 모든 권리가 음반을 제작한 원고에게 귀속된다고 주장하면서, 음반 제작에 필요한 자금 등을 제공하고 완성된 음반을 발매하여 판매한 A로부터 음반에 대한 권리를 차례로 양수했다는 피고에 대하여, 음반에 대한 복제권·배포권·대여권·전송권 등 저작인접권으로 인정된 모든 권리가 피고에게 존재하지 않는다는 확인을 구한 사안이다.

제1심 법원은 음반의 제작자는 원고라고 보아, 원고의 청구 중 음반에 대한 녹음한 사람(음반제작자)의 지위에서 갖는 복제권·배포권·대여권·전송권의 부존재 확인을 구하는 부분은 받아들이고, 실연권 등 나머지 저작인접권 부존재 확인을 구하는 부분은 확인의 이익이 없다는 이유로 소를 각하하였으나(의정부지방법원 고양지원 2012. 6.

---

[*] 본 평석은 「법조」, 제719호(2016년 10월호) 별책 「최신판례평석」에 실렸던 것을 조금 수정한 것입니다.

14. 선고 2012가합37 판결), 원심 법원은 음반의 저작자는 원고가 아니라 A라고 보아, 제
1심 판결을 취소하고 원고의 청구를 모두 기각하였으며(서울고등법원 2013. 6. 20. 선고
2012나50836 판결), 원고가 이에 불복하여 상고하였다.

2. 대상판결의 요지

대법원은 "1957. 1. 28. 법률 제432호로 제정된 저작권법(이하 '구 저작권법'이라고 함)
에 의한 음반에 관한 저작자는 원저작물의 창작자는 아니지만 그 전달자로서 원저작물
의 저작자와 일반 공중 사이를 매개하여 이를 전달·유통시키는 역할을 하였는데, 비
록 그 이후 저작권법의 개정에 따라 음반제작자의 권리가 저작인접권으로 인정되게 되
었다고 하더라도, 원저작물을 음반에 녹음하는 행위의 성격이나 원저작물의 이용을 촉
진하기 위하여 음반의 제작·유통을 장려하고 보호할 필요성에 본질적인 변화가 있다
고 보이지 아니하는 점, 구 저작권법이 '원저작물을 음반에 녹음하는 것' 자체를 창작
행위로 간주하고 있었으므로 음반에 관한 저작자가 되기 위하여 반드시 원저작물을 음
반에 녹음함에 있어서 '음(音)'의 표현에 창작적 기여를 할 것이 요구되지는 아니하는
점 등을 종합하면, 구 저작권법상 음반에 관한 저작자의 결정에서 현행 저작권법상 음
반제작자의 결정과 통일적인 기준을 적용할 필요가 있다."고 본 후, "구 저작권법상 음
반에 관한 저작자는 음반의 저작권을 자신에게 귀속시킬 의사로 원저작물을 음반에 녹
음하는 과정을 전체적으로 기획하고 책임을 지는 법률상의 주체를 뜻한다고 보는 것이
타당하고, 이러한 법률상의 주체로서의 행위가 아닌 한 음반의 제작에 있어서 연주·
가창 등의 실연이나 이에 대한 연출·지휘 등으로 사실적·기능적 기여를 하는 것만으
로는 음반에 관한 저작자가 될 수 없다고 보아야 한다."는 전제 하에, "A가 이 사건 음
반을 제작하는 데 있어서 담당한 역할과 관여의 정도 및 원고와의 관계, 특히 A가 이
사건 음반의 제작에 소요되는 비용을 전부 부담하였고 제작된 음반의 판매를 자신의
책임 하에 수행한 사정 등을 종합하여 보면, A는 이 사건 음반의 저작권을 자신에게
귀속시킬 의사를 가지고 음반의 제작과정을 전체적으로 기획하고 책임을 진 법률상의
주체로 볼 수 있고, 반면에 원고는 비록 이 사건 음반에 수록된 음악을 대부분 작사·
작곡·편곡하고, 그 음악의 연주나 가창 등으로 음반의 제작과정에 기여를 한 것으로
볼 수 있지만, 이와 같은 행위는 A의 기획과 책임으로 제작된 이 사건 음반의 구체적
인 녹음 과정에 있어서 사실적·기능적으로 기여를 한 것에 불과하므로 이를 이 사건
음반의 제작을 전체적으로 기획하고 책임을 지는 법률상의 주체로서의 행위라고 보기

에는 부족하다."면서, 원고가 이 사건 음반에 관한 단독 내지 공동저작자가 아니라고 판단하고, 원고의 상고를 기각하였다.

Ⅱ. 해 설

1. 쟁 점

이 사건에서 문제가 되고 있는 음반 45개는 모두 그 원반(마스터 음반)이 1968년 무렵부터 1986. 12. 31. 법률 제3916호로 전부 개정된 저작권법(이하 '1987년 저작권법'이라고 함)의 시행일인 1987. 7. 1. 전까지 사이에 녹음되어 만들어진 것으로서, 구 저작권법이 적용되는 사건인바, 이 사건의 주된 쟁점은 구 저작권법에 따라 저작물로 취급되는 음반에 관한 저작자의 결정 기준을 어떻게 정해야 하는지이다. 또한 변론주의의 원칙상 대상판결에서는 쟁점으로 부각되지 않은 것으로 보이나, 이 사건 음반에 관한 권리의 양도행위가 1987년 저작권법 시행 이후에 이루어진 경우 그 양도행위의 효력에 대해서 구 저작권법과 1987년 저작권법 중 어느 법을 적용할 것인지도 검토할 필요가 있다. 이하에서 이상의 쟁점에 대한 대상판결의 판단에 대해서 검토하기로 한다.[1]

2. 저작권법상 음반에 관한 보호의 변천

가. 구 저작권법상 음반의 보호

구 저작권법은 음반을 저작물의 하나로 열거하고(제2조),[2] 저작자는 저작물을 복제하여 배포할 수 있는 권리, 즉 발행권을 가진다고 규정하고 있었을 뿐(제8조, 제18조), '음반의 저작자'에 대하여 별도의 규정을 두고 있지 않았으므로, 음반의 저작자도 다른 저작물의 저작자와 동일한 권리를 갖고 있었다고 볼 수 있다. 다만, 음반의 원저작물이라고 할 수 있는 악곡·악보의 작사자 및 작곡자나 음반의 제작에 참여한 편곡자, 연주자 및 가창자 등, 음악저작물의 이용에 있어서 상호 밀접한 의존관계에 있는 권리자들

---

1) 그 밖에 구 저작권법상 규정되어 있지 아니한 전송권과 대여권이 저작권법의 개정에 의해 저작재산권의 하나로 도입된 경우 위 음반에도 해당 권리가 인정되는지 여부도 주요한 쟁점으로 다루어졌으나, 본 평석의 주제와는 직접 관련이 없으므로 검토를 생략하기로 한다.

2) 제2조(저작물) 본법에서 저작물이라 함은 표현의 방법 또는 형식의 여하를 막론하고 문서, 연술, 회화, 조각, 공예, 건축, 지도, 도형, 모형, 사진, 악곡, 악보, 연주, 가창, 무보, 각본, 연출, 음반, 녹음필림, 영화와 기타 학문 또는 예술의 범위에 속하는 일체의 물건을 말한다.

상호간의 권리내용과 관계에 대해서는 아무런 규정이 없어 해석상 논란의 소지를 안고 있었다.

한편 구 저작권법 제5조 제1항은 타인의 저작물을 '그 창작자의 동의를 얻어' 번역, 개작 또는 편집한 자는 원저작자의 권리를 해하지 않는 범위 내에 있어서 저작자로 본 다고 규정하고, 제2항 제6호에서 '원저작물을 음반에 녹음하는 것'을 개작행위의 하나 로 들고 있으므로, 음반은 원저작물에 대한 관계에서 2차적저작물이 되는데, 현행 저작 권법과 달리 2차적저작물의 요건으로 규정되어 있는 '원저작자의 동의'의 법적 성격이 문제가 된다.

이에 대하여는 위와 같은 요건이 삭제된 현행 저작권법 하에서는 물론이고, 구 저작 권법 하에서도 원저작자의 동의는 2차적저작물의 성립요건으로 볼 수는 없고, 단지 동 의가 없을 경우 사후에 민사상 및 형사상 책임을 지게 되는 책임요건이라는 것이 일반 적인 견해로 보인다.[3]

다만, 이러한 2차적저작물의 저작자의 권리는 원저작자의 권리를 해할 수 없는 것이 므로, 음반의 저작자가 갖고 있는 복제·배포권의 범위는 구 저작권법 제5조 제1항에 따른 작사자, 작곡자 등 '창작자의 동의'의 범위, 그리고 음반의 녹음에 참여한 편곡자, 연주자, 가창자 등과 맺은 '계약'의 범위에 의해 제한될 것인데, 당시에는 계약서가 없 거나 계약의 내용이 불분명한 경우가 많아, 실제 분쟁에서는 계약 내용에 대한 의사표 시의 해석이 주요한 쟁점이 되는 경우가 많다.

나. 현행 저작권법상 음반의 보호

1987년 저작권법은, 음반은 음이 유형물에 고정된 것으로(제2조 제6호), 음반제작자는 음을 음반에 맨 처음 고정한 자라고 정의하고 있고(제2조 제7호), 이와 같은 음반은 저 작인접권으로 보호되며(제61조 제2호), 음반제작자는 저작인접권으로서 음반에 대한 복 제권 및 배포권을 갖고(제67조), 판매용 음반의 방송에 대하여 상당한 보상금을 지급받 을 수 있도록 규정하고 있다(제68조 제1항).

다만, 1987년 저작권법 부칙 제2조 제2항 제1호는 '종전의 규정에 의하여 공표된 저 작물로서 종전의 법 제2조의 규정에 의한 연주, 가창, 연출, 음반 또는 녹음필름은 종

---

3) 장인숙, 「저작권법개론」, 교학도서주식회사, 1965, 95-97면; 허희성, 「저작권법개설」, 태양출판사, 1977, 82-83면; 이해완, 「저작권법」, 박영사, 2007, 516-517면; 박성호, 「저작권법」, 박영사, 2014, 142면.

전의 규정에 의한다.'고 규정하고 있으므로, 1987년 저작권법 시행 전에 제작된 음반에 대하여는 이러한 저작인접권 규정이 적용되지 않고, 구 저작권법에 따라 원저작물을 음반에 녹음한 사람이 저작권을 갖는 것으로 되어 있다.

다. 소 결

이와 같이 음반은 구 저작권법에 따라 저작물로서 보호되고 있다가 1987년 저작권법의 전면 개정에 의해 저작인접권으로 보호받게 되었지만, 1987년 저작권법 부칙에 따라 1987. 7. 1. 전에 제작된 음반에 대해서는 구 저작권법이 적용되므로, 1968년부터 1987. 7. 1. 전까지 사이에 제작된 이 사건 음반에 대해서는 구 저작권법의 규정을 적용해야 할 것이다.

라. 보 론: 저작인접권의 보호근거

1987년 저작권법은 실연, 음반 및 방송에 대하여 저작인접권으로 보호하고, 실연자, 음반제작자 및 방송사업자에 대하여 복제권 및 배포권 등을 인정하고 있는데, 저작권법에서 저작자의 권리와 더불어 저작인접권을 보호하는 근거에 대하여는, 창작에 준하는 준창작성에서 그 근거를 찾기도 하고(준창작설),[4] 저작물 등[5]을 공중이 향유할 수 있도록 하는 전달행위에 대해서 인센티브를 부여하는 데서 찾기도 하나(인센티브론),[6] 일률적으로 말하기는 어렵고, 각 저작인접권의 종류에 따라 다르다고 보아야 할 것이며, 실연자의 권리는 그 실연행위의 준창작성에서, 음반제작자 및 방송사업자의 권리는 저작물의 전달행위에 대한 인센티브 부여에서 그 보호근거를 찾을 수 있을 것이다.[7][8]

---

4) 加藤守行, 「著作權法逐条講義」, 著作權情報センター, 2006, 475頁; 渋谷達紀, 「知的財産法講義 Ⅱ」, 有斐閣, 2007, 439頁.

5) 저작인접권으로 보호되는 실연, 음반 및 방송이 반드시 저작물을 대상으로 하는 것은 아니다. 실연의 목적물은 저작물 또는 저작물이 아닌 것으로 명시되어 있고(저작권법 제2조 제4호), 음반의 목적물은 '음'으로(제2조 제6호), 방송의 목적물은 음성·음향 또는 영상으로(제2조 제8호) 명시되어 있다.

6) 本山雅弘, "實演家の保護と著作權法制", 「企業法学」, 第6号, 商事法務研究会, 1997, 198-201頁; 安藤和宏, 「著作隣接權制度におけるレコード保護の研究」, 早稲田大学博士論文, 2012, 33頁.

7) 作花文雄, 「詳解著作權法」, 第3版, ぎょうせい, 2005, 440頁; 斎藤博, 「著作權法」, 第3版, 有斐閣, 2007, 188頁; 中山信弘, 「著作權法」, 윤선희 외 옮김, 법문사(2008), 373-374면. 이와 같이 파악하는 견해에 대해서 특별히 불리는 이름이 없으나, '이원론' 또는 '다원론'이라고 부를 수 있을 것이다.

8) 저작물의 전달자가 실연자, 음반제작자 및 방송사업자에 한정되는 것이 아니고, 영화 등 영상제작자, 연극제작자, 출판사업자, 오페라 및 뮤지컬 등 공연제작자, 콘텐츠제작자 등 저작물의 종류만큼이나 다양하지만, 현행법상 그에 대한 법적 보호는 일률적이지 않다. 실연자, 음반제작자 및 방송사업자에 대해서는 저작권법에서 저작인접권으로 두텁게 보호를 해주고 있고, 영상제작자에 대해서는 저작권법상 특례규정에 의한 보호가 이루어지고 있으며, 콘텐츠제작자에 대해서도 콘텐츠산업진흥법에서

대상판결에서는 음반에 대한 권리의 보호근거에 대하여 '원저작물의 이용을 촉진하기 위하여 음반의 제작·유통을 장려하고 보호할 필요성'이라고 하여 적어도 준창작설을 취하지는 않고 있는 것으로 보인다.

3. 구 저작권법상 음반의 저작자 결정 기준

가. 문제의 소재

음반제작자를 저작인접권자로 보호하기 시작한 1987년 저작권법은 음반을 '음이 유형물에 고정된 것'(제2조 제6호), 음반제작자를 '음을 음반에 맨 처음 고정한 자'(제2조 제7호)라고 규정하고 있었는데, 2006. 12. 28. 법률 제8101호로 전부 개정된 저작권법(이하 '2006년 저작권법'이라 함)은 음반제작자를 '음을 음반에 고정하는 데 있어 전체적으로 기획하고 책임을 지는 자'라고 개정하였고, 2016. 3. 22. 법률 제14083호로 개정된 저작권법은 음반제작자를 '음반을 최초로 제작하는 데 있어 전체적으로 기획하고 책임을 지는 자'라고 개정하였다.

음반제작자에 관하여 1987년 저작권법의 '고정한 자'의 의미에 대해서도 물리적·기술적으로 고정작업(녹음장치의 조작)을 한 자를 의미하는 것이 아니라 고정행위의 법률적 주체를 가리키는 것으로 해석되었으므로, 그 이후의 개정은 이와 같은 해석론을 반영하여 문언을 손질한 것으로 볼 수 있다. 다만, 2006년 저작권법 부칙 제3조는 "종전의 규정에 따른 음반제작자는 이 법에 따른 음반제작자로 본다."고 하는 경과규정을 두어, 법문의 차이에 따라 발생할 소지가 있는 해석 및 적용상의 차이에 대비하였다.[9]

그런데, 앞서 기술한 바와 같이, 구 저작권법은 타인의 저작물을 그 창작자의 동의를 얻어 음반에 녹음한 자에 대해서 원저작자의 권리를 해하지 않는 범위 내에서 저작자로 본다고 하여, 음반을 2차적저작물로 규정하고 있을 뿐이고, 음반의 저작자가 누구인가에 관해서는 아무런 규정을 두고 있지 않으므로, 음반의 '녹음'에 관여하는 사람들중 누구를 '음반의 저작자'로 볼 것인가 하는 문제가 발생하며, 바로 이것이 이 사건 소송의 주된 쟁점이었다.

그 침해행위를 금지함으로써 간접적으로 보호하고 있음에도 불구하고, 그 이외의 연극제작자, 출판사업자 및 공연제작자에 대해서는 저작권법을 비롯하여 법률상 별다른 법적 보호가 이루어지고 있지 않다. 출판사업자에 대한 저작인접권(소위 '판면권')의 확대에 관한 논의에 대해서는 田村善之, 「著作權法概説」, 第2版, 有斐閣, 2001, 519-520頁; 中山信弘, 위의 책, 374면 등.

9) 이해완, 앞의 책, 538-539면.

나. 원심의 판단

원심 판결은 구 저작권법이 음반 그 자체를 저작물의 하나로 보호하고 있었으므로 구 저작권법의 적용시점에 다른 사람의 저작물에 해당하는 음원 등의 악곡을 기계적으로 재생하는 음반에 적법하게 녹음한 사람에게는 그 악곡의 저작권과 별도로 그 음반에 대하여 새로운 저작권이 발생한다고 보아야 한다면서, 여기서 음반 그 자체의 저작권자는 물리적인 녹음행위에 종사한 사람이 아니라 자기의 재산과 책임으로 녹음한 사람으로서 일반적으로 원반(마스터 음반) 제작 당시에 악곡의 녹음에 필요한 비용을 부담한 사람이 이에 해당한다고 해석함이 타당하다고 하여, '음반제작자'10)를 음반의 저작자로 파악하고 있다.

다. 대상판결의 판단

대상판결은 구 저작권법에 의한 음반의 저작자는 원저작물의 창작자는 아니지만 그 전달자로서 원저작물의 저작자와 일반 공중 사이를 매개하여 이를 전달·유통시키는 역할을 하였는데, 비록 그 이후 저작권법의 개정에 따라 음반제작자의 권리가 저작인접권으로 인정되게 되었다고 하더라도 원저작물을 음반에 녹음하는 행위의 성격이나 원저작물의 이용을 촉진하기 위하여 음반의 제작·유통을 장려하고 보호할 필요성에 본질적인 변화가 있다고 보이지 아니하는 점, 구 저작권법이 '원저작물을 음반에 녹음하는 것' 자체를 창작행위로 간주하고 있었으므로 음반의 저작자가 되기 위하여 반드시 원저작물을 음반에 녹음함에 있어서 '음(音)'의 표현에 창작적 기여를 할 것이 요구되지는 아니하는 점 등을 종합하면, 구 저작권법상 음반에 관한 저작자의 결정에서 현행 저작권법상 음반제작자의 결정과 통일적인 기준을 적용할 필요가 있다는 전제 하에, 구 저작권법상 음반의 저작자는 음반의 저작권을 자신에게 귀속시킬 의사로 원저작물을 음반에 녹음하는 과정을 전체적으로 기획하고 책임을 지는 법률상의 주체를 뜻한다고 보는 것이 타당하고, 이러한 법률상의 주체로서의 행위가 아닌 한 음반의 제작에

---

10) 구 저작권법은 음반제작자라는 용어를 사용하고 있지 않았고 1987년 저작권법 개정에서 비로소 '음을 최초로 고정하는 데 있어 전체적으로 기획하고 책임을 지는 자'라는 의미에서 '음반제작자'라는 규정이 도입되었으나, 이와 같이 '음반제작자'라는 규정이 저작권법에 도입되기 이전에도 거래계에서는 사실상의 개념으로서 음반제작자라는 용어가 사용되고 있었으므로, 구 저작권상 '음반의 저작자'와 구분하기 위하여, 이하에서는 비록 현행 저작권법에 규정된 저작인접권의 주체로서의 음반제작자라는 개념은 아니더라도 사실상의 개념으로서 '음반제작자'라는 용어를 사용하기로 한다.

있어서 연주·가창 등의 실연이나 이에 대한 연출·지휘 등으로 사실적·기능적 기여를 하는 것만으로는 음반의 저작자가 될 수 없다고 하여, 원심 법원과 마찬가지로 '음반제작자'[11]를 음반의 저작자로 보고 있다.

라. 검 토

구 저작권법상 음반의 저작자를 누구로 할 것인가에 대하여 현행 저작권법상 음반제작자의 결정과 통일적인 기준을 적용할 필요가 있다는 대상판결의 판단이 적정한 것인지 검토하기 위해서는 다음의 몇 가지 점을 살펴볼 필요가 있다.

(1) 공동저작자[12]의 인정 여부

우선, '음반제작자'를 음반의 녹음작업에 있어서 사실적·기능적 역할을 한 사람(녹음기사 등)이 아니라 녹음작업을 전체적으로 기획하고 책임을 지는 법률상 주체를 뜻한다고 보는 것에 대해서는 이론이 없을 것이지만, 음반의 녹음에 있어 연주·가창 등의 실연이나 이에 대한 연출·지휘 등으로 참여한 것이 과연 '사실적·기능적 기여'에 불과한지에 대해서는 의문이다. 구 저작권법이 연주, 가창, 연출을 음반과 마찬가지로 저작물의 하나로 예시하고 있고, 음반의 녹음작업은 음악저작물에 대한 연주, 가창과 동시에 이루어지기 때문에, 연주, 가창, 음반이 각각 별개의 저작물로 인정되는 구 저작권법의 해석상 연주자, 가창자, '음반제작자'를 음반의 공동저작자[13]로 볼 여지도 있기 때문이다.

(2) 2차적저작물

다음으로, 구 저작권법상 음반은 원저작물인 악곡, 악보, 연주, 가창 등에 대한 관계에서 2차적저작물에 해당한다는 점에 유의할 필요가 있다. 구 저작권법은 타인의 저작물을 그 창작자의 동의를 얻어 개작 등을 한 자는 원저작자의 권리를 해하지 않는 범위 내에서 저작자로 본다고 하고 있는바, 연주, 가창은 악곡, 악보의 2차적저작물이 되고, 음반은 악곡, 악보, 연주, 가창의 2차적저작물이 되는데,[14] 저작권법상 원저작물과

---

11) 대상판결은 '음반에 관한 저작자'라고 표현하고 있다.
12) '공동저작자'의 인정 여부에 관한 검토는 원고가 연주자 및 가창자로서 '음반제작자'인 A와 함께 이 사건 음반의 '합저작자' 즉 공동저작자가 될 수 있는지에 대한 검토이고, 아래 (3)의 '공동제작자'의 인정 여부에 관한 검토는 원고가 A와 공동으로 이 사건 음반의 제작을 기획하고 책임을 진 '공동의' 법률적 주체가 될 수 있는지에 대한 검토로서 구별을 요한다.
13) 현행 저작권법상 공동저작물에 대하여 구 저작권법은 '수인의 합저작에 관한 저작물의 저작권은 각 저작자의 공유에 속한다.'(제12조 제1항)고 하여, '합저작물'이라는 용어를 사용하고 있다.

2차적저작물 사이의 관계와 저작권과 저작인접권 사이의 관계가 동일하지는 않으므로, 구 저작권법상 음반의 저작자를 누구로 할 것인가에 대하여 현행 저작권법상 음반제작자의 결정과 통일적인 기준을 적용할 필요가 있다고 하더라도, 그 법률효과까지 동일하게 보아 구 저작권법상 '음반의 저작자'에 대하여 현행법상 음반제작자와 동일한 권리를 갖는 것으로 해석할 수 있을지는 의문이다.

(3) 공동제작자의 인정 여부

대상판결은 A가 이 사건 음반의 저작권을 자신에게 귀속시킬 의사를 가지고 음반의 제작과정을 전체적으로 기획하고 책임을 진 법률상의 주체이고, 반면 원고는 A의 기획과 책임으로 제작된 이 사건 음반의 구체적인 녹음과정에 있어서 사실적·기능적으로 기여를 한 것에 불과하다고 판단하고 있지만, 대상판결이 인용한 원심의 사실인정에 의하면 A는 원고에게 작사비와 작곡비의 '일부'만을 미리 지급했다고 하고 있으므로, 나머지 부분은 원고가 사실상 부담한 셈이고, 또 연주에 관한 비용에 대해서는 지급되었는지 확인되지 않았으므로, 결국 A가 음반제작에 필요한 '모든' 비용을 부담한 것으로 보이지는 않으며, 게다가 A는 음반사 등록을 하지 못하여 원반만을 소지한 채 다른 음반회사를 통해 음반을 판매[15]한 것으로 확인된 점을 감안해볼 때, 원고와 A의 공동제작의 가능성에 대해서도 검토할 필요가 있을 것이다.

(4) 기타

덧붙여, 대상판결과 같이 구 저작권법상 음반의 저작자와 현행 저작권법상 음반제작자의 결정 기준을 통일적으로 해석하고 그 법률효과까지 동일하게 적용하게 되면, 사실상 구 저작권법상의 행위에 대해 현행 저작권법을 적용하는 것이 되어, 법 시행일 이전에 공표된 음반에 관하여 종전의 규정을 적용하도록 하고 있는 1987년 저작권법 부칙 제2조 제2항 제1호에 반하는 결과가 된다는 점도 문제이다.

---

14) 이에 관하여 음반과 같은 녹음저작물은 보통 악곡, 악보 등(원저작물)을 토대로 한 연주, 가창 등 실연(2차 저작물)을 녹음한 것이므로 '3차적저작물'에 해당한다고 보는 견해도 있으나, 구별의 실익은 없다고 생각된다. 허희성, 앞의 책, 271면.

15) 당시 이와 같이 음반법상의 등록요건을 갖추지 못하여 음반사 등록을 하지 않은 채 다른 등록 음반사의 이름으로 음반을 제작하여 판매하는 것을 가리켜 '대명제작'이라고 했다고 한다. 서울중앙지방법원 2008. 10. 17. 선고 2008가합8121 판결 참조.

4. 이 사건 음반에 관한 저작재산권 양도에 원고의 동의가 필요한지 여부

가. 문제의 소재

원고는, A가 이 사건 음반의 저작권자에 해당한다고 하더라도, 원고의 동의 없이 이 사건 음반에 관한 권리를 타인에게 양도하였다면 그로부터 차례로 저작재산권을 양수한 피고가 원고에게 이 사건 음반에 대한 저작권을 행사할 수 없다는 취지로 주장하여, 이 사건 음반에 관한 저작재산권 양도에 원고의 동의가 필요한지 여부가 문제로 되었다.

나. 법원의 판단

이에 대하여 원심 판결은, 구 저작권법이 저작권은 그 전부 또는 일부를 양도할 수 있다고 정하고 있을 뿐(제42조 제1항), 저작재산권의 양도에 별다른 제한을 두고 있지 않은바, 이 사건 음반의 제작자인 A는 이 사건 음반 그 자체에 대하여 저작자로서 저작권을 가지기 때문에, 이 사건 음반에 수록된 악곡을 작사, 작곡하고 이를 실제로 부름으로써 음반과 별도로 악곡에 대한 저작권을 가진다고 볼 수 있는 원고의 동의 없이도 적법하게 녹음한 음반에 대한 저작재산권을 자유로이 양도할 수 있다고 판단하였고, 대상판결도 원심 판결에 이 사건 음반에 관한 권리의 양도 효력에 관한 법리를 오해한 위법이 없다고 판단하였다.

다. 검 토

그런데, 원심 판결의 사실인정에 의하면 A는 1993. 7. 10. 이 사건 음반의 원반을 포함하여 제작한 모든 음반의 원반에 대한 복제·배포권을 포함한 저작에 관한 모든 권리를 B에게, B는 1993. 9. 12. C에게, C는 1996. 8. 1. 피고에게 이를 차례로 양도한 것으로 되어 있으므로, 최초의 양도행위 이후의 수차례에 걸친 저작재산권 양도는 모두 1987년 저작권법의 시행 이후에 이루어진 것으로 확인된다.

원심 판결이나 대상판결에서는 이 쟁점에 대한 검토가 이루어지지는 않았으나, 이와 같은 양도행위의 효력에 대해서는 권리의 발생 당시인 구 저작권법을 적용할지, 아니면 양도행위 당시인 1987년 이후의 저작권법을 적용할지도 검토해볼 필요가 있다. 원심 판결에서 지적한 대로 구 저작권법은 저작재산권의 양도에 별다른 제한을 두고 있지 않았으나, 1987년 저작권법은 저작재산권의 전부를 양도하는 경우에 특약이 없는 한 2차적저작물을 작성할 권리는 포함되지 아니한 것으로 추정하고(제41조 제2항), 저작재산권의 양도가 아닌 단순한 이용허락을 받은 자는 그 권리를 저작재산권자의 동의 없이 제3자에게 양도할 수 없는 것으로 규정하고 있기 때문이다(제42조).

먼저 1987년 저작권법 부칙 제1조는 이 법은 1987. 7. 1.부터 시행한다고 하고 있으므로, 원칙적으로 위 법 시행일 이후의 행위에 대하여 적용되는데, 부칙 제2조 제2항은 제1호는 위 법 시행 전에 종전의 규정에 의하여 공표된 저작물로서, '종전의 법 제2조의 규정에 의한 연주·가창·연출·음반 또는 녹음필름'은 종전의 규정에 의한다고 하고 있으므로, 위 법 시행 전에 공표된 연주·가창·연출·음반 또는 녹음필름에 대해서는 1987년 저작권법상의 저작인접권이 아니라 구 저작권법상의 저작권으로 보호한다고 해석된다.

그런데 위 부칙 제4조는 위 법 시행 전에 종전의 규정에 의하여 발생하거나 양도 그 밖의 방법에 의하여 처분된 저작권은 이 법에 의하여 발생되거나 양도 그 밖의 방법에 의하여 처분된 것으로 본다고 규정하고 있으므로, 그 반대해석상 위 법 시행 이후의 양도 그 밖의 방법에 의한 저작권의 처분에 대해서는 위 법, 즉 1987년 저작권법이 적용되는 것으로 해석된다.

그렇다면, 구 저작권법에 의해 공표된 저작물에 대해서도 그 저작재산권의 양도나 저작물 이용허락이 1987. 7. 1. 이후에 이루어진 것이라면, 이에 대해서는 구 저작권법이 아니라 1987년 저작권법을 적용하여야 할 것으로 보인다.

그런데 위에서 본 바와 같이 이 사건 음반에 대한 권리가 A로부터 피고에게로 수차례에 걸쳐서 양도된 것은 모두 1987년 저작권법 시행 이후의 일이므로, 그 양도행위의 효력에 대해서는 1987년 저작권법에 따른 검토가 이루어져야 하고, 이를 위해서는 당초 A가 이 사건 음반을 제작함에 있어서 원저작권자인 원고가 해준 '동의'의 내용, 즉 작사자·작곡자·편곡자·연주자·가창자로서 A와 맺은 계약의 내용에 대한 검토가 선행되어야 할 것인바, 원심 판결이나 대상 판결이 이러한 계약내용에 대한 검토 없이 구 저작권법에 따라 A가 음반에 관한 권리를 원고의 동의 없이 양도할 수 있다고 판단한 것은, 변론주의의 원칙상 불가피한 측면이 있었을지도 모르지만, 구 저작권법에 의해 공표된 음반의 저작권에 대한 양도행위에 적용될 법률에 대한 법리를 오해하여 의사표시의 해석에 대한 심리를 다하지 않은 잘못이 있다고 생각된다.

5. 대상판결의 의의

구 저작권법상 저작물로 보호되는 음반의 저작자를 누구로 결정해야 하는가에 대해서, 대상판결은 현행 저작권법상 음반제작자의 결정 기준에 관한 법리를 통일적으로 적용할 필요가 있다는 명확한 기준을 제시함으로써, 향후 유사 분쟁의 해결에 있어서 유용한 지침으로 작용할 것으로 보인다. 다만, 구 저작권법이 음반뿐만 아니라 악곡, 가창, 연주에 대해서도 마찬가지로 저작물로 보호하고 있어 음반 제작과정에서 악곡, 가창, 연주 등으로 참여한 자는 '공동저작자'로 볼 여지가 있음에도, 대상판결에서는 음반 제작과정에서 악곡, 가창, 연주 등으로 참여한 원고의 기여를 단순한 사실적·기능적 기여에 불과한 것으로 파악한 점, 그리고 피고가 음반에 대한 권리를 양수한 것은 1987년 저작권법 시행 이후임에도 불구하고 양도의 효력에 관하여 구 저작권법을 적용한 점은 문제이며, 추후 유사 사건에서 관련 법리가 재정립될 수 있기를 기대해 본다.

참고문헌

■ 국내문헌

박성호, 「저작권법」, 박영사, 2014.

이해완, 「저작권법」, 박영사, 2007.

장인숙, 「저작권법개론」, 교학도서주식회사, 1965.

허희성, 「저작권법개설」, 태양출판사, 1977.

■ 국외문헌

加藤守行, 「著作権法逐条講義」, 著作権情報センター, 2006.

滝沢和子, "秘密管理性要件と営業秘密管理", 「早稲田国際経営研究」, No. 46, 早稲田
　　　大学WBS 研究センター, 2015.

半田正夫, 「著作権法概説」, 第11版, 法学書院, 2004.

本山雅弘, "実演家の保護と著作権法制", 「企業法学」, 第6号, 商事法務研究会, 1997.

渋谷達紀, 「知的財産法講義 Ⅱ」, 有斐閣, 2007.

安藤和宏, 「著作隣接権制度におけるレコード保護の研究」, 早稲田大学博士論文, 2012.

作花文雄, 「詳解著作権法」, 第3版, ぎょうせい, 2005.

斎藤博, 「著作権法」, 第3版, 有斐閣, 2007.

田村善之, 「著作権法概説」, 第2版, 有斐閣, 2001.

中山信弘, 「著作権法」, 윤선희 외 옮김, 법문사, 2008.

선봉윤선희교수 정년기념판례평석집

지재법 분쟁해결의 최전선

2022년 8월 15일 초판 인쇄
2022년 8월 20일 초판 발행

편 저	선봉윤선희교수 정년기념판례평석집 간 행 위 원 회	
발 행 인	배 효 선	

발행처 　도서
　　　　출판 　法 文 社

주　소　10881 경기도 파주시 회동길 37-29
등　록　1957년 12월 12일/제2-76호(윤)
전　화　(031)955-6500~6 FAX (031)955-6525
E-mail　(영업) bms@bobmunsa.co.kr
　　　　(편집) edit66@bobmunsa.co.kr
홈페이지　http://www.bobmunsa.co.kr
조 판　법 문 사 전 산 실

정가 40,000원　　　ISBN 978-89-18-91329-2